스펄전 설교전집 13

이사야Ⅱ

독자 여러분들께 알립니다!

'CH북스'는 기존 **'크리스천다이제스트'**의 영문명 앞 2글자와 도서를 의미하는 **'북스'**를 결합한 출판사의 새로운 이름입니다.

스펄전 설교전집 13

이사야 II

1판 1쇄 발행 2021년 9월 15일

발행인 박명곤 CEO 박지성 CFO 김영은
편집 채대광, 김준원, 박일귀, 이은빈, 김수연
디자인 구경표, 한승주
마케팅 임우열, 유진선, 이호, 김수연
펴낸곳 CH북스
출판등록 제406-1999-000038호
대표전화 070-4917-2074 **팩스** 031-944-9820
주소 경기도 파주시 회동길 37-20
홈페이지 www.hdjisung.com **이메일** main@hdjisung.com
제작처 영신사 월드페이퍼

※ CH북스는 (주)현대지성의 기독교 출판 브랜드입니다.

'그리스도와 그의 나라를 위하여'
CH북스는 여러분의 의견 하나하나를 소중히 받고 있습니다.
원고 투고, 오탈자 제보, 제휴 제안은 main@hdjisung.com으로 보내 주세요.

스펄전 설교전집 13

The Treasury of the Bible

스펄전 설교전집

이사야 Ⅱ

이광식 옮김

CH북스
크리스천 다이제스트

차례

■ 이 사 야 Ⅱ

이사야
Ⅱ

제
32
장

지주와 소작인

"너는 네 집에 유언하라 네가 죽고 살지 못하리라."—사 38:1

죽음을 피할 수 없다고 선언하는 목소리가 아무리 많아도, 우리 모두에게는 그것에 대한 깊은 묵상을 피하려는 경향이 있습니다. 죽음을 피할 수 없기에 우리는 그것에 대해 눈을 감으려 합니다. 그러나 죽음에 대한 묵상은 다른 어떤 주제보다 우리에게 더 많은 유익을 줄 수 있습니다. 어느 시인의 말을 조금 고쳐서 나는 이렇게 말할 수 있습니다.

"우리의 마지막 시간들에 대해 말하는 것은
크게 지혜로운 일이라네."

무덤과 친숙해지는 것은 곧 사려 깊음입니다. 죽음을 준비하기 위해, 죽음과 친밀하게 이야기하는 것이 좋습니다. 공동묘지에서 사색하며 걷는 것은 우리 영혼의 건강에 좋습니다. 제레미 테일러(Jeremy Taylor)는 다음과 같이 훌륭한 진술을 했습니다. "인간은 항상 영원의 문 앞에 서 있다. 알모네르의 요한(John the Almoner, 기원전 7세기 초 알렉산드리아의 교부. 일찍이 결혼하여 자녀들을 얻었으나 차례로 아내와 자녀들을 모두 잃었다 — 역주)이 그랬던 것처럼 매일 자기의 묘를 만들고 있으며, 매일처럼 지나가는 우리 인생의 밤과 낮은 죽음의 소유로 넘어간다. 따라서 지옥으로 이끄는 문이 우리에게 열리지 않도록, 우리 무덤의 돌들에 의해 압사

당하지 않도록, 죽음이 우리를 영원한 슬픔으로 보내는 일이 없도록 관심을 기울여야 한다."

대부분의 사람들은 열매가 덜 맺히는 땅을 경작하기를 더 선호하며, 미래를 위해서는 쓸모가 없는 주제들, 현재의 사소한 주제들을 생각하고 묵상하는 것을 더 좋아합니다. "만일 그들이 지혜가 있어 이것을 깨달았으면 자기들의 종말을 분별하였으리라!"(신 32:29).

내 설교 주제에 대한 이러한 일반적인 반감을 알고 있기에, 나는 그것을 우울하고 무거운 방식으로 다루지 않을 것입니다. 오히려 나는 즐겁고 흥미로운 비유를 사용함으로써 여러분이 이 주제에 끌리도록 시도할 것입니다. 물론 이 주제는 엄숙한 것이지만, 비유의 사용이 여러분의 관심을 끌기를 바랍니다. 신령한 분들이여, 혹시 내가 너무 경박하게 보여도 용서하시기 바랍니다. 이 설교는 여러분들을 위한 것이라기보다는, 비유와 영상의 옷을 입히지 않으면 좀 더 진지한 지혜의 생각들을 감당하지 못하는 계층을 위한 것입니다. 나는 여러분이 그들의 영혼을 사랑한다고 믿습니다.

우리의 몸, 우리의 소유, 우리의 가족, 이 현재의 삶, 그리고 그 모든 주변 환경들이 이 본문에서는 하나의 집(a house)으로 묘사됩니다. 이러한 비유는 구약 성경이나 신약 성경에서 전혀 생소한 것이 아닙니다. 사도 바울은 우리에게 "모세가 하나님의 온 집에서 신실하였다"(히 3:2)고 말합니다. 즉 그가 일생의 의무와 책임을 다했다는 것입니다. 우리 주님은 바리새인들에 대해서 그들이 "과부의 가산(houses)을 삼키는 자들"(막 12:40)이라고 하셨습니다. 바울은 자신의 몸에 대해 언급하면서 이렇게 말했습니다. "만일 땅에 있는 우리의 장막집이 무너지면 하나님께서 지으신 집 곧 손으로 지은 것이 아니요 하늘에 있는 영원한 집이 우리에게 있는 줄 아느니라"(고후 5:1). 우리는 이 단순하면서도 포괄적인 비교를 통해 교훈을 발견할 수 있을 것입니다.

1. 누가 지주인가?

이 죽을 인생과 그 주변 환경들이 하나의 집과 같습니다. 그리고 바로 여기에서 이 비유에서 첫 번째 요점이 되는 질문인 '누가 지주인가?'라는 질문이 대두됩니다.

먼저 대답하자면, 우리는 분명히 지주가 아닙니다. 모든 사람들에 대해 진실로 이 말을 할 수 있습니다. "너희는 너희 자신의 것이 아니라"(고전 6:19). 우리는 소작인이며, 부동산 보유자들이 아닙니다. 우리는 따로 임차계약을 맺지 않은 차지인(借地人)이며, 임대인이 예고 없이 언제나 내어보낼 수 있는 단순한 소작인들입니다. 땅에 있는 우리의 이 장막 집은 그것을 지으신 분의 소유입니다. 그 집을 유지하시는 그분이 소유주로서 권리 증서를 갖고 계십니다. 우리의 집은 하나님의 소유입니다.

사랑하는 친구여, 당신은 이 문제를 생각한 적이 있습니까? 당신은 당신과 당신의 소유들이 모두 하나님의 것이라는 사실을 기억하고 있습니까? 그분이 당신을 지으셨으며, 또한 당신을 그분 자신의 영광을 위해 지으셨습니다. 당신의 영혼은 그분에 의해 존재하게 되었습니다. 당신의 육체의 힘은 모두가 그분의 손에서 부여받은 것입니다. 당신은 전능자의 피조물입니다. 당신 몸의 모든 혈관과 힘줄과 신경에는 하나님의 솜씨의 흔적들이 있습니다. 삶의 모든 은밀한 행위들과 문제들에 있어서도 당신은 하나님의 것이며, 매일 지속되는 당신의 존재가 모두 그분의 덕택입니다. 당신의 호흡은 당신의 코에 있습니다. 하지만 당신 코의 호흡을 유지시키는 것은 그분이십니다. 그분이 원하셨을 때 미분자들이 당신의 몸을 구성하였듯이, 또한 그분이 원하시면 그것들을 각기 떨어지게 하여 대지의 품으로 돌아가게 하실 수도 있습니다. 당신은 단지 걸어 다니는 한 줌의 흙덩이에 불과하며, 다양한 분자들의 결합은 전능자의 손에 의해 유지됩니다. 그것을 유지하시는 하나님의 능력이 떠나면, 당신의 흙집은 무너질 것이며, 완전히 부패하여 해체될 것입니다. 당신 주변에 있는 모든 것 역시 같은 처지입니다. 음식과 의복, 집과 물건들이 모두 하나님의 선물입니다. 당신으로 하여금 재물을 모을 수 있게 해 주었거나 혹은 안락하게 살 수 있게 해 주었던 손의 힘과 두뇌의 민첩함이 모두 그분에게서 비롯된 것입니다. 당신은 매일 하나님의 너그러운 식탁에 참여하는 하숙자이며, 매 시간 하나님의 무한한 은혜의 덕을 입는 기숙자입니다. 하나님이 원치 않으신다면, 당신은 아무것도 갖지 못하며, 또한 당신 자신도 아무것도 아닙니다. 당신은 당신의 소유와 존재의 모든 것을 그분에게 신세지고 있습니다.

우리 각 사람은 우리에 대한 하나님의 권리가 무엇인지를 꼭 알아야 합니다. 비록 우리가 그것을 인정하지 않아도, 적어도 우리는 그것이 어떻게 규정되어 있는지를 들어야 합니다. 하지만 슬프게도 만약 우리가 그 권리의 내용들을 배우고도 그것들을 거부한다면, 우리는 고의적인 강도들이 되는 것이며, 그럼으로써 우리의 죄를 증대시키게 됩니다. 만일 우리가 하나님이 우리를 다스리시는 것을 원치 않는다면, 속으로 바로처럼 "여호와가 누구이기에 내가 그의 목소리를 듣고 순종해야 하느냐?"(참조. 출 5:2)고 말한다면, 그 때 우리의 마음은 하나님이 선언하신 권리에 대해 듣지 못했을 때보다 더욱 강퍅해질 것입니다. 인간들이여, 하나님이 여러분을 만드셨거늘 어찌하여 여러분 중에서 많은 이들은 그분에 대해서 생각조차 않는단 말입니까? 옛 선지자가 그분의 백성에 대해 전했던 비난을 여러분에게 퍼부어야 하겠습니까? "하늘이여 들으라 땅이여 귀를 기울이라 여호와께서 말씀하시기를 내가 자식을 양육하였거늘 그들이 나를 거역하였도다. 소는 그 임자를 알고 나귀는 주인의 구유를 알건마는 이스라엘은 알지 못하고 나의 백성은 깨닫지 못하는도다 하셨도다"(사 1:2-3). 여러분 중에서 집에 전혀 쓸모도 가치도 없는 연장이나 가구를 계속 보관해둘 사람이 있습니까? 여러분을 위해 아무런 수고를 하지 않는 황소나 당나귀 같은 것을 계속해서 돌볼 자가 있습니까? 주인을 섬기기는커녕 오히려 여러분에게 해를 끼치고, 여러분에게 악의를 품고서 발뒤꿈치를 쳐든다면, 여러분은 그런 가축을 기르고 싶지 않을 것입니다.

그런데 이 중에 있는 어떤 이들은 자기 창조주에 대한 의무를 망각하여, 그분을 섬긴 적이 없고, 그분을 찬미한 적이 없으며, 그분의 영광이 증대되기를 바란 적이 없습니다. 그러기는커녕, 그분에 대해서 거만하고 무례한 말을 해왔으며, 불경과 훼방의 말을 일삼아왔습니다. 오 하나님, 당신은 당신의 인자하심으로 가득한 이 세상에서 얼마나 푸대접을 받으시는지요! 당신의 손의 피조물들이 당신에게 어찌 선을 악으로 갚는지요! 당신의 집이, 당신께서 인간에게 임대하신 집이, 당신의 원수들을 위한 성채가 되고, 우상들을 위한 신전이 되며, 도적들의 소굴이요, 부정한 새들의 둥지가 되고 말았습니다! 당신께서는 당신의 비열한 소작인들로부터 나쁜 보답을 받고 계십니다! 가장 선하신 당신께서, 모든 사랑과 자비의 원천이신 당신께서, 당신의 많은 피조물들로부터 배은망덕과 멸시 외에 무엇을 받고 계시는지요?

그러므로 이 점을 명심하십시오. 이 생애에서, 우리가 살고 있는 집은, 하나님이 그 지주이시며 우리는 단지 소작인일 뿐입니다.

2. 인간의 임차기간은 얼마인가?

이 비유는 계속됩니다. 인간의 임차기간은 얼마입니까?

어떤 사람들은 우리가 토지를 보유한 자유 경작인들이거나, 적어도 999년 동안의 임차 기간을 보유한 임차인들이라고 상상합니다. 하지만 실상 우리는 언제든 주인 마음대로 내보낼 수 있는 소작인들에 불과합니다. 우리가 건물을 보유하여, 그것을 우리 영혼을 위한 주택으로 사용하며, 또한 주택의 부가적인 시설들과 헛간들을 위한 용도로 칠십 년 동안 사용할 수도 있습니다. 그리고 그 보유기간이 팔십 년으로 늘어날 수도 있고, 심지어 드물기는 하지만 그보다 더 긴 기간으로 늘어나기도 합니다. 하지만 한 번도 그 기간이 변경되지는 않습니다. 우리는 언제나 임시적으로만 집을 점유하고 있을 뿐입니다. 임차 기간을 우리 마음대로 삼 년, 칠 년, 십사 년, 이십일 년 등으로 정할 수 없으며, 심지어 하루나 한 시간도 더 연장할 수 없습니다. 우리는 언제든 정확한 일시에 임대인의 뜻에 따라 집을 비워야 하는 보유자들입니다. 우리는 하나님의 절대적인 뜻에 좌우되는 소작인들입니다. 하루를 시작하면서 우리는 그 하루의 끝에 살아 있을 것이라고 결코 장담할 수 없습니다. 새로운 한 시간을 알리는 괘종 소리를 들으면서, 우리는 또 다른 시간을 알리는 괘종 소리를 듣는다고 보장하지 못합니다. 매 순간, 우리가 생명과 물건들과 가재도구들을 유지하는 것은 오직 하나님의 뜻에 따른 보유기간에 기초한 것입니다. 하나님께서 우리에게 "너희 인생들은 돌아가라"(시 90:3)고 말씀하시면 우리는 흙으로 돌아갈 수밖에 없습니다. 인간의 목숨이란 꽃보다 시들기 쉽고, 하루살이보다 덧없으며, 비누방울보다 지속적이지 못하고, 혹은 유성보다 사라지기 쉬운 것입니다. 우리는 얼마나 덧없는 존재들인지요! 우리는 존재한다(We are)고 내가 말했습니다. 하지만 그것은 내가 실수한 것이니, 왜냐하면 우리는 스스로 존재하지 않기 때문입니다. 우리는 막 존재하기 시작했을 뿐인데, 미처 존재하기도 전에, 우리는 존재하지 않습니다. 오직 하나님 한 분만이 "나는 스스로 존재한다"(I AM)고 말할 수 있습니다(참조. 출 3:14). 인류 중에 어느 누구도 감히 그런 말을 선언할 수 없습니다.

그러나 얼마나 많은 사람들이 소작인으로서 누리는 이 죽을 목숨을 마치 고정적으로 보유한 것처럼 살아가는지요? 그것이 마치 그들 자신에게 상속이나 된 것처럼, 양도나 상속과 무관하게 그들 자신의 것으로 여기고, 혹은 스스로 영지의 초월적인 주인이요 영혼의 자유 보유자인 것처럼 행동하는지요? "그러나 그들의 속 생각에 그들의 집은 영원히 있고 그들의 거처는 대대에 이르리라 하여 그들의 토지를 자기 이름으로 부르도다"(시 49:11). 그런 자들이야말로 사도 야고보의 이 말이 적절하게 적용될 수 있는 자들입니다. "들으라 너희 중에 말하기를 오늘이나 내일이나 우리가 어떤 도시에 가서 거기서 일 년을 머물며 장사하여 이익을 보리라 하는 자들아, 내일 일을 너희가 알지 못하는도다 너희 생명이 무엇이냐 너희는 잠깐 보이다가 없어지는 안개니라"(약 4:13-14). 하지만 우리는 얼마나 자주 같은 잘못에 빠지는지요! 내 친구들이여, 여러분은 다가올 몇 개월 심지어는 몇 년 동안을 위한 계획을 세우지 않습니까? 여러분은 어디서 여름을 보낼 것인지를 숙고하고, 사업에서 은퇴한 후에는 어디서 살 것인지를 고려해오지 않았습니까? 아아! 내일 일도 자랑할 수 없는 당신이거늘, 어찌 여름이나 가을의 일에 대해서 자랑한단 말입니까? 당신은 하루 앞도 알지 못하며, 아니 한 시간 후에 어떻게 될지도 알지 못합니다. 오, 여인에게서 난 죽을 인생이여, 하루하루 일용할 양식을 주시도록 하나님께 요청하십시오. 하루하루에 맞추어 당신의 삶과 계획을 조정하십시오. 당신이 먼 장래의 날들을 계산하는 것은, 마치 당신이 한 번도 "우리에게 우리 날 계수함을 가르치사 지혜로운 마음을 얻게 하소서"(시 90:12)라고 기도한 적이 없는 것처럼 보이기 때문입니다.

젊은이들이여, "우리는 젊은 날의 최상의 날들을 육체를 위해 쓰고 나머지 시간들을 하나님께 드리겠다"는 식으로 말하지 마십시오. 여러분에게는 하나님께 드릴 남은 시간들이 없을 수도 있습니다. 여러분은 인생의 아침에 시들어 버릴 수도 있습니다. 한창 세상의 일에 열중하고 있는 사람들이여, "우리는 곧 은퇴할 것이며, 우리 인생의 황혼기에는 하나님의 일들을 생각할 것이다"라고 말하지 마십시오. 여러분에게는 노년의 저녁이 없을 수도 있습니다. 아마도 여러분의 해는 정오에 질 것입니다. 여러분은 지금 이 자리에서 부름을 받을 수 있습니다. 또한 집무실에서도, 여러분의 사업 장부의 잉크가 아직 마르지 않았을 때에, 그리고 성경을 아직 배우지도 못한때에 부름을 받을 수 있습니다.

당신의 집에 유언하십시오. 왜냐하면 당신의 위대한 지주(Landlord)께서 당신에게 추방령을 내리시면, 아무리 지혜로운 의사가 문에 빗장을 걸어 잠그려 해도 당신이 그곳에 머물 소망이 없을 것이기 때문입니다. 여기 집행 영장이 있습니다. 여기 집행 영장의 직접적인 문구가 있습니다. "네가 죽고 살지 못하리라." 심지어 가장 나이든 사람들도 그들이 좀 더 오래 살 것이라고 가정합니다.

팔십이나 구십이 다 되어갈 때에도, 기둥들이 흔들리고, 창문이 어두워지며, 기초가 내려 앉아 기우뚱거리는 집에서, 그들은 계속해서 그 건물을 조용히 점유하며 몇 년을 더 살 것이라고 생각합니다. 우리는 끔찍할 정도의 끈기로 이 가련한 생명에 집착하며, 어리석게도 이 보잘것없는 것을 우리가 가진 모든 것이라고 여깁니다. 만약 우리가 다가올 생명을 굳게 잡고 집착한다면 그것은 좋은 일입니다. 그것만이 집착할 가치가 있는 영원한 것이기 때문입니다. 반면 이 육신의 목숨이란 아무리 길어도 너무나 짧은 것입니다.

이 문제를 곰곰이 생각해 보십시오. 백 년 이내에, 지금 이곳에 가득한 군중들 모두가 (주님이 오시지 않는다면) 어느 골짜기의 흙무더기 속에서 깊이 잠들어 있을 것이며, 현재 이 도시에 거주하는 인구 중 어느 누구도 자기 집과 토지를 소유하지 못할 것이며, 해 아래서 행해지는 것에 대해 아무것도 알지 못할 것입니다! 우리들 중 절대 다수는 떠나고 없을 것입니다. 어쩌면 우리가 기억될 수도 있고, 또는 잊혀질 것입니다. 하지만 우리는 더 이상 시장이나 거리에서, 혹은 예배당에서나, 유원지 등에서, 우리의 동료들과 섞여 지내지 못할 것입니다. 우리는 바다와 육지에서 떠날 것이며, 도시와 마을에서, 또한 땅과 거기에 있는 모든 것으로부터 떠날 것입니다. 우리의 이 죽을 육체는 어디에 있을까요? 또한 우리의 영혼은 어디에 있을까요? 우리는 모든 곡조가 기쁨으로 충만한 복된 수금 소리들 중에서 즐거워하고 있을까요? 아니면 하나님의 자비를 받아들이지 않아 버려진 자들 속에서 영원히 후회하며 슬피 이를 갈고 있을까요? 우리가 우리의 집에 대해 가지고 있는 보유권이란 결코 안정되지 않아 언제라도 종료될 수 있는 것입니다. 이 흙집에 사는 거주자들이여, 이 사실을 기억하십시오!

우리가 간과하지 말아야 할 내용으로서, 이 증서에는 이런 구절이 있습니다. 즉 지주는 그의 소유지 내에 언제든지 출입할 권리가 있다는 내용입니다. 하나님께 감사하게도, 우리들 중 일부는 이러한 권리가 주님께 있음을 기꺼이 인정하였습니다. 종종 우리의 기도는 그분이 우리의 집에 오시어, 우리를 살피시고, 우리를 시험하시며, 우리의 길을 아시고, 우리에게 어떤 악한 행위가 있는지를 보시어, 우리를 영원한 길로 인도하도록 하시는 것입니다. 한때 우리가 하나님의 임재를 원치 않았던 적이 있었습니다. 그 때 우리는 "우리에게서 떠나소서. 우리는 당신의 길에 대해 알기를 원치 않습니다"라고 말했습니다. 하지만 그분의 영으로 새로워진 지금, 우리는 그분께 이렇게 말합니다. "우리와 함께 거하소서."

사랑하는 친구들이여, 하나님의 시찰(視察)에 대해 여러분은 언제든 여러분 마음의 문을 열어드릴 준비가 되어 있습니까? 여러분은 거룩한 친교를 기뻐합니까? 여러분은 주 예수님이 여러분과 더불어 드시고 또 여러분이 그분과 더불어 먹기 위해, 끊임없이 그분을 초대합니까? 그렇지 않다면, 여러분은 이 증서에 있는 중대한 조항을 잊고 있는 것입니다. 또한 여러분은 인간이 해 아래서 누릴 수 있는 가장 위대한 특권을 잊고 있는 것입니다.

여러분의 기억을 상기시키는 것이 좋겠습니다. 우리의 임차계약에 따르면, 우리의 위대하신 지주께서는 모든 종류의 수리를 위해 우리가 그분을 부르는 것을 허락하십니다. 우리의 상황은 궁핍해지기 쉬우며, 우리에게 재물을 얻을 능력을 주시는 분은 그분이십니다. 그분이 날마다 우리에게 혜택을 베풀어주십니다. 우리의 육신의 장막이 흔들릴 때, 우리의 모든 질병을 치유하시는 분은 그분이십니다. 우리의 슬픔과 결핍이 증대될 때, 좋은 것으로 우리 소원을 만족하게 하사 우리 청춘을 독수리 같이 새롭게 하시는 이도 그분이십니다(참조. 시 103:5).

의심의 여지 없이, 우리가 아플 때 의사의 처방을 구하는 것이 좋습니다. 하지만 여호와 라파 곧 우리를 치유하시는 주님께 먼저 도움을 호소하는 것이 그리스도인다운 행동입니다. 여러분 중에 병든 자가 있습니까? 사도가 무어라고 말합니까? 어떤 '이상한 사람들'이 말하듯이 "약을 사용하지 말라"고 말합니까? 그렇지 않습니다. 혹은 대부분의 헛된 신앙고백자들이 말하듯이 "약을 쓰고, 그 외에는 어떤 것도 쓰지 말라"고 말합니까? 아니요, 사도는 그렇게 말하지 않습니다. 혹 그는 목사나 장로나 집사들이 마치 전능자라도 되는 듯이 "그를 침상에 눕게 하고, 목사가 와서 그를 살피게 하라"고 말합니까? 그렇게도 말하지 않습니다. "너희 중에 병든 자가 있느냐? 그는 교회의 장로들을 청할 것이요"(약 5:13)라고 말합니다. 청하는 것이 그의 의무입니다. 그런 다음 당시 유행하던 약물 치료의 형태로서 몸에 기름을 바르고서 "그를 위하여 기도하라"고 하는데, 곧 통상적인 수단들을 활용하면서 기도하라는 것입니다. "그들은 주의 이름으로 기름을 바르며 그를 위하여 기도할지니라."

동종(同種) 요법이든 대증(對症) 요법이든, 최상으로 보이는 모든 의학적 수단들을 활용하십시오. 하지만 그것 외에, 기도를 여러분의 주된 신뢰로 삼으십시오. 우리를 치료하시는 분은 여호와이시기 때문입니다. 예수님은 사랑이 많으신 의사이십니다. 우리가 하나님을 더욱 신뢰하고, 기도와 믿음으로 그분께 자주 도움을 요청한다면, 인간 의사의 처방이 좀 더 지혜로운 처방이 되고 그가 처방하는 약물도 더욱 유용할 것입니다. 우리의 집을 만드신 주님은 그 집을 어떻게 수선하는지에 대해 가장 잘 아십니다. 그리고 그분은 우리가 그분께 도움을 청하는 것을 허락하십니다. 내 친구여, 당신이 아플 때, 이것을 기억하고 실천하십시오.

3. 지불해야 할 임대료

지금까지 지주와 임차 계약에 대해서 말했습니다. 이제 세 번째로, 지불해야 할 임대료에 대해 말할 차례입니다.

우리는 명백히 우리의 소유가 아닌 집을 사용하고 있으며, 따라서 지불해야 할 약간의 임대료가 있어야만 합니다. 그것이 무엇일까요? 하나님께서 그분의 소작인들에게 요구하시는 소작료는 그들이 사는 날 동안 그분을 찬양하는 것입니다. 당신이 말합니다. "오, 그것은 너무나 적습니다!" 그렇다고 나는 인정합니다. 그것은 명색만의 집세에 불과하고, 단지 그분의 소유권을 인정하는 것에 지나지 않습니다. 하지만 그것조차도 지불하지 않는 자들이 수없이 많습니다. 그들은 하나님께 아무런 감사도 드리지 않고, 어떤 사랑도, 어떤 섬김도 바치지 않습니다. 혜택을 받으면서도 보답으로 돌려주는 것이 전혀 없습니다. 아니, 오히려 그들은 악으로 되갚습니다. 그분이 그들에게 주신 호흡은 결코 찬미의 노래로 되돌아가지 않으며, 그들이 먹는 음식은 결코 감사로 거룩해지지 않습니다. 그들은 그분이 주신 것에 대해 결코 십일조를 바치지 않고, 수확의 첫 열매들을 하나님께 바치지 않습니다. 그들의 마음은 그분을 사랑하지 않습니다. 그들의 믿음은 그분의 귀한 아들을 신뢰하는 것이 아닙니다. 그들의 입술은 그분에 대해 말하지 않고, 그분의 영광스러운 이름을 높이지 않습니다. 이것은 너무나 불의하고 비열한 짓입니다. 우리가 하나님을 찬미하는 것은 비싼 비용이 들거나 수고로운 일이 아닙니다. 하나님을 찬미하는 마음은 그 자체에 달콤한 보상이 있다는 것을 발견합니다. 천국에서, 하나님을 찬미하는 것이야말로 완벽한 영혼들의 최상의 기쁨입니다. 또한 지상에서도, 우리가 여호와를 최대한 찬미할 때야말로 천국에 가장 가까워지는 때입니다. 하지만 하나님의 집에 있는 소작인들이, 그분이 요구하신 적은 공물조차 바치기를 거부하다니 이 얼마나 배은망덕한 짓인지요!

이런 질문이 제기됩니다. 얼마나 자주 임대료를 지불해야 할까요? 여러분이 알다시피, 법적으로, 어느 집의 임대료는 항상 그 임대의 기간과 관련되어 있습니다. 만약 어떤 사람이 집을 일 년 단위로 임차해서 사용한다면, 그는 일 년 단위로 임대료를 지불해야 합니다. 만약 그가 분기별로 그것을 임차한다면, 그는 매 분기당 임대료를 지불합니다. 만약 우리가 매 순간 단위로 우리의 집을 임차하여 사용하고 있다면, 우리는 매 순간 세를 지불해야 합니다.

그러므로 다윗이 이렇게 말한 것이 지극히 당연합니다. "내가 여호와를 항상 송축함이여 내 입술로 항상 주를 찬양하리이다"(시 34:1). 계속해서 하나님을 찬미하며 살아가는 것이 그리스도인의 의무이자 기쁨입니다. 한 사람이 말합니다. "옳습니다만, 우리는 그렇게 할 수가 없습니다. 우리는 다른 것들에 대해서도 생각해야 하니까요." 하지만 기억하십시오. 하나님께 대한 찬미가 우리 입술에 없을 때에도, 우리의 마음에는 항상 있어야 합니다. 연기를 내며 타지 않을 때에도 향로에는 항상 향이 담겨 있어야 합니다. 찬미는 항상 우리 속에 간직되었다가, 언제든 기회가 주어지면 거룩한 불로 타오를 수 있어야 합니다. 그뿐 아니라, 나는 우리 하나님께서 일상적인 일들에서도 최상의 찬미를 받으실 수 있다고 믿습니다. 올바른 동기로 구두를 수선하는 사람은 천상의 소네트를 부르는 스랍 천사들만큼이나 하나님을 찬미하고 있는 셈입니다. 일터에서, 가정에서, 병상에서, 그리고 직업에 따라 여러분이 어느 곳에 있든지, 여러분이 중보자이신 예수님을 통해 여러분의 마음에 담긴 사랑을 바친다면, 여러분은 지존하신 하나님께 찬미의 세를 지불하고 있는 것입니다. 오, 쉬지 말고 이것을 행하시기 바랍니다!

하지만 형제들이여, 나는 우리가 임대료를 미불하고 있음을 염려합니다. 우리 중에서 최상의 임대료를 지불했던 사람들도 여전히 지불해야 할 임대료에는 훨씬 미달인 상태입니다. 그렇습니다. 여러분은 오늘 아침에 불평을 하였습니다. 그것은 받은 혜택에 대한 합당한 보답이 아닙니다. 살아 있는 사람이 불평한단 말입니까? 불평하는 것 빼고는 거의 아무것도 하지 않는 사람들도 더러 있습니다. 그들은 시간에 대해 불평하고, 날씨에 대해, 정부에 대해, 가족들에 대해, 거래에 대해 불평합니다. 차라리 그들이 그들 자신에 대해서 불평을 한다면, 그것이 그들의 흠잡기 식의 불평에 어울리는 주제일 것입니다. 하나님은 선하시고, 선을 행하시니, 그의 이름이 찬양받으시길 원합니다! 우리는 그분의 백성으로서, 비록 그분이 우리를 죽이신다 해도 그분을 신뢰한다고 고백합시다. 비록 그분이 그분의 무거운 손으로 눌러 우리를 신음하게 하신다 해도, 우리는 울면서도 그분을 찬미할 것이며, 우리의 꺼져가는 호흡이 우리의 삶이라는 시편의 한 곡조가 되기를 원합니다. 우리는 위에 있는 거룩한 천사들의 노래에 곧 화답하게 되기를 소망합니다. 삶에서 하나님을 찬미하고 노래하는 것은 순종으로 실천되어야 하며, 또한 마음에서 우러나온 감사로 실천되어야 합니다. 바로 이것이 우리가 거처하고 있는 집에 대해 지불해야 할 임대료입니다.

여러분 중에서 자기 자신이 하나님의 것임을 인정하지도 않는 자들이 있습니까? 지금까지 집세를 다른 누군가에 지불하고, 다른 주인을 섬겨온 자들이 있습니까? 나는 종종 인간이 그 흉악한 주인인 마귀를 위해 무언가를 행한다는 것에 아연실색하곤 합니다. 선생들이여, 마귀는 때때로 거리의 구석진 곳에 있는 자기의 비밀집회소 중의 한 곳으로 사람들을 소집합니다. 그곳에서는 타는 듯한 연기가 솟아오르는 곳인데, 사람들은 그의 소집에 즐겁게 복종합니다. 그들은 그런 장소에서 무례하고, 사납고, 이기적이고, 저속하고, 그 외에 바람직하지 못한 모든 동료들과 만나며, 서로를 "유쾌하고 좋은 친구들"이라고 부릅니다. 비록 마귀가 그들 중에서 약간의 세련되고 용감한 정신을 가진 자들과, 지혜와 비상한 재주와 지식을 가진 사람들을 뽑아내기도 하지만, 신속하게 모여드는 자들은 주로 얼뜨기들이며, 우리는 그 점에 대해 그리 놀라지 않습니다. 대체로 사탄의 회중은 가장 천박하고 비열한 종류의 남자와 여자들로 구성되어 있습니다. 하지만 그들이 저 참소자의 소집에 부름을 받을 때에는, 그들은 매우 신속하게 모여듭니다. 이 어리석은 자들의 모임에서 무엇이 자행됩니까? 그들은 웃음을 자아내는 어리석은 짓거리들을 하며 교제를 나눕니다. 그들은 화주(火酒)가 담긴 잔을 돌리며, 그것을 즐겁게 마시고 또 마십니다. 계속해서 그 손잡이 없는 술잔에는 더 깊은 저주로 채워집니다. 비록 그 잔이 그들의 머리를 어지럽게 만들고, 그들의 속을 타오르게 하며, 그들의 걸음을 비틀거리게 만들어도, 이 자발적인 노예들은 그들의 주인의 명에 따라 기꺼이 마십니다. 그렇습니다. 그가 "마셔라, 실컷 마셔라"고 소리칠 때, 이 충실한 종들은 개처럼 축 늘어지거나 귀신처럼 울부짖을 때까지 독을 삼킵니다. 마침내 전율케 하는 정신착란이 그들에게 찾아와 마치 지옥처럼 그들을 삼켜 버릴 때까지, 그들은 그 죽음의 잔에서 입을 떼지 않습니다. 수많은 사람들이 술로 자기 목숨을 허비하고, 또한 스스로의 영혼을 파멸시킴으로써 사탄에게 복종과 경배를 바칩니다.

자기 주인을 섬기는 일에서, 그들은 우리가 우리의 하나님을 섬기는 것보다 얼마나 더 뛰어난지요! 그들은 그들의 저주받은 지도자를 지옥까지도 따르려고 합니다. 비록 마귀가 부과하는 세금이 무겁고 징수금이 가혹하게 그들을 짓눌러도, 그들은 지체 없이 그들의 수입을 갖다 바칩니다. 우리는 위대한 군주들이 그들의 영지를 모두 바알세불에게 넘기는 것을 보아왔습니다. 바알세불이 그들 앞에 푸른 리본으로 장식한 말의 형상으로 우상을 세우면, 그들은 엎드려 절하며 그것을 경배하고, 그의 사당(祠堂)에 소유의 모든 것을 바쳤습니다! 이들이 마귀를 위해서 행한 것만큼, 그리스도를 위해 행하려는 사람들을 만날 수 있기를 원합니다. 한때를 지배할 수 있는 것이라면, 어떤 종류의 유행이라도 그것을 따르는 미친 군중을 모읍니다. 아무리 불합리하고 우스꽝스러워도, 유행의 열광적인 숭배자들은 이렇게 소리칩니다. "이스라엘아 이는 너희의 신이로다"(출 32:4). 놀랍게도 사탄의 종들은 그들의 주인에게 잘 복종합니다. 그가 부과한 세금은 규칙적으로 지불됩니다. 하지만 그는 정당한 소유주가 아니며, 인간이라는 집에 대해 어떤 권리도 갖고 있지 않습니다. 인간들은 방탕이라고 하는 '저거노트'(Juggernaut, 인도 신화에서 크리슈나 혹은 그의 신상을 말하며, 이것을 실은 차에 치여 죽으면 극락에 간다고 믿었음 — 역주)의 수레 앞에 그들의 생명을 던지며, 그 바퀴 아래 스스로를 던지려고 합니다. 반면 인간들을 위한 사랑으로 장식된 그리스도의 황금 수레가 거리를 지날 때에, 그들은 이 평화의 왕에 대해 한 마디의 찬사도 보내지 않습니다. 오, 예수의 종들이여, 이것을 부끄럽게 여기십시오! 와서 여러분의 주님께 온전한 섬김을 바치십시오. 경건에 여러분의 마음의 열정을 쏟아 부으십시오. 최소한 다른 사람들이 마귀에게 하는 것만큼은 하나님을 위해 뜨거워지십시오. 최소한 그들이 죄의 미친 길을 달려가는 것 정도는, 자기를 부인하고 희생하십시오. 위대하신 지주에게 여러분의 집세를 바치고, 밀린 것을 지불하십시오.

4. 임차한 집과 관련된 인간의 의무

더 시간을 지체할 수 없습니다. 다음으로 숙고해야 할 요점은 이것입니다. 소작인으로서 임차한 집과 관련된 인간의 의무에 관한 것입니다.

본문은 말합니다. "네 집에 유언하라"(KJV의 표현은 'Set thine house in order' 즉 '네 집을 정돈하라', 혹은 '치우라'는 의미임 — 역주). 이 말씀은 우리가 그것을 파괴하거나, 심지어 손상해서도 안 된다는 것을 보여줍니다. 우리의 몸은 성령의 전입니다. 우리 몸을 상하게 하는 일을 해서는 안 됩니다. 신자에게 있어서 몸은 귀한 것이며, 마지막 날에 일어나게 되어 있습니다. 예수 그리스도께서 자기 피로써 신자의 영혼과 더불어 영혼을 담고 있는 몸을 사셨기 때문입니다. 우리는 육체를 함부로 상하게 해서는 안 되는데, 왜냐하면 불의한 청지기가 자기 주인의 소유를 허비하는 것으로 비난을 받았기 때문입니다(참조. 눅 16장).

우리는 집을, 곧 우리 자신의 집을 정돈해야 합니다. 어떤 사람들은 다른 사람들의 집을 정돈하느라 매우 분주합니다. 오, 그들이 이웃의 주방을 치우거나 혹은 찬장의 먼지를 닦을 때에 얼마나 신속하게 그들의 혀를 놀리는지요! 선생들이여, 다른 사람들의 문제를 바로잡으려 하기 전에 여러분 자신의 집을 치우십시오!

또한 소작인이 직접 그 일을 해야 합니다. "네 집을 정돈하라." 여러분은 사제에게 가서는 안 됩니다. 여러분은 동료에게 찾아가서 여러분의 문제에 책임을 져 달라고 요청해서는 안 됩니다. 여러분의 모든 문제를 바로잡으실 수 있는 하나님께 여러분은 개인적으로 간청을 드려야 합니다. 그분이 세상에 오셔서 죽으신 것은 바로 이 목적을 위해서입니다. 여러분의 등에 기름이 필요하다면, 여러분은 직접 기름을 파는 이에게 가서 사야 합니다. 여러분의 동료 처녀들이 기름을 줄 수는 없기 때문입니다. 당신 자신의 집을 당신이 정돈하십시오. 이 일은 모든 살아 있는 인간이 하나님의 소작인으로서 해야 할 가장 중요한 일입니다.

어떤 문제에서 내 집은 정돈되어야 합니까? 내 양심이 그것을 아는데 도움을 줄 것입니다. 성령의 조명을 받은 양심은 어떤 문제에서 우리의 마음과, 우리의 가정과, 우리의 생업을 정돈해야 하는지를 우리에게 말해줍니다. 그 가르침에 의해, 우리는 집의 모든 부분이 어떻게 정돈되어야 하는지를 배울 수 있습니다. 몸이 영혼의 주인 노릇하는 것은 결코 옳지 않습니다. 양심이 그 사실을 우리에게 알려줍니다. 악한 것을 오래도록 생각하며 간직하는 것은 옳지 않습니다. 진창에 뒹구는 것을 좋아하는 것은 결코 옳지 않습니다. 쓴 것을 달다 하고, 단 것을 쓰다 하는 판결도 옳지 않습니다. 양심은 우리의 전인(全人)이 그리스도 안에 있기까지, 살아 있는 믿음으로써 예수님을 우리의 완전한 구원자로 받아들이고, 성령을 우리를 성화시키는 분으로 받아들이기까지는, 우리가 올바르지 않다고 말합니다. 양심과의 관계가 올바르지 않으면 우리는 결코 바른 것이 아니며, 또한 양심은 우리가 하나님과 바른 관계가 되지 않으면 결코 올바를 수 없다고 우리에게 말합니다. "네 집을 정돈하라." 내면의 감시자에게 복종하십시오. 잠잠하여 세미한 음성에 귀를 기울이고, 당신의 하나님을 만날 준비를 하십시오.

당신은 묻습니다. "하나님의 명령이 무엇입니까?" 당신은 출애굽기 20장을 읽음으로써 그 명령을 찾을 수 있습니다. 그분의 명령은 십계명에 나타나 있습니다. 당신은 복음 안에서 그분의 명령이 무엇인지를 배울 수 있습니다. 우리는 그리스도께서 우리에게 주신 새 계명, 즉 서로 사랑하라는 계명을 읽습니다. "그의 계명은 이것이니 곧 그 아들 예수 그리스도의 이름을 믿고 그가 우리에게 주신 계명대로 서로 사랑할 것이라"(요일 3:23). 사랑하는 친구여, 이런 의미에서 당신의 집은 하나님과 바른 관계에 있습니까? 만약 이 순간에 당신이 모든 소유를 양도해야 한다면, 당신의 모든 것이 제대로 정돈되어 있습니까? 만약 죽음의 화살이 이 예배당을 관통하여 날아와, 지금 이 순간 당신의 심장을 맞힌다면, 모든 것이 제대로 정돈되어 있습니까? 심판의 날에 하나님의 눈이 당신을 바라보실 때, 당신이 원하는 대로 모든 것이 정돈되어 있습니까? 어느 한 순간에, 우리는 하늘이 타오르고 땅이 흔들리는 것을 볼 것이며, 죽은 자들이 무덤에서 일어나는 것을 볼 것입니다. 여기 이 태버너클 예배당과 모인 군중 대신에, 우리는 별안간 흰 보좌에 앉으신 왕을 볼 것이며, 천사장의 나팔소리가 울려 퍼지는 것을 들을 것입니다. "너희 죽은 자들아 일어나 심판대로 오라"는 소리가 우리 모두에게 들려올 그 때, 우리는 정녕 그 장엄한 날의 불꽃을 보기 원하고 엄위한 재판장의 조사를 받기를 원합니까? 이렇게 말할 수 있는 자는 복된 자입니다. "나는 모든 것을 그리스도께 맡겼습니다. 내 몸과 혼과 영과, 내 모든 힘과 애정이 다 그분의 것입니다. 그러므로 오소서, 주 예수여, 빨리 오소서. 바로 지금 오셔도 저는 좋습니다." "네 집에 유언하라!" 그 때, 당신의 양심과 하나님의 말씀이 무엇이 필요한지를 가르쳐주는 안내자가 될 것입니다.

하지만 내 친구여, 염려하건대 나는 당신이 신중한 주의를 기울여 많은 것들을 재배치해야 한다고 생각합니다. 오 매일, 우리 각 사람은 그리스도를 닮은 삶을 살아가야 합니다. 그럴 경우 우리는 우리의 집을 정돈해야 할 필요가 없겠지요! 나는 이 교회의 목사로서, 비록 내가 게으르지는 않다고 믿지만, 나 자신의 사역을 결코 만족스럽게 바라볼 수 있었던 적이 없습니다. 나는 저 세리처럼 서서 이렇게 기도해야 합니다. "하나님이여 불쌍히 여기소서 나는 죄인이로소이다"(눅 18:13). 내 일의 범위는 너무 광범하고, 나는 너무나 연약합니다. 이 중에 빠뜨리거나 어긴 것이 없이 자신이 해야 할 몫을 다 감당했노라고 자부할 사람이 있습니까? 내 형제여, 만약 당신이 그렇게 말할 수 있다면 나는 당신을 부러워할 것입니다. 그렇다면 당신은 머잖아 천국에 있을 것이기 때문입니다. 만약 그것이 스스로를 의롭게 여기는 태도나 자부심 어린 당신 자신의 견해가 아니라면, 당신은 곧 그곳에 있게 될 것이 확실합니다.

사랑하는 친구들이여, 지금 우리의 상태가 어떠하든지, 만약 마땅히 되어야 할 옳은 상태가 아니라고 느낀다면, 지금 이 순간 이 부르심의 말씀을 새기도록 합시다. "네 집에 유언하라." 우리가 종종 빠지는 헛된 후회를 우리는 종종 참된 회개로 여깁니다만, 이것을 기억하도록 합시다.

> "참된 회개란
> 전에 사랑하던 죄를 떠나는 것이며,
> 더 이상 같은 죄를 범하지 않음으로써
> 진지하게 슬퍼함을 보이는 것이다."

예수 그리스도를 믿는 자들로서, 우리에게 어떤 결핍된 것이나 혹은 과도한 부분이 있다면, 무엇이든 하나님의 생각과 뜻에 반하는 것이 있다면, 성령께서 임하시어 그 모든 것을 바로잡아 주시기를 바랍니다. 그리하여 우리의 집이 정돈되기를 바랍니다!

지금까지 나는 우리의 집이 어떤 방식으로 정돈되어야 하는지를 제시했습니다. 하지만 나는 여러분의 집들이 많은 부분에서 정돈되지 못했음을 염려합니다. 여러분의 집들 중 어떤 집은 한바탕 대청소가 필요합니다. 죄의 먼지와 오물이 복도에 켜켜이 쌓여 있습니다. 귀한 피가 뿌려져야 합니다. 만약 그렇지 않고 주께서 율법의 대빗자루로 쓸기 시작하신다면, 존 번연이 우리에게 말한 바와 같이, 먼지가 여러분의 기도를 질식시키거나 혹은 여러분의 믿음의 눈을 멀게 하는 일이 발생할 것입니다. 복음이 임하고, 은혜의 물이 뿌려지기를 바랍니다. 그런 다음 그리스도께서 들어오시어, 여러분의 집을 쓸어주시기를 바랍니다. 하지만 여러분에게는 쓰는 것 이상이 필요합니다. 여러분의 집은 씻는 것이 필요합니다. 모든 복도가 물청소를 필요로 하며, 주 예수 그리스도 외에는 이런 일을 할 수 있는 이가 없습니다. 그분의 피가 아니면 그 무엇으로도 당신을 깨끗하게 할 수 없습니다. 여러분 집에 있는 많은 것들이 오염되고 창문들은 매우 더러워, 영광스러운 복음의 빛이 들어갈 수가 없고, 따라서 하나님의 일들에 관한 올바른 깨달음이 당신에게 들어오지 않습니다. 오, 이것이 올바로 정돈되기를 바랍니다! 어떤 사람들의 집에서는 오수(汚水)가 방치되어 있습니다. 많은 더러운 것들이 썩고, 악취를 풍기며, 그들의 영혼을 오염시키고 있습니다. 아아, 거듭나지 못한 사람에게서 정돈되어 있는 것이 있기나 한지요! 그런 상태에 있는 모든 사람에게 본문은 크게 소리칩니다. "네 집을 정돈하라." 하지만 선생들이여, 그리스도께서 오시어 여러분을 돕지 않으시면, 그것은 가망 없는 일입니다. 그리스도와 그분의 영이 임하여 여러분을 돕지 않으시면, 여러분의 집은 여전히 무질서한 상태로 남을 것이며, 모든 것이 더럽고 어지럽혀진 상태로 남을 것입니다. 그리하여 마침내 위대하신 왕이 임하여 그것을 보시게 될 때, 당신에게 화가 있을 것입니다. 그분이 나타나실 때에, 당신에게는 정녕 화가 있을 것입니다!

5. 집을 정돈할 이유 — 떠나라는 통보

이제 마지막으로 한 가지 생각을 나눈 후에 말씀을 맺겠습니다. 우리가 집을 정돈하라는 명령을 받는 이유는, 떠나라는 통지와 더불어 기간이 만료되었기 때문입니다. "너는 네 집에 유언하라 네가 죽고 살지 못하리라."

이는 나쁜 소작인들이 집을 정돈해야 할 이유로서 신중히 숙고하지 않는 사항입니다. 그들은 가능한 황폐한 상태에서 집을 떠납니다. 하지만 공정한 소작인은 자기 주인의 재산을 손상되지 않은 상태로 복구하기를 원합니다. 하나님과 바른 관계에 있는 사람도 그러합니다. 그는 그것을 원합니다. 그가 죽을 때, 그는 여기 지상에 하나님께 손해를 끼친 흔적들을 남기기 원치 않으며, 오히려 많은 섬김의 기억들을 남깁니다. 그는 마치 사탄이 어느 귀신들린 불쌍한 사람에게서 나갈 때처럼 집을 망가뜨린 채 버려두고 나가기를 원치 않습니다. 그렇지 않습니다. 정직한 사람, 자기 하나님을 사랑하는 자는, 뒤에 남겨진 모든 것들이 하나님께 영광이 되기를 바라며, 그 어떤 것도 하나님께 불명예가 되는 것을 바라지 않습니다. 휫필드(Whitefield)는 한 젊은이의 이야기를 하곤 했습니다. 그 젊은이는 늙으신 아버지가 살던 집에 살 수가 없었습니다. 왜냐하면 그 집에 있는 모든 가구에서 '경건의 냄새'가 났기 때문입니다. 그는 악하고, 망령되고, 반항적이며, 그리스도가 없는 사람이었기에, 경건했던 아버지에 대한 기억이 그에게 강력한 영향을 미치고 그를 책망하는 듯한 집에서 살 수가 없었던 것입니다.

오! 나는 내 집의 모든 가구에서 그런 냄새가 난다면 좋겠습니다. 그렇게 된다면, 내 아이가 그것을 가지게 될 때 이렇게 생각할 것입니다. "여기서 내 아버지가 하나님의 말씀을 연구하곤 하셨지. 그리고 저기서는 무릎을 꿇고 기도하곤 하셨지. 이제 내가 그분의 집을 소유하게 되었으니, 그분의 삶의 방식을 본받아야 하리라."

지금은 천국에 간 하나님의 귀한 사람이 어느 날 나를 그의 서재로 데리고 가서는 이렇게 말했습니다. "저기 한 장소가 보이지?" "예." "음, 그곳이 내 사랑하는 아내가 무릎을 꿇고 기도하던 곳이란다. 어느 날 아침, 그녀가 조반을 위해 내려오지 않아서 내가 올라와 보았더니 숨져 있더구나." 그는 계속해서 말했습니다. "오! 저기는 거룩한 곳이란다." 과연 그랬습니다. 그녀는 매우 은혜로운 여인이었습니다. 오, 우리가 그렇게 살아, 우리가 떠난 뒤에 남은 모든 것이 아벨의 피처럼 땅에서 부르짖는 곳이 되었으면 좋겠습니다! 우리의 습관과 태도가 그렇게 되기를 바랍니다. 우리가 죽은 후에, 우리와 관련되었던 모든 것에서 거룩한 추억의 향기가 발하기를 바랍니다! "하나님이시여, 그렇게 되게 하소서!" "하나님이시여, 그렇게 되게 하소서!" 그렇게 되기를 여러분은 확신합니까? 나는 그리스도인들인 여러분에게 호소합니다. 여러분은 너무 나태하지 않습니까? 여러분에게는 여러분의 주이신 하나님께 거스르는 죄가 없습니까? 만일 지금 여러분이 부름을 받는다면, 여러분에게 무언가 잘못된 것들이 많지 않을까요? 나는 여러분에게 집을 정돈하라고 호소합니다.

그리스도 안에서 사랑하는 친구여, 모든 것이 정돈되도록 하십시오. 지금 떠날 모든 채비를 갖추십시오. 그 일이 오늘 밤 일어날 수도 있습니다. 교회를 위하여 그렇게 하십시오. 당신이 그렇게 산다면, 교회가 여러분을 그리워할 때, 당신이 떠난 자리에서 은혜의 기억들이 남을 것입니다. 당신이 남긴 거룩한 본보기가 여러분이 떠난 것을 슬퍼하는 자들을 분발시킬 것입니다. 세상이 선을 위한 당신의 간절한 노력들을 그리워하도록 사십시오. 당신의 삶을 잘 정돈하여, 당신의 본보기가 다른 사람들을 잘못된 길로 이끄는 일이 없도록 하십시오. 오히려 당신을 계승하도록 격려하는 거룩한 유산을 남기십시오! 또한 당신의 자녀들을 위해 모든 것을 정돈하십시오. 그들은 부모의 모습을 상당히 닮을 것입니다. 물론 하나님의 주권적인 은혜가 개입하겠지만, 대개는 어머니가 자녀의 삶을 형성합니다. 당신의 삶이 당신의 자녀의 미래를 아름답게 형성하는 본이 되기를 바랍니다.

내 사랑하는 형제여, 비록 당신은 떠나더라도 당신의 집을 잘 정돈하십시오. 왜냐하면 당신이 그리스도를 믿는 자라면 당신은 더 나은 곳으로 갈 것이기 때문입니다. 낡은 흙집을 벗어버리고, 당신은 대리석 전당에서 거할 것입니다. 당신은 낡은 오두막집을 떠날 것입니다. 무덤에서 여행자의 천막은 거두어질 것이며, 그 대신 "손으로 지은 것이 아니요 하늘에 있는 영원한 집"(고후 5:1)으로 교체될 것입니다. 오, 당신이 첫 번째 집에서 나쁜 소작인으로 판명됨으로써 두 번째 집을 얻지 못하게 되는 일이 없기를 바랍니다. 하나님의 은혜로 인해 당신이 지금 있는 집을 잘 정돈한 후 머뭇거림 없이 떠나고, 다음 번 집으로 선뜻 들어가게 되기를 바랍니다. 부끄러움을 남기지 말고 당신의 첫 번째 집을 떠나십시오. 복된 부활에 대한 확실하고 분명한 소망 가운데 떠나십시오! 첫 번째 집을 즐거이 떠나고, 당신의 집 열쇠를 위대하신 지주(Landlord)에게 기꺼이 드리십시오. 왜냐하면 당신이 떠난 후에, 그분이 그 모든 방에서 은혜의 유품(遺品)들을 보실 것이며, 그분 자신의 활동의 흔적들과, 그의 성령의 아름다운 장식품들을 보실 것임을 당신이 알기 때문입니다. 그 때 당신은 섬기는 천사들의 안내를 받아 더 나은 나라로 들어갈 것이며, 썩지도 않고 쇠하지도 않는 기업을 얻을 것입니다.

마지막으로, 이 당부와 더불어 말씀을 맺겠습니다. 나는 우리 모두가 우리 집의 열쇠를 위대하신 지주에게 드리고, 우리가 소작인들로서 그분의 덕택으로 살고 있음을 시인하기를 바랍니다. 일전에 어느 귀한 형제가 내게 이런 말을 했습니다. 그 형제는 칠십 년이 지난 자신의 세월에 대해 언급하면서, 자신의 임대 기간은 끝이 났으며, 현재는 하루 단위로 살고 있다고 했습니다. 우리 각 사람도 그의 말처럼 모든 면에서 하루 단위로 살도록 합시다. "이제 우리의 구원이 처음 믿을 때보다 가까웠음이라"(롬 13:11)는 말씀을 기억합시다. 이 '낮은 땅'(lowlands)에서 오래도록 머물기를 기대하는 것처럼 행동하지 맙시다. 그리스도인이라고 고백하면서 죽기를 거부하는 듯한 사람들을 보는 것은 몹시 불쾌한 일입니다. 우리가 병들어서 곧 죽게 될 것 같다고 느낄 때, 정리해야 할 일들이 그렇게 많고, 후회할 일들이 그렇게 많아서야 되겠습니까? 사랑하는 형제들이여, 후회라는 것은 좀 더 일찍 시작하고, 아직 과거를 슬퍼할 시간이 있을 동안에 하십시오. 후회를 하려거든 지금 하십시오. 지금 은혜를 구하여, 당신을 사랑하여 당신을 피로 사신 그분을 위해 할 수 있는 일을 하도록 하십시오.

그리스도의 속죄의 피가 없는 이들에 대해 말하자면, 나는 여러분이 여러분 자신을 위해 사는 것에 놀라지 않습니다. 오, 그리스도를 멸시하는 여러분이여! 나는 여러분이 쾌락의 노예처럼 행동하는 것에 대해 놀라지 않습니다! 하지만 하나님의 택함을 받은 이들, 예수의 피로 사신 바 되고, 그분의 성령에 의해 부름을 받은 이들, 그분의 백성이라고 고백하는 이들이여, 여러분에게는 살아야 할 목표로서 더 고상한 것들이 있습니다. 여러분에게 호소합니다. 세상의 속물들처럼, 이 땅의 삶에 모든 유업이 있는 것처럼 살지 마십시오. 우리로 하여금 여러분을 부끄러워하지 않도록 하십시오. 영원을 위해 사십시오. 그리스도의 영광을 위해 사십시오. 영혼들을 얻기 위해 사십시오. 왕의 소유지를 임차하여 쓰는 소작인처럼 행동하십시오. 여러분의 지주는 전 우주에서 가장 선하신 분이니, 여러분 역시 최상의 소작인들이 되십시오. 또 다른 나라로 이동하게 될 때를 항상 염두에 두십시오. 지혜가 훌륭한 문장으로 표현된 어느 책의 내용을 인용함으로써 내 마지막 당부의 말을 남깁니다.

"불안한 지상의 거주자여, 명심하고 단단히 채비를 갖추십시오.
한 날 동안 오두막에 거하는 소작인이여,
그대는 영원한 우주의 상속자입니다!
얼어붙은 무덤도, 드넓은 창공의 삼키는 물도,
넓디넓은 하늘의 공기도, 회오리치는 게헨나의 불도,
영면(永眠)의 동록(銅綠)이나, 낡음이나 닳아짐이나,
손실이나, 우연이나 그 어떤 변화도,
그대 안에 있는 영혼의 불꽃을 꺼뜨릴 수 없습니다!

……

오, 인간이여, 당신의 영혼을 돌보십시오.
어떤 형제도 당신의 영혼의 안전을 대신 보증하지 못합니다.
천국이든 지옥이든, 당신은 불멸의 운명을 피할 수 없습니다!"

제 33 장

사랑의 기적

"주께서 내 영혼을 사랑하사 멸망의 구덩이에서 건지셨나이다."—사 38:17

히스기야의 몸의 건강을 회복하기 위해 사용된 수단은 마치 고약처럼 종처(腫處)에 바른 한 뭉치의 무화과였습니다. 하지만 낙심의 질병으로부터 그의 영혼을 회복하기 위해 사용된 수단도 마찬가지로 효과적이었으며, 또한 훨씬 더 달콤한 것이었습니다. 주께서 히스기야의 마음의 상처에 '만국을 치료하기 위한 생명나무 잎사귀들'(참조. 계 22:2)을 얼마간 발랐다고 말해도 무방할 것입니다. 그러한 괴로움을 겪으면서 히스기야는 의심과 두려움과 불길한 예감으로 침울해졌고, 마침내 거의 절망한 것이 사실입니다. 주님은 마치 그의 몸을 회복시키셨듯이 그의 마음에도 거룩하고, 깊고, 참되고, 강력한 사랑을 부어주셨습니다. 그리하여 히스기야의 영혼도 회복하여 일어났으며, 학처럼 지저귀며 슬피 우는 대신 지존자를 향하여 찬양의 노래를 부르기 시작했습니다. 그의 영혼의 질병을 위한 처방은 사랑이었습니다. 그의 마음은 사랑에 의해 절망의 무덤에서 나올 수 있었습니다. 사랑은 그를 이끌어낸 능력의 손이었고, 사랑은 그를 묶어서 끌어올린 끈이었습니다.

히스기야의 질병과 낙심에 관련된 일은 모든 신자들의 경우에도 사실입니다. 사랑하는 형제들이여, 우리가 본성상 누워 있던 곳은 죽음의 무덤이었습니다. 예, 그보다 더 심한 부패의 구덩이였지요. 우리는 죄로 인해 너무나 처절히 망가져서 구덩이에 갇혀 썩고 부패한 사람들과도 같았습니다. 죄가 우리의 본성에서 부패 작용을 일으켰기 때문입니다. 죄는 우리 속에서 가장 끔찍한 활동을 했습니다. 전장에서 죽임을 당하여 그 시신이 썩고 부패한 자들처럼, 우리는 하나님께 역겹고, 부패하고, 가증스러웠습니다. 지금 이 순간, 하나님의 은혜에 의해 예수를 믿은 우리는 무서운 구덩이에서 건짐을 받은 것입니다. 지금 우리는 복된 상태에 있습니다. 만세반석 위에 우리의 발을 디디고 있기 때문입니다. 불변의 약속들과 영원한 목적들이 이제는 우리 확신의 근거입니다. "이제 우리 머리가 우리를 둘러싼 원수들 위에 들리리니, 우리가 주의 장막에서 즐거운 제사를 드리겠고 노래하며 여호와를 찬송할 것입니다"(참조. 시 27:6).

우리가 부패의 구덩이에 있을 때 우리에게 긍휼을 베푸시도록 하나님을 움직인 것은 그분의 사랑이었습니다. 이 사실을 상기하는 것이 너무나 중요합니다. 주님은 우리가 혐오스러운 상태에 있을 때조차 우리를 사랑하셨습니다. 이는 사랑의 깊은 신비입니다. 사도는 "하나님이 우리를 사랑하신 그 큰 사랑을 인하여 허물로 죽은 우리를 살리셨다"고 잘 말했습니다(엡 2:4-5). 우리 속에 선함이란 없고 오히려 모든 악이 있을 때 우리를 사랑하는 것, 우리가 사랑스럽지 않고 오히려 증오스러울 때 우리를 사랑하는 것, 이는 인간의 방식과는 다르며 오직 하나님의 무한히 넓은 가슴에만 합당한 일입니다. 이제 우리는 압니다. 이 옛적, 태고(太古)의 사랑에는 사랑 그 자체의 이유 말고는, 우리를 수렁에서 건져낼 방법을 고안한 데에 다른 어떤 이유도 없었습니다.

우리는 대속물에 의해, 우리를 대신한 '다른 한 분'(Another)의 희생에 의해 일으켜졌습니다. 우리는 하나님의 힘의 작용에 의해 일으킴을 받았습니다. 우리를 죄와 죽음에서 일으킨 것은 우리 주 예수 그리스도를 죽은 자들 가운데서 일으켜 세웠던 그 동일한 힘이었습니다. 사랑이 이 놀라운 은혜의 방식을 계획했습니다. 또한 그 계획을 수행하기 위해 필요한 모든 것을 제공한 것은 사랑이었습니다. 우리는 이 아침에 그것을 인정하며, 또한 그것을 인정하면서 크게 기뻐할 것입니다. 사랑이 구주를 십자가로 데려갔습니다. 사랑이 그분으로 하여금 친히 그 몸으로 우리 죄를 짊어지고 나무에 달리게 했습니다. 사랑이 그분으로 하여금 우리를 위해 그 귀한 생명을 버리도록 이끌었으며, 무덤에서 볼모로 잡히시게 했습니다. 우리를 소생시키고, 깨우치고, 강하게 하고, 우리 안에 영원히 사시도록 성령을 보낸 것은 사랑이었습니다. 사랑이 우리의 구속을 위해 필요한 모든 자원들을 찾아내었고, 구속이 완수되었을 때 그것을 우리에게 적용시킨 것도 사랑이었습니다. 사랑이 우리를 구주의 십자가로 이끌었습니다. 사랑이 우리를 거듭나게 했습니다. 사랑이 이 날까지 우리를 지탱해왔고, 또한 끝날까지 우리를 지킬 것입니다.

하지만 나는 그 커다란 진리보다는 그 중 한 가지 요소에 여러분의 주의를 기울이도록 요청합니다. 이 본문은 매력적인 사실을 제시하고 있는데, 나는 그것을 하나님의 영의 도우심을 의지하여 여러분에게 전할 것입니다. 그것은 바로 이것입니다. 즉 사랑이 우리의 구원을 바라고, 그것을 계획하고, 또한 그것을 제공했을 뿐 아니라, 그 사랑이 사용했던 도구 역시 사랑이었다는 것입니다. 우리가 그 수렁에서 빠져 나오게 된 것은 힘이나 공포에 의해서가 아니라 사랑에 의해서입니다. "주께서 내 영혼을 사랑하사 멸망의 구덩이에서 건지셨나이다." 얼마 전 주일에 나는 여러분에게 그리스도의 사랑에 빠져드는 우리의 영혼에 대해 말씀을 전했습니다. 그리고 죄인들을 예수께로 이끄는 사랑의 힘을 전하려고 시도했습니다. 이 본문이 의미하는 바가 바로 그것입니다. 즉 하나님이 우리를 사랑하사 멸망의 구덩이에서 건지셨습니다. 구원받은 영혼들을 지금의 상태로 이끌어 낸 것은 사랑이라는 강력한 수단이었습니다.

개인적으로 이 주제를 묵상하면서 나는 황홀감에 빠졌지만, 내가 바라는 만큼 그것을 여러분에게 전할 수 있을지가 염려됩니다. 나는 자기 어머니에게 이렇게 말하는 아이와도 같습니다. "엄마, 내가 바다를 엄마에게 가지고 올게요." 그렇게 말한 아이는 바닷가로 내려가서 작은 손바닥에 물을 채웁니다. 하지만 어머니에게 도달하기 전에 손에 담아온 물을 열 번이나 쏟습니다. 그리고 설혹 손바닥에 담은 물을 전부 가져온다고 해도, 그것은 단지 몇 방울의 물에 불과하며, 그 뒤에는 조금도 줄어들지 않은 크고 넓은 바다가 있습니다. 나는 여러분의 영혼에 내가 느낀 것의 십분의 일도 전달할 가망이 없습니다. 나는 이 본문의 황금 잔에서 새 포도주를 마시는 동안 다윗과 더불어 언약궤 앞에서 춤출 수 있었습니다. 나는 내 기쁨을 여러분에게 전할 가망이 없습니다. 또한 비록 내가 그것에 성공한다고 해도, 내가 전달한 것은 내 앞에 놓인 이 본문의 영광에 비하면 미미한 정도에 불과할 것입니다. 하지만 나는 여러분 중에서 많은 분들이 이 설교를 통해 이와 같이 노래 부를 수 있을 정도로 충분한 은혜를 받기 바랍니다.

"거룩한 어린 양 안에서
나는 너무나 행복하다네.
그의 이름을 부르는 소리에
내 마음은 기뻐 춤추네."

이 아침에 하나님의 영이 여러분을 사랑하사 여러분으로 하여금 구주의 사랑을 느끼게 해 주시길 빕니다. 성령께서 여러분으로 하여금 하나님의 사랑으로 인한 황홀감에 빠져들게 하시길 바랍니다. 우리가 먼저 숙고할 것은, 우리가 사랑을 받아 은혜 안에 들어왔다는 사실입니다. 우리는 또한 사랑을 받아 은혜에서 진보했으며, 또한 우리는 사랑을 받아 은혜에서 영광으로 들어갈 것입니다.

1. 은혜 안으로 들어옴

우리는 시초에 사랑을 받아 은혜 안으로 들어왔습니다. 우리를 회심하게 만든 것이 무엇이었을까요? 우리는 그것이 성령의 능력이었다는 것을 압니다. 하지만 지금 우리는 그것에 대해 말하지 않을 것입니다. 우리의 질문은 '어떤 방편을 성령이 사용하셨는가?' 하는 것입니다. 그 대답은, 대부분의 경우 ― 내 경우에는 분명히 그러했으며, 나는 또한 여러분의 경우에도 어느 정도는 마찬가지임을 의심치 않습니다 ― 사랑이 강권하는 능력이었습니다. 죄인들을 향한 그리스도의 사랑이 우리의 엄숙한 관심을 사로잡은 복음의 주제였습니다. 예수 그리스도께서 죽으셨습니다! "우리를 하나님 앞으로 인도하려고 의인으로서 불의한 자를 대신하여"(참조. 벧전 3:18) 예수 그리스도께서 죽으셨습니다! 이 생각이 사람들의 주의를 끌고 듣게 만들었습니다. 마치 고대의 선원이 기이한 이야기로 사람들을 매혹시킨 것처럼, 수많은 사람들이 그리스도 예수 안에 있는 하나님의 사랑에 관한 놀라운 소식에 매료되었습니다.

만일 우리가 죄인들의 관심을 끌고자 한다면 우리는 그들에게 그리스도를 전해야 합니다. 다른 모든 것은 십자가에 달리신 그리스도에 비하면 김빠지고 지루한 이야기입니다. 그린란드(Greenland)에 간 최초의 선교사들은 원주민들이 너무나 저속하여 속죄의 교리를 단번에 이해하지 못할 거라고 생각했습니다. 그래서 그들은 우선 하나님의 존재에 대해 말하기 시작했으며, 계속해서 그런 식이었습니다. 그런 생기 없는 정보로는 어떤 효과도 나타나지 않았습니다. 하지만 요한복음에 나오는 "하나님이 세상을 이처럼 사랑하사 독생자를 주셨으니 이는 그를 믿는 자마다 멸망하지 않고 영생을 얻게 하려 하심이라"(요 3:16)는 구절을 번역하면서, 한 그린란드 사람이 이렇게 말했습니다. "그것이 사실입니까?" 선교사가 그렇다고 확언하자, 그 원주민이 말했습니다. "그렇다면 왜 당신은 먼저 그것을 우리에게 말해주지 않았습니까? 그것이야말로 진정 좋은 소식입니다." 하나님이 존재하시는 것은 하늘이 말하고 있습니다. 하나님이 불의와 죄를 벌하시리라는 것은 양심이 확인해줍니다. 보이는 피조세계와 인간 내면의 의식이, 하나님이 계심과 그분이 정의로우심을 충분히 선언합니다. 하지만 하나님이 그리스도 안에서 인간들을 자기와 화목하게 하시고 그들의 범죄를 그들의 탓으로 돌리지 않으신다는 것, 이것은 전혀 새로운 것이며, 결코 인간의 지혜로써 설명된 적이 없는 것입니다. 그러므로 죄인들의 주의를 끌고자 한다면, 반드시 그 소식, 그 복된 소식, 구속의 사랑을 전해야 합니다. 우리 중 많은 이들도 마찬가지였습니다. 우리는 무관심했을 때에 사랑을 받았고, 사랑으로 인해 관심을 가지고 듣게 되었습니다. 사랑이 우리로 하여금 그 달콤한 이야기에 귀를 기울이게 했습니다.

우리가 관심을 가지고 말씀을 듣긴 했지만, 그럼에도 말씀대로 행하는 자가 되려는 열망은 적었습니다. 구원받는 것이 우리에게는 그다지 중요하게 보이지 않았습니다. 하지만 성경을 통해서나 사역자들을 통해 거듭 "우리를 사랑하신 그 큰 사랑"(엡 2:4)에 대해 들었을 때, 우리는 각성하게 되는 것을 느꼈습니다. 사랑이 우리로 하여금 귀를 기울이도록 했을 뿐 아니라, 우리의 마음을 감동시켰습니다. 불모의 겨울을 피해 차가운 대지 속으로 숨어든 꽃들에게 태양이 찾아올 때, 태양은 먼저 햇살을 비춤으로써 그 숨은 곳에서 나오도록 부르기 시작합니다. 그러면 꽃들은 이윽고 스스로에게 이와 같이 말합니다. "잠의 사슬을 끊어버리자. 우리를 덮고 있는 대지를 뚫고 나아가, 얼굴을 내밀고 저 복된 태양을 바라보자. 분명 태양은 우리를 부르고 있다." 그와 마찬가지로, 따스한 사랑의 햇살이 초대와 훈계와 호소와 교훈의 형식으로 우리를 찾아왔을 때 우리는 그 따스한 감화력을 느꼈고, 마침내 이렇게 말했습니다. "우리가 일어나리라. 그리고 우리 영혼을 사랑하시는 그분을 찾으리라. 분명 우리는 그분에 의해 구원을 얻으리라." 주님은 우리를 사랑하사 구원의 문제에 태만한 상태에서 우리를 건져내셨습니다. 우리의 얼굴은 죄를 향하고 있었고 그분을 향해서는 등을 보이고 있었습니다. 하지만 그분이 우리를 사랑하사 돌이키게 하셨기 때문에, 마침내 우리는 우리의 얼굴을 예수께로 향하고 죄를 향해서는 등을 돌리지 않을 수 없었습니다.

형제들이여, 여러분은 주님을 찾기 시작할 때를 기억할 것입니다. 여러분은 거기까지 이르렀으나, 은혜를 얻을 소망이 없다는 생각으로 방해를 받았습니다. 마치 무거운 휘장처럼 의심이 드리워져 있었습니다. 여러분은 사망의 그늘에 앉아 있었습니다. 그리고 사랑이 여러분을 믿음으로 인도하지 않았더라면, 여러분은 여전히 그곳에 머물러 있었을 것입니다. 여러분은 예수님을 믿으라는 권고를 받았습니다. 그것이 복음의 한결같은 메시지였습니다. "믿으라, 그러면 구원을 받을 것이라." 하지만 내 형제여, 당신은 어떻게 해서 믿게 되었습니까? 나는 당신의 대답이 이와 같음을 압니다. "그분이 나를 사랑하여 믿음에 이르게 하셨습니다." 나 자신에 대해 말하자면, 나는 사랑의 주께서 고통 중에 피를 흘리며 나무에 달리신 것을 보았습니다. 그것은 비참한 죄인들을 향한 사랑이었고, 그분을 미워한 자들을 향한 사랑이었으며, 그분을 죽인 자들을 향한 사랑이었고, 그분을 피 흘리게 했던 자들을 향한 사랑이었습니다.

내 형제들이여, 그곳에 달려 무가치한 인간들을 위하여 범죄자처럼 죽으신 그분이 하나님이심을 이해하게 되었을 때, 어찌된 영문인지, 별안간 나는 믿지 않을 수 없다고 느꼈습니다. 사랑이 나를 강권하여 믿게 만들었습니다. 구주께서 죽으시는 모습을 보고서, 그 구주의 죽음의 사랑이 진정으로 이해된다면, 불신앙은 정녕 불가능합니다! 그분은 하늘의 주이시며, 창조된 모든 것 중에서 하나도 그가 없이는 된 것이 없습니다. 그런 그분이 자기를 낮추어 하나님과 사람에게 종이 되셨으며, 더 나아가 경건치 못한 자들을 대신하여 자기 목숨을 내주셨습니다. 이 모든 것이 사랑의 발로였습니다! 이 얼마나 놀라운 기적입니까! 그런 사랑을 접하고서 어찌 믿지 않을 수 있겠습니까! 구주여, 우리는 당신을 믿을 수밖에 없습니다. 그럴 수밖에 없습니다! 당신의 사랑이 우리를 믿음에 이르게 하였고, 십자가 아래에서 우리는 당신을 바라며 소망을 갖습니다.

믿음이 우리 마음에 들어왔을 때, 항상 믿음과 수반되는 은혜도 함께 들어왔는데, 그것은 곧 회개였습니다. 사랑하는 이여, 여러분은 마음이 완고하던 때를 기억해야 합니다. 우리 중의 어떤 이들은 매우 완고했습니다. 우리의 옛 본성에 비하면 철강석조차도 밀랍에 불과할 정도입니다. 어머니의 눈물도 우리를 녹일 수 없었고, 아버지의 근심도 마찬가지였습니다. 우리가 어떻게 죄를 회개할 수 있었습니까? 어떻게 맷돌이 느끼고, 부싯돌이 눈물을 흘릴 수 있었을까요? 아, 복음이 우리에게 "회개하라, 회심하라"고 말하는 것을 들었을 때, 그 명령은 마치 마른 뼈나 대리석 조상(彫像)을 향해 들리는 것이나 다름없었습니다. 우리는 회개할 수 없었습니다. 우리는 죄에 매혹되어 빠져 있었습니다. 우리는 그것을 달콤하다고 생각했습니다. 우리는 그것으로부터 돌이킬 수 없었습니다. 하지만 오, 여러분이 회개했을 때를 기억합니까? 그 일이 어떻게 일어났는지 말할 수 있겠습니까? 나는 내 영혼이 마치 호렙 산의 반석이 생수를 쏟아내는 것과 같았음을 기억합니다. 하지만 그것은 모세의 지팡이가 때렸기 때문이 아니라, 그리스도의 사랑의 음성이 그 바위를 향해 말씀하셨기 때문이며, 그리하여 즉시 그 바위가 녹아 물처럼 되었기 때문입니다! 여름의 태양이 어떻게 빙산을 공격하고 정복하여, 그 북극의 본토에서 떠나게 만드는지를 보십시오. 겨울의 가혹한 폭풍이 그 거대한 얼음산을 부서뜨리지 못했고, 수많은 태풍과 회오리들도 그것을 깨뜨리지 못했습니다. 하지만 태양이 그것을 향해 미소를 보내자마자 곧 빙산의 심장부에서는 전율이 일었습니다. 그리고 그 아름다운 행성으로부터 모든 광선이 마치 뾰족한 창처럼 투사되었을 때, 마침내 빙산은 그 신비의 광선에 굴복하였습니다. 마음의 완고함을 버렸고, 그 차갑고 거만한 태도를 버리고 복종했으며, 따스한 대양의 물결에 빠져 더 이상 보이지 않았습니다. 예수님의 시선이 여러분의 마음에 사랑의 화살을 쏠 때에 여러분도 그러하지 않았습니까? 그분의 복된 화살들을 우리가 어떻게 피할 수 있었겠습니까! 또한 그 화살들이 여러분의 죄에는 얼마나 치명적이었는지요! 그 사랑의 화살들이 여러분의 교만에는 죽음을 초래했으며, 여러분은 곧 정복당했습니다! 우리에게 일어난 이 일을 존 뉴턴(John Newton)은 그의 찬송에서 잘 묘사했습니다.

> "주여, 당신이 이기셨습니다, 마침내 제가 굴복합니다.
> 내 마음은 강력한 은혜에 압도되었으니,
> 전적으로 당신에게 항복하나이다.
> 당신의 위협에는 제가 오랫동안 맞서 버텨왔지만,
> 당신의 사랑에 맞설 자가 누구이겠습니까?
> 사랑이 나와 같은 죄인도 정복하였나이다.

만약 당신께서 천둥들을 명하여 울리게 하시고,
번쩍이는 번개로 하여금 내 영혼을 강타하셨다면,
저는 여전히 완고한 모습이었을 것입니다.
하지만 자비가 내 마음을 진압하였습니다.
피 흘리시는 구주를 내가 보았으니
이제 저는 나의 죄를 미워하나이다."

진실로 우리는 사랑으로 인해 회개에 이르렀습니다. 물론 다른 수단들도 사용되었습니다. 율법이 우리의 양심을 위협하고 강타했습니다. 하지만 그래도 하나님의 모든 무기들 중에서 우리의 완고한 마음을 압도한 주된 무기는 사랑이었습니다. 우리는 그것에 맞설 적수가 못됨을 인정하며, 그 힘에 정복되었음을 우리는 고백합니다. 주께서 우리 영혼을 사랑하사 멸망의 구덩이에서 건지셨고, 지금 우리가 서 있는 구원의 상태로 들어오게 하셨습니다.

2. 은혜 안에서 성장함

둘째로, 우리가 사랑을 받아 은혜 안에서 성장하였음을 숙고해봅시다. 우리를 앞으로 나아가도록 움직인 위대한 동력은 언제나 하나님의 사랑이었습니다.

우리를 향한 하나님의 사랑을 잠시 묵상해보도록 합시다. 그것을 생각하는 동안 우리 마음속에서 불이 붙을 것입니다. 내 사랑하는 형제들이여, 예수님을 믿는 여러분 개개인은 삼위일체이신 여호와 하나님의 사랑의 대상임이 분명합니다. 마치 여러분이 여러분의 자녀들을 사랑하는 것처럼, 혹은 신랑이 자기 신부를 사랑하는 것처럼, 여러분은 그분에게 사랑을 받았습니다. 아니, 그런 것들은 매우 희미한 이미지입니다. 여러분은 하나님으로부터 무한한 사랑을 받았기 때문입니다. 하나님의 마음은 결코 무언가를 미지근하게 사랑하는 법이 없습니다. 그분의 사랑은 강력하고 힘이 있습니다. 전능하신 분의 애정이기 때문입니다. "아버지께서 나를 사랑하신 것 같이 나도 너희를 사랑하였노라"(요 15:9). 아버지께서 자기 아들을 얼마나 사랑하시는지를 여러분은 압니까? 그것이 어느 정도인지 짐작이나 할 수 있을까요? 그 정도를 파악하는 것이 불가능하지 않습니까? 예수님이 말씀하십니다. "아버지께서 나를 사랑하신 것 같이 나도 너희를 사랑하였노라." 어떤 본문은 내가 천국에 갈 때까지 설교하기를 기대할 수 없는 성경 본문이 있습니다. 만일 그곳에 강단이 있다면 나는 거기서 그 본문으로 설교해보고 싶습니다. 그 본문은 바로 이것입니다. "나를 사랑하신 사랑이 그들 안에 있고 나도 그들 안에 있게 하려 함이니이다"(요 17:26). 오, 여러분을 향한 하나님의 사랑의 문제를 다룰 때에 여러분은 결코 사소한 문제들을 다루고 있는 것이 아닙니다. 하나님이 여러분에게 주신 것은 그분 마음의 한쪽 구석이 아닙니다. 그 사랑은 여러분이 거리의 부랑아들에게 주는 사랑이나 혹은 감옥에 갇힌 죄수들에게 나누어주는 것 같은 작은 사랑이 아닙니다. 하나님의 크고 상상할 수 없을 정도로 넓은 마음이, 마치 이 세상에 달리 사랑할 또 다른 존재가 없는 것처럼 그리스도인 한 사람 한 사람에게 향하고 있습니다! 여호와께서 자기 독생자를 사랑하신 것 같이, 그분은 자기 자녀들 하나하나를 사랑하십니다.

또 여러분이 기억해야 할 것은, 주께서 항상 여러분을 사랑하셨다는 사실입니다. 이는 달콤한 묵상의 주제입니다. 하나님이 자기 백성을 사랑하시는 것은 새로운 일이 아닙니다. 그분은 여러분이 태어나기도 전에 여러분을 사랑하셨습니다. 그분은 작정과 목적이라는 망원경으로 여러분을 보셨습니다. 그분의 책에 여러분 모두가 기록되었고, 여러분을 위하여 정한 날이 하루도 되기 전에 주의 책에 다 기록이 되었습니다(참조. 시 139:16). 성경에 이와 같이 기록되지 않았던가요? "옛적에 여호와께서 나에게 나타나사 내가 영원한 사랑으로 너를 사랑하였다 하였노라"(렘 31:3). 하나님의 사랑은 시작이 없습니다. 저기 별들은 겨우 어제 빛에 눈을 뜬 아기들과 같으며, 저기 산들은 갓 태어난 유아들과 같습니다. 하지만 하나님의 사랑에 대해 말하자면, 그 연대는 그분의 존재 자체와 동일하며, 그 사랑의 대상 또한 언제나 동일합니다.

사랑하는 이여, 여러분을 향한 하나님의 사랑은 결코 변한 적이 없습니다. 그분은 그 이상 사랑할 수 없을 만큼 여러분을 최대로 사랑하셨으며, 앞으로도 그 사랑의 정도는 줄어들지 않을 것입니다. 주님의 사랑은 결코 변하지 않습니다. 오 내 형제들이여, 그것을 믿으십시오. 그 사랑은 여전히 동일합니다. 여러분에게 어떤 일이 일어난다 해도, 여러분이 어떤 시련의 과정을 겪는다 해도, 하나님은 전에 여러분을 사랑하셨던 그 동일한 사랑으로 여러분을 영원히 사랑하실 것입니다. 살아서나 죽어서, 그리고 영원 속에서, 여러분은 변치 않으시는 주님께 사랑을 받는 자들입니다. 시작이 없었던 그 사랑에는 끝도 없을 것입니다. 만일 내가 내 형제들로 하여금 그들이 이토록 사랑을 받는 사실을 깨닫게만 할 수 있다면, 그것이 그들을 격려하고 위로할 것이며, 그들 속에 하나님을 향한 사랑이 불붙게 할 것입니다. 그것을 곰곰이 생각해 보십시오. 그러면 각 사람은 스스로 이렇게 말할 수 있을 것입니다. "여호와, 영원하며 스스로 존재하시는 그분이 나를 사랑하신다. 예수, 영원하신 왕 곧 썩지 아니하고 보이지 아니하는 분(딤전 1:17), 기묘자, 모사, 전능하신 하나님, 영존하시는 아버지, 평강의 왕이신(사 9:6) 그분이 나를 사랑하신다. 성령님, 기사를 행하시는 분이시고, 위로자이시며, 빛을 비추어 깨닫게 하시는 그분이 나를 사랑하신다. 이 어떤 복이란 말인가!" 오, 이것을 깨닫는다면 여러분은 설교를 들을 필요가 없을 것이며, 차라리 멀리 떨어져서 울고 노래할 장소가 필요할 것입니다. 그리고 말할 수 없는 기쁨에 잠겨, 눈물을 흘리다가 노래하기를 반복할 것입니다.

이와 같이 하나님의 사랑을 기억하면서, 본문으로 돌아와, 이 사랑의 느낌이 지금까지 거룩한 삶에서의 모든 진보의 원인이었음을 숙고하기를 원합니다. 왜냐하면 우리가 구원받은 이후에도, 처음에는, 우리의 본성적인 부패성이 우리와 싸워 이겼다는 의미에서는, 우리가 여전히 멸망의 구덩이에 있었기 때문입니다. 만약 은혜가 개입하지 않았더라면, 본성의 부패가 우리를 사로잡아 여전히 죄를 사랑하도록 이끌었을 것입니다. 우리의 마음은 허영과 방탕에 의해 유혹을 받았으며, 죄의 쾌락이 마치 사이렌(Siren, 그리스 신화에 등장하는 바다의 요정으로, 아름다운 노래 소리로 뱃사람들을 유혹하여 파선시켰다고 함 — 역주)처럼 우리를 홀려 파멸에 이르게 하려고 애를 썼습니다. 그리스도인으로서, 여러분은 타고난 부패성의 분출과 격동으로 인해, 여러분이 그리스도인인지의 여부에 대해 의심할 수밖에 없는 상태에 빠져본 적이 없습니까? 여러분이 죄의 화산이라는 분화구를 들여다보지 않았을 수도 있겠지만, 그것은 우리 중 어느 누구에게서도 활동을 그치지 않았습니다. 내 말을 믿으십시오. 만약 여러분이 그 끔찍한 구덩이를 들여다보고, 그 캄캄함을 목격하고, 살인과 시기와 정욕의 들끓는 소리를 듣는다면, 여러분은 이렇게 말할 것입니다. "오호라 나는 곤고한 사람이로다! 누가 나를 건져내랴?"(롬 7:24).

이제 나는 여러분에게 묻습니다. 여러분은 지금까지 어떻게 죄에 대한 사랑과 그 유혹으로부터 벗어날 수 있었습니까? 나는 그것을 여러분에게 말할 수 있다고 생각합니다. 하나님이 여러분을 사랑하사 그 구덩이에서 건지셨습니다. 그분이 여러분을 사랑하사 죄의 매력과 유혹으로부터 벗어나게 하셨습니다. 하나님의 귀한 사랑이 인간의 영혼에 임할 때, 그 사람은 더 이상 죄를 사랑할 마음이 없어집니다. "죄여! 내가 어찌 너를 사랑할 수 있단 말인가? 나는 혐오스러운 너를 견딜 수가 없다! 나의 하나님, 저는 온전해지기를 원합니다. 저는 거룩함을 사모합니다. 이제 내가 당신의 자녀요, 당신의 피로 사신 자요, 당신의 귀한 아들의 몸의 지체임을 알았으니, 저는 모든 거짓된 행실에 대해 미움을 느낍니다. 너희 죄들은 떠나가라! 내 소리쳐 너에게 원한이 맺혔음을 선언하노니, 나는 네 모든 것을 죽이기를 열망하노라!"

"그리스도의 상처들이 우리 눈 앞에 드러날 때
죄도 그 본 모습을 드러내리."

죄는, 예수님이 우리 눈에 사랑스럽게 되시는 정도에 비례하여 추악하고 끔찍하고 혐오스럽게 됩니다. 만약 당신이 죄를 사랑한다면, 그것은 여러분이 하나님의 사랑을 느끼지 못하기 때문입니다. 그 사랑이 당신의 영혼을 채울 때 당신은 반드시 죄를 미워하기 때문입니다. 이와 같이 주님은 당신을 사랑하시어 죄를 사랑하는 상태에서 당신을 건져내셨습니다.

또한, 우리 영혼은 우상들을 따라가려는 경향 때문에 멸망의 구덩이에 빠졌습니다. 우리 중에 누가 우상숭배의 유혹을 받지 않은 자가 있습니까? 우리 품의 배우자나 우리의 사랑스런 자녀가 우리의 마음을 독점할 수 있습니다. 때로는 우리 삶의 야망이나 사업상의 추구가 거의 하나님처럼 되는 경우도 있습니다. 우리는 거의 넘어질 뻔했습니다. 우리는 다곤(Dagon)이나 맘몬(Mammon)을 우리 마음에 세웠습니다. 이 세상에서 살면서, 특히 형통을 누리면서도, 우상숭배의 죄로부터 깨끗하게 되기란 쉽지 않습니다. 여러분과 내가 어떻게 우상들로부터 구원을 받았습니까? 하나님이 항상 그것들을 깨뜨리는 방식으로 우리를 구원하시지는 않습니다. 물론 우리가 완고하다면 하나님이 그런 처방책을 쓰기도 하시지만, 하나님은 그런 방식을 더디게 사용하십니다. 오히려 우상숭배를 치료하기 위한 가장 즐겁고도 효과적인 방식은, 예수 그리스도로 말미암아 하나님의 사랑을 우리 마음에 부으시는 것입니다. 예수 그리스도의 얼굴에 있는 하나님의 영광을 바라볼 때, 우리는 이렇게 말할 것입니다.

"안녕, 너희 비열한 피조물들이여!
부(富)도, 친구들도, 아름다움도
모두 그분 안에 간직되어 있으니
더 이상 나를 유혹하지 말지어다.
내 구주 안에서
영광스러운 보화를 나는 발견하였도다.

"내 사랑하는 자는 많은 사람 가운데에 뛰어나구나"(아 5:10). 태양이 빛날 때 우리는 별들을 볼 수 없습니다. 우리가 귀하게 여기는 것들이 여전히 귀하기는 하지만, 그리스도가 훨씬 더 귀합니다. 사랑하는 형제여, 만약 당신이 지식에 넘치는 그리스도의 사랑을 안다면, 나는 당신이 세속화될 것을 염려하지 않겠습니다. 사랑하는 자매여, 만약 당신이 그분이 얼마나 귀하고 사랑스러운 분인지를 안다면, 나는 당신이 결혼의 결속으로 인해 신앙의 성결에서 멀어지는 일이나 혹은 당신의 배우자에 대한 사랑이 예수님을 향한 당신의 사랑에 경쟁이 될 것이라고 염려하지 않겠습니다. 인간의 관계들은 귀하지만, 그 어떤 것도 그분에 비하면 아무것도 아닙니다. 우리는 우리와 관계를 맺은 이들을 사랑하지만, 그분에 비한다면, 그분의 이름을 위해서라면, 우리는 아비와 어미와 자매와 형제를 미워할 수 있습니다. 어떤 순교자가 막 매장되려고 할 때, 사람들이 그의 아내와 그의 열한 명의 어린 자녀들을 데리고 왔습니다. 그리고는 그들에게 한 줄로 무릎을 꿇도록 명하였고, 그들로 하여금 그들을 위해 그들의 아버지에게 믿음을 부인하고 살 것을 호소하도록 했습니다. 하지만 그는 한 사람 한 사람에게 입을 맞추었고, 특히 그들의 어머니에게서 가장 긴 시간을 머물고 난 후에, 이렇게 말했습니다. "내 사랑하는 아이들아, 너희와 함께 살기 위해서라면, 너희를 위하여, 나는 그 어떤 것이라도 할 수 있을 것이다. 하지만 그리스도를 위하여, 내 주님을 위하여, 나는 눈물을 머금고 너희에게서 떠날 수밖에 없구나." 예수님이 영혼 안에 계실 때, 우상들은 그들의 왕좌를 버리고 떠나게 됩니다. 그분이 우리를 사랑하시어 우상숭배의 구덩이에서 건지셨습니다.

하나님의 자녀들이 종종 빠지는 구덩이가 또 하나 있는데, 그것은 나태의 구덩이입니다. 우리는 주님과 거룩한 일들에 대해 항상 살아 있다고 느끼지는 못합니다. 무관심이 몰래 다가와서 우리를 덮치기 쉽습니다. 천국으로 가는 길

중에는 존 번연이 “매혹의 땅”(Enchanted Ground)이라고 묘사한 부분이 있는데, 그곳에서는 모든 순례자들이 잠을 자려는 경향이 매우 강합니다. 내가 아는 어떤 순례자들은 상당히 오래도록 그런 곳을 배회하면서, 결코 깨어나지 못하고 있습니다. 아주 소수의 그리스도인들만이 채찍에 의해 깨어나서 분발하며 열심을 내고 있습니다. 나는 때때로 약간의 매질을 하는데, 그것이 옳다고 생각합니다. 만약 내가 신자들을 아무런 경고도 없이 잠자도록 용인한다면, 내 주님께서 나를 용인하시지 않을 것이기 때문입니다.

하지만 잠든 그리스도인을 위하여 유일하게 효과적인 치유책은 그의 마음에 그리스도의 사랑이 부어지도록 하는 것이라고 나는 확신합니다. 나는 이것을 경험으로 말합니다. 나는 그것만이 유일하게 나를 깨울 수 있는 것임을 발견했습니다. 나는 내 의무들을 곰곰이 생각하지만, 그렇다고 그것들을 더 사랑하게 되는 것은 아닙니다. 나는 내 책임들을 숙고하지만, 그것들에 의해 더 많은 감동을 받는 것이 아닙니다. 하지만 내 주님께서 창세 전에 나를 택하셨고, 나를 사랑하셨고, 나를 위해 자기 자신을 주셨음을 느낄 때, 그 때 나는 각성하게 됩니다. 내가 가시 면류관을 쓰신 그분의 이마를 볼 때, 고통 중에 계신 나의 왕을 볼 때, 그분이 자신의 손과 발과 옆구리를 내게 보이시며 “이 모든 것은 너를 위한 것이다. 나는 이보다 더한 일도 할 준비가 되어 있다. 너는 나 있는 곳에 나와 함께 있을 것이며 내 영광에 참여하게 될 것이다”라고 말씀하실 때, 그 때 나에게는 나를 분발시키기 위한 채찍이나 박차가 필요 없습니다. 그 때 내 마음은 그분을 향한 사랑 때문에 “암미나딥의 수레”(the chariots of Amminadib, KJV, 아 6:12)처럼 됩니다. 신속하게 의무를 다하며, 수레의 차축은 열기로 붉게 달아오릅니다. 내 영혼은 마치 하나님의 병거처럼 날며, 그분이 바람 날개를 타실 때처럼 신속합니다. 여러분은 그런 것을 느껴보지 못했습니까? 마음이 사랑으로 타오르는 것을 느낄 때의 설교는 얼마나 복된 설교인지요! 예수님이 여러분을 사랑하신 것을 알 때에 여러분이 주일학교에서 가르치는 일은 얼마나 행복한 일인지요! 그리스도의 사랑이 여러분의 영혼 안에서 타오르는 것을 느낀다면, 헌신하는 것, 여러분의 재물을 드리는 것, 인내하고 참는 것이 얼마나 즐거운 일인지요!

저 가증스러운 이기심의 구덩이, 자만심과 교만의 구덩이, 자기중심의 구덩이에도 우리의 발은 쉽게 미끄러져 빠지기 쉽습니다. 사랑하는 이여, 그리스도를 대수롭지 않게 여길 때 우리는 언제나 우리 자신을 대단하게 여깁니다. 또한 그리스도를 모든 것의 모든 것 되시는 분으로 여길 때 우리는 언제나 우리 자신을 아무것도 아닌 것으로 여깁니다. 우리의 천박한 마음이 자만심으로 부풀어 있을 때, 우리는 그리스도의 일을 할 수 없습니다. 하지만 일단 우리가 그분의 아름다움을 보게 되면, 그 때 우리는 그분의 신발 끈조차 풀기에도 합당치 않다고 느끼게 됩니다. 우리에게는 거만해질 자격이 없으며, 힘든 일을 피하고 우리 자신의 안위만 추구할 권리도 없습니다. 우리는 그것을 알며, 또한 이런 잘못 때문에 우리 자신을 꾸짖습니다. 하지만 하나님의 사랑이 영혼 속으로 들어오는 순간, 우리는 그런 상태에서 벗어나게 됩니다. 그 때 우리는 정녕, 그리스도를 위해 행하는 어떤 일이든지 힘들다고 여기는 우리 자신을 미워하게 됩니다. 내 뼈 속에서 불같이 느껴지는 주제를 여러분에게 냉정하게 말하는 것이 부끄럽군요. 하지만 내 주님께서 그것을 여러분의 영혼 속에서도 불이 되게 해 주시기를 기도합니다. 그리스도의 사랑은 이기심을 치유하는 최상의 처방입니다.

그리스도의 사랑은 의기소침과 불신앙에 대해서도 최상의 치유책입니다. 불신앙은 얼마나 비참한 멸망의 구덩이인지요! 그곳에서는 공포를 자아내는 기이한 소리들이 들려오고, 끔찍한 소리와 더불어 보이지 않는 무서운 존재들이 이리저리 돌진합니다. 그런 사람은 이렇게 말합니다. "나는 믿을 수 없어, 나는 믿고 의지할 수가 없어." 하지만 하나님의 사랑이 그의 마음에 부어질 때 믿는 것은 매우 쉬워집니다. 그는 스스로에게 말합니다. "내가 어떻게 믿지 않을 수 있단 말인가? 나는 예수님이 십자가에서 나를 위해 행하신 일을 안다. 그런데 어찌 내가 의심할 수 있을까? 주님은 섭리 속에서 내게 몰인정하실 수가 없다. 그분이 자기 손바닥에 이름을 새기신 자들을 버리는 것은 불가능하기 때문이다." 하나님은 자기 백성을 꾸짖음으로써 불신앙에서 벗어나게 하시는 것이 아니라, 오히려 그들을 사랑하심으로써 그 상태에서 벗어나게 하십니다. 그분은 교제의 달콤한 축제를 벌이는 연회에서 그들을 마음껏 즐기게 하십니다. 그분이 친절하게 그들과 함께 머무르시며, 포도주와 과일들로 그들을 위로하십니다. 그리하여 그들은 곧 불신앙의 질병을 떨쳐 버립니다.

많은 하나님의 자녀들은 주께서 그들을 사랑하사 의심의 초조감에서 건져내셨다고 증언할 수 있습니다. 큰 고통 중에 있을 때 그들은 하나님이 그들을 심하게 다루신다고 생각했습니다. 하지만 사랑이 다가와서 모든 것이 합력하여 선을 이룬다고 말해주었을 때, 그들은 기쁨으로 고통을 견디고 약함 중에서도 기빼했습니다. 한 마디로, 오늘 여러분 중에 어떤 영적인 질병으로 고통을 겪는 분이 있습니까? 어떤 죄가 너무나 강력하다고 느껴집니까? 어떤 덕목은 너무나 높아 여러분이 거기에 도달할 수 없다고 여겨집니까? 이 아침에 내가 여러분의 안내자가 되어서, 여러분에게 죄에서 벗어나 은혜의 높은 단계로 오를 수 있는 한 길을 제시하겠습니다. 여러분은 저 좁은 길, 저 복된 길을 봅니까? 그것은 사랑이 만든 길입니다. 그 길을 따라서 가십시오. 그러면 여러분은 이르고자 하는 곳에 이를 수 있을 것입니다. 그곳이 아닙니다. 모세가 여러분에게 "너는 ~해야 한다(you must)"라고 말하는 그곳이 아닙니다. 두려움이 여러분에게 "만일 네가 하지 않으면 멸망할 것이다"라고 말하는 그곳이 아닙니다. 양심이 놀라게 하고 두렵게 하는 그곳이 아닙니다.

이곳, 예수께서 여러분에게 자신을 나타내 보이시며 이렇게 말씀하시는 이곳입니다. "내가 너와 결혼하였다. 너는 내 신부이며, 너는 내 모든 것이다. 나는 너를 나 자신보다 더 사랑한다. 내가 너를 위하여 목숨을 아끼지 않고 죽었노라. 너의 약함과 죄가 무엇이든 나는 너를 사랑할 것이다. 내가 너를 사랑하니 너를 씻어 깨끗하게 할 것이다. 내가 너를 점이나 주름잡힌 것이 없게 하고, 너를 내게로 맞아들일 것이다. 나는 너를 내게로 끌어당기지만, 너는 내게로 오기를 주저하는구나. 하지만 내가 너를 이끌어서 너의 자아와, 너의 죄와, 너의 어리석음으로부터 멀어지게 할 것이다. 내 너를 내게로 이끌어 마침내 내 오른팔에 안기게 할 것이니, 너는 거기서 영원히 나와 함께 있으리라!"

사랑하는 이여, 여러분이 이것을 느낄 때에 무엇이든 할 수 있습니다. 여러분은 이것을 느끼지 못할 때는 그 어떤 것도 할 수 없습니다. 예수님의 사랑에 대한 감각을 잃어버리면, 여러분의 신앙의 능력은 사라집니다. 사랑을 잃어버리는 것은 생명력을 빼앗기는 것입니다. 오, 이 말을 믿고, 이 말을 깨닫기 바랍니다. 이를 위해 기도하십시오. 하나님의 영이시여, 저들로 그것을 느끼게 하시고, 그리하여 죄를 죽이는 것이든 의무를 수행하는 것이든, 그 어떤 것이라도 가능하게 하옵소서!

나는 종종 나 자신이 온통 불결하다고 느끼며, 조수가 빠져나갔을 때의 바닷가 개펄과 같다고 느낍니다. 드넓게 펼쳐진 더러운 개펄에, 시커먼 돌들, 썩고 있는 해초들, 난파선 조각들, 기어 다니는 무수한 벌레들을 본다면, 아마도 여러분은 그런 불결한 것들을 다시는 보고 싶지 않을 것입니다. 이런 불길한 지역에서 무엇을 해야 할까요? 여기 진흙 밭에 처박힌 어부의 배가 있습니다. 무엇이 그 배를 물 위에 뜨게 할까요? 그것을 바다로 끌고 내려가는 것은 불가능합니다. 그곳에 처박아두고 썩게 해야 할까요? 이 개펄과 해초들은 어떻게 해야 할까요? 기다리십시오. 그리고 보십시오. 정해진 때에 바닷물이 몰려올 것입니다. 잔물결이 일다가, 파도가 높이 일고, 바닷물은 마치 용해된 맑은 유리처럼 널리 퍼져, 온통 더러웠던 그곳을 덮을 것입니다. 그리고 보십시오! 저기 배들이 떠오릅니다. 마치 생명이 있는 것처럼 배들이 물 위를 걷습니다. 한낮의 태양 아래 모든 부패했던 것들이 잊혀집니다. 바다 물결은 연이어 밀려와 서로 부딪히면서 은빛 광채를 발합니다. 오 주여, 당신이 저 사랑의 바다입니다. 당신의 은혜가 저 자애로운 물결이니, 그 물결이 밀려와 내 영혼을 덮게 하소서. 무한한 사랑의 능력으로, 일어나 내 본성을 덮으소서.

나는 주께서 여러분 모두를 그렇게 다루시기를 소망합니다. 이 설교가 수단이 아니어도, 다른 어떤 방편으로라도 그렇게 해 주시길 바랍니다. 여러분이 이 사랑을 누릴 때까지는 결코 쉬지 마십시오. 그리고 여러분이 그것을 누릴 때에는, 그것을 유지하십시오. 만일 여러분이 내 사랑하는 주님을 찾으면, 그분을 붙들고 가게 하지 마십시오. 여러분이 그런 은혜를 누리는 상태에 있다면, 나를 위해 기도해 주십시오. 주께서 나를 종으로 삼아 그분의 백성을 위해 일하게 하시고, 그분의 얼굴 빛 안에 계속해서 살도록 기도해 주십시오. 거기에 힘이 있고, 사역을 위한 능력과 그 외에 필요한 모든 것이 있기 때문입니다.

3. 은혜에서 영광으로

우리를 옛 본성에서 건져내어 은혜 안으로 들어가게 한 그 사랑은 또 다른 일을 합니다. 주님은 우리를 사랑하사 은혜에서 영광으로 들어가게 하십니다. 나는 당신이 조용히 있을 때 무엇이 여러분을 괴롭히는지를 압니다. 당신은 우리가 찬송가에서 "죽음의 요단 강물"이라고 부르는 것을 생각하고 있습니다. 당신은 오랜 세월을 살았고, 필시 죽음이 곧 다가올 것임을 당신은 알고 있습니다. 죽음의 생각이 당신을 우울하게 합니다. 하지만 당신은 놀랄 필요가 없습니다. 하나님께서 우리 모두에게 우리로 하여금 삶을 사랑하게 만드는 '자기 보존'의 법칙을 우리 속에 심어놓으셨기 때문입니다. 본성은 무덤에서 전율합니다. 하지만 당신의 본성이 죽는 것에 대해 움찔하며 놀랄 때마다 신실하신 하나님을 생각하십시오. 그리고 그분이 당신을 사랑하여 죽음을 통과하게 할 것임을 확신하십시오. 당신은 사랑의 힘에 의해 그것을 통과하게 될 것입니다. 당신을 놀라게 하는 죽음의 한 가지 요소는 바로 이것입니다. 즉 당신이 고통을 무서워한다는 것입니다. 죽음에는 고통이 없다는 것을 기억하십시오. 고통은 삶에 있습니다. 한 사람이 죽을 때 거기에서 삶의 고통이 종결됩니다. 죽음은 '통증 유발제'(pain-maker)가 아니라 '진통제'(pain-killer)입니다. 당신은 죽음과 관련된 통증을 두려워합니까? 당신은 이미 통증을 견뎌보지 않았습니까? 그리고 사랑이 주는 격려에 힘입어 그것을 잊지 않았습니까? 나는 단언합니다. 하나님의 사랑은 고통에 대한 최상의 치료약으로 작용합니다. 고통의 쓴 맛은 하나님과의 교제라고 하는 단맛에 의해 잊어집니다.

하나님도 없고, 그리스도도 없고, 천국도 없다고 말하는 자가 누구입니까? 우리는 그 모든 것을 보았습니다. 우리의 눈이 그 모든 것을 보았습니다. 이 빈약한 육신의 시력으로 보았다는 것이 아닙니다. 그것으로는 이 어두운 세상에서 몇 가지를 살펴볼 수 있을 뿐입니다. 하지만 영원이라고 하는 복된 햇빛 안에서 가장 잘 볼 수 있는 우리의 내면적인 눈, 이 눈으로 우리는 하나님을 보았습니다. 그리고 그 황홀한 환상의 기쁨이 육체의 모든 약함을 이기고 몸의 통증을 제거하였습니다. 그리스도인이여, 당신이 죽게 될 때 하나님이 그런 일을 행하실 것입니다. 그분이 독수리 날개로 당신을 업으실 것이며, 당신은 옛 성도들 중 하나와 더불어 이렇게 말할 것입니다. "나는 죽어가고 있는가? 아아, 살 만한 가치가 있는 유일한 이유는 바로 이와 같은 죽음의 즐거움을 누리는 것에 있다." 비록 그가 통증에서 해방된 것은 아니었지만, 그는 사랑에 힘입어 통증을 이긴 것입니다.

하지만 당신은 이렇게 말합니다. "내 고통은 사랑하는 친구들과 헤어지는 것에 있습니다." 당신은 아내와 친구들로부터 떨어지는 것이 매우 격렬한 아픔일 거라고 생각합니다. 그럴 것입니다. 하지만 예수님이 당신의 침상 곁에 서 계실 때, 그리고 예전의 그 어느 때보다 더욱 분명한 방식으로 그분 자신을 나타내실 때, 당신은 아내와 자녀들과 친구들에게서 돌이켜 주님을 향해 이렇게 말할 것입니다. "오 주여, 저로 당신이 계신 곳에 있게 하소서. 내 영혼은 이들보다는 당신과 더 친밀하기 때문입니다." 당신은 일전에 당신의 어린 아들에게 작은 약을 주었습니다. 그것은 맛이 썼지만, 당신은 그것을 설탕으로 절인 잼과 함께 주어 그 아이가 쓴 맛을 느끼지 못했습니다. 이와 같이 사별의 고통도 그리스도를 보는 달콤함과 섞일 것이며, 그리하여 당신은 슬피 울지 않을 것입니다. 여기 복된 메시지가 있습니다. "사망을 삼키고 이기리라!"(고전 15:54). 마치 사망이 검고 쓰라린 한 방울처럼 잔에 떨어지더라도, 그 후에 승리는 많은 양의 포도주처럼 쏟아 부어질 것입니다. 그래서 당신은 한 방울의 쓴 맛을 미처 그 맛을 느끼기도 전에 삼켜 버릴 것입니다. 성도들은 죽는 것을 채 알기도 전에 승리를 얻었음을 알게 될 것입니다!

한 사람이 말합니다. "오, 하지만 저는 죽음 그 자체가 두렵습니다. 내가 두려운 것은 친구들과의 헤어짐이나 고통이 아니라, 사망 그 자체입니다." 오, 영혼이여, 예수님이 당신을 맞이하러 오실 때 당신은 죽음에 대해 아무것도 알지 못할 것입니다. 그분이 당신을 사랑하시어 천국으로 이끄실 것입니다. 순식간에 그분이 당신을 포옹하실 것이며, 당신은 그분과 함께 있을 것입니다. 향긋한 냄새를 풍기는 백합처럼 사랑스러운 입술이 입맞춤으로써 당신을 떠나보낼 때, 당신은 즉시 천사들의 노래 가운데 둘러싸일 것입니다! 당신은 죽음을 보지 않을 것이며, 오직 당신의 주님만 볼 것입니다! 낫을 들고 당신을 베려고 하는 해골은 없을 것이며, 오직 사랑의 귀한 손이 당신을 거두어 당신을 아버지의 품에 둘 것입니다.

"부드러운 한숨에 차꼬가 풀리니,
그가 떠난 것을 우리가 미처 알기도 전에
구속받은 그 영혼은
보좌 가까이 있는 자기 거처에 도착했다네."

유대의 랍비들은 하나님이 모세의 영혼을 입맞춤과 함께 데려가셨다고 말합니다. 그와 마찬가지로 하나님이 자기 성도들에게도 그렇게 하실 것임을 나는 믿어 의심치 않습니다. 그분은 그들을 입맞춤으로 천국에 들여보내실 것입니다. "주께서 내 영혼을 사랑하사 멸망의 구덩이에서 건지셨나이다."

여러분과 내가 천국에 서서, 머리에는 면류관을 쓰고 손에는 종려나무 가지를 들고 흔들 때, 우리의 기쁨이 얼마나 크겠습니까! 여기 이 수정 바위에 잠시 서서, 빛의 절벽 아래를 내려다보십시오. 내 형제여, 그 바위에 몸을 기대어 구부리고 가만히 아래를 살펴보십시오. 저 멀리 아래에 해와 별들이 반딧불처럼 반짝이고 있는 것을 보십시오. 이 숭고한 거처들에 있는 우리의 영광에 비하면 그들의 영광이란 얼마나 작은 것인지요! 그보다 더 아래에 있는 저 끔찍한 어둠 속을 들여다보십시오. 저 깊은 무저갱, 무한한 진노의 화염들이 번쩍거리고, 형벌의 불꽃이 영원히 타오르는 그곳을 보십시오. 오, 우리가 이 높은 천상에서 영원의 세계를 두려움 없이 응시하고, 또한 그 아래에 있는 바깥 어둠의 세계와 꺼지지 않는 화염을 바라볼 때, 우리는 "우리 영혼을 사랑하사 멸망의 구덩이에서 건지신" 주님을 향해 큰 소리로 노래할 것입니다. 그렇습니다. 우리는 목소리를 드높여 노래할 것이며, 어떤 그룹과 스랍 천사들도 우리의 감사의 찬양을 능가하지 못할 것입니다.

찬송과 존귀와 영광과 능력이 사랑을 그 이름으로 가지신 주님께 있도다! 택하신 자들에게 모든 사랑을 쏟으시고, 저주의 구덩이에서 우리를 구원하신 그 분께 있도다! 그분의 이름에 영원한 찬미가 있을지어다! 오 선생들이여, 여러분 모두 이 사랑을 알지 않겠습니까? 여러분 모두 그 사랑을 노래하지 않겠습니까? 여러분 모두 이렇게 말할 수 있지 않겠습니까? "주께서 내 영혼을 사랑하사 멸망의 구덩이에서 건지셨도다." 예수님을 믿는다면, 여러분은 그렇게 말할 수 있을 것이고, 또한 그렇게 말할 것입니다. 아멘.

제
34
장

예수 – 목자

"그는 목자같이 양 떼를 먹이시리로다." — 사 40:11

우리 주 예수님은 아주 빈번히 자기 백성의 목자로 묘사되십니다. 그 비유는 무궁무진하지만, 너무나 자주 다루어져왔기 때문에 그것에 대한 새로운 무언가를 말하기가 아주 어렵다고 나는 생각합니다. 우리 모두는 주 예수 그리스도께서 우리의 목자로서 우리 모두를 향해 목자가 양에게 행하는 모든 친절하고 필요한 직무를 수행하시는 것을 압니다. 또한 그것을 알므로 기뻐하고 큰 위로를 받습니다. 부드러운 통치력으로 그분은 우리에게 선을 이루시기 위해 우리를 다스리십니다. "오라 우리가 굽혀 경배하며 우리를 지으신 여호와 앞에 무릎을 꿇자. 그는 우리의 하나님이시요 우리는 그가 기르시는 백성이며 그의 손이 돌보시는 양이기 때문이라"(시 95:6-7). 그분은 우리를 인도하십니다. "자기 양을 다 내놓은 후에 앞서 가면 양들이 그의 음성을 아는 고로 따라 오느니라"(요 10:4). 그분이 우리를 부양하십니다. "여호와는 나의 목자시니 내게 부족함이 없으리로다. 그가 나를 푸른 풀밭에 누이시며 쉴 만한 물가로 인도하시는도다"(시 23:1-2). 그분은 모든 형태의 악으로부터 우리를 보호하십니다. 그러므로 "우리가 사망의 음침한 골짜기로 다닐지라도 해를 두려워하지 않습니다. 주께서 우리와 함께 하시기 때문입니다. 주의 지팡이와 막대기가 우리를 안위하십니다"(시 23:4). 만일 우리가 방황하면, 그분이 우리를 찾아서 돌아오게 하십니다. "내 영혼을 소생시키시고 자기 이름을 위하여 의의 길로 인도하시는도다"(시 23:3). 만일 우리가 부러지면 그분이 싸매어주시고, 우리가 상하면 그분이 말씀으로 치유해주십니다. "상한 자를 내가 싸매 주며 병든 자를 내가 강하게 하리라"(겔 34:16). 양은 많은 질병과 많은 약함을 가지고 있는 동물입니다. 그와 마찬가지로 그리스도인 개개인도 많은 죄들과 많은 약함을 가지고 있습니다. 하지만 목자가 자기 양 떼의 모든 필요를 충족시키기 위해 애를 쓰듯이, 우리 주 예수께서도 자기 피로 사신 백성들을 모든 곤경에서 구출하십니다.

우리는 이 성경 본문의 위대한 가르침을 설명하려고 시도할 것이며, 또한 흥미로운 방법으로 설명할 수 있기를 바랍니다. 먼저, 우리는 이 본문과 관련하여 구약성경의 실례들을 살펴볼 것입니다. 두 번째로, 신약성경의 묘사들을 살펴보고, 세 번째로는 그것의 인상적인 적용들을 숙고할 것입니다.

1. 구약성경의 실례들

다섯 가지 큰 모형들 중에서 죽임당한 목자 아벨로부터 시작하겠습니다. 세상에 태어났던 두 번째 사람이었던 그는 목자였습니다. 그리고 많은 면에서 우리의 선한 목자의 전형(典型)이었습니다. "아벨은 양치는 자였고 가인은 농사하는 자였더라"(창 4:2). 아벨은 목자로서 자기 일을 하나님의 영광을 위해 온전히 바치고, 또한 주의 제단에 피의 제물을 드렸다는 점에서 구주의 예표였습니다. 또한 주께서도 아벨과 그의 예물을 받으셨습니다. 우리 주님의 이 초기적인 예표는 충분하거나 포괄적이지는 않지만, 매우 분명하고도 두드러진 것입니다. 마치 해가 뜰 때 동녘을 물들이는 최초의 광선처럼, 그것은 모든 것을 밝히 드러내지는 않지만, 해가 떠오르고 있다는 위대한 사실을 분명하게 보여줍니다. 아벨은 이제 우리가 말하려는 다른 목자들과 마찬가지로, 우리 주 예수님의 완벽하고 완전한 모습을 보여주진 않습니다. 하지만 우리가 그를 목자로서와 하나님의 제단에 향기로운 제물을 바치는 제사장으로서 바라볼 때, 우리는 즉시 그 모습에서 우리 주님과 닮은 그림을 식별합니다. 우리 주님은 아버지께 피의 예물을 바치셨고, 여호와께서는 그것을 영원히 받으셨습니다. 희생 제물을 바치는 목자였던 아벨은 그 형에게 미움을 받았습니다. 아무런 이유도 없이 미움을 받았는데, 우리 구주께서도 그러하셨습니다. 이 세상의 영, 육적인 인간의 본성이, 자기보다 더 나은 인간, 하나님께서 받으신 자, 은혜의 성령을 그 안에 모신 자를 미워하다가 마침내 그의 피를 흘리게 했습니다. 아벨은 쓰러졌고, 그의 피를 희생 제단에 뿌렸습니다.

하나님 앞에 제사장으로 섬기셨으나 인간의 적대감에 의해 죽임을 당하신 주 예수 그리스도를 볼 수 없는 자는 눈먼 자임에 틀림없습니다. 아벨은 죽임당하신 목자의 예표입니다. 그분을 주의 깊게 묵상합시다. 오늘 아침에 우리는 요한복음 10장에서 선한 목자는 양들을 위하여 목숨을 버린다는 구절을 읽었습니다. 인류의 증오심에 의해 희생 제단에 피를 쏟고 쓰러지신 그분을 바라보며 울도록 합시다. 우리는 신약성경에서 지금도 말하는 아벨의 피에 대해 읽었습니다. "그가 죽었으나 그 믿음으로써 지금도 말하느니라"(히 11:4). 주께서 가인에게 말씀하셨습니다. "네 아우의 핏소리가 땅에서부터 내게 호소하느니라"(창 4:10). 여기에 복되신 우리 주님의 예표(type)가 있습니다. 그분의 피는 강력한 혀를 가지고 있으며, 그 혀가 힘 있게 부르짖는 소리의 의미는 복수가 아니라 자비입니다.

> "죽임 당하신 예수의 보혈이
> 모든 혈관에서 화평을 외쳐 말하네."

예수 그리스도의 제단 곁에 서서, 그분이 하나님이 받으실 온전한 번제로 자기를 드리시는 저 고귀한 장면을 보십시오. 살해당한 제사장으로서 그분이 피를 흘리며 누워 계신 것을 보십시오. 그리고 그 피가 우리 양심 안에서 화평을 말하는 것을 들으십시오. 그 피는 하나님의 교회 안에서의 화평, 유대인과 이방인 사이의 화평, 인간과 그가 노엽게 했던 창조주의 화평, 피로 씻음 받은 인간을 위한 영원무궁한 화평을 말하고 있습니다. 아벨은 시대의 순서상 첫 번째이고, 예수님은 탁월함의 순서에서 첫 번째입니다. 땅은 그 입을 벌려 아벨의 피를 받았으며, 예수님의 희생은 이 가련하고 죄로 파괴된 세상에 은총을 가져다주었습니다. 아벨은 그의 의를 증언하는 하나님의 증거를 얻었으며, 예수님은 그의 부활의 날에 같은 증거를 얻으셨습니다. 하지만 다루어야 할 다른 문제가 있어 이 문제를 오래 다룰 수는 없습니다.

거룩한 역사의 페이지를 넘기다보면, 우리는 또 다른 목자를 발견할 것입니다. 아마도 그가 첫 번째 예표보다는 더 많은 교훈을 주는 구주의 예표일 것입니다. 하지만 아벨에게서, 우리는 다른 모든 목자들에게는 없는 한 가지 진리를 발견합니다. 아벨은 유일하게 제단 아래에서 죽은 목자의 예표입니다. 그는 유일하게 제물이 되었던 목자입니다. 여기서 여러분은 역사의 가장 이른 시대에, 살해당한 희생자로서 인류에게 제시된 예수 그리스도의 예표를 봅니다. 최초의 성도들은 다른 것은 볼 수 없었을지라도, 여자의 후손이 그의 귀한 피를 흘릴 것에 대해서는 알 수 있었습니다. 이 가장 중요한 진리는 어느 한때에도 알려지지 않고 보류된 적이 없습니다.

이제 수고로이 일하는 목자 야곱을 살펴봅시다. 여기 선한 목자의 한 예표가 있습니다. 그는 목숨을 버리지는 않지만 배우자와 가축 떼를 얻기 위해 양들을 돌보는 목자입니다. 야곱은 아버지의 집을 떠났습니다. 그는 형에게서 장자의 명분을 샀던 일과 아버지의 약속에 의해 상속자로 인정받던 집에서 모든 기쁨과 안락함을 두고 떠났습니다. 우리 주 예수 그리스도는, 우리를 향한 그분의 사랑으로 인해, 하늘에 있는 그분 아버지의 집을 떠나 인간들 사이의 장막으로 내려오셨습니다. 야곱은 자기 어머니의 형제들을 찾아갔습니다. 우리 주님께서도, 모친의 계통에서, 인간들을 자기 형제들로 여기셨습니다. "그가 자기 땅에 오매"(요 1:11). 야곱이 아버지 집을 떠났던 그 날 밤에 보았던 환상은 우리 주님께서 이 땅에서 이루고자 하셨던 큰 목적을 미리 나타내 보이신 것이라고 여겨집니다. 야곱은 잠들었습니다. 꿈에서 그는 한 사닥다리를 보았습니다. 그 사닥다리는 땅 위에 서 있었고 그 꼭대기는 하늘에 닿았으며, 그 위에서 언약의 하나님께서 그분의 택하신 종에게 말씀하셨습니다. 그와 마찬가지로, 우리 구주께서는 그분의 일생의 수고에 대한 큰 보상으로서, 땅을 하늘과 연결지어주는 한 사닥다리를 보셨습니다. 그분은 그 사닥다리의 아래에서 타락한 인간들을 보셨지만, 그 꼭대기에서는 언약의 하나님을 보셨습니다. 그리고 하나님의 사자들이 그분 자신의 머리 위에 오르락내리락 하는 것을 보셨습니다. 그것은 마치 기도가 올라가고 은혜가 내려오는 거룩한 친교의 길과도 같았습니다.

그의 어머니의 형제들 집에 도착하자마자, 야곱은 라헬을 사랑하여 그녀를 얻기 위해 일을 시작했습니다. 예수 그리스도께서도 이 낮은 땅에 내려오시어 곧 그분의 '신부'(교회를 의미함 — 역주)를 얻기 위해 수고를 시작하셨습니다. 인류의 집에는 두 딸이 있었으며 그 둘 모두에게 예수님은 정혼을 하셔야 했습니다. 첫 번째 딸이란 유대 교회였으며, 그것이 그분의 눈에는 그분의 라헬이었습니다. 그분은 그녀를 끔찍이 사랑하셨고, 그녀를 얻기 위해 수고하셨습니다. 하지만 그분이 몸으로 거하시는 날에 그분의 백성은 그분을 받아들이지 않았습니다. 그분이 이 낮은 땅에 거하시는 동안 그분은 자신이 이스라엘 집의 잃어버린 양 외에는 다른 데로 보내심을 받지 아니하였다고 선언하셨음에도(참조. 마 15:24), 이스라엘은 모여들지 않았습니다. 하지만 예수님은 자기 수고의 보상을 잃지 않으셨습니다. 이방인 교회, 약한 시력을 가진 레아가 그분의 보상이었습니다. "비록 이스라엘이 모이지 않았지만(KJV, 한글개역개정은 '이스라엘이 그에게로 모이는도다 그러므로...'로 되어 있음 — 역주) 내가 여호와 보시기에 영화롭게 되었으며 나의 하나님은 나의 힘이 되셨도다. 그가 이르시되 네가 나의 종이 되어 야곱의 지파들을 일으키며 이스라엘 중에 보전된 자를 돌아오게 할 것은 매우 쉬운 일이라 내가 또 너를 이방의 빛으로 삼아 나의 구원을 베풀어서 땅 끝까지 이르게 하리라"(사 49:5-6). 레아, 즉 이방인 교회는 영적인 자녀들이라는 측면에서, 그리스도께서 이 땅에 계시는 동안 얻기 위해 수고하셨던 라헬보다 훨씬 더 많은 열매를 그분께 맺어드렸습니다. 하지만 라헬이 더욱더 번성하게 될 날이 옵니다. 이방인이 모여든 수가 충만해졌을 때, 유대인들이 메시야를 알게 될 것이며 그분을 그들의 왕으로 시인하게 될 것입니다.

우리는 야곱의 수고에 대한 묘사에서, 배우자를 얻기 위한 그의 수고가 가장 힘겨운 수고였다고 이해합니다. 지적인 그리스도인들이 예수 그리스도께서도 그러한 수고를 하셨다고 보는 것은 타당합니다. 그분은 친히 사랑하신 자들을 속량하기 위해 노력하셨고, 그들이 그분의 영광 중에서 영원토록 그분과 함께 있도록 하기 위해 수고하셨습니다. 창세기 31장 38절 이하에서, 야곱은 라반을 책망하면서 자기 수고를 이와 같이 묘사했습니다. "내가 이 이십 년을 외삼촌과 함께 하였거니와 외삼촌의 암양들이나 암염소들이 낙태하지 아니하였고 또 외삼촌의 양 떼의 숫양을 내가 먹지 아니하였으며, 물려 찢긴 것은 내가 외삼촌에게로 가져가지 아니하고 낮에 도둑을 맞았든지 밤에 도둑을 맞았든지 외삼촌이 그것을 내 손에서 찾았으므로 내가 스스로 그것을 보충하였으며, 내가 이와 같이 낮에는 더위와 밤에는 추위를 무릅쓰고 눈 붙일 겨를도 없이 지냈나이다. 내가 외삼촌의 집에 있는 이 이십 년 동안 외삼촌의 두 딸을 위하여 십사 년, 외삼촌의 양 떼를 위하여 육 년을 외삼촌에게 봉사하였거니와 외삼촌께서 내 품삯을 열 번이나 바꾸셨나이다"(38-41절).

이 땅 낮은 곳에 계실 때 우리 구주께서 일생 감당하신 수고는 이보다 훨씬 더 힘든 것이었습니다. 그분은 자기의 모든 양 떼를 살피셨고 마지막 한 마리까지 지키셨습니다. "내가 그들과 함께 있을 때에 내게 주신 아버지의 이름으로 그들을 보전하고 지키었나이다. 그 중의 하나도 멸망하지 않고 다만 멸망의 자식뿐이오니 이는 성경을 응하게 함이니이다"(요 17:12). 그분의 머리카락은 이슬에 젖었고, 그분의 두 발이 밤의 이슬방울들로 젖었습니다. 눈 붙일 겨를도 없이, 온 밤을 그분은 하나님과 기도로 씨름하셨습니다. 어느 날 밤은 그분이 베드로를 위해 기도하셔야 했습니다. 또 다른 때는, 또 다른 문제가 그분의 눈물 어린 간구의 제목이었습니다. 하늘 아래에 앉아 별들을 바라보는 그 어떤 목자들 중에서도, 예수 그리스도께서 수고하셨던 만큼 힘겨운 수고로 인해 불평을 제기할 수 있는 목자는 아무도 없습니다. 만약 우리 주님께서 그런 고충을 토로하셨다면, 그것은 자기 백성을 자기에게로 모으는 그 수고의 혹독함 때문이었습니다.

> "차가운 산들과 한밤중의 공기가
> 그분의 기도의 열기를 증언하였네.
> 광야가 그분의 유혹을 알고,
> 그분의 투쟁과 그분의 승리도 안다네."

라반이 잃어버리거나 상한 모든 양들을 야곱의 손에서 찾았던 일의 영적 유사성을 곰곰이 생각해보는 것은 유익합니다(참조. 창 31:39). 만일 양들이 짐승에게 찢겼다면 야곱이 변상해야 했습니다. 만약 양들 중에서 하나라도 죽으면, 야곱이 그 손실을 전부 보충해야 했습니다. 구주께서도 이 땅에 계실 때에 바로 그 일을 하지 않으셨습니까? 교회를 위한 그분의 수고는 자기에게 맡겨진 모든 자들의 안전을 책임진 보증인으로서의 수고가 아니었던가요? 수고하는 야곱을 보십시오. 그러면 여러분은 본문이 이렇게 묘사하는 분의 모형을 볼 것입니다. "그는 목자같이 양 떼를 먹이시도다."

또 하나의 유사성이 여기 있습니다. 즉 야곱이 그의 배우자를 이와 같이 수고의 값을 치르고 획득하고, 또한 그가 돌보았던 양들로부터 그의 모든 수고의 보상을 얻었을 때, 그는 그의 가족과 양들을 라반에게서 이끌어내었습니다. 이것이 결코 잊을 수 없는 요점입니다. 십자가를 메시고서 예수님은 영문 밖으로 나가셨으며, 그렇게 하심으로써 그분은 우리 각 사람에게 말씀하십니다. "그런

즉 우리도 그의 치욕을 짊어지고 영문 밖으로 그에게 나아가자"(히 13:13). 그분이 그분의 모친의 형제들에게로 가신 것은 사람들 중에서 그분의 택하신 자들을 이끌어내시기 위함이었습니다. 그분이 자기 신부를 향하여 부르시는 음성이 이것입니다. "딸이여 듣고 보고 귀를 기울일지어다 네 백성과 네 아버지의 집을 잊어버릴지어다. 그리하면 왕이 네 아름다움을 사모하실지라 그는 네 주인이시니 너는 그를 경배할지어다"(시 45:10-11). 라반의 집으로부터 약속의 땅으로 돌아오는 야곱은 세상으로부터 하늘로 돌아가시는 예수 그리스도를, 즉 뒤따라오는 가족들을 대동하시고 영원한 소금 언약에 의해 우리에게 주어진 더 나은 가나안으로 들어가시는 그리스도의 모습을 예표적으로 묘사합니다. 그 고생한 목자 야곱은 라반에게 영원히 작별을 고할 때까지는, 조상 아브라함과 이삭이 장막에 거하던 곳에 이를 때까지는 결코 자기 일을 멈추지 않았습니다. 그리스도의 일도 우리를 그분처럼 "거룩하고 악이 없고 더러움이 없고 죄인에게서 떠나 있도록"(히 7:26) 만드실 때까지는 끝나지 않습니다. 비록 이러한 예표들의 의미가 풍부하지만, 나는 그것을 나 자신이 상세하게 설명하는 것보다 여러분 스스로 묵상하도록 맡겨두기로 하겠습니다.

요셉은 예수님의 한 모형이었습니다. 예수님께서, 자기 백성들이 이 땅에 있는 동안, 그들의 유익을 위하여 이 세상이라는 애굽에서 통치하신다는 점에서 그러합니다. 요셉의 역사를 기억하십시오. 우리는 그가 자기 아버지의 양 떼를 그의 형제들과 함께 돌본 것을 발견합니다. 우리 구주께서도 가르치고 전파하기를 시작하실 때 그러하셨습니다. 시기하는 서기관들과 바리새인들 사이에서 그분은 아버지의 양 떼를 돌보셨습니다. 그들은 그분에게서 그들 자신에게는 없는 왕적 위엄을 보았음에도 그분을 참을 수 없었습니다. 요셉이 왕자의 서열과 아버지의 사랑을 나타내는 표시로서 채색 옷을 입었듯이, 예수 그리스도께서도 그분의 본성의 완전함에 있어서 보통 사람들 이상의 무언가를 나타내셨습니다. 시기하는 목자들은 그분이 "즐거움의 기름부음을 받아 동료들보다 뛰어난"(참조. 히 1:9; 시 45:7) 분임을 알아보았습니다. 그 때 그들은 그분의 말씀에서 책잡기를 시작했습니다. 요셉은 한 꿈을 꾸었는데, 꿈에서 해와 달과 열한 별이 그에게 경의를 표했습니다. 시기심 많은 서기관들과 바리새인들이 구주의 말씀을 책잡으려고 듣다가, 그분이 자기가 하나님의 아들이심과 하늘에서 내려오셨음을 주장하시는 것을 들었을 때, 그들은 그분이 꿈을 꾸었다고 생각했습니다. 그들은 그분을 신성모독이라는 이유로 비난했고, 마음으로 그분을 적대시했으며, 그분을 죽이기로 결심했습니다. 그들은 그분을 은 삼십, 곧 노예의 몸값에 팔았습니다. 그렇게 우리의 요셉은 악의 세력들에 의해 애굽으로 팔려갔습니다. 그곳에서 그분은 비록 죄가 없으셨음에도 불구하고 거짓으로 고발을 당하셨습니다. 우리의 요셉, 우리의 복되신 목자는 무덤이라는 옥에 갇히셨고, 그곳에서 한동안 거하시다가 다시 무덤에서 나오셨습니다. 요셉은 애굽 온 땅의 통치자가 되었습니다. 시기한 형제들에 의해 팔려간 우리의 목자는 무덤이라는 옥으로 내려가셨으나, 이제는 모든 정사와 권세들 위에 높아지셨고, 그분의 이름은 다른 모든 이름 위에 뛰어나게 되셨습니다. 이곳, 현재 그분의 백성이 거하고 있는 이 애굽 땅에서, 예수 그리스도는 왕이십니다. 요셉의 허락이 없이는 애굽 온 땅에서 그 어떤 '개'도 감히 혀를 놀리지 못하며, 정녕 어떤 대적도 이곳 지상에서 그리스도의 교회를 대적하려고 무기를 만들지 못합니다.

> "그가 모든 죽을 인생들을 통치하시며
> 우리의 천한 일들을 관장하시네."

아버지께서는 그 아들에게 모든 권세를 위임하셨습니다. 예수 그리스도는 애굽의 영토를 다스리는 왕이십니다. 이 면에서 요셉과 예수님의 유사성에 주목하십시오. 요셉은 애굽 사람들에게 매우 특별한 도움을 주었습니다. 요셉이 기근을 예견하고 칠 년간의 풍년의 때에 곡식을 저장하지 않았더라면, 그들은 기근의 때에 틀림없이 굶어죽었을 것입니다. 예수 그리스도는 이 악한 세상에 큰 유익을 주시는 분입니다. 세상이 보존되는 것은 그분에 의해서입니다. 열매를 맺지 못하는 무화과나무가 살아남은 이유는 농부가 탄원했기 때문이듯이, 예수 그리스도의 간구로 인해 거듭나지 못한 자들의 목숨이 아직 멸하여지지 않은 것입니다. 물론 그들의 죄가 완전히 무르익었을 때 파멸의 마당비가 그들 모두를 쓸어내겠지만, 아직 그들이 살아남는 이유는 위대하신 목자의 중재의 역할 때문입니다.

예수 그리스도는, 요셉처럼 애굽 온 땅을 다스리십니다. 하지만 요셉은 한 가지 특별한 목적을 위해 다스렸습니다. 하나님께서 요셉을 애굽에 보내셨지만, 그것은 주로 애굽 사람들을 위해서가 아닙니다. "하나님이 당신들의 생명을 보존하기 위해 나를 보내셨나이다"(창 45:7). 이것이 요셉 자신의 증언입니다. 예수 그리스도는 지금 만민을 다스리는 권위를 가지셨습니다. 왜일까요? "아버지께서 아들에게 주신 모든 사람에게 영생을 주시기" 위해서입니다(요 17:2). 온 세상에 미치는 그리스도의 통치는 그분의 구속의 측면에서는 특별한 목적이 있습니다. 그 특별한 구속에는 대상이 있으며, 그 대상이란 오직 그분의 친 백성 곧 그분의 양들입니다.

아마도 여러분 중에 어떤 이들은 내가 왜 요셉을 목자라고 부르는지에 대해 의아해할 것입니다. 여러분은 요셉이 초기에는 자기 아버지의 가축을 돌보았다고 인정합니다. 하지만 그가 애굽에 있을 때에도 목자였을까요? 여러분은 요셉의 아버지 야곱이 죽을 때에 남긴 말은 믿겠지요? 야곱은 요셉에 대해 이렇게 말했습니다. "요셉은 무성한 가지 곧 샘 곁의 무성한 가지라 그 가지가 담을 넘었도다. 활쏘는 자가 그를 학대하며 적개심을 가지고 그를 쏘았으나, 요셉의 활은 도리어 굳세며 그의 팔은 힘이 있으니 이는 야곱의 전능자 이스라엘의 반석인 목자의 손을 힘입음이라"(창 49:22-24). 거기에 괄호 사이에 이런 문장이 등장합니다. "거기에서 목자, 곧 이스라엘의 반석이 나오도다"(KJV 'from thence is the shepherd, the stone of Israel' 24절. 한글개역개정에는 없음 — 역주). 요셉은 여기서 목자 곧 이스라엘의 돌로 불립니다. 나는 묵상 중에서 왜 그가 목자이면서 돌인지를 밝히 이해할 수 없었습니다. 하지만 여러분은 예수 그리스도가 목자이시면서, 동시에 건축자들이 버린 돌이었으나 후에는 모퉁잇돌이 되신 분임을 기억할 것입니다. 요셉도 자기 백성이 애굽에 있는 동안 그들의 목자였고 또한 반석과 같은 존재였다는 면에서, 그는 이스라엘의 목자이면서 반석이었습니다.

사랑하는 이여, 예수 그리스도께서 오늘도 세상에서 왕이심을 생각하는 것은 너무도 즐거운 생각입니다. 주께서 다스리시니, 온 땅이여 즐거워하라! 예수 그리스도는 오늘도 온 세상의 군주로서 왕관을 쓰고 계십니다. "여호와께서 내 주께 말씀하시기를 내가 네 원수들로 네 발판이 되게 하기까지 너는 내 오른쪽에 앉아 있으라 하셨도다"(시 110:1). 그러므로 예수님께서 허용하시고, 명하시고, 지배하시지 않는 것은 그 어떤 것도 일어나지 않습니다. 제국들이 무너질 때, 그 나라들을 철장(鐵杖)으로 깨뜨리시고 마치 토기장이의 그릇들처럼 산산이 깨뜨리시는 이는 그리스도이십니다. 큰 화재가 도시를 불태우고, 질병이 열국들을 황폐화시키며, 전쟁이 연이어 발생하고, 역병과 기근이 끊이지 않을 때에도, 여전히 우리의 요셉이 모든 일들을 잘 통치하시니, 우리는 하나님을 사랑하는 자 곧 그 뜻대로 부르심을 입은 자들에게는 모든 것이 합력하여 선을 이루는 것을 압니다. 성도들은 세상 안에 있지만, 그리스도께서는 세상을 그분의 교회를 위해 통치하시니, 이는 교회가 악한 세대 가운데서도 보존되도록 하시기 위함입니다. 여러분은 "애굽 사람은 다 목축을 가증히 여겼다"(창 46:34)고 하는 특이한 구절을 기억할 것입니다. 하지만 이상하게도, 목축하는 자들이 애굽에서 그들의 보금자리를 발견했습니다. 지금도 세상은 그리스도인들을 다 가증히 여기지만, 그리스도의 훌륭한 통치 하에서, 우리는 이 세상에서도 큰 소동 없이 적지 않은 현세의 위로를 누리면서 거하고 있습니다. 우리가 달리 어디에서 그 이유를 찾겠습니까? 그 모든 것은 그리스도께서 보좌에 앉아 이스라엘의 유익을 위해 애굽을 다스리시기 때문이며, 그리하여 결과적으로 세상이 하나님의 교회의 복락에 도움이 되기 때문입니다. 이 주제는 매우 마음을 끄는 주제이지만 더 이상 시간을 지체할 수 없군요. 이제 다음 목자에게로 여러분의 관심을 기울이시길 바랍니다.

다음의 경우에서, 예수 그리스도는 상당히 다른 인물 안에서 모형적으로 제시됩니다. 모세는 애굽에서 통치자가 아니었지만, 상당히 독특한 인물이었습니다. 모세는 양들을 돌볼 때, 다른 모든 무리들과 멀리 떨어져 광야에서 돌보았습니다. 그가 하나님의 백성인 이스라엘의 목자가 되었을 때, 그의 임무는 그들을 애굽에서 보존하는 것이 아니라 그들을 그곳에서 이끌어내는 일이었습니다. 여기에, 구별된 백성의 목자로서 예수 그리스도의 한 모형이 있습니다. 즉 사람들 가운데에서 부름을 받고, 구별된 나라가 되어, 다른 민족들 중에서 헤아림을 받지 않는 그런 백성의 목자입니다. 예수님은, 모세처럼, 왕이 되실 수 있었습니다. 마귀가 그분에게 말했습니다. "만일 내게 엎드려 경배하면 이 모든 것을 네게 주리라"(마 4:9). 우리가 성경에서 읽듯이, 사람들이 그분을 붙들어 억지로 왕을 삼으려 했습니다. 그분은 본래 왕족이셨기 때문입니다. 하지만 그분은 거절하셨습니다. 모세가 바로의 딸의 아들로 불리기를 거절했듯이, 예수 그리스도께서도 이렇게 말씀하셨습니다. "사탄아, 내 뒤로 물러가라"(눅 4:8, KJV). 이 세상의 모든 부귀와 영광보다, 그분은 자기 시대의 애굽에서 압제하는 권력에 의해 억눌리고 멸시받는 불쌍한 자기 백성 편에 서는 것을 더 좋아하셨습니다.

여러분이 기억하듯이, 모세는 바로에게 가서 이렇게 말함으로써 자기 사명을 시작했습니다. "여호와의 말씀에 내 백성을 보내라 그들이 나를 섬길 것이니라"(출 8:1). 예수 그리스도는 구별된 백성의 목자로서, 그들이 타고난 본성의 상태의 억압에서 떠날 것을 요구하심으로써 사역을 시작하십니다. 고결한 손과 편 팔로 그분은 자기 백성을 사람들 중에서 불러내십니다. 그분은 재앙의 기사와 이적을 행하시지만, 그 백성 모두를 이끌어내십니다. "우리의 가축도 우리와 함께 가고 한 마리도 남길 수 없으니"(출 10:26). 하나님의 자녀 중 한 사람도, 그분 목초지의 한 마리 양도, 죄와 사망의 애굽에 남기지 않으십니다. 그들 모두는 영문 밖으로 나가게 될 것이며, 고센 땅에서 떠나 광야로 들어가야 할 것입니다. 왜냐하면 그들이 하나님과만 함께 있어야 하며, 우상으로 가득한 땅에서는 그분을 경배할 수 없기 때문입니다. 나는 애굽에서의 모세의 활동에 대해 오래도록 상세히 설명할 수 있으며, 특히 유월절 만찬에 대해 그럴 수 있습니다. 그 모든 것이 의심의 여지 없이 본문이 이렇게 말하고 있는 분의 모형입니다. "그는 목자 같이 양 떼를 먹이시리라."

우리의 주된 논점은 모세의 위대한 출애굽입니다. 그는 이스라엘 모든 지파들의 우두머리로서 숙곳으로 나아갔습니다. 그곳에서 그들은 장막을 쳤습니다. 조금 후 그들은 비하히롯까지 나아가 홍해 앞에 이르렀습니다. 모세의 지팡이가 선두에 서서 이끄는 대로, 그들은 바다를 마른 땅처럼 건넜으며, 마침내 애굽과 분리된 광야로 들어섰습니다. 사랑하는 이여, 이는 마치 천국의 모든 상속자가 애굽에서 나온 후에는, 예수 그리스도의 피의 홍해를 건넘으로써 예수와 합하여 세례를 받고, 광야의 구별된 위치로 인도되어 나오는 것과도 같습니다. 모세가 광야에서 그 백성에게 어떻게 목자로서 행했는지를 보기란 쉽습니다. 그는 광야에서 방랑하는 동안 그들을 줄곧 인도했습니다. 그는 여수룬의 왕(신 33:5), 곧 하나님께서 그에게 주신 백성의 수령이었습니다. 그들이 양식을 원할 때 그의 기도가 만나와 메추라기를 내리게 했습니다. 그들이 마실 것을 원할 때 반석에서 물이 쏟아지게 만든 것은 그의 음성이었거나 혹은 그가 손에 들고 친 막대기였습니다. 오, 저 단단한 반석에서 많은 물이 솟아나왔습니다! 아말렉 족속과 싸워야 했을 때에는, 모세의 높이 든 팔이 여호수아의 날카로운 칼보다 더 많은 일을 했습니다. 그들은 때때로 모세에게서 징계를 받았습니다. 그는 황금 송아지를 가루로 만들었으며, 그 가루를 물에 타서 그들로 하여금 마시게 했습니다. 그들은 위로 역시 마찬가지로 그에게 의존했습니다. 그의 말은 이슬처럼 맺히고 비처럼 내렸으니, 곧 연한 풀 위에 내리는 가는 비와도 같았습니다(참조. 신 32:2). 모세는 하나님께서 지명하신 전령으로서, 목자처럼 그 백성 모두를 자기 품에 안아야 했습니다. 종종 그 일은 그에게 너무나 무거운 짐이었기에, 그는 이렇게 말하기도 했습니다. "책임이 심히 중하여 나 혼자는 이 모든 백성을 감당할 수 없나이다"(민 11:4). 여기에 예수 그리스도, 곧 구별된 교회의 지도자를 연상하게 하는 한 모형이 있습니다.

형제들이여, 나는 우리 모두가 이런 사상을 가질 뿐 아니라 그 사상대로 살아가야 한다고 여깁니다. 지금 교회는 광야에 있습니다. 우리는 세상을 떠났고, 그 교훈과 풍조와 종교를 떠났습니다. 우리는 세상의 무종교를 미워하는 만큼 세상의 종교를 미워합니다. 우리는 그것을 아주 버렸으며, 다시는 돌아가지 않을 것입니다. 비록 때때로 육체의 정욕은 옛 속박의 상태로 돌아가기를 갈망하지만, 자기 백성을 오염된 세상에서 멀어지도록 이끄시는 우리의 위대하신 목자의 인도를 따라, 우리는 경건의 길을 걸으며 저 약속된 안식으로 나아갑니다.

여러분에게 제시하고자 하는 마지막 모형은 다윗입니다. 이 목자는 예수 그리스도를 예표하며, 특히 다른 이들과는 달리 교회 가운데 계시는 왕으로서 그리스도를 나타냅니다. 다윗은, 예수 그리스도처럼, 그의 삶을 시련과 더불어 시작했습니다. 그는 기름 부음을 받고서 곧장 고난당하기 시작합니다. 세상의 왕이 그를 알아보았고, 그 눈을 그에게 고정했으며, 그에게 창을 던졌으며, 그 자신이 죽임을 당할 때까지는 결코 가만히 있지를 못했습니다. 가련한 다윗은 육체로 거하시던 때의 예수 그리스도를 예표하기에 적절한 인물입니다. 이 세상의 왕은 그분을 찾아내어, 그분의 불꽃을 짓밟아 끄기 위해 안달했습니다. 다윗은 결국 보좌에 오르고, 조용하고도 평화롭게 예루살렘에서 이스라엘과 유다를 왕으로서 다스립니다. 지금도 세상의 군왕들이 나서며 관원들이 서로 꾀하여 그분을 대적하지만, 이것이 그분에 관한 하나님의 칙령입니다. "내가 나의 왕을 내 거룩한 산 시온에 세웠다"(시 2:6).

옛적에 사자의 턱에서 어린 양을 건져내고 곰의 발톱에서 양을 구출했던 그 목자, 죽음의 고통에서 지옥의 사자의 수염을 붙잡고 그를 죽이신 그 동일한 목자가, 위에 있는 예루살렘에서 왕으로서 다스리시며, 또한 그분의 모든 성도들은 즐거이 그분께 신하로서의 경의를 표합니다. 만세, 다윗의 아들이시여! 당신께서 영원히 다스리십니다! 당신께 호산나를 외칩니다! 원수들이 당신을 죽이지 못합니다! 당신께서 그들을 무섭게 치셨으며, 그래서 그들이 당신의 힘에 공포를 느낍니다. 그 목자가 다스리십니다. 예수 그리스도는 하나님의 교회의 왕이십니다. 언젠가 다윗의 통치는 솔로몬의 통치로 이어져 꽃을 피울 것입니다. 우리는 예수 그리스도에게서 더욱 영광스러운 왕의 모습을 봅니다. 그분은 바다에서부터 바다까지와 강에서부터 땅 끝까지 다스리실 것이기 때문입니다(참조. 시 72:8). 거기에서는 암몬 족속과의 전쟁도 없을 것이며, 그 어디에서도 전쟁이 없을 것입니다. 모든 원수들이 그분의 발 밑에 놓이게 될 것이고, 열국의 왕들이 그분 앞에 절하게 될 것이며, 그의 원수들은 티끌을 핥을 것입니다. 그 천년기의 찬란한 영광이 곧 동트고, 다윗의 자손이 영원토록 왕과 목자로서 온 땅을 다스리시길 바랍니다!

이 다섯 가지의 모형적 실례들을 곰곰이 생각해보십시오. 그러면 목자같이 양 떼를 먹이시는 그분과 관련하여 많은 교훈을 얻을 것입니다.

2. 신약성경의 묘사들

지치지 않은 그리스도인들은 나를 따라서 신약성경의 묘사들을 세 가지 면에서 살펴보도록 합시다.

여러분 모두 이 점을 기억하기를 바랍니다. 목자이신 예수 그리스도는 신약성경에서 세 가지 방법으로 묘사되어 있습니다. 우선 그분은 선한 목자로 언급되며, 다음에는 위대한 목자로, 세 번째는 목자장으로 묘사됩니다. 나는 '목자'라고 하는 그분의 명칭에 또 다른 어떤 형용사가 덧붙여지는지 알지 못합니다.

먼저, 요한복음 10장을 보면 그분이 선한 목자로 묘사된 것을 발견할 수 있습니다. "선한 목자는 양들을 위하여 목숨을 버리거니와"(요 10:11). 선함이란 우리 주님의 성품 중에서 특별한 미덕이며, 그분의 지상의 생애에서와 인간들을 위한 그분의 열정에서 찬란히 빛을 발합니다. 이 땅에서 사람들에게 멸시와 거절을 당하신 우리 주님을 바라볼 때, 나는 그분이 위대한 목자이신 것을 알지만, 그분의 위대성이 나에게 크게 감명을 주지는 않습니다. 그분의 양 떼는 소수였기 때문입니다. 우리는 사도행전에서 "모인 무리의 수가 약 백이십 명이었다"(1:15)고 읽습니다. "여우도 굴이 있고 공중의 새도 거처가 있으되 인자는 머리 둘 곳이 없다 하시더라"(마 8:20). 여기에 선함이 있지만, 위대성은 감추어져 있습니다. 무리들을 보실 때, 그분은 그들이 마치 목자 없는 양과 같아서 그들을 불쌍히 여기셨습니다. 여기 선한 목자가 있습니다. 그분은 그들의 질병을 고치시고 그들의 죄를 씻어주셨습니다. 여기에 진정 선함이 있습니다. 그분이 죽으실 무렵, 그분은 기드론 시내를 건너가셨고, 동산에서 굵은 땀방울을 흘리실 때까지 기도로 씨름하셨습니다. 그분은 재판과 정죄를 받으셨고, 그 다음에는 죽음의 언덕에 오르셨으며, 고통당하고, 피를 흘리며 죽으셨습니다. 여기에 선한 목자가 있습니다. 자기 양들을 위하여 피를 흘리는 선한 목자가 있습니다. 여러분은 예수께서 얼마나 선한 목자이신지를 말할 수 있습니까? 여러분은 그분 안에 있는 특별한 선하심의 높이와 깊이를 측량할 수 있습니까? 그분은 너무나 선하여 다른 사람들을 구하시기 위해 자기 자신을 구원하지 않으셨습니다. 그분은 너무나 선하여 자기 양 무리의 수를 세실 때 이렇게 말씀하실 수 있었습니다. "아버지께서 내게 주신 자 중에서 하나도 잃지 않았습니다"(요 18:9). 그분은 비록 자기 자신은 머리를 숙이고 숨을 거두셨지만 그들 모두를 안전하게 지키셨습니다.

여러분은 히브리서 13장 20절에서 그분이 위대한 목자로 불리시는 것을 발견할 것입니다. 그것이 그분의 지상에서의 삶과 죽음에 대해 언급하는 것일까요? 그렇지 않습니다. 그 문맥을 찬찬히 살펴보십시오. "양들의 큰 목자이신 우리 주 예수를 영원한 언약의 피로 죽은 자 가운데서 이끌어 내신 평강의 하나님이 모든 선한 일에 너희를 온전하게 하사 자기 뜻을 행하게 하시기를 원하노라"(20-21절). 여러분은 그것을 인식합니까? 그분은 죽으실 때에 큰 목자가 아닙니다. 그분은 선한 목자이십니다. 하지만 그분이 죽은 자 가운데서 다시 일어나셨을 때 그분은 위대한 목자이십니다. 여러분은 부활에서 그분의 위대성을 인식하는 것입니다. 그분은 무덤에서 잠들어 누워 계십니다. 그 때 그분은 양들을 위해 자기 목숨을 버린 선한 목자이십니다. 그분 안에 다시 생명이 나타나고, 돌이 굴려 치워지며, 파수하는 자들이 두려움에 사로잡히며, 그분이 죽은 자로서가 아니라 부활하신 분으로 서 계십니다. 이 때 그분은 위대한 목자이십니다.

그분은 사십 일 동안 제자들에게 자기 자신을 나타내셨습니다. 그 때 마지막으로 갈릴리 언덕으로 그들을 데려가셨을 때, 구름이 그분을 가려 그들의 눈에 보이지 않게 했습니다. 그렇게 그분은 위대한 목자로서 하늘로 올라가셨습니다. 그분이 그들에게 예루살렘으로 가라고 말씀하셨을 때, 그들은 때가 될 때까지 기다렸으며, 마침내 급하고 강한 바람 같은 소리를 듣고 불의 혀 같이 갈라지는 것이 그들 위에 임하는 것을 보았습니다. 누가 그들에게 이런 은혜를 주셨습니까? 그분이 누구입니까? 바로 위대한 목자이십니다. 그가 높이 오르실 때에 사람들에게 선물을 주셨습니다(참조. 엡 4:8).

그 목자는 여전히 여러분을 돌보십니다. 하지만 이제 그분은 위대한 목자로서 그렇게 하십니다. 그분은 이제 새 예루살렘에서 천사들의 무리 가운데 승리의 모습으로 좌정하시고, 지상에 있는 그분의 양들에게 그분의 뜻에 따라 사도들과 목사들을 비롯하여 다양한 사역자들을 귀한 선물로 주십니다. 그분은 전에 선한 목자이셨으며, 이제도 그분은 선한 목자이십니다. 하지만 그분은 또한 탁월하게 위대한 목자이십니다. 우리 주 예수 그리스도의 위대하심을 생각하며 즐거워합시다. 그분을 높여드리고 송축합시다. 그 선한 목자가 자기 목숨을 버리신 것은 여러분으로 하여금 생명을 얻고 또 풍성하게 얻도록 하시기 위함임을 깊이 생각하십시오. 그분은 또 다른 면에서도 위대한 목자이십니다. 성경이 무어라고 말합니까? "모든 선한 일에 너희를 온전하게 하사 자기 뜻을 행하게 하시고"(히 13:21). 그렇습니다. 그분은 여러분의 죄를 없애기 위해 죽으십니다. 하지만 그분은 여러분의 칭의와 온전한 성화를 위해 다시 살아나십니다. 주님께서 수의(壽衣)를 무덤에 버려두신 것은 여러분으로 하여금 죄를 버리도록 하시기 위함입니다. 또한 그분이 무덤을 떠나시고 다시 그 속으로 들어가지 않으신 것은, 여러분으로 하여금 한때 여러분이 살았던 옛 죽음의 세상을 떠나 새로운 생명 안에서 살도록 하시기 위함입니다.

우리가 살펴볼 세 번째의 묘사는 베드로전서 5장 4절에서 발견됩니다. 여기서 여러분은 구주께서 목자장으로 불리시는 것을 봅니다. 언제 이러합니까? 베드로서신에서 그분은 선한 목자가 아닙니다. 그분은 위대한 목자도 아닙니다. 그분은 그 모든 것 되시지만, 베드로서신에서 그분은 그보다 훨씬 더 위대한 분으로서 목자의 우두머리이십니다. 그분이 언제 이런 칭호를 얻으실까요? 사랑하는 이여, 이 사실에 주목하십시오. 여기에 여러분의 마음을 집중하시기 바랍니다. 그분이 선한 목자이실 때 그분은 홀로이십니다. 다른 누구도 언급되지 않습니다. 그분이 큰 목자이실 때, 여전히 그분은 홀로이시며, 다른 목자들에 대해서는 단지 희미한 암시만 있을 뿐입니다. 그러나 그분이 목자장이실 때, 그분은 다른 목자들 중에 계시며 그들의 우두머리시라는 의미가 내포되어 있습니다. 이 점을 주목하십시오. 속죄에서 그분은 홀로이십니다. 이 점에서 선한 목자와 함께하는 이는 없습니다. 우리를 의롭게 하시기 위한 부활에서 그분은 홀로이십니다. 어느 누구도 위대하신 목자를 돕지 않습니다. 하지만 재림하실 때 그분은 많은 자기 백성들 중에서 으뜸으로 오십니다. 이 구절을 읽으십시오. "목자장이 나타나실 때에 시들지 아니하는 영광의 관을 얻으리라"(벧전 5:4). 그렇게 여러분은 그리스도께서 재림 시에 목자장으로 오시는 것을 볼 것입니다. 그 때 온 세상은 비록 그분이 속죄와 칭의를 위한 사역에서는 홀로이셨지만 섬김이나 영광에 있어서는 홀로가 아니심을 보고 놀랄 것입니다. 그 때 그분의 양을 먹인 모든 목사들, 그분의 어린 양을 먹인 모든 교사들, 어떤 방식으로든 그분 밑에서 그분이 사랑하여 피로 사신 양들을 인도하고 다스리고 먹이는데 공헌한 여러분 모두도 함께 나타날 것입니다. 여러분이 알듯이 그분은 선한 목자로서는 면류관이 없습니다. 성경은 큰 목자로서 그분이 면류관을 쓰셨다고 기록하지 않습니다. 하지만 그분이 아버지께서 씌워주신 면류관을 쓰고서 오실 때, 그 때 여러분 또한 시들지 않는 생명의 면류관을 쓰고서 그분과 함께 영광 중에 나타날 것입니다.

이러한 특수한 상황이 여러분의 관심을 끄는지 모르겠지만, 이 점을 숙고할 때 그것은 내 관심을 끌었습니다. 우리의 목자는 죽으실 때는 선하시고(good), 부활하실 때는 위대하시며(great), 재림하실 때는 으뜸(chief)이십니다. 그것이 내게 큰 힘을 북돋아주는 것으로 보입니다. 그분은 죄인인 내게는 선하시며, 성도로서의 내게는 위대하시고, 그분의 영광의 통치에 참여할 자로서의 내게는 으뜸이십니다. 사실상 나는 이 세 가지 단계들을 통과합니다. 죄인이었을 때, 나는 양을 위하여 자기 목숨을 버리신 선한 목자를 바라봅니다. 그리고 나는 그보다 더 높은 단계에 이릅니다. 나는 성도입니다. 나는 모든 선한 일에 나를 온전하게 하사 그분의 뜻을 행하게 하시는 큰 목자를 바라봅니다. 나는 더 높은 단계로 오릅니다. 나는 죽고, 다시 살아납니다. 나는 부활의 생명 안에서 행합니다. 그리고 이제는 목자장을 바라봅니다. 나는 그분이 내게 주실 면류관 곧 내게만 아니라 그분의 나타나심을 사모하는 모든 자에게 주실 생명의 면류관을 소망합니다. 그분은 선한 목자, 큰 목자, 그리고 목자장이십니다. 하나님께서 우리에게 은혜를 주사 이 진리를 묵상하게 하시고, 그것을 깨달아 알고 누리게 해 주시길 빕니다.

3. 새겨야 할 적용들

결론적으로 나는 한두 가지 인상적인 적용들을 제시합니다.

첫 번째 적용은, 양 떼 중에서 가련하고 궁핍하며 지쳐 있고 고통을 겪는 양들과 어린 양들을 위한 위로와 만족의 적용입니다. 본문은 이렇게 기록되어 있습니다. "그는 목자같이 양 떼를 먹이시리라." 그 다음이 무엇입니까? "어린 양을 그 팔로 모아 품에 안으시며 젖 먹이는 암컷들은 온순히 인도하시리로다." 어린 양은 성숙한 양보다는 가치가 없습니다. 하지만 그들은 위대하신 목자 밑에서는 가장 큰 관심의 대상입니다. 아마도 그들은 시장에서 최소의 가격에 팔릴 것이지만, 목자의 마음에서는 가장 큰 부분을 차지합니다. 궁핍하고 고통당하는 여러분이여, 나는 여러분이 이 점을 마음에 새기기를 바랍니다. 성경에는 모든 성도를 위한 약속들이 있지만, 여러분을 위해서는 특별한 약속들이 있습니다. 예수 그리스도는 어린 양들을 돌보시니, 어린 양들은 특별한 보살핌을 받을 것입니다.

내가 여러분에게 고생하는 목자로 소개했던 야곱에게서 이 점을 주목하십시오. 그가 에서를 만났을 때, 에서가 그와 동행하여 보호해주기를 원했지만 그는 이렇게 말했습니다. "내 주도 아시거니와 자식들은 연약하고 내게 있는 양 떼와 소가 새끼를 데리고 있은즉 하루만 지나치게 몰면 모든 떼가 죽으리이다"(창 33:13). 선한 목자이신 예수님은 어린 양들을 지나치게 몰 정도로 여행하지 않으십니다. 그분은 가난하고 궁핍한 자들을 친절하게 배려하십니다. 왕들은 대체로 큰 자들과 부자들에게 관심을 보이지만, 우리의 위대하신 목자는 그분의 왕국에서 가난한 자들을 가장 크게 배려하십니다. "그가 가난한 백성의 억울함을 풀어주리로다"(시 72:4). 양 떼 중에서 약한 자들과 병든 자들이 구주의 보살핌의 특별한 대상들입니다. 이 증거를 여러분은 에스겔 34장 16절에서 볼 수 있습니다. "그 잃어버린 자를 내가 찾으며 쫓기는 자를 내가 돌아오게 하며 상한 자를 내가 싸매 주며 병든 자를 내가 강하게 하리라." 상하고, 병들고, 궁핍한 그리스도인에게는 이루 다 말할 수 없는 위로입니다! 사랑하는 영혼이여, 당신은 당신 자신의 무가치성과 약함과 가난 때문에 잊혀졌다고 생각합니다. 하지만 오히려 그런 점이 당신이 기억되고 있는 이유입니다.

여기에 한 어머니가 있습니다. 그녀에게는 일곱 자녀들이 있습니다. 내가 설교하는 동안 나는 그녀가 어떤 자녀를 생각하고 있는지를 압니다. 그녀는 결혼하여 떠난 요한을 생각하지 않습니다. 건강한 메리를 생각하는 것도 아니고, 그녀 곁에 앉아 있는 토머스를 생각하는 것도 아닙니다. 그녀는 집에서 침상에 누워 있는 불쌍하고 어린 자녀를 생각하고 있습니다. 그 아이가 이 아침에 잠을 조금 잤는지, 또는 잘 돌봄을 받고 있는지 궁금히 여깁니다. 내 추측이 정확한 것임을 당신은 압니다. 우리의 사랑 많으신 목자 예수 그리스도는, 혹 튼튼하고 건강한 자들을 잊으신다고 해도 병든 자들은 틀림없이 기억하실 것입니다. 그분은 목자같이 양 떼를 먹이십니다. 그분은 어린 양들을 그 팔로 쓰다듬으시고 품에 안으실 것입니다. 그분은 어린 자들을 부드럽게 인도하실 것입니다.

위로와 경고를 함께 담은 두 번째 적용입니다. 죄인이여, 당신에게 우리 주 예수 그리스도께서는 지금 잃어버린 자를 찾아 구원하시는 목자로서 자기 자신을 나타내십니다. 여기에 그분이 친히 하신 말씀이 있습니다. "너희 중에 어떤 사람이 양 백 마리가 있는데 그 중의 하나를 잃으면 아흔아홉 마리를 들에 두고 그 잃은 것을 찾아내기까지 찾아다니지 아니하겠느냐? 또 찾아낸즉 즐거워 어깨에 메고, 집에 와서 그 벗과 이웃을 불러 모으고 말하되 나와 함께 즐기자 나의 잃은 양을 찾아내었노라 하리라"(눅 15:4-6). 그 예수님께서 지금 방황하는 양을 찾으십니다. 당신은 어디에 있습니까? 오늘 아침에 당신은 어디에 있습니까? 위대하신 목자께서 당신을 찾아오십니다. 오, 저 위대하신 목자께서 당신을 그분 어깨에 메고 집으로 오실 때 그분의 마음은 얼마나 기쁠 것이며, 또한 천국에는 얼마나 큰 기쁨이 있을까요!

하지만 귀를 기울이십시오. 여러분은 잃은 자를 구원하시는 그 목자께서 최종적으로는 회개치 않는 자들을 심판하실 것임을 인식하고 있습니까? 그분은 마치 목자가 염소들을 양들에게서 분리하여 양들은 오른편에 두고 염소들은 왼편에 두듯이, 회개치 않는 자들을 따로 분리시키실 것입니다. 그 때 그분은 왼편에 있는 자들에게 이렇게 말씀하실 것입니다. "저주를 받은 자들아 나를 떠나라"(마 25:41). 그 무서운 말씀을 선언하는 입술은 어떤 입술입니까? 그 목자의 입술입니다. 잃은 양들을 찾기 위해 산들을 넘은 그 동일한 목자, 곧 우리가 "전에는 양과 같이 길을 잃었더니 이제는 우리 영혼의 목자와 감독 되신 이에게 돌아왔느니라"(참조. 벧전 2:25)고 말하는 그 목자의 입술입니다. 잃은 자들을 찾으시고 흩어졌던 자들을 모으시는 그 동일한 목자께서 회개치 않은 자들을 향해 이렇게 말씀하실 것입니다. "저주를 받은 자들아 나를 떠나 마귀와 그 사자들을 위하여 예비된 영영한 불에 들어가라."

오, 죄인이여, 당신의 부러진 뼈를 싸매시고 당신의 상처를 치유하시는 그 목자를 알게 되길 바라며, 영혼이 구원받은 기쁨을 알게 되길 바랍니다. 만일 그렇지 않으면, 목자가 양과 염소를 구분하듯이 그분이 당신을 그분의 양들에게서 구분하여 저주하실 때, 당신은 그분이 얼마나 무서운 분이신지를 알게 될 것입니다.

이제 이 말로 말씀을 맺고자 합니다. 이 말씀은 성도와 죄인 모두에게 해당되는 말씀입니다. 우리가 목자로서의 예수 그리스도를 말하는 중에도, 여전히 그분은 고난 받으신 분으로서 전파되어야 함을 잊지 말도록 합시다. 나는 아벨에서 시작했으니 아벨로 끝을 맺어야겠습니다. 스가랴는 이처럼 주목할 만한 여호와의 말씀을 기록했습니다. "칼아 깨어서 내 목자, 내 짝 된 자를 치라 목자를 치면 양이 흩어지리라"(슥 13:7). 오 죄인이여, 당신은 오늘 무엇보다 '목자-아벨', 즉 제단에서 죽임을 당하신 목자를 만나야 합니다. 칼에 깊이 찔린 그 목자의 피가 하늘을 향해 부르짖고 있습니다. 여러분은 장차 '고생하는 목자'에 대해 알게 될 것입니다. 애굽에서 다스리는 목자 요셉에 대해서도 곧 알게 될 것입니다. 흩어진 양들의 목자를 당신은 머지않아 따르게 될 것입니다. 예루살렘에서 다스리는 목자 다윗을 당신은 앞으로 즐거이 섬길 것입니다. 하지만 지금 당신이 알아야 할 분은 피 흘리시고 죽으신 목자입니다.

내가 그러했듯이, 여러분도 이 말씀에 주목하십시오. "우리는 다 양 같아서 그릇 행하며 각기 제 길로 갔거늘 여호와께서는 우리 모두의 죄악을 그에게 담당시키셨도다"(사 53:6). 여기 우리가 바라보아야 할 예수, 저기 저주받은 나무에서 고난당하시고, 피 흘리시고, 죽으신 예수가 있습니다. 그분이 계십니다. 그 목자를 바라볼 때 우리는 살 것이며, 또한 영원히 살 것입니다. 하나님께서 죄 때문에 울어 눈시울이 붉어진 여러분의 눈으로 그분을 보게 해 주시길 빕니다. 혹은 술 취함과 사악함 때문에 붉어진 여러분의 눈으로, 죄를 없이하시는 예수 그리스도, 화목케 하시는 여호와를 바라보게 하시길 바랍니다. 그러면 여러분의 영혼이 영원토록 구원을 얻을 것입니다. 아멘.

제
35
장

부흥을 위한 엄숙한 변론

"섬들아 내 앞에 잠잠하라 민족들아 힘을 새롭게 하라 가까이 나아오라 그리고 말하라 우리가 서로 재판 자리에 가까이 나아가자."—사 41:1

이 본문은 이방인들을 향하여 살아계신 하나님과 변론하라는 도전의 말씀입니다. 주님께서 그들에게 힘을 다해 논증하라고 말씀하십니다. 그리고 논쟁을 끝까지 수행하여 최종적으로 영원히 결심하라고 하십니다. 그분이 그들에게 잠잠하고, 회상하고, 깊이 숙고하라고 명하시며, 그리하여 힘을 새롭게 하여 변론의 자리에 나아와, 할 수 있다면 그들의 신들을 옹호해보라고 하십니다. 그분은 그들에게 경박한 논쟁거리를 가져올 것이 아니라, 생각할 가치가 있고 무게가 있는 논쟁을 해보라고 재촉하십니다. 그분은 그들에게 말할 준비가 될 때까지는 잠잠하라고 명하십니다. 그런 다음 강력한 논거들을 제시할 수 있고 그들의 입장을 가장 조리 있게 말할 수 있을 때 나아오라고 하십니다. 그분은 그들에게 만약 그들의 신들이 정말 신들인지, 기만과 거짓보다 조금이라도 더 나은 것이 있는지, 옹호해볼 수 있으면 해 보라고 도전하십니다.

나는 이번에 그런 논쟁에 대해 말하려는 것이 아닙니다. 오히려 이 본문을 상당히 다른 시각에서 활용하고자 합니다. 지존하신 주 하나님을 섬기는 우리들 역시 그분과 논쟁합니다. 우리는 그분의 교회와 그분의 대의(大義)가 이 세상에서 우리가 바라는 만큼 오래도록 번성하는 것을 보지 못했습니다. 아직 이교주의(異教主義)가 기독교에 의해 완전히 뿌리 뽑히지 않았으며, 진리가 모든 곳에서 허위를 짓밟는 것은 아닙니다. 열방은 하루 만에 태어나지 않습니다. 세상 나라들이 아직은 우리 하나님과 그의 그리스도의 나라들이 되지 않았습니다(참조. 계 11:15). 우리는 이 문제에 관해 하나님과 변론하기를 원하며, 또한 그분이 친히 이 거룩한 토론을 위해 어떻게 준비해야 할지 우리에게 가르쳐주시길 바랍니다.

그분은 우리에게 잠잠하라고 명하십니다. 그분은 우리에게 깊이 숙고하라고 명하십니다. 그런 다음 거룩한 담대함을 가지고 그분께 가까이 나아와 그분에게 호소하라고 말씀하십니다. 우리의 입장을 제시하고 강력한 논거들을 제기하라고 명하십니다. 새해가 시작되는 지금, 그리스도인들에게 이보다 더 긴급한 문제는 없는 것으로 보입니다. 우리는 하나님께 호소해야 합니다. 우리 눈이 지금까지 보아왔던 것보다 더 큰 은혜의 일들을 그분이 우리 가운데 나타내시도록 호소해야 합니다. 우리는 놀라운 부흥들에 관해 읽었습니다. 역사는 종교개혁 시대의 경이로운 일들과, 처음 두 세기 동안 복음이 놀라운 방식으로 전파되었던 것을 기록하고 있습니다. 우리는 그와 같은 일들을 다시 보기를 열망합니다. 혹은 왜 그런 일들이 없는지 그 이유를 알기 원합니다. 경건한 담력을 가지고 여호와께 가까이 나아가, 마치 사람이 자기 친구와 더불어 변론하듯이 그분과 변론하는 것이 우리의 바람입니다. 그렇게 할 수 있도록 하나님께서 성령의 능력으로 우리를 도우시길 빕니다.

1. 잠잠합시다.

먼저, 잠잠합시다. "섬들아 내 앞에 잠잠하라." 논쟁이 시작되기에 앞서 우리는 엄숙한 경외심을 가지고 잠잠해야 할 것입니다. 왜냐하면 전능하신 주 하나님과 더불어 말해야 하기 때문입니다! 그분의 지혜에 반박하려고 입을 열지 말고, 우리의 마음이 그분의 사랑을 의심하도록 허용하지 맙시다. 상황이 우리가 바라는 대로 밝아 보이지 않은들 무슨 상관입니까? 주께서 다스리십니다. 그분이 지체하시는 것처럼 보여도 무슨 상관입니까? 그분은 주 하나님으로서 그분에겐 천 년이 하루와 같으며, 또한 그분은 어떤 사람들이 생각하는 것처럼 약속을 지체하시는 분이 아니지 않습니까? 우리는 담대히 그분과 변론할 것이지만, 여전히 그분은 영원한 하나님이고, 우리는 먼지와 재에 불과한 자들입니다. 우리는 거룩한 담력을 가지고 무엇이든 말할 수 있지만, 경솔한 태도로는 한 마디도 말하지 않을 것입니다. 그분은 우리들의 아버지이시지만, 하늘에 계신 우리 아버지이십니다. 그분은 우리의 친구이시지만 동시에 우리의 재판장이십니다. 우리는 그분이 무엇을 하시든 그것이 최선임을 압니다. 우리는 우리를 지으신 분께 "당신이 무엇을 만드십니까?"라고 말하지 않으며, 우리의 창조주께 "당신이 한 일이 무엇입니까?"라고 말하지도 않습니다. 토기장이가 자기 손으로 한 일을 진흙에게 모두 설명해야 합니까? 그분은 주님이시니, 그분으로 하여금 그분 보시기에 선한 것을 행하도록 하십시오. 우리가 그분이 행하시는 일을 볼 때 그것이 우리의 희미한 이해력으로는 아주 이상하게 보일 수도 있으며, 따라서 그 의미를 파악하지 못할 수도 있습니다. 하지만 우리가 그 의미를 파악하려고 바랄 필요는 없습니다. 일을 감추시는 것은 하나님의 영광이며, 만약 그분이 그것을 감추기로 선택하셨다면, 감추어지도록 두십시오. 진실로 하나님은 이스라엘에게 선하시며 그분의 자비는 영원합니다. 설혹 이 세상의 역사가 또 다른 수십 세기 동안 슬프게 진행된다고 해도, 마지막 승리의 할렐루야가 울려 퍼질 때에 그만큼 더 큰 찬송의 이유를 드러낼 것입니다.

우리의 침묵의 경외심은 부끄러움의 차원으로까지 깊어져야 합니다. 왜냐하면, 내 형제들이여, 하나님의 대의가 번성하지 못한 것이 사실이라 하더라도, 이 잘못이 누구에게 있습니까? 하나님의 일이 우리에게서 번성하지 못했다고 하여도, 그 이유는 하나님께 있지 않습니다. 그렇다면 그 잘못은 어디에 있을까요? 만약 씨앗이 토양 속에서 말라 죽었거나, 혹은 벌레가 그 초록의 싹을 먹어버려, 추수하는 이가 그 팔에 기쁨의 수확물을 가득 얻지 못했다면, 그 잘못은 어디서 비롯된 것일까요? 우리에게 죄가 있었기 때문이 아닐까요? 아아, 하나님의 교회에 죄가 있기 때문이 아닌가요? 이스라엘이 싸움의 날에 등을 돌렸던 것은 아닌가요? 이스라엘 진영에 저주받은 물건이 있고, 값비싼 시날 산의 아름다운 외투와 금덩이를 감춘 아간이 있기 때문이 아닐까요?

하나님이 말씀하십니다. "이유가 있지 않으냐? 둘이 서로 일치하지 않으면 함께 길을 갈 수 있느냐? 만일 너희가 나와 반대로 행하면 나 역시 너희와 반대로 행할 것이다." 진실로, 하나님께서 어떻게 우리에게 복을 주셨는지를 생각할 때, 나는 그분이 더 많이 주시지 않은 것 때문에 놀라기보다는 오히려 그분이 그토록 많이 주신 것에 놀랄 뿐입니다. 그분이 그토록 무가치한 도구들, 그토록 느린 굼벵이들, 그토록 게으른 일꾼들에게 복을 주십니까? 그분이 그토록 합당치 못한 연장으로 무언가를 행하십니까? 그분이 그토록 부정한 그릇들에 어떤 보화를 담아두십니까? 그렇다면 이는 그분의 은혜의 탓으로 돌려야 합니다. 하지만 만약 그분이 우리를 최상의 수준으로 사용하시지 않는다면, 우리는 부끄럽고 당혹스러운 얼굴을 우리 자신에게로 향하게 합시다. 그리고 그분의 영광의 보좌 앞에 가만히 앉아 침묵하도록 합시다. 정녕 우리가 무엇을 말할 수 있겠습니까? 우리는 그 어떤 것도 그분 탓으로 돌리지 않으며, 지존하신 분께 아무런 비난을 하지 않으며, 그저 조용히 우리 자신의 악함을 고백할 뿐입니다. 수치와 당혹감은 우리에게 돌려야 마땅합니다.

여기서 더 나아가, 침묵 중에 숙고합시다. 이 세대는 시끄러운 세대이며, 그리스도의 교회도 너무 시끄럽습니다. 조용한 예배가 거의 없다는 것이 염려스럽습니다. 나는 침묵의 부재를 아쉬워합니다. 말할 수 없이 고귀하고 거룩한 감화력이 있는 개인 기도에서와 마찬가지로 공적 집회에서도 침묵이 필요하다고 여깁니다. 이제 잠시 침묵하도록 합시다. 그리고 우리가 주를 바라는 것이 무엇인지 숙고해보도록 합시다. 수많은 사람들의 회심, 오류의 타도, 하나님 나라의 확장 등을 숙고해봅시다. 여러분의 영혼이 갈망하는 복들이 무엇인지 생각해보십시오. 그것들이 무엇인지 정확하게 인식한 후에, 여러분이 그것들을 받을 준비가 되었는지를 자문해보십시오. 그런 것이 지금 주어진다면, 여러분은 준비가 되어 있습니까? 만약 이 한 교회에서 수천 명의 회심자들이 생긴다면, 여러분은 그들을 가르치고, 양육하고, 위로할 준비가 되어 있습니까? 그리스도인들이여, 여러분은 지금 그 일을 하고 있습니까? 여러분은 회심자들을 위해 기도하지만, 하나님께서는 여러분이 그들을 맡을 준비가 되어 있다고 여기실까요? 여러분은 그렇게 준비된 자들로 행동하고 있습니까? 여러분은 은혜를 위해 기도합니다만, 여러분이 이미 가지고 있는 은혜를 사용하고 있습니까? 여러분은 더 많은 능력 보기를 원합니다. 그렇데 여러분이 가진 능력을 어떻게 사용하고 있습니까? 여러분은 그것을 활용하고 있습니까? 만일 강력한 부흥의 파도가 런던을 덮친다면, 여러분의 마음은 준비되어 있습니까? 여러분의 손은 준비되었습니까? 여러분의 지갑은 준비되었습니까? 여러분 모두 그 복된 파도의 물마루를 타고 함께 움직일 준비가 되어 있습니까? 숙고해보십시오.

곰곰이 생각해보면, 하나님께서는 그분의 교회에 가장 큰 복을 주실 수 있고, 또한 그것을 어느 때에라도 주실 수 있음을 여러분은 인식할 것입니다. 잠잠히 생각해보십시오. 그러면 여러분은 그분이 여러분이나 나에 의해서 그 복들을 주실 수 있음을 알게 될 것입니다. 우리는 약하지만, 그분은 우리들 중 어느 누구를 통해서라도 견고한 진들을 무너뜨릴 만큼 강하게 하실 수 있습니다. 비록 우리의 손에는 몇 조각의 떡과 물고기들이 들려 있을 뿐이지만, 그분은 우리의 약한 손을 통해 수많은 사람들에게 생명의 떡을 먹이실 수 있습니다. 이 점을 깊이 생각하고, 이 아침에 잠잠히 여러분 스스로에게 물으십시오. 그 복을 얻기 위해 우리가 할 수 있는 일이 무엇일까요? 그 일을 우리는 하고 있습니까? 우리의 성향, 우리의 개인적인 기도, 하나님을 위한 우리의 행동에 있어서, 그 복을 얻을 수 있을 것으로 보이는 요소가 무엇일까요? 우리는 진실하게 행동하고 있습니까? 우리는 진정으로 우리가 바란다고 말하는 그 복들을 바라고 있습니까? 우리는 하나님의 일을 감당하기 위해 세상적인 용무들을 포기할 수 있습니까? 우리는 주님의 포도원을 돌보기 위해 시간을 낼 수 있습니까? 우리는 주님의 일을 하기를 바라고 있는지요? 그리고 우리의 마음은 그 일을 효과적으로 또한 기꺼이 할 태세가 되어 있는지요? 잠잠히 생각해보십시오. 나는 모든 그리스도인들에게 집으로 돌아가서 한동안 하나님 앞에 가만히 앉아 있을 것을 제안합니다. 경외심 가득한 침묵으로, 부끄러움을 느끼는 침묵으로, 그리고 이런 일들과 관련하여 신중하게 숙고하는 침묵 중에서 하나님께 경배하라고 제안합니다.

다음으로 우리는 주의를 위한 침묵을 숙고하고자 합니다. "섬들아 내 앞에 잠잠하라." 하나님이 여러분에게 말씀하실 수 있도록 잠잠하십시오. 하나님의 말씀이 여러분의 영혼에 들리도록 잠잠하십시오. 단지 일부분이 아니라 모든 주의를 기울이십시오. 조용히 여러분을 훈계하시는 하나님의 영의 음성이 들리도록 잠잠하십시오. 여러분 자신에 대해서와 여러분의 주님께 대한 성령의 복된 깨우침이 들리도록, 더욱 성결하고 더욱 거룩하도록 여러분을 권고하시는 그분의 거룩한 격려가 느껴지도록, 지금까지 여러분이 도달한 것보다 더 높은 차원의 삶의 길로 나아가도록 이끄시는 그분의 거룩한 도움이 느껴지도록 잠잠히 주의를 기울이십시오. 오, 주님 앞에 가만히 앉아서, 그분의 거룩한 음성 외에는 모든 소리에 귀를 닫는 것이 좋습니다. 우리가 그분께 듣기를 바라지 않는다면 그분께 듣는 것을 기대할 수 없습니다. 선지자는 이렇게 말합니다. "내가 하나님 여호와께서 하실 말씀을 들으리라"(시 85:8). 여러분은 항상 그렇게 하고 있습니까? 만약 주께서 여러분에게 하시는 말씀을 들은 적이 있다면, 여러분은 그분의 음성과 같은 음성이 없음을 인정할 것입니다. 여러분의 모든 교만과 아집과 이기심을 죽이시며, 여러분의 전 인격에서 오직 그분의 영광을 선포하시는 주의 음성을 들을 때까지 잠잠하십시오.

여러분이 잠잠한 중에 주의하는 것을 배웠다면, 복종의 태도와 더불어 잠잠하십시오. 이를 위해 여러분은 성령님의 은혜의 도우심이 필요합니다. 주님이 원하시는 것에 대해 여러분의 영혼이 온전한 복종의 상태에 이르기란 쉽지 않습니다. 우리는 종종 인장을 새길 수 없는 단단한 놋쇠와 같습니다. 하지만 만약 우리가 합당한 영혼의 상태에 있다면, 마치 도장을 누르면 즉시 그 모양이 새겨지는 녹은 밀랍처럼 될 것입니다. 오, 하나님의 어떠한 바람이나 뜻에 대해서, 혹은 우리 자신에 대한 그분의 어떤 견해나 판단에 대해서도 잠잠히 복종할 수 있는 마음을 가진다면, 그리하여 하나님의 생각이 우리의 생각이 되고, 하나님의 뜻이 우리의 뜻이 된다면 얼마나 좋겠습니까! 만약 교회가 그렇게 잠잠할 수 있다면, 교회는 곧 슬픔에서 치유될 것이며 분열로부터도 건짐을 받을 것입니다. 하지만 어떤 호감을 사는 인물의 목소리가 일부 사람들에게 들리고, 이스라엘의 또 다른 선생의 목소리가 다른 이들에게 경청됩니다. 그리하여 분파들이 고함치는 소리와 당파들이 떠드는 소란의 와중에 하나님의 음성은 실종되었습니다. 오, 교회가 예수님의 발치에 앉아, 자기 편견을 버리고, 단순하면서도 고결한 말씀을 받아들이며, 오직 주 하나님께서 진리라고 선언하시는 말씀을 수용하게 되기를 바랍니다!

나는 이 교회의 회원들에게 호소하며, 모든 교회의 지체들에게 역설합니다. 주님의 임재 안에서 복된 침묵을 위해 부르짖읍시다. 그리하여 우리가 주의 말씀을 기다리는 종들처럼 가만히 앉기도 하고, 주님이 오시기를 기다리는 파수꾼들처럼 서 있기도 하기를 바랍니다. 잠잠하고, 평온하고, 평화롭게, 그분에게 맡기며 그분의 뜻에 묵묵히 순종하는 태도로, 그분에게서 떨어지는 모든 말씀에 온통 주의를 기울이며, 우리에게 무엇을 하라 하시든 하나님께서 말씀하시는 것이라면 겸손히 따르기로 결심하는 우리가 되기를 바랍니다. 우리는 그분의 말씀을 법으로서 받아들일 것이며, 또한 우리 영혼을 위한 빛과 생명으로서 받아들일 것입니다. 하나님께서 지금 그분의 모든 백성에게 이러한 엄숙한 침묵을 주시길 빕니다.

2. 힘을 새롭게 합시다.

그 침묵 속에서 우리의 힘을 새롭게 합시다. 소란은 우리를 지치게 하지만, 침묵은 우리의 힘을 북돋웁니다. 하나님의 심부름을 수행하는 것은 언제나 좋은 일입니다. 하지만 하나님의 발치에 앉는 것은 꼭 필요한 일입니다. 능력에 있어서 탁월한 천사들과 마찬가지로, 하나님의 계명을 행하기 위한 우리의 힘은 그분의 말씀을 경청하는 것에서 생깁니다. 만약 인간적인 논쟁을 위해서라도 조용한 사색이 적절한 준비로서 필요하다면, 하물며 영원하신 분과 더불어 엄숙히 변론하는 일에서는 그것이 얼마나 절실히 필요하겠습니까? 깊은 곳에서 우러나오는 생각을 털어놓읍시다. 우리의 내면이 온전히 잠잠한 중에 이 엄숙한 변론이 힘을 발휘하도록 합시다.

하지만 그러한 침묵이 어떻게 우리의 힘을 새롭게 할까요? 먼저, 그것은 힘을 북돋우는 말씀이 영혼 속으로 들어오고 성령의 힘이 실제로 느껴질 수 있는 여지를 제공함으로써 그렇게 합니다. 말, 말, 말! 우리는 너무 많은 말을 하고 듣지만, 그것들은 모두 쭉정이에 불과합니다. 태초에 있었고 하나님과 함께 있었던 그 말씀은 어디에 있습니까? 그 말씀이야말로 살아 있고 썩지 아니할 씨입니다. "쭉정이가 어찌 알곡과 같겠느냐?"(KJV, 렘 23:28)라고 주께서 말씀하십니다. 우리는 사람의 말이 줄기를 바라고, 하나님의 말씀 자체이신 그분의 말씀을 더욱 원합니다. 잠잠하고 잠잠하십시오. 예수님으로 하여금 말씀하시게 하십시오. 그분의 상처가 여러분에게 말하게 하고, 그분의 죽음이 여러분에게 말하게 하십시오. 그분의 부활이 여러분에게 말하게 하고, 그분의 승천과 그에 따르는 영광이 여러분에게 말하게끔 하십시오. 그분의 재림의 나팔 소리가 여러분의 귀에 울리게 하십시오. 여러분이 이러한 일들에 관한 영광스러운 음악소리를 듣지 못하는 이유는, 여러분의 염려의 수레바퀴에서 나는 삐걱거리는 소리 때문이며, 또한 귀에 거슬리는 자기지혜(self-wisdom)의 논쟁 소리 때문입니다.

예수님의 음성을 들을 수 있도록 잠잠하십시오. 그분이 말씀하실 때라야 여러분의 힘이 새롭게 되기 때문입니다. 영원하신 성령이 그분의 백성과 함께하십니다. 하지만 우리가 자주 그분의 능력을 잃어버리는 이유는 우리가 그분의 음성보다는 다른 소리들에 귀를 더 기울이기 때문입니다. 우리 자신의 소리는 종종 우리에게 해가 됩니다. 왜냐하면 그 소리는 우리가 주님께로부터 아무런 메시지도 받지 못할 때 들리기 때문입니다. 그럴 때 우리는 애매한 소리를 낼 뿐입니다. 만약 우리가 복되신 성령을 기다리고, 그분의 신비한 감화력이 우리를 감동시키도록 기다린다면, 우리는 하나님의 충만으로 채워질 것입니다. 차가운 서리가 따스한 남풍의 영향력에 갑작스레 굴복하는 것을 우리가 보아왔듯이, 하나님의 주권적인 능력 앞에서 우리의 무감각의 서리는 녹아내릴 것입니다. 얼어붙었던 내 영혼이 성령의 숨결에 단번에 녹아 버리는 것을 나는 얼마나 자주 느껴왔는지요! 여러분은 높은 곳에 있는 구름이, 아래에서는 느낄 수 없는 상층 기류에서 바람을 타고 날아가는 것을 본 적이 있을 것입니다. 혈과 육이 이해하지 못하는 높은 곳의 기류에 의해 영적으로 이끌려 가는 것이 바로 이와 같습니다. 와츠(Watts) 박사가 노래하듯이 우리는 노래합니다.

> "보라, 이곳 아래에서 우리가 얼마나 천박하게 기는지!
> 이토록 하찮은 장난감들에 빠져 있구나.
> 우리 영혼은 날지도 못하고 가지도 못하여
> 저 영원한 기쁨에 이르지 못하네."

하지만 성령이 임하실 때, 번개조차도 우리를 추월하지 못합니다. 우리는 그룹을 타고 다니며 바람 날개를 타고 높이 솟아오릅니다(참조. 시 18:10). 영원하신 하나님이 우리를 사로잡아 그분의 능력으로 충만하게 하시기 때문입니다. 그러니 성령께서 여러분에게 일하시도록 잠잠하십시오. 다른 영들은 가게 하십시오. 이 세상의 영, 육의 정신, 자아의 정신을 추방하고, 오직 영원토록 복되신 성령께서 여러분의 영혼에 들려주시는 소리를 들으십시오. 이런 식으로 여러분은 힘을 새롭게 할 것입니다.

다음으로, 우리가 잠잠함으로써 힘을 새롭게 한다는 것은 우리가 대하는 분이 어떤 분이신지에 대해 숙고하기 위해 침묵을 활용하는 것입니다. 우리는 교회의 약함과 그 진행의 느림에 대해 하나님과 대화하려고 합니다. 여러분이 간청을 올리는 그분이 어떤 분이신지를 기억하기 위해, 잠잠하십시오. 원하시기만 하면 교회를 즉시 강하게 하실 수 있는 그분은 전능한 하나님이십니다. 우리는 지금, 그 팔이 짧아지지 않으며, 그 귀가 어두워지지 않는 분에게 호소하기 위해 나아오는 것입니다. 그분을 생각하면서 여러분의 힘을 새롭게 하십시오. 여러분이 기독교의 궁극적인 승리를 의심해왔다면, 모든 육체가 하나님의 구원을 볼 것이라고 친히 맹세하신 그분이 누구신지를 기억하여 힘을 새롭게 하십시오. 여러분은 예수 그리스도께 탄원하기 위해 나아오고 있습니다. 잠잠하고, 인류를 구속하신 그분의 상처들을 기억하십시오! 이런 상처들이 그 보상을 잃어버릴 수 있습니까? 예수님이 그토록 막대한 희생을 치르고 얻으신 권세를 빼앗기실 수 있을까요? 온 땅은 주의 것이며, 지구의 광채를 흐리게 만든 타락의 안개를 지상에서 걷어내실 것입니다. 또한 지구가 처음에 전능하신 창조주의 손바닥 사이에서 빚어졌을 때처럼, 주께서 다시 이 혹성을 밝게 빛나도록 하실 것입니다. 의가 있는 곳인 새 하늘과 새 땅이 나타날 것입니다(참조. 벧후 3:13). 그것을 생각하면서, 여러분의 힘을 새롭게 하십시오. 하나님께서 그의 사랑하시는 아들에 관해 말씀하실 때, 그가 강한 자와 함께 탈취한 것을 나눌 것이며 또 그의 손으로 여호와께서 기뻐하시는 뜻을 성취하리라고 하시지 않았습니까?(참조. 사 53:10,12). 과연 그렇게 되지 않겠습니까?

또한 여러분이 성령께 호소하려 한다는 것을 생각하십시오. 그분에게도 동일한 신적 특성들이 있습니다. 하나님의 영이 하실 수 없는 것이 무엇일까요? 그분은 오순절에 불의 혀들을 보내셨으며, 그리하여 바대인과 메대인과 엘람인을 비롯하여 모든 나라에서 온 사람들이 즉시 복음을 듣게 되었습니다. 그분은 그와 같은 일을 다시 하실 수 있습니다. 그분은 교회를 어둠에서 이끌어내어 한낮의 밝음 속으로 인도하실 수 있습니다. 이에 대해 생각하면서 우리의 힘을 새롭게 합시다. 우리가 간청하려는 일은 우리의 일이기보다는 오히려 하나님의 일입니다. 그것은 우리의 손에 달린 것이 아니라, 피곤치 않으시는 그분의 손에 달려 있습니다. 그러므로 우리가 더불어 변론하려는 삼위 하나님을 잠잠히 묵상하면서 우리의 힘을 새롭게 합시다.

또한 잠잠히 그분의 약속들을 기억하면서 힘을 새롭게 합시다. 우리는 온 세상이 하나님께 돌아오는 것을 보기 원하며, 그분이 이렇게 말씀하셨습니다. "물이 바다를 덮음 같이 여호와를 아는 지식이 세상에 충만할 것임이니라"(사 11:9). "여호와의 영광이 나타나고 모든 육체가 그것을 함께 보리라 이는 여호와의 입이 말씀하셨느니라"(사 40:5). "광야에 사는 자는 그 앞에 굽히며 그의 원수들은 티끌을 핥을 것이라"(시 72:9). "우상들은 온전히 없어질 것이라"(사 2:18). 수많은 약속들이 있습니다. 우리의 과업이 아무리 힘들지라도, 현재 우리의 전망이 아무리 어두워도, 약속들을 생각합시다. 그리고 여호와께서 친히 말씀하시고 맹세하셨다면 감히 의심하지 말도록 합시다.

다음으로, 만약 우리가 잠잠히 우리 자신의 지혜와 힘을 모두 하나님께 복종시킨다면, 우리의 힘은 새로워질 것입니다. 형제들이여, 내가 충만해질 때는 내가 비워졌을 때입니다. 내가 강할 때는 내가 한없이 약해졌을 때입니다. 우리 약함의 최악의 원천은 우리의 태생적인 힘이며, 우리 어리석음의 최악의 원천은 우리의 인간적인 지혜입니다. 주여, 우리가 우리 자신을 포기하고 이렇게 말할 수 있도록 우리를 도우소서! "주여, 우리가 일하는 방식은 당신께서 일하시는 방식과 비교될 수 없습니다. 어떻게 일해야 할지 우리를 가르치소서. 주여, 우리의 판단력은 당신의 완전한 판단에 비하면 약합니다. 우리는 어리석으니, 당신께서 모든 일에서 우리의 교사가 되시고 우리를 인도하소서. 허황된 우리 자신의 힘을 꺾으시고, 우리를 벌레들처럼 만드소서. 당신께서 새롭게 날카로운 타작 기구로 만들어 산들을 타작하게 하실 자는 지렁이 같은 야곱이기 때문입니다." 이렇게 한 후에 여러분은 비로소 힘을 새롭게 할 것입니다.

여러분 성도들이여, 여러분 자신의 어리석음과 약함을 느낄 때까지 잠잠하십시오. 그런 후 여러분은 여러분 자신을 하나님의 힘에 맡김으로써 너무나 영광스럽게 힘을 새롭게 할 것입니다. 이전의 그 어느 때보다, 여러분의 영혼이 하나님께 대한 신뢰감으로 가득하게 하십시오. 그분의 팔은 결코 약해지지 않으며, 그분의 손은 결코 솜씨를 잃어버리지 않고, 그분의 눈은 결코 감기지 않으며, 그분의 마음은 결코 흔들리지 않습니다. 여호와는 어디서나 일하시며, 모든 것이 그분의 종들입니다. 그분은 빛 가운데서 일하시며, 그 속에서 우리는 그분의 영광을 봅니다. 하지만 그분은 우리가 그분을 감지하지 못하는 어둠 속에서도 동일하게 일하십니다. 그분의 지혜는 너무나 심오하기에, 한계적인 인생들에게 언제나 이해되는 것이 아닙니다. 참고 그분의 때를 기다립시다. 정녕 하나님이 살아계시니 우상들은 무너질 것이고, 모하메드의 초승달(이슬람을 상징 — 역주)은 영원히 이지러질 것이며, 일곱 산 위에 앉은 음녀(참조. 계 17:9)는 반드시 불에 삼켜질 것입니다. 여호와께서 그렇게 말씀하셨으니, 그렇게 될 것입니다. 여호와께서 그렇게 선언하셨으니, 그 누가 그분에게 '아니'라고 말하겠습니까? 어머니의 품에 안겨 그 사랑을 누리고 있는 어린아이처럼, 아버지의 능력을 의심하지 맙시다. 보좌 앞에서 여호와의 위엄을 목도하는 천사처럼, 의심하지 말도록 합시다. 우리 자신을 그분께 의탁하고, 각 사람이 각각의 모양대로 하나님의 위대한 대의를 위해 수고하며 인내합시다. 주 안에서는 어떤 수고와 인내도 헛되지 않음을 확신합시다.

우리 힘을 새롭게 하는 문제와 관련해서는 이 정도로 다루겠습니다. 나는 우리가 약 15분 정도라도 침묵의 시간을 가져 이런 주제들을 묵상하면 좋겠다고 여깁니다. 하지만 그 문제를 여러분에게 맡기겠습니다. 여러분이 집에서 그런 침묵의 묵상을 시도하여, 힘을 새롭게 할 것이라고 믿겠습니다.

3. 가까이 나아옵시다.

본문에는 계속해서 다음의 말씀이 추가됩니다. "가까이 나아오라." 사랑하는 이여, 여호와를 아는 여러분에게 가까이 나아오라고 호소합니다. 여러분은 잠잠하여 힘을 새롭게 했습니다. 이제 담대함으로 그분에게 가까이 나아갑시다. 다른 사람들을 위해 중보적인 기도를 할 수 있는 위치는 하나님께로부터 먼 곳이 아니라 아주 가까이 있는 곳입니다. 아브라함도 소돔과 고모라 문제로 간청할 때 가까이 나아갔습니다(참조. 창 18:23). 성령 하나님께서 지금 우리로 가까이 나아오도록 이끄시기를 빕니다. 아마도 다음 다섯 가지 사항을 따르는 것이 우리가 가까이 나아가는데 도움이 될 것입니다.

우리가 실제로 얼마나 가까이 있는지를 기억합시다. 우리는 예수님의 보혈로 깨끗이 씻음을 받았습니다. 우리는 지금 이 순간 머리부터 발끝까지 흠 없는 임마누엘의 의로 덮어졌습니다. 우리는 사랑하시는 아들 안에서 받아들여졌습니다. 그렇습니다. 이 순간 우리는 그리스도와 하나이며, 그분의 몸의 지체들입니다. 우리가 어떻게 더 가까워질 수 있습니까? 그리스도는 하나님께 얼마나 가까이 계십니까? 우리도 그처럼 가깝습니다! 그러므로 가까이 나아와 여러분의 탄원을 올리십시오. 여러분은 언약의 대표자 안에서 주님께 가깝기 때문입니다. 주 예수님은 인성을 그분의 신적 본성과 연합되게 하셨으며, 이제 하나님과 인간 사이에는 특별하고도 비길 데 없는 관계성이 존재합니다. 온 우주에서 그와 같은 관계를 달리 볼 수 없습니다. 인간을 제외하고는 하나님과 다른 어떤 피조물 사이에 실제적인 피의 관계는 존재하지 않습니다. "이는 주께서 진실로 천사들의 본성을 입지 않으시고 아브라함의 씨를 입으셨음이라"(KJV, 히 2:16). "하나님께서 어느 때에 천사 중 누구에게 너는 내 아들이라 오늘 내가 너를 낳았다 하셨느냐?"(히 1:5). 물론 우선적이며 주된 의미에서, 이 말씀은 주 예수 그리스도를 가리키고 있습니다. 그리고 그 다음으로는, 참되고도 부차적인 의미에서, 그분의 뜻을 따라 진리의 말씀으로 거듭난 각 사람을 가리키고 있습니다. 그러므로 하나님의 자녀들이여, 가까이 나아오십시오. 여러분의 자녀의 신분에 맞는 자리에 서고, 여러분의 대표자가 여러분을 위해 서 계신 자리로 나아오십시오. 육신의 종들, 율법에 매인 종들은, 시내산에서 그들에게 말씀하신 여호와께로부터 멀리 떨어져 섭니다. 하지만 우리들로서는 가까이 나아가는 것이 우리의 기쁨입니다. 사랑의 음성이 골고다에서 우리를 부르기 때문입니다.

여러분이 아버지께 나아가고 있음을 숙고하는 것이 가까이 나아가는 데에 도움을 줍니다. 이것은 우리 주님의 복된 말씀입니다. "아버지께서 친히 너희를 사랑하심이라"(요 16:27). 내가 여러분으로 하여금 하나님의 영광과 위엄을 조금이라도 덜 생각하게 만든다면, 그것은 하나님이 금하십니다. 하지만 나는 여러분에게 비록 그분이 위대하고 엄위한 분이시지만 또한 우리의 아버지이심을 기억하라고 호소합니다. 나는 이 시편 기자의 말에서 큰 기쁨을 얻습니다.

> "높은 곳에서 다스리시며
> 그 뜻대로 번개를 내리시는 하나님,
> 폭풍 구름을 타시고
> 바다를 통제하시는 하나님,
> 이 놀라운 하나님이 우리 하나님이시며
> 우리 아버지, 우리의 사랑이시라네."

지상의 아버지가 아주 가까워 내가 사랑의 친밀감을 가지고 그에게 갈 수 있는 것처럼, 나는 하나님께 다가갈 수 있으니, 그분은 나를 거듭나게 하사 죽은 자 가운데서 다시 살아나신 예수님의 부활로 인해 산 소망을 갖게 하셨습니다. 나는 그분에게 "아빠, 아버지"라 말할 수 있으며, 그분은 그 부르짖음을 외면하지 않으십니다. 그분이 우리에게 양자의 영을 주시지 않았습니까? 그분이 어찌 자기가 주신 것을 부인하시겠습니까? 그러니 와서 아버지의 귀에 대고 말하십시오. 오 하나님의 자녀여, 당신은 낯선 자에게 말하고 있는 것이 아닙니다. 당신은 적대자와 논쟁하려는 것이 아니며, 내키지 않는 손으로부터 억지로 복을 얻어내려고 애쓰는 것이 아닙니다. 당신이 말하는 분은 당신의 아버지이십니다.

당신에게 호소합니다. 오늘 그분에게 가까이 나아와 간청하십시오.

다음으로, 하나님의 영광과 그분의 교회의 확장을 위한 우리 마음의 소원은 성령에 의해 새겨진 소원임을 기억하십시오. 만일 성령께서 우리 마음에 기도문을 새기고, 그분이 하나님의 마음을 아시고, 하나님의 뜻을 따라 우리 안에서 간구하신다면, 우리는 우리의 소원을 표현하는 데 주저할 필요가 없습니다. 우리의 소원은 그저 영원한 목적의 어렴풋한 전조이기 때문입니다. 하나님께는 그 소원을 들어주고자 하는 마음이 항상 있으며, 하나님의 영은 우리가 그것을 구하기를 바라십니다. 참된 기도는 하나님께서 인간에게 주려고 하시는 복의 전조입니다. 그것은 은혜의 전령입니다. 오 하나님의 자녀여, 하나님의 영이 당신 안에서 간구하고 있으니 와서 구하십시오. 그분이 속에서 말씀하시는 것을 당신은 입으로 말하십시오. 그분이 친히 당신의 약함을 도우시며, 하나님의 뜻을 따라 간구하십니다. 성령께서 격려하실 때에 주저할 이유가 무엇입니까? 그분이 감동하실 때 우리는 신속히 움직여야 합니다.

만약 우리가 하나님께 그분의 나라를 위해 간구한다면, 우리가 구하는 것은 그분의 뜻에 따른 것임을 기억하십시오. 우리는 이 문제에서 하나님과 하나입니다. 죄인들의 회심이 하나님께 영광이 되지 못한다면 우리는 그것을 위해 기도하지 않을 것입니다. 우리는 수많은 죄인들이 그리스도께 돌아오는 것을 보기 원하지만, 우리가 그것을 바라는 목적은 하나님의 무한한 긍휼과 지혜와 능력과 사랑이 그들에게 나타나 그분이 찬송을 받으시도록 하는 것에 있습니다. 진실로, 우리의 마음은 하나님의 교회의 번성을 크게 바라지만, 만약 그러한 번성이 하나님을 영화롭게 하지 못한다면 우리는 그것을 위해 구하지 않을 것입니다. 우리는 우리의 사상이 아니라 하나님의 진리가 승리하는 것을 보기 원합니다. 만일 내가 가진 신앙이 하나님의 뜻과 일치하는 것이 아니라면, 나는 여러분이 나처럼 믿게 되기를 바라지 않을 것입니다. 나는 여기 있는 모든 신자들에게 자기 마음을 살피라고 호소합니다. 청결한 마음 갖기를 바라는지 스스로를 살피고, 처음부터 끝까지 하나님의 영광을 바라는지 살펴보십시오. 우리가 보기 원하는 것은 하나님의 진리와, 하나님의 나라와, 하나님의 영광이 번성하고 증대되는 것입니다. 이런 사정이라면 우리가 담대히 나아갈 수 있지 않을까요? 우리는 왕의 귀뿐 아니라 그분의 마음도 가졌으니, 우리의 입을 넓게 열 수 있습니다. 우리가 하나님의 뜻에 대해 의문을 가질 때, 우리는 "나의 원대로 마시옵고"(마 26:39)라고 말하는 차원 이상으로 더 가까이 나아갈 수 없습니다. 하지만 주저할 이유가 전혀 없을 때, 우리는 거룩한 열심을 가지고 담대하게 우리의 사정을 말할 수 있습니다!

더 생각할 것은, 하나님께서 청원을 받기를 좋아하신다는 사실입니다. 만일 그분이 자기 자녀들의 목소리를 듣는 것을 좋아하시지 않는다면, 그분은 모든 언약의 복들을 기도 없이 주셨을 터이니, 굳이 무엇 때문에 우리에게 간구하도록 명하시겠습니까? 하나님께서는 간구에 대한 응답으로 교회에 말로 다할 수 없는 은혜들을 주셨습니다. 이는 그분이 자기 백성을 은혜의 보좌에서 복주시기를 기뻐하시기 때문입니다. 이 복된 교회에서 기도는 그 무엇보다 영광스럽고 탁월했습니다. 기도의 활은 빈 보답으로 되돌아오지 않았고, 기도의 방패가 효력을 잃어버린 적이 없습니다. 기도는 사자보다 담대하고 독수리보다 날랬으며, 모든 원수들을 쓰러뜨리고, 마치 비료로 쓰기 위해 지푸라기를 밟는 것처럼 원수들을 짓밟았습니다. 이날까지 우리는 기도로 살았습니다. 기도의 응답이 아니었으면 하나님의 교회는 결코 승리를 얻지 못했을 것입니다. 교회의 모든 역사는 기도를 들으시는 하나님의 영광을 찬미하고 있습니다. 그러므로 형제들이여, 오십시오. 우리가 이전에 기도로써 그렇게 번성하였고, 또한 하나님께서 지금 우리를 초대하신다면, 그분이 우리의 탄원을 기뻐하신다면, 태만하지 말고 힘을 다해 그분 앞에 우리의 요청을 아룁시다. 오, 지금 이 시간과 다가오는 날들에 은혜가 우리를 하나님 가까이로 이끌어주기를 바랍니다!

4. 말합시다.

오늘 아침, 주어진 시간에서 몇 분을 넘겨 네 번째이자 마지막 요점을 말하고자 합니다. 그것은 "말하자"고 하는 것입니다. 잠잠하고, 힘을 새롭게 하여, 가까이 나아오십시오. 그 다음에는 말하십시오. 우리와 관련된 문제에서 우리는 무엇을 어떻게 말해야 할까요?

먼저 경배하며 감사하는 정신으로 말합시다. 구주가 계심을 생각하는 것이 얼마나 달콤한지요! 이 가련한 세상을 멸망에서 건지고자 하는 계획이 하늘의 궁전에서부터 입안되었음을 생각하는 것이 얼마나 좋은지요! 성령이 인간들과 함께 거하시도록 주어져서, 아버지들의 마음을 자식들에게 돌아오게 하고, 반역자들을 진리에 순종하게 하심을 생각하니 얼마나 좋은지요! 하나님 나라가 세워지고, 계속해서 강력하게 전진하며 자라고 있음을 생각해보십시오! 예수 그리스도께서 천사들에게 보이신 것도 경이로운 일이지만, 그 다음에는 "세상에서 믿은 바 되셨다"(딤전 3:16)고 언급되었습니다. 그분은 수백만의 사람들에게 믿은 바 되셨으니, 비록 교회의 전망이 아무리 어둡게 보여도, 그리스도의 나라는 지금도 결코 미약한 나라가 아닙니다. 교회를 비웃고 조롱하는 자들이 있습니다. 볼테르(Voltaire)가 말했듯이, 교회는 지금 여명기(twilight)에 있습니다. 하지만 그것은 저녁의 여명이 아니라 아침의 여명입니다. 더 밝은 시대가 오고 있습니다. 지금 이 순간에도, 교회의 역사는 하나님께 경배와 감사의 마음이 없이는 언급될 수 없습니다. 교회는 어리석었고, 그 힘을 잃었습니다. 하지만 삼손의 경우처럼 그 힘은 회복될 것입니다.

콘스탄티누스(Constantine) 시대에 속고 기망당하여, 교회는 그 세례 받은 이교도가 교회와 국가간의 부정한 결탁 관계를 선언하도록 용인했습니다. 그 날 이후로 교회의 영광은 사라졌고, 교회의 힘은 떠났습니다. 교회가 언제 회개할까요? 명목상의 교회는 그 사랑하는 자들을 따르면서 그들의 손에서 곡식과 포도주를 구합니다(참조. 호 2:5). 교회는 이 세상의 왕들과 왕후들에게 이렇게 말합니다. "내 머리가 되어주십시오, 당신의 상원 의원들로 하여금 나를 다스리게 해 주십시오." 교회가 이런 행동을 하는 동안은 하나님이 교회에게 복을 주실 수도 없고 또 주시지도 않을 것입니다. 언제 언약궤를 빼앗겼습니까? 육적인 칼에 의해 수호되기 전에는 언약궤는 결코 빼앗긴 적이 없었습니다. 언제 언약궤가 승리했습니까? 언약궤는 홀로 남겨졌을 때 다곤을 쳐서 땅바닥에 엎드리게 하고 스스로의 영광을 지키지 않았던가요?(참조. 삼상 5:4). 가시적인 교회가 그리스도께 정숙한 모습으로 돌아올 때, 교회는 이렇게 말할 것입니다. "우리는 그들을 회심시키기 위해서가 아니라면, 의회들이나 왕들과 아무런 상관이 없다. 우리의 왕국은 영적인 왕국이며, 영적인 나라에서 정치적 수완은 낯선 것이다. 우리는 당신들의 기부금을 요청하지 않으며, 당신들의 박해에도 아랑곳하지 않는다. 우리를 내버려두라. 우리가 바라는 것은 방해받지 않는 것이지, 편파적인 호의가 아니다." 그리스도의 신부는 세상 군주들의 책략들을 가지고 놀기 위해 세상으로 들어가지 않습니다. 교회의 일은 더욱 고차원적인 일입니다. 교회는 하나님께만 기대며, 다른 누구와도 동맹을 맺지 않습니다. 세속성을 버리십시오. 그러면 더 밝은 날을 볼 것입니다. 지금 교회의 큰 장애는 육체의 팔이며, 고위 성직자들이 가진 높고 어마어마한 직책들이고, 주교들의 궁전들입니다. 아아, 사도들의 후예들이 세속 궁전의 소유자들이 되다니 하늘이 놀랄 일이로다! 교회의 목사들이 성직자다운 모양만 갖추려 하고, 복음의 단순성을 결핍하고 말았습니다! 이런 것이 교회를 방해합니다. 하지만 이런 것을 깨끗이 잘라내면, 하나님의 펴신 팔이 곧 이 땅에서 진리에게 승리를 가져다줄 것입니다.

하지만 나는 주를 송축하고 높여드릴 것입니다. 비록 가시적 교회의 많은 부분이 슬프게도 열방 중에서 창기의 역할을 해왔지만, 그럼에도 주님은 교회를 아주 버리지 않으셨습니다. 그분은 선택된 무리, 곧 어린 양이 어디로 가든지 그 뒤를 따르는 자들을 지키십니다. 그들의 기(旗)에는 이런 글씨가 쓰여 있습니다. "주는 한 분이시고, 믿음도 하나며, 세례도 하나다!"(엡 4:5). 그들의 표어는 이것입니다. "우리의 선생은 한 분, 곧 그리스도시니, 우리는 모두 형제다!"(마 23:8). 세상에 대해서, 우리는 그 회심을 위해 힘쓰되 결코 그것과 연합하려고 하지 않을 것이며, 더구나 세상의 왕들과 제후들 앞에 우리의 목을 숙이는 일은 결코 없을 것입니다. 하나님께서 우리에게 은혜를 주사 우리로 그분에게 더욱 가까이 나아가게 하시고, 입을 열어 그분을 찬미하게 하시길 빕니다.

다음으로, 겸손한 간청으로 말하도록 합시다. 나는 그리스도 안에 있는 내 형제들에게 이와 같은 방식으로 주님께 청을 올리라고 간절히 호소합니다. "오 주여, 당신의 진리가 이 나라에서 번성하지 못하고 있습니다. 하지만 당신께서는 '내 말은 헛되이 내게로 돌아오지 않는다'(사 55:11)고 말씀하셨습니다. 주여, 당신의 이름이 매일 훼방을 받고 있지만, 그럼에도 불구하고 당신께서는 모든 육체가 당신의 영광을 보리라고 말씀하셨습니다. 주여, 사람들이 우상을 세웁니다. 심지어 당신의 순교자들이 묻힌 이 땅에도 사람의 손으로 새긴 우상들이 다시 세워지고 있습니다. 주여, 당신의 이름을 위하여 그것들을 무너뜨리소서. 당신의 명예를 위하여, 그 일을 행하시라고 우리는 호소합니다. 원수들이 의기양양해하는 소리를 듣지 않으십니까? 그들은 복음이 낡아빠졌다고 말합니다. 그들은 우리에게 우리가 구시대의 유물들이라고 조롱합니다. 현대의 진보가 옛 신앙을 쓸어버렸습니다. 선하신 주여, 그렇게 되기를 원하시는지요? 복음이 낡은 시대의 유물로 치부되고, 그것을 대신하여 그들이 '새로운 복음'을 창설하도록 버려두실 것인지요? 영혼들을 잃어버리고 있으니, 오 하나님이시여, 자비를 베푸소서! 지옥이 채워지고 있으니, 오 하나님이시여, 크신 긍휼을 베푸소서! 예수님은 오직 소수의 사람들만이 그분께 와서 그분의 보혈로 씻음 받는 것을 보십니다. 시간은 날아가며, 해마다 잃어버린 영혼들의 수가 증대되고 있습니다! 언제까지입니까? 오 하나님, 언제까지 지체하시렵니까?" 이런 식으로 여러분의 입장을 주께 호소하십시오. 그분이 여러분의 소리를 들으실 것입니다.

간청의 방식으로 말했다면, 다음에는 변론의 방식으로 전환하십시오. 모든 논증의 기술을 활용하여 변론하십시오. "오 여호와여, 당신의 약속이 여기 있습니다. 그 약속을 지키지 않으시렵니까? 당신께서는 당신의 아들에게 말씀하시기를 '내게 구하라 내가 이방 나라를 네 유업으로 주리니 네 소유가 땅 끝까지 이르리로다'(시 2:8)고 하셨습니다. 우리는 예수님의 이름으로 구합니다. 당신의 약속을 위하여 그 일을 행하소서! 주여, 당신께서는 지나간 시대에 말로 다 할 수 없는 큰 일들을 행하셨습니다. 우리는 우리의 귀로 그것을 들었습니다. 우리의 선조들은 그들의 시대와 그들의 앞 시대에 당신께서 행하신 놀라운 일들을 우리에게 들려주었습니다. 당신은 동일하신 주님이시니, 다시금 당신 스스로를 영화롭게 하옵소서. 과거의 모든 일에 근거하여 당신께 호소하오니, 지금 이 시대에도 당신을 나타내소서."

주님과 변론하면서 그분의 영광을 강조하십시오. 죄인들을 구원하는 것이 그분의 자비를 나타내는 것이며, 그분의 지혜와 능력과, 그분의 신적 본성의 모든 속성들을 크게 드러내는 것이라고 그분께 아뢰십시오. 그리고 그분의 아들의 공로에 호소하십시오. 오 형제들이여, 그분의 피에 호소하고, 그분의 상처에 호소하십시오. 겟세마네에서 흘린 피와 같은 땀방울에 호소하십시오. 십자가에 호소하고, 죽음과 부활에 호소하십시오. 이러한 강력한 탄원이 승리를 얻을 때까지 은혜의 보좌에서 물러나지 마십시오.

저 언약의 사자(Covenant Angel)를 붙들 수 있는 근거들이 얼마나 많은지 굳이 여러분에게 상기할 필요는 없을 것입니다. 여러분이 그분과 씨름할 때, 여러분에게 그렇게 하고자 하는 의지만 있다면, 여러분은 어디에서건 그분을 꼭 붙들고 이렇게 말할 수 있습니다. "당신이 내게 축복하지 아니하면 가게 하지 아니하겠나이다"(창 32:26). 나는 존 녹스(John Knox)처럼 설교할 수 있기를 바라지만, 그것보다 열배나 더 바라는 것은 그처럼 기도할 수 있는 것입니다. 그는 "아니다(no)"를 기도의 응답으로 받아들이려 하지 않았습니다. 그는 그리스도를 위하여 스코틀랜드를 얻었고, 그 땅은 존 녹스의 기도를 통하여 여전히 그리스도의 소유로 남아 있습니다. 녹스가 기도하는 곳에서 주교제도가 번성하는 것은 불가능했습니다. 오, 그와 같은 기도가 다시 있기를 바랍니다! 만왕의 왕이시여, 당신의 홀을 뻗어 사람들을 구원하시지 않겠습니까? 당신의 칼집에서 칼을 뽑아 원수들을 치지 않으시렵니까? 하나님께서 모세에게 말씀하신 것처럼 "내가 하는 대로 두라"(출 32:10)고 말씀하시는 이들이 더러 있습니다. 그들은 강력한 논증을 사용하고 설득력 있는 탄원을 드릴 수 있도록 은혜를 입어, 하나님의 노여움을 가라앉히고 은혜의 복을 이끌어냅니다. 만일 우리가 모세처럼 하나님께 간절한 호소와 탄원을 드릴 수 있다면 은혜의 복이 임할 것입니다. 하나님과 변론할 수 있는 사람들, 그분께 가까이 나아가 말할 수 있는 사람들, 영국과 세상이 필요로 하는 것은 바로 이런 사람들입니다.

사랑하는 형제들이여, 우리가 잠잠한 후에, 우리의 힘을 새롭게 한 후에, 그리고 하나님께 가까이 나아간 후에는, 헌신의 방식으로 하나님께 말하도록 합시다. 여기서, 나는 누구에게도 구체적으로 어떻게 말하라고 제안할 수가 없습니다. 살아계신 하나님 앞에서 거짓을 고하지 말라고 여러분에게 호소합니다. 다만 여러분이 이렇게 말할 수 있다면, 다음과 같이 말하기를 바랍니다. "오늘 저는 내 모든 존재를 하나님께 드립니다. 내 몸과 혼과 영을 전부, 그리고 영원히 드립니다. 저는 주님의 나라가 임하기를 구했습니다. 저는 제가 소유하고 얻을 수 있는 모든 능력과, 주께서 주시는 모든 기회와, 제가 사용할 수 있는 모든 수단으로써, 주님의 나라를 확장하겠다고 주님 앞에서 서약합니다." 나는 예수님이 우리에게서 그것보다 더 적은 부분을 가지셔야 한다고 생각하지 않습니다. 하지만 실제로 예수님은 우리에게서 그보다 훨씬 적은 것을 얻으실 뿐입니다.

아마 주님께서는 여러분 중의 몇몇 젊은이들에게 이렇게 말하도록 그 마음을 감동하실 것입니다. "주님, 저는 당신의 나라가 널리 퍼져가는 것을 보기 원합니다. 그러므로 저는 복음을 전하기 위해 저 자신을 포기하겠습니다." 어쩌면 이곳에 있는 선한 여성들 중 어떤 이들은 이렇게 말할 것입니다. "저는 어떤 방식으로든 주님을 위해 쓸모 있는 일에 착수할 것입니다. 그렇게 하기로 저는 결심했습니다." 그리고 이 세상의 재물을 소유한 이들이여, 나는 여러분이 이렇게 말하게 되기를 바랍니다. "저는 이 선한 일에 항상 돈이 필요한 것을 압니다. 저는 그것을 가지고 있으니, 아낌없이 드리겠습니다. 복음이 전파되지 못하는 것을 볼 때, 제가 금을 저장해두고 있는 동안에는, 그 일이 재정적 수단의 결핍 때문에 지체되지 않도록 하겠습니다."

나는 여러분 누구에게든 이 말 이상으로 제안하지 않겠습니다. 즉, 주께서 여러분을 감동하시는 대로 행하십시오. 하지만 우리가 주님과 변론하려고 나아올 때는 이렇게 말할 수 있어야 한다고 나는 생각합니다. "주님, 당신의 나라가 널리 퍼지게 하소서. 그렇게 되지 않는다면 그것은 제 잘못이 아닙니다. 저는 당신을 위해 제가 할 수 있는 모든 것을 합니다. 그것을 자랑하지 않습니다. 그저 해야 할 일을 하는 것이기 때문입니다. 또한 저는 그보다 천 배는 더 많이 할 수 있기를 원합니다. 하지만 주여, 지금까지 제가 빠뜨린 것이 있다면, 이 은혜의 해에 당신을 위해 더 많은 것을 하기를 소망합니다."

마지막으로, 형제들이여, 확신을 가지고 잠잠히 말하도록 합시다. 종교적 오류의 확산과, 사람들의 죽음과, 자기 직무를 제대로 수행하는 유능한 목회자들의 부족에 대해 우리가 한탄할 수는 있어도, 또한 이 시대가 어둡고 우울하다고 생각할 수는 있어도, 결코 하나님이 죽으신 것처럼 말하지는 맙시다. 얼마 전에 나는 내가 알고 있는 가장 진지한 그리스도인들 중의 한 사람이자 매우 경건한 사람과 함께 산책한 적이 있습니다. 그는 언젠가 런던의 거리에 피가 흐르게 될 것을 염려한다고 내게 말했습니다. 그는 민주주의 교육을 염려하였는데, 학교에서 종교에 관한 교육을 받지 못함으로써 사람들이 똑똑한 무신론자들이 되어 하나님과 율법에 대한 모든 경외심을 버릴 것을 염려했습니다. 그는 앞으로 무슨 일이 일어날지에 대한 암울한 풍경을 제시했습니다. 하지만 나는 그의 손을 붙잡고 이렇게 말했습니다.

"사랑하는 친구여, 당신이 한 가지 잊은 것이 있는데, 그것은 하나님이 죽지 않으셨다는 것입니다. 당신이 두려워하는 일은 이 땅에서 결코 일어나지 않을 것이라고 나는 확신합니다. 우리에게는 대중에게 개방된 성경이 있으며, 아직 사람들의 마음에 복음을 전할 사람들이 더러 있으며, 런던 시에서 영향력을 발휘하는 소금이 아직 있어서, 하나님께서 런던이 썩고 부패하지 않도록 은혜를 베푸실 것입니다. 아무리 원수들이 많아도, 여전히 주께서 다스리십니다."

내 친구들이여, 마귀가 우리의 하나님을 이기겠습니까? 결코 그럴 수 없습니다. 로마가 시온을 이기겠습니까? 결코 그렇지 않습니다. 로마는 아주 간교합니다. 마귀는 로마 가톨릭에서 최선을 다해 왔습니다. 마귀에게는 이 문제와 관련하여 더 이상의 지혜가 남아있지 않으며, 한 번 타격을 입으면 그는 모든 것을 잃습니다. 지옥의 간계는 더 이상 뻗어가지 못하리라! 이것이 그에게 주는 최후 통첩입니다. 그는 로마 교회에 모든 힘을 쏟았지만, 그것은 그리스도의 교회 앞에서 마치 바람 앞에 쭉정이처럼 날아가 버릴 것이 확실합니다. 사람들이 이렇게 말할 것입니다. "만국을 그 음행의 포도주에 취하게 했고, 붉은 짐승을 탔으며, 그 이마에 '큰 바벨론, 땅의 음녀들의 어미'(계 17:5)라고 기록된 음녀의 도시는 어디로 갔는가?" 그것이 어디로 갔는지 묻는 것이 허사가 아닙니까? 사람들이 이렇게 대답할 것이기 때문입니다. "천사가 그것을 큰물에 던질 때 마치 연자방아가 빠지듯이 풍덩거리는 소리를 듣지 못하였는가? 이 끔찍한 바벨론이 무너졌으니 더 이상 찾을 수 없을 것이다." 그 때 다음의 함성이 울려퍼질 것입니다. "할렐루야 주 우리 하나님 곧 전능하신 이가 통치하시도다"(계 19:6). 그 때를 고대합시다. 지금도 우리 모두가 마음으로 "할렐루야, 할렐루야"를 외칩시다. 그리고 다시 이렇게 말합시다. "할렐루야, 주께서 다스리시니 모든 것이 잘 될 것입니다."

제
36
장

달콤한 위로의 수금 소리

"두려워하지 말라 내가 너와 함께 함이라."—사 41:10

우리는 이따금씩 의심과 두려움에 대해 아주 가볍게 말하고 생각합니다. 하지만 하나님께서는 그것들을 그렇게 평가하지 않으십니다. 우리의 하늘 아버지께서는 명백히 그것들을 큰 죄악으로 간주하시고, 우리에게는 극히 해롭고 그분 자신에게는 심각하게 불명예스러운 것으로 여기십니다. 그렇기 때문에 그분은 아주 빈번하게 우리에게 두려움을 금하시며, 또한 자주 우리에게 그것들에 대한 가장 강력한 치유책을 제공하십니다. "두려워하지 말라"는 하나님의 입에서 자주 나오는 발언입니다. "내가 너와 함께 함이라"는 그 발언을 지지하는 말씀으로서 우리의 영혼을 뜨겁게 격려합니다. 하나님께서 우리의 두려움을 큰 악으로 판단하시지 않았다면, 그분이 그토록 자주 그것을 금하시지 않았을 것이며, 또는 두려움을 이길 하늘의 위안을 제공하시지 않았을 것입니다. 나는 실망에 빠진 내 사랑하는 형제들과 자매들이 그들의 낙심과 싸우고, 그것을 극복할 수 있는 은혜를 가지기를 기도합니다. 마르틴 루터는 낙심에 빠진 영혼을 위로하기란 죽은 자를 일으키는 것만큼이나 어려운 것이라고 말하곤 했습니다. 하지만 그럴 때에, 우리에게는 죽은 자를 무덤에서 일으키기도 하시며 자기 백성을 낙심에서 일으키기도 하시는 하나님이 계십니다. "너희가 양 우리에 누울 때에는 그 날개를 은으로 입히고 그 깃을 황금으로 입힌 비둘기 같도다"(시 68:13). "저녁에는 울음이 깃들일지라도 아침에는 기쁨이 오리로다"(시 30:5). 이 아침에 슬퍼하는 많은 사람들을 위해 희락의 기름이 그 슬픔을 대신하게 되기를 바랍니다!

때때로 이 본문은 경고의 높은 나팔소리이거나 혹은 애도의 낮은 나팔소리입니다. 하지만 오늘 이 본문은 가장 달콤한 수금 소리입니다. 사울은 깊은 우울증에 시달려야 했습니다. 하지만 빼어난 수금 연주자인 다윗이 그 손으로 수금을 연주했을 때, 악신이 떠났으며, 차분하게 하는 가락의 힘에 의해 압도되었습니다. 이 본문은 그러한 수금입니다. 성령께서 그 수금의 줄들을 튕기신다면, 그 달콤한 소리가 절망의 귀신을 쫓아낼 것입니다. "내가 너와 함께 함이라." 그것은 열 줄로 된 수금이며, 그 줄들에는 완벽한 위로의 줄들이 내포하고 있습니다. 그 수금의 선율은 황홀경의 높은 곳까지 오르기도 하고, 가장 깊은 슬픔의 낮은 음까지 내려가기도 합니다. 이 옛 현악기가 오늘 우리에게 어떤 가락을 들려주는지 보도록 합시다.

1. 그 감미로운 가락이 가장 필요한때는 언제인가?

우선, 우리는 그 감미로운 가락이 가장 필요한 때가 언제인지 살펴볼 것입니다.

위로가 필요한 경우는 많습니다. 마치 수양버들처럼 언제나 위로의 젖은 토양에서만 자라는 사람들이 더러 있습니다. 이런 남자와 여자들은 슬픔에 잠긴 정신을 가지고 있습니다. 비록 야벳처럼 그들의 어머니가 슬픔으로 그들을 낳지는 않았더라도(참조. 대상 4:9. 야벳은 '슬픔'이라는 뜻임 — 역주), 그들은 생의 초기부터 슬픔의 유산이 그들 자신의 책임으로 돌려지는 삶을 시작했습니다. 존 번연이 말하곤 했듯이, 그들은 '낙망의 구덩이'(천로역정에 나오는 대목 — 역주)를 두려워할 필요가 없습니다. 그들은 그들 자신의 마음속에 하나의 구덩이를 간직한 채 살아가기 때문입니다. 그들은 그 구덩이에서 절대 나오지 않으며, 혹은 그 구덩이가 그들의 마음에서 결코 없어지지 않습니다. 그들은 그늘진 장소에서와 슬픔의 습지에서 가장 잘 자라는 식물들입니다. 그들은 불행하지 않으면 그들 자신이 안전하지 않다고 생각할 정도입니다. 그들은 기뻐하는 것을 두려워합니다. 그들은 즐거운 것을 불안하게 여깁니다. 지상에서 높은 장소는 그들에게 전혀 적합하지 않습니다. 그들은 '겸손의 골짜기'에 거하는 것을 아주 즐거워합니다. 그리고 평화로운 골짜기를 통과하는 여행을 할 때, 마치 두려움 씨(Mr. Fearing)처럼, 그들은 바닥에 누워 꽃들에게 입맞춤을 할 수 있습니다. 그곳이 그들의 유약하고 낮은 심령에는 너무나 적합하기 때문입니다. 이러한 경험의 상태에서는 비록 칭찬할 만한 요소도 많긴 하지만, 슬프게도 연약한 무언가가 있습니다. 이런 사람들을 주님께서는 그 품에 안고 가시며, 또한 부드럽게 이끄십니다. 이들은 양떼 중에서 털을 깎인 양들이며, 주님은 이들을 위해 바람을 누그러뜨리십니다. 이들을 위해 주님은 동풍의 때에 그 거친 바람을 멈추게 하십니다. 떨고 있는 동료 순례자들이여, 우리는 우리의 수금을 여러분 앞에서 연주하길 원합니다. 가능하다면, 여러분은 잠시 동안 두려움을 잊을 수 있을 것입니다. 비록 여러분이 우울함을 완전히 떨쳐버리지는 못해도, 최소한 이 시간 동안에, 여러분은 독수리의 날개를 달고 의심의 안개 위로 오를 수 있을 것입니다.

형제들이여, 모든 신자들은 모든 때에 다소간의 위로가 필요합니다. 그들의 삶이 매우 특별하기 때문입니다. 믿음의 행보는 그 자체가 길게 지속되는 하나의 기적입니다. 믿음의 삶, 투쟁, 도움, 그리고 승리는 육신의 시야를 훨씬 벗어나 있습니다. 그 내적인 삶은 하나의 신비적인 세계입니다. 우리는 우리 아래에 있는 것이나 앞에 있는 것을 아무것도 보지 않지만, 그럼에도 하나의 반석 위에 서 있으며, 힘을 얻고 더 얻어 앞으로 나아갑니다. 우리는 파멸로 보이는 것을 향해 나아가는 듯이 보이지만, 우리의 발밑이 안전함을 발견합니다. 그리스도인으로서 우리가 걷는 전 과정에서, 하나님의 약속들이 우리 마음에 적용되어야 합니다. 그렇지 않으면 혈과 육의 연약함 때문에 우리는 육체의 감각을 만족시키는 애굽의 밥그릇으로 되돌아가려 하고, 오직 믿음만이 우리에게 줄 수 있는 즐거움들을 떠나기가 쉽습니다. 주께서 자기 백성으로 하여금 자주 이 황홀한 수금 소리를 듣게 해 주시기를 빕니다. "두려워하지 말라 내가 너와 함께 함이라." "너는 네 길을 보지 못해도, 너의 길은 안전하다. 나 여호와가 네 앞서 갈 것이며, 또한 네 뒤에서 너를 지킬 것이다. 내가 불의 성곽이 되어 너를 두를 것이며, 네 영혼 속에서 기쁨이 되리라."

하지만 보혜사의 역사가 필요한 어떤 특별한 경우들이 있습니다. 이 경우들 중의 한 가지는 우리가 큰 육체의 고통으로 괴로움을 당할 때입니다. 우리는 정신에 영향을 미치지 않은 채 육체의 많은 고통들을 견딜 수 있습니다. 하지만 또 다른 육체의 고통들은 그 날카로운 고통이 우리의 본성의 골수에까지 스며들며, 우리의 두뇌와 정신에까지 무섭게 침투합니다. 이런 경우에는 많은 은혜가 필요합니다. 머리가 욱신욱신 쑤시고, 가슴이 두근거리며, 모든 신경 체계가 엉클어질 때, 야곱처럼 이렇게 말하는 것이 자연스럽습니다. "이는 다 나를 해롭게 함이로다"(창 42:36). 그러면서 우리는 섭리에 대해 불평하고, 다른 모든 사람들보다 훨씬 많은 고통을 겪었다고 생각합니다. 바로 그 때가 약속이 능력으로 적용되어야 할 때입니다. "두려워하지 말라 내가 너와 함께 함이라." "내가 병상에서 너의 병을 고쳐 주리라"(참조. 시 41:3). 육체의 고통이 증대될 모든 조짐이 나타나고, 외과 의사의 무서운 칼이 예상될 때, 생각만 해도 몸서리쳐지는 고통에 처해 있을 때, 우리는 우리를 붙들어주시는 하나님의 인자하심이 필요합니다. "두려워하지 말라 내가 너와 함께 함이라." 어두운 시기에 들려오는 그 음성은, 마치 나이팅게일(새)의 노래처럼 너무나 달콤합니다.

고통이 다른 형태로 찾아올 때가 있습니다. 예를 들어 우리의 친척들의 불행으로나, 개인적으로 우리에게 너무나 사랑스러운 이들이 불행을 겪을 때가 있습니다. 마치 줄기에서 꺾여진 백합화처럼 그들이 질병으로 갈수록 쇠약해지는 것을 볼 때가 있고, 혹은 잔디 깎는 낫 아래에 스러진 꽃들처럼 그들이 별안간 목숨을 잃는 것을 볼 때가 있습니다. 우리가 연이어 무덤을 방문해야 하고 그럴 때마다 매번 그곳에 우리의 일부를 남겨두어야 할 때도 있습니다. 우리의 옷차림이 우리의 불행을 말해주고, 우리가 바라던 것이 눈앞에서 사라지는 것으로 인해 차라리 땅바닥에 주저앉아 재를 머리 위에 뿌리고 싶을 때가 있습니다. 바로 그럴 때, 우리는 하늘의 위로자가 필요합니다. 그 때는 정녕 수금 잘 타는 연주자가 이와 같이 달콤한 곡조를 마음에 들려주는 것이 필요합니다. "두려워하지 말라 내가 너와 함께 함이라 놀라지 말라 나는 네 하나님이 됨이라."

또한 모든 섭리의 물결이 우리를 거스르며 흐를 때가 있습니다. 고통의 바다에서 아무리 팔을 놀려 힘을 써보아도, 거센 물결을 막지 못하고 물결에 떠내려가는 우리 자신을 발견할 때가 있습니다. 계속해서 손실을 입고, 재물이 마치 스스로 날개를 달고 날아가는 것처럼 날아가며, 마침내 우리는 절대 빈곤 외에는 눈앞에 아무것도 남지 않은 것을 봅니다. 빈곤이 무엇인지를 실제로 알게 되는 그 때, 우리는 우리의 영혼을 지탱시켜줄 풍성한 위로를 필요로 합니다. 아! 부에서 빈곤으로, 풍부에서 결핍으로 떨어지는 것을 완전히 체념하고 받아들이기란 그리 쉽지 않습니다. 그것은 바울이 "어떠한 형편에든지 나는 자족하기를 배웠다"(빌 4:11)라고 말했을 때, 그가 배운 곳에서만 배울 수 있는 철학입니다. 여러분 중에 어떤 이들은 저기 과부의 처지, 곧 일곱 자녀들이 있고, 삯바느질로 힘들게 노동해서 겨우 얻은 보잘것없는 소량의 음식 외에는 아무것도 없는 처지에 놓이면 만족하기 어렵다는 것을 알 것입니다. 그녀는 앉아서 바늘로 꿰매고 또 꿰매면서 깊은 밤까지 그 일에 매달려 온 힘을 소진합니다. 여러분이 번성할 때는 환심을 사려고 했던 사람들이 여러분을 외면하고, 길에서 여러분을 만나도 아는 체를 하지 않을 때, 그 가난을 견디기란 그리 쉽지 않다는 것을 알 것입니다. 가난한 사람의 몫의 잔에는 쉽사리 가시지 않은 쓰라림이 있으며, 그 때 영혼이 필요로 하는 것은 이러한 약속입니다. "두려워하지 말라 내가 너와 함께 함이라." "너를 지으신 이가 네 남편이시라"(사 54:5). "그의 거룩한 처소에 계신 하나님은 고아의 아버지시며 과부의 재판장이시라"(시 68:5). 만일 여러분이 이런 처지에 놓이면, 내 주님께서 여러분에게 이렇게 말씀하시기를 바랍니다. "나니 두려워하지 말라"(마 14:27).

내 형제들이여, 여러분 중에 어떤 이들은 특별한 책임, 무거운 수고, 큰 계획들 중에서 이러한 하나님의 음성을 듣는 것이 무엇인지를 압니다. 여러분은 하나님의 섭리에 의해 여러분 자신의 가시적인 능력을 훨씬 넘어서는 일을 수행하도록 부름을 받았습니까? 그리고 믿음으로 그 일에 뛰어들었습니까? 과연 그렇게 했군요! 그렇다면 여러분은 이런 느낌에 낯설지 않을 것이며, 스스로에게 이렇게 말할 것입니다. "이 일에 뛰어든 것이 지혜로웠던가? 다른 사람들이 큰 일들을 시도했고 실패했는데, 나 역시 실패하여 우스운 꼴이 되지 않을까? 군중이 산이 움직여지는 큰 수고를 보려고 모였을 때, 우스꽝스럽게도 한 마리 생쥐만 움직이는 결과로 나타나지 않을까? 결국 나는 단지 광신자가 되고, 하나님께 대한 내 믿음은 미신이 되지는 않을까? 오, 만일 지금 실패한다면 내가 있을 곳은 어디일까?" 틀림없이 여러분은 거듭해서 이런 의문으로 심문을 당했을 것입니다. 하지만 여러분이 다음과 같이 느낄 수 있을 때는 정녕 기쁘기 그지없습니다. "하나님이 나와 함께 계시다. 내 책임은 무겁지만, 내 하나님은 전능하시다. 나는 짐을 질 수 없지만, 그분은 하실 수 있다. 그러니 나는 믿음으로 그 짐을 지존하신 분께 맡길 것이다." 여러분에게 영혼을 구하는 가장 복된 일에 애쓰다가 골방으로 돌아와서는 이렇게 말해야 했던 때가 있었습니까? "우리가 전한 것을 누가 믿었느냐 여호와의 팔이 누구에게 나타났느냐?"(사 53:1). 그 때 여러분은 여러분이 그처럼 높고 귀한 일에 부름을 받았는지에 대해 의문을 갖기 시작할 것입니다. 그리고 아마도 당신에게 아무런 영예도 가져다주지 않는 섬김에서 벗어나기 위해, 요나처럼 다시스로 가는 배를 타고 도망치려는 시험에 들 것입니다.

바로 그 때, 이 말씀보다 다시금 확신을 가지도록 할 수 있는 것이 달리 무엇이겠습니까? "'두려워하지 말라, 내가 너와 함께 함이라.' 나는 네가 성공을 거두지 못할 때에도 너와 함께 있다. 네가 실망에 빠졌을 때, 아무런 보상을 남기지 않는 수고를 할 때에도 나는 너와 함께 있다. '두려워하지 말라. 내가 너와 함께 함이라.' 그 문제들은 결국에는 잘 될 것이다."

사랑하는 친구여, 당신은 하나님의 종으로서, 홀로 반대의 한가운데에 선 적이 있었습니까? 여러분은 대중에게 인기가 있으나 치명적으로 해로운 오류를 공격하도록 부름을 받았거나, 혹은 성상 파괴자처럼, 이 시대의 새긴 우상들을 부수기 위해 억센 손을 쳐들도록 부름을 받았습니까? 많은 사람들이 아우성치면서 어떤 이들은 이런 말을 하고, 또 어떤 이들은 저런 말을 하는 것을 들어본 적이 있습니까? 일부는 "그는 선한 사람이다"라고 말합니다. 하지만 다른 이들은 "아니다, 그는 사람들을 속이고 있다"고 말합니다. 여러분은 바알 제사장들의 얼굴에서 번득이는 적개심과 그들의 입에 고인 거품을 본 적이 있습니까? 여러분은 그들의 거친 표현과, 여러분의 말과 동기를 왜곡하는 글들을 읽어본 적이 있습니까? 한편으로는 이런 말에서 기쁨을 느껴본 적은 없습니까? "무엇보다 중요한 것은 하나님이 우리와 함께 하신다는 것이다. 우리는 깃발을 접기보다는 오히려 높이 들 것이다. 만일 이것이 악한 것이면, 우리는 더욱 악해지기를 원한다. 그리고 다시 한번 진리의 하나님의 이름으로 시대의 오류에 도전한다." 여러분이 그런 시련을 통과해본 적이 있다면, 그 때 여러분은 이 말씀을 필요로 했을 것입니다. "두려워하지 말라 내가 너와 함께 함이라 놀라지 말라 나는 네 하나님이 됨이라." "너는 어떠한 자이기에 죽을 사람을 두려워하며 풀 같이 될 사람의 아들을 두려워하느냐?"(사 51:12). "내가 너로 이 백성 앞에 견고한 놋 성벽이 되게 하리니 그들이 너를 칠지라도 이기지 못하리라"(렘 15:20). "두려워 말라, 네가 수치를 당하지 아니하리라"(참조. 사 49:23).

내 사랑하는 친구들이여, 우리가 이 위로의 말씀을 가장 필요로 하는 때는 저 검은 강의 완만한 경사를 내려갈 때입니다. 즉 강물이 부딪치는 소리가 들리고, 검은 물의 오싹한 기운이 느껴지지만, 강 건너편이 보이지 않을 때입니다. 영적 침체의 안개가 우리에게서 "금빛 찬란한 예루살렘"을 가리고, 우리 눈이 "젖과 꿀이 흐르는 땅"을 쳐다볼 수 없을 때입니다. 그 때 우리의 영혼은 현재의 고통에 사로잡히고 짙은 어둠에 둘러싸여 있기 때문입니다. 그 때 우리의 상태는 이와 같습니다.

> "우리는 강둑에서 떨며 주저하니
> 두려워서 앞으로 나서질 못하네."

우리는 죽음에 대해 너무 가볍게 말합니다. 그것은 가장 훌륭한 사람들에게도 엄숙하기 그지없는 일입니다. 성도가 죽는 것은 어린아이의 놀이가 아닙니다. 하지만 우리는 이런 속삭임을 듣습니다. "두려워하지 말라 내가 너와 함께 함이라." 그 때 강에서 안개가 사라지고, 전에는 혼탁했던 강물이 수정같이 맑아집니다. 그리고 우리는 강바닥에서 "만세반석"을 볼 것입니다. 그 때 우리는 확신을 가지고 내려갈 것이며, 죽음의 물결이 첨벙거리는 소리를 들을 것이지만, 그것을 음악으로 여길 것입니다. 아, 진정 그렇습니다. 그 소리는 스랍 천사들의 노래 속으로 녹아들어갈 때 음악이 될 것이며, 그 천사들이 깊은 물에서 우리와 동행할 것입니다. 안개가 제거될 때, 우리를 맞이하러 나오는 그 빛나는 존재들을 보는 것은 즐거운 일입니다. 그들이 우리와 함께 동반하여 저 하늘의 언덕 진주 문에 이를 것이며, 또한 하나님의 보좌 앞까지 우리와 동반할 것이니, 그곳에서 우리는 영원히 안식할 것입니다. 주께서 "내가 너와 함께 함이라, 두려워하지 말라"고 말씀하시는 이들은 복됩니다!

죽음 이후에 어떤 일이 일어날지 우리는 이 큰 일들을 기록한 말씀에서 읽지만, 그 계시를 이해하는 정도는 미약합니다. 죽음 이후에는 엄숙한 일들이 생길 것이며, 그 일들에 대해 곰곰이 생각하는 자는 경외심으로 압도될 것입니다. 심판과 부활이 있으며, 최후의 심판 날에 미래의 운명을 듣도록 사람들을 소환하는 나팔소리가 있을 것입니다. 세상은 불에 탈 것이며, 우주의 구성 요소들은 뜨거운 불에 녹을 것입니다. 무서운 법정에서 위대한 재판장이 장엄한 모습으로 나타나실 것입니다. 섭리 속에서 펼쳐진 모든 것들이 그리스도 안에서 하나로 결집될 것이고, 가라지는 다발로 묶여서 지옥 불에 던져질 것이며, 꺼지지 않는 불이 세세토록 연기를 낼 것입니다. 미래는 어떻게 될까요? 아, 믿음은 조금의 미동도 없이 그것을 직시할 수 있습니다. 믿음은 두려워하지 않습니다. 영원하신 하나님이 이렇게 말씀하시는 음성을 듣기 때문입니다. "내가 너와 함께 한다. 네 몸이 깰 때에 내가 너와 함께 할 것이며, 네 눈이 처음 보는 광경은 '아름다운 가운데 거하는 왕'(참조. 사 33:17)일 것이다. 네가 그와 같은 형상으로 깰 때에 너는 만족할 것이다. 하늘이 불에 탈 때에도 나는 너와 함께 할 것이니, 너를 지키는 자, 너의 위로자, 너의 천국, 너의 모든 것이 되는 존재로서 너와 함께 할 것이다." 그러므로 두려워하지 마십시오. 오히려 요동치 않는 기쁨으로 아직 나타나지 않은 미래의 신비와 영광을 직시하십시오.

지금까지 나는 이 위로의 수금 소리가 가장 감미롭게 들리는 몇 가지 경우들을 언급했습니다. 인생 전체에서, 나는 그 음악에 맞추어 행진하는 성도의 모습을 그려봅니다. 마치 이스라엘 자녀들이 은 나팔 소리에 맞추어 나아가는 것처럼 말입니다. 이스라엘이 홍해에 도달했습니다. 그들은 두려웠을 것입니다. 애굽 사람들이 그들 뒤에 있었기 때문입니다. 채찍을 휘두르는 소리가 들려왔을 것입니다. 그들 앞에는 굽이치는 바다가 있었습니다. 하지만 이스라엘은 그 깊은 물을 담대하게 행진하며 건넜습니다. 이 말씀이 주어졌기 때문입니다. "두려워 말라. 여호와가 자기 백성과 함께 하심이라." 낮의 구름기둥과 밤의 불기둥을 보십시오. 그들이 얼마나 안전하게 그 기둥의 지시를 따라 바다 한복판을 통과하는지 보십시오! 그들은 건너편 모래를 밟았습니다. 그것은 건조한 광야였습니다. 그들이 어떻게 스스로 가축 떼를 먹일까요? "두려워하지 말라 내가 너와 함께 함이라!" 보십시오! 만나가 하늘에서 내려옵니다. 물이 반석에서 솟아납니다. 또 보십시오. 이제 그들은 요단강에 도착합니다. 이것이 그들의 마지막 난관입니다. 그 후에 그들은 유업의 땅에 도달할 것입니다. 요단이 갈라집니다. 오, 갈라져서 뒤로 물러갔던 너 요단이여, 너는 얼마나 약하던가? 하나님이 자기 백성과 함께 하셨으니, 그들이 두려워하지 않았고, 마침내 안식으로 들어갔습니다. 이 안식은 모든 성도들의 유업입니다.

믿음의 삶을 생각할 때, 마치 환상처럼, 나는 내 눈 앞에서 높은 빛의 계단들을 봅니다. 그리고 보이지 않는 손에 이끌려, 나는 한 계단 한 계단씩 오릅니다. 내가 멀리 높이 올랐을 때, 그것은 계속해서 회전식으로 돌아갑니다. 나는 이 높은 계단에서 아무런 버팀목을 볼 수 없으며, 철 기둥이나 버팀돌도 찾을 수 없습니다. 그 계단은 공중에 매달려 있는 듯합니다. 오르면서 나는 그 계단이 어디로 향하는지 올려다봅니다. 하지만 내가 보는 것은 내가 서 있는 계단뿐, 그 너머로는 아무것도 보지 못합니다. 다만 이따금씩 내 위에 있는 빛의 구름들이 갈라지고, 그럴 때 나는 영원한 보좌와 그분의 영광의 천국을 보았다고 생각합니다. 내 다음 발걸음은 허공 위를 내딛는 듯이 보입니다. 하지만 담대하게 발을 내디딜 때 내 아래가 마치 단단한 화강석처럼 견고함을 나는 발견합니다.

나는 내가 디디고 올라왔던 계단들을 뒤돌아보고는 놀랍니다. 그러나 나는 감히 지체하지 않습니다. "앞으로"가 내게 들리는 음성이며, 그 음성이 나를 재촉합니다. 믿음이 내게 말해주었기 때문에, 저 굽이치는 계단이 마침내 해와 달과 별들을 넘어 찬란한 영광에서 끝날 것임을 나는 압니다. 가끔씩 계단을 밟고 올라왔던 아래쪽 깊은 곳을 응시할 때, 나는 내가 서 있는 곳에서 미끄러지지 않을까, 혹은 내 다음 발걸음이 심연 속으로 떨어지지 않을까 몸서리칩니다! 내가 서 있는 곳의 끝자리에서, 나는 입을 벌리고 있는 캄캄한 어둠의 공간 외에는 아무것도 볼 수 없으며, 그리고 그 어둠의 공간 속으로 다음 발 디딜 곳을 찾아 믿음으로 발을 내밀어야 합니다. 만일 위에서부터 내가 의뢰한 분의 말씀을 듣지 못했다면, 나는 앞으로 나아갈 수 없었을 것이며 완전한 절망 속에 주저앉았을 것입니다. "두려워하지 말라 내가 너와 함께 함이라." 나는 내 신비의 안내자가 실수하지 않으실 것을 믿었습니다. 나는 신실하신 주께서 안전하지 않은 곳으로 발을 내딛도록 명하지 않으실 것이라 느꼈습니다. 그리하여 계속해서 위로 오르며, 비록 내 믿음으로는 모든 것을 이해하지 못하고 내 사역은 나 자신의 능력을 뛰어넘을지라도, 지금 이 시간 나는 행복하고 즐거워하며 서 있습니다.

"우리 길을 볼 수 없을 때
신뢰하고 여전히 순종합시다.
우리에게 앞으로 가라 명하시는 분이
틀림없이 갈 길을 보이실 것입니다.
비록 캄캄한 밤에 싸여 있고
한 줄기 빛을 볼 수 없어도,
주께서 친히 이곳에 계시니
우리가 두려울 이유가 없습니다.
그분과 함께하는 밤은 밤이 아니니,
그분이 계신 곳은 어디나 빛입니다.
그분이 우리를 부르실 때 왜 지체합니까?
순종하는 자들이 복된 자들입니다."

2. 개별적으로 듣는 수금 가락들

둘째로, 우리는 수금을 손에 들고 여러분에게 다가와 그 수금의 가락을 개별적으로 들으라고 호소합니다.

모든 가락들에 감미로움이 녹아 있지만, 이제 우리는 각각의 줄을 별개로 퉁길 것입니다. 만약 여러분에게 교양 있는 귀가 있다면—모든 사람이 하나님의 음악을 들을 귀를 가진 것은 아닙니다—여러분은 영혼을 위로하는 소리를 들을 것입니다. "두려워하지 말라 내가 너와 함께 함이라." 그것이 무슨 의미일까요?

1) 우선, 그것은 "내가 가장 깊은 동정심을 가지고 너와 함께 있다"는 의미입니다. 여러분이 고통당할 때, 여러분은 새로운 고통을 당하는 것이 아닙니다. 그리스도께서는 오래전에 그 고통을 겪고 아셨습니다. 백스터(Baxter)는 그것을 이렇게 표현했습니다.

> "그리스도께서는 전에 그분이 통과하셨던 것보다
> 더 어두운 곳으로 우리를 인도하시지 않는다."

예수님은 한때 고통을 겪으셨을 뿐 아니라, 우리의 모든 환난 중에서 여전히 고통을 겪으십니다. 자기 종들이 박해당할 때, 주 예수님은 그 박해자를 향해 "네가 어찌하여 나를 박해하느냐?"(참조. 행 9:4)고 하늘에서 소리치십니다. 가장 연약한 지체를 만지는 것도 머리에게는 느껴집니다. 비록 그분은 빛의 면류관을 쓰셨지만, 발의 붉은 광채에 무감각한 분이 아닙니다. 그 발의 광채에 대해 사도 요한은 우리에게 말하기를 "풀무불에 단련한 빛난 주석"(계 1:15)과 같다고 했습니다. 우리 주 예수님은 그분 몸의 지체들을 향해 강렬한 동정을 느끼십니다. 그분과 우리의 연합은 가장 친밀한 연합이기 때문입니다. 예수님이 우리와 함께 고통 받는 분이심을 아는 것은 결코 적은 위로가 아닙니다. 우리에게는 우리 연약함을 동정하시는 대제사장이 계십니다. 그분의 발이 전에 디디지 않았던 가시밭길을 우리가 홀로 걷는 것이 아닙니다. 오히려 우리는 저 슬픔의 사람의 발의 핏자국을 선명히 볼 수 있습니다. 모든 곳에서 그리스도는 우리를 깊이 동정하시며 우리와 함께 하십니다. 그 가락이 잘 울려 퍼지게 하십시오. 혹 내가 그 수금의 줄을 잘못 건드렸다면, 다시 그것을 튕겨보십시오. 천사들의 음악도 그 소리를 능가하지 못할 것입니다.

2) 다음으로, 주님은 이해의 공유 관계 속에서 우리와 함께 하십니다. 말하자면, 만약 신자가 실패하면 하나님의 이름에도 불명예를 초래합니다. 루터는 그의 싸움에 하나님을 개입시켰다고 느낄 때마다 크게 기뻐했습니다. 그는 말했습니다. "만약 나 마르틴 루터가 로마의 교황과 그 문제를 두고 싸워야 한다면 나는 단념할 것입니다. 하지만 만약 로마 교황이 마르틴 루터와 마르틴 루터의 하나님에게 맞선다면, 그러면 그 적그리스도에게 화가 있을 것입니다. 그의 이마에 식은 땀이 맺히는 것이 당연합니다. 하나님이 우리와 함께 하실 때 누가 우리를 대적하겠습니까?" 지금도, 하나님은 오류를 공격하는 사람의 싸움에 개입하십니다. 선한 일을 행하기 위해, 동료 인간들을 죄에서 돌이키기 위해, 그리스도의 왕국을 세우기 위해 애쓰는 자의 싸움에 개입하십니다. 암, 그렇고말고요. 만약 여러분이 하나님의 약속을 인용할 수 있을 때, 하나님은 여러분의 문제에 개입되신 것입니다. 왜냐하면 만약 그분이 그 약속을 지키지 않으시면 그분은 참되지 않으시기 때문입니다. 여러분의 구원의 문제에서, 여러분이 안전하게 본향에 도달하는 것이 하나님의 목적이기 때문에, 여러분의 최종적인 구원은 구속자의 명예와 연결된 것입니다.

"양 떼 중 가장 천한 자를 구원하는 일에
그분의 귀한 명예가 달려 있다네.
하늘의 아버지께서 주신 모든 자들을
그분의 손이 안전하게 지키시리."

우리의 경우는 마치 마음 약한 여행자가 알프스를 지날 때 믿을 만한 안내자에 의해 도움을 받는 것과도 같습니다. 그는 돌출된 절벽 아래를 지날 때에나 가파른 경사를 내려갈 때, 혹은 미끄러운 빙하 언덕을 오를 때 후들후들 떱니다. 하지만 그의 안내자가 직접 그와 연결되어 있으면 그는 안심합니다. 안내자가 말합니다. "당신은 떨고 있군요. 하지만 길은 안전합니다. 나는 당신처럼 연약한 많은 여행자들과 수없이 이 길을 지나갔습니다. 하지만 당신을 안심시키고, 얼마나 당신이 안전한지를 확인시켜주겠습니다. 여기를 보십시오!" 그리고 그는 줄로 그와 그 여행자를 묶어 연결합니다. 그런 후 말합니다. "자, 이제 우리는 하나입니다. 우리 둘 다 안전하게 집으로 가든지, 혹은 모두 가지 못합니다." 그는 그가 돌보는 사람에게 용기를 가지고 앞으로 나아가라고 지시하면서 이렇게 말합니다. "기억하십시오. 만약 어떤 위험이 있다면, 그것은 당신에게뿐 아니라 나에게도 큰 위험입니다. 우리 둘은 함께 미끄러지든지, 혹은 함께 안전할 것입니다." 그 여행자가 기운을 냅니다. 그리고 미끄럽게만 여겨졌던 그의 발이 견고하게 서 있음을 발견합니다. 자, 예수님께서도 그분 자신을 그분을 신뢰하는 모든 영혼과 단단하게 결합시키십니다. 만약 당신의 길이 영광으로 이르게 되지 않는다면, 그리스도께서도 마찬가지일 것입니다. 우리 모두가 영광에 이르든지, 아니면 모두 이르지 못하는 것입니다. 당신은 반드시 영광의 면류관을 얻을 것이며, 그렇지 않다면 그리스도께서도 그것을 잃게 됩니다. 이것을 생각하는 것이 얼마나 달콤한지요! 그 수금의 줄을 다시 튕기십시오! 이 오후의 쉬는 시간에 그것을 잘 튕기어, 이 감미로운 소리가 여러분의 귀에 들리게 하십시오. "두려워하지 말라 내가 너와 함께 함이라."

3) "두려워하지 말라 내가 너와 함께 함이라."고 하는 이 수금의 줄은 또한 이런 소리를 냅니다. "나는 섭리의 도움 안에서 너와 함께 한다." 우리는 하나님의 섭리를 믿는다 하면서도 그것을 충분히 믿지 못합니다. 전능자에게는 어디에나 그분의 종들이 있으며, 그 종들이 길의 모든 지점에서 대기하고 있음을 기억하십시오. 역마(驛馬) 제도가 있던 옛 시대에는, 빠른 말들이 왕의 서신을 전달할 준비를 갖추고 항상 대기하고 있었습니다. 하나님께서 섭리의 종들을 역마들처럼 대기시켜 두신 것이 얼마나 놀라운지요! 종 하나가 자기 임무를 마치면, 자기 위치에서 임무 수행의 태세를 갖춘 또 다른 종이 항상 있습니다.

때때로 당신은 어느 한 친구가 도움의 기대를 저버리는 것을 발견합니다. 그는 막 죽었고 매장되었습니다. 당신은 말합니다. "아, 내가 무엇을 해야 할까?" 안심하십시오. 하나님께서는 그분의 섭리의 목적을 어떻게 수행할지를 아십니다. 그분이 또 다른 종을 일으키실 것입니다. 섭리의 때는 얼마나 놀라울 정도로 정확한지요! 당신과 내가 약속을 합니다. 그리고는 반 시간을 어깁니다. 하지만 하나님은 아직 약속을 어기신 적이 없습니다. 하나님은 그분의 시간보다 이르신 적이 없습니다. 비록 우리는 종종 그분이 그렇게 하시기를 바라지만 말입니다. 또한 그분은 결코 늦으신 적도 없습니다. 단 일분일초도 늦지 않으십니다. 이스라엘 백성이 애굽에서 나가야 할 때, 피라미드에 있는 모든 바로들이 다시 살아난다고 해도, 결코 그들을 속박의 상태에서 일 분이라도 더 길게 붙들어둘 수 없습니다. “여호와께서 말씀하시기를 내 백성을 보내라”(출 10:3). 하나님이 정하신 때에 그들은 갈 것입니다. 지상의 모든 왕들과 제후들은 하나님의 섭리의 통치에 복종합니다. 하나님은 원하시는 대로 그들을 움직이실 수 있습니다. 인형극 연출자들이 줄을 당겨서 꼭두각시 인형들을 움직이듯이, 하나님도 지상의 모든 것과 하늘의 천사들을 그분이 원하는 뜻대로 움직이실 수 있습니다. 그렇다면, 떠는 자여, 무엇 때문에 당신이 두려워한단 말입니까? “두려워하지 말라 내가 너와 함께 함이라.” 섭리 활동의 모든 신비한 배열들이 우리의 유익을 위한 것입니다. 사랑하는 친구들이여, 고난 중에 있는 여러분이여, 그 수금의 줄을 다시 건드려 그것이 얼마나 귀한 악기인지 확인해 보십시오.

4) 또한 하나님께서는 은밀하게 붙드시는 능력으로 우리와 함께 하십니다. 만약 그분이 우리를 고난 중에서 구하시기 위해 공개적으로 개입하지 않으신다면, 그분은 우리의 침체된 심령에 어떻게 힘을 불어 넣어주실 지를 잘 아십니다. “천사가 하늘로부터 예수께 나타나 힘을 더하더라”(눅 22:43). 이 말씀은 우리 주님께 관한 말씀입니다. 우리의 심령이 침체되려 할 때, 나는 종종 보이지 않는 영들이 우리의 힘을 북돋우기 위해 하늘로부터 하나님의 보내심을 받는 것을 믿어 의심치 않습니다. 여러분은 그것을 느껴보지 못했습니까? 당신은 삼십 분 전에 마음이 부서지는 듯이 울며 앉아 있었습니다. 그 때 당신은 간절한 기도 중에 무릎을 꿇고서 주님께 당신의 사정을 아뢰었습니다. 그 후 당신이 골방에서 내려왔을 때, 당신은 기꺼이 그 어려움에 맞설 수 있다고 느꼈습니다. 고난을 당하는 중에 당신은 낮아져서 엎드렸습니다. 마치 징계의 매를 맞는 아이처럼, 당신은 유순한 자세로 그 매에 자기를 내맡겼습니다. 당신은 때리시는 분이 당신의 아버지이신 것을 알았고, 더 이상 반항하지 않았습니다. 오히려 당신은 그 고난에 직면하고자 결심한 채 세상으로 들어갔습니다. 그 고난이 당신을 부숴버릴 것처럼 느꼈었지만, 이제 당신은 그것을 견뎌낼 수 있을 것이라고 느낍니다. 나는 철을 많이 주입한 독일제 욕조에서 목욕한 자들에 대해 읽은 적이 있습니다. 목욕 후에, 그들은 마치 철로 만들어진 것처럼 느끼고, 마치 강철의 옷을 입은 것처럼 태양의 열도 견딜 수 있는 것처럼 느낀다고 했습니다. 정녕 이와 같은 약속의 욕조 안에서 목욕한 자는 복됩니다. “내가 너와 함께 함이라.” 그 위로의 성분 속에 여러분 전체를 담그십시오. 그 속에 잠기십시오. 그러면 여러분은 별안간 힘이 새로워진 것을 느낄 것이며, 전에는 당신을 압사시킬 것 같았던 고난들을 능히

감당할 수 있을 것입니다.

5) 주님께서 자기 백성과 함께 하실 수 있는 또 다른 방식이 있습니다. 이는 최상의 방식으로서, 그분의 임재를 두드러지게 나타내심으로써 모든 지각에 뛰어난 기쁨과 평강을 주시는 방식입니다. 내가 감히 그 황홀한 기쁨을 설명하기는 어렵지만, 그것은 하나님이 함께 하신다는 의식에 의해 하나님의 자녀에게 발생하는 것입니다. 어떤 의미에서, 하나님은 항상 우리 가까이 계십니다. 하지만 우리 눈이 뜨이고, 우리 귀가 열리며, 외부적인 감각들이 사라지고 내면의 영적 감각이 열리는 때가 있습니다. 그 영적 감각에 의해 그리스도인의 내적인 생명은 지존자의 충만한 임재를 놀랍게 의식하게 됩니다. 그것을 묘사할 수는 없습니다. 그것은 말로 표현할 성질의 것이 아닙니다. 그것은 마치 천국의 일면과 같으며, 이 죄 많은 세상에 한 줄기 낙원의 광선이 비치는 것과도 같습니다. 당신은 당신이 몸 안에 있음을 확신하듯이, 하나님이 당신과 함께 하심을 확신합니다. 비록 벽들이 붉게 타오르지도 않고, 낡은 바닥이 밝은 빛을 발하지는 않으며, 천사들의 날개 치는 소리가 들리지는 않아도, 당신은 마치 모세가 발에서 신을 벗을 때와 같이 됩니다. 당신이 서 있는 그곳이 당신에게 거룩한 땅이 되기 때문입니다. 엎드린 채로, 나는 마침내 내 영이 그 영광의 무게에 짓눌려 뭉개지고 말 것이라고 느끼면서도, 동시에 높이 고양되어 그 지극한 영광이 혈과 육이 감당키 어려운 큰 기쁨이 되는 것을 느꼈던 적이 있습니다. 아아! 그 때, 그 순간을 어떻게 표현하면 좋을는지요!

"온 세상이 내 영혼을 대적하고
지옥의 창들이 내게 던져져도,
그 때 나는 사탄의 분노에도 미소 지을 수 있고,
찌푸린 얼굴의 세상과도 대면할 수 있네.
염려들이 거센 홍수처럼 몰려오고
슬픔의 폭우가 쏟아져도,
나는 안전하게 본향에 이르리니
내 하나님, 내 천국, 내 모든 것 되신 주를 보리라!
그곳, 천국에 있는 안식의 바다에
내 지친 영혼을 담그리니,

단 하나의 고난의 파도도
내 평화로운 가슴을 넘어가지 못하네."

비록 빈약한 방식이지만, 지금까지 나는 어떤 의미에서 하나님이 자기 백성을 도우시기 위해 어떻게 나타나시는지를 제시하고자 했습니다. 여러분에게 호소합니다. 이 수금의 각각의 줄이 여러분에게 음악 소리를 내게끔 하십시오. 이 말씀을 서둘러 지나치지 마십시오. 만일 여러분이 그 속으로 뛰어드는 방식만 안다면, 이 말씀 속에는 숭고한 기쁨의 심연이 있기 때문입니다.

3. 이 가락의 달콤함을 많이 묵상하라.

셋째로, 이 수금의 가락을 분명하게 듣도록 여러분에게 말했으므로, 이제 여러분에게 이 가락의 달콤함을 많이 묵상하라고 요청해야 할 것입니다.

어떻게 내가 그 기쁨들을 끌어낼 수 있을까요? 내 형제들이여, 주의 선하심을 맛보아 아십시오. 그것이 하나님의 선하심의 달콤함을 아는 가장 빠르고 확실한 방식입니다. 하지만 이와 관련하여 여러분에게 몇 가지를 제시하도록 하겠습니다.

이 본문의 위로는 하늘 아래에서 다른 모든 위로를 능가합니다. 여기 자신의 모든 재산을 잃어버리고 아주 가난하게 된 사람이 있습니다. 그는 내일 아침에 관대한 친구를 만날 터인데, 그 친구가 그에게 이렇게 말합니다. "두려워하지 말게, 내 몫을 자네에게 나누어 줄 것일세. 자네는 내가 상당한 재력가인 것을 아네. 두려워 말게. 자네의 손실을 알지만, 내가 자네와 함께 있다네." 자, 어떤 사람이라도 그런 말을 듣는다면 집으로 돌아가 틀림없이 스스로에게 이와 같이 말할 것입니다. "이제 내게는 빈궁의 어려움은 없다. 나는 부자다. 내 친구의 소유의 절반이 전에 내가 가졌던 것보다 많기 때문이다." 그렇습니다. 하지만 당신이 겪었던 손실을 당신의 친구도 겪을 수 있지 않겠습니까? 당신을 가난하게 했던 사업상의 불운이 당신의 친구도 가난하게 할 수 있지 않을까요? 그럴 경우 당신의 처지는 전보다 훨씬 나빠질 것입니다. 게다가, 당신의 친구가 마음을 바꿀 수도 있습니다. 그가 당신을 지나치게 값비싼 대가를 치러야 할 피부양자로 느낄 수 있으며, 어느 날 당신에게 그의 문을 닫아 버릴 수 있습니다. 하지만 이제 하나님이 당신에게 말씀하십니다. "내가 너와 함께 함이라." 자, 주님이 당신의 친구보다 훨씬 더 낫습니다. 그분이 훨씬 더 신실하십니다. 그분은 결코 당신을 귀찮게 여기지 않으실 것이며, 그분이 마음을 바꾸시는 일은 없습니다. 정녕 육체의 팔을 의지하는 것보다 하나님이 함께 하심을 느끼는 것이 당신에게는 훨씬 좋습니다. 그렇지 않습니까?

믿는 자여, 당신은 하나님보다 사람을 더 선호하지 않을 것입니다, 그렇지요? 당신은 변하기 쉬운 인간의 약속을 불변하는 하나님의 언약보다 더 신뢰하겠습니까? 당신은 감히 그렇다고 말하지 않겠지만, 나는 감히 당신이 마치 그런 것처럼 행동해왔다고 말합니다. 염려컨대, 이따금씩 우리가 전능하신 하나님의 팔보다 보잘것없는 육체의 팔을 실제로 더 선호한다면, 정녕 그것은 우리의 불신앙입니다. 그것이 우리에게 얼마나 큰 수치인지요! 하지만 우리는 오늘 아침 이곳에 앉아, 건전한 상태에서, "내가 너와 함께 함이라"는 하나님의 말씀이 최상의 친구들의 가장 친절한 보증보다 더 좋다고 시인해야 합니다. 여러분이 그리스도인의 섬김의 일에 종사하는 사람일 수도 있으며, 아마도 아주 열심히 일해 왔던 사람일 수도 있습니다. 만일 하나님께서 당신 주변에서 당신을 도울 젊은 영혼들 십여 명을 일으키신다면 당신은 매우 행복하다고 느끼지 않겠습니까? 당신은 말합니다. "오, 그렇습니다. 그 때 저는 '주여, 이제 당신의 종을 평안히 떠나게 하소서'라고 말하면서 무덤에 내려갈 수 있을 것입니다. 이 선한 일에 소집된 다른 많은 사람들이 있기 때문입니다." 자, 하지만 과연 그렇습니까? 그들도 역시 당신처럼 약해질 수 있지 않을까요? 세상의 필요에 비하면 그들이 얼마나 되겠습니까? 그들이 곧 떠나거나, 혹 신실하지 못한 것으로 판명되지는 않을까요? 만약 하나님께서 "내가 너와 함께 함이라"고 말씀하시면, 그것이 가장 똑똑한 사람들 이만 명보다 더 낫지 않겠습니까? 과연 그렇습니다. 수천수만 명의 근면한 선교사들보다 그것이 훨씬 낫습니다. 하나님이 아니 계시면 그들 모두가 무슨 소용이겠습니까? 그러므로 당신에게 유일하게 위로를 가져다줄 만한 것이 있다면, 그것은 무엇보다 그분에게서 온 것이어야 합니다. 그러므로 우리는 하나님의 약속 자체를 붙들도록 합시다. 그것으로 충분하기 때문입니다. 지상의 모든 샘들이 말라 버린다 해도, 그 약속만으로 충분하기 때문입니다.

하지만 사랑하는 이여, 당신으로 하여금 이 약속의 가치를 느끼도록 하기 위해, 천국 자체가 제공할 수 있는 모든 위로가 여기에 있음을 당신에게 상기시키고 싶습니다. 선지자에 의해 저 청년의 눈이 떠졌을 때, 그는 불 말들과 불 병거들이 산에 가득하여 엘리사를 둘러싼 것을 보았습니다(왕하 6:17). 그 때 그는 스스로에게 말했습니다. "이제 엘리사는 충분히 안전하다. 저 불 병거들이 엘리사를 보호하는 동안에는 그들이 그에게 손을 대지 못할 것이다." 그렇습니다. 하지만 천사들도 하나님이 부리시는 영들에 지나지 않으니, 하나님이 아니 계시다면 그들이 무엇이겠습니까? 하나님께서 그들에게 힘과 불타는 생명을 주시지 않으면 그들은 죽은 것이며, 아무런 활동도 하지 못합니다. 그러므로 내 형제들이여, 만약 성경에 "천사들이 항상 너희와 함께 할 것이라"고 기록되었다면, 그것은 "두려워하지 말라 내가 너와 함께 함이라"는 약속에 비해 절반의 기쁨도 우리에게 주지 못할 것입니다. 우리에게는 천사들이 있지만, 더욱이 우리에게는 천사들의 주가 계십니다. 우리에게는 이만이나 되는 하나님의 병거들이 있지만, 그보다 더 나은 것은, 우리에게 우리의 수호자가 되시는 하나님이 계시다는 것입니다. "내가 너와 함께 함이라." 오 하나님의 자녀여, 모든 스랍과 그룹 천사들도 당신에게 이와 같은 충만한 기쁨을 주지는 못합니다.

다시 주목하십시오. 이 본문이 "내가 너와 함께 함이라"고 말할 때, 그것은 여러분에게 모든 비상 상황에 충분한 무언가를 제공하는 것입니다. 이어지는 구절에서, 우리는 위로와 도움에 관련된 구절을 발견합니다. "내가 너를 굳세게 하리라. 참으로 너를 도와주리라. 참으로 나의 의로운 오른손으로 너를 붙들리라"(10절). 이내 우리는 그 동일한 사람이 전쟁 중에 있음을 발견하는데, 그 때는 그 약속이 이렇게 바뀝니다. "내가 너로 이가 날카로운 새 타작기로 삼으리니 네가 산들을 쳐서 부스러기를 만들 것이며 작은 산들을 겨 같이 만들 것이라"(15절). 그 다음에 우리는 그 사람이 여행자가 되는 것을 발견하는데, 그는 물 없는 광야를 여행합니다. 그 때 약속은 이렇게 바뀝니다. "나 여호와가 그들에게 응답하겠고 나 이스라엘의 하나님이 그들을 버리지 아니할 것이라. 내가 헐벗은 산에 강을 내며 골짜기 가운데 샘이 나게 하리라"(17-18절). 그런 후 그 여행자는 농부가 됩니다. 하지만 토양이 메말라 그는 아무것도 경작할 수가 없습니다. 그 때 이 말씀이 임합니다. "내가 광야에 백향목과 싯딤 나무와 화석류와 들감람나무를 심으리라"(19절). 내 형제들이여, 이와 같이 우리가 어떤 상황에 던져져도, 하나님이 우리와 함께 하십니다.

맨 섬(the Isle of Man)의 사람들은 '세 개의 다리'(three legs)라는 말을 격언으로 삼습니다. 여러분이 그들을 어떤 식으로 내던져도 그들은 틀림없이 일어선다는 의미입니다. 하지만 성도들에 대해 말하자면, 불행에 의해서나 심지어 지옥의 권세에 의해서도 내던져지는 것이 불가능합니다. 하나님이 우리를 붙드시기에, 우리는 굳게 설 것입니다. 가장 높은 심판대에 불려갔을 때에도, 하나님이 우리와 함께 하십니다. 고난의 심연에 떨어졌을 때에도, 그분이 여전히 우리와 함께 하십니다. 우리의 '흙집'이 필연적으로 무덤에서 잠들게 될 때에도, 하나님이 우리와 함께 하십니다. 어떤 조건 속에서도, 이 말씀이 그리스도인에게 모든 질병을 고치는 약이 되지 못하고 모든 필요를 공급하지 못하는 경우란 없습니다.

이제 이 말씀을 나누어서, 각각 따로 살펴보십시오. "내가 있음이라(I AM)." 여러분은 이 "아이 엠(I am)"이 무엇을 의미하는지 아십니까? 하나님은 스스로 존재하시며(self-existent), 영원하시고, 무엇에도 의존하지 않으시며, 불안정한 보좌에 앉아 계시는 것도 아니며, 차용된 일정 시기에만 앉아 계시는 것이 아니라는 의미입니다. "내가 있음이라"(I AM, 참조. 출 3:14). 그것은 다름 아닌 "여호와"이며, "아이 엠" 즉 스스로 존재하는 그분이 자기 백성들의 친구가 되셨습니다. 그 시제에 주목하십시오. "내가 있었다(I was)"가 아니고, "내가 있을 것이라(I shall be)"도 아니며, "내가 있다(I am)"입니다. 우리에게는 어제나 오늘이나 영원토록 그 동일하시고 위대하신 여호와가 계십니다. "내가 있다." 그 다음이 무엇입니까? "내가 너와 함께(with you) 함이라." 당신처럼 가련하고 연약한 존재와 함께 하신다는 것입니다. 스스로 존재하는 분이 떨기나무 가운데 나타나셨고, 그 나무를 황금 빛 불로 작열하게 하여, 그토록 보잘것없는 떨기나무를 하나님을 위한 보좌로 바꾸어놓으셨던 것처럼, 당신에게도 그렇게 하실 것입니다. "쉽게 타버릴 수 있는 가련한 떨기나무여, 내가 너와 함께 함이라. 내가 너를 나 자신으로 충만케 할 것이며, 너를 영광스럽게 타오르게 하리라. 이는 옛적부터 내 사랑을 너에게 두었기 때문이라." 내 영혼은 이 본문의 위엄 아래에서 엎드립니다. 나는 여러분이 이 말씀을 진지하게 숙고할 것을 권합니다. 그것을 오늘 오후 여러분의 묵상의 방으로 가져가십시오. 그러면 하나님께서 그것을 여러분에게 펼쳐주실 것이며, 여러분은 기쁨으로 충만하게 될 것입니다.

4. 귀를 조율하라.

마지막으로, 나는 모든 청중이 이 점을 기억하기를 바랍니다. 비록 내가 이 본문을 가장 아름다운 소리를 내는 수금이라고 말했지만, 그 음악 소리가 감상

될 수 있으려면 먼저 귀를 조율하는 것이 필요하다는 것입니다.

심지어 일반적인 음악에서도, 모든 사람이 화음의 즐거움을 이해하는 것은 아닙니다. 저 어릿광대는 길거리의 취주악단(吹奏樂團)이 그 모든 거친 소리에도 불구하고 상당히 훌륭하다고 생각합니다. 그는 소리가 어떻게 소리와 어울리는지 이해하지 못합니다. 그는 "길게 늘어진 아름다운 소리의 결합"에 대해 아무것도 알지 못합니다. 사랑하는 이여, 그와 마찬가지로 하나님이 그들과 함께 하신다는 것이 무엇인지에 대해 아무것도 모르는 사람들이 수없이 많습니다. 아니, 이것이 그들에게는 공포입니다. 그들은 할 수만 있다면 하나님에게서 벗어나는 것을 좋아합니다. 내 청중이여, 여러분도 그러합니까? 여러분은 하나님이 두렵습니까? 여러분은 그분의 임재를 피하고 싶습니까? 그렇다면 그 이유는 여러분이 그분의 원수이기 때문이며, 양심이 여러분을 겁쟁이로 만들기 때문입니다. 만일 여러분이 그분의 자녀라면, 여러분의 영혼은 그분의 품을 그리워할 것이며, 마치 사슴이 시냇물을 찾기에 갈망하듯이 여러분의 영혼이 그분을 갈망할 것입니다.

이 본문의 감미로움을 음미하기 위해서, 여러분은 믿음을 가져야 합니다. 여러분이 더 많은 믿음을 가질수록, 이 본문은 더욱 달콤하게 될 것입니다. 여러분은 실제의(real) 하나님을 믿어야 합니다. 염려하건대, 대개의 사람들에게 하나님은 하나의 신화, 즉 그들이 식별한 적이 없는 영적인 무언가에 불과합니다. 하지만 믿음은 하나님을 인식하며, 그분의 존재를 확신하고, 영혼 속에 함께 하시는 하나님을 볼 수 있는 시야를 부여하며, 보이지 아니하시는 하나님을 붙잡을 손을 영혼에게 부여합니다. 여러분은 하나님을 실감해야 합니다. 또한 그분의 참되심을 확신해야 합니다. 그분이 거짓말을 하실 수 없는 것과, 그분이 머리카락 하나의 간격만큼도 완벽한 진리에서 빗나가실 수 없음과, 또한 능력에서 결코 약해지실 수 없음을 확신해야 합니다.

"그분이 말씀하신 것을 그분이 행하시지 않는 것은 아닐까요? 주님께도 어려운 일이 있지 않을까요? 그분의 팔이 짧아져 구원하실 수 없진 않을까요?" 이런 질문들에 대해서는 우리 영혼 속에 신속한 대답이 있어야 합니다. 우리는 능하신 분이 우리와 함께 하심을, 실제로 일하시고, 활동적이시며, 강력하고, 신실하시며, 신뢰할 만한 분이 우리와 함께 하심을 느껴야 합니다. 우리를 돕겠다고 약속하신 그분이 우리를 도우실 것입니다. 영원한 목적을 모두 이루실 때까지,

우리를 천국으로 이끄실 때까지, 그분은 결코 우리를 떠나지도 않고 버리지도 않으실 것입니다.

아아, 내 형제들과 자매들이여, 여러분이 여기까지 이르렀고, 항상 그 상태에 머물 수 있다면, 나 역시도 그럴 수 있기를 간절히 바랄 뿐입니다. 나는 하나님을 믿을 수 있고, 또 그분을 믿습니다. 그분의 이름을 찬미합니다. 몇몇 사람들이 보았던 것처럼, 나 또한 그분이 높이 드신 팔을 보았고, 그분의 신실하심과 진리가 드러난 것을 보았습니다. 하지만 그럼에도 불구하고 저 무서운 불신앙, 위로에는 죽음과도 같은 저 해로운 독소, 콜레라보다 해로운 역병, 어떤 변명도 주어질 수 없으며 내가 한 마디의 변호의 말도 속삭이고 싶지 않은 불신앙, 이것이 가만히 우리에게 다가와서 우리의 기운을 꺾어놓습니다! 그것이 어떻게 우리를 진창 가운데로 던져 버리는지요! 그것이 어떻게 우리의 뼈를 꺾고, 마치 강력한 '저거노트 수레'(Juggernaut-car, 인도 신화에서 크리슈나 신상을 실은 수레로서, 이 수레에 치여 죽으면 극락에 갈 수 있다고 함 — 역주)처럼, 우리를 깔아 산산이 뭉개 버리는지요!

오 하나님, 우리를 불신앙에서 구원하소서! 당신을 신뢰하도록 우리를 도우소서! 그것이 우리가 원하는 전부입니다. 믿는 것이 우리에게는 최대의 능력입니다. 당신을 의지하도록 우리를 도우소서! 그것이 우리가 원하는 전부입니다. 믿는 것이 우리 영혼에게는 가장 큰 행복입니다. 우리로 하여금 당신이 계심을 확신하게 도우시고, 당신이 당신을 진실하게 찾는 자들에게 상 주시는 이심을 확신하게 하소서. 당신의 약속이 견고히 선 것을 확신하게 하소서! 이것이야말로 우리를 진정으로 하나님의 자녀들이 되게 할 수 있습니다. 오, 이 지상의 골짜기에 머무는 동안에도 우리에게 천국의 기쁨을 주소서! 하나님이 우리에게 이 믿음의 복을 주시길 빕니다!

여러분 중 어떤 이들에게는 전혀 믿음이 없습니다. 오, 영원하신 성령께서 지금 여러분 속에 믿음을 주시길 바랍니다. 그렇지 않으면 여러분의 운명은 파선한 자의 운명이 될 것이고, 여러분의 종말은 당혹스러운 종말이 될 것이며, 영원이라는 것이 여러분에게는 영원한 슬픔이 될 것입니다. 하나님이시여, 예수님을 믿는 믿음으로 말미암아 우리를 구원하소서!

제
37
장

꺼져가는 등불

"꺼져가는 등불을 끄지 아니할 것이라." — 사 42:3

나는 이 말씀의 우선적인 의미가 당시의 일반적인 백성들에게 주어진 말씀도 아니며, 오늘 밤 내가 설교하려는 대상에게 주어진 말씀도 아니라고 믿습니다. 우리는 마태복음 12장에서 우리의 거룩하신 주님께서 서기관들과 바리새인들에게 공격을 당하신 것을 읽었습니다. 하지만 그분은 그 때 그들과 논쟁에 들어가지도 않으셨고, 그들을 계속적인 감시의 대상으로 삼지도 않으셨습니다. 그들이 어떤 위선자들이었는지를 고려하면, 또한 그들이 얼마나 큰 악행을 일삼고 있었는지를 생각하면, 그분은 정말이지 그들을 아주 부드럽게 대하셨습니다. 그분에 비하면, 그들은 상한 갈대와 같았고 꺼져가는 등불과도 같았습니다. 만일 그분이 원하시기만 했다면, 그분은 그들을 모두 꺾으실 수 있었고 혹은 모두 끄실 수 있었습니다. 하지만 그분은 단지 논쟁자가 되기 위해 오신 것이 아니었습니다. 그분은 진실로 모든 개혁자들 중에서도 가장 위대한 분입니다. 하지만 그분은 '무너뜨리는 자'이기보다는 '세우는 자'였습니다. 그분은 이성으로써 오류를 몰아내기 위해 오신 것이 아니라, 진리를 적절히 제시하시고, 그에 따른 자연적이고도 효과적인 과정에 의해 오류를 추방하시기 위해 오셨습니다. 그렇기 때문에, 그분은 서기관들과 바리새인들과 다른 반대자들을 대체로 내버려두셨고, 병자를 치유하고 죄인들을 구원하는 자신의 일을 조용히 지속하셨습니다. 이는 우리에게 아주 좋은 교훈입니다.

때때로 우리는 다투려는 경향을 보이고, 종교적인 논쟁을 시도합니다. 하지만 우리 구주께서는 다투지 않으시고, 외치지 아니하며, 그 소리를 거리에 들리게 하지 아니하셨습니다(2절). 상한 갈대를 그분은 꺾지 아니하셨고, 연기를 내는 심지를 끄지 않으셨습니다. 그을음을 내는 심지의 깜박거리는 불빛을 끄는 최상의 방법은 태양이 비치게 하는 것입니다. 그 때는 누구도 그것을 이해하지 못했습니다. 상한 갈대들과 말다툼을 일삼는 대신, 그분은 확실하고 분명한 진리를 더욱 강하게 제시하셨습니다. 사람들은 일단 더욱 안정적이고 의지할 만한 무언가를 본 후에는, 상한 갈대를 의지하려고 하지 않습니다. 여러분과 나는 진리를 전하는 최상의 방식으로 오류를 억누를 것입니다. 우리가 그리스도를 전하여 높이면, 마귀는 내려갑니다. 굽은 막대기가 여러분 앞에 있을 때, 여러분은 그것이 어떻게 굽었는지를 설명할 필요가 없습니다. 곧은 막대기를 그 옆에 나란히 두십시오. 그러면 설명은 끝난 것입니다. 진리를 전하십시오, 그러면 진리의 면전에서 오류는 수치를 당할 것입니다.

의심의 여지 없이, 그것이 이 구절의 우선적인 의미입니다. 마태복음과의 연관성 속에서 여러분은 그것을 이해할 것입니다. 마태복음은 이렇게 말하고 있습니다. "상한 갈대를 꺾지 아니하며 꺼져가는 심지를 끄지 아니하기를 심판하여 이길 때까지 하리라"(마 12:20). 주께서 판결을 내려 승리하실 때, 그 때는 상한 갈대와 그을리는 심지들, 곧 위선자들, 바리새인들, 형식주의자들, 율법주의자들, 그리고 다른 모든 반대자들이 끝장날 것입니다.

일반적으로 이 말씀은 예수 그리스도께서 연약한 신자들을 아주 부드럽게 대하신다는 의미로 이해되고 있습니다. 그리고 이런 의미가 배척되어서는 안 됩니다. 왜냐하면 첫째로 그것은 사실이며, 둘째로 그것은 이 본문에 비추어보아서도 사실이기 때문입니다. 만약 우리 주 예수께서 그분의 생애에서 위선자들에게까지 부드러우셨다면, 하물며 그분이 진실하지만 연약한 영혼들에게는 얼마나 더 부드러우시겠습니까? 만약 그분이 바리새인이라는 꺼져가는 등불도 끄지 않으셨다면, 하물며 참회하는 영혼의 꺼져가는 등불이 꺼지지 않을 것임은 얼마나 더 확실하겠습니까! 그러므로, 이 본문이 일반적으로 이해되고 있는 바를 말하지 않아도, 이 본문은 그 의미를 내포하고 있는 것입니다. 그런 식으로 이 말씀은 사람들에게 일반적으로 이해되고 있는 의미로 연결됩니다.

나는 교회에는 일종의 직관이 있다고 간주합니다. 그래서 비평의 기준에 따라서는 교회가 성경의 어떤 구절을 잘못 적용하고 있다고 판단될 때, 일반적으로 교회는 그것을 잘못 적용하고 있는 것이 아니라, 단지 첫 번째 빛 뒤에 있는 두 번째 빛을 제시하는 것일 뿐입니다. 그 두 번째 빛의 밝기는 첫 번째 빛에 못지않으며, 오히려 더 밝게 빛나기도 합니다. 왜냐하면 첫 번째 빛에 더하여 그 빛을 비추는 것이기 때문입니다. 그러므로 나는 이 본문에서 내가 앞에서 언급했던 것과는 다른 무언가를 의미하는 것으로 간주할 것입니다. "그는 꺼져가는 등불을 끄지 아니하리라." 이 본문은 마음이 약하고, 낙심하고, 소심한 여러분, 그렇지만 참된 마음의 신자들인 여러분을 위한 말씀입니다. 여러분은 이 말씀을 여러분 자신에게 적용할 수 있습니다. 그렇게 하도록 성령께서 여러분을 도우시길 빕니다!

1. 이 은유는 무엇을 나타내는가?

이제 나는 이 본문에 대해 말하면서, 첫째로 이 은유가 무엇을 나타내는지를 묻고자 합니다.

연기를 내는 심지는 선한 것이 조금 있는 상태를 나타냅니다. 난외주에는 "희미하게 타는 심지"라고 표기되어 있습니다. 그것은 타고 있습니다. 하지만 그것은 아주 희미하게 타고 있습니다. 마음속에 선의 불꽃 하나가 있습니다.

내 사랑하는 친구여, 당신은 작은 믿음을 가지고 있습니다. 그것은 겨자씨 한 알보다 많이 크지 않지만, 그 크기의 믿음도 그 속에는 큰 능력이 있습니다. 나는 당신의 믿음이 나무로 자라기를 바랍니다. 하지만 나로서는 비록 겨자씨만큼 작은 것이라 할지라도 당신에게 하여간 믿음이 있다는 것이 기쁩니다. 당신은 선한 것을 추구하고자 하는 소원을 가지고 있습니다. 당신은 언제나 더 거룩해지기를 원하고 있습니다. 당신은 하나님의 백성 중에 거하기를 기뻐합니다. 비록 이따금씩 당신이 그들 중의 하나가 아닌 것을 염려하지만, 당신은 그들 중의 하나임을 확신할 수만 있다면 모든 것을 주고자 합니다. 당신은 그들과의 친교를 사랑하기 때문입니다. 그런 소원들을 가지고 있기에, 당신은 기도하는 것입니다. 당신은 이렇게 말하지요. "오, 그것은 기도라고 부를 가치도 없는 것입니다!" 자, 우리는 그것을 기도라고 부르지 않겠습니다. 하지만 그럴지라도 그것은 기도입니다. 때때로, 한 마디의 말도 나오지 않을 때, 그 마음의 소원이 하나님께는 받아들이시기에 매우 합당한 호소일 수도 있습니다. 당신은 또 말합니다. "오 목사님, 하지만 제가 항상 그런 소원을 가지는 것은 아니랍니다!" 그렇다니 매우 유감이군요. 나는 당신이 언제나 그리스도를 향한 강한 열망을 가지기를 바랍니다. 하지만 여전히, 당신은 바라고 있습니다. 어떤 갈망, 욕구, 헐떡임, 주림, 목마름이 있습니다. 그러므로 당신에게 조금의 선한 것이 있습니다.

당신이 또 말합니다. "저를 칭찬하지 마세요." 오, 그렇지 않습니다, 사랑하는 친구여, 나는 당신을 칭찬하지 않을 겁니다! 나는 당신이 그것을 좋아하지 않는 것을 압니다. 당신은 스스로를 평가함에 있어서 겸손하며, 저 세리처럼 이렇게 부르짖기 때문입니다. "하나님이여 불쌍히 여기소서 나는 죄인이로소이다"(눅 18:13). 당신은 그런 기분일 것입니다, 그렇지 않습니까? 나는 당신이 스스로를 좋게 생각하지 않기 때문에 당신에게 선한 것이 얼마간 있음을 볼 수 있습니다. 만약 당신이 스스로를 선하다고 생각한다면, 우리는 당신을 나쁘게 생각할 수도 있습니다. 하지만 당신이 당신의 회개조차 부족하다 생각하고, 아무리 눈물을 흘려도 부족하다 생각하는 한, 나는 그 점을 기쁘게 여깁니다. 마음의 낮아짐은 이 시대에 상당히 멸시받는 은혜이지만, 하늘의 왕에게는 상당히 높게 평가되는 은혜입니다. 그분이 말씀하십니다. "무릇 마음이 가난하고 심령에 통회하며 내 말을 듣고 떠는 자 그 사람은 내가 돌보리라"(사 66:2). 당신 속에는 하나님의 영에 의해 그곳에 놓여진 약간의 선한 것이 있습니다.

당신이 말합니다. "아, 목사님 저는 그 말이 좋습니다. 제 속에는 본성상 선한 것이 없음을 저는 확실하게 압니다." 친구여, 만일 당신이 나와 같다면, 나 역시도 그렇다고 확신합니다. 하나님의 은혜가 우리 안에 으뜸가는 열망을 심어놓았습니다. 죄에 대한 혐오감, 용서받고자 하는 소망, 방황하던 데서 돌이켜 아버지께로 돌아가고자 하는 소원을 심어놓았습니다. 성령께서 그것을 그곳에 심어놓으셨습니다. 그리고 당신은 꺼져가는 등불과 같습니다. 왜냐하면 당신 안에 살아 있는 불이 약간 있기 때문입니다.

당신이 꺼져가는 등불과 같은 것은 당신의 선함이 누군가가 활용하기에는 너무나 미약하기 때문입니다. 오늘밤 우리에게 꺼져가는 등불이 있다면, 그리고 연료도 바닥이 났다면, 그것으로 우리가 무엇을 할 수 있겠습니까? 아마도 여러분은 가물거리는 빛을 보겠지만, 이렇게 말할 것입니다. "그것은 빛이 아니라, 오히려 보이는 어둠과 같다." 나는 어둠 속에 있는 한 영혼이 그런 보이는 어둠을 발견하기를 바랍니다. 거기에 중요한 요점이 있습니다. 오호라, 당신은 너무나 가난하고 소심한 사람이어서, 하나님의 다른 자녀를 위로하지 못하며 당신 자신조차 위로하지 못합니다! 당신은 약한 자들을 강하게 하지 못합니다. 당신 자신을 위한 힘도 결핍되어 있기 때문입니다. 당신은 군인이 되기에는 턱없이 부족하며, 병사들의 행렬 속에서 행군할 수 없습니다. 우리는 당신을 응급차에 싣고 데려가야 합니다. 물론, 우리는 당신을 데려가는 일에 싫증을 내지 않으며, 하나님도 마찬가지이십니다. 당신은 여전히 군인입니다. 싸울 수만 있다면 싸우려 하기 때문입니다. 비록 당신이 병약하지만, 나팔소리가 울릴 때마다 당신은 가장 치열한 곳에서 싸우고 싶어 합니다. 가련한 당신이여, 당신은 곧 짓밟힐 것만 같습니다. 하지만 당신에게 그런 정신이라도 있으니, 나는 그것에 대해 하나님께 감사합니다. 비록 당신의 용기가 누군가에게 쓸모가 있을 정도로 크지는 않지만, 적어도 당신에게는 쓸모가 있을 것입니다. 그것은 당신이 십자가 군병인 것과, 어린 양을 따르는 자임을 입증하기 때문입니다.

나는 당신이 더 많은 빛을 가지기를 바라며, 그래서 당신이 황량한 길을 가는 당신의 형제에게 빛을 비출 수 있기를 바랍니다. 나는 당신이 더 많은 믿음과, 더 많은 기쁨과, 더 많은 소망, 더 많은 안식을 가지기를 바랍니다. 그리하여 주님의 집에서 섬기는 자가 되기를 바라며, 왕께서 당신에게서 자원하여 섬기려는 소원을 발견하시길 바랍니다. 하지만 그렇게 할 수 없기 때문에, 당신은 꺼져가는 등불과 같습니다. 약간의 선함이 있으나, 그 선함이 당신을 매우 쓸모 있게 할 만큼 충분하진 못합니다. 그렇지만 나는 당신이 할 수 있는 한 가지를 말하겠습니다. 당신이 당신처럼 또 다른 가련한 영혼을 만날 때, 당신은 동정할 수 있을 것입니다, 그렇지 않습니까? 빛이 희미한 자들에게 강하고 밝은 빛을 가진 자들이 가까이 다가올 때, 그들은 그들을 위로하기보다는 오히려 그들을 부끄럽게 만들기가 쉽습니다. 하지만 당신은 그렇지 않을 것입니다. 당신은 의기소침한 영혼들을 도울 수 있습니다. 최소한 당신은 그런 일을 할 수 있을 것입니다.

꺼져가는 등불의 불은 미미하기 때문에 섬김의 일에 거의 소용이 되지 못하며, 설상가상으로, 그것은 너무나 미미하여 오히려 불쾌감을 줍니다. 누구도 꺼져가는 초에서 나는 냄새를 좋아하지 않습니다. 연기를 내는 심지는 좋은 향기를 내지 않습니다. 슬픈 상태에 있을 때의 그리스도인 역시 그러합니다. 그 속에 선한 것은 조금이지만, 그에게 잘못된 부분은 많으며, 그 잘못된 부분이 나쁜 냄새를 풍깁니다. 때때로 이 '연기를 내는 심지' 같은 사람들이 많은 오류들을 믿습니다. 그들은 하나님의 영원한 사랑에 관한 참되고 건전한 교리를 굳게 붙들지 않습니다. 그들은 성경적이지 않은 생각들을 좋아합니다. 오류는 결코 그리스도께는 달콤하지 않으며, 그분의 친 백성들 중 누구에게도 마찬가지입니다. 게다가, 그들에게는 큰 의심의 연기가 있습니다. 그들은 이것을 의심하고, 저것을 질문하며, 다른 것에 의구심을 품습니다. 우리 주님께는 그분을 불신하는 것만큼 더 불쾌스러운 것이 없습니다. 그것을 참는 것이 그분에게는 크게 관대한 행동입니다. 한 사람이 그리스도께 "하실 수 있거든"(막 9:22)이라고 말했습니다. 전능하신 주님께 그런 말을 하는 것은 지독한 발언입니다. 또 다른 사람은 주님께 "주여 원하시면"(마 8:2)이라고 말했습니다. 그분처럼 인자하신 분에게 그렇게 말하는 것은 수치스러운 일입니다. 하지만 주님은 그 둘 모두를 참으셨습니다. 의심하는 마음은 "만약 원하신다면, 만약 하실 수 있다면!"이라고 외칠 것이며, 믿기보다는 곧 다른 무엇을 행하려 할 것입니다. 이것이 주 예수 그리스도 앞에서 나쁜 냄새를 풍기는 것입니다. 비록 우리는 의심을 사소한 것으로 간주하여도, 그것이 그분께는 결코 사소한 것이 아니며, 그분의 마음을 크게 슬프고 노하시도록 하는 것입니다.

오늘 아침 예배 후에 한 자매가 찾아와서는, 그녀가 나와 같은 날에 오십 살이 되며, 그래서 나와 악수하기 위해 왔다고 말했습니다. 그리고 그녀는 이런 말을 덧붙였습니다. "저는 그 점에서 당신과 같습니다. 하지만 저는 다른 점들에서는 당신과 아주 반대입니다." 내가 이렇게 대답했습니다. "그렇다면 당신은 훌륭한 여성임에 틀림없겠군요." "아니요," 그녀가 말했습니다. "제 말의 의미는 그런 것이 아닙니다." "하지만 당신은 신자가 아닙니까?" 그러자 다시 그녀가 말했습니다. "음, 저는…저는 신자가 되려고 노력합니다." 내가 그녀의 손을 잡고 말했습니다. "당신은 내 주 예수 그리스도를 믿으려고 노력해보겠다고 말하는 것은 아니지요? 그것은 참되신 그분에 대한 불신앙을 의미하기 때문입니다." 그녀를 꼭 붙잡은 채 나는 이 말을 덧붙였습니다. "당신의 어머니가 곁에 계실 때 당신은 그녀에게 '어머니, 저는 당신을 믿으려고 노력하겠습니다'라고 말하나요? 그렇지 않을 겁니다. 그녀의 존재가 참되기 때문에 당신은 그녀를 믿으려 할 것입니다. 그와 마찬가지로 당신은 예수 그리스도를 믿어야 합니다." 그녀가 대답했습니다. "목사님, 저를 위해 기도해 주세요." 내가 말했습니다. "아닙니다. 나는 그렇게 하고 싶지 않습니다. 내가 당신을 위해 무엇을 기도한단 말입니까? 만일 당신이 내 주님을 믿지 않으려 한다면, 그분이 당신에게 무슨 복을 주실 수 있을까요? 그분이 무엇을 행하시든 결국 당신은 '저는 그분을 믿을 수 없어요'라고 말하지 않겠습니까?" 그러자 그녀가 다시 대답했습니다. "저는 노력할 겁니다." 나는 그 말에 만족하지 않았고 마침내 그녀에게 이 말씀을 상기시켰습니다. "아들을 믿는 자에게는 영생이 있느니라"(요 3:36). 그리고 나는 그녀에게 부활하신 주님을 믿도록 힘주어 말했습니다. 성령께서 그녀로 하여금 믿을 수 있게 하셨고, 그리고 그녀는 소리쳤습니다. "목사님, 저는 지금까지 저의 느낌을 추구해왔습니다. 그것이 저의 잘못이었습니다."

나 역시 그녀가 그래왔다는 것을 의심치 않습니다. 그런데 많은 다른 사람들이 같은 일을 행하고 있습니다. 그들의 의심은 꺼져가는 심지에서 나는 불쾌한 연기와도 같습니다. 오, 의심하는 불쌍한 이들이여, 주 예수 그리스도를 믿으십시오! "나는 그분을 믿을 수 없어요"라고 말하는 것은 달리 말하면 그분이 거짓말쟁이라는 것입니다. 그러니 우리는 당신이 그렇게 말하는 것을 허용할 수 없습니다.

사랑하는 친구여, 만일 당신이 꺼져가는 등불 같다면, 당신 안에는 선한 무언가가 조금 있습니다. 하지만 슬프게도 그것이 너무나 적기 때문에 당신에게는 불쾌한 것이 상당히 많습니다. 하지만 주님은 당신을 끄지 않으십니다. 당신은 모든 종류의 두려움으로 가득합니다. 당신은 그림자를 두려워하고, 아무것도 아닌 것에 놀라 떱니다. 왜 이럴까요? 당신은 기뻐해야 할 때 괴로워하고, 그래야 할 하등의 이유가 없을 때에도 당신의 모든 가족을 슬프게 만듭니다. 주께서 당신을 구해주시길 바랍니다! 믿음에서 아주 높은 수준에 있는 이들이 당신을 위로하려고 애를 써 왔습니다. 그런데 그들이 당신을 끌어올리기는커녕 오히려 당신이 그들을 끌어 내렸습니다. 친구여, 나는 그 어느 때보다 온유하기를 원합니다. 내 본문이 내게 그렇게 되도록 명합니다. 나는 당신의 꺼져가는 등불을 끌 소화기를 가지고 있지 않습니다. 내 주님께서 이렇게 말씀하시기 때문입니다. "그는 꺼져가는 등불을 끄지 아니하리라."

나는 이런 상태에 대해서 한 가지를 더 추가해서 말해야겠습니다. 그것은 바로 이것입니다. 비록 꺼져가는 등불의 좋은 점이 너무나 미약하여 다른 사람들에게 거의 쓸모가 없고, 이따금씩은 매우 불쾌하여도, 그럼에도 불구하고 당신에게는 사탄이 평가하기에 매우 위험스러울 정도로 충분한 선이 있습니다. 사탄은 당신에게 약간의 불이 있는 것을 보고 싶어 하지 않습니다. 그것이 곧 화염이 될 것을 그가 두려워하기 때문입니다. 만일 여러분 중에 누구든 어떤 사람이 공공 건물 뒤편에서 막대기에 불을 붙이는 것을 본다면, 아마 여러분은 폭발을 두려워할지 모릅니다. 왜냐하면 그가 다이너마이트에 불을 붙이는 것일 수도 있기 때문입니다. 미미할 정도의 연기가 가장 용감한 사람들도 두려움으로 가득하게 만드는 때가 있습니다. 그러기에 우리는 이렇게 말할 수 있습니다.

> "가장 연약한 성도가 무릎 꿇는 것을 볼 때,
> 사탄은 두려움에 떤다네."

만일 여러분이 여러분의 죄로 인해 신음하는 소리를 사탄이 듣는다면, 그놈은 그 소리에 깜짝 놀랄 것입니다. 그놈은 말합니다. "오, 그들이 느끼기 시작했다. 그들이 슬퍼하기 시작했다. 그들이 갈망하기 시작했다. 그들이 기도하기 시작했다. 그러니 곧 그들은 나를 떠날 것이다." 건초더미들 중 어느 하나에서 조그만 연기가 피어오르는 것을 농부가 본다면, 그는 꺼져가는 등불쯤이야 아무것도 아니라는 식으로 결코 말하지 않을 것입니다. 오히려 그는 큰 화재를 막으려고 서둘 것입니다. 사랑하는 친구여, 그와 마찬가지로 그리스도께서 당신 속에 있는 적은 은혜를 보시고, 그것을 인정하십니다. 그분은 그것의 가능성을 아시기 때문입니다. 적은 믿음이 어떻게 강한 믿음으로 자랄 수 있는지, 어떻게 겨자씨 하나가 나무가 될 수 있는지, 그래서 공중의 새들이 그 가지들에 깃들일 수 있는지를 그분이 잘 아시기 때문입니다. 사탄 역시도 그로 인해 어떤 일이 생길 수 있는지를 압니다. 그래서 그는 할 수만 있다면 그것을 끄고자 합니다. 그러므로 우리는 여러분의 불꽃이 타오르는 화염이 되도록 격려합니다.

첫 번째 질문에 대한 답, 즉 이것이 어떤 상태를 의미하는가에 대한 답을 제시했습니다.

2. 영혼들이 언제 그런 상태에 처하는가?

두 번째 질문은, '영혼들이 언제 그런 상태에 처하는가?'입니다. 어떤 이들은 그들이 새롭게 구원받았을 때, 즉 심지에 불이 막 붙었을 때 그런 상태에 처합니다. 그런 사람들은 오늘 밤 교회 안으로 들어올 수 있으며, 나는 진심으로 그들을 환영합니다. 하지만 그들은 매우 최근에 켜진 불이기 때문에, 아마도 어떤 이들은 이렇게 말할 것입니다. "그들을 잠시 기다리게 합시다." 그런가요? 하지만 우리 주님은 새로 켜졌다는 이유로 연기를 내는 심지를 끄지 않으시며, 나 역시 마찬가지입니다. 어린 양들에게는 양 우리보다 더 좋은 장소가 달리 세상에 없습니다. 아기들에게는 그들 자신의 가정보다 더 좋은 장소가 없습니다. 어린 그리스도인들에게는 하나님의 교회보다 더 좋은 장소가 없습니다. 그러니 그들을 교회로 들어오게 합시다.

새롭게 회심했기 때문에, 그들은 많은 것들에 대해 낯섭니다. 아마도 여러분은 많은 것들을 발견했을 것입니다. 여러분은 전에 생각했던 것보다 여러분의 마음의 부패성을 더 많이 발견했을 것입니다. 여러분은 친구들을 만날 것이라고 기대한 곳에서 원수들을 만납니다. 이 모든 것이 여러분의 용기를 꺾기 쉽습니다. 하지만 실망하지 마십시오. 비록 여러분의 빛은 희미할지라도, 사랑이 많으신 예수님께서 그 꺼져가는 등불을 끄지 않으실 것입니다.

이따금씩 양초가 연기를 내는 것은 새롭게 켜졌기 때문이 아니라, 거의 꺼진 상태이기 때문에 그렇습니다. 나는 지금 일부 그리스도인들을 대상으로 말하고 있는데, 그들은 오래전에 은혜의 불로 점화되었지만, 지금은 거의 소멸될 때가 가까운 것처럼 느끼는 자들입니다. 하지만 그런 여러분도 꺼지지 않을 것입니다. 주께서 여러분을 끄지 않으실 것이며, 그분은 마귀가 여러분을 꺼버리는 것도 허용하지 않으실 것입니다. 그분은 여러분이 계속해서 타오르도록 지키실 것입니다. 하지만 당신은 말합니다. "오, 나는 심령이 너무 침체되어 있어요!" 예, 하나님의 최상의 종들 중에서 어떤 이들도 영혼의 슬픔을 가지고 있습니다. 엘리가 냉혹하게 꾸짖었던 한나를 기억하십시오. 하지만 그럼에도 불구하고 한나는 복을 받았습니다. 다윗은 이렇게 말해야 했습니다. "내 영혼아 네가 어찌하여 낙심하며 어찌하여 내 속에서 불안해하는가?"(시 42:5). 그럼에도 불구하고 그는 하나님의 마음에 합한 사람이었습니다. 아마도 당신은 건강하지 못하고, 어쩌면 당신의 신경을 심하게 짓누르는 질병을 안고 있으며, 그것 때문에 낙심하고 있을 것입니다. 그리고 그로 인해 은혜가 당신에게서 떠날 것이라고 생각합니다. 하지만 그렇지 않을 것입니다. 당신의 영적 생명은 인간적 본성에 의존하지 않습니다. 만약 그랬더라면 그것은 꺼지고 말았을 것입니다. 그 생명은 은혜에 의존하고 있으며, 은혜는 빛을 비추기를 결코 멈추지 않을 것이며, 마침내 당신을 영광 중에서 빛나게 할 것입니다. 그러므로 낙심하지 마십시오. 당신은 당신의 빛이 영원한 어둠 속으로 꺼질 것이라 생각하겠지만, 결코 그렇게 되지 않을 것입니다. 주 예수 그리스도께서 그 불꽃을 보존하실 것이기 때문입니다.

이따금씩 심지가 연기를 내는 것은 세속성이 그 불을 약하게 할 때입니다. 만약 여러분 중에서 어떠한 거룩한 기쁨도 맛보지 못한 이들이 있다면, 그것은 여러분이 세상에 마음을 크게 빼앗겼기 때문이며, 또한 세상을 너무 좋아하기 때문입니다. 하나님의 생명이 당신 안에 있지만, 그것은 질식되어 있습니다. 당신은 가을날 사람들이 정원에서 잡초를 태울 때의 불과도 같습니다. 불이 있습니다. 하지만 당신이 볼 수 있는 것은 온통 연기뿐입니다. 예, 당신은 이 세상의 일들로 인해 당신의 경건을 질식시킵니다. 그러니 연기가 나는 것도 이상한 일이 아니지요. 하지만 주님께서 그런 당신조차도 멸망하도록 허용치 않으시니 얼마나 큰 은혜인지요! 그분은 꺼져가는 불을, 비록 질식하여 가려져 있는 상태일지라도, 살아있도록 유지하십니다.

어떤 경우에 심지가 약하게 타는 이유는 아주 강한 바람이 그것을 향해 불기 때문입니다. 많은 남자와 여자들이 아주 격렬한 유혹의 희생자들이 됩니다. 그들이 살고 있는 장소가 그들에게는 하나의 시련이며, 그들의 타고난 체질이 그들에게 많은 유혹거리를 제공합니다. 그리하여 심지가 희미하게 타긴 하지만, 연기와 그을음을 냅니다. 우리는 그런 경우를 보고 놀라지 않습니다.

우리가 때때로 희미하게 되는 데에는 다른 많은 이유들이 있습니다. 하지만 그 이유들 중 어떤 것도 충분한 핑곗거리가 되진 못합니다. 만약 우리의 상태가 합당한 상태라면 항상 타오르면서 빛을 비추고 있을 것이며, 꺼져가는 등불처럼 되는 때는 없을 것입니다. 하지만 우리의 상태가 합당치 못한 상태일 때, 우리는 참된 기준에 미치지 못하며, 연약한 신자들이 되고 맙니다.

3. 예수님은 이런 상태에 있는 자들에게 어떤 일을 행하실까?

나는 한 가지 약속의 말씀으로 설교를 마치려 합니다. 예수님은 이런 상태에 있는 자들에게 어떤 일을 행하실까요? 그분은 꺼져가는 등불을 끄지 않을 것이라고 말씀하십니다. 이 말씀 속에 얼마나 큰 은혜가 있는지요! 예수 그리스도가 아니시라면 다른 누구라도 우리를 끄려 할 것입니다. 어떤 그리스도인들은 아무리 사랑이 많은 그리스도인 친구라도 감당하기가 매우 어려운 상태에 빠져듭니다. 즉 전혀 은혜와 양립될 수 없는 듯이 보이는 마음 상태로 떨어지는 것입니다. 그래서 여러분의 친구는 여러분을 잃은 자처럼 여깁니다. 하지만 예수 그리스도는 그렇게 하지 않으신다고 말씀하십니다.

먼저, 그분은 여러분에 대해서 율법적인 판결을 선언하심으로써 여러분을 *끄지* 않으실 것입니다. 그분은 이런 식으로 말씀하시지 않을 것입니다. "너는 내 율법을 어겼다. 그러니 나는 너와의 관계를 끝내겠다." 설혹 그분이 그렇게 말씀하신다 해도, 우리는 이런 대답을 아뢸 수 있습니다. "주의 종에게 심판을 행하지 마소서 주의 눈 앞에는 의로운 인생이 하나도 없나이다"(시 143:2). 만약 주께서 하고자 하신다면, 그분은 우리 모두를 꺼버리실 수 있습니다. 몇몇 약하고 떠는 자들만이 아니라, 우리 중에서 가장 강한 자들도 궁지에 몰릴 수밖에 없습니다. 하지만 주 예수 그리스도께서는 심판하기 위해서가 아니라 구원하기 위해 오셨습니다.

사랑하는 친구여, 그분은 높은 경험상의 기준을 제시하심으로써 당신을 *끄지* 않으실 것입니다. 어떤 심오하다는 신학자들은 이렇게 말할 것입니다. "당신은 이런 것을 많이 느꼈어야 하고, 또 다른 것을 크게 느꼈어야 합니다. 그렇지 않다면 당신은 하나님의 자녀가 될 수 없습니다." 누가 그 '훌륭한' 사람에게 그렇게 말했던가요? 누가 그를 재판장으로 삼았던가요? 주 예수 그리스도께서는 약하고 희미한 소원을 *끄지* 않으시며, 자기 종들의 떨리는 믿음도 *끄지* 않으십니다. 비록 그들의 경험이 하나님의 자녀들의 마땅한 수준에 훨씬 미치지 못하더라도 말입니다.

사랑하는 친구여, 그분은 높은 지식 수준에 의해 당신을 판단하지 않으실 것입니다. 나는 이런 식으로 생각하는 사람들을 압니다. "만약 그 회심자가 교리면에서 더 나은 가르침을 받지 못하면, 그는 하나님의 자녀가 아니다." 주님의 자녀들 중에는 머리가 아주 이상한 상태에 있는 자들이 더러 있습니다. 만약 주께서 먼저 그들의 마음을 바르게 하신다면, 나중에 그분이 그들의 머리도 바르게 하십니다. 하지만 만약 당신이나 내가 어떤 사람이 앞서간 성도들이 알았던 모든 것을 알지 못한다는 이유로 그를 하나님의 자녀가 아니라고 말한다면, 그것은 매우 악한 짓입니다. 자녀를 둔 어머니들이여, 나는 아직 읽거나 쓰지 못하는 여러분의 어린아이도 여러분의 품에 안길 것이라 확신하며, 학교에서 우등상을 탄 다른 용감한 자녀와 마찬가지로 여러분의 애정의 대상이라고 확신합니다. 여러분은 이런 식으로 말하지 않을 것입니다. "나는 그 작은 아이가 아직 어른이 되지 못하였으므로 그를 사랑하지 않을 것이다." 혹은 "나는 내 어린 딸이 아직 여성답게 자라지 못했으므로 그 아이를 사랑하지 않을 것이다." 오, 그렇지 않습니다! 주님은 소자들을 사랑하십니다. 만약 당신이 "한 가지 아는 것은 내가 맹인으로 있다가 지금 보는 그것입니다"(요 9:25)라고 말할 수 있다면, 당신은 하나님께 대해 깨달은 자입니다. 만약 당신이 이 두 가지를 안다면—당신이 죄인인 것과, 그리스도께서 구주이신 것—당신은 천국으로 가기에 충분한 학자입니다.

또한 주 예수 그리스도께서는 여러분의 은혜를 측정하는 하나의 기준을 세움으로써 여러분을 끄지 않으실 것입니다. "믿음이 아주 크므로 너는 구원을 받았고, 믿음이 너무 적으므로 너는 잃은 자이다"가 아닙니다. 오, 그렇지 않습니다. 비록 당신이 겨자씨 한 알 같은 믿음을 가지고 있어도 그것이 당신을 구원할 것입니다. 당신이 그리스도를 믿는다면, 당신은 구원을 받습니다. 손가락으로 그리스도의 옷자락을 만지고서 떨면서 뒤로 물러났던 저 여인은, 아무리 그 접촉이 대수롭지 않았어도, 진실로 치유를 받았습니다. 구주를 그 팔에 안고서 "주재여 이제는 종을 평안히 놓아 주시는도다"(눅 2:29)라고 말했던 시므온조차도, 뒤로 다가와서 주님의 옷자락을 만졌던 저 가련한 여인의 믿음보다 더 확실한 구원의 믿음을 가졌다고 말할 수 없습니다.

소자들이여, 떠는 자들이여, 오십시오! 두려워하지 마십시오! 예수님은 이상의 어떤 수단으로도 여러분을 끄지 않으실 것입니다. 그분이 여러분에게 어떤 일을 하실지 말하겠습니다. 즉, 그분은 여러분을 끄지 않으실 것이며, 오히려 여러분을 보호하실 것입니다. 그분은 여러분의 작은 불꽃이 큰 불로 타오르기까지 부드러운 사랑의 숨결을 여러분에게 불어넣으실 것입니다. 여러분 젊은이들은 45년 전 우리들 중 일부가 겪었던 어려움이 무엇인지 모를 것입니다. 당시 우리는 아침에 일어나 오래된 방식으로 불을 지펴야 했습니다. 우리는 부싯돌 하나와 강철 조각 하나를 가지고, 부싯깃 속에 작은 불꽃이 일어날 때까지 지치도록 그것들을 서로 부딪쳐야 했습니다. 오, 아주 작은 불씨가 생기면, 그 때 우리는 부드럽게 입김을 불어서 불이 붙도록 했습니다! 춥고 으스스한 아침에, 손가락이 다 얼어붙을 때, 우리가 불씨 하나를 얼마나 귀하게 여겼는지 모릅니다! 우리는 불씨를 부싯깃 위에 그냥 올려둠으로써 꺼뜨리는 일이 없도록 애썼으며, 가능한 한 불이 붙도록 하기 위해 애를 썼습니다.

주 예수 그리스도는 그분의 온화한 영으로 여러분에게 부드럽게 바람이 불도록 하십니다. 그분은 여러분의 생각 속에서 아주 크고 귀한 약속들이 떠오르게 하십니다. 그분은 여러분에게 친절한 친구들을 데려 오시고, 그들은 여러분을 위로하기 위해 그들의 경험을 들려줄 것입니다. 내 사랑하는 형제여, 나는 머지않아 당신이 힘 있고 용감한 기도를 하는 것을 들어도 놀라지 않을 것입니다. 조만간 당신이 앞으로 나와서 공적인 신앙 고백을 한다고 해도 놀라지 않을 것입니다. 만약 당신이 이미 그렇게 했다면, 나는 당신이 그것을 귀중하게 여기고 더욱 강해질 것이라고 믿습니다. 언젠가 우리는 이렇게 말할 것입니다. "그리스도를 위한 저 용감한 증인은 누구인가? 거기 불타오르며 환히 비추는 빛은 누구인가?" 그는 한때 꺼져가는 등불과 같았던 바로 그 사람입니다.

나는 내 두 아들들이 생일을 맞을 때면 그들의 초상화를 그리게 했습니다. 첫 번째 생일부터 시작하여 그들의 스물한 번째 생일 때까지 그렇게 했습니다. 첫해에는 그 작은 아이들이 앉아 있었습니다. 그 둘은 하나의 유모차에 있었습니다. 스물한 번째가 되었을 때에 그들은 그런 것들을 버렸습니다. 장성한 어른이기 때문입니다. 하지만 나는 그들이 아기였을 때부터 시작하여, 어린 소년들이 되고, 그 다음에는 청소년, 그리고 다음에는 청년들이 되는 과정을 머릿속에 그릴 수 있습니다. 만약 그들이 스물한 살이 되기까지 유모차에 실려 다니는 것을 본다면 나는 즐겁지 않을 것입니다. 그럴 경우, 나는 스스로를 아주 불행한 아버지라고 여길 것입니다.

그와 마찬가지로 나는 여러분들 중에서 어느 누구도 영적인 유아 상태에 머물러 있지 않기를 바랍니다. 우리는 여러분이 그리스도 예수 안에서 장성한 분량까지 자라는 것을 보기 원합니다. 생명은 귀한 것이지만, 우리는 그 생명의 성장을 고대합니다. 하나의 불씨도 불입니다. 하지만 우리는 타오르는 불을 기대합니다. 은혜는 값지지만, 우리는 그것이 날마다 완전을 향해 나아가면서 더욱 증대되는 것을 보기 원합니다. 일상의 작은 일들을 멸시하지 마십시오. 하지만 이런 것보다 더 큰 일들을 향해 나가십시오. 위안을 누리되, 스스로 만족하지는 마십시오. 안식하되, 게으르지는 마십시오.

주의 식탁이 펼쳐졌습니다. 그것은 어른들만을 위한 연회가 아니라, 은혜 안에서 아기들도 위한 것입니다. 주를 사랑하는 당신은 이리로 오십시오. 그리고 그분을 신뢰하는 당신도 오십시오. 당신의 믿음이 아무리 연약해도 오십시오. 당신의 용기가 아무리 약할지라도, 오십시오, 환영합니다! 내 주님의 만찬은 거인들만을 위한 것이 아니며, 유아들을 위한 것이기도 합니다. 펼쳐진 요리는 질긴 고기가 아니며, 빵과 포도주입니다. 어리고 약한 자들에게는 적절한 음식이지요. 진실하면서도 약하여 떠는 자들이여, 여러분 스스로를 살피십시오. 하지만 자기를 살피는 것으로 인해 끝내 식탁에서 떨어진 채로 머물지 마십시오. 성경이 무어라고 말씀하는지 유의하십시오. “사람이 자기를 살피고, 그 후에 이 떡을 먹을지니”(고전 11:28). 그로 하여금 먹는 것을 금하지 마십시오. 저기 그분의 은혜를 소망하는 당신이여, 당신의 주님께서 그분의 사랑의 연회에 당신을 초대하십니다! 당신은 올 수 있습니다. 환영합니다. 당신이 믿음으로 그리스도께 왔다면, 그분의 만찬에도 오십시오. 그리고 오늘 밤 그분을 기념하십시오.

예수님을 위하여, 하나님께서 당신에게 복을 주시기 바랍니다. 아멘.

제
38
장

쇠하지 않는 그리스도의 일

"그는 쇠하지 아니하며 낙담하지 아니하고 세상에 정의를 세우기에 이르리니 섬들이 그 교훈을 앙망하리라."—사 42:4

앞의 41장 마지막 몇 구절들은 사람으로부터 말미암는 소망이란 완전한 실패임을 나타냅니다. 하나님께서 보시고 말씀하셨습니다. "내가 본즉 한 사람도 없으며 내가 물어도 그들 가운데 한 말도 대답할 조언자가 없도다"(사 41:28). 그런 일이 인간의 역사에 얼마나 자주 있는지요. 인간이 인간에게서 리더십과 도움을 찾다가 실패합니다! 이따금씩 위대한 사람들이 등장하면, 사람들은 그들을 우상으로 삼으려 하고, 육체의 팔을 의지하려는 경향이 있습니다. 그들이 죽은 후에, 그들의 동료들은 교회에서든 세상에서든 다시 맹목적으로 좋아하고 따라갈 위인들을 찾습니다. 하지만 그런 시도가 허사인 경우가 다반사입니다. 그들이 지도자로 선출할 만한 사람들이 아무도 나타나지 않습니다. 지금은 어느 한 분야에서만 그런 것이 아니라 여러 분야에서 그렇다고 생각합니다. 위기에 대처할 사람을 여러분은 어디에서 찾겠습니까? 물론 어떻게 해서든, 하나님의 섭리 안에서, 모든 시기와 때에 맞추어 그런 사람이 나타날 것입니다. 하지만 우리의 소망이 사람에게만 고정되어 있다면, 우리는 바로 이러한 때에 몹시 견디기 어렵다고 느낄 것입니다.

설교 본문으로 선정한 한 구절을 설명하면서, 나는 전체 문맥을 살펴보아야 할 것입니다. 그러므로 성경을 펼치고서 저를 따라와 주십시오. 그리고 이 장에서 처음 나오는 단어인 "보라"(behold, KJV, 1절)는 말씀에 순종하십시오.

우리는 모든 때에 하나님의 아들을 보라는 명령을 듣습니다. 묵상과 바라봄의 대상으로서 그분이 적절하지 않을 때는 없습니다. "하나님의 어린 양을 보라"는 모든 세대에서 중요한 규칙이며, 1월 첫 날부터 12월 마지막 날까지 유효합니다. 하지만 특히 먹구름이 낀 어두운 날들에 우리는 그분을 바라보아야 합니다. 여러분이 오래도록 찾아보아도 어떤 사람이나 조언자를 구하지 못했을 때, 그 때 이 교훈의 말씀은 아주 강력한 힘을 가집니다. "내가 붙드는 나의 종, 내 마음에 기뻐하는 자 곧 내가 택한 사람을 보라"(1절). 다른 모든 구원자들이 실패했을 때, 하나님이 세우신 그 구원자를 보십시오. 다른 모든 일들이 더욱 암울해졌을 때, 더욱 간절히 그분의 나타나심을 고대하십시오. 그분의 나타나심은 구름 없는 아침과도 같습니다. 밑에 있는 불빛들이 희미해졌을 때, 위에 있는 등불을 바라보십시오.

우리의 큰 위로는 주 예수 그리스도께서 언제나 보이신다는 것입니다. 그분은 항상 살아서 항상 자기 백성을 위해 일하십니다. 우리는 그분을 바라볼 때 단지 오래전에 나타나셨던 분으로서가 아니라, 여전히 살아계신 분으로서 바라보아야 합니다. 그분은 전투가 최고조에 달했을 때 죽으셨지만, 승리를 확보하기 위해 다시 살아나셨습니다. 우리는 더 밝은 미래의 소망을 죽으신 구주에게서 발견하는 것이 아닙니다. 미래의 세상과 하나님의 은혜로우신 목적의 성취에 대한 우리의 소망은 영원히 사시는 분에게 달려 있습니다. 그분은 지금 유리한 장소를 점하고 계시며, 하나님 우편에서 그분의 일과 전투를 수행하고 계십니다. 본문은 말합니다. "나의 종을 보라." 무엇과도 비길 데 없으신 그 하나님의 종을 우리가 육체적 감각의 눈으로 보는 것이 아닙니다. 그런 것은 거의 소용이 없습니다. 왜냐하면 사람이 그런 식으로 그분을 바라보았을 때 그분을 십자가에 못 박았기 때문입니다. 오직 그분은 믿음의 눈으로만 볼 수 있습니다. 이것이 고귀한 시력입니다. 그런 방식으로 그분을 바라보는 자들은 빛을 얻을 것이며, 그들의 얼굴은 수치를 당하지 않을 것입니다.

사랑하는 형제들이여, 설교를 시작하면서, 나는 여러분이 영원히 살아서 일하고 계시는 예수 그리스도를 바라보라고 호소합니다. 만일 여러분이 이 우울한 시대를 바라보면서 여러분의 영혼을 일으켜줄 만한 어떤 것도 찾을 수 없음으로 인해 근심되고 초조하다면, 더 이상 여러분의 주변을 바라볼 것이 아니라 위를 쳐다보라고 촉구합니다! 그곳에 그분이 하나님 아버지 우편에 앉아 계십니다. 그분이 곧 하나님이 지명하신 사람(Man)이며, 영광스럽게 선택된 구원자이십니다. 그분을 바라보십시오. 그러면 여러분의 두려움과 슬픔이 떠나갈 것입니다.

본문은 우리 주님과 관련하여 "그는 쇠하지 아니하며 낙담하지 아니하리라"고 선언합니다. 이 말씀은 우리로 하여금 예수 그리스도께서 착수하신 일이 무엇인지 숙고하도록 이끌어줍니다. 그 일에서 그분은 실패하지도 않고 낙담하지도 않으실 것입니다. 이 본문은 다음과 같은 방식으로 우리에게 방향을 제시합니다. 본문은 그분이 "세상에 정의를 세우기" 위해 오신 것을 말하고, 또한 "섬들이 그의 교훈을 앙망할" 것이라고 말합니다. 세상은 그릇된 통치와 죄에서 구원을 받을 것이며, 사람들은 그분의 교훈과 지도를 따르게 될 것입니다. 그것을 의심하는 자들이 더러 있지만, 그럼에도 나는 우리가 조금 전에 불렀던 이 노래의 가사를 믿습니다.

> "태양이 멈추지 않고 여행을 하는 곳마다
> 예수께서 다스리시니,
> 달이 차고 기울기를 멈출 때까지
> 그분의 왕국은 바다 건너 땅 끝까지 뻗어나가리."

우리 주님은 자기의 택하신 백성을 구원하시기 위해 오셨으며, 그리고 그분은 그들 모두를 구원하실 것입니다. 그분이 보증인이 되시고 대속자가 되어주신 자들 중에서 어떤 영혼도 버려지지 않을 것입니다. 양들은 다시 그분의 품으로 돌아와, 영원히 그곳에 머물 것입니다. "그는 쇠하지 아니하며 낙담하지 아니하리라." 그분은 자기 영혼의 수고한 것을 보고 만족하게 여길 것입니다(참조. 사 53:11).

주님의 재림에 대해서, 우리는 그 일이 언제 있을지 알지 못합니다. 그분이 오실 때까지 세상은 갈수록 어두워지지 않을까요? 아마도 그럴 것입니다. 그것을 가리킨다고 간주될 수 있는 성경의 구절들과 시대의 징조들이 있습니다. 다른 한편으로는, 그분이 다시 나타나 완전한 날을 가져오실 때까지 세상은 점점 더 밝아질까요? 복음 전파를 통해 무수한 사람들이 회심하게 되고, 모든 열방이 구원을 얻을 때가 있을까요? 저는 모르겠습니다. 그렇게 전망하는 듯이 보이는 성경의 본문들도 있습니다. 그리고 많은 용감한 일꾼들이 그렇게 소망하고 있습니다.

매우 특이하게도 아직 성취되지 않은 예언을 상세히 묘사할 수 있는 형제들이 있습니다. 하지만 나로서는 그렇게 할 수 없는 나의 무능을 고백합니다. 그들은 제도(製圖) 기구 상자를 구입합니다. 그들은 컴퍼스의 한쪽 다리를 고정시키고, 여기저기에 원을 그리며, 그 후에는 두세 개의 선을 긋고는 합니다. 여러분은 아주 분명하게 이해할 수 있지 않습니까? 그런데 나는 도해(圖解)들에는 넌더리가 납니다. 나는 또 하나의 기하학 책을 낼 정도로 그것들을 충분히 살펴보았습니다. 내가 받은 인상은 그런 식의 해석과 설명에서 배울 것이 거의 없다는 것입니다. 나는 크고 분명하게 규정된 사건들을 제외하고는, 어느 누구라도 미래의 어떤 일에 대해서 절대적으로 확신할 수 있을 만큼 도표로 설명할 수는 없다고 생각합니다. 주께서 오실 것은 확실하며, 또한 그분은 대부분의 사람들이 예상하지 않은 때에 오실 것임이 분명합니다. 그래서 그분의 오심은 그분의 교회에 속한 많은 사람들에게도 놀랄 만한 일이 될 것임이 분명합니다. 그분은 내가 여러분에게 말씀을 전하고 있는 바로 이 때에도 오실 수 있으며, 또한 그분의 뜻이라면, 많은 세기를 지날 때까지 오심을 늦추실 수도 있습니다. 내 말이 이상하게 들릴지 모르지만, 설혹 우리 주님이 오랜 세월이 지나기까지 오시지 않는다 해도, 우리가 이런 식으로 말하는 것은 정당화되지 않습니다. "내 주님은 그분의 오심을 연기하셨다." 성경의 어떤 예언이 파기되었다고 말하는 것 역시 마찬가지입니다.

더 나아가, 지상에서 진리와 의가 승리하고, 우상들이 파괴되며, 전쟁이 중단되고, 위대하신 여호와께서 "온 땅의 하나님"(사 54:5)이라 일컬음 받으실 날이 있음은 분명해 보입니다. 그분의 재림 전이든 후이든—나는 오늘 아침에 그 문제를 다루지 않겠습니다—이 오염된 지구는 정결하게 될 것입니다. 우리가 살고 있는 이 둥근 행성이 오늘은 죄로 인해 캄캄해졌지만, 마치 신생의 태양이 창조주의 손에서 처음 나왔을 때 그 순수한 빛을 비추었을 때처럼, 다시 환하게 빛을 발할 것입니다. 주께서 모든 인류를 다스리실 것이며, 평화와 안식과 거룩함이 그분의 복된 통치의 열매가 될 것입니다. 주 예수님은 만유를 그에게 복종케 하실 때까지, 지금 세상에서 폭정을 행하는 모든 영적인 악을 짓밟으실 때까지, 쉬지 않으실 것입니다.

우리 주님께서 그렇게 하시기로 결심하셨다는 것을 더 상세히 설명할 필요는 없을 것입니다. 내가 말해야 할 것은 이것입니다. 즉 그분이 착수하신 것이 무엇이든, 그분은 그 일을 실행하실 것입니다. 그분이 받으신 임무가 무엇이든, 그분은 완수하실 것입니다. 그분은 자기 일을 끝내실 때까지 "쇠하지 아니하며 낙담하지 아니할" 것입니다. 형제들이여, 우리는 때때로 의심할 때가 있습니다. 우리는 묻습니다. "문제는 없는가? 일이 진척되고 있는 것인가?" 모든 문제들 위에 계시고, 천국의 고상한 정치의 지도자이시며, 그 어깨 위에 하나님의 정사와 인간의 구원의 문제를 짊어지고 계신 저 위대하신 분을 보십시오! 그분을 보고, 위로를 얻으십시오. 여러분과 나는 실패할 수 있습니다. 물론 그렇게 된다면 우리에게 수치이겠지요! 우리는 낙담할 수 있습니다. 그렇게 된다면 그것은 우리의 죄일 것입니다. 하지만 그분은 쇠하지도 낙담하지도 않으실 것이며, 마침내 은혜의 약속의 모든 부분을 이행하실 것이며, 영원한 사랑의 목적의 아주 작은 부분까지도 완전히 성취하실 것입니다.

나는 주 예수 그리스도의 최종적인 견인(堅忍)을 믿습니다. 나는 모든 성도 개개인의 최종적인 견인을 믿습니다. 더 나아가, 나는 한 몸으로서 성도들의 최종적인 견인을 믿습니다. 하나님의 교회는 살 것이며, 자기 일을 완수할 때까지 계속해서 일할 것입니다. "음부의 권세가 이기지 못하리라"(마 16:18). 하지만 내 생각에는 하나님의 그리스도의 최종적인 견인이 훨씬 더 고상하게 보입니다. 만약 그분이 자기 임무를 내려놓으시고 그것이 불가능하다고 말씀하신다면, 그 날은 우리에게 저주의 날입니다! 만일 그분이 그분의 고상한 일에 등을 돌리시면서, "나는 이 반역적인 인간들을 더 이상 구원하지 않을 것이다. 나는 빛을 깨닫지 못하는 어둠에 더 이상 빛을 비추지 않을 것이다. 나는 그토록 미친 듯이 나를 반대하는 인간들을 위한 임무를 그만둘 것이다"라고 말씀하신다면, 그 때 인간의 언어에서 희망이라는 단어가 사라지는 것입니다. 하지만 이 본문의 약속이 진실로 견고히 서 있기에, 희망의 문이 열려 있습니다. 우리는 쇠하거나 낙망할 필요가 없습니다. 그분이 그러지 않으실 것이기 때문입니다.

오늘 아침 나는 하나님의 영이 여러분에게 거룩한 전쟁을 위한 새로운 용기의 불을 지펴주시길 소망하며 말씀을 전할 것입니다. 먼저, 이 진리를 숙고하고 믿읍시다. 그 다음에는, 이 진리를 믿고 즐거워합시다.

1. 이 진리를 숙고하고 믿으라.

이제 이 문제를 신중히 생각해보시겠습니까? 우리 주 예수 그리스도께서 착수하신 일은 매우 놀라운 일임에 틀림없습니다. 단 한 영혼의 구원일지라도 그 일은 기적을 수반합니다. 인류의 수많은 영혼들을 구원하는 일, 그것은 산더미처럼 쌓인 기적들이라고 하지 않으면 달리 무어라고 부르겠습니까? 밤의 열 배나 될 정도로 인류에게 짙게 드리운 어둠을 제거하는 일, 그것이 얼마나 성스러운 수고인지요! 인간과 하나님 사이에 존재하는 적대감을 종식하고, 인간을 그의 조물주와 화해시키는 일, 이는 얼마나 놀라운 계획인지요! 부패성의 속박에서 이 세상을 속량하고, 진리와 거룩함의 나라를 세우는 일, 이는 얼마나 큰 일인지요! 그렇게 놀라운 일을 예수님께서 착수하셨으며, 그 일들을 그분이 성취하실 것입니다. 그분은 영원한 승리의 왕국의 기초를 놓기 위해 죽으셨고, 지금 살아계시어 그 왕국의 지배권이 확립되도록 하시며, 모든 민족들로 하여금 그 나라로 흘러들게 하십니다.

사랑하는 이여, 나는 그분이 착수하신 일의 광대함을 미처 다 상상할 수 없고, 더구나 말로는 더욱더 표현하기가 어렵습니다. 동료 인간들을 사랑하는 여러분 중에는 단 한 영혼을 구원하는 일에도 무력함을 느끼며 슬퍼하는 이들이 있습니다. 우리의 동료 주민들을 대하는 것도 얼마나 어려운 일인지요! 그들의 가난과, 그들의 무지와, 그들의 불행과, 그들의 죄로 인해 우리는 얼마나 좌절을 겪는지요! 여러분은 단지 한 가지의 악, 예를 들어 술 취함이라는 한 가지 문제와 싸우기만 해도, 그것이 얼마나 이기기 어려운 괴물인지 느낄 것입니다. 이 도시의 사회적 부정에 대해 한순간만 생각해보십시오. 그러면 여러분은 그것을 생각하면서 마음에 병이 들고 말 것입니다. 자, 주 예수 그리스도는 이 '아우게이아스 왕의 외양간'(Augean stable, 그리스 신화에 등장하는 내용으로, 너무나 불결하여 깨끗이 치우는 일이 불가능해 보임— 역주)을 치우기 위해 오셨으니, 그분이 그것을 깨끗이 치우실 것입니다. 생명의 강물이 지구상의 가장 더러운 부분으로 흐를 것이며, 마침내 사해(死海)에 비교될 만한 그 더러운 지역들이 깨끗함을 되찾을 것입니다.

문제가 우리를 비틀거리게 합니다. 악의 체제는 실로 어마어마합니다. 인류에 대한 악의 지배력은 가공스럽습니다. 인간은 고질적인 죄인입니다. 당신은 그의 반역 병을 치료할 수 없습니다. 그는 절망스러울 정도로 악행에 고착되었습니다. 심지어 그의 죄의 결과가 그에게 상처를 입히고 그를 고통스럽게 해도, 그는 여전히 죄로 되돌아갑니다. 설혹 여러분이 그에게 어떤 한 가지 일이 올바르고 적절하다는 것을 제시할 수 있어도, 그렇다고 해서 그가 그것을 사랑하지는 않습니다. 저주받은 논리를 활용함으로써 그는 어둠을 빛이라, 빛을 어둠이라 주장하며, 그런 식으로 자기의 양심을 마비시키고, 자기 마음을 완고하게 합니다. 혹 그가 받을 심판을 확신시킨다고 해도, 여러분은 그의 애정을 얻지 못하며, 그의 의지를 움직일 수 없고, 그의 마음을 복종시키지 못합니다. 전능자 외에는 그 어떤 것도 단 한 영혼을 구하지 못합니다. 열방들을 주님께로 달려오게 만드는 것은 강력한 능력임에 틀림없습니다! 광야에 사는 자들이 그분 앞에 엎드리고, 그분의 원수들은 진토를 핥을 것입니다. 이 얼마나 대단한 정복인지요! 어떻게 에티오피아가 그분에게 손을 내밀겠습니까? 그 거주민들의 마음은 그들의 얼굴색과 마찬가지로 얼마나 검은지요! 거짓 철학으로 오도된 중국이나 인도가 어떻게 진리를 얻도록 인도되겠습니까? 선생들이여, 이 큰 산을 바라보고, 그 크기를 과소평가하지 마십시오. 그리고 그것이 우리의 스룹바벨 앞에서 평지가 되고 말 것임을 기억하십시오(참조. 슥 4:7). 다니엘이 언급했던 그 돌, 사람의 손을 대지 않고서 산에서 떼어져 나온 그 돌이 거대한 우상을 쳐서 부술 것이며, 때가 되매 그 돌은 태산을 이루어 온 세계에 가득할 것입니다(참조. 단 2장). 밤의 환상에서, 그 동일한 선지자는 인자의 통치와 영광과 나라를 보았으며, 모든 백성이 그분을 섬기는 것을 보았습니다(단 7:13). 틀림없이 그렇게 될 것입니다. 하지만 그 일은 얼마나 위대한지요!

지금은 우리 주 예수님께서 주로 교회를 통해서 일하시기 때문에 그 임무가 더욱 힘겹게 되었습니다. 교회는 그분의 목적을 성취하기에는 빈약하고 결점이 많은 도구입니다. 나는 때때로 세상과 관련해서보다는 교회와 관련해서 더 많은 어려움들이 있다고 생각합니다. 교회는 자주 세속적이 되며, 믿음을 잃고, 무기력하고, 덧붙이자면 인정머리 없는 모습이 되기 때문입니다. 이따금씩 교회는 잃어버리고 멸망하는 영혼들을 위해 따뜻한 동정심을 거의 결핍한 것처럼 보입니다. 내 말이 지나친가요? 교회는 마치 보름달처럼 한때는 빛을 받아서 반사합니다. 그래서 여러분은 교회가 사람들을 비추는 것에 대해 희망을 갖습니다. 하지만 곧 그 달은 기울어 단지 빛의 흔적인 고리만 남고, 매우 희미하게 됩니다. 교회는 진리에서 쇠퇴하여, 자기에게 맡겨진 영광스러운 복음을 망각하고는, 사람의 썩은 철학들을 추구합니다. 오순절 이후로 교회가 인간의 지혜를 추구하느라고 곁길로 벗어났다가, 한참 후에야 고통스럽게 첫 신앙으로 되돌아오곤 하던 때가 얼마나 많았습니까? 지금 이 순간에도 그런 식의 방황은 계속되고 있으며, 이것이 주님의 일을 방해합니다. 만약 한 사람이 어떤 일을 해야 한다면, 그는 이렇게 말할 것입니다. "하여간 내게 좋은 연장을 주시오. 내가 무언가를 쳐서 깨뜨려야 한다면, 부러진 망치를 주어 나를 괴롭게 하지 마십시오. 내가 무언가를 써야 한다면, 내 손을 방해하지 않을 펜을 주십시오." 하지만 오호라! 교회는 그 주인의 목적에 너무나 자주 거짓되며, 그분의 진리에 너무나 자주 불충합니다.

하지만 형제들이여, 주님께서는 이와 같은 수단들을 가지고서도 그분의 일을 충분히 수행하시고, 그분이 기뻐하시는 목적들을 성취하실 것입니다. 그분은 쇠하거나 낙담하지 않으실 것입니다. 모든 그리스도인들이 미지근하게 되고, 전체 교회가 라오디게아 교회처럼 메스꺼움을 일으킬 정도여도, 주 예수님은 쇠하지도 아니하며 낙담하지도 않으실 것입니다. 제자들은 잠들어도, 위대하신 구주께서는 사람들을 위하여 사투를 벌이십니다. 이 부대 혹은 저 부대가 동요하여도, 싸움의 한복판에서 군기를 붙드신 그분은 결코 요동치 않으십니다. 그분은 한 발짝도 물러서지 않고 적군들에 맞서십니다. 오, 사랑스러운 주님께서 수만의 군사들 가운데에서 기수(旗手)가 되십니다! 비록 여러분이 제자들을 인하여서는 슬퍼하여도, 그들의 주님을 인하여서는 기뻐하십시오. 그들은 용기를 잃고 도망치겠지만, "그는 쇠하지 아니하고 낙담하지 아니할" 것입니다.

여러분이 이 큰 진리를 믿도록 돕기 위해, 나는 여러분에게 이 모든 일을 착수하신 그분이 누구신지에 주목하라고 호소합니다. 이 장의 시작 부분을 읽어보십시오. "내가 붙드는 나의 종, 내 마음에 기뻐하는 자 곧 내가 택한 사람을 보라"(1절). 이렇게 언급되는 분이 곧 쇠하지도 아니하며 낙담하지도 않는 그분이라고 나는 확신합니다.

먼저, 그분은 하나님의 특별한 종입니다. 하나님께는 많은 종들이 있습니다. 하지만 그리스도는 다른 모든 종들보다 뛰어나 하나님께서 "나의 종"이라고 부르시는 분입니다. 그분은 다른 모든 아들을 훨씬 능가하는 아들(Son)이시며, 같은 의미에서 그분은 다른 모든 종들을 훨씬 능가하는 종(Servant)이십니다. 그분은 "자기를 비워 종의 형체를 가지사 사람들과 같이 되셨고, 죄 있는 육신의 모양으로" 오셨습니다(빌 2:7; 롬 8:3). 그분은 우리들 중 누구라도 감히 그렇게 되기를 바랄 수 없을 정도로 높고 놀라운 의미에서 하나님의 종이십니다. 그분은 아버지의 모든 뜻을 행하십니다. 만약 만유의 주이신 그분이 종이 되셨다면, 그분이 그분의 일을 성취하실 거라고 생각하지 않습니까? 만약 하늘과 땅을 지으신 그분이 그 영광을 버리고 우리와 같이 열등한 육신의 모양으로 오셨다면, 그분이 이렇게 함으로써 이루고자 하셨던 그 목적에서 실패하실까요? 하나님의 성육신이 실패일 수 있을까요? 인간 중에 거하신 하나님의 아들의 삶이 패배로 끝날 수 있을까요? 여러분의 마음이 즉각적인 대답을 제시합니다. 하나님의 종은 그분의 일을 이루실 것입니다!

그 다음에, 위대하신 하나님이 그분에 대해 "내가 붙드는 나의 종"이라고 말씀하십니다. 만약 하나님이 그분을 붙드신다면, 그분이 어떻게 실패할 수 있을까요? 하나님은 자기의 모든 백성을 붙드시지만, 다른 모든 이들을 넘어 특별히 하나님은 친히 택하신 아들이자 종인 그분을 붙들고 계십니다. 그러니 그분이 실패할 수 있을까요? 하나님의 능력이 지속적으로 그분에게 흘러들어가 그분 안에 거하는데, 그분이 실패하거나 낙망하는 일이 가능할까요? 본문을 "내가 기대는 나의 종을 보라"고 읽을 수도 있습니다. 이는 어느 위대한 동양의 군주가 친애하는 신하에게 기대는 것에 대한 묘사입니다. 그 군주는 그 신하를 그 지위에 둠으로써 그를 영예롭게 하는 것이며, 그렇게 함으로써 왕의 일들을 그에게 위임함을 나타내고, 또한 그를 왕의 오른팔로 즉 왕국의 기둥으로 여김을 보여주는 것입니다. 그렇습니다. 경외심을 가지고 표현하건대, 우리는 아버지 하나님께서 예수 그리스도에게 기대신다고 말할 수 있습니다. 하나님 아버지는 그분의 영예와 영광을 성육하신 하나님의 위격(Person)에게 맡기십니다. 그래서 그분은 그리스도 예수 안에서 하나님으로 우리 앞에 오시며, 그 중보자를 통해 그분의 영광을 나타내시고, 그분의 주권적인 능력을 그분이 만유의 상속자로 세우신 아들에게 부여하시는 것입니다. 그처럼 영화롭게 되신 분이 실패하실 수 있겠습니까? 아버지께서 그분의 은혜의 왕국을 패배자에게 맡기시겠습니까? 아버지께서 붙드시고, 아버지께서 모든 도덕적 통치의 위엄과 영광을 맡기신 그분이 어찌 실패할 수 있을까요? "그는 쇠하지 아니하고 낙담하지 아니하리라."

그 다음에 성경은 이 의미심장한 말씀을 덧붙입니다. "내 마음에 기뻐하는 자 곧 내가 택한 사람." 하나님이 선택하신 자, 하나님이 아시고 선택하신 종이 실패할까요? 하나님은 그분을 단순히 기뻐하시는 것이 아니라, 그보다 훨씬 강력하게 "내 마음에 기뻐하는 자"라고 표현하십니다. 여러분은 이 표현의 진수를 맛봅니까? 내게는 그것이 너무나 충만한 의미를 담고 있는 것으로 보입니다. 하나님의 으뜸가는 기쁨은 중보자로서의 그의 아들이십니다. 하나님께서 세상에 대해 말씀하실 때, 그것이 심히 좋았더라고 하셨습니다(참조. 창 1:31). 하지만 성경에는 내 마음이 그것을 기뻐하였다라고 표현되지 않았습니다. 하지만 보십시오. 구속자로 위임받으신 구주로 인하여, 하나님의 마음이 감동되고 기쁨으로 충만합니다. 복되신 아버지여, 우리는 당신께서 예수님께 대한 기쁨으로 가득하신 것을 이상히 여기지 않습니다. 우리들도, 그분을 보게 될 때, 그분의 매력에 흠뻑 도취되기 때문입니다. 그분과 같은 이가 없습니다. 그분은 당신의 독생자이며, 당신의 품의 아들이십니다. 당신께서 그분을 너무나 기뻐하시는 것이 당연합니다. 그러므로 여호와께서 그토록 사랑하시는 분이, 그분이 마음으로 그토록 기뻐하시는 분이, 어찌 실패하는 임무를 맡으실 수가 있겠으며, 혹은 그 임무 중에 낙심한 채로 방치될 수 있겠습니까? 그것은 불가능합니다. 나사렛 예수와 여호와 하나님의 결속은, 그가 친히 맹세하신 거룩한 일이 성공할 것임을 확실하게 보증합니다. "그는 쇠하지 아니하며 낙담하지 아니하리라."

더 나아가, 우리 주님은 성령의 거처이십니다. 본문은 "내가 나의 영을 그에게 주었은즉"이라고 말합니다. 거룩한 영, 영원히 영광과 존귀를 받으실 분, 성령, 하나님에게 난 하나님(very God of very God)이신 그분이 그리스도 안에 거하십니다. 어느 정도는 우리에게도 그분은 오셨습니다. 우리는 이따금씩 그분의 능력의 많은 분량을 받지만, 우리가 성령의 완전하고도 전적인 충만을 받을 수는 없습니다. 하지만 그리스도께는 그분 안에 거하시는 성령의 거처가 있습니다. 성령은 비둘기처럼 임하여 그분에게 머무셨고, 지금도 여전히 그분에게 머무십니다. 내 형제들이여, 여러분은 성령이 항상 거하시는 그분이 실패하거나 낙심할 수 있다고 생각합니까? 여러분은 복음의 체계가 쇠퇴할 수 있다고 믿습니까? 그것이 철학에 의해 억압당할까요? 현대 사상에 의해 질식할까요? 아니면 무정부 사상의 발굽에 짓밟힐까요? 천만에요. 성령께서 저 위대하신 여호와의 종에게 머무시는 한, 우리는 두려워할 필요가 없습니다. 머리에 부어진 기름이 옷자락에까지 내려갈 것입니다. 그분이 실패하거나 낙심하실 수 없듯이, 우리 역시 실망하지 않을 것입니다. 하나님께 인정되고, 영광스럽게 되시고, 위임받으시고,

지지받으시며, 사랑받고, 기름 부음받으신 그분은 성공할 수밖에 없습니다. 예수님은 끝까지 견인하시고 승리하실 것입니다.

또한 예수님의 성공은 하나님의 작정에 의해 보증되었다는 점에 주목하십시오. 본문은 이렇게 기록되어 있습니다. "그가 이방에 정의를 베풀리라." 오, 성경에서 "되리라(shall be)" 또는 "하리라(will)"는 표현들이 얼마나 복된지요! 하나님께서 "되리라"고 말씀하셨으면 틀림없이 그렇게 될 것입니다. "여호와께서 내 주께 말씀하시기를 내가 네 원수들로 네 발판이 되게 하기까지 너는 내 오른쪽에 앉아 있으라 하셨도다"(시 110:1). 여러분은 그분이 헛되이 말씀하셨다고 생각합니까? 시편 2편을 펼쳐서 읽어보십시오. "내가 여호와의 명령을 전하노라 여호와께서 내게 이르시되 너는 내 아들이라 오늘 내가 너를 낳았도다. 내게 구하라 내가 이방 나라를 네 유업으로 주리니 네 소유가 땅 끝까지 이르리로다. 네가 철장으로 그들을 깨뜨림이여 질그릇 같이 부수리라 하시도다"(7-9절). 여호와의 이 엄숙한 선언이 한낮 휴지조각에 불과할까요? 내 형제들이여, 태양이 빛을 발하기를 잊어버리고, 세상을 비추는 빛들이 온통 어두워지며, 저기 힘센 대양이 조수의 흐름을 멈추고, 지구의 심장이 식어 버릴 수는 있을 것입니다. 모든 자연이 운명의 암초에 부딪혀 완전히 파선되고 혼란에 빠질 수는 있을 것입니다. 하지만 하나님의 말씀이 땅에 떨어지는 경우는 절대로 없습니다. 그 말씀은 생명과 능력의 본질이기 때문입니다. 여호와께서 말씀하셨다면, 그것은 이루어진 것입니다. 그가 선언하신다면, 그렇게 될 것입니다. 그러므로 그리스도께서는 반드시 성공하실 것입니다. 그리스도의 일은 하나님의 작정의 내용이기 때문입니다.

형제들이여, 때때로 우리는 복음이 번성하지도 못하고 하나님이 명하여 보내신 그 목적을 성취하지 못할 것이라는 두려움에 빠질 수 있습니다. 과거의 역사를 뒤돌아보면서, 그리고 현재의 상태를 바라보면서, 우리는 일이 잘 되지 않을 것이라고 두려워합니다. 아마도 이는 우리 주님이 일하는 방식 때문에 발생하기도 합니다. 그분이 일하는 방식은 우리의 생각이나 결정과 너무나 다르기 때문입니다. 2절은 이렇게 기록되어 있습니다. "그는 외치지 아니하며 목소리를 높이지 아니하며 그 소리를 거리에 들리게 하지 아니하리라." 여러분은 너무 서두릅니다, 그렇지 않습니까? 하지만 그분은 결코 서두르지 않으십니다. 여러분이 큰 소동과 소란을 피울 수 있다는 것을 나는 압니다. 하지만 예수님은 그런 식으로 복음이 전파되게 하지 않으실 것입니다. 여러분은 나가서 진리의 모든 원수들과 싸우려 합니다. 아우성을 치면서, 크게 맞고함을 지릅니다. 하지만 그분은 "다투지 아니할"(마 12:9) 것입니다. 여러분은 고함치고, 격노하고, 사납게 날뛰겠지만, 그분은 소리치지 않을 것입니다. 여러분은 지구 끝까지라도 광고하겠지만, 그분은 그 목소리를 거리에 들리게 하지 않으실 것입니다.

마호메트가 자기 일을 시작했을 때 그는 낙원이 칼날 아래에서 발견될 것이라고 선언했으며, 많은 용감한 사람들이 그 전투로 달려갔습니다. 그들은 눈앞에 있는 모든 것을 휩쓸었고, 피로 대륙들을 물들였습니다. 그들은 알라와 마호메트의 이름을 아시아와 북 아프리카에 전했고, 유럽까지 정복하려는 의도를 가진 듯이 보였습니다. 하지만 그렇게 이루어진 일은 지속되지 않을 것입니다. 그 선지자와 그의 후계자들은 정녕 분투하고, 외치고, 그 목소리를 거리에 들리게 했습니다.

하지만 그리스도의 방식은 그것과 정반대입니다. 그분의 무기들은 육체에 속한 것이 아닙니다. 그분의 전쟁의 도끼들을, 그분의 전쟁 무기들을 보십시오! 거룩하고 강력한 진리가 있습니다! 그 배후에는 성결과 사랑 외에 어떤 인간적인 무력도 없습니다. 인간을 향한 온유와 긍휼로 가득한 복음이 있습니다. 그 복음은 왕들의 나팔에 의해 전파되는 것이 아니라 겸손한 사람들의 소박한 목소리에 의해 전파됩니다. 복음은 명성이나 국가로부터의 후원을 기대하지 않습니다. 그것은 학자들의 억지 이론이나 인간적 웅변술에 의해 옹호되기를 바라지 않습니다. 그것은 심지어 학문의 힘이나 그 교사들의 재능에 의해 탁월해지는 것을 목표로 하지도 않습니다. 그것은 마음을 끌기 위한 허세를 부리지도 않으며, 그것을 강화할 무기를 소유하지도 않습니다. 그것은 오히려 무력에서보다는 약함 속에서 힘을 발견합니다. 그 왕국은 성령에 의해 마치 인간의 마음에 이슬이 떨어지듯이 임하며, 역시 성령이 그 마음을 거룩한 생명으로 기름지게 만듭니다. 그 나라는 눈에 보이게 임하는 것이 아니라, 영혼의 정적(靜寂) 속에 임하는 것입니다. 진정한 하나님의 일은 모두 마음의 고요함 속에서, 임의로 부는 성령의 바람에 의해 이루어집니다. 부드럽게 성령께서 친히 그 자신의 능력으로 만유를 붙들고 계십니다. 하지만 그분의 능력의 날은 폭풍의 거친 소리와 함께 오는 것이 아니라, 소리 없이 떨어지는 이슬처럼 임하는 것입니다. 지나친 열심을 가진 여러분은 서두릅니다. 여러분은 앞에 있는 교회를 밀고, 뒤에 있는 세상을 끌어당기려 합니다. 가서 그렇게 하십시오! 하지만 만약 주께서 여러분의 방식으로 일하시지 않는다고 해도, 크게 놀라지는 마십시오. 성경에 이렇게 기록되어 있기 때문입니다. "그는 외치지 아니하며 목소리를 높이지 아니하며 그 소리를 거리에 들리게 하지 아니하리라"(2절).

그분의 대의는 굳게 설 것이며, 그분은 자기의 기뻐하시는 모든 일을 이루실 것입니다. 그분은 자신의 일을 조용하게 행하심으로써 그 일을 더욱더 확실하게 이루실 것입니다. 나는 일생의 사업을 공연한 소란이나, 허세나, 시끄러운 발표 없이 행할 수 있는 사람을 언제나 기뻐합니다. 장인(匠人)이 어떻게 자기의 연장들을 가지런히 놓아두는지를 보십시오. 그는 계획을 세우고, 구상을 스케치하고, 그 다음에는 의도한 대로 일에 착수합니다. 그는 틀림없이 자신이 원했던 방식으로 그 일을 이룹니다. 다른 동료는 자기 연장을 아무렇게나 내던집니다. 그는 서둘러 일하지만, 체계도 없고, 먼지를 날리며, 잡동사니들로 주변을 어지럽히며, 결국 그 일을 망치고는, 넌더리를 내며 그 일을 방치해둡니다. 우리 구주께서는 그런 식으로 일하지 않으십니다. 그분은 차분히, 근면하게, 굳센 결의와 능력으로 그분의 계획을 추진하시며, 그리고 그 일을 성취하실 것입니다. "그는 쇠하지 아니하며 낙담하지 아니하리라."

그분이 어떤 정신으로 일하시는지 잘 살펴보십시오. 그분은 너무나 온유하시며, 언제나 그러하십니다. "상한 갈대를 꺾지 아니하며 꺼져가는 등불을 끄지 아니하리라"(3절). 여러분이 이런 정신을 가지고 있으면 성급하게 일할 수가 없습니다. 부드러움은 적절하고 확실한 속도를 유지하면서, 성급함과 흥분을 허용하지 않습니다. 우리는 개혁가들이 능력이 있을 경우 마치 황소와 같다는 것을 압니다. 그들은 짧은 시간에 많은 일을 행하려 합니다. 하지만 세상에서 가장 좋으신 친구(Friend)는 상한 갈대를 꺾고 꺼져가는 등불을 끄기 위한 목적으로 오시지 않았습니다. 여기 한 상한 갈대가 있습니다. 그것은 누구에게도 아무런 쓸모가 없습니다. 여러분은 그것에서 듣기 좋은 소리를 얻을 수도 없고, 더구나 그것에 기댈 수는 더더욱 없습니다. 하지만 그분은 그것을 꺾지 않으십니다. 여기 꺼져가는 등불이 있습니다. 심지가 역한 냄새를 내고, 열기를 거의 포함하고 있지 않으며, 빛도 전혀 발하지 않습니다. 하지만 그분은 그것을 끄지 않으십니다.

자주 인용되는 이 본문은, 여러분이 알다시피, 신약성경에서 바리새인들을 언급할 때에 사용되었습니다. 그들은 스스로를 튼튼한 기둥들이라고 여겼으나, 주님은 그들이 단지 상한 갈대들에 지나지 않음을 아셨습니다. 그들은 스스로를 큰 빛들이라고 여겼지만, 주님은 그들이 단지 연기를 내는 심지에 지나지 않음을 아셨습니다. 하지만 주님은 그들을 끄기 위한 목적으로 자신의 길에서 벗어나지 않으셨습니다. 그들을 향해서도 비록 종종 의로운 분을 내기도 하셨지만, 그분은 여전히 온유하셨으며, 그들이 스스로 그분의 길을 가로막고 그분에게 평결을 강요할 때에만 그들을 공박하셨습니다. 주 예수님은 너무나 선하시고 위대하셔서 바리새인들에 의해 발끈하지 않으셨습니다. 사자들은 "생쥐들이나, 너무 작은 사슴"은 사냥하지 않습니다. 큰 원칙이 세워졌으며, 그것이 세세히 공격할 가치가 없는 비열한 것들을 적절한 때에 멸할 것입니다. 오류의 꺼져가는 등불들, 허위의 상한 갈대들은 때가 되면 사라질 것입니다. 하지만 온유하신 주님은 성급하게 그것들을 제거하기 위해 그분의 길에서 벗어나지 않으실 것입니다.

이 세상에서 우리는 낙심하기도 합니다. 하지만 그분은 쇠하지도 낙심하지도 아니하실 터인데, 그분의 온유함 때문에 더더욱 그러하십니다. 형제들이여, 여러분에게 말하지만, 여간해서 자기의 목적에서 벗어나지 않는 사람은 바로 조용한 사람, 온유한 사람입니다. 어떤 사람이 열정적이고, 쉽게 흥분할 때, 여러분은 잠시 동안만 기다리면 됩니다. 그러면 그가 곧 식을 것입니다. 아마도 영도 이하로 내려갈 정도로 차갑게 식을 것입니다. 이 불 같은 친구들은 그 불꽃이 꺼진 후에 마귀에 의해서나, 혹은 다른 누군가에 의해 쉽게 조종됩니다.

신중하게 결심하고, 조용히 일에 착수하며, 모든 반대들을 끈기 있게 참는 사람을 보여주십시오. 그러면 나는 그가 착수한 일이 완수될 것임을 압니다. 그는 하나님의 방식으로 일하며, 원칙을 희생하면서 시기상조의 성공을 낚아채기 위해 손을 뻗지 않을 것입니다. 그는 확신이 있기에 조용하며, 강하기 때문에 인내하고, 확고하기에 온유합니다. 분을 내도록 자극당하지 않는 사람은 곁길로 빠질 수 없는 사람입니다. 여러분은 그를 좌절시킬 수 없습니다. 그는 꿋꿋이 헤쳐 나가며 자기 일을 할 것이며, 끝까지 할 것입니다. 그것을 장담할 수 있습니다. 여러분이 모든 전투와 싸움의 한복판에서 인내하며 요동치 않으시는 우리 주님을 바라볼 때, 여러분은 그분이 실패하지도 낙심하지도 않으실 것임을 확신할 것입니다.

나는 나폴레옹을 칭송하지 않습니다. 하지만 침착한 용기의 문제에 있어서는 예외이며, 그는 그 점에서 주목할 만한 인물입니다. 사람들은 언제나 전투의 한복판에서 팔짱을 낀 채로 있는 그의 모습을 묘사합니다. 그의 날카로운 눈은 전의(戰意)로 불타지만, 그는 마치 석상처럼 미동하지 않습니다. 그 황제의 모든 병사들은 승리가 확실하다고 느낍니다. 우두머리가 그처럼 침착하기 때문입니다. 만약 그가 서두르면서 허둥대고, 이리저리로 다니면서 공연한 소란을 일으켰다면, 그들은 패배가 임박했다고 여기며 두려워했을 것입니다. 하지만 저기 그분을 보십시오! 모든 것이 좋습니다. 그분은 자신이 어떤 상태인지를 아십니다. 그분은 다투지도 아니하며 들레지도 아니하고, 그 소리를 거리에 들리게 하지 않으십니다. 그분은 침착하십니다. 모든 것이 잘 되어가고 있음을 아시기 때문입니다. 저기 십자가에 달리신 분이 오늘 유리한 위치를 점하고 계십니다. 그분은 하나님 우편에 계시며, 원수들이 그분의 발등상이 될 때까지 전장(戰場)을 침착한 기대감 속에서 바라보십니다. 그분은 가장 약한 자들에게도 부드러우시며, 감사하지 않고 악한 자들에게도 친절하십니다. 이 모든 자비로우심 속에서 우리는 그분의 승리의 보증을 볼 수 있습니다. "그는 쇠하지 아니하며 낙담하지 아니하고 세상에 정의를 세우기에 이르리니 섬들이 그 교훈을 앙망하리라."

이 진술에 대한 깊은 숙고는 우리로 하여금 그 사실을 확고히 믿도록 이끌어줍니다.

2. 이 진리를 믿고 즐거워하라.

잠시 한 가지만 더 말하기를 원합니다. 이 진리를 믿고 즐거워하십시오. 나는 여러분이 이 진리의 열매를 맛보아 누리며, 그것으로 인해 기뻐하기를 바랍니다.

먼저, 예수님께서 자기 백성을 위한 일을 완수하셨음을 기억함으로써 즐거워하십시오. 그분이 영원한 의를 가져다주시고, 인간의 죄의 형벌을 짊어지셨으며, 하나님의 성전을 지을 기초를 놓으셨던 그 처음 일을 기억하십시오. 예수님은 그 모든 일을 잘 완수하셨습니다. 그분은 일생 인내하며 수고하셨으며, 마침내 "다 이루었다"(요 19:30)고 말씀하실 수 있었습니다. 어린 시절부터 그분은 이렇게 말씀하셨습니다. "내가 내 아버지 집에 있어야 될 줄을 알지 못하셨나이까?"(눅 2:49). 줄곧 우리 주님은 죄인들의 반대와 약함과 가난과 치욕을 무릅쓰고서 생을 보내셨지만, 그럼에도 불구하고 그분에게서 조금이라도 쇠하거나 낙담하셨다는 표시를 찾을 수 없습니다. 우리는 비탄에 빠져서 "저는 거의 포기할 준비가 되어 있어요."라고 부르짖습니다. 하지만 그분은 결코 그런 식으로 말씀하시지 않으며, 그런 생각조차도 하지 않으십니다. 그분은 모든 수고와 고통을 미리 짐작하셨습니다. 그분은 그 모든 것을 예견하셨고, 그 모든 것을 계산에 넣으셨으며, 따라서 놀라거나 실망하지 않으셨던 것입니다. 그분은 우리를 위하여 죽음과 무덤에까지 가려고 결심하셨으며, 우리 죄의 수치와 우리 악행의 저주를 짊어지고자 하셨고, 심지어 우리 때문에 아버지에 의해 어둠에 놓여지게 되는 일을 감수하고자 하셨습니다. 그분은 그 얼굴을 부싯돌 같이 굳게 하셨으며(참조. 사 50:7), 굳센 표정의 얼굴을 고통스러운 최후까지 유지하셨습니다. 그분은 결코 얼굴을 곁으로 돌리지 않으셨습니다.

오래 참으신 그분의 사랑으로 인하여 오늘 그분을 찬송합시다! 우리가 저기 피 묻은 나무에서 바라보는 것은 절반의 구원이 아닙니다. 우리가 죽은 자 가운데서 다시 살아나신 예수에게서 보는 것은 불완전한 구속이 아닙니다. 영광 중에 계신 그분을 바라볼 때, 우리는 그분이 모든 고통과 죽음에도 불구하고 쇠하거나 낙망하지 않으셨음을 알고 또 느낄 수 있습니다. 그분은 영원히 흔들릴 수 없는 한 왕국을 세우셨습니다. 이 점에서 평온한 확신을 가지고 안식하도록 합시다.

다음으로 여러분이 즐거워하며 묵상하기를 바라는 것은 이것입니다. 그분은 그분을 믿는 백성들 안에서 그 일을 완수하실 것입니다. 그분은 여러분과 나를 완전히 구원하실 때까지 쇠하거나 낙담하지 아니하실 것입니다. 만약 내가 나 자신의 구원자라면 나는 오래전에 그 일을 포기했을 것입니다. 우리는 이따금씩 완벽하게 여겨지는 사람들을 만납니다. 하지만 우리들 대부분은 감히 완벽이라는 단어를 입에 담을 수조차 없습니다. 내가 죄의 몸을 이기고, 내 주님처럼 다시 일어났을 때에도, 여전히 내게는 마치 새로운 죽음의 몸이 형성된 것처럼 보입니다. 나는 하나의 용을 죽입니다. 그리고 보십시오, 그의 몸뚱이에서 무수한 괴물들이 태어납니다! 내 악한 본성은 양파 같은 외투들을 입은 듯이 보입니다. 내가 그 중의 하나를 벗었을 때, 그것은 단지 또 다른 역겨운 것을 한 겹 드러낼 뿐입니다. 계속 그런 식이 아니겠습니까? 여러분은 점점 선해질 것입니다. 여러분이 그렇게 되기를 나는 희망합니다. 하지만 여러분이 그렇게 될 것이라고 희망을 가질 수 있을 때는, 오히려 여러분이 점점 악해질 것을 두려워하는 경우에만 그렇습니다. 여러분이 갈수록 여러분 자신에 대해 덜 생각하게 된다면, 그것은 아마도 여러분이 은혜 안에서 자라고 있기 때문일 것입니다. 하지만 만약 여러분이 스스로에 대해 더 많이 생각한다면, 그것은 여러분이 교만에서 자라고 있기 때문일 개연성이 상당히 높습니다. 자만심으로 부풀어 오르는 것과 은혜 안에서 세워져가는 것 사이에는 큰 차이가 있습니다. 만약 구원이 내게 달려 있다면 나는 실패하고 낙망할 것임을 분명히 볼 수 있습니다. 하지만 여기에 나의 위안이 있습니다—그분은 쇠하지 아니하며 낙담하지 아니하실 것입니다!

내 주님께서 나와 함께 하신다면, 그분은 그분의 목적을 이루시는 일에서 결코 좌절하지 않으실 것입니다. 우리의 인간성이란 얼마나 나쁜 재료인지요! 우리의 원재료는 성도(聖徒)라 하기엔 얼마나 조악한지요! 그런 모래투성이의 진흙은 밟고 두드려 반죽하기가 어렵습니다. 그런 흙덩이를 다루셔야 했기에, 저 위대하신 토기장이는 손과 발이 모두 심한 상처를 입었을 것이라 여겨집니다. 그분이 물레바퀴에서 우리의 모양을 형성하시고, 우리는 그분이 우리를 위해 의도하신 어떤 모양새를 상상하기 시작합니다. 하지만 가마에 넣어질 때 우리는 깨어지거나 망가지고, 우리를 위한 그분의 모든 일이 망쳐진 듯이 보입니다. 그분은 다시 우리를 빻아서 가루로 만드셔야 하고, 다시 우리와 함께 새롭게 시작하시며, 다시 한 번 우리를 빚으십니다. 우리와 같이 보잘것없고 타락한 존재들을 일으켜 세워 하나님의 아들들이 되도록 하시느니, 차라리 전적으로 새로운 존재들을 창조하시는 편이 더 쉬운 일이었을 것입니다. 전능하신 주님이 "교회가 있으라!"고 말씀만 하신다면, 아주 아름답고 흠 없는 교회가 생겨났을 것입니다. 하지만 주님은 그렇게 하시지 않고 죄 많은 우리를 대상으로 일하십니다. 우리를 완벽히 순결하게 만드는 일, 즉 우리를 티나 주름 잡힌 것이나 이런 것들이 없는 모습으로 세우는 일에 착수하십니다. 이 얼마나 놀라운 은혜입니까!

형제여, 그분이 그 일을 행하실 것입니다. 자매여, 그분이 그 일을 행하실 것입니다. 그분은 그 일에 싫증나지 않으셨고, 우리의 모든 나쁜 행동 때문에 낙담하지도 않으셨습니다. 시작하시기 전에 이미 그분은 그 모든 것을 아셨습니다. 그분이 멀리 내다보실 수 있는 그리스도가 아니시라면, 우리의 모든 부족과 잘못들을 미리 예견하실 수 있는 분이 아니시라면, 그분은 놀라고 실망하셨을 것입니다. 하지만 그가 말씀하십니다. "네가 완고함을 나는 알았다"(사 48:4, KJV). "네가 정녕 배신할 것을 내가 이미 알았음이라"(참조. 사 48:8). 그분은 우리의 배은망덕, 타락, 불신앙, 무가치함을 미리 아셨습니다. 그래서 그분은 우리 안에 시작하신 그분의 일, 곧 우리를 천국에 합당하도록 만드시는 일이 끝날 때까지 쇠하거나 낙망하지 아니하실 것입니다.

사랑하는 친구들이여, 그분은 자기 백성에 의해 그분의 일을 완수하실 것입니다. 교회에 의해 행해지는 일이 어떤 것이든, 그분은 그 일이 완수될 때까지 쇠하거나 낙담하지 아니하실 것입니다. 여러분이 이 본문에서 아주 특이한 것을 발견하였는지 모르겠군요. 만약 여러분이 개정판(Revised Version)을 가지고 있다면, 난외주에 약간의 특별한 정보가 실려 있을 것입니다. 본문은 이렇게 읽힐 수도 있습니다. "그는 상한 갈대를 꺾지 아니하며 꺼져가는 등불을 끄지 아니할 것이지만, 그 자신은 희미하게 타지 아니하며 상하지도 아니할 것이다." 비록 그분이 상한 갈대들과 연기를 내는 심지들을 참으시겠지만, 그분 자신은 손상되지 않으시며, 그분의 빛을 희미하게 깜빡거리도록 하지 않으실 것입니다. 내가 보기에 이는 매우 흥미로운 단어의 활용이며, 지나쳐버릴 수 없는 내용이라고 여겨집니다.

사람들은 말하기를, 지금 기독교는 꺼져가는 등불이며, 특히 오래된 교리는 아주 희미하게 탄다고 합니다. 여러분은 그 말을 믿지 마십시오. 예수님의 빛은 어두워지거나 희미해지지 않을 것입니다. 그분의 빛을 볼 수 있는 영혼들은 그분의 얼굴이 여전히 해처럼 빛난다고 말할 것입니다. 그분에게는 약화되지도 않고 약화될 수도 없는 영광이 있습니다. 그분은 희미하게 깜빡거리지 않으시며, 상하게 되지도 않으십니다. 그분은 갈대가 아닙니다. 그분의 원수들은 언젠가는 그분이 철장을 소유하고 계심을 알게 될 것입니다. 그분은 하나님의 집의 기둥입니다. 그분이 모든 것을 관장하십니다. 왜냐하면 그분은 강하고 능하시며, 실패하실 수 없기 때문입니다. 나는 여러분이 그리스도의 패배나 복음의 실패에 대해 연상시키는 모든 생각이나 암시들을 단호히 물리치기를 바랍니다. 그리스도의 패배나 복음의 실패는 가능하지 않으며, 있을 수 없는 일입니다. 여러분은 꺼져가는 등불처럼 연기를 낼 수 있으며, 여러분은 갈대처럼 상할 수도 있습니다. 하지만 그분은 결코 깜빡이는 등불이나 상한 갈대가 되지 않으실 것입니다. 그러므로 이 말씀으로 서로를 위로하시기 바랍니다.

결론을 맺으면서 한 가지를 더 말하겠습니다. 만약 내가 여러분 중에서 아직 하나님의 교회 바깥에 있는 자들, 그분의 백성의 수에 포함되지 않는 자들에게 이 말씀이 큰 위로가 된다는 점을 말하지 않는다면, 이 본문을 바르게 다룬 것이 아닐 것입니다. 6절과 7절 말씀을 읽어보시겠습니까? "그는 쇠하지 아니하며 낙담하지 아니하실 것입니다." 그분이 어떤 일을 완수하실 때까지입니까? 하나님의 뜻을 완수하실 때까지이며, 이것은 그 뜻의 일부입니다. "네가 눈먼 자들의 눈을 밝히며 갇힌 자를 감옥에서 이끌어 내며 흑암에 앉은 자를 감방에서 나오게 하리라"(7절). 나는 그리스도를 볼 수 없습니다! 그분은 여러분을 보게 하려는 목적으로 오셨습니다. 볼 수 없는 여러분의 눈을 이 방향으로 돌리십시오. 이 기도를 말하십시오. "다윗의 자손 예수여 나를 불쌍히 여기소서"(참조. 막 10:47). 그리고 만약 그분이 "네게 무엇을 하여 주기를 원하느냐?"(막 10:51)고 물으시면, 이렇게 대답하십시오. "주여, 보기를 원하나이다." 한순간에, 아아, 시계바늘이 한 번 째깍하는 동안에, 예수 그리스도는 눈먼 사람의 눈에서 비늘을 벗기실 수 있으며, 빛줄기가 쏟아져 들어오게 하여 그로 하여금 천국을 보게 하실 수 있습니다.

주여, 오늘 아침에 그 일을 행하소서! 오 사랑하는 영혼들이여, 여러분 개개인이 "주여, 그 일을 제게 행하소서."라고 소리치지 않으시렵니까? 내 친구여, 당신은 그렇게 말하지 않겠습니까? 그분이 그 일을 행하실 것입니다. 그분은 눈먼 자들의 외침을 듣기 좋아하십니다. 당신은 신약성경에서 그분이 눈먼 사람의 외침을 들으실 때 얼마나 자주 발걸음을 멈추셨는지를 읽고 기억하지 않습니까? 가련하고 눈먼 영혼이여! 지금 그분을 향해 소리치십시오. 그분은 쇠하거나 낙담하지 않으실 것입니다. 그분이 당신에게 오실 것이며, 당신을 구원하실 것입니다.

한 사람이 말합니다. "아아, 하지만 저는 그 사람보다 나쁩니다. 저는 감옥에 갇혔습니다." 7절을 다시 한번 읽어보시겠습니까? "그가 갇힌 자를 감옥에서 이끌어 내리라." 당신은 비참한 처지에 있고, 희망도 없이, 철장 안에 갇혀 있습니다. 쇠하지 아니하며 낙담하지 아니하는 그분이 오실 것입니다. 그분이 당신을 그 철장에서 꺼내시려는 목적으로 오셨습니다. 나는 그분이 찔린 손을 쇠창살로 뻗으시는 것을 봅니다. 당신은 오랫동안 톱으로 그 창살을 끊어보려 했으나, 톱날만 상하고 말았습니다. 당신은 그것을 흔들어 빠지게 하려고 시도했었지만, 조금도 흔들리게 할 수 없었습니다. 이제 그분이 하시는 일을 보십시오! 그분이 마치 갈대를 하나씩 뽑듯이 창살들을 하나씩 뽑아내십니다. 그리고 당신을 자유롭게 하십니다. 일어나 자유를 얻으십시오! 하나님의 아들이 당신을 자유롭게 하셨습니다. 당신이 그분을 믿었다면, 그분이 놋쇠 문을 깨뜨리신 것이고, 쇠창살들을 산산이 부서뜨리신 것이며, 당신은 자유가 된 것입니다. 그 자유를 누리십시오.

또 한 사람이 말합니다. "오, 하지만 제 경우에는 눈먼 것과 갇힌 것이 결합되었습니다." 그렇다면 잘 들으십시오. 그분이 오신 것은 "흑암에 앉은 자를 감방에서 나오도록"(7절) 하기 위해서입니다. 당신은 당신을 가둔 창살들을 볼 수 없고, 당신의 좁은 감방의 제한도 의식하지 못합니다. 하지만 당신에게 눈을 주시고, 그 눈에 빛을 주시며, 그 뜨인 눈에 자유를 주실 분이 오셨습니다. 그분을 믿기만 하십시오. 그리스도가 가까이 계실 때, 그분을 믿는 자에게는 모든 것이 가능합니다. 당신은 알지 못합니까? 당신이 지금 바다 밑바닥에 있어도, 그분은 한순간에 당신을 높이 올리실 수 있습니다! 지옥 깊은 곳으로부터, 당신이 소리치기만 한다면, 그분이 단 한순간에 당신을 천국의 높은 곳까지 올리실 수 있습니다. 내가 그분에 대해 아무리 많은 말을 해도, 그분에 대해 합당한 만큼의 말을 다 할 수 없고, 그 절반만큼도 다 말하지 못할 것입니다. 그분을 믿어보십시오. 그분이 쇠하지 않으시는지 살펴보십시오. 가장 낮은 곳에서 최악의 상황에 처한 당신이여, 지금 그분을 믿어보십시오. 마귀에게 사로잡히고, 마귀로 인해 고통을 겪는 당신이여, 지금 그분을 믿으십시오. 예수님께서 당신을 위해 모든 일을 하실 수 있음을 담대하게 믿으십시오. 당신을 그분에게 맡기십시오. 믿었으면 평안히 길을 가십시오. 당신이 믿은 대로 될 것입니다. 쇠하지 아니하며 낙담하지 아니하시는 그분의 이름에 영원토록 영광이 있기를 바랍니다! 아멘.

제
39
장

하나님의 인도를 받는 맹인

"내가 맹인들을 그들이 알지 못하는 길로 이끌며, 그들이 알지 못하는 지름길로 인도하며, 암흑이 그 앞에서 광명이 되게 하며 굽은 데를 곧게 할 것이라. 내가 이 일을 행하여 그들을 버리지 아니하리라."—사 42:16

이 약속은 모든 눈먼 자들, 모든 종류의 맹인들에게 주어진 것이 아닙니다. 왜냐하면 하나님께서 인도하시지 않는 맹인들이 있기 때문입니다. 이 약속이 주어진 특별한 종류의 맹인들이 있습니다. 하나님은 그들을 인도하시며, 그들을 버리지 않으십니다. 여러분이 태버너클 교회당 바깥으로 나가서, 왼쪽 방향으로 '성 조지의 길'이라고 불리는 길을 따라 끝까지 걸어 가다보면, 세 종류의 맹인들을 위해 세워진 수용시설들을 볼 수 있을 것입니다. 오른쪽으로는 맹인 학교가 있습니다. 그것은 육체적으로 눈먼 자들을 위한 시설이며, 외적인 눈의 시력을 잃은 자들을 위한 곳입니다. 왼편으로는 베들레헴 병원이 있습니다. 그것은 정신적으로 눈먼 자들을 위한 시설이며, 내적인 시력을 잃어버리고, 정신이상이라고 하는 더욱 불행한 상태에 처한 사람들을 위한 곳입니다. 그 다음에, 직진하다보면 눈앞에 성 조지의 로마 가톨릭 성당이 보일 것입니다. 그것은 영적으로 눈먼 사람들을 위한 곳입니다. 그들의 경우는 더욱더 불쌍합니다. 왜냐하면 이 눈먼 사람들에게는 눈먼 인도자들이 있으며, 그들에게 현혹당한 영혼들은 속임수를 조장하는 의사들에 의해 처방을 받기 때문입니다. 자, 하나님의 인도의 약속은 이 세 부류 중 어느 특정한 부류의 사람들에게 해당되는 것이 아닙니다. 그것은 반드시 육체적으로 눈먼 자들에게 해당되는 것이 아닙니다. 오호라, 그들 중에서 일부는 자연적인 시력의 상실에 더하여, 그리스도를 볼 수 있는 시력도 없기 때문입니다. 그것은 정신적으로 눈먼 자들에게 주어진 것도 아닙니다. 왜냐하면 그들 중 일부는 그들이 건전한 이성을 상실하기 전에, 그것을 악용했으며, 구주를 멸시했기 때문입니다. 또한 이 약속은 영적으로 눈먼 자들에게 주어진 것도 아닙니다. 왜냐하면 그들은 강력한 기만에 빠져 거짓말을 믿게 되어, 안타깝게도 빛 속에서도 마치 어둠에서처럼 방황하고, 정오에도 눈먼 자들처럼 더듬기 때문입니다.

하지만 네 번째 부류의 맹인들이 있는데, 곧 여러분 중에서 진정한 그리스도인들이 해당되는 부류입니다. 어떤 고통스러운 경험이 그것을 여러분에게 명확하게 해 주었습니다. 그 약속은 의식적으로 맹인이라고 자백한 자들에게 주어진 것이며, 나는 이 약속이 모든 그리스도인들을 적절하게 묘사하고 있음을 여러분에게 밝히고자 합니다. 그리스도를 믿는 모든 사람은 그리스도께서 "심판하러 이 세상에 오셨으니 곧 보지 못하는 자들을 보게 하고 보는 자들은 맹인 되게 하려"(요 9:39) 하심이라고 증언합니다. 주님은 바로 그런 자에게 다음과 같이 말씀하신 것입니다. "내가 맹인들을 그들이 알지 못하는 길로 이끌며 그들이 알지 못하는 지름길로 인도하리라."

1. 이 눈먼 자들이 누구인가?

우리의 첫 번째 질문은 '그들이 누구인가?' 하는 것입니다. 이 맹인된 자들은 누구입니까?

우리가 이미 말했듯이, 그들은 눈먼 자임을 의식하는 자들입니다. 그들은 전적으로 눈먼 자임을 한 번은 고백한 자들입니다. 몇 년 전에, 그들이 구주를 알기 전에, 그들은 아무것도 바르게 알지 못했습니다. 하늘로부터의 빛이 그들에게 비추기 전에, 그들은 그들의 자연적 상태의 짙은 어둠에 거하고 있었습니다. 모든 사람이 자신이 태어날 때부터 어둠 속에 있음을 아는 것이 아닙니다. 그런데 그가 그것을 알 때, 그는 주께서 주신 이 약속에 해당되는 사람이 되는 것입니다. 예수님 당시의 바리새인들은 맹인이나 다름없었습니다. 하지만 그들은 "우리가 본다"고 말했습니다. 주님은 그들에게 이렇게 대답하셨습니다. "너희가 본다고 하니 너희 죄가 그대로 있느니라"(요 9:41). 그들이야말로 구원받기 어려운 사람들입니다. 왜냐하면 그들은 그들 자신의 판단에 따라 사람들을 보았기 때문입니다. 하지만 회심한 사람은 자신에게는 본성상 빛이 없었다는 것과, 단 것을 쓰다 하고 쓴 것을 달다 하며, 빛을 어둠이라 하고 어둠을 빛이라 할 정도로 어떤 것도 올바로 이해하지 못했던 것을 압니다. 그는 자기 속에, 즉 자기 육신 속에, 아무런 선한 것이 없었고, 모든 형태의 부패와 악으로 치닫는 성향과, 사람들을 시기하고 하나님을 미워하는 것이 가득했음을 압니다. 가련한 영혼이여, 당신은 당신 자신의 어둠을 본 적이 있습니까? 당신은 본성의 빛이 한밤중의 어둠과 다름없음을 보았습니까? 당신은 아담의 타락으로 인해 눈먼 상태로 떨어졌음과, 그래서 당신의 길을 찾는 것이 불가능함을 이해하게 되었습니까? 자, 만일 당신이 그런 부류에 속하는 사람이라면, 이 약속은 당신에게 주어진 것입니다.

자신의 약함을 알고 자신의 결핍을 느끼는 이 맹인들은, 전에 그들이 본다고 여겼던 것이 모두 기만이었음을 인식합니다. 아아, 한때 나는 나 자신을 의롭다고 여기고, 그래서 나 자신을 바라보면서 흰 세마포를 입었다고 여기던 때가 있었습니다. 하지만 이제 나는 나로 하여금 내가 헐벗었을 때에 완전한 의복을 갖추고 있다고 여기게 만들었던 것이 나의 맹목(盲目)이었다는 것을 압니다. 나는 내가 많은 물건들과 보화를 소유했다고 생각했습니다. 그래서 나의 보석들을 살펴보려고 보석함들을 들여다보곤 했습니다. 나는 내가 부자였다고 거의 확신할 정도였습니다. 하지만 이제 나는 내가 죄의 정신착란 상태에 있었음을 압니다. 그래서 실상은 가난할 때에 부자라고 스스로 우쭐했던 것입니다. 또한 그 때 나는 내가 행복하다고 여겼습니다. 떠들썩한 웃음과 천박한 기쁨이 있었지요. 그것을 나는 가질 만한 가치가 있는 것이라 여겼습니다. 하지만 이제 나는 그 기쁨을 죄로 가득한 불행이라고 부르며, 그 떠들썩한 쾌활함을 하나님과 멀어진 상태의 비참함이라고 부릅니다.

이제 우리의 눈은 전에 보지 못하던 것을 보도록 열렸습니다. 그리고 온통 캄캄함이었지만 빛이라 여겼었던 그것이 무엇인지 알게 되었습니다. 우리 앞으로 유령들이 지나갔었지요. 그것들은 실상이 없는 허깨비들이었음에도, 우리는 그것들을 견고한 실체들이라고 여겼던 것입니다. 사랑하는 여러분, 한때 당신이 소유했었던 그 밝은 눈이, 당신으로 하여금 자기에게서 의를 보게 하고 죄에서 즐거움을 보게 하였던 그 눈이, 결국은 맹인의 눈이었음을 알게 되었나요? 당신은 그 눈으로 아무것도 보지 못했다는 것을, 단지 사탄의 주술에 의해 기만당했고, 세상에 현혹되었으며, 당신 자신의 부패한 마음에 의해 속아 넘어갔던 것임을 알게 되었나요? 만일 그렇다면, 당신은 자기 눈먼 상태를 고백하는 맹인이며, 곧 이 은혜로운 약속이 주어진 백성 중에 속하는 사람입니다.

하지만 당신이 이렇게 말하는 것처럼 생각되는군요. "목사님은 지금 우리가 겪고 있는 눈먼 상태에 대해서보다는 오히려 전에 우리가 고통을 겪었던 눈먼 상태에 대해서 말하고 있습니다." 음, 이 비유적 표현이 꼭 들어맞지 않을 수는 있습니다. 하지만 우리는 본문의 진리를 설명하기 위해 그 비유적 표현을 사용해야 합니다. 정녕 "눈먼"이라는 묘사를 그리스도인에게 적용하기에 적당한 이유는 바로 이런 이유 때문입니다. 즉 이제 그는 보는 것에 기초하여 소망을 세울 것을 기대하지 않습니다. 눈으로 보는 모든 것이 그에게는 아무것도 아닙니다. 그에게는 믿는 것이 본질적이고 실체적인 것입니다.

만일 여러분이 어떤 신자에게 그가 무엇에 근거하여 소망을 갖느냐고 묻는다면, 그는 여러분에게 보이지 아니하시는 그리스도에 근거한다고 말할 것입니다. 우리는 그분을 "보지 못하였으나 사랑합니다"(벧전 1:8). 그는 여러분에게 이 약속을 들려줄 것입니다. "보지 못하고 믿는 자들은 복되도다"(요 20:29). 그는 그 말씀의 달콤함을 실감한 자입니다. 그는 자기 눈으로 볼 수 있는 십자가상(像)을 의지하는 것이 아니라, 여기 계시지 않는 구주 곧 부활하여 승천하신 구주를 의지합니다. 그는 귀로 그 목소리를 들을 수 있는 사제 곧 자기와 같은 사람을 의지하지 않으며, 오히려 또 다른 제사장(Priest) 곧 휘장을 지나 영광 중으로 들어가신 분을 의지합니다. 그는 더 이상 자기 자신의 행위들을 의지하지 않습니다. 이런 것들을 그는 눈으로 볼 수 있지만, 그가 보는 그것들이 그로 하여금 낙심하게 만듭니다. 그는 감히 자신의 공로를 의지하지도 않습니다. 오직 그는 또 다른 분(Another) 즉 하나님 보좌 앞으로 가서 여호와 앞에 비길 데 없는 의를 바치신 분의 공로만을 의지합니다. 그는 여러분에게 그 자신의 느낌들을 의지하지도 않는다고 말할 것입니다. 그는 그것들이 변덕스러운 것임을 잘 의식하고 있습니다. 그것들은 날씨처럼 변합니다. 어느 날 우리는 꽤 화창한 햇살 속을 거닐다가, 한 시간 만에 우박을 맞기도 하며, 이윽고 겨울의 추위로 되돌아가는 것을 경험하지요. 우리의 느낌이라는 것이 그렇습니다. 우리의 경험은 언제나 변하며, 따라서 자기 자신을 바르게 아는 사람은 자기 느낌을 의지하지 않으며,

자기 경험을 의지하지도 않습니다. 오직 그는 동산에서 땀을 핏방울같이 흘리셨던 분의 느낌 안에서 안식합니다. 그의 신뢰는 자기 자신의 고뇌에 있는 것이 아니라, 크게 슬퍼하셨고 죽기까지 하셨던 분의 고뇌에 있습니다. 그는 어떤 경우에도 자신 자신을 신뢰하는 것이 아니라, 오직 그리스도의 죽음과 부활과 상처와 승리 안에서 안도합니다. 그는 그리스도를 보지 못하였으나 그럼에도 그분을 신뢰하고 의지합니다.

오, 이런 식으로 눈먼 자에게 복이 있습니다! 스스로에게서 아무 선한 것도 볼 수 없는 자, 스스로에게서 의지할 만한 어떤 선한 것도 찾지 못하는 자, 그리스도 외에는 어떤 기초도 발견하지 못하고, 십자가에 못 박히신 예수 외에는 하늘에서나 땅에서 영혼을 위한 어떤 버팀목이나 기둥을 발견하지 못하는 자에게 복이 있습니다! 온 우주를 샅샅이 찾아 돌아다녀서 다른 사람들이 신뢰의 근거라고 발견하는 곳에서, 이 참되게 눈먼 자들은 아무것도 볼 수 없으며 단지 이렇게 말할 뿐입니다. "이런 것들을 우리는 찌끼와 배설물로 여깁니다. 이는 우리가 그리스도를 얻고 그 안에서 발견되려 함이니, 우리가 가진 의는 오직 그리스도를 믿음으로 말미암은 것이니 곧 믿음으로 하나님께로부터 난 의입니다"(참조. 빌 3:8-9). 오, 복된 맹인이여! 그리스도 안에서가 아니면 한 줄기의 희망의 빛도 보지 못하고, 하나님 아버지께서 속죄의 제물로 주신 그분 안에서가 아니면 어디에서도 어떤 의지의 대상도 찾지 못하며, 오직 믿음으로 그분의 보혈을 의지하는 자로다!

이 외에도, 이 맹인된 백성들은 많은 것들을 보지 않는 것에 만족합니다. 복된 의미에서 맹인된 자는 그가 볼 수 없는 것들이 많음을 알며, 또한 미리 내다보기를 원치 않습니다. 예를 들어, 그는 미래를 들여다보지 못합니다. 그는 다른 사람들이 이렇게 말하도록 내버려 둡니다. "오늘이나 내일이나 우리가 어떤 도시에 가서 거기서 일 년을 머물며 장사하여 이익을 보리라"(약 4:13). 하지만 이 사람은 너무나 지혜롭게 눈이 멀어서 내일 일을 미리 내다볼 수 있다고 상상하지 않습니다. 그는 내일 일은 하나님께 맡깁니다. "한 날의 괴로움은 그 날로 족하기"(마 6:34) 때문입니다. 나는 주의 백성들 중 일부가 앞을 너무 멀리 내다보고, 너무 많은 것을 보기 때문에 마음의 평강을 잃어버린다는 것을 압니다. 그들은 고난을 미리 내다보지만, 그럼에도 그 고난은 결코 오지 않을 것입니다. 그들 중의 어떤 이들은 결코 일어나지 않을 끔찍한 재난들을 예견합니다. 어떤 선하고 나이 많은 사람들이 마지막 한 푼까지 다 써버리지 않을까 염려하였지만, 실제로 그들이 본향으로 떠났을 때 상당한 액수를 남기고 떠난 경우를 알고 있습니다. 어떤 이들은 너무 오래 살아 친구들에게 성가신 존재가 되지 않을까 염려하였지만, 실제로 그들의 친구들은 그들이 결국 잠들었을 때 크게 슬퍼하였던 경우들에 대해서도 나는 압니다. 나는 "만약" 어떤 일이 일어나면 어떻게 될지 두려워했던 어떤 그리스도인을 알고 있지만, 그 "만약"은 전적으로 그 자신의 상상으로 만들어낸 것이었습니다. 어떤 이들은 죽을 것을 두려워하여, 두려움의 정도를 일천 배나 더 깊이 느낍니다. 죽음에 있어서 그들에게 공포가 될 만한 일은 없을 것입니다. 죽음의 공포에 항상 속박되곤 했던 한 사람이 있었습니다. 하지만 그는 잠자는 중에 죽었습니다. 만약 그가 자신이 두려워하는 일을 볼 수 없을 정도로 눈이 멀었더라면 그것이 그에게는 좋은 일이었을 것입니다.

오, 지혜롭게 예정되었을 뿐 아니라 지혜롭게 감추어진 고난을 미리 볼 수 없어서, 그 모든 것을 하나님께 맡기는 것이 복된 것입니다. 여러분에게는 오늘 싸워야 할 싸움이 충분히 있습니다. 내가 전에 종종 사용하곤 했던 비유를 반복하도록 허락하시기 바랍니다. 레오니다스(Leonidas) 왕과 스파르타인들이 테르모필레(Thermopylae, 기원전 480년 스파르타 군이 페르시아 군을 막았던 그리스의 산길 — 역주)의 좁은 길을 방어할 때였습니다. 그곳은 그의 적군들이 오직 한 번에 한두 사람씩만 접근할 수 있는 곳이었습니다. 그들은 전 페르시아 군대의 접근을 차단할 수 있었습니다. 하지만 나중에 그들이 자포자기하여, 페르시아 군대와 싸우기 위해 평지로 돌진했을 때, 그들은 곧 패하고 말았습니다. 자, 만일 당신이 오늘 좁은 길목에 서 있다면, 그저 다가오는 고난들에 하나씩 단독으로 대처하십시오. 당신의 수호자이신 전능하신 하나님의 이름으로, 한 날의 괴로움은 그날로 족하다고 했으니, 당신은 충분히 그 고난에 대처할 것입니다. 하지만 만약 당신이 지금과 지금부터 열두 달 사이에 닥쳐올 수 있는 모든 괴로움들에 쓸데없이 참견한다면, 당신은 곧 당혹감을 느끼고 낙담에 빠지게 될 것입니다. 그것들을 그냥 내버려 두는 것이 좋습니다. 미래에 대해 눈 감으십시오. 행복하게 눈먼 자가 되십시오. 그리고 약속에 호소하십시오. "내가 맹인들을 그들이 알지 못하는 길로 이끌리라."

이 맹인들이 볼 수 없다고 생각하는 또 다른 것들이 있습니다. 그들은 비록 그들의 눈을 뜬다고 해도, 결코 모든 신비 즉 하나님의 언약의 심오한 비밀들을 분명히 볼 수 있을 만큼 크게 뜨지는 못하는 것을 잘 의식합니다. 스스로의 시력에 대해 자부심을 가지고, 그들 자신의 지성에 상당한 확신을 가져서, 명백히 합리적인 모든 것에도 무지하면서도 영적인 모든 것을 안다고 의식하는 사람들을 나는 알고 있습니다. 그들의 신학에 대한 지식은 철저하게 소모적입니다. 그들은 다섯을 세는 법을 배웠는데, 손가락 끝을 하나, 둘, 셋, 넷, 다섯 하는 식으로 세어서 배웠습니다. 이 신비의 숫자가 복음의 모든 교리들을 포함합니다. 그들은 그것들을 알고 있습니다. 그들은 그 다섯 가지 요점들 중 어느 것이라도 언급되면 주먹을 쥐고서, 그 문제와 관련하여 어느 누구와도 싸우려 듭니다. 그들은 사람이 보기에는 아주 지혜가 많은 자들입니다. 하지만 내가 생각하기에 사람은 하나님께 조금만 더 가까워지면, 그가 아무것도 알지 못한다는 것을 발견하게 됩니다. 또한 그런 사람은 그가 하나님의 진리 전체를 이해하지 못하는 것은 마치 그의 손바닥에 대양을 담을 수 없는 것과 마찬가지임을 분명하게 인식합니다. 나는 오래전부터 자유의지와 예정이라는 두 가지 위대한 진리가 만나는 곳을 결코 이해하지 못할 것이라고 느껴왔습니다. 나는 그 두 가지 모두를 믿습니다. 그 두 가지를 동일한 믿음으로 믿습니다. 하지만 그 두 가지를 어떻게 조화시킬지에 대해서 나는 더 이상 알기를 바라지 않습니다. 왜냐하면 하나님께서 그것을 우리가 알기를 의도하셨다고 생각하지 않기 때문입니다. 오 형제들이여, 믿어야 할 부분에서 꼬치꼬치 캐면서 트집을 잡고, 믿음으로 눈을 감은 채 묵묵히 인도를 받아야 할 부분에서 보기를 원하는 자들이 있습니다. 만일 맹인된 자의 특권이 하나님에 의해 인도를 받는 것이라면, 어느 누가 맹인되기를 원하지 않는단 말입니까? 언제나 오류투성이인 보는 것 대신에, 기꺼이 보지 않기를 원하는 자에게, 언제라도 틀림이 없는 하나님의 인도가 있을 것입니다.

지금까지 나는 이 맹인된 백성들을 묘사하려고 시도했습니다. 나는 그들을 충분히 묘사하지 못했습니다. 하지만 그들 중 일부가 이 자리에 있기를 바랍니다. 즉 자기 자신의 약함과 지식의 결핍과 스스로는 아무것도 아님을 느끼는 백성, 기꺼이 인도받기를 원하고 안내를 받는 백성, 모든 것을 볼 수 없으며 모든 것을 보기를 기대하지도 않는 백성, 오직 보이지 아니하시는 하나님을 믿는 믿음 안에서 걷기를 원하는 백성, 그리고 그분의 발자국을 찾을 수 없는 곳에서도 여호와를 신뢰하는 백성이 이 자리에 있기를 바랍니다.

2. 이 맹인들에게 주어진 약속이 무엇인가?

이제 그들에게 주어진 약속을 숙고하도록 합시다. 그들을 위해 어떤 일이 행해질까요?

자, 그들은 그들의 위로를 위해 이 하늘의 조약을 소유합니다. "내가 맹인들을 그들이 알지 못하는 길로 이끌며 그들이 알지 못하는 지름길로 인도하리라." 이 의미를 파악하시겠습니까? 여러분은 이 은혜로운 약속의 의미를 깨닫습니까? 만약 그렇다면, 틀림없이 여러분은 하나님께서 맹인들을 인도하신다고 하는 그 겸손한 인자하심에 황홀하여 넋을 잃을 것입니다. 맹인을 인도한다는 것은 분명 흔히 발견되는 일이 아닙니다. 그것은 어떤 큰 영예가 수반되는 일이라고 생각되지 않습니다. 오히려 그것은 아주 친절한 행동이며, 어떤 그리스도인이 그의 고통 받는 친구에게 기쁘게 행할 수 있는 일입니다. 하지만 하나님께서 친히 오셔서 맹인된 자들, 곧 그의 눈먼 자녀들을 인도하신다고 생각해보십시오! 그분이 말씀하십니다. "내가 그들을 이끌며, 내가 그들을 인도하리라."

그러므로 우리의 첫 번째 묵상의 주제는 하나님의 백성들이 눈먼 것을 느낄 때에 하나님께서 친히 그들의 안내자가 되신다는 것입니다. 그분은 여러분이 넘어지거나 길을 더듬도록 버려두지 않으실 것입니다. 그분은 여러분의 동료 그리스도인을 의지하라고 명하시지도 않습니다. 여러분의 동료 역시 여러분처럼 맹인일 뿐입니다. 하지만 하나님이 여러분의 안내자가 되십니다. 그것을 생각해보십시오. 전능자가 스스로 몸을 굽혀 당신의 무지를 깨우쳐주십니다. 무한한 능력이 자기를 숙여 당신으로 하여금 그 어깨에 기대게 하십니다. 한량없는 사랑이 황송하게도 당신의 손을 잡고 당신의 길을 안내하시며, 끝없는 인내가 당신이 마침내 본향에 이를 때까지 당신이 걷는 길의 모든 걸음을 지속적으로 지도하십니다. 내가 방금 전에 말했듯이, 만약 하나님을 안내자로 얻을 수 있다면 어느 누가 맹인이 되려 하지 않겠습니까? 오, 복된 약함이여, 그것이 나로 하여금 강한 분(the Strong)과 연결시켜 주는구나! 오, 복된 가난이여, 그것이 내게 여호와의 부를 얻을 수 있는 특권을 주는구나! 오, 복된 불행이여, 그것이 더없는 복을 만들어내고, 나를 하나님의 행복과 기쁨에 이르도록 해 주는구나! 사랑하는 이여, 당신이 당신 자신의 맹인됨을 생각할 때 위로를 받으십시오. 그분이 보고 계시기 때문입니다. 당신이 당신 자신의 무지를 생각할 때에 기운을 내십시오. 그분이 아시기 때문입니다. 당신이 넘어지기 쉬운 스스로의 모습을 생각할 때에 용기를 내십시오. 그분은 피곤하지 않으시며 곤비하지 않으시며 명철이 한이 없으십니다. 그런 하나님께서 당신의 안내자가 되실 것입니다.

또한 맹인들의 안내자가 되시어, 그분은 그들이 전에 가보지 못한 길로 그들을 인도하실 것입니다. 이 약속의 아름다움은 그 특별한 긴급성에 부합하는 적용에서 나타납니다. "내가 맹인들을 그들이 알지 못하는 길로 이끌리라." 물론, 맹인이 길을 알 때, 그는 안내자 없이 갈 수도 있습니다. 시력을 잃은 사람들 중에서 많은 이들이 날마다 익숙해진 도로를 따라 걸으며, 그들 중에는 비록 맹인일지라도 아주 능숙한 분들도 있습니다. 그들은 80킬로미터 이상의 시골길을 걷기도 하며, 우유 배달원들이 다니는 마을의 거리들을 한 번의 실수도 없이 오르락내리락하며 걷습니다. 사실상 그들은 종종 다른 사람들에게 안내자처럼 행동하기도 합니다. 하지만 그것은 언제나 그들이 알고 있는 길을 따라서 걸을 때에만 그러합니다. 오, 형제들이여, 오늘 밤 여기에는 다른 사람들을 자기가 아는 길로 인도할 수 있는 많은 죄인들이 있습니다. 그들은 다른 사람들을 술주정꾼의 길로 인도할 수도 있고, 난봉꾼의 길이나, 거짓맹세자의 길로 인도할 수 있습니다. 그들은 그 길을 매우 잘 압니다. 감히 말하거니와 그들은 젊은이들을 불신앙의 길로 안내할 수 있으며, 그들의 생각 속에 수많은 끔찍한 생각들을 불어넣을 수 있습니다. 하지만 하나님께서 맹인의 손을 붙잡으실 때, 그분은 그를 그 길로 인도하지 않으시며, 오히려 그가 전에 알지 못하는 길로 인도하십니다.

오, 나는 하나님의 손에 의해 어두운 회개의 오솔길을, 많은 한숨과 탄식으로 걷도록 인도받은 것을 기억합니다. 나는 그 동일한 손에 의해 믿음의 즐거운 길로 인도받으며, 구주의 발 앞에까지 이끌렸던 것을 기억합니다. 그 때까지 나는 그 길을 알지 못했습니다. 그 길을 알 것을 기대하지도 않았습니다. 왜냐하면 내 앞에 놓인 은혜의 길은 마치 하나님께서 광야에서 이스라엘의 길을 묘사하던 것처럼 묘사될 수 있기 때문입니다. "너희가 이전에 이 길을 지나보지 못하였음이니라"(수 3:4). 그것은 새로운 길입니다. 하나님께서 우리의 안내자가 되시기로 하였을 때, 그분이 인도하시는 길은 전적으로 새로운 길입니다. 성경에 이렇게 기록되지 않았습니까? "보라 내가 만물을 새롭게 하노라"(계 21:5).

나는 우리들 중 많은 이들이 우리가 알지 못한 길로 인도받는 것이 무엇인지를 알게 되기를 바랍니다. 또한 그 길을 알지 못하는 이들은 이 기도를 한번 해 보기를 희망합니다. "주여, 저를 제가 알지 못한 길로 인도하소서." 일전에 누군가가 말하기를, 천국으로 가는 길은 아주 쉽게 배워진다고 했습니다. 바른 길로 돌이켜, 계속해서 그 길을 가는 것이라 했습니다. 음, 아주 좋습니다. 하지만 나는 그 길을 또 다른 방식으로 묘사하는 것을 들은 적이 있습니다. 자기에게서 벗어나(out of self), 그리스도께로 들어가는(into Christ) 것입니다. 한 걸음만 걸으면, 여러분은 천국으로 가는 길에 들어섭니다. 자기에게서 벗어나, 그리스도께로 들어가십시오. 그것은 여러분이 알지 못하는 길이지만, 주께서 그 길에서 여러분을 인도하십니다.

비록 우리는 알지 못하는 길로 가지만, 우리는 그 길에서 안전히 인도될 것입니다. 왜냐하면 단지 "내가 그들을 인도하리라"고만 기록되지 않고, 그보다 더 나아가 "내가 그들을 이끌리라"고도 기록되었기 때문입니다. 당신이 어떤 사람을 인도하지만, 그가 당신을 따라오지 못하는 경우도 있습니다. 당신은 충분히 좋은 안내자이지만, 그의 다리가 약해 쓰러질 수 있습니다. 그러나 행복하게도 본문은 이렇게 말합니다. "내가 그들을 이끌리라." 즉 "그들은 확실하게 내가 효과적으로 인도하는 곳으로 따라올 것이다"는 의미입니다. 오 믿는 자여, 비록 당신이 천국으로 가는 길을 보지 못해도 당신의 주 하나님을 절대적으로 따르십시오. 그러면 당신은 분명히 그곳으로 이르는 길을 찾을 것입니다. 당신을 인도하시는 분이 또한 당신을 이끄실 것이기 때문입니다. 그리스도를 호위함으로 삼고 항해하는 선박이 원수에게 포획된 적은 없었습니다. 그리스도를 안내자로 여기며 온전히 그분께 의지했던 순례자가 길을 잃고 멸망으로 떨어진 적은 없습니다. 예전과 마찬가지로, 우리 주 예수 그리스도는 이렇게 단언하실 수 있습니다. "아버지께서 내게 주신 자 중에서 하나도 잃지 아니하였사옵나이다"(요 18:9). 그분은 자기 양들을 지키십니다. 영생에 이르도록 그들을 보전하십니다. "세상에 있는 자기 사람들을 사랑하시되 끝까지 사랑하시니라"(요 13:1). 비록 스스로는 볼 수 없고, 스스로는 길을 찾을 수 없어도, 예수 그리스도를 의지하는 자는 복이 있습니다. 주께서 효과적으로 인도하여 본향에 이르도록 이끌겠다고 약속하신 그들은 복된 자들입니다.

또한 그분은 아주 좁은 길에서 그들을 인도하실 것입니다. 본문이 이렇게 말하기 때문입니다. "내가 그들을 이끌며 그들을 지름길로 인도하리라." 나는 다음과 같은 도로가 묘사되고 있다고 상상합니다. 지름길이란 들판을 가로지르고, 산울타리와 개천을 넘고, 층계를 오르다가 좁은 골목을 내려오며, 진창길과 늪

지대를 가로지르는 길과 같습니다. 하지만 그 도로를 따라 하나님께서 그들을 인도하실 것입니다. 오 사랑하는 이여! 그리스도인의 순례에는 아주 좁은 길들이 더러 있습니다. 여러분은 때때로 여러분이 진정 하나님의 자녀인지 묻게 만드는 설교를 듣지 않습니까? 그 길이 얼마나 좁은 길인지요! 여러분은 얼마 전에 설교자가, 거저 주시는 은혜와 죽음으로 보이신 사랑에 대해 전했을 때, 그 길이 너무나 영광스러운 대로이며, 여러분은 그 길을 달려가고 있다고 생각했을 것입니다. 하지만 지금 설교자는 중생에 대해 설교하기 시작하고, 성령의 역사와, 그 내적 표징과 증거들에 대해 말하기 시작하자, 여러분은 두려워하고 주저합니다. 가만히 서서 여러분이 바른 방향으로 여행하고 있는지 궁금히 여깁니다. 그 길이 너무나 좁아 보이기 때문입니다. 자, 그렇다면, 여러분은 위대한 안내자(Guide)에게 기도해야 합니다. 이렇게 아뢰어야 합니다. "주여, 저를 제가 알지 못하는 길에서 인도하소서. 비록 그 길에 아주 좁은 곳이 있어도, 매우 엄중하게 자기를 살피며 검증하고 시험하는 곳이 있어도, 아직 내가 도달하지 못한 높은 목표지점이 있고, 내가 알지 못했던 어떤 달콤한 즐거움이 있다면, 주여 저를 그곳으로 인도하소서." 그런 여러분에게 약속이 있습니다. 그 과업은 하나님께 달려 있습니다. "내가 그들이 알지 못하는 지름길로 인도하리라."

이와 같이 이 본문 안에는 은혜와 복이 내포되어 있습니다. 여러분은 눈먼 자이지만, 하나님이 여러분의 안내자가 되십니다. 여러분은 보기를 원치 않으나, 그분이 여러분을 위해 대신 보십니다. 연약하여 스스로는 자격이 없다고 느끼는 여러분은 실수가 없으신 그분의 지혜에 의해 안내를 받을 것입니다.

3. 주께서 인도하시면 어떻게 될까?

이상의 내용이 우리를 다음 세 번째의 요점으로 이끌어줍니다. 주께서 인도하시면 어떻게 될까요? 그로 인해 어떤 일이 생길까요? 주께서 이와 같이 말씀하십니다. "암흑이 그 앞에서 광명이 되게 하며 굽은 데를 곧게 할 것이라."

형제여, 당신은 어디에 있습니까? 사방이 어둡고, 아무런 표지도 볼 수 없으며, 마음을 진정시켜줄 달콤한 확신을 느낄 수 없는 진퇴양난의 장소에 있습니까? 당신이 맹인이라고 상상해보십시오. 아니, 당신은 진실로 맹인된 자이니, 그렇다고 생각하면, 그 생각이 많은 차이를 가져다주지 않습니까? 당신은 그것을 인식하지 못합니까? 당신이나 나나, 자연적인 시력을 가진 자들은 읽기를 원합니다. 그런데 해가 떨어지면 자연적인 시력이 거의 도움이 되지 못합니다. 우리가 말하듯이 "한밤중에는" 글을 읽으려는 시도가 시간 낭비입니다. 글자를 알아보지 못합니다. 자, 그런데 맹인은 그럴 때도 한낮과 다름없이 잘 지냅니다. 어둠에 처하게 될 때 당신은 초조해하기 시작하면서 빛을 원합니다. 하지만 맹인은 빛을 원하지 않습니다. 그는 빛이 있을 때와 마찬가지로 없을 때에도 잘 지냅니다. 이와 같이 하나님께서 당신으로 하여금 맹인이 되도록 하실 때에, 당신이 보기를 거의 원치 않고, 온 사방이 어두울 때에도 밝을 때와 마찬가지로 행복하게 지내는 것이 하나님의 큰 은혜입니다. 왜냐하면 당신은 밝을 때에도 눈으로 보면서 걷지 않았듯이, 이제 어두울 때에도 시각의 안내를 따라 걷지 않기 때문입니다. 오, 믿음으로 사는 삶의 은밀한 기술이 얼마나 복된지요! 당신은 행복의 시절에 하나님을 향하고 그분을 신뢰하듯이, 슬픔과 고난의 시절에도 그분을 향하고 신뢰하기 때문입니다. 시련의 때에나 승리의 때에, 당신은 한결같이 그분을 신뢰합니다.

환경으로부터 행복을 이끌어내기 시작한다면 그것은 매우 위험합니다. 그렇게 하면 당신은 스스로를 약화시킬 것입니다. 일단 행복을 형통한 환경에서 이끌어내면, 당신은 그와 마찬가지 차원에서, 역경의 환경에서 불행을 이끌어낼 것이기 때문입니다. 하지만 만약 주께서 당신으로 하여금 눈으로 보는 것을 따라 살지 않고 항상 주 안에서 기뻐하도록 가르치신다면, 그 때 당신은 환경이야 어떠하든 동일한 평온, 동일한 평화, 동일한 행복을 누리도록 준비될 것입니다. 욥이 이와 같이 말한 것은 아주 훌륭합니다. "그가 나를 죽이실지라도 나는 그를 신뢰하리라"(KJV. 욥 13:15. 한글개역개정에는 '그가 나를 죽이시리니 내가 희망이 없노라'고 되어 있음 — 역주). 그것은 이렇게 말한 것과 다름없습니다. "내가 그분을 신뢰하는 것은 그분이 내게 낙타들과 은금과 양과 소를 주셨기 때문이 아니다. 비록 내가 그것들을 주신 것에 대해 감사하고 기뻐하지만, 내가 그분을 신뢰하는 것은 그것들을 인해서가 아니다. 내가 그분을 신뢰하는 것은 금귀고리 때문이 아니며, 사람들이 모인 성문에 앉았을 때에 내가 소유했던 화려한 장식품들 때문도 아니다. 그분이 내게 어떤 일을 행하시든, 나는 그분을 신뢰한다. 그분이 내게서 모든 것을 가져가시고 아무것도 남기지 않으셔도, 내가 기왓장으로 내 상처들을 긁을 정도로 나를 고통스럽게 하셔도, 나는 그분께 대한 나의 신뢰를 거두지 않을 것이다. 내가 소유물이나 건강 때문에 그분을 신뢰한 것이 아니듯이, 그분이 여기서 더 나아가 나를 죽이신다고 해도, 나는 여전히 그분을 신뢰할 것이다."

사랑하는 친구들이여, 보기를 원치 않는 것이 달콤한 만족이 아닐까요? 그분이 암흑을 우리 앞에서 광명이 되게 하실 것을 앎으로써, 후회와 불평에서 벗어나시기 바랍니다. 눈으로 보기를 멈추고, 오직 믿음으로만 걷는 자들에게는, 어두울 때에도 빛 속에 있는 것과 같이 언제나 안전하기 때문입니다.

이상의 내용이 우리가 이 은혜로운 약속에서 끌어낼 수 있는 의미의 전부가 아닙니다. 내 사랑하는 형제여, 만약 당신이 고난의 어둠 가운데 둘러싸였다면, 하나님을 신뢰하십시오, 그러면 그 고통이 사라질 것입니다. 나는 그 고난의 원인이 사라질 것이라고 말하지 않습니다. 아마도 당신은 여전히 그것을 짊어져야 할 것입니다. 하지만 그 고난 자체가 당신을 괴롭히기를 멈출 것입니다. 그것은 더 이상 당신의 마음을 괴롭게 하지 않을 것이고, 그래서 마치 그 고난 자체가 떠난 것처럼 느껴질 것이며, 결국에는 그 고난의 원인도 떠날 수 있습니다. 하나님께서 자기 백성으로 하여금 그들이 견뎌야 하는 것에 대해 묵묵히 견디도록 하실 때에는, 그분은 그들로 하여금 그것을 필요 이상으로 빈번하게 견디도록 요구하시지 않기 때문입니다. 만약 당신이 고난 중에 있다면, 내 경험에 비추어, 나는 당신에게 복종하며 견디라고 권면할 수 있습니다. 나는 내 앞에 있는 백발이나 머리가 벗어진 일부 친구들만큼 오랜 경험을 하진 못했습니다. 하지만 내가 하나님은 신실하신 분이라고 말할 때, 그들이 내 말을 반박하지 못할 것이라고 믿습니다. 하여간 이에 대해 나는 확신있게 말할 수 있습니다.

"먹구름처럼 고난이 찾아올 때
구름이 모이고 천둥소리가 크게 울릴 때,
내 영혼 가까이에 그분이 언제나 서 계시네.
오, 그분의 인자하심이 얼마나 좋은지!"

이와 같이 그분의 얼굴 빛이 내 고난의 어둠을 몰아내었습니다.

하나님의 자녀여, 당신은 죄의 느낌으로 인해 어둠 속에 있습니까? 당신이 알다시피, 우리 동료들 중 일부는 아주 높은 온전함의 단계에 올라서 슬퍼할 만한 어리석음이나 태만의 잘못을 저지르지 않습니다. 우리들 중 대부분의 평범한 사람들은 자주 자기비판과 내적 갈등을 겪기 때문에, 어둠 가운데 행하며 빛을 보지 못합니다. 어쨌든, 나는 성경이 앞의 훌륭한 형제들보다는 오히려 우리 같은 사람들을 위해 기록되었다고 생각합니다. 왜냐하면 성경에는 그런 내용들과 경험들이 풍부하기 때문입니다. 만약 내적인 갈등과 모든 어둠이 내게서 제거된다면, 나는 시편 중에서 상당 부분이 없이도 잘 지낼 수 있을 것입니다. 사실상, 나는 솔로몬의 아가서를 제외하고는 성경의 어떤 부분이 특히 필요한지 이유를 모를 것이며, 심지어 아가서의 내용조차도 마음에 그리 다가오지 않을 거라고 생각됩니다. 왜냐하면 신부조차도 어둠 속에서 자기의 주를 찾아야 하며, 이따금씩 태만하거나 방심할 때 그를 찾지 못하기 때문입니다. 하지만 오, 만약 당신이 어둠의 이유로 풀이 죽어 있거나, 죄의식으로 당황하거나, 혹은 영혼의 근심으로 인해 괴롭다면, 당신의 주를 의지하십시오. 그러면 당신은 준비된 치료약을 발견할 것입니다.

"우리가 어둠 속에서 걷고
거룩한 불꽃을 느끼지 못할 때,
그 때가 우리 하나님을 신뢰하고
그분의 이름을 의지할 때라네.
당신의 믿음의 눈이 희미해질 때
가라앉든지 헤엄을 치든지, 여전히 예수를 의지하고,
여전히 그분의 발치에 무릎을 꿇으십시오.
그러면 이스라엘의 하나님이 당신에게 평강을 주시리."

그분은 어떤 종류의 어둠이 당신에게 몰려와도, 그 어둠을 당신 앞에서 빛이 되게 하실 것입니다. 그저 당신은 보기를 원치 않는 맹인의 모습 그대로, 모든 것을 예수님께 맡기고, 그분의 귀한 이름을 신뢰하십시오. 그러면 그분이 암흑을 당신 앞에서 광명이 되게 하실 것입니다.

우리가 어둠에서 건짐을 받는 것처럼 우리는 역경으로부터도 건짐을 받을 것입니다. "굽은 데를 곧게 할 것이라." 하나님은 굽은 것들을 곧게 하실 수 있습니다! 우리들 중에 굽은 것이나 고쳐져야 할 무언가를 갖지 않은 사람이 어디 있습니까? 모든 집안에나 모든 사람 안에는 굽은 것이 적어도 하나 있으며, 하나님이 굽게 하신 것을 사람이 곧게 하지 못합니다. 다루기 어려운 장애물들과 걱

정스러운 난국들이 우리로 하여금 어찌할 바를 모르게 하며, 마침내 우리는 어디로 향해야 할지를 알지 못합니다. 오른쪽으로 가야 할까요, 아니면 왼쪽으로 가야 할까요? 어느 쪽이든 모두 가로막힌 듯이 보입니다. 앞으로 나아가야 할까요, 아니면 뒤로 물러나야 할까요? 양쪽 모두가 똑같이 위험해보입니다. 판단력이 지도와 나침반을 잃어버리고 말았습니다. 때때로 하나님의 자녀는 정말이지 무엇을 선택해야 할지 모를 때가 있습니다. 그는 미로에 갇힌 듯하며, 실마리를 놓쳐 버렸습니다. 길이 들쭉날쭉하고, 뒤로 향했다가 앞으로 향하곤 하는데, 마치 이스라엘 백성이 광야에서 방황하던 때의 지도와 같습니다. 그는 말합니다. "그곳에서 내가 어떻게 해야 할까요?"

자, 사랑하는 형제여, 그런 경우에 최상의 할 일은 아무것도 하지 않는 것이며, 오직 주님만 의지하는 것입니다. 일 년의 사분의 일을 친구들과 상의하는 것보다 한 시간의 사분의 일을 기도하는 것에서 더 많은 지혜를 얻을 수 있습니다. 자주 우리는 살아계신 하나님께 의논을 드렸고, 그분은 우리의 도움이 되어주셨습니다. 우리가 그분께 맡겼을 때, 우리는 언제나 지혜롭게 행해왔습니다. 오, 그분은 최악의 상황으로 가장 심하게 굽은 것도 우리의 유익을 위해 별안간 곧게 하실 수 있습니다!

나는 내 주님을 섬기는 문제에서 어떤 어려움 때문에 머리가 혼란스러웠던 적이 있었습니다. 어리석게도 나는 많은 사람들의 의견을 구했고, 무엇을 해야 할지에 대한 더 깊어진 불확실성 때문에 집으로 돌아갈 때는 머리가 더욱 지끈거렸습니다. 나는 아무리 머리를 써도 얽혀 있는 문제를 어떻게 풀어야 할지 방법을 찾지 못했습니다. 하지만 마침내 내가 무릎을 꿇고서 이렇게 기도했을 때 나는 언제나 방법을 찾곤 했습니다. "하늘에 계신 아버지여, 그것은 저의 일이기보다는 당신의 일입니다. 그 일은 저의 한계를 넘은 일이니, 이제 그 문제를 당신의 손에 맡깁니다. 저를 인도해주소서." 내가 그것을 선반에 올려두고서 "이제 무슨 일이 생겨도 그 문제를 다시 끄집어 내리지 않을 것이다"라고 말했을 때, 모든 것이 바르게 되었습니다. 만일 내가 그것을 스스로의 힘으로 다루어보려고 손을 댔다면 아주 엉망이 되고 말았을 것입니다.

사랑하는 친구들이여, 여러분은 종종 스스로에게 손해를 끼치는 일에 분주합니다. 옳게 행하려고 애를 쓰지만, 마치 숙명처럼 결국에는 일을 그르치고 맙니다. "가만히 서서 여호와께서 행하시는 구원을 보라"(출 14:13). 이는 우리들 중의 일부가 그러하듯이, 특히 성급한 사람들에게는 아주 배우기 어려운 교훈입니다. 하지만 만약 우리가 계속해서 그것을 실천해보고 배우게 되었을 때, 우리는 그것이 지혜의 방법임을 알게 될 것입니다. 사랑하는 자매여, 당신에게 찾아온 청혼에 너무 성급하게 빠져들지 마십시오. 먼저 그것을 곰곰이 생각해보고, 그 문제에 대해 기도하십시오. 거기서 잠시 멈추십시오. 자칫하면 고통스러운 처지에 빠질 수 있습니다. 젊은이여, 확실히 아주 좋은 입구가 여러분 앞에 펼쳐진 듯이 보이는군요. 하지만 그것이 어디로 향하고 있는지 잘 살피십시오. 파리들에게 많은 거미집들 속으로 빠져들게 하는 좋은 입구가 있지만, 파리들은 그것이 다시 빠져나올 수 있는 입구인지를 살핍니다. 잠시 멈추십시오. 가만히 서십시오. 심사숙고가 당신의 귀에 속삭일 시간을 주십시오. 현혹하는 장면들에 속아 넘어가지 마십시오. 당신의 분별력의 시력은 어둡고 눈멀었음을 시인하십시오. 주님으로 하여금 당신을 인도하시게끔 하십시오. 당신 자신의 이익에 눈을 돌리지 말고, 이 세상의 의견에 눈을 주지 마십시오. 먼저 하나님 나라와 그의 의를 구하십시오. 그러면 당신에게 모든 것이 잘 될 것입니다. 아, 사람들은 당신이 그리스도인이 아닌 어떤 사람과 더불어 사업을 시작할 수 있는 기회 속으로 뛰어들지 않는 것을 보고는, 당신을 바보라 부를 것입니다. 하지만 당신은 믿지 않는 자와 멍에를 함께하지 말라는 성경 말씀을 들었습니다. 그러므로 나는 당신에게 주님의 명령에 불순종하지 말라고 호소합니다. 거기서 뒤로 물러서십시오. 당신을 주 예수 그리스도의 이끄심과 인도하심에 맡기십시오. 그러면 분명 옳은 길로 가게 될 것입니다. 그것이 주님의 인도하심의 결과이며, 바로 이런 의미에서, 맹인이 됨으로써 얻는 유익들 중의 하나가 있습니다.

4. 그 결말은 무엇일까?

이제 마지막으로, 그 결말이 무엇인가에 대해 생각해봅시다.

만약 당신이 아무것도 볼 수 없다면, 당신이 맹인이라면, 그리고 하나님의 인도하심에 당신 자신을 맡기고, 당신과 관계된 모든 것을 그분의 지혜와 돌보심에 맡겼다면, 그 결과로 당신의 삶은 온통 하나님의 인자하심과 성취된 약속으로 가득할 것입니다. "내가 그들에게 이 일을 행하리라." 또한 당신은 영원한 사랑의 삶을 얻을 것입니다. 그분이 이렇게 덧붙여 말씀하시기 때문입니다. "내가 그들을 버리지 아니하리라." 당신은 사는 날 동안 하나님이 당신과 함께 하심을 발견할 것입니다.

하나님의 자녀가 믿음으로써 모든 일을 모험으로 행하는 것은 아니지만, 그 모험은 효과가 있습니다. 요행수를 노리는 여러분이여, 여러분은 투기가 유익할 때도 있지만 나쁠 때도 있음을 발견할 것입니다. 하지만 만약 여러분이 하나님께 대한 믿음으로 모든 위험을 감수한다면, 그것은 투기가 아닙니다. 그것은 확실한 일입니다. 그분이 여러분을 실패하지 않게끔 하실 것입니다.

나는 어제 여러분이 아주 작은 일이라고 여길 만한 것으로 인해 기분이 크게 새로워졌습니다. 그 일은 하나님께는 작은 일이 아니었습니다. 나는 우리 교회 연감(年鑑)의 책장을 넘기다가 1861년도에 해당되는 부분을 보게 되었습니다. 그 해 1월 무렵에 이와 같은 기록이 있었습니다. "이 교회는 새 태버너클 예배당 건축비를 지불하기 위해 4,000파운드의 돈을 필요로 한다. 이 문서의 서명자들인 우리는 그 돈이 어디에서 올지를 알지 못하지만, 우리의 하늘의 아버지께서, 우리들의 증언자로서, 적당한때에 그 모든 액수를 우리에게 보내주실 것을 확실히 믿는다." 그 서명자들 중에는 나도 있었고, 집사들과 장로들과, 수많은 여성 신자들도 포함되어 있었습니다. 나는 우리가 이렇게 하나님을 신뢰했음을 보고 기뻤습니다. 그 문서에는 아주 신중한 형제들 한두 사람의 이름도 있었습니다. 나는 그 때 그들이 서명하는 것을 보고 적잖이 놀랐던 것을 회상합니다. 왜냐하면 당시에 그들은 우리가 돈을 구할 수 있을 것인지에 대해 줄곧 회의적이었기 때문입니다. 하지만 그들은 장부답게 서명을 했습니다.

한두 달 후—정확히 두 달 후—이런 기록이 있었습니다. "모든 성도들 중에 가장 작은 자보다 더 작은 자인 나 찰스 해돈 스펄전은 하나님이 참되심을 보증하며 날인한다. 그분이 이 4,000파운드 전부를 우리에게 공급해주셨기 때문이다." 그 뒤에는 이와 같은 새로운 의사록이 있었습니다. "서명자들인 우리는, 이로써 전능하신 하나님께 대한 우리의 신뢰를 선언한다. 그분이 우리 믿음을 따라 우리에게 행하셨으며, 우리가 그 돈을 필요로 하는 때가 이르기 전에, 필요한 모든 것을 우리에게 보내주셨다. 우리가 의심을 가졌던 적이 있음을 생각하면서 우리는 스스로 부끄러워하며, 또한 이제부터 영원히 항상 그분을 신뢰할 수 있기를 기도한다." 그 후에 긴 서명부가 첨부되었습니다. 거기에 기명된 몇몇 이름들은 지금 내가 볼 수 있는 사람들의 이름입니다. 여러분은 믿음이 영예를 얻은 것에 대해 하나님께 감사하며 서명했습니다.

형제들이여, 우리에게는 그와 같은 일들을 행할 때가 상당히 많았지만, 주님께서 지금껏 우리를 실망시키신 적이 있었습니까? 결코 없었습니다! 또한 앞으로도 그런 일은 결코 없을 것이니, 여러분은 여러분의 사업과, 가정의 일과, 영적인 싸움에서 그분을 의지할 수 있습니다. 여러분이 하나님을 신뢰한다면 그분은 여러분이 그분을 신뢰하는 만큼 여러분을 선대하실 것이며, 아니 그보다 더욱 선대하실 것입니다. 여러분은 결코 이런 식으로 말할 수 없을 것입니다. "나는 그분을 신뢰하다가 난처하게 되었다. 나는 그분을 신뢰했지만, 그분의 약속이 내 기대를 저버렸다." 여러분이 기댈 수 있는 약속을 가져야 함에 주의하십시오. 여러분은 머리에 떠오르는 모든 변덕들을 이루어달라고 주님께 요청해서는 안 됩니다. 하지만 만약 그분이 여러분에게 약속을 주셨고, 여러분이 약속에 호소할 수 있을 경우, 또한 그것이 그분의 영광을 위한 것이고 여러분이 그것을 알고 있는 경우, 그럴 경우 여러분은 그분이 어떻게 약속을 이루시는지를 보게 될 것입니다. 성령의 감동에 의해 기록된 이 책에서, 그분이 하신 약속이 실패한 적이 있는지 찾아보십시오. 그리고 여러분 자신의 삶에서, 기이한 경험으로 인도된 것을 회상하면서, 이 질문에 대답해 보십시오.

그분이 여러분에게 메마른 광야가 되었던 적이 있습니까? 그분이 마른 샘이 되거나, 여러분에게 비 없는 구름이 되어 여러분을 조롱했던 적이 있었습니까? 여러분은 사람들을 신뢰해왔으며, 그에 대한 보응을 받은 것입니다. 왜냐하면 "무릇 사람을 믿으며 육신으로 그의 힘을 삼은 그 사람은 저주를 받을 것"(렘 17:5)이기 때문입니다. 하지만 여러분이 하나님을 신뢰했을 때, 여러분은 그것과는 전혀 다른 보상을 받지 않았습니까? 여러분은 이렇게 말할 수 있지 않습니까? "무릇 여호와를 의지하며 여호와를 의뢰하는 그 사람은 복을 받을 것이라"(렘 17:7). 그 때 여러분은 이 말씀을 경험했습니다. "내가 이 일을 행하여 그들을 버리지 아니하리라." 여러분이 신뢰할 수만 있다면, 이 약속은 성취될 것입니다.

이 본문의 마지막 절은 특별히 용기를 북돋우는 말씀입니다. "그들을 버리지 아니하리라." "내가 그들을 버리지 아니하리라." 이는 헛된 동의어 반복이 아닙니다. 나는 주의 백성들이 별안간 마음의 안절부절못함, 신경과민의 우울증, 큰 두려움 등을 느낄 때가 있다고 생각합니다. 바로 그 때 그들의 믿음이 최대로 작용하고, 하나님의 인자하심이 가장 두드러지게 그들에게 나타납니다. 또한 나는 이 짧은 문장이 강력한 강장제이자 즉각적인 효능을 나타내는 진정제가 될 것이라고 믿습니다. 그 원인이 어디서 오는 것일까요? 엘리야의 경우에서처럼 육신의 피곤함에서 발생할까요? 여러분은 그가 갈멜 산에서 만군의 여호와를 향한 열심을 어떻게 보였는지를 기억합니다. 그가 얼마나 격렬하게 바알 선지자들과 대결하였습니까? 여호와의 불이 떨어져 번제물과 나무와 돌과 흙을 태우고, 심지어 고랑에 있던 물까지 핥았을 때, 그의 기도는 얼마나 극적으로 응답되었는지요! 그는 바알 선지자들을 기손 시내로 데리고 내려가 거기서 그들을 죽였습니다. 또한 여러분은 그 이후 그가 광야로 하룻길을 간 후에 한 로뎀 나무 아래에 앉아서 죽기를 청하며 이렇게 말한 것을 기억할 것입니다. "여호와여 넉넉하오니 지금 내 생명을 거두시옵소서 나는 내 조상들보다 낫지 못하나이다"(왕상 19:4). 그는 많이 두려워했지만, 여호와께서 그를 버리실 위험은 없었습니다. 혹이 기이한 두려움은 격렬한 흥분 후의 반작용이거나 그 결과일 수도 있습니다. 다윗은 거듭하여 사울의 손에서 건짐을 받았으며, 그 오랜 원수가 자신이 죄를 범했고 매우 어리석게 행동했다고 인정하는 말을 들었습니다. 하지만 그럼에도 다윗은 제 길을 갔으며, 그 마음에 이렇게 생각했습니다. "내가 후일에는 사울의 손에 붙잡히리라"(왕상 27:1). 하지만 그가 하나님께 버림받았습니까? 여호와께서 그를 대하시는 문제에서 그가 그렇게까지 의문을 품어야 할 진정한 이유가 있었습니까? 결코 그렇지 않습니다.

잘은 모르겠지만, 나는 이런 두려움을 이따금씩 노령의 약함 탓으로 돌리기도 합니다. 우리의 죽을 육체가 점차 쇠약해질 때, 영혼이 육체의 연약함에 동조하는 것이라고 말입니다. 내가 이미 말한 바 있듯이, 시편 기자는 인간의 감정의 모든 건반을 두드리고, 신자들이 경험하기 쉬운 모든 기분들을 다룹니다. 다음과 같이 말했을 때 분명 그의 믿음은 활력으로 가득했을 것입니다. "내가 주 여호와의 능하신 행적을 가지고 오겠사오며 주의 공의만 전하겠나이다"(시 71:16). 그가 어려서부터 성년이 되기까지 자신의 삶을 되돌아보면서 이렇게 말했던 감사는 결코 잘못된 것이 아닙니다. "하나님이여 나를 어려서부터 교훈하셨으므로 내가 지금까지 주의 기이한 일들을 전하였나이다"(시 71:17). 하지만 우리는 그 뒤에 따라오는 열정적인 기도를 결코 잊을 수 없습니다. "하나님이여 내가 늙어 백발이 될 때에도 나를 버리지 마소서!"(시 71:18). 그럴 때 이 종을, 이 귀한 은종(銀鐘)을 한 번 두 번 울리십시오. "내가 이 일을 행하여 그들을 버리지 아니하리라." 물론 그들은 고난에 처할 것입니다. 그들의 친구들은 마치 겨울에 나뭇잎들이 나무에서 떨어지듯이 그들을 떠날 것입니다. 하지만 주께서 말씀하십니다. "내가 그들을 버리지 아니하리라." 그들은 죽게 될 것이고, 마귀가 그들을 유혹할 것입니다. 육체는 아주 약해질 것이며, 그들의 육신은 힘든 고통을 느낍니다. 하지만 주님은 말씀하십니다. "내가 이 일을 행하여 그들을 버리지 아니하리라. 그들이 물을 건널 것이며, 심판대에 서리라. 하지만 기록된 것과 같이 내가 이 일들을 행하리니, 내가 그들을 버리지 아니하리라."

사랑하는 이여, 계속해서 나아가십시오. 앞으로 나아가십시오. 비록 맹인이어도, 당신이 당신의 길을 보지 못해도, 앞으로 나아가십시오. 사랑하는 이여, 어둡고 굽은 길에서도 앞으로 나아가십시오. 정녕 당신이 하나님을 신뢰하는 한, 하나님께서는 당신에게 하신 그분의 모든 약속을 이루실 것입니다. 마지막까지 그분의 이 말씀이 당신의 귀에 들리게 하십시오. "내가 그들을 버리지 아니하리라." 그들을 떠나지도 버리지도 않겠다고 하신 것은 자기 백성을 향한 그분의 약속입니다. 감사의 마음을 담아, 이 친숙한 찬송가 가사를 인용함으로써 말씀을 맺겠습니다.

"안식을 얻으려 예수께 의지한 영혼을
나는 결코 그의 원수에게 내어주지 않으리.
온 지옥이 흔들려고 애쓰는 그 영혼을
나는 결코, 결코, 결코 버리지 않으리."

제
40
장

예상되는 시련과 극복

"네가 물 가운데로 지날 때에 내가 너와 함께 할 것이라. 강을 건널 때에 물이 너를 침몰하지 못할 것이며 네가 불 가운데로 지날 때에 타지도 아니할 것이요 불꽃이 너를 사르지도 못하리니, 대저 나는 여호와 네 하나님이요 이스라엘의 거룩한 이요 네 구원자임이라. 내가 애굽을 너의 속량물로, 구스와 스바를 너를 대신하여 주었노라."—사 43:2-3

지금 이 날까지, 유대 민족은 파멸당하지 않았습니다. 유다는 물과 불을 지나왔습니다. 유대인들의 박해 이야기는, 고대에서나 그 후대에서나, 매우 가슴아픈 내용들로 많은 책들을 채울 것입니다. 만약 그들이 메시야가 다시 오실 때까지 그분의 증인으로 남도록 하나님께서 특별히 지명하신 백성이 아니었다면, 그들은 인간 세계에서 완전히 사라지고 말았을 것입니다. 그 민족은 흩어지고 박해받았으며, 찢기고 갈라졌으며, 쫓겨나기도 하고, 심한 곤경에 처해왔습니다. 하지만 여전히 그들은 존재하고 있습니다. 많은 세기 동안, 그들은 이방인들과 소위 그리스도인이라 하는 사람들에 의해 동일하게 미움을 받았습니다. 하지만 그들은 살아남았고, 앞으로도 계속해서 살아남을 것이며, 마침내 새 마음과 바른 영이 그들에게 주어질 것입니다. 하나님께서는 그분의 크신 긍휼로 이스라엘의 눈먼 것을 제거하실 것이며, 그리하여 그들은 그들이 찌른 그분을 볼 것이며 마치 자신들의 독자를 잃고 우는 것처럼 그분을 위해 울 것입니다. 그 때 이방인들에게 영광이 임할 것이며, 이스라엘에게는 예전의 영광보다 더 큰 영광이 회복될 것입니다.

하지만 형제들이여, 성경의 모든 약속은 영적인 것으로서, 문자적으로는 이스라엘 민족과 그들의 육적인 후손들에게 주어진 것이기도 하지만, 성령의 감동으로 된 사도 바울의 가르침에 따르면, 더욱 온전한 의미에서는 아브라함의 영적인 후손들에게 주어진 것입니다. 모든 신자들이 아브라함의 영적인 후손이기 때문입니다. 아브라함은 모든 신실한 자들의 조상이 아닙니까? 아브라함은 단지 할례에 속한 자들뿐 아니라, 무할례자의 경우에도 만약 그들이 살아계신 하나님을 믿는다면 그들의 조상인 것입니다. 그러므로 이 약속은 문자적인 이스라엘에게만 아니라 우리에게도 주어진 것입니다. 이 약속은 지금까지 하나님의 교회에 성취되어왔듯이, 앞으로도 완전한 차원에서 성취될 것입니다.

순교사(殉教史)를 연구하는 학자들은 교회가 얼마나 자주 물과 불을 지나왔는지를 우리에게 들려줍니다. 하지만 홍수가 교회를 침몰하지 못했고, 불꽃도 교회를 사르지 못했습니다. 지금 교회는 안전한 곳에 서 있습니다. 교회의 주님은 교회로 하여금 넓은 장소에 그 발을 들여놓게 하셨습니다. 교회의 깃발은 여전히 미풍에 나부끼고 있습니다. 교회를 대적하기 위해 고안된 어떤 무기도 성공하지 못할 것이며, 교회를 비방하려고 일어난 모든 혀들을 심판 때에는 교회가 정죄할 것입니다. 교회를 위한 고귀한 목적이 있습니다. 교회의 완전한 영광은 아직 나타나지 않았습니다. 하지만 우리는 교회의 하늘의 신랑이 영광 중에 나타나실 때, 그분의 신부가 그분과 함께 그 영광에 참여하게 될 것임을 압니다. 그렇습니다, 형제들이여! 예수님을 믿는 우리는 이기는 편에 서 있으며, 하나님과 그리스도께서 영원히 함께 하시는 편에 서 있습니다. 그리고 정해진 때가 되면 우리가 서 있는 이 편이 승리의 편임이 드러나게 될 것입니다.

하지만 더 나아가, 이 약속은 하나님의 전 교회에 적용되기도 하지만, 또한 그 교회 안에 있는 모든 개인에게도 적용됩니다. 하나님의 모든 약속들은 여러분이 원하는 대로 작게 세분하여도, 그것은 여전히 처음의 형태와 마찬가지의 형태를 유지할 것입니다. 그것이 정해진 규칙입니다. 하나님의 약속들은 마치 어떤 수정과도 같아서, 여러분이 그것을 계속해서 깨뜨리고 또 깨뜨려도, 그것은 처음과 마찬가지로 여전히 수정으로서의 형태를 유지합니다. 하나님의 약속은 교회라고 하는 몸 전체에도 진실이지만, 그 교회의 모든 개별적인 지체들에게도 진실이며, 또한 그 개별적인 지체가 당하는 모든 시련들 중에서도 진실입니다. 그러므로 사랑하는 이여, 이 약속을 여러분 자신의 것으로 받아들이십시오. 그리스도 예수 안에 있고, 하나님을 영으로 예배하는 여러분이여, 이 약속이 여러분을 위해 주어진 것이라고 주장하십시오. 마치 하나님께서 놀라운 영광 중에서 여러분의 귀에 직접 들려주신 것처럼, 혹은 그분이 영원한 펜으로 직접 기록하여 여러분에게 보여주신 것처럼, 이 고귀한 문장들이 여러분에게 주는 개인적인 서신인 것처럼 여기십시오. 정녕 그분은 영원히 복되신 그분의 성령으로 바로 여러분을 위해 그 약속들을 기록하신 것입니다.

이 본문을 관찰하면서, 우리는 이 본문이 세 부분으로 쉽게 구분되는 것을 볼 수 있습니다. 첫째는, 신자들이 시련들을 예상해야 한다는 것입니다. 여러분이 불과 물을 통과해야 할 때도 있습니다. 하지만 둘째로, 시련들이 여러분을 멸하지 못할 것입니다. 여러분은 이 본문에서 물에 의해 침몰하거나 불에 의해 타지 않을 것이라는 가장 확실한 선언을 대합니다. 셋째로, 이 복된 사실과 관련하여, 우리에게는 최상의 보증의 말씀이 주어졌습니다. 이 장의 3절에서 그 내용이 발견됩니다. 하나님은 자기 백성과 함께 하실 것이며, 또한 그들이 시련의 강물을 지나거나 불 같은 환난을 통과할 때에 그들을 구원하실 것입니다. 3절에서 우리는 그것을 입증할 수 있는 분명한 근거들을 얻습니다.

1. 신자들은 시련을 예상해야 한다.

먼저, 신자들은 시련들을 예상해야 합니다.

일부 젊은 그리스도인들은 천국의 자녀들이 결코 시련을 받지 않는다고 상상하지만, 그렇지 않습니다. 이 장의 첫 절은 하나님께서 우리를 구속하셨고 우리를 지명하여 부르셨으며 우리가 그분의 것이기 때문에, 두려워하지 말라고 우리에게 말합니다. 이로 인해 우리는 우리가 편안하게 살고, 모든 종류의 사치를 누리며, 하나님의 선택된 백성으로서 모든 차가운 눈보라로부터 보호될 것이라는 결론을 이끌어냅니다. 사랑하는 이여, 그렇지가 않습니다. 만약 여러분이 하나님 나라의 상속자라면, 정녕 여러분은 환난의 상속자들이기도 합니다. 여러분의 주께서 이렇게 선언하셨기 때문입니다. "너희가 환난을 당하리라"(요 16:33). 만약 여러분이 그리스도의 군대의 병사들이라면, 여러분은 싸움 없이 승리를 얻을 것이라고 기대해서는 안 됩니다. 그리고 만약 여러분이 하늘의 면류관을 쓰기로 예정되었다면, 여러분은 정녕 이 땅에서는 십자가를 지기로 예정된 것이 분명합니다. 은혜는 우리에게 즐거움만 연이어 가져다주는 것이 아니며, 우리를 달콤한 낮잠으로 이끌지도 않으며, "편안한 꽃 침대에 누운 채" 천국에 이르게 하지 않습니다. 그렇지 않습니다! 우리가 다스리려면 싸워야 합니다. 우리가 그리스도와 더불어 영광을 누리려면 그리스도를 위해 고난을 받아야 합니다. 이 본문은 이 모든 것에 대해 당연한 사실로서 우리에게 말해주는 듯 합니다. "네가 물 가운데로 지날 때에 … 강을 건널 때에 … 불 가운데로 지날 때에 …" 굳이 우리에게 말해줄 필요가 없는 듯이 본문에서는 그것이 당연한 사실로 언급됩니다.

이 본문은 이러한 시련들이 다양한 종류가 될 것이라고 우리에게 들려줍니다. "불과 물을 지나다"라는 표현은 혹독하고도 다양한 시련들을 겪는 것을 의미합니다. 여러분이 하나님의 참된 자녀라면, 여러분은 물들을 지나야 할 것입니다. 여러분은 뼛속까지 시리게 만드는 특정한 종류의 시련을 견뎌야 합니다. 그 시련이란 여러분의 발을 미끄러지게 하고, 여러분을 선 자리에서 넘어지게 만들며, 여러분을 급류에 휩쓸리도록 만드는 그런 종류의 시련입니다. 여러분은 그런 종류의 시련들을 당할 것을 예상해야 합니다. 여러분은 안도의 약속으로 스스로를 기만해서는 안 됩니다. 하나의 고난이 지나가면 또 다른 고난이 다가올 것이며, 아마도 그것은 여러분이 마지막으로 겪은 것과는 다른 성격의 고난일 것입니다. 그것은 여러분에게 또 다른 종류의 은혜의 활동을 요구하며, 또 다른 형태의 깨어 있음을 요구할 것입니다.

물에 빠지는 대신 여러분은 불 속에 있을 수도 있습니다. 여러분은 이제 춥지 않을 것이지만 뜨거울 것입니다. 마치 용광로에서 녹는 금속처럼, 온 사방의 뜨거운 불꽃이 여러분을 놀라게 할 것이며, 여러분을 당혹감과 고통으로 가득하게 할 것입니다. 그것은 여러분이 전에 경험한 것과는 전적으로 다른 시련입니다. 여러분은 바람이 하루에도 얼마나 자주 그 방향을 정반대쪽으로 바꾸는지를 압니다. 불과 몇 시간 만에, 먼저는 눈이 내리다가 비가 내리고, 다음에는 해가 떴다가, 그 후에 바람이 불고 다시 눈이 내리며, 진눈깨비가 날려서 도무지 옆에 무엇이 있는지를 볼 수 없게 되기도 합니다. 이 하루의 변화는, 인간의 삶에 대한 일종의 요약입니다. 대부분의 인간의 삶이 그러하듯이, 그것은 기이한 날씨의 하루와 같아서, 어느 누구도 그 날이 반복되기를 원치 않으며, 그 날이 끝났을 때 기뻐하는 것이지요. 하나님의 자녀들은 그들의 삶이 다시 반복되어 살기를 바라지 않을 것입니다. 그들은 저녁이 될 때 기뻐하며, 옷을 벗고서, 안식의 처소로 가는 것을 기뻐합니다. 하지만 그런 와중에, 그들이 지혜롭다면, 그들은 다양한 시련들이 그들에게 닥칠 것을 예상합니다.

또한 본문은 이러한 시련들의 일부는 매우 끔찍한 것이 될 것을 암시하는 듯합니다. "네가 물 가운데로 지날 때에"— 이는 언덕에서 내려오는 강하고 급한 물이며, 마치 기손 강이 야빈과 그의 군대들을 휩쓸 때의 강력한 홍수와도 같습니다. 그것은 마치 요단의 물이 추수 때에 강둑을 넘어 범람할 때와 마찬가지로, 건널 수 없는 깊은 물이지만, 그럼에도 불구하고 여러분이 건너야 할 물입니다. 이러한 시련들이 여러분에게 닥쳐올 것이며, 그것들은 종종 여러분이 결코 극복할 수 없는 것처럼 보일 것입니다. 그것은 마치 「천로역정」에서 크리스천의 여정이 끝날 때, 곧 그 순례자의 여정이 물에 빠져서 실패로 끝나는 것처럼 보이는 때와 같습니다. 급한 물을 건너려고 시도하지만, 그는 물에 휩쓸리고 말았습니다. 만일 물이 그토록 무서운 것이라면, 불에 대해서는 내가 무어라 말해야 할까요? 물의 특징이 덮쳐서 가라앉게 하는 것이라면, 불의 특성은 태우는 것입니다. 만약 우리 마음속에 은밀한 힘의 원천이 없고, 우리를 둘러싼 전능하신 하나님의 힘이 없다면, 우리의 신앙을 압도하고 신속하게 우리를 태울 수 있는 특정한 시련들이 있습니다. 만일 "여호와께서 홍수 때에 좌정하시고 여호와께서 영원하도록 왕으로 좌정하시는"(시 29:10) 것이 아니라면, 물은 이미 오래전에 우리를 침몰시키고 말았을 것입니다. 또한 그분이 화염을 그의 사신으로, 태우는 열을 그분의 종으로 삼지 않으신다면, 우리는 완전히 불에 타고 말았을 것입니다.

하지만 우리는 그렇게 되지 않을 것입니다. 그러한 시련에도 불구하고, 그 시련이 바른 방식으로 작용하기만 한다면, 오히려 좋은 결과를 가져올 것입니다. 여러분이 아직 그런 시련을 만나지 않았다고 해도, 이 세상과 천국 사이에서, 만약 주께서 여러분의 도움이 되지 않으시면 여러분을 파멸시키기에 충분한 시련을 만날 것임을 예상해야 합니다. 나는 우리들 중 대다수가 시편 기자와 더불어 이렇게 노래할 수 있다고 생각합니다. "사람들이 우리를 치러 일어날 때에 여호와께서 우리 편에 계시지 아니하셨더라면, 그 때에 그들의 노여움이 우리에게 맹렬하여 우리를 산 채로 삼켰을 것이며, 그 때에 물이 우리를 휩쓸며 시내가 우리 영혼을 삼켰을 것이라"(시 124:2-4). 하지만 주께서 우리와 함께 하셨기 때문에, 우리의 대적들이 우리를 이길 수 없었던 것입니다.

우리에게 닥치는 시련들은 다양하고 끔찍할 뿐 아니라, 많은 횟수로 반복됩니다. 나는 여기서 같은 내용의 문장들이 되풀이 되는 것을 단지 히브리 시의 대구법(對句法)이라고 여기지 않습니다. 혹은, 설혹 그렇다고 해도, 우리는 이 히브리 시가 신자들의 삶에 닥치는 시련들의 전형을 보여준다고 생각할 수 있습니다. 우리는 '물' 가운데로 지나가야 합니다. 그리고 그 후에 재차 물을 건너야 하는데, 이 두 번째의 경우에 그 물은 '강'이라고 불립니다. 어떤 경우에 우리는 '불'에 휩싸이며, 그리고 또 얼마 후에 다시 불이 찾아오는데, 두 번째는 마치 그 불이 한결 더 가열된 듯이 '불꽃'이라고 불립니다.

사랑하는 젊은 친구여, 당신은 아직 시험을 다 끝내지 않았습니다. 당신이 극복한 그 유혹이 다른 형태로 되돌아올 수 있습니다. 오, 내 형제여, 당신은 아직 당신의 부패의 끝을 보지 못했으며, 당신이 죽었다고 간주한 그 점에서의 부패도 역시 마찬가지입니다. 당신은 아직 사탄이 야기하는 모든 시련들을 통과하지 못했으며, 혹은 세상이나 당신의 육체가 불러일으킬 시련들을 다 통과하지 못했습니다. 당신은 영광 중에 계신 하나님 우편에 최종적으로 도달하기까지, 단지 하나의 불을 지나야 할 것이 아니라, 많은 불들을 지나야 합니다. 때로는 이것이 우리가 겪는 환난의 가장 날카로운 통증이지만, 그것은 반복해서 우리를 찾아옵니다. 우리는 욥이 겪은 많은 시련들에 관해 큰 관심을 가지고 읽었습니다. 욥에게 닥친 환난은 전령들이 다음과 같이 전할 때마다 그 힘이 증대된다고 느꼈습니다. "나만 홀로 피하였으므로 주인께 아뢰러 왔나이다"(욥 1:15,16,17). 먼저 스바 사람들에게 소와 나귀들을 빼앗기고, 가축들과 함께 있던 종들은 죽임을 당했습니다. 그 후 양들과 그것들을 지키는 자들이 하늘에서 떨어진 번개에 의해 죽임을 당했습니다. 그 후에 갈대아 사람들이 낙타들을 빼앗고 돌보던 종들을 칼로 죽였습니다. 그리고 마지막에는 그의 가족 모두가 죽었다는 끔찍한 소식이 전해졌습니다. 연이은 타격을 입은 것이고, 슬픔에 슬픔을, 환난에 환난을 연속해서 겪은 것입니다. 이것이 바로 강한 자까지도 쓰러뜨리는 시련의 반복입니다. 그것은 가장 견고한 신자까지도 의심하고 떨기 시작하도록 만듭니다.

하지만 사랑하는 이여, 당신은 파도가 연이어서, 시련들이 연이어서 닥쳐오는 것을 예상해야 합니다. 당신은 군인으로서, 한 가지 싸움을 싸운 후에 부대를 이탈해서는 안 됩니다. 홀로 당신의 장막으로 물러가서는 "내가 승리를 쟁취했다"고 말해서는 안 됩니다. 그 싸움은 긴 전투의 시작일 뿐입니다. 당신은 승리의 화관이 이마에 씌워질 때까지 전장의 연기와 먼지를 견뎌야 하고, 피에 젖은 의복을 견뎌야 합니다. 그렇게 당신의 시련들은 다양하고 끔찍할 뿐 아니라 반복될 것입니다.

이 본문을 통해 이러한 시련들은 피할 수 없는 것임을 주목하십시오. "네가 물 가운데로 지날 때에"— 물을 지나야 하는 것은 기정사실입니다. 물 위로 건너갈 수 있는 교량은 없으며, 배도 없습니다. 물 밑으로 지나갈 수 있는 터널도 없습니다. 당신은 물 가운데로 지나가야 합니다. 그런 다음 이 말씀이 덧붙여집니다. "네가 불 가운데로 지날 때에." 불을 끄는 것에 대해서는 아무런 언급이 없으며, 혹은 불꽃이 약화될 때까지 기다리는 문제에 대해서도 언급이 없습니다. 열기가 식기 시작하는 것에 대한 언급도 없습니다. 당신은 물 가운데로 지나야 하듯이 불 가운데로 지나야 합니다. 당신은 단지 발을 고난의 파도에 담그기만 하는 것이 아니며, 그 속으로 지나가야 합니다. 당신은 단지 살짝 불에 그슬리는 정도가 아니라 그 불 가운데로 지나가야 하며, 그 불은 평소보다 칠 배나 뜨겁게 한 느부갓네살의 풀무불과 같을 것입니다. 그것은 당신의 손을 따뜻하게 해줄 불이 아닙니다. 당신은 타오르는 숯불 위를 밟고 지나가야 하며, 아마도 맨발로 지나가야 할 것입니다. 당신은 그 불 같은 시련을 견딜 준비가 되었습니까? 당신은 살아계신 하나님을 신뢰합니까? 당신이 뜨겁게 타오르는 풀무불 속으로 들어갈 때, 하나님의 아들과 같은 이가 당신과 함께 하실 것과, 그분이 은혜의 임재로써 당신을 보전하실 것을 믿을 수 있습니까? 하나님께서는 자기 백성들에게 고난의 면제를 약속하시지 않습니다. 사실 그분은 그들이 고난을 받을 것을 예고하십니다. 배움에 왕도가 없듯이, 천국으로 가는 길에도 왕도는 없습니다.

> "슬픔의 길! 오직 그 길만이
> 슬픔 없는 나라로 인도한다네."

그 시련들을 지나가겠노라고 결심하십시오. 그리고 끝까지 견딜 수 있도록 은혜와 용기를 주시도록 주님께 구하십시오. 성도들의 이러한 시련들은 정해진 것이며, 그들에게는 그들의 정해진 결말이 있습니다. 그러므로 당신이 하나님의 자녀라면, 어느 정도는 시련을 겪게 될 것이 분명합니다. 만일 더 많은 시련을 겪는다면, 당신은 더 많은 위로도 얻을 것입니다. 만일 당신이 더 적은 시련을 겪는다면, 당신을 향하신 주님의 인자하심에 감사할 것이며, 굳이 더 많은 시련을 바라지는 마십시오. 하지만 모든 하나님의 자녀들이 불로 세례를 받아야 하는 것을 잊지 마십시오. 그분에게는 죄 없으신 한 아들이 있지만, 그분에게 고난이 없는 자녀는 하나도 없습니다. 하나님의 모든 아들들과 딸들은 언약의 회초리를 경험하고, 그들의 지혜로우신 아버지의 손으로부터 징계의 채찍을 느끼게 되어 있습니다.

2. 시련이 신자들을 망하게 하지 않는다.

둘째로, 여러분에게 상기시키고 싶은 것은 시련이 신자들을 망하게 하지 않는다는 것입니다.

우선, 시련들이 신자들을 그들의 하나님으로부터 분리시키지 않습니다. 그런 일이 있다면 그것이야말로 멸망입니다. 하지만 그런 일은 있을 수 없습니다. 이 본문의 첫 문장을 주목해보십시오. "네가 물 가운데로 지날 때에." 하지만 내 주님, 그 물이 주님과 나 사이에 흐를까요? 아닙니다. "내가 너와 함께 할 것이라"고 하셨기 때문입니다. 그렇다면 주님, 물을 흐르게 하십시오. 왜냐하면 저는 사도 바울과 더불어 이렇게 말할 수 있기 때문입니다. "내가 확신하노니 사망이나 생명이나 천사들이나 권세자들이나 현재 일이나 장래 일이나 능력이나 높음이나 깊음이나 다른 어떤 피조물이라도 우리를 우리 주 그리스도 예수 안에 있는 하나님의 사랑에서 끊을 수 없으리라"(롬 8:38-39). "누가 우리를 그리스도의 사랑에서 끊으리요?"라고 사도는 묻습니다(롬 8:35). 그리고 그 대답은 이것입니다. "누구도 우리를 끊을 수 없다." 하나님과 그분의 백성은 분리될 수 없기 때문입니다. 내가 더 이상 말하지 않고 자리에 앉아도, 그것으로 이미 충분한 위로가 될 것입니다. 그 사실을 묵상하면, 나는 여러분이 예수님이 이끄시는 곳이라면 물과 불에도 뛰어들 준비가 될 것이라고 생각합니다. "네가 물 가운데로 지날 때에 내가 너와 함께 할 것이라."

당신이 가난하다고 해서 하나님과 멀어지는 것이 아닙니다. 당신이 병들었거나, 혹 당신의 어머니나 자녀들을 하나씩 잃고 천국으로 먼저 보냈다고 해서 하나님과 덜 가까워지는 것이 아닙니다. 오, 그렇지 않습니다! 당신의 손실과 고난의 십자가 속에서, 당신은 하나님의 임재를 그 이전의 어느 때보다 더욱 분명하게 느낄 것입니다. 본문은 "네가 꽃동산을 거닐 때와 부드러운 풀밭의 강둑에 앉아 쉴 때에 내가 너와 함께 할 것이라"고 말하지 않습니다. 나는 그런 식의 약속을 성경에서 읽은 기억이 전혀 없으며, 이런 식의 약속도 본 기억이 없습니다. "네가 짧게 깎인 잔디밭, 곧 발밑에서 양탄자처럼 느껴지는 곳을 걸어갈 때 내가 너와 함께 할 것이라." 그렇지 않습니다. 오히려 하나님은 이렇게 말씀하십니다. "네가 물 가운데로 지날 때에 내가 너와 함께 할 것이라." 그분은 특별한 시련의 때를 위해 특별한 약속을 주십니다. 그리고 그분의 자녀를 너무나 괴롭히는 의심에 맞서도록 하기 위해 그분은 이와 같이 말씀하십니다. "너는 두려워하지 말라 내가 너를 구속하였고 내가 너를 지명하여 불렀나니 너는 내 것이라."

또한 본문은 우리에게 물이나 불이 신자의 행진을 멈추지 못할 것이라고 말합니다. "네가 물 가운데로 지날 때에 내가 너와 함께 할 것이라." "물가에 도달할 때 너는 거기서 멈추라"고 말하지 않습니다. 물이 우리를 멈추게 하지 못합니다. 우리는 물을 통과해야 합니다. 천국으로 가는 우리의 길은 그 물을 가로질러 놓여 있습니다. 그렇다면 우리는 그 물을 지나서 갈 것입니다. 하나님께서는 그 어떤 큰 고난도, 그 어떤 끔찍한 박해도, 영원한 기쁨으로 가도록 예정된 한 영혼의 진행을 가로막지 못하도록 정해 놓으셨습니다. 아무리 깊고 빠른 강이라 해도, 그 물살이 앞에 있는 모든 것을 휩쓸어가는 것처럼 보여도 마찬가지입니다. 우리는 그것을 지나서 갈 것입니다. 우리는 그것 때문에 멈추지 않을 것이며, 그것에 의해 휩쓸리지도 않을 것입니다. 이 약속이 있기 때문입니다. "강을 건널 때에 물이 너를 침몰하지 못할 것이라."

하지만 불은 어떠한가요? 우리가 불을 지날 수 있을까요? 정녕 우리는 불에 타지 않는 존재가 아닙니다. 우리는 삼키는 불로부터 우리를 보호해줄 어떤 석면 방염복(防炎服)을 입은 것이 아닙니다. 형제들이여, 여러분은 물을 지나듯이 불을 지날 것입니다. 본문은 불 가운데를 지나는 여러분의 행진이 조용하고, 평온하고, 안전할 것임을 암시합니다. 주께서 이렇게 말씀하셨기 때문입니다. "네가 불 가운데로 지날 때에 타지 아니할 것이라." 평상시의 보행보다 빨리 재촉할 필요가 없습니다. 만일 내가 문자 그대로 불을 지나가야 한다면, 나는 가능한 한 빨리 달려 그 불을 지나려 할 것입니다. 하지만 신자는, 영적으로 불을 통과해야 합니다. 그것이 시편 23편의 아름다운 구절에 표현되어 있습니다. "내가 사망의 음침한 골짜기로 다닐지라도 해를 두려워하지 않을 것이라"(4절). 보행(步行)이란 두렵게 하거나 놀라게 하는 것이 없을 때의 속도로 나아가는 것을 말합니다.

"믿는 이는 다급하게 되지 아니할"(사 28:16) 것이며, 불 가운데를 지날 때에도 보행할 것입니다. 어떤 고난도 우리를 하나님으로부터 떼어놓을 수 없으며, 어떤 고난도 천국으로 향하는 우리의 행진을 방해하지 못하니, 그것이 얼마나 큰 복인지요! 우리가 가는 이 길에 물과 불이 있을 때에도 우리는 하나님의 은혜로 말미암아 그것을 지나게 될 것입니다!

더 나아가 본문은, 어떤 시련들은 우리를 침몰시키려 위협하지만, 그렇게 하지 못할 것이라고 우리에게 말해줍니다. "물이 너를 침몰하지 못할 것이라." 여러분은 가만히 서 있을 수 없고, 헤엄을 쳐야 할지도 모릅니다. 하지만 그 헤엄은 믿음의 복된 헤엄이며, 하나님의 능력에 자기 자신을 맡기는 헤엄입니다. 그런 사람은 마치 용감하게 헤엄치는 자처럼 믿음으로 손을 뻗습니다. 아마도 물이 때로는 한동안 여러분의 머리까지 차오를 수 있을 것이며, 물보라가 여러분의 눈을 때릴 것이고, 때로는 짠 물이 목구멍으로 넘어오기도 할 것입니다. 하지만 파도가 여러분 주변에서 아무리 격렬하게 일어도, 그것이 여러분을 침몰하지는 못할 것입니다. 때때로 어떤 시련들은 그 시련들을 당하는 사람들의 생명을 빼앗을 것처럼 보이기도 합니다. 그럴 때 아마도 여러분은 이렇게 말할 것입니다. "나는 믿습니다. 하지만 큰 환난에 처했기 때문에, 내 마음이 매우 혼란스럽습니다. 나는 너무나 슬프고, 내 믿음은 거의 죽음에 처했습니다." 아! 하지만 당신의 믿음이 사망에 처하는 일은 없을 것입니다. 그 홍수가 당신을 침몰시키지 못할 것입니다.

다른 시련들은 여러분을 태워 버릴 것처럼 보입니다. 맹렬하게 타오르는 뜨거운 열기로, 순교자가 화형대에서 죽을 때와 같이, 그 시련들이 당신을 멸할 것처럼 보입니다. 하지만 본문이 무어라고 말합니까? "네가 불 가운데로 지날 때에 타지도 아니할 것이요 불꽃이 너를 사르지도 못하리라." 당신은 믿음이나, 소망이나, 사랑이나, 인내나, 그리스도인으로서의 은혜를 잃지 않을 것입니다. 당신은 그 불 속으로 들어갈 때와 같이 그 불에서 나올 것입니다. 아니, 당신은 오히려 그 불에 의해 더 나아질 것입니다. 히브리어로 읽으면 본문이 이렇게 말하고 있기 때문입니다. "네가 불 가운데로 지날 때에, 너는 불에 그슬리지 아니할 것이요, 불꽃도 너를 태우지 못하리라."

우리는 하나님을 위한 저 용감한 세 증인들이 격렬히 타는 풀무불에서 나왔을 때, 그들에게는 불에 탄 냄새조차 없었음을 기억해야 합니다. 바벨론 사람들이 그들 주변에 모여들어, 놀라서 서로에게 묻습니다. "이 사람들이 살았는가? 우리는 그들을 불 속에 던져 넣었던 호위병들이 풀무불의 큰 열로 인해 타서 죽은 것을 보았다. 그런데 그 불꽃 가운데 실제로 던져졌던 이 사람들이 살았단 말인가?" 그들은 혹 유령이나 허깨비들을 보고 있는 것은 아닌지 확인하기 위해 가까이 와서 그들을 만져보아야 했습니다. 그들이 그 세 사람 중의 한 사람의 손을 붙잡고, 그것이 살아 있는 사람의 손인지를 확인하려 했을 때, 그들은 다른 점도 역시 조사해보기를 원했습니다. 하지만 그 불이 그들의 눈썹이나 머리털을 태웠습니까? 아닙니다. "불이 능히 그들의 머리털도 그을리지 아니하였습니다"(단 3:27). 그들은 타는 풀무불 속으로 들어갈 때의 모습 그대로 나왔습니다. 그것은 매우 놀라운 일이었습니다. 그와 마찬가지로, 은혜의 도움을 입는 하나님의 자녀는 그에게 닥치는 모든 고난으로 인해 결코 더 나빠지지 않습니다. 모든 시련을 마친 욥을 보십시오. 하나님께서 전에 주셨던 것의 갑절을 그에게 주셨습니다. 그는 견뎌야 했던 모든 시련들로 인해 더 약해지지도 않았고, 그의 영예도 줄어들지 않았습니다. 아니, 그는 오히려 그 모든 시련들로 인해 유익을 얻었습니다. 오 형제들이여, 금은 불 속에서 기꺼이 잃어버려도 좋은 요소를 제외하고는 아무것도 잃어버리지 않습니다! 도가니 속의 은은 그 진정한 가치를 아무것도 잃지 않으며, 오직 그 속에 섞인 불순물만 잃어버릴 뿐입니다. 사랑하는 이여, 당신 역시 마찬가지일 것입니다.

3. 신자에게는 약속대로 될 것임을 보증하는 말씀이 주어졌다.

본문의 뒷부분에서, 신자들이 반드시 그렇게 될 것임을 입증하는 근거와 보증의 말씀이 주어졌습니다.

그 첫 번째는 "나는 여호와라"는 말씀입니다. 형제들이여, 만약 여러분과 내가 살아계시고 참되신 하나님 외에 다른 무언가를 의지하고 있다면, 강물이 우리를 침몰할 것이며, 불이 우리를 태울 것입니다. 하지만 우리의 살아 있는 신앙이 살아계신 하나님을 의지하는 것이라면, 우리로 수치를 당하게 하거나 좌절하게 할 이유는 결코 없습니다. 그런 것은 불가능합니다. 나는 아무런 두려움 없이 다음의 질문과 대답을 스스로에게 하곤 합니다. "하나님을 의지한 사람이 버려진 채 발견된 적이 있었던가? 교회사 전체를 통틀어, 하나님께 대한 소망과 믿음으로 인해 부끄러움을 당해야 했던 영혼이, 천국의 상속자 중에서 단 한 사람이라도 있었던가? 만약 네가 육체의 힘을 의지한다면, 곧 너는 그것이 너를 저버릴 것임을 알게 될 것이다. 만약 네가 우상의 신상들이나 지상의 사제들에게로 향한다면, 그것들이 너의 시련의 때에 너에게 아무런 쓸모도 없다는 것이 입증될 것이다. 하지만 주를 의지하는 자에게는 결코 그런 일이 없다. 우리는 임종의 침상에서 많은 성도들을 보았지 않은가?"

그렇습니다. 우리는 그들이 심한 고통을 겪고, 정신의 깊은 우울증을 앓는 것도 보았습니다. 하지만 그들은 그들의 하나님을 의지하는 것으로 인해 부끄러움을 당한 적이 없습니다. 그들은 언제나 가장 깊은 고난의 때에 이것이 확실한 보호인 것을 발견해 왔습니다. "나는 여호와라!" 하나님의 자녀여! 당신은 자존하시고, 영원하시며, 전능하시고, 변치 않으시는 하나님을 의지하면서 불을 무서워하고 물을 두려워한단 말입니까? 오 성도여, 무서움에 빠지는 것 자체를 무서워하고, 두려워하게 되는 것 자체를 두려워하십시오. 모든 때에 하나님을 의지하십시오. 그리고 불굴의 용기를 가지고, 그분이 이끄시거나 지시하시는 길이 어디든 그리로 가십시오! 당신이 의지하는 분은 살아계신 하나님이십니다. 그러므로 당신이 강을 건널 때에 그것이 당신을 침몰시키지 못할 것이며, 당신이 불 가운데로 지날 때에 불꽃이 당신을 사르지 못할 것입니다.

다음 보증은 "네 하나님"이라는 말씀에 있습니다. "나는 네 하나님이라." 아, 당신이 의지하는 하나님은 당신의 하나님, 곧 영원한 언약 속에서 당신을 종으로 삼으시고, 당신에게 그분 자신을 주신 분이시며, 당신의 아버지가 되시고, 당신의 친구가 되시며, 당신의 모든 것의 모든 것이 되신 분이십니다. 한 마디로, 그분은 당신의 하나님이십니다. 세상에서 가장 가까운 친구도 나를 실망시킬 수 있습니다. 나의 최상의 동료도 나를 잊어버릴 수 있습니다. 하지만 내 하나님은 결코 그렇지 않으십니다. 결코 실망으로 끝나지 않을 지속적인 관계가 있습니다. "'나는 네 하나님이라.' 내가 너를 선택하였노라. 내가 너를 구속하였고, 내가 너를 내 것으로 삼았노라. 나는 영원한 사랑의 언약 속에서 나 스스로를 너의 소유가 되게 하였노라. 그러니 나를 신뢰하라. '나는 네 하나님'이니, 나는 너를 버리지 못하노라. '여인이 어찌 그 젖 먹는 자식을 잊겠으며 자기 태에서 난 아들을 긍휼히 여기지 않겠느냐? 그들은 혹시 잊을지라도 나는 너를 잊지 아니할 것이라'(사 49:15). 나는 여호와 네 하나님이라. 비록 내가 다른 누군가의 하나님은 아닐지라도, 너에게 나는 네 하나님이라. 그러므로 네가 불 가운데로 지날 때에 타지도 아니할 것이요 불꽃이 너를 사르지도 못하리라."

이제 본문의 이 부분을 보십시오. "이스라엘의 거룩한 이라." 다윗이 "내 영혼아 여호와를 송축하라 내 속에 있는 것들아 다 그의 거룩한 이름을 송축하라"(시 103:1)는 시편을 기록하였을 때, 왜 그는 하나님의 거룩한 이름을 그의 특별한 송축의 대상으로 선택했을까요? 만약 여러분이 그 단어를 약간 다르게 발음한다면, 그 거룩함(holiness)은 '온전함'(wholeness)으로 들릴 터인데, 온전함이란 거룩함이라는 단어가 가진 의미들 중의 하나입니다. 하나님은 거룩하시고 온전하십니다. 그분의 거룩함은 그분의 다른 모든 속성들을 내포합니다. 만일 하나님의 도덕적 속성들 중의 어느 한 가지에서 잘못된 것이 있다면, 그분은 온전하시지 않은 것이며 거룩하시지도 않은 것입니다. 하나님의 온전함 곧 하나님의 거룩함이, 하나님을 믿는 자에게 모든 위험과 시련들 중에서도 보전될 것임을 보증합니다.

여러분은 거짓말을 하거나 혹 약속을 어길 수 있는 신을 믿고 있는 것이 아니며, 오직 "이스라엘의 거룩한 이"를 믿고 있습니다. 여러분은 자기 백성 곧 자기 배우자로 삼은 자와 이혼할 수 있는 분을 의지하고 있는 것이 아닙니다. 이스라엘의 하나님 여호와께서는 이혼을 미워한다고 말씀하시기 때문입니다. 여러분은 자신이 한 약속을 결국에 후회하거나 또는 성취하지 못할 그런 분을 의지하고 있는 것이 아닙니다. "하나님은 사람이 아니시니 거짓말을 하지 않으시고 인생이 아니시니 후회가 없으시도다. 어찌 그 말씀하신 바를 행하지 않으시며 하신 말씀을 실행하지 않으시랴?"(민 23:19). 하나님의 거룩함은 그분과 화목하지 못한 영혼에게는 무서운 것입니다. 하지만 하나님과 화목한 영혼에게는, 하나님의 거룩하신 성품이 곧 그분의 모든 약속이 지켜질 것이라는 맹세와도 같으며, 또한 그분이 자기 백성에게 보증하신 모든 것 중의 아주 작은 부분이라도 그들에게 실패로 끝나지 않을 것이라는 서약과도 같습니다. 그러므로 믿는 자여, 당신의 하나님의 성품 안에서, 당신의 구원의 안전이 보장된 것을 보십시오. 강물이 당신을 감싸 흐르든지, 거친 파도 소리가 당신의 귓전을 때리든지, 풀무불이 그 뜨거운 열기를 내뿜거나, 당신이 서 있는 곳의 온 사방에 화염이 가득해도, 당신은 어느 때에라도 안전할 것입니다.

확신을 주는 말씀이 더 있습니다. "나는 이스라엘의 거룩한 이요 네 구원자임이라." 그분의 이름에 참되시기 위해, 그분은 그를 믿는 모든 자를 반드시 구원하실 것입니다. 만일 그분이 구원하시지 않는다면, 당신을 구원하시지 않는다면, 왜 그분이 스스로를 구원자라 부르시고, 특히 "네 구원자"라고 표현하실까요? 믿는 자여, 오십시오. 정녕 이 보증의 말씀에서 굳이 나 자신의 말을 덧붙일 필요가 없는 듯합니다. 만약 그분이 구원하시지 않는다면, 그분은 구원자가 아닐 것입니다. 만약 그분이 당신을 구원하시지 않는다면, 그분은 당신의 구원자가 아닐 것입니다. 하지만 당신이 그분을 믿으면, 그분은 자기 말씀을 지키실 것이며, 그 약속의 일점일획까지라도 지키실 것입니다. 명예로운 사업가들은 지급 기일이 되면 어음 증서대로 지급합니다. 마찬가지로 명예로우신 하나님께서는 그분의 말씀을 지키실 것이며, 자기를 믿는 모든 자들에게 그분이 구원자임을 입증하실 것입니다. 여섯 차례의 고난에서도 그분은 당신과 함께 하실 것입니다. 일곱 차례의 고난에서도 당신에게 화가 미치지 않을 것입니다. 그분은 당신을 구원하기로 약속하셨고, 그러니 당신을 구원하실 것입니다. 그분은 당신을 잠잠히 사랑하시고, 당신으로 인하여 즐거이 부르며 기뻐하실 것입니다(참조. 습 3:17). "의인은 고난이 많으나 여호와께서 그의 모든 고난에서 건지시는도다"(시 34:19). 그것은 그분이 친히 하신 말씀이며, 그러므로 그 말씀은 글자 그대로 지켜질 것입니다. 그분은 "당신의 하나님"이십니다.

마지막 보증의 말씀은, 어떤 면에서는, 모든 것 중에서도 가장 강력한 보증입니다. "내가 애굽을 너의 속량물로, 구스와 스바를 너를 대신하여 주었노라." 이 말씀으로 주께서 의미하신 바는 이것입니다. "내가 정녕 너를 보전할 것이다. 내가 너를 큰 값으로 샀으니 나는 너를 잃어버릴 수 없다. 나는 너를 위해 지불한 그것으로 너에 대한 나의 평가를 보여주었다. 그러므로 내가 귀한 값을 주고 산 자들에게는 어떤 해도 미치지 못하게 할 것임을 너는 안심하고 믿을 수 있을 것이다." 여러분은 애굽인들이 고통을 당하게 됨으로써 이스라엘이 속량되었음을 기억할 것입니다. 애굽 사람들의 머리에 어떻게 강력한 역병이 임했는지를 여러분은 기억하며, 또한 앗수르가 그 군대의 방향을 이스라엘을 치는 대신 구스와 스바로 방향을 전환함으로써 그들이 어떻게 정복당했는지를 기억할 것입니다. 그 이후에도, 하나님께서 경건한 자들에게서 재앙의 방향을 전환하여 성도들을 구하시고, 그 대신 다른 사람들로 하여금 칼의 힘을 느끼도록 하신 일이 종종 발생했습니다. 프랑스나 피에몬테(Piemonte, 이탈리아 북서부에 있는 주(州)의 이름)의 박해받는 신교도들이 거의 멸절에 처하게 되었을 때, 독일이나 프랑스의 왕들이 쓰러지는 일들이 종종 일어났으며, 혹은 프랑스가 스페인과 싸우기 위해 가야 하는 일이 발생했습니다. 그 때 군인들이 소환되어, 그 가련한 성도들이 약간의 자유를 얻게 되었습니다. 하나님은 이스라엘을 위해 다른 나라들을 속량물로 주셨습니다. 그분은 필요할 때에 다시 그렇게 하실 것입니다. 그분은 자기 백성을 위해서라면 모든 나라들을 유럽의 지도에서나, 아시아의 지도에서, 혹은 세상의 다른 어디에서건 지워 버리실 것입니다. 그분이 친히 택하신 백성에 비하면 그분이 어찌 다른 나라들에 관심을 두시겠습니까? 옛 시대에, 그분은 이스라엘 자녀들의 수에 따라 민족들의 경계를 정하셨습니다(참조. 신 32:8). 그러니 그분은 영적인 이스라엘을 위해서도 같은 일을 행하실 것입니다. 온 세계는 껍질 혹은 껍데기에 지나지 않으며, 오직 그분의 교회가 달콤한 과실입니다. 온 우주는 단지 껍데기이며, 그분이 친히 속량하신 백성만이 알맹이입니다.

하지만 더 높은 의미에서, 하나님께서는 자기 백성의 속량을 위해 더 큰 값을 지불하셨습니다. 그것은 애굽과 애굽의 모든 보화 및 구스와 그 모든 금, 스바와 그 모든 향료와는 비할 수 없을 정도로 무한대로 값진 것입니다. 그분은 자기 백성을 위해 자기 아들을 죽음에 내어주시지 않았습니까? 그리스도께서 그분의 피로써 나를 속량하셨다면, 모든 물과 불, 심지어 지옥문의 위협에도 불구하고 내 구원은 보장된 것이 아닐까요? 사랑하는 이여, 당신은 그리스도의 죽음이 헛될 수 있다고 생각합니까? 당신은 그분이 자기 피로 사신 자들 중의 얼마를 결국에는 지옥에 던져지도록 버리신다고 믿습니까?

구속에는 일반적인 측면이 있고, 그것이 모든 사람들에게 어느 정도 좋은 것을 가져다주는 것을 나는 압니다. 하지만 구속에는 또한 특별한 측면이 있으며, 그것은 일부 사람들에게만 모든 좋은 것을 가져다줍니다. "그리스도께서 교회를 사랑하시고 그 교회를 위하여 자신을 주셨습니다"(엡 5:25). 그분은 사람들 중에서 우리를 속량하셨습니다. 그 선하신 목자는 자기 양들을 위하여 자기 목숨을 버리셨습니다. 그리스도께서는 그분의 제자들에 관하여 이렇게 말씀하셨습니다. "내가 그들을 위하여 비옵나니 내가 비옵는 것은 세상을 위함이 아니요 내게 주신 자들을 위함이니이다"(요 17:9). 그분은 정녕 그렇게 하셨고, 특히 내 구원을 목표로, 그분의 귀한 생명을 나를 위한 속량물로 주셨습니다. 그런데 하나님께서 그렇게 자기 아들을 나에게 주신 후에, 나를 피로써 속량하신 분의 소유가 되게 하시는 일에 실패하시겠습니까? 나는 그런 일이 가능하리라고는 상상도 할 수 없음을 고백합니다. 하나님의 아들의 피로 일단 속량된 사람을, 그 피로써 자유하게 된 사람을, 어느 누가 다시 노예로 삼을 수 있겠습니까?

속량된 사람이여, 원하는 대로 가십시오. 당신에게는 그분의 핏자국이 있습니다. "주께서 자기 백성을 아십니다"(딤후 2:19). 어떤 사람들의 사고에 따르면, 속량이 누구에게든 구원을 보장하지는 않는다고 합니다. 하지만 이 본문은 직접적으로 그런 이론을 반박합니다. 우리가 구원을 받는 것은 우리가 속량되었기 때문입니다. 그것이 성도들이 천국에 들어가는 이유이며, 그것이 바로 그들이 앞으로도 영원히 천국에 있을 이유입니다. 속량은 영원한 구원의 보증입니다. 만일 그리스도께서 자기가 구속하신 자들 중에 하나라도 잃어버리신다면, 만일 하나님께서 그토록 귀한 값을 주고 사신 자들 중에 하나라도 잃어버리신다면, 그 얼마나 터무니없는 결과이겠습니까! 그러므로 지옥 깊은 곳에서, 저 신성모독의 마귀는 위를 올려다보며 이렇게 소리치는 것입니다. "아하! 여기에 예수의 피로 속량된 한 영혼, 예수를 믿었던 한 영혼이 있다. 하지만 예수는 멸망으로부터 그 영혼을 구하지 못했다. 물이 닥쳐올 때 그 영혼은 침몰했으며, 불에 의해 그 영혼은 타버렸다. 아하! 당신은 스스로를 구원자라 부르지만, 당신은 이 영혼을 구원하지 못했습니다."

이제 한두 가지 질문을 제기함으로써 말씀을 맺고자 합니다. 그리스도 안에서 내 사랑하는 형제들과 자매들이여, 여러분은 내가 지금껏 말한 것이 참된 것을 여러분의 경험으로 입증하지 않았습니까? 내 앞에는 불 가운데와 물 가운데를 지났던 이들이 몇몇 있습니다. 그들 머리의 백발이 그들이 오랜 세월 동안 순례자들이었음을 증명합니다. 나이 많은 내 벗들이여, 긴 세월이라는 겨울의 눈이 여러분의 눈썹에 쌓여 있습니다. 여러분의 이마에는 여기저기에 근심의 고랑들이 패여 있습니다. 자, 여러분은 여러분의 하나님에 대해 무어라고 말하겠습니까? 그분이 여러분을 버리신 적이 있던가요? 여러분은 많은 아픈 고통들을 겪어왔습니다. 하지만 그분이 그 고통들 중에서 여러분을 떠나신 적이 있던가요? 여러분은 무거운 짐을 져 왔습니다. 하지만 그 짐들이 여러분의 허리를 꺾었던가요? 여러분은 괴로운 시련들을 겪었습니다. 하지만 여러분의 믿음이 전적으로 실패로 끝났던가요? 형제들과 자매들이여, 나는 이렇게 생각합니다. 하나님의 방식을 어느 정도 경험한 우리들은, 일어서서 새뮤얼 메들리(Samuel Medley)의 찬송 가사를 노래할 것이라고 생각합니다.

"고난이 검은 먹구름처럼
한꺼번에 모여들고 천둥소리가 울릴 때,
내 영혼 가까이에 언제나 그분이 계시니,
그분의 인자하심이 얼마나 좋은지!"

내가 묻고 싶은 또 하나의 질문이 있습니다. 만약 주께서 지금까지 여러분을 이렇게 대하셨다면, 무엇이 당신을 괴롭히고, 미래와 관련하여 무엇이 당신을 두렵게 하는 것인가요? 당신은 말합니다. "아아, 하지만 저는 아직까지 이 길을 통과하지 못했습니다." 당신이 아직 통과하지 못한 것을 압니다. 하지만 지금까지 당신이 이미 밟아왔던 모든 길이, 그 길을 통과하기 전에는 당신에게 새로운 길이었으며, 그 때 주님이 당신을 도우시지 않았던가요? 그런 그분이 왜 지금 당신을 돕지 않으시며 또한 어찌 미래에도 당신을 돕지 않으시겠습니까? "아, 하지만 상황들이 변할 것입니다!" 그럴 것이라고 나도 압니다. 하지만 약속들이 변하지는 않을 것입니다. "아, 하지만 저 자신이 빈번하게 바뀌는 걸요!" 당신은 그렇겠지요. 하지만 하나님이 변하신 것을 보았습니까? 당신이 믿어야 할 것은 당신 자신이 아니라 하나님입니다.

형제들과 자매들이여, 만약 하나님을 의심할 만한 이유가 있을 때까지 여러분이 그분을 의심하지 않는다면, 여러분은 결코 그분을 의심할 일이 없을 것입니다. 만약 그분이 그분에 대한 여러분의 믿음을 저버리실 때까지 여러분이 그분의 선하심을 불신하지 않는다면, 여러분이 그분을 불신하게 되는 일은 결코 없을 것입니다. 하늘에 작은 구름이 나타나는 순간, 우리 편에서 실망의 쓰레기 더미에 털썩 주저앉아, 불평하고, 스스로 염려하는 것은 천한 일이 아니겠습니까? 그렇게 하지 않도록 합시다. 오히려 믿는 우리들은 우리 주님께서 우리에게 바라시는 대로 안식에 들어가도록 합시다. 우리는 분명 최후 승리의 면류관을 쓸 것입니다. 우리로 하여금 믿음의 싸움을 시작할 수 있게 한 그 은혜가 결코 우리를 떠나지 않을 것이기 때문입니다. 그 은혜는 싸움이 끝날 때까지 우리를 도울 것이며, 그 싸움이 아무리 오래 지속되더라도 그렇게 할 것입니다. 그러므로 거룩한 확신의 노래를 소리 높여 부르고, 우리의 여행이 계속되는 동안 줄곧 그 노래를 부르도록 합시다. 아마도 우리 찬양의 곡조의 아름다움이 다른 사람들의 귀에 들리고, 그들을 우리와 함께 주님을 의지하며 순례의 길을 가도록 이끌 수 있기 때문입니다.

마지막으로, 여러분 중에 하나님을 믿지 않는 이들은 무엇을 하는 것입니까? 여러분은 말하기를 지금까지 그럭저럭 잘 지내왔다고 합니다. 나는 여러분이 어떻게 그럴 수 있는지 이해할 수가 없습니다. 만약 내게 의지할 하나님이 안 계신다면, 비록 내가 많은 지상의 위로를 얻는다 해도, 나는 모든 사람들 중에 가장 비참한 사람일 것입니다. 하물며 고생을 하는 사람이, 대가족을 거느리고, 적은 임금으로, 하나님 없이 어떻게 살아갈 수 있는지 나는 이해할 수가 없습니다. 힘겹게 노동하는 한 여성이, 많은 자녀들을 데리고, 아마도 주정뱅이 남편과 함께, 하나님을 의지하지 않고서 어떻게 생존을 위한 힘겨운 싸움을 지속할 수 있는지 나는 이해할 수 없습니다. 오 딱한 사람이여! 당신의 삶은 단 5분이라도, 값 주고 살 만한 가치가 없습니다. 당신처럼 딱한 처지에 놓인 삶이라면, 나는 그것을 위해 동전 한 닢이라도 지불하고 싶지 않을 것입니다. 또한 여러분 중에 사업가들에게 말합니다. 아침 일찍 일어나서 밤늦게까지 이어지는 여러분의 모든 근심과 걱정들과 고생들은 대체 무엇을 위한 것입니까? 약간의 돈을 모으기 위한 것입니까? 누구를 위해 당신은 돈을 모읍니까? 당신이 죽을 때 그것을 누가 가질까요? 돈을 모으려 애쓰는 당신을 보고 누군가 바보라고 부른다면, 아주 그럴듯한 말입니다.

또 그 외에 다른 사람들은 무엇을 위해 살아가고 있습니까? "오, 우리는 나름 즐기는 것이 있습니다!" 예, 예, 그렇겠지요. 내가 감히 말합니다. 오늘날에는 세상에 즐길 만한 것들이 너무나 많이 생겨나고 있습니다! 거리를 따라 내려 가다보면, 때때로 나는 어떤 노래 소리를 듣게 되는데, 우리의 거리에서 들려오는 노래라는 것이 원숭이들에게조차 치욕이 될 것이라고 느끼지 않을 수 없습니다. 그 노래들은 아무리 좋게 보아도, 너무나 무의미하고 터무니없는 것들입니다. 사람들이 종종 내게 묻습니다. "목사님은 우리가 어떤 종류의 오락을 하길 원하십니까?" 나는 그들이 단지 구실을 찾기 위해 그런 질문을 하는 것을 압니다. 그래서 나는 이렇게 대답하지요. "당신이 좋아하는 것이 무엇인지 당신은 알고 있습니다." 한 사람이 말합니다. "아, 하지만 저는 그리스도인입니다." 좋습니다. 당신이 그리스도인이라면, 당신은 세상 사람들의 오락거리에는 관심을 두지 않을 것입니다. 당신은 그것들을 부정하다고 여길 것이며, 당신에게 적절치 않다고 여길 것입니다. 나는 항상 다음과 같이 말합니다. "개들로 하여금 비스킷을 가지게 하고, 고양이들에게는 고기를, 돼지에게는 찌꺼기 음식을 가지게 하고, 세상 속물에게는 자기 오락거리를 가지게 하시오. 나는 그것을 그에게서 빼앗기를 원치 않소이다. 그것은 너무나 천하고 보잘것없는 것이니, 그런 것으로 자기를 행복하게 할 수 있는 사람이야말로 정녕 천한 사람임에 틀림없소이다."

한바탕의 헛바람, 그것이 세상 오락의 전부입니다. 유행을 따르는 사람들이 한 날의 저녁을 보내고서, 그들이 얼마나 즐거웠는지 말하면서 헤어지는 소리를 나는 듣습니다. 그럴 때 나는 그들이 머리가 매우 혼란스러워 잘못된 길을 들어섰음에 틀림없다고 생각합니다. 그렇지 않다면 그들은 이렇게 말했을 것이기 때문입니다. "오 이런, 이것은 시간을 낭비하는 헛된 짓이로다. 나는 그것을 견딜 수 없다."

오, 세상 사람들이여, 여러분은 심지어 궁전에 살면서 고급 마차를 타더라도, 아무것도 가진 것이 없습니다. 비록 여러분이 큰 부와 넓은 땅을 소유했어도, 여러분은 여러분의 영혼을 먹일 만한 것을 아무것도 갖지 못했습니다. 그것은 전부 바람이고, 쭉정이이며, 저 가련한 탕자의 주린 배를 채울 수 없는 찌꺼기 음식일 뿐입니다. 그런데 당신은 그것을 먹습니다. 어떻게 그럴 수 있지요? 나는 당신을 이해할 수 없습니다. 앞에서 말한 것으로 되돌아가겠습니다. 비록 내가 내 마음에 원하는 모든 것을 가져도—사실 나는 이미 그것을 가졌습니다. 왜냐하면 이 세상에서 내가 가진 것 이상의 어떤 것도 원치 않기 때문입니다— 또 내 마음에 원하는 모든 것과 내 야망과 탐욕을 채울 모든 것을 가진다 해도, 내 하나님이 없다면 나는 비참한 사람일 뿐입니다. 나는 그분 없이는 살 수 없습니다. 나는 마치 넓고 황량한 물 위를 날 때의 노아의 비둘기와 같아서, 아무리 애를 써도 내가 쉴 만한 곳을 찾지 못할 것이며, 그래서 나는 나의 노아에게로, 나의 방주로 되돌아와야 합니다. 다른 곳에서는 내가 쉴 만한 곳이 없기 때문입니다. 가련한 영혼이여, 당신은 어찌하여 그리스도 안에서가 아닌 다른 어디에 쉴 만한 곳이 있다고 여기는 것입니까? 지친 날개를 가진 그대여, 하나님께로 돌아오십시오. 지친 마음을 가진 그대여, 당신의 구주의 품으로 돌아오십시오. 그리스도를 위하여 하나님께서 여러분 모두에게 복을 주시길 빕니다! 아멘.

제
41
장

보배롭고, 존귀하며, 사랑받는 자

"네가 내 눈에 보배롭고 존귀하며 내가 너를 사랑하였은즉 내가 네 대신 사람들을 내어 주며 백성들이 네 생명을 대신하리라."—사 43:4

이 본문이 우선적으로 언급하는 것은 이스라엘입니다. 그 민족은 하나님 보시기에 보배로웠습니다. 그분은 아브라함의 씨를 선택하시고, 그들은 그분의 분깃이 되고, 그분은 그들에게 영원한 분깃이 되기를 크게 기뻐하셨습니다. 그들이 그분의 눈에 귀했던 이유는 그분이 그들의 위대한 선조에게 하신 언약 때문이었습니다. "내가 네게 큰 복을 주고 네 씨를 크게 번성하게 하리니 … 네 씨로 말미암아 천하 만민이 복을 받으리라"(창 22:17-18). 이 약속의 말씀이 주 앞에서 그들의 위치를 크게 높였습니다. 그들이 여호와 앞에서 존귀했던 것은 그들의 역사에 그분의 명예가 관련되었기 때문이었습니다. 만일 언약의 약속이 깨어질 수 있다면, 지존자의 성실성에 큰 의문이 생기는 것입니다. 어떤 수단에 의해서든 택하신 백성이 그들의 대적들에 의해 분쇄될 수 있다면, 그들의 보호자이자 수호자의 전능하심에 역시 의문이 생기는 것입니다. 그들이 보전되는 것이 그토록 중요한 이유는, 그들에 대한 언약의 성취에서 신실하시고 참되신 하나님의 이름이 영광을 얻으시기 때문입니다. 그래서 그들이 그분 앞에서 그토록 보배로웠던 것입니다.

하나님의 광대한 목적들 중의 많은 부분이 택하신 백성들의 존재 및 행복과 뒤얽혀 있습니다. 그들에게 그분은 거룩한 신탁의 말씀을 맡기셨습니다. 그들 가운데 그분의 거룩한 선지자들이 살았고, 그들에게 그분이 율법을 계시하셨으며, 육신으로는 그들에게서 그리스도가 오셨고, 그들 중에서 복음의 첫 전파자들이 선택되었습니다. 하나님의 은혜의 영광을 드높이는 그 어떤 위대한 사건도 유대 백성들과 분리되기란 거의 불가능합니다. 이방인들의 부르심조차 불신앙으로 인해 이스라엘을 잠시 동안 버려두심에 따른 결과라는 점을 나는 여러분에게 상기시킵니다. 그리고 미래의 영광은, 그것이 임할 때가 언제이든지, 분명 그 택하신 백성들의 회복과 밀접하게 관련되어 있습니다. 이스라엘은 매우 보배롭습니다. 왜냐하면 그 역사는 인류에게 명백히 나타났듯이, 마치 은실처럼 하나님의 은혜의 선을 따라 흐르는 듯이 보이기 때문입니다.

옛 이스라엘이 하나님께 보배로운 이유는 그분이 그들을 위해 많은 일을 하셨기 때문입니다. 그분은 "강한 손과 편 팔로"(신 26:8) 그들을 애굽에서 이끌어내셨습니다. 그분은 가나안 족속들을 그들 앞에서 쫓아내셨습니다. 그분은 종종 그들을 위해 왕들을 꾸짖으셨고, 더 나아가 그들을 구원하시기 위해 강한 왕들을 죽이시기도 했습니다. 이 모든 행위의 결과들을 주께서는 잃어버리기를 원치 않으십니다. 그래서 바로 이런 이유 때문에 그들이 그분 보시기에 존귀한 것입니다.

의심의 여지 없이, 이스라엘이 보배로운 한 가지 이유는 유다로부터 왕의 사람, 하나님의 아들이 일어난다는 사실에 있습니다. 아버지는 그분을 크게 기뻐하십니다. 그 거룩한 씨는 이스라엘 민족의 가장 핵심이라고 할 수 있는데, 바로 그 씨를 위하여 여호와께서 아브라함의 후손들을 기뻐하셨으며, 그래서 그들이 그분 앞에서 존귀하게 된 것입니다.

왜 하나님께서 두드러진 은혜의 행위로써 이스라엘이라는 작은 민족을 선택하시고, 그 민족을 특히 귀하게 여기셨는지에 대해, 다른 많은 이유들이 제시될 수 있습니다. 하지만 우리는 그 이유들을 지나쳐서 그들이 '존귀하다'고 하신 그분의 선언을 살펴보고자 합니다. 그들이 존귀한 것은 그들이 그분 보시기에 보배롭게 된 때로부터입니다. 하나님이 자기를 위하여 누구를 선택하셨건, 바로 그 사실에 의해 그는 존귀하게 되는 것입니다. 유대 백성은 여호와의 백성으로 구별되었으며, 바로 그 구별에 의해 그들은 온 지면의 다른 어느 민족보다도 존귀하게 되었습니다.

더 나아가, 그들은 온 세상이 어둠 속에 있을 때 빛을 받았습니다. 비록 약간의 빛줄기들이 다른 민족들 가운데도 여기저기 떨어지긴 했지만, 하나님의 보좌에서 발하여 고대 세계를 비추었던 가장 밝은 빛은 이스라엘 민족에게 임했습니다. 다른 민족들이 신들이 아닌 신들을 경배하는 동안, 이스라엘은 하늘에 그 보좌가 있고 영원히 다스리는 왕국의 왕이신 그분을 경배했습니다. 하나님이 손가락으로 쓰신 계명은 그들의 것이었고, 거룩한 교훈의 의식들도 그들의 것이었습니다. 하나님과 사람 사이에 서도록 정해진 제사장들의 계보도 그들의 것이었습니다. 이 모든 것이 그들을 존귀하게 만들었습니다. 이러한 특권들과 결합하여, 그들은 특별한 섬김을 위하여 선택받는 존귀를 입었습니다. 그들은 참되신 하나님을 아는 지식을 보존해야 했고, 악이 관영한 세상의 한가운데에서 거룩함에 대해 증언해야 했습니다. 그들은 거룩한 나라, 특별한 백성, 여호와께 성별된 민족으로서 여호와의 이름을 찬미해야 했습니다.

그들은 또한 하나님의 지속적인 임재로 인해 존귀하게 되었습니다. 다른 어떤 민족도 구름 기둥과 불기둥으로 그들 앞에서 행하시는 하나님을 본 적이 없습니다. 속죄소를 덮은 그룹 천사들의 날개 사이가 아니고서는, '셰키나'(Shekinah) 곧 하나님의 임재의 현현(顯顯)이 그토록 밝은 빛을 발한 적이 달리 없었습니다. 그분은 다른 어떤 민족도 그렇게 대하시지 않았습니다. 오직 그분의 택하신 백성에게 그분은 자기를 나타내기를 기뻐하셨습니다. 그들은 섭리 안에서 특별한 보호의 은혜를 입었습니다. 모든 난관 중에서도 특별한 안내를 받았고, 기근의 때에는 특별한 공급을 받았습니다. 만일 그들이 이따금씩 특별한 징계를 받았다면, 그런 징계들조차 그분의 특별한 관심의 증거들이었습니다. 이스라엘은 하나님 보시기에 보배로웠고, 따라서 비록 작고 두드러지지는 않았어도, 민족들 가운데 존귀하였습니다. 그래서 다윗은 진실로 이렇게 말할 수 있었습니다. "땅의 어느 한 나라가 주의 백성 이스라엘과 같으리이까 하나님이 가서 구속하사 자기 백성으로 삼으셨나이다"(삼하 7:23).

이스라엘을 향한 하나님의 특별한 사랑을 내가 특별히 설명할 필요는 없을 것입니다. 그 흩어진 민족이 멸시를 받음에도 불구하고, 우리는 그 사랑이 지금 이 시간에도 지속된다고 믿습니다. 순금에 비유될 만한 시온의 귀한 자녀들이 마치 토기장이의 손으로 빚은 도자기처럼 여겨지지만, "구원자가 시온에서 오사 야곱에게서 경건하지 않은 것을 돌이킬"(롬 11:26) 날이 올 것입니다. 그 때 유대의 산들이(오, 임마누엘이시여 당신의 땅입니다) 새 포도주를 떨어뜨릴 것이며 작은 산들이 젖을 흘릴 것입니다(욜 3:18). 그 때 옛 영광의 찬란한 면류관이 다시 시온의 머리 위에 씌워질 것이며, 시온을 축하할 것입니다. 소금 언약은 기억될 것이며, 주께서 미리 아신 자기 백성을 버리지 않으셨음을 알게 될 것입니다.

이 문제를 언급하면서, 진실로 이스라엘 백성이 하나님께 크게 은혜를 입었기 때문에, 그분이 그들을 위해 사람들을 주시고 그들의 생명을 위해 백성을 주신 것을 빠뜨릴 수 없습니다. 애굽은 이스라엘을 인하여 그 모든 장자들의 죽음을 보아야 했고, 가나안 족속들은 이스라엘 지파들의 생활 터전을 위해 완전히 멸절되어야 했습니다. 강한 왕들이 그 선택된 백성을 대적하기 위해 왔을 때, 그들 역시 패배하여 처참한 파멸을 당했습니다. 산헤립의 군대는 "저 죽음의 천사가 한바탕 날개를 펼쳤을 때" 마치 가을의 잎사귀들처럼 시들고 말았습니다(참조. 왕하 19:35). 그 이유는 이스라엘이 구원받아야 했기 때문입니다. 비록 그 백성이 그들의 죄 때문에 포로로 끌려가긴 했지만, 포로 기간 중에도 그들은 메마른 그루터기들 가운데 있는 관솔나무처럼 되었습니다. 바벨론이 멸망한 것은 그들을 위해서였고, 열방들의 망치가 산산조각 난 것은 이스라엘의 포로들이 해방되어 예루살렘에서 여호와를 예배하도록 하기 위해서였습니다. 애굽과 구스와 스바가 한꺼번에 저울에 올랐지만, 그들의 가치는 이스라엘의 선택된 민족에 비하면 아무것도 아니었습니다. 그분은 이스라엘을 위하여 사람들을 주셨고, 히브리어로 읽으면 그분이 그들을 위하여 사람(man)을 주셨다고 읽을 수도 있습니다. 마치 온 인류를 그 모든 권리와 더불어, 한 선택된 백성의 권리를 위하여 양도되도록 한 것과도 같습니다. 이처럼 신실한 아브라함의 씨는 여호와의 마음에 너무나 귀하였습니다. 나는 여러분에게 이 본문의 우선적이고 자연적인 의미를 먼저 제시하지 않고서는 감히 이 본문을 다룰 수 없습니다. 나는 지금까지 내가 언급한 내용이 이 본문의 우선적인 의미라고 믿습니다.

하지만 나는 이 본문이, 전후관계를 전혀 비틀지 않고서도, 그리고 그 의미를 조금도 왜곡하지 않고서도, 영적인 이스라엘 즉 그리스도께서 택하시고 자기 피로 사신 교회에 적용될 수 있다고 믿습니다. 지금 이 하나님의 교회는, 언제나 그러했듯이, 하나님 보시기에 보배롭습니다. 그것은 그분의 선택된 백성에게 어떤 자연적인 탁월성이 있어서도 아니고, 그들에게 인류의 나머지 사람들을 능가하는 어떤 가치가 있어서도 아니며, 오직 주께서 그들을 기뻐하여 선택하셨기 때문입니다. 바로 그 행위에 의해, 그렇지 않았더라면 그들에게 없었을 존귀함이 그들에게 부여된 것입니다. 그들이 지금 하나님께 보배로운 이유는, 영원한 사랑이 옛적부터 그들을 사랑했기 때문이며, 지난 영원의 기억 속에서 그들에게 보배로운 사랑의 인장(印章)을 찍었기 때문입니다. 자기 백성을 향한 하나님의 사랑은 오래된 것입니다. 예, 그분은 그들을 영원한 사랑으로 사랑하셨으며, 그래서 그들이 그분에게 그토록 귀한 것입니다.

교회는 보배롭습니다. 왜냐하면 그분의 은혜의 목적들이 주로 교회와 관련되었고, 그분의 다른 목적들도 그들 속에 있는 그분의 은혜의 영광을 드러내기 위함이기 때문입니다. 민족들의 경계를 그분은 그의 택하신 자들의 수효에 따라 정하셨습니다. 섭리의 계획들은 모두 그들을 목표로 배치되어 왔습니다. 모든 것이 그들을 위하여 합력하여 선을 이루고, 모든 것이 그들의 최종적 완전의 성취를 위한 것입니다. 하나님은 그들을 그분의 왕관의 보석으로, 그분의 특별한 보배로 여기기를 기뻐하십니다. 왜냐하면 그분이 그들 속에서 그분의 아들이 치른 고난의 값을 보시기 때문입니다. 그들은 금이나 은보다 훨씬 비싼 값을 주고 산 바 되었으며, 겟세마네와 골고다의 기억에 의해, 그들은 지존하신 하나님이 평가하시기에 가장 보배로운 존재들이 되었습니다. 그들이 보배로운 이유는, 그들 속에, 다른 모든 것들을 뛰어넘어, 그분의 영광이 나타났기 때문입니다. 그분은 그분의 영광을 자연 속에도 나타내셨고, 섭리 속에도 계시하셨지만, 특별히 그분의 모든 속성들을 그분의 교회 안에 나타내려 의도하십니다. 그 때 교회는 교회의 주이신 그리스도 예수의 형상을 닮게 될 것입니다.

교회는 하나님께 지극히 보배로우며, 이런 이유로 교회는 가장 높은 의미에서 존귀합니다. 심지어 가장 낮은 상태에서도, 멸시받고 박해받을 때에도, 교회는 여전히 존귀했습니다. 깊은 침체의 어두운 시대, 교회의 촛불이 언제라도 꺼질 듯한 때에도, 여전히 교회는 지존자가 보시기에 존귀하였습니다. 교회가 존귀한 것은 여호와께 성결한 그 특성 때문입니다. 또한 교회는 그분의 아들과 가깝기 때문에 존귀한데, 교회는 "신부, 곧 어린 양의 아내"가 아닙니까? 또한 교회가 존귀한 것은, 한 분이신 하나님과 한 분이신 중보자의 영광에 관한 진리를 증언하도록 맡겨진 임무 때문입니다. 교회가 존귀한 것은 교회를 기다리는 최종 목적지 때문이기도 한데, 그 때 교회는 하늘로 들려 올라가 주님과 영원히 함께 거할 것이며, 그분과 함께 영원히 세계를 다스릴 것입니다.

형제들이여, 이 세상 사람들은 아직 교회의 탁월성을 보지 못합니다. 하지만 전에도 그들은 그리스도의 영광을 보지 못했습니다. 그들은 그분을 "마른 땅에서 나온 뿌리"(사 53:2)로 생각했으며, 그래서 교회를 열광주의자들의 천박한 둥지라고 비방하는 행위를 대수롭지 않게 여겼습니다. 하지만 그분이 나타나실 때, 마지막 날 그분의 영광이 모든 눈을 놀라게 할 때, 그분의 참된 교회 역시 그 모습을 드러낼 것이며, 한때 교회를 멸시했던 열방들이 기꺼이 그 발 앞에 엎드려 진토를 핥을 것입니다. 우리는 하나님의 교회를 높이 평가하도록 합시다. 눈에 보이지 않는 신비한 교회를 최상으로 여기고, 그 다음에는 외적이고 가시적인 교회도 불가시적인 교회의 대표로서 높이 평가하도록 합시다.

나는 어떤 이들이 마치 하나님의 조직 교회를 무시하고 냉대해도 되는 것처럼 말하는 것을 들을 때 무척 마음이 아픕니다. 하나님의 교회 밖에서 많은 노력들이 행해져왔으며, 나는 한순간이라도 그 중의 어떤 것도 막고 싶지 않습니다. 하지만 나는 그리스도의 교회와 연결되지 않은 일의 결과들은 빈약하기 짝이 없음을 보아왔으며, 또 그렇게 될 수밖에 없었다고 생각합니다. 하나님은 세상에 은총을 베푸시되, 결국은 그분의 교회를 통해 은총을 베푸십니다. 여러분의 비정규적인 노력들은, 비록 하나님이 그것들을 인정하시고 또한 어떤 목적을 위해 그분이 정하신 것일 수는 있지만, 그럼에도 불구하고 교회 조직으로 모여든 그분의 백성들의 정규적인 행위를 결코 능가하지는 못합니다. 참되고 가시적인 그리스도의 교회를 무시하는 활동들은 지속적이지 못할 것이라고 나는 믿습니다. 최소한 사도적 규칙에 따라 조직화된 교회에서 비롯되는 활동처럼 지속적일 수는 없을 거라고 나는 믿습니다. 후자는 하나님의 인가 하에 이루어지는 활동이며, 그리스도의 이름으로 기도하며 씨를 뿌리고, 조심스럽게 그 수고의 열매들을 모아 예수님의 이름의 영광을 위해 드리는 일이기 때문입니다. 하나님께서 교회를 존귀하게 하셨으니, 여러분도 교회를 존귀하게 여기십시오. 지금까지 여러분이 따로 떨어져 있었다면 연합하십시오. 그리하여 그리스도께서 한 몸으로서의 그분의 백성들에게 부여하신 은혜에 참여하도록 하십시오.

"네가 내 눈에 보배롭고 존귀하며 내가 너를 사랑하였노라." 이 마지막 말씀의 의미는 "내가 너를 즐거워하며 만족하게 여기노라"입니다. 주님은 자기 교회를 기뻐하십니다. 하나님이 세상을 만드셨을 때 그분은 "좋았더라"고 말씀하셨습니다. 하지만 나는 그분이 작업을 끝내시고서 어떤 축하의 노래를 부르셨다는 대목을 발견하지 못했습니다. 그러나 그분이 새로운 창조물인 자기 교회를 보실 때, 우리는 선지자의 입을 통해 이 노래를 듣습니다. "너를 잠잠히 사랑하시며 너로 말미암아 즐거이 부르며 기뻐하시리라"(습 3:17). 하나님의 교회에는 하나님을 침묵하게 하는 장엄함이 있으며, 그 침묵은 잠시 후 기쁨으로 터져 나옵니다. 삼위일체 하나님께서 그의 택하신 자들을 보시고 소리를 높여 노래하십니다. 예수님은 자기 교회를 사랑하시고, 그분의 기쁨은 사람들과 함께 있습니다. 그분이 행하시거나 이루신 모든 일들 중에서, 하나님께서 "그 이름이 하늘에 기록된 자들의 교회"에서만큼 크게 만족하시는 것은 달리 없습니다.

형제들이여, 하나님께서 이스라엘 교회를 위하여 민족들을 내어주시고, 마치 그들이 흔한 조약돌에 지나지 않는 듯이 던져 버리시고 이스라엘만이 그들 중에 유일한 금강석처럼 여기셨듯이, 하나님은 그리스도의 피로 사신 그분의 교회에 대해서도 틀림없이 그렇게 여기실 것입니다. 종교개혁자들이 언급한 바에 따르면, 가톨릭교도인 왕들이 그들을 박해하려고 단결했을 때 그들은 분쇄되고 마는 듯했습니다. 하지만 여러 군주들 사이에서 질투심이 솟아났으며, 그들이 그들끼리의 전쟁에 몰두하는 바람에 개혁자들이 도망칠 수 있었다고 합니다. 비록 수백만 명의 피가 흘려졌지만, 하나님께서는 세상에서 그분의 복음이 해를 입지 않도록 돌보셨습니다. 그리고 오늘날에도 제국들과 나라들은 토기장이의 그릇들에 지나지 않으며, 그리스도의 왕국이 요동하기 전에 먼저 산산이 부서질 것이 아니겠습니까? 지상의 왕들과 위인들이여, 그대들이 대체 무엇인가? 비록 그대들은 스스로를 시대의 통치자들이요 사건들의 주도자라고 여기겠지만, 하지만 그대들이 대체 무엇이란 말인가? 만일 그대들이 하나님 나라의 진군과 그분의 진리의 전파에 대항한다면, 그대들은 산산이 으깨어지고 말 것이다!

선교사들의 활동이 모두 헛수고가 되리라는 우울한 예고를 하지 마십시오. 그렇지 않습니다. 그렇게 될 수가 없습니다. 우리의 전망은 밝고, 마치 하나님의 약속들만큼이나 밝습니다. 그분이 이렇게 말씀하시지 않았습니까? "내가 뭇 나라 중에서 높임을 받으리라 내가 세계 중에서 높임을 받으리라"(시 46:10). 하나님께서는 머잖아 지진으로 지구를 진동케 하실 것이며, 마치 폭풍 속에서 사시나무가 떨듯이 요동케 하실 것이니, 우상 신전은 결코 영원토록 든든히 서지 못할 것입니다. 그분은 인류의 모든 국가적 맹약들을 해체시키고 마침내 인류를 개별적인 원자들로 분리되게 하시어, 지상의 왕들과 지배자들이 교회의 승리와,

교회의 주이신 그리스도의 승리를 방해하는 것을 용인하지 않으실 것입니다. 이런 진술들은 본문에서 자연스럽게 솟아나오는 듯이 보이며, 나는 그것을 상세히 언급하지 않을 수 없었습니다.

이제 나는 내 마음을 가장 강력하게 감동한 부분을 묵상하도록 여러분을 안내하고자 합니다. 그것은 이 구절을 그리스도 안에 있는 각각의 개별적인 신자들에게 적용하는 것입니다. 나는 주께서 모든 그리스도인들에게 이렇게 말씀하신다고 생각합니다. "네가 내 눈에 보배롭고 존귀하며 내가 너를 사랑하였노라." 이 본문에는 세 가지가 포함되어 있습니다. "보배롭고", "존귀하며", "사랑스러운"입니다.

1. 신자는 보배로운 존재이다.

믿는 자여, 본문에서 당신에게 적용되는 첫 번째의 놀라운 형용사가 있습니다. 당신은 "보배롭다"는 것입니다.

그 보배로움은 본문에 나오는 다음 단어에 의해 최상급으로 향상됩니다. "내 눈에 보배롭다." 모조품 보석들이 있습니다. 그것들은 루비나 에메랄드나 다이아몬드와 너무나 똑같이 만들어졌기 때문에, 보석 감정인들조차 속습니다. 하지만 이런 모조품들이 보배롭지는 않습니다. 그것들은 보석 세공인의 눈에 귀하지 않습니다. 그는 그것들을 더욱 혹독하게 검증할 수 있으며, 그에게는 이런 모조품들이 곧 아무런 가치가 없는 것으로 판명됩니다. 보배로움의 정도는 평가를 하는 사람에 달려 있습니다. 그런데 어떤 평가가 오류가 없으신 하나님의 평가만큼 정확하겠습니까? 어떤 판단이 무한히 거룩하신 하나님의 판단만큼 정확할 수 있겠습니까? 만일 신자가 하나님이 보시기에 보배롭다면, 그는 정녕 보배로운 것이 틀림없지 않겠습니까? 사람이 보기에 보배로운 것들이, 그분에게는 어떠할까요? 지존자께서 골콘다(Golconda, 인도의 보고/寶庫로 알려진 옛 도시 이름 — 역주)의 모든 다이아몬드에 무슨 관심을 기울이실까요? 혹은 금과 은과 진귀한 광석들을 한꺼번에 모아서 히말라야 산맥만큼 쌓아둔다고 해도, 하나님께서 그것에 얼마나 관심을 기울이실까요? 지존자의 눈에는 그 황금 무더기가 지저분한 진토 무더기에 지나지 않을 것입니다. 그분은 이런 것들을 높이 평가하지 않으십니다. 그분의 눈에는 오직 그분의 가난하고 고통 받는 백성들이 보배롭습니다.

종종 불신앙의 입장에서는 때때로 하나님의 눈에서 벗어나는 것이 편하게 보이기도 하는데, 그렇게 함으로써 우리의 무가치함이 감추어진다고 여기기 때문입니다. "허물의 사함을 받고 자신의 죄가 가려진 자는 복이 있도다"(시 32:1). 어두운 때에, 우리는 지존자로부터 친절히 가려지고 잊어지는 것이 큰 은혜일 것이라고 상상합니다. 하지만 형제들이여, 그렇게 되는 대신 우리는 온전히 하나님의 눈 앞에 놓였습니다. 마치 심판의 날에 우리의 모습이 온전히 드러나듯이 우리는 지금도 하나님의 눈 앞에 있습니다. 물론 우리에 대한 그분의 생각은 틀리지 않으며, 그분의 판단은 미숙하지 않습니다. 그분은 정확히 우리가 어떤 자들이며, 어떤 자들이었고, 어떤 자들이 될지를 아십니다. 그럼에도 불구하고 그분은 우리를 보배롭다고 하십니다! 아아, 그대 겸손한 신자여, 당신은 자신의 눈으로 보기에는 보배로운 것과 거리가 멀고, 아마도 하나님의 은혜를 알지 못하는 자들의 눈에도 무가치하다고 평가받을 것입니다. 하지만 가만히 앉아 당신의 혀 밑에 이 달콤한 별미를 넣고 만족스럽게 굴려보십시오. 당신은 주께서 보시기에 보배로운 자입니다! 당신이 정녕 그리스도 예수를 믿는 믿음으로 그분의 것이 되었고, 당신 안에 계신 성령에 의해 단장되었다면, 당신은 아버지께서 보시기에 보배롭습니다.

내 형제들이여, 보배로움이란 우리 안에 본성적으로 내재되어 있는 어떤 것으로부터 생겨날 수 없습니다. 자연적인 상태에서 우리는 다른 사람들과 하등 다를 바가 없음을 고백합니다. 우리를 캐낸 채석장은 보석을 캐는 채석장이 아니며, 우리를 파낸 구덩이는 진귀한 돌들이 반짝이는 구덩이가 아니었습니다. 우리는 흔한 진흙에서 캐내어졌으며, 인류의 일반적인 부패한 상태로부터 취하여졌습니다. 하지만 하나님께서 우리가 보배롭다 말씀하시니, 우리의 옛 부패와 타락의 상태가 사실이지만 그것이 하나님의 선언을 부인하지 못합니다. 타락하고, 부패했으며, 망쳐졌지만, 한때 그것이 우리의 모습이었지만, 그 모든 것에도 불구하고 우리는 하나님 보시기에 보배롭습니다. 이것이 어찌된 일일까요? 내 생각에는 여기에 숙고해볼 네 가지 요점이 있습니다.

우리가 하나님 보시기에 보배로운 이유는 우리 각 사람을 둘러싸고 있는 기억들 때문입니다. 야곱은 그가 요셉에게 주고자 했던 특정한 분깃에 대해 이렇게 말했습니다. "내가 너에게 네 형제들보다 한 분깃을 더 주었나니 이는 내가 내 칼과 활로 아모리 족속의 손에서 빼앗은 것이니라"(KJV, 창 48:22). 명백히 그 족장은 그 큰 분깃을 따로 떼어두었습니다. 왜냐하면 그것은 실제적인 전투의 위험을 무릅쓰고 획득한 것이기 때문입니다. 그것은 그 자체로는 그의 소유 중에서 다른 것들보다 더 귀중하지 않을 수도 있었습니다. 하지만 그가 그것을 소중히 여겼던 이유는 그것을 쟁취하기 위해 무릅쓴 위험들을 기억하였기 때문입니다. 그리고 하나님의 자녀여, 당신은 예수님이 그분의 칼과 활로 아모리 족속의 손에서 빼앗은 그분의 분깃입니다. 당신을 얻기 위해 그분은 싸움을 감수하고 홀로 포도주 틀을 밟으셨습니다. 그것은 당신을 속박하는 군주에게서 당신을 해방하고자 하심이었으며, 또한 당신을 그분의 영원하고도 특별한 유업으로 삼고자 하셨기 때문입니다. 당신의 집에는, 그 자체로는 가치가 별로 없어도, 값으로 따져서 그 가치의 천 배를 쳐주어도 팔고 싶지 않은 어떤 사소한 물건들이 있을지 모릅니다. 그것이 이 세상을 떠난 당신의 아들이나 딸의 것이기 때문입니다. 그 작은 기념물은 당신의 사랑하는 자녀의 어떤 용감한 행동이나 너그러운 행동과 관련되어 있습니다. 그러므로 그것은 비록 그 자체로는 아무것도 아니지만, 당신은 그것을 매우 귀하게 여기는 것입니다.

사랑하는 형제여, 이제 당신은 하나님 아버지께 종의 형체를 취하여 사람들과 같이 되셨던 구주의 자기 비하의 기념물입니다. 당신은 사람의 모양으로 나타나셨고, 죽기까지 복종하시고 십자가에 죽으셨던 그분의 기념물입니다. 하나님께서 여러분 각 사람을 바라보실 때, 그분은 그분의 아들이 행하신 것을 보시며, 당신에게서 골고다의 수난을 보시고, 그 올리브 동산의 탄식과 골고다의 신음소리를 새롭게 들으십니다. 그러므로 당신은 하나님께, 그 사랑하시는 아들의 죽음의 증거이자 기념물로서, 너무나 보배로운 것입니다.

어떤 물건들은 때로는 거기에 기울인 솜씨 때문에 보배롭습니다. 많은 작품들이 원재료 자체는 가치가 없어도, 거기에 많은 솜씨를 발휘하고, 많은 수고를 쏟아 부었다면 그것 때문에 그 가치가 크게 증대됩니다. 원재료의 가치로는 단돈 1페니 값도 채 되지 않지만, 많은 기술과 솜씨를 쏟은 이후에는 무려 일천 파운드의 가치가 더해지는 경우가 더러 있다고 합니다. 자, 그리스도인이 하나님께 보배로운 존재가 된 것은 그에게 쏟은 솜씨 때문입니다. 우리는 전적인 파멸의 상태에서 취하여졌지만, 성령께서 우리 안에서 일하시어 죽음에서 생명에 이르게 하셨습니다. 그분이 우리의 완고한 의지를 복종시키셨고, 우리의 어두운 지각을 밝히셨으며, 이날까지 그분의 절묘하고 신적인 솜씨를 우리에게 지속적으로 발휘하셨습니다. 그로 인해 우리는 새로운 모양으로 빚어졌고, 주님이 쓰시기에 적합한 그릇들이 되었습니다. 내 사랑하는 친구들이여, 회상해 보십시오. 여러분은 성령께서 이미 여러분에게 행하신 일들로 인해 하나님 보시기에 보배롭습니다.

조각가의 도구로 그려진 선들을 기억하십시오. 그 선들은 기쁨의 날에, 그분이 감사와 헌신과 친교를 위해 당신을 격려하실 때, 그분이 당신에게 그려놓으신 것입니다. 하지만 당신은 그 조각가의 손의 더 깊은 각인(刻印)을 회상하기가 더 쉬울 것입니다. 그것은 당신의 고통과 환난의 날에 만들어진 것이지요. 나는 성령께서 나를 겸손, 회개, 죄 씻음, 내 죄에 대한 거룩한 복수, 내 주님을 위한 달콤한 열정의 자리로 이끄시던 때를 잘 기억하고 있습니다. 다양한 방식으로 그 위대한 예술가는 우리 안에 강력하게 역사하셨고, 끈기 있게 그분의 목적을 지속적으로 추진하고 계십니다. 당신이 자녀에게 아무리 많은 수고를 들여도, 성령께서 당신에게 기울이신 수고에는 결코 미치지 못할 것입니다. 당신이 자녀를 가르치는데 아무리 큰 수고를 기울여도, 그분이 당신을 가르치는 일에 기울이신 수고에는 결코 미치지 못합니다. 당신의 자녀가 아무리 당신을 근심하게 하고 노하게 했어도, 당신이 성령을 근심하시게 하고 노하시게 한 것에는 결코 미치지 못합니다. 그렇지만 그분은 이미 당신 안에 많은 일이 이루어진 것을 보시면서, 여전히 그분의 일을 멈추지 않고 지속하십니다. 당신은 그분 보시기에 보배롭습니다. 그분은 이미 많은 수고를 쏟은 것을 중도에 팽개치지 않으시기 때문입니다.

성령께서는 지금 이 상태로의 당신을 바라보시기보다는, 당신 안에서 장차 이루어질 그분의 일, 성취되도록 결정된 일을 보십니다. 당신은 장래에 "티나 주름 잡힌 것이나 이런 것들이 없는"(엡 5:27) 모습으로 보좌 앞에 나타나게 될 것입니다. 죄악으로 향하는 모든 성향이 제거되고, 선하고 거룩하며 칭찬할 만한 모든 소원들은 완전해질 것입니다. 그러므로 그분이 당신에게 행하실 일 때문에, 성령께서는 당신을 귀하게 여기십니다.

어떤 물건들은 그들의 독특한 양식 때문에 보배롭습니다. 포틀랜드(Portland)의 꽃병이 그런 경우였습니다. 그것은 평범한 관찰자의 눈에는 별 가치가 없는 것으로 보이지만, 그 뛰어난 디자인의 아름다움 때문에, 당시의 가장 위대한 도예가가 그것을 소유하기 위해 수천 파운드를 기꺼이 지불하려 했습니다. 우리 역시 하나님 보시기에 보배로운 이유는, 우리의 모양과 양식 때문입니다. 내 형제들이여, 모든 신자들은 어떤 형태를 가지게 되어 있습니까? 우리는 그리스도를 닮게 되어 있습니다. 그리스도의 형상처럼 아름다운 것은 없으며, 하늘에서나 땅에서 예수님의 성품의 완벽함에 비길 만한 것은 아무것도 없습니다. 하지만 우리는 그분을 닮게 되어 있습니다. 하나님께서 우리를 보배롭게 여기시는 것은 그분이 우리 각 사람에게서 그 아들의 형상을 보시기 때문입니다. 나는 당신이 지금은 천국에 있는 당신의 사랑하는 이의 귀한 기념품을 소중히 여기며 목에 걸기도 하는 것을 압니다. 그것이 떠난 이의 형상을 사진처럼 정확하게 회상시켜주기 때문입니다. 하나님께서 자기 백성 모두를 특히 보배롭게 여기시는 이유는, 그들이, 비록 더욱 완전하게 되어야 하긴 하지만, 예수 그리스도의 모양을 닮기 때문입니다.

한 가지를 더 말하자면, 종종 어떤 물건들이 소중한 이유는 관계성 때문입니다. 어머니에게서 가장 귀한 것은 그녀의 사랑스러운 아기입니다. 우리 모두는 출생의 끈을 통해 우리와 가까운 이들을 사랑합니다. 그와 마찬가지로 주님 보시기에 성도들이 귀한 이유는, 그들이 그분의 가족으로 태어났으며, 중생에 의해 그분의 아들과 딸들이 되었기 때문입니다. 하나님 우리 아버지께서 자기 자녀들을 향해 가지신 애정이 우리가 우리의 자녀들을 향해 가진 사랑보다 적을 것이라고 생각하지 마십시오. 오, 그렇지 않습니다! 자기 자녀를 몹시도 안타까워하는 어떤 어머니의 마음도, 그리고 자기 자식을 기뻐하는 어떤 아버지의 품도, 그릇된 자녀들을 향해 애타시는 하나님의 마음보다 간절하진 못하며, 또한 그분에게 다시 돌아온 자녀들로 인한 그분의 기쁨에는 미치지 못합니다. 당신은 당신의 자녀를 귀하다고 말하며, 그 자녀를 보호하기 위해서라면 당신의 생명조차도 주고자 합니까? 오, 믿는 자여, 지금 이 시간 당신은 당신의 천부께 그토록 귀한 존재입니다!

나는 이 주제에 대해 계속 말할 수가 없습니다. 이 주제는 언어로 표현하기엔 너무나 달콤합니다. 하지만 나는 여러분이 조용한 때에, 잠잠히 앉아서 이런 방식으로 곰곰이 묵상해보기를 바랍니다. "나는 가난하고, 약하며, 죄 많은, 벌레와 같은 자이다. 하지만 특별한 은혜에 의해 선택되었고, 그리스도 예수 안에서 영생을 얻었기 때문에, 나는 하나님께 보배로운 자이다. 나는 귀한 것들을 보존하기 위해 자물쇠를 채운다. 나는 그것들을 만족스럽게 바라보며, 그것들을 중히 여긴다. 바로 그와 같이 위대하신 하나님께서 나를 그분의 은밀한 곳에 숨기실 것이다. 그분이 나와 교제하기를 기뻐하시고, 그리스도 예수 안에서 나를 바라보실 때 나를 기뻐하신다. 내 자녀가 내게 소중한 것 이상으로 나는 그분에게 소중하다." 비록 여러분은 아주 가난하고, 혹은 심하게 박해를 받을지라도, 여기에 여러분을 위한 위로가 있습니다. 아마도 한나처럼, 여러분은 날마다 대적자로부터 조롱하는 말을 참아야 할지 모릅니다. 그가 당신을 크게 격동시키며 괴롭게 합니다. 그 때 이 진리로 위로를 얻으십시오. 당신은 주님 보시기에 보배로우니, 당신은 이렇게 노래할 수 있습니다. "내 영혼이 주를 찬양하며 내 마음이 하나님 내 구주를 기뻐하였음은 그의 여종의 비천함을 돌보셨음이라"(눅 1:46-48). 이것이 당신의 영혼을 얼마나 기쁨으로 들뜨게 할는지요! 당신을 향한 하나님의 생각이 얼마나 보배로운지요! 지존자의 눈에 당신은 보배로운 자이기 때문입니다!

2. 하나님의 모든 자녀는 존귀하다.

하지만 두 번째의 귀한 단어에 대해서는 간략히 언급하고 지나가야겠습니다. 하나님의 모든 자녀는 "존귀합니다."

지금의 세태를 두고 본다면, 이 "존귀한"이라는 단어가 너무 품위가 떨어져 사람들이 오히려 그 말을 듣는 것을 부끄러워할는지 모르겠습니다. 귀족들이 스스로를 불명예스럽게 하는 것을 보면서, 우리는 우리가 귀족이 아니라 평범한 사람들임을 하나님께 감사해야 할 것입니다. 사회의 찌끼에 대해 말하자면, 모든 냄비에서 찌끼가 상층부에 뜨듯이, 국가의 경우에서도 마찬가지입니다. 일의 상층부로 올라갈수록, 최고의 죄악이 최고의 위치에서 발견됩니다. 우리의 고위 인물들이 그들의 태도를 고칠 수 있게 되기를 바랍니다. 출생에 의해 존귀하고 고상하다고 간주되는 자들이 일정 수준의 도덕조차 지키지 못할 때, 그것은 간과할 수 없는 수치이자 불명예이기 때문입니다. 하나님께서 이 나라에 이들보다는 더 나은 지도적 인물들을 허락해주시길 바랍니다. 하지만 내 친구들이여, 여기에 쓰인 이 웅장하고 오랜 단어는 그 단어의 의미가 퇴색되지 않고, 원래의 순수성을 간직하고 있을 때 사용된 것입니다. 그것은 지금은 대개 무의미하고 조롱하는 말이 되었지만, 이제 우리는 그 단어에 담긴 원래의 광채를 회복시키도록 합시다. 그리고 성경에서 그 단어가 불에 일곱 번 단련된 순금처럼 빛나고 있음을 바라봅시다. 모든 그리스도인은 하나님께서 보시기에 존귀하고 탁월합니다. 왜냐하면 주께서 차별적인 은혜로 그들을 보배롭게 하셨기 때문입니다.

먼저 모든 그리스도인은 존귀하게 태어났습니다. 여러분의 낮은 지상의 혈통에 대해서는 신경 쓰지 마십시오. 여러분은 성령에 의해 하나님에게서 태어났으며, 따라서 만왕의 왕으로부터 난 것입니다. 여러분의 혈관 속에 귀족의 피가 흐르지 않고, 여러분의 가계(家系)에서 옛 노르만 계통의 흔적을 찾을 수 없어도 문제가 되지 않습니다. 오직 여러분이 여러분의 계보에서 만군의 주께로 거슬러 올라갈 수 있고, 죽은 자 가운데서 부활하신 예수 그리스도로 말미암아 거듭나서 산 소망을 가지게 되었다면, 여러분은 왕족의 혈통에 속하는 것이며, 그것으로 인해 기뻐할 수 있습니다. 하나님이 여러분을 존귀하게 하셨으니, 누가 여러분을 멸시하더라도 상관하지 마십시오.

더 나아가 그리스도인은 신분에서 존귀합니다. 하나님께서는 우리를 거름더미에서 올리사 귀족들과 함께 앉게 하시기를 기뻐하셨습니다(참조. 삼상 2:8). 섭리의 질서 속에서 모든 사회에는 계층이 존재합니다. 사람들 사이에서 뿐 아니라, 순수한 영들 사이에서도 다양한 계층과 서열이 있다고 믿을 만한 이유가 있습니다. 하지만 거룩한 사람들의 존귀는 하나님께서 보시기에 모든 곳에서 탁월합니다. 그리스도의 피로 구속받은 인간은 모든 지적인 피조물들의 세계에서 다른 무엇에도 뒤지지 않습니다. 하나님 가장 가까이에 인간이 서 있습니다. “주의 손으로 만드신 것을 다스리게 하시고 만물을 그의 발 아래 두셨나이다”(시 8:6). 예수 그리스도의 위격 안에서 인간은 하나님 다음에 서 있습니다. 내가 의미하는 것은 두 번 태어난 사람, 성령에 의해 새로워진 사람을 말합니다. 이것이 얼마나 높은 위엄인지, 심지어 천사들조차 우리에게 “섬기는 영으로서 섬기라고 보내신”(히 1:14) 것입니다. 그들은 보냄을 받은 우리의 ‘호위대’로서 우리 주위에 장막을 펼치고, 또한 그들의 손으로 우리를 붙들어 우리의 발이 돌에 부딪히지 않게 하는 것입니다!(참조. 시 91:12). 영적인 귀족들에 대해 말하자면, 바로 이들이 그런 자들인데, 곧 아브라함의 영적인 후손들이 그들입니다. 왕의 혈통에 속한 왕들과 제후들과 고관들에 대해 말하자면, 이들이 바로 그런 자들인데, 그 속에 예수 그리스도의 영이 거하는 자들이며, 그 존엄한 장자(Firstborn)의 형제들이 곧 그들입니다.

그리스도인들은 출생에서도, 신분에서도 존귀하며, 또한 그들의 섬김에서도 존귀합니다. 하나님께서 우리를 보내어 하도록 하신 일이 얼마나 복된 일입니까? 그분은 우리를 세상으로 보내어 진리를 증언하게 하셨고, 우리에게 명하여 예수의 이름을 땅 끝까지 전파하라고 하셨으며, 우리를 보내어 이스라엘 집의 잃어버린 양을 찾으라 하셨습니다. 나는 사람들에게 축복을 나누어주는 이 일보다 더 선한 일을 알지 못합니다. 내가 생각하기에는, 보좌 앞에 있는 천사들도 그리스도에 대해 말하도록 허락받은 가난한 사람들인 우리를 부러워할 것입니다. 비록 그것이 어린아이들에게 말하는 것이어도 그렇습니다. 나는 가장 비천하고 누더기를 걸친 주일학교 선생님이, 십자가의 이야기를 들려주고 젊은이들의 마음을 얻어 주를 섬기도록 하는 일에 위임을 받았다는 점에서, 가브리엘 천사보다 더 영예롭다고 생각합니다. 여러분은 여러분의 주님의 주방에서 부엌데기를 하도록 고용되지 않았습니다. 비록 여러분은 그런 섬김에도 만족하겠지만, 여러분은 가장 천하고 고된 일에 수고하도록 그분의 종으로 고용된 것이 아닙니다. 여러분은 나무를 베거나 물을 긷도록 보냄을 받은 것이 아닙니다. 여러분은 그분의 친구들 곧 예수님의 친구들로서, 그분이 하신 일과 같은 종류의 일, 심지어 그분이 하신 일보다 더 큰 일을 하도록 보냄을 받은 것입니다. 그분이 아버지께로 가셨기 때문에 여러분은 그 일을 할 수 있습니다. "이런 영광은 그의 모든 성도에게 있도다"(시 149:9). 이는 구원의 대장이신 예수님 밑에서 친위병이 되는 영광입니다!

그리스도인들은 특권에 있어서도 존귀합니다. 어떤 귀족이 그가 요청을 드리고 싶을 때마다 언제든 왕을 알현할 수 있는 권리를 가졌다면 그것은 큰 영예로 간주될 것입니다. 동양에서, 왕의 보좌에 나아가는 것은 언제나 최고의 존중의 상징이었습니다. 오 하나님의 자녀여, 당신은 우리가 서 있는 이 은혜 안으로 들어올 수 있습니다. 당신은 때를 따라 돕는 은혜를 얻기 위하여 거룩한 은혜의 보좌에 담대히 올 수 있도록 허락되었습니다. 오 성도들이여, 여러분은 "그를 가까이 하는 백성"입니다(시 148:14). 중간에 가로막힌 모든 담은 허물어졌으며, 여러분은 그리스도의 피로 가까워졌습니다. 오, 이것이 얼마나 놀라운 특권인지요! 여러분은 이 시대에 하나님이 받으실 만한 제사를 드리는 제사장들이며, 여러분의 부패성을 다스리는 왕들입니다. 주의 사랑이 임하여 그분 보시기에 보배롭게 하신 여러분만큼 큰 특권을 얻은 사람들은 달리 없습니다.

또한 하나님의 모든 자녀는 은혜로 말미암아 그의 성취에 의해서도 존귀하게 됩니다. 이것이 어떤 면에서는 가장 높은 형태의 명예입니다. 이는 여러분이 행할 수 있었던 것에 따라 얻는 영예이며, 여러분이 전투에서 당당하게 싸워 이김으로써 걸치는 영예의 문장(紋章)입니다. 그것은 단지 의전상의 글귀로만 표현되는 영예가 아니라, 여러분의 승리의 공훈에 의해 정당하게 여러분에게 돌려지는 영예입니다. 하나님의 모든 자녀는 그것을 얻기 위해 진지하게 애쓰도록 인도를 받았다면 이 영예를 얻을 것입니다. 죄를 이기는 것, 이는 결코 적은 성취가 아닙니다. 긴 생애에서 육의 부패성을 억누르는 것, 세상과 마귀와 맞서 싸우는 것, 이런 것들은 결코 '양탄자 기사들'(carpet knights, 무공 없이 기사가 되거나 실전 경험 없는 군인들을 경멸적으로 일컫는 말 — 역주)의 행위가 아닙니다. 사탄이 우리 발 아래서 짓밟힐 때, 곧 그렇게 될 것이지만, 그것은 또한 얼마나 큰 업적이겠습니까? 지옥의 군대가, 그 모든 간계와 악의에도 불구하고, 그들이 멸시했던 남자와 여자들에 의해 완전히 패배한 것을 알게 되었을 때, 그 또한 얼마나 큰 성취이겠습니까? 하나님의 은혜가 그리스도인들에게 내주하기에, 그들은 승리할 것이며, 진리와 사랑의 기를 들고서 완전한 승리를 향해 진군할 것입니다. 형제들이여, 여러분이 오늘날 이미 출생과 신분에서 존귀하게 된 것처럼, 그리고 섬김의 영예가 여러분에게 제시된 것처럼, 여러분이 여러분의 성취를 통해서도 존귀하게 되고 하나님 보시기에 보배로운 자들이 되기를 바랍니다.

3. 모든 그리스도인은 사랑스러운 존재이다.

이제 마지막으로 "사랑스러운"이라는 중요한 단어를 살펴보도록 하겠습니다. "내가 너를 사랑하였노라." 나는 이 단어에 대해 설교하기를 정중히 사양해야 할 것입니다. 그것은 말을 위한 단어라기보다는, 생각을 위한 단어이기 때문입니다. 나는 언제나 자기 백성을 향하신 하나님의 사랑은 공적인 강론보다는 묵상을 위해 더 적합하다고 느낍니다. "내가 너를 사랑하였노라."

천국의 상속자여, 잠시 경청해주시기 바랍니다. 하나님께서 당신을 영원히 사랑하십니다. 별들이 빛을 발하기 전에, 해가 제자리에서 막대한 양의 빛을 쏟아내기 전에, 하나님께서 당신을 특별히 사랑하셨습니다. 그분은 당신을 행동으로 사랑하셨고, 또한 효과적으로 사랑하셨습니다. 그분은 당신을 위해 그의 독생자를 주셨습니다. 말로 다할 수 없는 선물이지요. 또한 독생자와 더불어 그분 안에 있는 모든 것을 당신에게 주셨습니다. 하나님은 무한한 사랑의 기부자이십니다. 그분은 당신을 최고로 사랑하셨으며, 천사들보다 더 사랑하셨습니다. 그분이 언제 천사들 중 누구에게 이렇게 말씀하신 적이 있었던가요? "너는 존귀하며, 내가 너를 사랑하였노라." 그분은 당신을 불변의 사랑으로 사랑하셨습니다. 그 사랑보다 덜할 수도 없고, 더할 수도 없습니다. 당신의 모든 죄 중에도 동일하였고, 당신의 모든 슬픔 중에서도 마찬가지로 동일했습니다. 그분은 당신을 측량할 수 없을 정도로 사랑하셨습니다. 당신은 당신을 향한 하나님의 사랑의 높이와 깊이를 결코 알 수 없습니다. 오 사람이여, 이 강으로 뛰어드십시오. 만약 당신이 지금까지는 물이 무릎에 닿을 정도에서 힘겹게 걸어왔다면, 이제는 물이 가슴 높이에 이를 정도로 깊이 들어가십시오. 예, 그 측량할 수 없는 강물에 당신을 맡기고, 행복의 바다에서처럼 그 안에서 헤엄치십시오. "내가 너를 사랑하였노라." 그 말씀이 당신의 가슴에 풍성히 거하게 하시고, 당신의 위로와 기쁨을 위해 그 천상의 음악이 울려 퍼지도록 하십시오.

이 세 가지 의미를 모두 합하여, 오늘 아침 나는 여러분이 믿음으로 그것을 다른 의미로 활용하기를 바랍니다. "네가 내 눈에 보배롭고 존귀하며 내가 너를 사랑하였노라." 내 구주시여, 당신께서 그렇게 말씀하십니까? 당신께서 제 입에 넣어주신 그 말씀을 저는 당신께 돌려드리나이다. 당신 역시 제 눈에는 보배로우십니다! 여러분, 그렇지 않습니까? 그분의 귀함을 무엇에 비할 수 있을까요? 그분은 우리가 평가하기에 존귀하시지 않습니까? 여러분은 그분에게 영예를 드리지 않겠습니까? 그분이 명성을 얻으시도록 하는 것이 여러분의 영혼이 지속적으로 추구하는 바가 아닙니까? 여러분은 그분의 명성을 다른 사람들에게 말하지 않겠습니까? 여러분은 그분의 능하신 행동에 나타난 영광을 널리 전하지 않겠습니까? 내 구주시여, 한때 저는 당신을 알지 못했으나, 이제는 당신을 존귀한 분으로 알고, 당신이 얼마나 보배로운지를 깨닫습니다. 그러므로 이제는 당신이 저의 영혼 속에서 존귀한 분이 되셨나이다. 모든 사람의 마음을 다스리시되, 저의 마음 또한 다스리소서. 저는 당신이 높고 영광스러운 보좌에 앉으시길 간절히 바라며, 만약 제가 당신을 조금이라도 더 높여드릴 수만 있다면, 혹은 당신의 이름이 사람들 사이에서 조금이라도 더 사랑받도록 할 수만 있다면, 저 자신은 진흙탕에서 짓밟혀도 만족하겠나이다. "당신은 존귀하며 제가 당신을 사랑하나이다." 나는 여러분이 이 고백을 해야 할 때, 그 고백을 하면서 얼굴을 붉히지 않을까 염려합니다. 여러분은 그분을 사랑해왔습니다. 하지만 오, 여러분은 그분을 얼마나 조금만 사랑했는지요! 그러니 오직 참회의 심정으로 되돌아보며, 이제는 이렇게 말하십시오. "주여, 당신은 존귀하시니 제가 당신을 사랑하겠나이다. 지난 과거를 용서하시고, 제 영혼에 은혜의 새로운 불꽃을 붙여주소서. 저로 하여금 이렇게 말할 수 있게 하소서.

'예, 저는 당신을 사랑하며 흠모합니다.
오 은혜로 인하여 당신을 더욱 사랑합니다!'"

이 말씀을 그런 의미로 사용했다면 다른 방향으로 전환해보십시오. 그 말씀을 하나님의 모든 자녀에게 적용하십시오. 내 형제여, 내 자매여, 당신은 내 눈에 보배롭습니다! 하나님의 자녀가 얼마나 보배로운지를 내가 알고부터, 당신은 줄곧 내 눈에 너무나 보배롭습니다. 당신은 내게 존귀하며, 내가 당신을 사랑합니다. 하나님의 자녀들에 대해서, 결코 그들을 존중히 여기지 않는 다른 방식으로 대하지 맙시다. 그들 중에 일부는 매우 가난하며, 그들 중에 많은 이들이 문맹이며, 그들 중에 더러는 기질이나 행동이나 신조 면에서 우리가 바라는 것과 전혀 같지 않을 수 있습니다. 하지만 그들이 그리스도의 피로 값 주고 사신 바 되었다면 그들은 존귀합니다. 주께서 그렇다고 선언하셨으니, 그러므로 우리는 그들을 불명예스럽게 대하지 말도록 합시다. 가난한 성도들이 어쩌다 그들보다 더 유복하게 사는 이들에 의해 멸시를 받는 것은 매우 슬픈 일입니다. 만일 어떤 대단하고 높은 인물이 이 예배당에 들어온다면, 여러분 중에 많은 이들이 기꺼이 그를 최상의 자리로 안내하려 하겠지만, 어쩌면 그가 최악의 사람들 중의 한 사람일 수도 있습니다. 하지만 만약 하나님의 어떤 자녀가 어쩌다보니 너무 가난하게 되어 온통 누더기 같은 옷을 걸치고, 초라한 오두막에서 살아야 한다면, 아마도 여러분 중에는 그를 좀처럼 형제라고 부르지 않을 사람들이 많을 것입니다. 하지만 영적인 가치가 무엇인지를 이해하는 우리는 결코 이런 잘못에 빠져서는 안 됩니다. 우리는 이렇게 말해야 합니다. "당신은 비록 가난하지만, 예수님으로 인해 우리 눈에 보배로운 자가 되었습니다. 우리는 당신이 천국의 상속자임을 보며, 그러므로 우리는 당신을 모든 왕들과 제후들보다 높게 평가합니다. 그리고 우리는 주님 때문에 당신을 사랑합니다. 우리가 당신의 가난을 도울 수 있을까요? 우리가 당신의 질병을 보살필 수 있을까요? 우리가 당신의 짐의 일부를

질 수 있을까요? 우리는 당신을 사랑하며, 예수님 곧 우리와 당신의 주이신 그분 때문에 당신을 존귀하게 여긴답니다."

또한 여러분은 이 말씀을 회심하지 않은 사람들을 언급할 때에 사용할 수 있습니다. 어떤 의미에서는 이 말씀이 여자에게서 난 모든 사람들에게 적용될 측면이 있습니다. 그들은 불멸의 영혼을 소유했기 때문입니다. 여러 해 전에, 여러분과 나는 우리 자신의 영혼의 가치에 대해 아무것도 몰랐으며, 그래서 다른 사람들의 영혼에 대해서도 그다지 관심을 갖지 않으려 했습니다. 하지만 이제는 사람들의 영혼이 우리 눈에 보배롭습니다. 우리는 그들이 불멸임을 믿습니다. 우리는 그들이 고통 중에서든 행복 중에서든 영원히 살 것을 압니다. 그러므로 다른 사람들은 무어라고 말해도, 우리는 인간의 영혼이 매우 귀하고 값진 것이라고밖에는 달리 생각할 수가 없습니다. 그렇다면, 모든 사람들은 우리의 열심의 대상으로서 얼마나 존귀한지요! "뭇 사람을 공경하라"(벧전 2:17)고 사도는 말합니다. 내가 그 구절의 인용을 들은 것은 "왕을 존대하라"(벧전 2:17)는 구절이 인용되는 횟수에 비해 절반도 되지 못합니다. 그 성구의 마지막 구절을 잊지 말되, 첫 번째 구절에도 동일한 관심을 기울이십시오. 가장 천한 사람의 영혼에도 그 영적이고도 불멸의 특성으로 인해 존엄성이 있습니다. 그것은 아무리 심한 가난이나 타락도 전부 앗아갈 수 없는 것입니다. 거리의 매춘부, 그녀를 위해서는 거의 아무런 관심을 기울이지 않습니다! 하지만 오, 동정 어린 마음을 가진 이들이여, 여러분은 가난하고 타락한 사람을 볼 때 이렇게 말하길 바랍니다. "당신의 영혼은 불멸의 영혼으로서 내 눈에 너무나 귀합니다. 당신은 오랫동안 멸시받고 짓밟혀왔지만, 내 구주께서 당신을 사랑하시니 나도 당신을 사랑합니다. 그분 때문에 나는 당신의 영혼을 존귀하다 여기며, 너무나 값지다고 여깁니다." 옥에 갇힌 수천 명의 사람들에 대해서, 그들이 단지 제거되어야 할 오물처럼 여기지 마십시오. 무엇보다, 다수의 사회 빈민 계층의 사람들을 마치 공공복리의 단순한 장애물처럼, 혹은 쓸어서 구빈원(救貧院)이나 변방 어딘가에 모아두어야 할 쓰레기처럼 여기지 마십시오. 그렇지 않습니다. 그들은 귀합니다. 여러분의 영혼이 귀한 것만큼이나 그들의 영혼도 귀합니다. 그런 관점에서 그들을 생각하고, 그들 속에 있는 불멸의 불씨를, 하나님께서 창조하기를 기뻐하셨던 그들의 인격을 존중하십시오.

그들을 존중하듯이 또한 사랑하십시오. 하나님이 그들을 구원하실 수 있도록, 여러분의 사랑을 기도로 입증하십시오. 그들을 그 파멸의 상태에서 회복시키기 위해, 또한 그들의 영혼을 소유주이신 위대하신 하나님께 돌려드리기 위해, 여러분 속에 있는 모든 능력의 도구들을 활용하십시오. 만약 복음서에서 자기 돈의 일부를 잃어버린 여인이 "그것은 단지 푼돈일 뿐이야. 나는 더 많은 돈을 가지고 있으니, 그 푼돈 때문에 번거롭게 수고하지 않을 테야"라고 여겼다면, 그 여인은 굳이 등불을 켜고 집을 쓸며 찾을 때까지 부지런히 찾지 않았을 것입니다. 또한 아흔아홉 마리의 양을 가지고 있는 목자가 백 번째의 길 잃은 양에 대해서 "그 양은 언제나 상처투성이였고 무가치했지. 그것을 잃어버린다고 해서 대수는 아니야. 그 아흔아홉 마리가 훨씬 더 귀하지"라고 말했다면, 그는 결코 양 떼를 떠나 그 잃은 양을 찾기 위해 떠나지 않았을 것입니다. 여러분이 여러분의 동료에게 가치를 덜 부여할수록, 여러분은 그만큼 그들의 유익을 추구하는 일에 덜 진지할 것입니다.

하지만 여러분이 그리스도 때문에 그들을 귀하게 느끼고, 그들이 인간이기 때문에 존귀하고 거룩해질 수 있다고 여긴다면, 여러분은 하나님의 능력 안에서 그들을 되돌리기 위해 애를 쓸 것입니다. 또한 하나님께서는 여러분의 수고에 복을 주실 것이며, 여러분은 그들이 구원받는 것을 볼 것입니다. 나는 여러분이 그들을 위해 여러분 자신을 내어주고, 교회가 그들의 생명을 위해 사람들을 내어주게 되기를 간절히 바랍니다. 먼저, 이 예배당에 있는 모든 사람이 하나님 보시기에 보배롭게 되기를 바랍니다. 그리고 다음에는, 하나님이 사랑하시고 구원하기를 원하시는 다른 사람들을 우리가 간절히 찾게 되기를 바랍니다. 하나님께서 여러분으로 하여금 여러분이 가진 것을, 비록 그것이 애굽이든 구스이든 스바든, 그 모든 것을 귀한 영혼들을 되찾는데 드릴 수 있도록 감동하시길 바랍니다. 오 성령이시여, 예수님을 위하여 우리에게 그런 열망을 보내주소서. 아멘.

제
42
장

하나님의 증인들

"나 여호와가 말하노라 너희는 나의 증인, 나의 종으로 택함을 입었노라." — 사 43:10

여러분 대부분은 내가 지난 주간에 끊임없이 복음을 전하거나 또는 이 거대한 교회와 관련된 잡다한 의무들을 수행하느라 애를 쓴 것을 압니다. 나는 토요일마다 가능한 한 묵상과 연구에 전념하고 있으며, 이는 주일에 여러분에게 전할 무언가를 얻기 위함입니다. 하지만 불행히도 나는 크로이든(Croydon, 영국 런던 남부의 도시 — 역주)에서 열리는 순회재판에 참석하라는 소환장을 받아, 어쩔 수 없이 어제 하루 종일을 덥고 붐비는 법정에 앉아 있었습니다. 은혜의 보좌와 법정의 긴 의자 사이에는 큰 차이가 있으며, 천국과의 교제와 법률가들과 증인들 사이의 대화에도 큰 차이가 있습니다. 나는 그곳에 앉아 있는 동안 생각을 하려고 시도했지만, 그 업무가 너무도 생각을 흐트러지게 해서 두통이 난 채로 집으로 돌아왔습니다. 그리고 내일 회중이 모인 자리에서 설교하기가 어려울 것이라고 생각했습니다. 하지만 내가 비록 다른 문제에 대해서는 설교할 수 없어도, 어제 일어난 일에서 무언가를 끌어낼 수 있겠다는 생각이 불현듯 스쳤습니다. 아마도 우리는 별 가망이 없어 보이는 그루터기들 사이에서도 약간의 유익한 곡식 이삭들을 주울 수 있을 것입니다. 본문에 여러분의 주의를 기울여주시기 바랍니다. 그리고 이 본문의 의미를 밝혀줄 약간의 예화를 끌어내기 위해 어제 있었던 일을 사용하게 해 주십시오.

본문이 그 문맥에서 보여주는 대로, 우리 앞에는 큰 회중이 모였습니다. 지구상의 모든 열방들이 그들의 신들을 발표하라고 소환됩니다. 그리고 판단해야 할 질문은 이것인데, 곧 그 신들 중에 살아 있는 참된 신이 있느냐 하는 것입니다. 이 신들 중에 어느 것이 미래를 예고한 적이 있는가? 이런 검증의 분위기는 매우 칭찬할 만한 것입니다. 이 다양한 우상들의 신봉자들 중에 어느 누가 그들의 신이 미래를 내다보는 은사를 가졌다고 주장할 수 있습니까? 그들이 받들어 모시는 모든 나무토막과 돌덩이들이 그들의 증인들을 내세웁니다. 그들은 무당처럼 이상하고 신비한 중얼거림으로 신탁이라는 것을 말할 수 있으며, 그 중얼거림 속에는 모호한 용어 밑에 감추어진 의심스러운 선언들이 포함되어 있습니다. 여호와께서는 이 법정에서 명백한 예언들, 곧 인간의 총명에 의해 예측될 수 없는 사건들에 대한 명백한 선언들이 제시될 것을 요구하십니다. 이런 관점에서, 이방의 신들은 실패했습니다.

하지만 여호와께서 자기 백성 이스라엘을 소환하여 그들을 증인석에 세워 두시고 "너희는 나의 증인들이다"라고 말씀하셨을 때, 그들은 그 민족의 역사에서 모든 큰 사건들이 그들의 하나님에 의해 예고되었음을, 그리고 모든 사건이 정확히 예고된 대로 일어났음을 분명히 입증할 수 있었습니다. 그분의 예언들 중에 한 가지도 실패하지 않았습니다. 한 말씀도 땅에 떨어지지 않았습니다.

정녕 유대인들은 크게 만족하면서, 창세기 15장에 기록된 고대의 예언을 떠올릴 수 있었습니다. 우리는 그 장의 12절 이하에서 다음의 내용을 읽을 수 있습니다. "해 질 때에 아브람에게 깊은 잠이 임하고 큰 흑암과 두려움이 그에게 임하였더니, 여호와께서 아브람에게 이르시되 '너는 반드시 알라 네 자손이 이방에서 객이 되어 그들을 섬기겠고 그들은 사백 년 동안 네 자손을 괴롭히리니, 그들이 섬기는 나라를 내가 징벌할지며 그 후에 네 자손이 큰 재물을 이끌고 나오리라. 너는 장수하다가 평안히 조상에게로 돌아가 장사될 것이요, 네 자손은 사대 만에 이 땅으로 돌아오리니 이는 아모리 족속의 죄악이 아직 가득 차지 아니함이니라' 하시더라."

그 족장의 모든 자손들은 이 계시가 그들의 위대한 조상에게 주어졌음을, 그 사건들이 있을 법 하지 않아 보일 때에 주어졌지만 결국 문자 그대로 성취되었음을 증언할 수 있었습니다. 그 백성은 애굽으로 내려갔습니다. 그들은 사백 년이라는 예언의 기간이 찰 때까지 그곳에 머물렀으며, 그 때가 되어서야 그들은 애굽에서 나왔습니다. 강한 손과 편 팔로 하나님께서는 그들을 이끌어내셨습니다. 그분은 많은 재앙들과 홍해에서의 끔찍한 수몰 사건으로 애굽을 심판하셨습니다. 하지만 이스라엘은 큰 재물을 가지고 나왔습니다. 그들은 은과 금의 보석들을 가졌던 것을 우리는 볼 수 있습니다.

사십 년 후에 그들은 가나안 원주민들의 죄가 관영한 것을 보았고, 그들의 살육과 멸망을 위해 정해진 때가 된 것을 보았습니다. 이 모든 것이 그대로 이루어졌으며, 18절 이하의 구절에서는 그 예언의 연속 부분이 있으며, 그 예언 역시 그대로 성취되었습니다. "내가 이 땅을 애굽 강에서부터 그 큰 강 유브라데까지 네 자손에게 주노니, 곧 겐 족속과 그니스 족속과 갓몬 족속과 헷 족속과 브리스 족속과 르바 족속과 아모리 족속과 가나안 족속과 기르가스 족속과 여부스 족속의 땅이니라." 그 땅의 모든 거주민들은 파멸되어야 했습니다. 그리고 가나안 땅은 하나님과 동행했던 한 사람, 즉 발붙일 만큼의 땅도 가지지 못하고 그 땅을 밟았던 낯선 순례자의 후손들의 소유가 될 것이었습니다. 이 초기의 예언이 너무나 정확히 성취되었기 때문에, 이스라엘에게 그것은 여호와가 진실로 하나님이시라는 결정적인 증거였습니다.

더 나아가, 유대인들은 모든 국가적인 사건에서 그들이 미리 경고를 받았다고 말할 수 있었습니다. 다윗의 경우 그의 후손이 이스라엘을 다스리도록 미리 정해지지 않았습니까? 야곱은 오래전에 유다 지파의 홀을 보았습니다. 그 왕국은 솔로몬 통치 후반기에 나누어지도록 정해지지 않았던가요? 아히야가 여로보암의 옷을 찢어, 그가 그 중의 열 조각을 취하여 그 자신을 위해 또 하나의 왕국을 세울 것을 예언합니다(왕상 11:30-32). 여로보암의 행로는 어떨까요? 이 무서운 말씀을 기억하십시오. "네 집을 쓸어버려 네 집이 느밧의 아들 여로보암의 집 같이 되게 하리라"(왕상 16:13). 그들은 그들의 죄악으로 인해 이웃 국가들에 의해 괴롭힘을 당해야 하지 않았던가요? 하나님께서는 그들이 회개하고 갑작스럽게 아픈 회초리를 맞지 않도록 언제나 그들에게 경고하는 선지자를 보내셨습니다.

지금 이사야 당시에 유대인들은 무엇을 말할 수 있었을까요? 그들은 더 많은 것을 말할 수 있었을 것입니다. 내 형제들이여, 우리는 지금 행복하게도 동방나라들로의 원정이 모든 예언을 입증하는 시대를 살고 있습니다. 니느웨로 가서 그 무더기를 눈여겨보고, 조용히 바다를 향해 흐르는 그 외로운 강을 보십시오.

갈대아인들이 선박을 만들던 티그리스와 유프라테스, 그리고 그 강변에 우뚝 서 있던 고대의 가장 큰 두 도시들이, 이제는 파충류나 올빼미들이나 자주 출몰할 법한 곳이 되지 않았습니까? 니느웨로 가서, 하나님께서 무슨 일을 하실 수 있는지, 그분이 어떻게 원수들의 황폐를 예언하실 수 있는지를 배우십시오. 여러분의 시선을 두로의 해안으로 돌려보십시오. 그곳에는 어부들이 그물을 던지고 있는데, 큰 배는 한 척도 보이지 않습니다. 그곳은 한때 세계 상업 거래의 절반이 이루어지는 영광을 누렸던 곳입니다.

저 조용하고 황폐한 페트라(Petra, 고대 에돔의 수도이면서, 신구약 중간시대 북 아라비아를 지배했던 나바테아 왕국의 수도였음. 대상교역에 의해 수세기 동안 부유한 상업도시로 번성했음 — 역주)의 저택들을 거닐어보십시오. 그리고 이 말씀을 읽고 떠시기 바랍니다. "너의 마음의 교만이 너를 속였도다 바위틈에 거주하며 높은 곳에 사는 자여 네가 마음에 이르기를 '누가 능히 나를 땅에 끌어내리겠느냐?' 하니, 네가 독수리처럼 높이 오르며 별 사이에 깃들일지라도 내가 거기에서 너를 끌어내리리라 여호와의 말씀이니라"(옵 1:3-4). 모압은 어디에 있습니까? 오 암몬이여, 어찌된 영문이더냐! 너의 거만한 군주들은 어디에 있느냐? 그들이 이렇게 말하지 않았습니까? "우리는 영원한 귀부인들이다. 우리는 보좌에 앉을 터이니 슬픔을 알지 못하리라." 하지만 여호와께서 말씀하셨고 말씀하신 그 일을 이루셨습니다. 그분은 하나님이십니다. 오직 그분만이 온 땅의 하나님이십니다.

이것이 본문에서 우리에게 제시하는 장면입니다. 즉 온 열방들이 회집하였습니다. 유대 백성들도 그들이 거룩한 책에서 미래의 사건들에 대한 분명한 통지를 받았음을 증언하기 위해 모여들었고, 이로써 여호와가 참 하나님이심을 증명하려고 합니다. 왜냐하면 어떤 이방의 신도 이런 종류의 예언과 예고를 할 수 없었기 때문입니다.

원래 의도한 것은 아니지만, 우리는 본문의 정확한 의미에서 출발할 것입니다. 그리스도 예수를 믿는 자들이여, 여러분은 옛 이스라엘의 입장에 서 있으며, 오늘 여러분 모두가 하나님의 증인들입니다. 하나님과 세계 사이에 큰 논쟁이 있을 것입니다. 세상은 그 이름으로 말할 증언자들을 내보낼 것이며, 여러분은 지존자에게 선택된 자들로서, 여러분의 하나님과 그분의 진리를 증언하라는 임무를 부여받았습니다. "나 여호와가 말하노라 너희는 나의 증인, 나의 종으로 택함을 입었노라."

1. 그리스도인들이 증언해야 할 몇 가지 질문들

우리는 즉시 주제를 향해 나아갈 터인데, 그리스도인들이 하나님 편에서 증언하도록 요청받는 몇 가지 질문들을 제기함으로써 그렇게 할 것입니다.

이 질문들은 논의될 수 있는 것 중에 가장 무거운 질문들입니다. 그 중의 첫째는 이것입니다. 오늘날 믿음의 기도에 대한 응답으로, 인간을 위한 하나님의 분명한 개입이 있습니까? 세상은 그런 생각을 조롱합니다. 여러분이 기도와 믿음의 효력에 대해 말하는 순간 거친 웃음소리가 들립니다. 어떤 이들이 말합니다. "저 해적을 암초로 몰고 가는 바람이 복음 전할 선교사들을 태운 배도 마찬가지로 파선시킬 수 있습니다. 엄격할 때는 아주 엄격하고, 관대할 때는 아주 관대하지요. 비는 의로운 자들의 밭에 내릴 뿐 아니라 악한 자들의 밭에도 내립니다. 하나님은 지구를 떠나계시고 세상을 저절로 돌아가도록 내버려두셨습니다. 마치 시계처럼 한번 태엽을 감고는 저절로 가게 두었으며, 이제 그분은 간섭하지 않으십니다. 각각의 톱니바퀴가 또 다른 톱니바퀴를 돌리고, 그래서 기계 전체는 그분의 손의 개입이 전혀 없이도 돌아가는 거랍니다." 그것이 세상의 이론입니다. 자, 그 이론에 반대하여, 우리는 이런 주장을 펼칩니다. 비록 같은 사건이 의인들과 악인들에게 일어나지만, 그럼에도 그 사건들에는 하나님의 관여 속에서 분명한 차이들이 있습니다.

"하지만 정확한 질문은 그것이 아닙니다. 질문은 이것입니다. 즉 하나님이 기도에 응답하시는지 아닌지의 여부, 그리고 그를 믿는 자들을 돕고 구원하기 위해 오시는지 아닌지의 여부입니다." 우리는 그분이 그렇게 하신다고 선언합니다. 사랑하는 친구들이여, 만일 여러분 중에 일부를 증인석으로 불러낸다면, 여러분은 이 질문에 대한 분명하고 확실한 증거를 제시할 것이라고 나는 믿습니다. 내가 브리스틀(Bristol)의 조지 뮬러(George Muller)를 부른다고 가정합시다. 그는 이렇게 말할 것입니다. "그 세 고아원들을 보십시오. 그곳에는 적어도 천백오십 명의 고아들이 있습니다. 그들은 내 기도에 대한 응답으로 보내어지는 기금에 의해 전적으로 지원을 받습니다." 계속해서 그가 말합니다. "이 사실을 보십시오. 브리스틀에 물이 마르고, 급수시설로는 사람들에게 충분한 물을 공급할 수 없을 때, 나를 의지하는 천 명의 아이들과 함께 있는 나는 어떤 사람에게도 한 방울의 물도 요청하지 않았습니다. 나는 오로지 하나님 앞에 가서 무릎을 꿇었으며, 한 시간 후에, 직접적으로든 간접적으로든 나에게 어떤 요청도 받지 않은 어느 농부가 내 문을 두드렸고, 우리에게 물을 공급하기로 제의했습니다. 또한 그가 공급할 물이 떨어져 그 일을 그만두었을 때, 다른 누구에게 말하는 대신, 나는 내 하나님께 가서 그 모든 사정을 아뢰었습니다. 그랬더니 또 다른 친구가 자기 소유의 개울에서 물을 끌어다 쓰도록 제의했습니다." 그는 수년 동안 그 고아원들과 관련된 사건들을 보고하면서 당신에게 말할 것입니다. "여기 증거가 있습니다. 엄숙히 단언하건대, 나는 어떤 사람에게도 내 필요를 말하지 않았습니다. 오로지 나는 내 하나님께 곧장 가서 부르짖었고, 내가 부르짖고 있는 그 때에, 그분은 내게 응답하셨습니다. 내가 아직 말을 채 마치지도 않았을 때에, 그분이 응답을 보내셨습니다."

조지 뮬러가 유일한 사례는 아니지요. 우리 각 사람의 우리 인생의 이야기에서 그와 유사한 사건들을 말할 수 있습니다. 정말이지, 나는 내 인생에서 내가 요청하고서 받지 못한 사례를 발견하기가 어렵습니다. 내 인생의 행로 전체에서, 나는 하나님께 부르짖고서도 구원을 받지 못한 시기가 있었는지 찾기가 어렵습니다. 내 인생의 길이 여러분 중 일부 사람들의 그것보다는 짧겠지만, 그 짧은 생애만으로도 나는 충분히 말할 수 있습니다. 나는 수백 번의 경우에 기도에 대한 분명한 응답을 받았으며, 마치 하나님께서 저 푸른 하늘을 가로질러 직접 그분의 오른손으로, 내가 구했던 것들을 내 무릎에 직접 풍성히 주시는 듯했습니다. 우리는 정신 나간 사람들이 아닙니다. 우리는 놀랄 정도의 열광주의자들이 아닙니다. 사실 나는 우리가 약간은 그렇게 되기를 바랍니다. 우리 중에 많은 이들이 건전한 정신을 가지고 있으며, 여느 사람들과 마찬가지로 상식적으로 행동하는 사람들입니다. 이 중에는 사업에서 뛰어난 수완을 보이는 형제들이 있으며, 그 사실이 세상 사람들로부터 바보라고 불리지 않도록 바람막이가 되어줄 것입니다. 하지만 우리가 그리스도인들로서 만장일치로 증언하는 바는 이것입니다. 즉 우리가 하나님을 구했고, 그분이 우리 소리를 들으셨다는 것입니다. 우리가 하나님께 부르짖을 때 우리는 매우 낮은 곳에 처했었고, 심지어 깊은 구덩이에 빠졌었지만, 그분이 위급할 때에 우리를 건지셨습니다. 바로 이 점에서 그리스도인은 매우 분명한 증언을 하는 것이며, 아무 어려움 없이 확실히 증언할 수 있습니다.

또 다른 질문이 있는데, 그것은 현재의 고난의 궁극적인 결과에 관한 것입니다. 세상은 이런 이론을 주장합니다. 즉 하나님이 계시다면, 그분은 아주 종종 매우 몰인정하시다는 것입니다. 그분은 가장 선한 사람들에게도 엄격하시고, 어떤 사람들은 잔인한 운명의 희생자들이라고 합니다. 그들이 너무 불쌍한데, 그 이유는 아무런 보상의 유익도 없이 고난당해야 하기 때문이라고 합니다. 자, 그에 대해 그리스도인은 이렇게 주장합니다. 먼저, 죄인들에게 일어나는 재앙은 형벌이며, 믿는 자들의 징계의 슬픔과는 매우 다릅니다. 후자의 경우, 신자는 하나님을 사랑하는 자 곧 그 뜻대로 부르심을 입은 자에게는 모든 것이 합력하여 선을 이루는 것을 믿습니다. 이는 믿음의 문제로서, 신자는 잃는 것을 통해서도 얻는 것을 믿습니다. 그는 질병에 의해 건강을 얻고, 그를 뒤로 물러서도록 위협하는 것에 의해 천국을 향해 진보하게 됩니다. 이것이 그의 출발이 되는 신조입니다. 그리스도인 형제여, 이러한 경험과 관련하여 당신의 증언은 무엇입니까? 당신은 그것을 어떻게 알고 있습니까? 나 자신은 이렇게 말할 수밖에 없습니다. "고난당하기 전에는 내가 그릇 행하였더니 이제는 주의 말씀을 지키나이다"(시 119:67). "고난당한 것이 내게 유익이라"(시 119:71). 영혼의 깊은 고난을 겪었고, 예수님의 임재를 누려온 여러분 모두는 동일한 내용을 증언할 수 있을 것입니다. 여러분은 고난 후에 위로를 주는 의의 열매를 맛보며, 그것이 얼마나 즐거운 것인지를 알게 되었습니다. 여러분 중에 어떤 이들은 혹독한 고난과 시련들을 겪어왔습니다. 나는 증언자로서 그런 여러분의 슬픔에 공감하고 있습니다. 하지만 나는 여러분이 확신에 차서, 한순간 종교적 흥분에 의해서가 아니라, 정신이 맑고 조용한 때에, 온 세상을 준다고 해도 그 고난이 없었기를 원치 않는다고 말하는 것을 들었습니다. 그리고 나는 여러분이 어느 무리들 중에서도, 어떤 장소에서건, 그런 고난을 기꺼이 반복할 준비가 된 것을 압니다. 나는 여러분이, 특히 시련들과 역경들과 관련해서, 여러분의 지난 삶을 바꿀 수 있다고 해도, 지금 그것을 돌아보면서 결코 그것이 바뀌기를 바라지 않는다고 말하는 것을 듣습니다. 오, 거친 길이 바른 길입니다. 폭풍은 역병을 일으키는 공기를 청소합니다. 지진은 악의 주택들을 무너뜨립니다. 불은 죄의 나뭇더미와 건초와 그루터기를 태웁니다. 이런 일에서 나는 여러분에게 언제나 분명하고도 확실하게, 여러분의 하나님을 위해 진리를 진술하라고 요청합니다.

논쟁에서의 세 번째 요점은 참된 신자의 삶의 즐거움에 관한 것입니다. 세상의 이론은, 우리가 우울질의 성향을 타고나서 어쩔 수 없이 종교를 선택한 불쌍하기 짝이 없는 사람들이라는 것입니다. 그들은 흔히 "칼빈의 우울한 교리들"이라고 부르며, 소위 "칼빈의 끔찍한 신조들"은 우울하고 침울한 정신을 가진 사람들에게서 동질적인 매력을 느끼게 할 것이라고 말합니다. 그리스도인들이여, 특히 "칼빈의 끔찍한 신조들"에서 예수 그리스도의 복음을 보도록 배운 그리스도인들이여, 여러분의 증언은 무엇입니까? 음, 만약 우리가 우울하다면, 즐거운 사람들은 대체 어느 정도여야 즐거운 것일까요? 우리는 종종 생각하기를, 우리가 인간의 마음이 도달할 수 있는 기쁨의 음역(音域) 중에서 최고조에 이를 수 있다고 여깁니다. 그런데 만약 우리가 우울하다면, 대체 세상에는 얼마만큼의 기쁨이 있다는 것입니까? 만약 우리가 우울한 백성이라면, 다른 백성은 정말이지 얼마나 행복해야 할까요? 나는 압니다. 하나님의 많은 성도들이 주권적인 은혜의 위대한 교리를 이해할 수 있을 때, 그들은 그 어느 때보다 행복하다고 말할 수 있을 것입니다. 그러기에 그들은 모든 시련에도 불구하고 주 안에서 기뻐할 수 있으며, 거듭 기뻐하는 것입니다.

나는 지난주에, 누구에게 어떤 빚도 지지 않고 "일 년에 사십 파운드로 풍족하게 지내는" 한 침례교 목사를 보았습니다. 나는 그에게, 그 비밀을 혼자 간직한 채 죽지 않기를 바란다고, 왜냐하면 나도 일년에 고작 사십 파운드로 살림을 꾸려가는 법을 배우고 싶기 때문이라고 말했습니다. 하지만 내가 그의 보수를 생각하며 미소 지을 때, 그는 내게 말했습니다. "당신은 천국 바깥에서 가장 행복한 사람을 눈앞에서 보고 있습니다." 나 역시 그 말의 의미를 알 수 있었는데, 그의 얼굴이 그가 한 말의 의미를 보여주었기 때문입니다. 일 년에 겨우 사십 파운드를 쓰는 가난한 침례교 목사이지만, 천국 밖에서 가장 행복한 사람! 아아, 이 중에는 가난한 여공에 지나지 않지만, 해어진 옷을 꿰매고 또 꿰매어야 하고, 생활비를 벌기 위해 밤늦도록 일해야 하면서도, 그리스도께서 그들을 사랑하신다고 생각하면서 스스로를 천국 밖에서 가장 행복한 소녀들이라고 여기는 사람들이 있습니다. 여러분 중에 어떤 이들은 집세를 내고 먹을 것을 사고 나면 쓸 돈이 거의 남지 않지만, 그럼에도 불구하고 어느 누구의 동정도 바라지 않습니다. 행복의 모든 요소에서 부요하기 때문입니다.

『매일의 삶』이라는 책을 쓴 혼(Hone) 씨가 웨일스 지방을 통과하는 여행 중이었습니다. 그는 무신론자였고, 물 한 모금을 얻기 위해 어느 오두막에서 발걸음을 멈추었습니다. 그 때 한 작은 소녀가 말했습니다. "예, 선생님, 틀림없이 어머니께서 당신에게 약간의 우유를 가져다주실 겁니다. 들어오세요." 그가 들어

가서 앉았습니다. 작은 소녀는 성경을 읽고 있었습니다. 혼 씨가 말했습니다. “음, 소녀야, 너는 어려운 일을 하고 있구나?” 소녀가 대답했습니다. “아니요, 그렇지 않아요. 저는 성경을 읽고 있는걸요.” “그래, 너는 성경을 읽는 숙제를 해야 하니?” “그렇지 않아요”, 그녀가 대답했습니다, “성경을 읽는 것은 숙제가 아니에요. 저는 성경을 사랑해요.” “그러면 너는 왜 성경을 사랑하지?”라고 그가 물었습니다. 그녀의 단순하고도 어린애다운 대답은 이러했습니다. “나는 모든 사람이 성경을 사랑한다고 생각해요.” 그녀는 그것이 세상에서 가장 큰 기쁨이라고 여겼으며, 따라서 다른 사람들도 모두 하나님의 말씀을 읽는 것을 기뻐한다고 생각했습니다. 혼 씨는 그 표현의 순진무구함에 깊이 감동을 받았고, 그 역시도 성경을 읽었습니다. 그리고 하나님의 일에 대해 반대자가 되는 대신, 거룩한 진리의 친구가 되었습니다. 우리의 종교가 굴종이라고 여기는 세상 사람들에게 같은 것을 보여주도록 합시다. 그것은 우리의 기쁨과 즐거움임을 보여줍시다. 물고기가 헤엄치는 것이 짐이 아니듯이 우리에게 기도하는 것이 짐이 아님을 보여줍시다. 우리에게 하나님을 섬기는 것이 속박이 아닌 것은 새에게 하늘을 나는 것이 속박이 아닌 것과 마찬가지입니다. 참된 경건은, 하나님의 영에 의해 새로운 본성을 부여받은 우리에게는 자연스러운 특성입니다. 그 문제에 대해서 우리는 하나님을 위한 증인들입니다.

논쟁에서 또 하나의 요점은 기독교의 도덕적 경향에 관한 것이며, 특히 우리가 즐겨 전하는 은혜의 교리에 관한 것입니다. 요즈음, 거저 주시는 은혜 교리의 전파가 사람들로 하여금 죄를 가볍게 생각하도록 만든다고 생각하는 추세가 증대하고 있습니다. 특히 매우 심각한 죄인들에 대해 값없이 오라고 하는 복음의 초대, 예수 믿는 자들은 구원을 받을 것이라는 선언 등이 사람들로 하여금 최악의 범죄에 빠지게 만든다고 여기는 것입니다. 나는 일전에 한 신문에서 어느 작가가 뻔뻔하게도 공개적으로 사우디(Robert Southey, 19세기 영국의 계관시인 — 역주)와 프리차드(Pritchard)의 범죄를 공박하는 글을 실은 것을 보았습니다. 사우디와 프리차드는 기독교 신앙에 갓 입문한 사람들이었습니다. 나는 그 작가를 ‘나쁜 작자’라 불렀고, 그는 그보다 더 좋은 이름을 얻을 자격이 없습니다. 감히 그리스도의 거룩한 복음에 불쾌한 오명을 씌우다니, 그는 악한 작자임에 틀림없습니다. 그는 말하기를, 하나님께서 죄를 그토록 쉽게 용서하신다고 우리가 계속해서 가르치는 한 사람들은 갈수록 더 많은 죄를 지을 것이라 했습니다.

자, 그 문제에 대한 우리의 증언은 이것입니다. 우리는 이 문제에서 단호하게 말합니다. 그리스도 예수 안에 있는 하나님의 사랑에 대한 가르침보다 인간의 마음에 거룩해지도록 영향력을 발휘하는 것은 있을 수 없습니다. 만약 여러분이 증거를 보기 원한다면 주위를 둘러보십시오. 내 형제들과 자매들이여, 만일 여러분이 말하도록 허용된다면, 우리 중에는 오늘 이 문제에 대해 다음과 같이 증언할 수 있는 행복한 사람들이 더러 있습니다. "우리는 하나님의 은혜가 술주정뱅이를 건실한 사람으로 바꿀 수 있으며, 매춘부를 정숙한 여성으로, 타락하고 불경스러운 자들을 순결과 거룩함을 추구하는 사람들로 바꿀 수 있음을 보여주는 살아있는 증거들입니다." 우리 각 사람은, 정도의 차이가 있겠지만, 그 사실에 대한 증언자입니다. 여러분이 죄를 가장 미워할 때가 언제입니까? 바로 십자가 아래에 있을 때가 아닙니까? 여러분이 거룩함을 가장 사랑할 때가 언제입니까? 그것은 하나님께서 빽빽한 구름 같은 여러분의 죄를 제거해주셨음을 여러분이 느낄 때가 아닙니까? 무한한 사랑의 위엄만큼 인간의 마음을 복종시킬 수 있는 진리는 없습니다. 그것은 사람으로 하여금 그토록 자비로우시고 은혜로우신 하나님께 대해 죄를 범했던 것으로 인해 그 자신을 미워하게 만들 정도입니다. 당신의 성품의 고결성과 정직으로써, 복음이 최소한 당신을 정직하고, 인정 많고, 신실하고, 이웃과 하나님을 사랑하도록 만드는 강력한 능력이 있음을 입증하십시오.

또한 어떤 매우 심오한 철학자라고 하는 사람들이 이런 식으로 속삭이기도 했으며, 아니 크게 떠벌리기도 했지요. "기독교라고 하는 종교는 이미 전성기에 도달했으며, 비록 그것이 한때는 세상에 영향력을 끼쳤지만, 지금은 쇠퇴하고 있다. 그러므로 우리는 세상에 더욱 활력을 제공하고, 고귀한 행동을 하게 만드는 좀 더 새롭고도 왕성한 무언가를 원한다." 나는 은혜의 교리에 대한 단순한 가르침이 이제는 '공동체의 생각 있는 부류'의 사람들에게 영향을 미치지 못한다는 말을 많이 들어왔습니다. 그렇게 말하는 신사들은 스스로를 공동체에서 생각 있는 부류라고 평가하지요. 여러분은 이런 점을 이해해야 합니다. 즉 "공동체의 생각 있는 부류"에 속하는 사람이 되기 위해서는, 직선적으로 생각하지 않고 빙 둘러서 생각하고, 누구도 당신 생각을 이해할 수 없는 방식으로 생각하며, 바닥을 휘저어 먼지투성이를 만들어서, 당신 자신도 앞을 보지 못하고 어느 누구도 당신이 어디에 있는지를 발견하지 못하게끔 하는 방식으로 생각하는 것입니다!

요즘에는 그런 것이 소위 '생각'으로 간주되는 모양입니다. 반면, 내 입장에서는, 사고의 최상의 방식은 하나님의 생각에 그 자체를 복종하는 것이며, 기꺼이 예수님의 발치에 앉는 것입니다.

이 시대는 참된 신자들이 그들의 신앙의 용기와 힘을 옹호해야 할 때입니다. 기독교가 그 힘과 능력을 잃었다는 말은 사실이 아닙니다. 우리는 이 점을 분명히 드러내야 합니다. 내 형제들이여, 여러분은 하나님의 증인들입니다. 여러분은 증인석에 서 있습니다. 여러분에게 호소하건대, 과거나 현재에 그것을 입증하지 못했어도, 앞으로는 그렇게 하게 되기를 바랍니다. 복음은 과거에 그랬던 것처럼 지금도 영웅들을 육성할 수 있습니다. 만약 스미스필드(Smithfield, 런던의 북서부에 있는 시장으로서 화형장이었음 — 역주)의 말뚝에 순교자들이 매달릴 것이 요구된다면, 복음은 내일도 순교자들을 나오게 할 수 있습니다. 복음은 지금도 자기를 부인하는 선교사들을 배출하고 있습니다. 복음은 멸시와 조롱을 감내하는 수천 명의 남자와 여자들을 가르치고 있으며, 그들은 그리스도를 부인하느니 이끼가 눈꺼풀을 덮을 때까지 기꺼이 감옥에 누울 준비가 되어 있습니다. 기독교는 여전히 청춘이며, 복음은 초기의 어두운 시대에서 그랬던 것처럼 19세기의 거만한 계몽주의 시대에도 적합합니다. 하지만 여러분은 하나님의 증인들이며, 여러분이 그것을 입증해야 합니다. 나는 여러분 모두가 거룩한 열심과 두드러지는 열정으로써, 곧 여러분의 삶을 타오르게 하는 거룩한 불과 열정으로써 그것을 입증하라고 호소합니다. 그리스도와 그분의 진리를 위해, 우리가 여전히 옛 능력을 보존하고 있음을 세상에 가르쳐줍시다. 강력하고 활기찬 삶을 영위하도록, 우리가 무엇을 할 수 있는지 사람들이 다시 볼 수 있도록, 성령의 도우심을 간구합시다. 정녕 사람들의 마음에 여전히 복음이 그 능력을 잃지 않았음을 증명할 수많은 증거들이 있습니다. 이는 결코 무모한 말이 아닙니다. 우리는 글래스고(Glasgow), 런던, 에든버러(Edinburgh) 등 몇몇 특정한 곳을 지정할 수 있습니다. 그곳은 인구가 밀집한 도시들로서 한때는 불명예스럽게도 악의 소굴이었습니다. 하지만 이제는 고독했던 한 사람 한 사람의 거룩한 인내심과 진취적인 선행으로 인해, 그 황무지가 장미꽃을 피우는 곳이 되었습니다. 증거는 이것으로 충분하니, 여러분 각 사람이 가서 증인이 되길 바랍니다.

하나님을 위한 증인들로서 우리가 일상적으로 답해야 하는 또 하나의 질문이 있습니다. 그것은 예수 그리스도의 피에 대한 믿음이 실제로 마음에 평화와 안정을 주는가 하는 질문입니다. 우리가 누리는 거룩한 평화가 그 질문에 대한 증거가 되어야 합니다.

우리의 마지막 증언은, 그리스도께서 사람이 복되게 숨질 수 있도록 도우시는가 하는 질문에 답하는 것입니다. 기독교 신앙은 그 최후의 엄숙한 문제에 대한 검증을 견딜 수 있을까요? 우리는 승리의 외침으로 강을 건너든지, 혹은 조용히 생의 마지막을 받아들일 수 있습니까? 사랑하는 이여, 때가 오면 우리가 그것을 입증할 것입니다. 하지만 예수님의 사랑 안에서 즐거워하며 숨졌던 이들, 그 이름을 우리가 기억하며 존경하는 인물들이 우리 중에는 얼마나 많았던가요? 하늘나라에는 우리가 한편으론 즐거이 또 한편으론 아련한 슬픔으로 언급할 수 있는 이름들이 많습니다. 우리가 그들을 회상하건대, 그들은 최후까지 그리스도의 신실하심과 능력을 송축하며 증언하였습니다.

여러분이 알다시피, 논쟁의 많은 질문들이 있습니다. 그리스도인이 할 일은 하나님의 증인들이 되는 것이며, 이런 문제들에 대해서 하나님을 위하여 진실을 말하는 것입니다.

2. 증언의 방식에 관한 몇 가지 제안들

시간이 빨리 흘러가는군요. 이제 두 번째 요점에 대해 말하겠습니다. 그것은 증언의 방식에 관하여 몇 가지 제안을 하는 것입니다.

첫 번째 제안으로서, 여러분이 그리스도인이라면, 여러분은 반드시 증인이 되어야 합니다. 여러분이 그것을 회피하려 할는지 모르겠지만, 여러분은 반드시 증인이 되어야 합니다. 왜냐하면 소환장을 받았기 때문입니다. 만일 여러분이 증언하지 않으면 그것 때문에 처벌을 받게 됩니다. 어떤 그리스도인들은 그리스도를 증언하지 않고서 몰래 숨어들 듯이 천국에 들어가려고 생각합니다. 나는 그들이 실수한다고 생각합니다. 내가 알기로는, 자기 주님을 위해 분명하고도 담대히 나서지 않는 그리스도인은 모든 최상의 즐거움들을 잃어버립니다. 그는 스스로를 비참하게 만드는 종교적 측면에 대해서는 충분히 알겠지만, 더 큰 신앙의 담대함과 충성됨이 가져다주는 기쁨과 평안, 환희와 즐거움은 전혀 얻지 못할 것입니다. 가장 용감한 그리스도인들이 가장 행복한 그리스도인들입니다. 하나님을 가장 잘 섬기는 자들이 최상의 즐거움을 누립니다. 밤에 그리스도를 찾아왔던 니고데모 같은 사람들은 일반적으로 신앙의 어두운 측면을 발견합니다.

그리스도인이여, 그리스도를 위해 증언하기를 피하지 마십시오.

로마인들이 알리아(Allia)의 전투에서 수치스러운 패배를 당한 이후, 로마는 약탈당했으며, 갈리아인들이 당장에라도 카피톨(Capitol, 옛 로마에서 유피테르의 신전 혹은 그 언덕)을 차지할 것처럼 보였습니다. 로마의 수비대 중에는 파비우스(Fabius) 집안의 한 젊은이가 있었습니다. 제물을 바치는 어떤 축일이 돌아오면, 그의 집안은 항상 퀴리날리스 언덕(the Quirinal Hill, 로마의 일곱 언덕 중의 하나)에서 제물을 바쳐왔습니다. 그 때 이 언덕은 갈리아인들이 차지하고 있었습니다. 하지만 아침이 밝아올 때, 그 젊은이는 자기가 섬기는 신의 성스러운 도구들을 가지고 카피톨에서 내려갔습니다. 그는 갈리아인 보초들 사이를 지나고, 주력 부대를 통과하여, 언덕으로 올라가 제물을 바쳤으며, 해를 입지 않은 채 되돌아왔습니다. 그 일은 로마 군대에서 하나의 경이로운 사건으로 항상 이야기되었습니다. 나는 이것이 바로 그리스도를 위해 무언가 해야 할 일이 있을 때 그리스도인들이 취해야 할 행동이라고 생각합니다. 비록 수많은 적대자들 중에 홀로 있어도, 그리스도인은 의무를 수행해야 하는 정확한 때에, 모든 위험을 두려워하지 않고서, 곧장 정해진 장소로 가서, 자기 의무를 수행해야 합니다. 결과는 하나님께 달려 있지 우리에게 달려 있지 않음을 기억하십시오. 나는 우리가 이런 방식으로 그리스도를 위한 증언자가 되도록 하나님께 기도합니다.

다음으로, 모든 증언은 진리를 말하는 것이어야 하며, 진실의 전부를 말하고, 오직 진실을 말하는 것이어야 합니다. 그리스도인이여, 하나님을 위한 증인으로서 이 일을 행하십시오. 진리를 말하십시오. 하지만 여러분의 삶을 여러분의 말과 마찬가지로 참되게 하십시오. 그렇게 살면, 덧문이 열려서 사람들이 그 문으로 당신의 행동을 엿보지 않을까 두려워할 필요가 없을 것입니다. 만일 어떤 못된 동기나 감추고 싶은 무언가를 가지고 있다면, 당신은 참되지 않습니다. 당신의 삶에서 진실을 말하고, 또한 진실 전체를 말하도록 하십시오. 하나님을 위하여 예수님 안에 있는 모든 진리를 밝히 말하십시오. 그리고 당신의 삶으로써 진리의 모든 가르침을 선포하십시오. 오직 진실만을 말하십시오. 염려하건대, 많은 그리스도인들이 참되지 않은 말을 많이 합니다. 그들의 삶이 그들의 말과는 반대입니다. 비록 그들이 입술로는 진리를 말하지만, 그들의 손으로는 거짓을 말합니다. 예를 들어, 내가 슬픈 얼굴을 하고서, 이렇게 말한다고 가정해봅시다. "하나님의 백성은 복된 백성입니다." 그러면 아무도 내 말을 믿지 않을 것입니다. 왜냐하면 내 입의 말이 진실을 말하는 동안 내 얼굴이 거짓을 말하고 있기 때문입니다. 또한 만약 내가 "예, 기독교 신앙은 신앙 고백자들과 신앙을 가진 자들에게 거룩하게 하는 영향력을 발휘합니다"라고 말하고서, 내 손을 이웃의 주머니에 집어넣는다면, 누가 내 증언을 믿으려 하겠습니까? 그럴 경우 내가 진실을 말했는지는 모르겠지만, 동시에 나는 진실이 아닌 무언가를 말하고 있었던 셈이며, 결과적으로 내 증언은 거의 아무런 영향을 미치지 못할 것입니다.

증인이 법정에 설 때, 그의 직접적인 증거가 언제나 최선입니다. 만일 어떤 사람이 단지 "누가 말하는 것을 들었습니다"고 말한다면, 재판장은 즉시 그의 증언을 멈추고 이렇게 말할 것입니다. "우리는 풍문으로 들은 증거를 원치 않습니다. 당신이 본 것이 무엇입니까?" 신앙을 고백하는 많은 그리스도인들이 그저 그들이 책에서 읽은 것을 증언합니다. 그들은 하나님의 일에 관하여 생생하고도 경험적인 지식이 없습니다. 사랑하는 친구들이여, 기억하십시오. 간접적으로 '전해들은' 기독교는 세상에서 최악의 일들 중의 하나입니다. 우리는 영국 국교회에서 볼 수 있는 그런 것을 원치 않습니다. 우리는 한 사람이 다른 사람을 위해서 하나님의 거룩한 계명들을 모두 지키겠다고 약속하는 '대리적인' 구원을 믿지 않으며, 그런 것은 기만적인 겉치레에 지나지 않는다고 믿습니다. 그와 동일한 신앙 행태가 여러분에게서도 일어날 수 있는데, 예를 들자면 어머니에게서 꾸고, 혹은 아버지에게서 얻고, 혹은 좋은 책들에서 얻어오는 식의 신앙이 그렇습니다. 참된 경건은 우리가 가르치거나 배울 수 있는 그 이상의 것입니다. 그것은 알고 느껴지는 무엇이어야 합니다. 만일 하나님을 위한 여러분의 증언이 여러분 자신의 경험에서 온 것이 아니라면, 그것은 말할 가치가 없는 것입니다.

증언자는 그 자신의 입장에 해를 끼치지 않도록 주의해야 합니다. 하나님의 증인들이라고 공언하는 많은 사람들이 서로 다른 방식으로 말합니다. 그들은 진리의 일부분만을 고집하거나, 혹은 앞에서 말했듯이, 그들이 입으로 고백한 것을 그들의 삶에서는 부인하는 모순을 범하고 있습니다. 그렇게 되지 않도록 하십시오. 하나님을 위한 증인으로서 모든 행동이 그분의 영광을 나타내도록 주의하십시오. 당신의 모든 생각과, 모든 말과 행동이, 위대한 재판장께서 당신을 부르시는 날에 증언해야 하는 것과 동일한 증언이 되도록 하십시오.

모든 증인은 반대 신문을 받을 것을 예상해야 합니다. 솔로몬은 "송사에서는 먼저 온 사람의 말이 바른 것 같으나 그의 상대자가 와서 밝히느니라"(잠 18:17)

고 말합니다. 여러분이 알다시피 변호인이 어떤 사람을 신문할 때 그의 겉과 속을 뒤집어 놓습니다. 그래서 그가 전에는 어떤 한 가지 입장이었는데, 후에는 그와 정반대의 입장인 것으로 보이게 합니다. 여러분은 하나님의 증인들로서, 반대 신문을 받을 것입니다. 그러므로 정신을 바짝 차리고, 신중하십시오. 유혹이 여러분의 길에 놓여 있을 것입니다. 마귀가 당신을 추궁할 것입니다. 당신은 하나님을 사랑한다고 말합니다. 그런데 마귀가 당신 앞에 육체적인 즐거움들을 제시할 것이며, 하나님을 사랑한다고 하는 당신을 꾐에 빠뜨릴 수 없는지를 시험할 것입니다. 당신은 하늘에 계신 당신의 아버지를 신뢰한다고 말했습니다. 섭리가 당신을 반대 신문할 것입니다. 당신에게 시련이 닥칠 것입니다. 그럴 경우에는 어떠합니까? 당신은 그분을 신뢰할 수 있습니까? 당신은 경건이 즐거운 것이라고 말했습니다. 좌절하게 만드는 불행이 갑작스럽게 닥쳐올 것입니다. 그러면 어떠합니까? 당신은 무화과 나무가 무성하지 못하고 우리에 양이 없으며 외양간에 소가 없을지라도 즐거워할 수 있습니까? 그럴 경우 당신은 예전처럼 하나님 안에서 기뻐할 수 있습니까? 이런 종류의 시험에 의해 진실한 사람들이 분명히 드러날 테지만, 거짓된 자들이 색출될 것입니다.

순교자들이 어떤 반대 신문들을 받았는지요! 어떤 불 같은 질문들에 그들이 대답해야 했는지요! 칼, 고문대, 창, 감옥, 추방 등이 얼마나 날카로운 반대 신문이었는지요! 하지만 여러분은 그들이 얼마나 신실하게 증언했던가를 압니다. 그들은 끝까지 진리 편에 굳게 서 있었습니다. 마르틴 루터가 체포되었을 때, 그 얼마나 고귀한 광경이었는지요! 그의 친구들이 그에게 말했습니다. "루터, 자네는 결코 보름스(Worms)에 갈 생각을 하지 않겠지, 그런가? 그 추기경이 얀 후스(John Huss)를 그랬던 것처럼 자네를 불태울 걸세." 그가 말했습니다. "아, 하지만 비록 그들이 비텐베르크에서부터 보름스까지 이르는 큰 불을 피워도, 그래서 하늘에까지 그 불꽃이 오르게 하여도, 주의 이름으로 나는 그 불을 통과하여 하나님의 진리를 선포하기 위해 그 평의회 앞에 설 것일세. 나는 그 괴물의 아가리 사이로 들어갈 것일세. 그래서 그 이를 부러뜨리고, 예수 그리스도를 시인할 것일세." 이렇게 함으로써 루터는 하나님의 참된 사람으로 입증되었던 것입니다. 또한 하나님을 위한 그의 증언은 당시의 세계를 요동시켰고, 그것은 지금도 세상을 움직이고 있습니다. 우리가 그런 반대 신문의 시험에도 굳게 설 수 있기를 바랍니다.

3. 곁에 있는 또 다른 증인

사랑하는 친구들이여, 여러분은 본문에서 여러분 곁에 또 다른 증인이 있다는 것을 주목해서 보았습니까? "너희는 나의 증인, 나의 종으로 택함을 입었노라." 그것이 누구입니까? 메시야, 곧 주 예수 그리스도가 아니십니까? 만일 여러분이 이 종(Servant)이 누구인지 해석을 원한다면, 빌립보서를 펼쳐서 이 말씀을 읽어 보십시오. "오히려 자기를 비워 종의 형체를 가지사 사람들과 같이 되셨고 사람의 모양으로 나타나사 자기를 낮추시고 죽기까지 복종하셨으니 곧 십자가에 죽으심이라"(빌 2:7-8). 하나님을 위한 증인들은 외롭지 않습니다. 그들이 홀로 인 것처럼 보일 때, 그들과 함께 하는 분이 계십니다. 그분은 느부갓네살이 보았듯이, 뜨겁게 타오르는 풀무불에서 그 거룩한 세 소년들과 함께 있던 분입니다(참조. 단 3:25). "그 넷째의 모양은 하나님의 아들과 같도다"(KJV 단 3:25, 한글개역개정에는 '신들의 아들과 같도다'로 되어 있음 — 역주). 그리스도께서 그분의 모든 신실한 증인들에게 이렇게 말씀하실 것입니다. "두려워 말라, 참되고 신실한 증인인 내가 너와 함께 하느니라."

그리스도의 삶과 관련하여 여러분에게 언급하고 싶은 것은, 그분이 진리를 증언하시고, 전체로서의 진리와, 오직 진리만을 증언하셨다는 것입니다. 만일 여러분이 하나님의 모든 속성에 대해 증언하기를 원한다면, 사복음서를 읽으면, 거기에서 증언할 내용을 발견할 것입니다. 사랑하는 이여, 여러분은 하나님의 진리를 보기 원합니까? 예수 그리스도께서 어떻게 그분의 모든 행동에서, 거룩한 단순성과, 솔직한 진실성으로, 그분의 마음을 모든 행동으로 나타내셨는지를 보십시오. 그분에게서는 억지 이론이나, 음험한 궤변을 찾을 수 없습니다. 그분은 삶에서 그분의 마음과 하나님의 마음을 그대로 나타내셨습니다. 그리스도의 삶에서 여러분은 하나님의 거룩하심에 대해 증언할 수 있습니다. 그분에게는 죄가 없었습니다. "이 세상의 임금이 오겠음이라 그러나 그는 내게 관계할 것이 없노라"(요 14:30). "그리스도의 삶"에 관한 그 거룩한 책을 읽고, 또 읽고, 철저하게 읽어보십시오. 여러분은 그 책을 끝까지 읽어도 잘못된 것을 전혀 찾을 수 없을 것입니다. 거기에는 모든 것이 있으며, 또한 꼭 있어야 할 것 이외에는 아무것도 없습니다.

그리스도의 삶에서 증언할 내용으로, 하나님의 정의 또한 있습니다. 땀방울을 핏방울처럼 흘리시는 그분을 보십시오. 많은 슬픔으로 얼룩질 그분의 얼굴을 주목하고, 가시 면류관을 쓰고 진홍빛 피로 물든 그분의 이마를 보십시오. 그분의 손과 발에서 하나님의 복수에 대한 무서운 기록을 읽으십시오. 그분의 옆구리를 자세히 보고, 거기서 거룩한 신비, 곧 죄에 대한 하나님의 증오가 나타난 것을 보십시오. 그 증오가 너무나 깊어 하나님은 자기 아들을 아끼지 아니하시고, 죄로 인해 그분을 죽음에 내어주셨던 것입니다! 피 흘리신 예수님보다 죄에 대한 하나님의 미움을 더 명확하게 증언하는 것은 없습니다.

무엇보다, 하나님의 사랑에 대한 그리스도의 증언을 읽으십시오. "사랑은 여기 있으니 우리가 하나님을 사랑한 것이 아니요 하나님이 우리를 사랑하사 우리 죄를 속하기 위하여 화목 제물로 그 아들을 보내셨음이라"(요일 4:10). 예수님의 삶의 모든 행동에서, 그분이 베들레헴의 구유에 누우셨던 때로부터 구름이 그분을 가려 보이지 않게 하던 그 순간까지, 그분의 삶은 온통 사랑이었습니다. 엘리야는 하늘로부터 멸하는 불을 내리게 했고, 그리스도께서는 오순절에 복을 내리셨습니다. 그분은 입을 열어 "복이 있도다, 복이 있도다, 복이 있도다"라고 말씀하셨습니다. 그분은 첫 설교를 하셨던 그 산에서 그 단어를 그토록 많이 반복하셨으며, 또한 자기 백성을 축복하심으로써 지상에서의 체류를 마감하셨습니다. 그분은 밟으신 땅을 은혜로 기름지게 했습니다. 어떤 상상력을 동원해도 예수 그리스도의 생애에서 나타났던 사랑보다 더 깊고도 순수한 사랑을 묘사할 수는 없습니다.

하지만 여러분을 더 붙잡아둘 수가 없어, 그리스도의 생애에 신적 탁월성의 모든 요소들이 내포되어 있었음과, 신성의 모든 보석이 우리가 예수라고 부르는 분의 왕관에 장식되어 있었음을 다 제시할 수가 없군요. 그분 안에는 아버지를 나타내는 모든 요소들이 충만하게 내포되었기에, 그분의 말씀은 진실입니다. "나를 본 자는 아버지를 보았느니라"(요 14:9).

형제들과 자매들이여, 여러분은 그리스도를 위한 증인들이 되어야 합니다. 그러면 그리스도께서는 여러분과 함께 하는 증인이 되실 것입니다. 여러분이 여러분의 의무를 어떻게 수행해야 하는지를 알기 원한다면, 그분을 바라보십시오. 그분은 언제나 증언하고 계십니다. 사마리아 우물가에서, 예루살렘 성전에서, 갈릴리 호숫가에서 또는 그곳의 산마루에서, 그분은 언제나 증언하고 계십니다. 그분은 밤이나 낮이나 증언하고 계십니다. 그분은 일상의 섬김에서와 마찬가지로 강력한 기도로써 하나님께 사정을 아뢰십니다. 그분은 모든 상황 속에서 증언하시며, 서기관들과 바리새인들이 그분의 입을 막지 못합니다. 빌라도 앞에서도 그분은 정당한 시인으로써 증언하십니다. 그분은 너무나 명백하고 분명하게 증언하시기에, 그분의 말에는 오해의 여지가 없습니다. 평범한 백성들은 그분의 증언을 기쁘게 들었습니다. 여러 이유들 중에서도, 그분의 증언에는 모호하고 알아들을 수 없는 허튼 소리가 없었기 때문입니다.

사랑하는 이여, 여러분의 삶을 투명하게 하십시오. 오직 겉 표면만 볼 수 있는 진흙투성이의 샛강이 되지 말고, 바닥에 있는 돌들까지 다 볼 수 있는 시내처럼 되십시오. 그렇게 맑고 투명하여, 여러분 마음속에 있는 하나님을 향한 사랑이 모든 사람들에게도 분명히 보일 수 있도록 하십시오. 여러분은 사람들에게 그들을 사랑한다고 말할 필요가 없습니다. 그들로 하여금 여러분이 그들을 사랑하는 것을 느끼게 만드십시오. 여러분은 "나는 진실하다"고 말할 필요가 없습니다. 오직 진실하기를 바랍니다. 정직성에 대해 자랑하지 말고, 그저 정직하길 바랍니다. 그리하여 여러분의 증언으로 하여금 사람들이 보지 않을 수 없는 것이 되게 하십시오.

나약한 인간에 대한 두려움 때문에 증언을 억제하는 일이 없도록 하십시오. 수치의 손가락으로 여러분의 입술을 가리는 일을 하지 마십시오. 그 입술은 하나님의 제단에서 취한 숯불로 뜨거워져 있습니다. 하늘에 감동된 그 입술로 말하게 하십시오. "너는 아침에 씨를 뿌리고 저녁에도 손을 놓지 말라"(전 11:6). 구름을 살피지 말고, 바람을 관찰하지 마십시오. 때를 얻든지 못 얻든지 계속해서 주를 위해, 구주를 위해 증언하십시오. 그리스도와 그의 복음을 위하여, 여러분이 높은 고지에서 목숨을 걸고 싸워 죽었던 납달리 사람들처럼 되어야 할 때가 온다면(참조. 삿 4장), 여러분에게 수여된 영예를, 즉 그리스도를 위하여 능욕 받는 일에 합당한 자로 여김 받은 것을 기뻐하십시오. 지금 여러분이 겪는 고난들이 여러분에게는 설교단이 될 것이며, 여러분이 입은 손해와 박해가 여러분에게 강단이 될 것입니다. 그곳에서 더 왕성하게 그리고 더 큰 능력으로, 여러분은 그리스도 예수를 위한 증언을 선포할 수 있을 것입니다. 내 형제들이여, 허리를 동이십시오. 이 예배를 마치고 나가면 이렇게 말하십시오. "나는 하나님의 증인인가? 그렇다면 주여, 제 입술을 열어 굳은 결의와 능력으로 말할 수 있게 하시고, 제게 은혜를 주시어 저의 증언의 내용이 천사가 온 세상이 모인 곳 앞에서 읽어도 부끄럽지 않은 것이 되게 하소서." 이를 위해 성령님의 도우심이 필요합니다. 그분이 여러분 안에 거하시고, 여러분의 몸을 그분의 성전으로 삼으시어, 우리 각 사람을 그리스도를 위한 증인이 되게 하시기를 바랍니다.

기억하십시오. 이 설교는 여러분 중의 많은 이들과는 아무런 상관이 없습니다. 여러분 중의 일부는 그리스도를 위해 증언할 수 없습니다. 여러분이 그분을 알지 못하기 때문입니다. 여러분이 그분을 믿을 때까지는, 그분을 위해 증언할 수 없습니다. 오, 그리스도 밖에 있는 여러분이여, 오늘 아침 여러분을 향한 내 증언은 이것입니다. 즉 만일 여러분이 그분을 구하지 않으면 여러분은 필경 망할 것입니다. 하지만 여러분이 그분을 찾으면 그분을 만나게 될 것입니다. 주께서 지금 여러분으로 하여금 그분을 구하고 찾게 해 주시길 바라며, 그로 인해 영광을 얻으시길 바랍니다. 아멘.

제
43
장

죄를 기억하지 않으시는 하나님

"나 곧 나는 나를 위하여 네 허물을 도말하는 자니 네 죄를 기억하지 아니하리라."—사 43:25

"내가 그들의 악행을 사하고 다시는 그 죄를 기억하지 아니하리라."—렘 31:34

"내가 그들의 불의를 긍휼히 여기고 그들의 죄를 다시 기억하지 아니하리라."—히 8:12

"또 그들의 죄와 그들의 불법을 내가 다시 기억하지 아니하리라."—히 10:17

여러분이 보다시피 이 본문들은 주께서 자기 백성의 죄를 기억하지 아니하신다는 선언에서 모두 동일합니다. 나는 네 가지 구절들을 내 설교의 든든한 기초로 삼으려 합니다. "두세 증인의 입으로 말마다 확증한다"고 기록된 말씀이 있습니다(마 18:16; 고후 13:1). 여기에 같은 말을 확증하는 구약의 두 성도인 이사야와 예레미야가 있으니, 그것으로 충분하지 않습니까? 여기에 더하여 히브리서의 저자가 있는데, 그는 바울일 가능성이 아주 높으며, 이 셋이 모두 한 가지로 일치합니다. 그들의 통일된 증언은 여호와 주 하나님께서 자기 백성의 죄를 용서하실 것이며, 또한 그것을 완벽한 방식으로 행하시어, 더 이상 그들의 불의를 기억하지 않으신다는 것입니다. 만약 내가 전혀 설교하지 않고 단지 이 네 본문들을 숙고하도록 여러분에게 제시하기만 해도, 자기 죄를 알고 긍휼을 얻기를 갈망하는 모든 이에게 큰 위로가 될 것이라고 생각합니다. "죄를 사하여 주시는 것을 믿습니다"라고 하는 사도신경의 한 대목을 사람들은 깊이 생각하지 않는 경향이 있습니다. 사람들은 자기 자신의 큰 죄를 진지하게 생각하지 않으면서도 그 조항을 믿는다고 경박하게 선언합니다. 하지만 어떤 사람에게 자기 죄가 명백해지고, 자기 불의가 절실하게 깨달아질 때, 그것은 아주 다른 문제가 됩니다. 누구든 거듭나지 않은 사람이 죄의 용서를 믿을까요? 나는 그렇게 생각하지 않습니다. 어떤 사람도 성령 하나님께서 죄의 용서에 관한 진리를 그에게 가르쳐 주시고 그것을 그의 마음에 기록하시기까지는, 진실하게 그것을 믿지 않습니다. 주께서 자비롭고 긍휼이 많으시어 자기 백성의 죄를 기꺼이 용서하실 준비가 되셨다는 것은 성경에 계시된 가장 명백한 진리이지만, 일반적으로는 계시된 진리 중에서 이것만큼 사람들이 의심하고 믿지 않는 것은 없습니다. 이 문제를 공정하게 검증해볼 때, 사람들은 자기 자신들을 위해서나 다른 사람들과 관련해서도 이 계시의 진리를 의심합니다.

한 사람의 죄가 하나님의 얼굴 빛 안에서 명백히 드러날 때 그의 본능적인 반응은 그 죄들이 전적으로 용서받을 수 없음을 두려워하는 것입니다. 비록 그가 많은 말로 자기 불신앙을 진술하지 않아도, 영혼의 은밀한 곳에서 두려운 가책이 그를 사로잡고 모든 소망의 창을 어둡게 만듭니다. 그는 하나님의 율법을 바라보며, 그 방향을 바라보는 동안 그는 틀림없이 죄의 용서는 없다고 결론내립니다. 율법은 용서에 대해 아무것도 알지 못하기 때문입니다. 율법이란 "이것을 행하라, 그러면 살리라. 불순종하면 정녕 죽으리라"입니다. 모든 율법은 죄를 자각시키고 정죄하기 위해 보내어졌습니다. 죄인들은 율법에 의해 죄를 알게 되고, 율법의 권능에 의해 절망의 감옥에 갇히게 되는데, 그곳에서 우리를 구할 수 있는 분은 오직 주 예수님이십니다. 율법이 단언하는 바를 우리의 이성 역시 지지합니다. 각성된 사람 속에는 과거의 죄들에 대한 기억이 있으며, 그로 인해 그의 양심은 자기 영혼에 대해 판단을 내리며, 마치 율법이 그러하듯이 그것을 정죄합니다. "하나님이 죄를 반드시 벌하신다"가 양심의 소리입니다. "만일 그분이 정의를 시행하지 않으신다면 온 세상을 판단하지 않으실 것이나, 그분이 정의를 행하신다면 반드시 내 죄를 찾아 형벌을 선언하실 것이다." 이와 같이 시내 산의 천둥소리가 양심에 메아리칩니다.

한편으로, 많은 자연적인 생각들과 직감이 양심의 소리를 지지하고 증대시킵니다. 관찰과 경험의 결과에 따르면, 죄에는 반드시 벌이 따르는 것을 인간은 본능적으로 알고 있습니다. 그는 칼이 그것을 다루는 자의 손을 베며, 검이 그것으로써 싸우는 자를 죽이는 것을 압니다. 그는 자신의 죄가 다른 동료들이 범한 죄에 의해 간과될 수 없음을 느끼고, 주께서 기꺼이 용서하실 수가 없다고 결론을 내립니다. 그의 마음의 완고함은 하나님이 결코 죄를 간과하시지 않으리라는 그의 확신을 더욱 심화시키고, 따라서 그는 두려움에 당혹감을 느끼고 자비를 바랄 가망이 없다고 느낍니다.

그러는 동안 마귀가 지옥 구덩이에 대한 모든 공포를 가지고 찾아와서는, 신속한 파멸을 위협합니다. 한때는 죄인에게 죄를 화려하게 묘사하고 불의를 즐거운 것으로 제시했던 그 동일한 악령이, 이제는 찾아와서 참소자로 돌변하고, 최종적인 선고를 예고하며, 희망이 없다는 확신으로써 인간의 마음을 굳어지게 만듭니다. 존 번연은 '인간영혼'(Mansoul)의 마을을 공격할 때 디아볼로(Diabolus)의 모습을 매우 적절하게 묘사합니다. 그는 '지나간 희망'(Past-hope)이라는 대장으로 하여금 '절망 씨'(Mr. Despair)가 든 붉은 깃발을 흔들게 합니다. 그는 또한 폭군의 북소리가 울려 퍼지게 하고, 그 소리가 특히 밤에 무섭게 들려오도록 합니다. 그렇게 함으로써 그는 인간영혼의 마을에 사는 사람들로 하여금 항상 불타는 지옥의 소리를 듣게 만들었습니다! 그리고 이 모든 것이 그들로 하여금 그들의 은혜로우신 왕에게 복종하지 못하게 막았습니다. 이런 식으로 마귀는 하나님의 율법과 양심을 교묘하게 이용하여 사람들을 스스로 절망하게 만듭니다.

사탄은 거기서 더 나아가, 사람들로 하여금 절망하여 주님을 붙들지 못하게 하며, 죄의 용서란 전적으로 불가능하다고 믿게 만듭니다. 죄를 자각한 죄인은 다른 사람들에게는 자비가 주어질 수 있다고 믿습니다. 하지만 그 자신에 대해서, 그는 자기 자신의 죽음의 영장에 서명하며, 하나님의 자비의 행위가 결코 그에게까지 미칠 수는 없다고 믿으며 고민합니다. 그는 죄책감이 주는 두려움에 단단히 붙잡혀 있습니다. 교수형 집행자의 채찍도, 죄를 자각한 양심처럼 잔인하게 인간을 괴롭히지는 못할 것입니다.

나는 오늘 그 낙망한 사람들을 다루기 원합니다. 위로자이신 성령께서 그들을 위로하도록 저를 도우시길 빕니다.

1. 용서는 있다.

우리의 첫 번째 주제는 이것입니다. 용서는 있습니다. 본문의 네 구절은 독특하게 구별되면서 모두 그 교리를 우리에게 가르쳐줍니다. 이는 장엄한 보증의 말씀이 아니겠습니까? "나 곧 나는 나를 위하여 네 허물을 도말하는 자니 네 죄를 기억하지 아니하리라." 바울은 그것을 마치 하나님 자신의 입에서 나온 것처럼 감미롭게 표현합니다. "그들의 죄와 그들의 불법을 내가 다시 기억하지 아니하리라"(히 10:17). 시편 기자가 시편 130편에서 이를 어떤 감사의 어조로 표현하는지를 기억하십시오. "사유하심이 주께 있음은 주를 경외하게 하심이니이다"(시 130:4). 주께서 긍휼을 기뻐하시므로 그분을 찬양합시다!

오, 낙심한 이여, 나는 용서가 있다는 것을 입증하려고 합니다. 그것이 여러분에게 만족이 될 수 있을 것입니다.

이는 죄인들에 대한 하나님의 처우에서 나타나는데, 그분은 잃어버린 죄인들의 목숨을 아끼십니다. 우리의 처음 조상들이 죄를 범했을 때 그들은 즉시 형벌의 광야에 처하게 되었습니다. 주께서 그 동산을 방문하시고 죄를 범한 그들에게 그들의 죄를 깨닫게 하셨습니다. 하지만 주님은 그 때 그곳에서 그들의 파멸을 선언하시고 그들을 영원히 그분 앞에서 쫓아내시는 대신, 그들에게 뱀의 머리를 깨뜨릴 여인의 후손에 대해 말씀하셨습니다. 내려졌어야 할 저주가 빗나간 각도로 내렸습니다. 먼저는 땅으로, 그리고 부차적으로 인간에게 내려진 것입니다. 먼저는 뱀에게, 그리고 좀 더 부드럽게 여인에게 내려졌는데, 여인의 고통과 수고가 인류에게는 구원을, 원수에게는 복수를 가져다줄 것이었습니다. 남자와 여자는 각각 노동과 출산에서 별개의 선고를 받았습니다.

하지만 오, 이 선고들은 마땅히 내려졌어야 할 선고에 비하면 얼마나 관대한 것인지요. 하나님의 관대하신 손길이 그들을 살게 하시고, 그분의 격려의 음성이 궁극적인 구원을 약속하셨다는 사실이 얼마나 즐거운지요! 만일 주께서 그들에게 긍휼을 보이기를 원치 않으셨다면 그들의 목숨을 이렇게 살려두셨겠습니까? 그분은 악한 인류를 초기에 멸하시고, 그들을 만드신 것을 후회하셨을 때 곧 그들을 지면에서 쓸어버리실 수 있지 않았을까요? 하지만 주께서 지체하시고 이렇게 물으셨을 때 그분은 정녕 용서하기를 원하신 것입니다. "아담아, 네가 어디 있느냐?" 인간 역사의 아침에 주님은 자신의 오래 참으심을 나타내셨고, 또한 더욱 큰 은혜의 약속을 주셨습니다.

그와 같은 일은 여러분과 내게도 사실입니다. 만일 하나님에게 용서가 없다면 그분은 이미 오래전에 우리를 지면의 거추장스러운 존재들로 여기고 제거하시지 않았을까요? 우리는 인생의 초기에 죄를 범했습니다. 아마도 우리 마음의 완고함을 따라, 젊은 시절에 큰 방탕과 고집으로 심하게 죄를 지었을 것입니다. 그 때 왜 그분이 이렇게 말씀하시지 않았을까요? "내가 이것들을 제거해 버리리라. 그들은 갈수록 더 나빠질 뿐이며, 그들의 악을 다른 사람들에게 전염시킬 것이다. 그러므로 나는 그들을 뿌리 뽑아 그들이 주변 사람들에게 해를 끼치지 않고 미래 세대들에게 저주가 되지 않도록 해야겠다." 오, 심지어 저기 불경스러운 모독자조차도 자기 자신에게 저주를 빌었을 때에 맞아 죽지 않았습니다. 저기 안식일을 범하는 자도 주의 거룩한 날을 악을 행할 기회로 삼은 것으로 인해 끊어지지 않았습니다. 거짓말을 했던 자가 아나니아와 삽비라처럼 무서운 심판의 본보기가 되지 않았습니다. 하나님을 대적하는 입장에 섰던 자가 고라와 다단과 아비람처럼 신속히 땅으로 삼켜지지 않았습니다. 이 모든 자들의 생명이 보존되었고, 오늘날까지 살아 있습니다. 여러분은 이것이 무엇 때문이라고 생각합니까? 정녕 하나님의 오래 참으심은 회개를 위한 것이며, 회개는 긍휼을 위한 것입니다. 하나님이 오래 기다리시는 것은 그분이 누구의 죽음도 원치 않으시고 다만 그들이 돌이켜 살기를 바라시기 때문입니다.

두 번째로, 만일 죄를 용서하는 방법이 없다면 왜 하나님께서 의식법을 제정하셨을까요? 왜 수소와 어린 양들이 희생 제물로 드려졌을까요? 하나님이 죄를 씻어주시길 원치 않으셨다면 왜 피흘림이 있었을까요? 만일 인간이 받아들여질 수 없다면, 왜 받아들여진 인간이 드리는 번제가 있었을까요? 만일 그가 죄 있는 것으로 간주되었다면, 정녕 그는 받아들여질 수 없었을 것입니다. 하나님께서 예물 드리는 자와 더불어 기뻐하시고, 하나의 제물을 더불어 먹으며 둘이 하나로 연합되는 화목제물은 왜 있었을까요? 하나님께서 사람들의 죄를 용서하시고 그들을 교제 속으로 들어오게 하시길 원치 않으셨다면 왜 이런 일이 있을 수 있을까요? 제사장 제도나 희생 제물과 관련하여, 하나님이 긍휼을 베푸시려는 의도가 아니었다면, 나로서는 그 제도와 법이 제정된 이유를 이해하지 못하겠다고 고백합니다. 그리고 만일 하나님께서 자기 백성의 불의를 사하길 원치 않으셨다면, 왜 그분이 자기 백성과 함께 거하시는 성막이 있었을까요? 그분이 어찌 용서받지 못한 인간들과 더불어 거하실 수 있었겠습니까? 속죄소는 왜 있었을까요? 왜 사람들 중에서 지성소에 들어가고 해마다 속죄제를 드리도록 임명된 대제사장이 있었을까요? 하나의 예표(豫表)는 그것이 예표하는 것의 존재를 내포하는 것이 아니겠습니까? 만일 죄가 실제로 제거되는 것이 가능하지 않다면, 왜 하나의 상징으로서 죄를 멀리 가져가는 아사셀(scapegoat)이 있었을까요? 만일 죄가 치워지는 것이 없다면, 왜 하나님의 백성의 죄를 치우기 위하여 영문 밖에서 제물을 태웠을까요?(참조. 레 16:27). 정녕, 모세의 법 전체와 관련된 명백한 계획은 하나님의 마음에 긍휼이 있음과, 죄를 씻는 효과적인 작용이 있음을 인간에게 나타내기 위함이었습니다.

이에서 더 나아가, 사랑하는 친구들이여, 만일 죄의 용서가 없다면 왜 주께서 죄 많은 인간들에게 회개의 권고를 하셨을까요? 왜 주께서 이렇게 말씀하실까요? "너의 하나님께로 돌아와서 인애와 정의를 지키며 항상 너의 하나님을 바랄지니라"(호 12:6). 왜 그분이 인간들을 향해 이렇게 말씀하실까요? "이스라엘아 네 하나님 여호와께로 돌아오라 네가 불의함으로 말미암아 엎드러졌느니라. 너는 말씀을 가지고 여호와께로 돌아와서 아뢰기를 모든 불의를 제거하시고 선한 바를 받으소서 우리가 수송아지를 대신하여 입술의 열매를 주께 드리리이다"(호 14:1-2). 왜 그분이 이렇게 외치실까요? "여호와의 말씀에 너희는 이제라도 금식하고 울며 애통하고 마음을 다하여 내게로 돌아오라 하셨나니 너희는 옷을 찢지 말고 마음을 찢고 너희 하나님 여호와께로 돌아올지어다"(욜 2:12-13a). 그것은 이 말씀이 덧붙여질 수 있기 때문이 아닙니까? "그는 은혜로우시며 자비로우시며 노하기를 더디 하시며 인애가 크시사 뜻을 돌이켜 재앙을 내리지 아니하심이라"(욜 2:13b). 엘리후가 말했듯이 이것이 진실이 아니겠습니까? "그가 사람 앞에서 노래하여 이르기를 '내가 범죄하여 옳은 것을 그르쳤으나 내게 무익하였구나. 하나님이 내 영혼을 건지사 구덩이에 내려가지 않게 하셨으니 내 생명이 빛을 보겠구나' 하리라"(욥 33:27-28). 만일 죄가 용서받지 못한다면, 왜 복음은 사람들에게 죄를 회개하라 명하고, 그들의 죄를 자복하라 하며, 그것들을 버리라고 말할까요? 죄의 용서가 없다면 주께서 이렇게 말씀하시지 않았을까요? "그들을 내버려두라. 그들의 회개는 아무런 소용이 없다. 그들에게는 어떤 긍휼도 없을 것이니, 그들로 하여금 그들의 죄악 속에 계속해서 거하게 하고, 마침내 그들의 악한 길이 그들을 파멸시키도록 하라." 심지어 "회개하라! 회개하라!"고 한 세례 요한의 외침조차도 범죄자들을 향한 희망의 음성입니다. 알지 못하던 시대에는 하나님이 간과하셨거니와 이제는 복음의 통치 하에서 어디든지 사람에게 다 명하여 회개하라 하셨습니다(참조. 행 17:30). 왜냐하면 회개에는 죄를 사하신다는 약속이 내포되어 있기 때문입니다.

이 문제를 생각해보면, 여러분은 용서가 하나님의 손에 달려 있음을 알게 될 것입니다. 그렇지 않다면 오늘날 우리가 드리는 예배가 무엇 때문이겠습니까? 우리가 용서받을 수 없다면 왜 우리가 은밀한 중에 기도하도록 허락되겠습니까? 죄를 용서받는 최우선적이고도 가장 중요한 은혜가 우리에게 도무지 주어질 수 없는 것이라면, 기도의 가치란 대체 무엇일까요? 왜 우리는 하나님을 찬미하도록 허락될까요? 왜 성령께서 우리에게 시편을 주셨을까요? 왜 우리는 시편을 활용하여 영적인 노래들을 부르도록 허락될까요? 하나님은 용서받지 못한 인간들의 찬미를 받아들이시지 못합니다. 예배자들이 향을 들고 그분의 제단 앞에 나올 수 있기 위해서는 그 이전에 반드시 깨끗해야 합니다. 내가 하나님께 찬미와 감사를 드리려면 "그의 인자하심이 영원하시기"(시 118:1) 때문입니다. 하나님께서 정죄 받은 자들에게서 찬미를 기대하시겠습니까? 그분이 우리를 사망의 감옥에 가두어두신 채로 우리에게 그분을 찬미하며 할렐루야를 부르기를 기대하실까요? 그럴 수는 없습니다. 기도와 찬미를 명하신 것 자체가 인간들을 향한 은혜의 계획이 있음을 의미하는 것입니다.

사랑하는 친구들이여, 만일 죄의 사면이 없다면, 왜 하나님의 집에 두 가지 특별한 예식이 있을까요? 왜 믿는 자들에게 세례가 있을까요? 그것은 그리스도 안에서 죄에 대한 우리의 죽음을 의미합니다. 하지만 우리가 죄에 대하여 죽을 수 없다면 어떻게 합니까? 그것은 모형적으로 죄 씻음을 나타냅니다. 하지만 하나님의 풍성한 은혜로써 죄를 씻는 것이 없다면 무슨 목적으로, 무슨 소용을 위해 세례가 있을까요? 주의 만찬이 의미하는 것은 하나님과 더불어, 그분과의 친밀한 교제 속에서, 떡을 먹고 잔을 마시는 것입니다. 만일 그리스도의 죽음에 아무런 효력이 없다면, 하나님께서 사랑의 관계 속에서 인간을 대하실 수 없다면, 그분이 오실 때까지 그분의 죽으심을 기념하는 것이 무슨 소용이겠습니까? 정녕 주의 집에서의 예식들에는, 자기 죄를 슬퍼하면서 용서와 갱신을 위해 예수께로 오고자 하는 자들을 위한 따뜻한 환대가 있습니다. 교회의 존재 자체, 그리고 복음 사역과 예배의 존재 자체가 죄의 용서가 있다는 약속이자 예언입니다.

은혜 언약의 제정과 확증과 인가에 용서의 보증이 있습니다. 첫 번째 언약은 우리를 저주 아래에 놓이게 했지만, 새 언약의 주된 목적은 우리에게 칭의를 가져다주는 것입니다. 만약 우리의 불의가 결코 제거될 수 없다면 왜 새 언약이 있겠습니까? 새 언약의 취지가 오늘 본문의 두 번째 구절에 언급되지 않았습니까? 우리가 히브리서를 읽을 때에 성령께서 친히 우리에게 증인이 되십니다. "주께서 이르시되 '그 날 후로는 그들과 맺을 언약이 이것이라' 하시고 '내 법을 그들의 마음에 두고 그들의 생각에 기록하리라' 하신 후에 '또 그들의 죄와 그들의 불법을 내가 다시 기억하지 아니하리라' 하셨음이라"(히 10:16-17). 오 낙심한 영혼이여, 당신은 이에 대해 무어라 말하겠습니까? 당신은 하나님이 거짓말을 하실 수 있다고 생각하며, 또한 그분이 자신의 언약을 단지 불쌍한 죄인들을 근거 없는 희망으로 조롱하기 위해 만드셨다고 생각하는 것입니까? 오, 그렇게 생각하지 마십시오. 용서는 있습니다.

내 형제들이여, 그리스도께서 왜 기독교 사역을 제정하시고, 또한 복음을 선포하도록 그분의 종들을 보내셨을까요? 복음이란 그리스도께서 높이 들리시고 이스라엘에게 죄 사함을 위한 회개를 주신다고 하는 선언이 아닙니까? 복음의 큰 약속은 바로 이것, 즉 하나님께서 예수 그리스도 곧 우리를 위한 위대한 희생제물을 믿는 우리의 믿음 때문에 우리 죄를 사하신다고 하는 것이 아닙니까? 나는 죄의 용서를 믿습니다! 그렇지 않다면 십자가는 무용지물이 되고, 독생자의 죽음이 끔찍한 실수가 되기 때문입니다. 무엇을 위해 그분이 가시 면류관을 쓰셨을까요? 무엇을 위해 그분이 "엘리, 엘리, 라마 사박다니"라고 외치셨을까요? "다 이루었다"고 하는 저 외침은 무엇을 위한 것입니까? 십자가는 가장 위대한 실재이며, 그것이 의미하는 바의 핵심은 친히 우리 죄를 짊어지고 나무에 달리셨던 그분에 의해 죄가 제거된다는 것입니다. 정녕 죄의 부정을 씻기 위한 샘물이 열렸습니다. 무거운 짐을 진 영혼이여, 그 샘은 당신을 위한 것입니다. 하나님의 아들이 자기를 단번에 제물로 드려 죄를 없이하시려고 세상 끝에 나타나셨습니다(히 9:26). 가련한 죄인이여, 당신이 믿으면, 당신의 죄는 그분의 속죄의 죽음에 의해 제거됩니다.

만일 사람이 이 복음을 듣고 믿어도 여전히 자기 죄 아래 있다면, 왜 우리에게 전심으로 복음을 전하라는 명령이 주어졌을까요? 우리 주 예수님은 그분의 이름으로 예루살렘으로부터 시작하여 모든 열방에게 회개와 죄 사함이 전파되어야 한다고 명하셨습니다. 죄 사함이 없다면 왜 그래야 할까요? 하나님의 참된 사랑은 이 메시지가 땅 끝까지 전파되어야 한다는 그분의 소원에서 명백히 나타납니다. "그 아들 예수의 피가 우리를 모든 죄에서 깨끗하게 하실 것이라"(요일 1:7). "사람에 대한 모든 죄와 모독은 사하심을 얻을 것이라"(마 12:31).

"너, 바람아 불어 이 이야기를 전파하라.
또한 너 파도여 굽이쳐
마침내 이 영광의 복음이
북극에서 남극까지 전파되게 하라."

용서는 있습니다. 예수의 이름을 힘입어 누구든지 그를 믿는 자마다 죄 사함을 받습니다. "형제들아 너희가 알 것은 이 사람을 힘입어 죄 사함을 너희에게 전하는 이것이며 또 모세의 율법으로 너희가 의롭다 하심을 얻지 못하던 모든 일에도 이 사람을 힘입어 믿는 자마다 의롭다 하심을 얻는 이것이라"(행 13:38-39). 바울은 말합니다. "하나님이 그리스도 안에서 너희를 용서하셨다"(엡 4:32).

자, 여러분은 더 이상의 논증을 원하지 않습니다. 하지만 여러분이 원한다면 나는 감히 이 점을 여러분에게 제시하겠습니다. 우리 구주께서 남겨주신 기도의 복된 본보기에서 왜 우리는 이와 같이 배울까요? "우리가 우리에게 죄 지은 자를 사하여 준 것 같이 우리 죄를 사하여 주소서." 혹은 "우리가 우리에게 죄를 범한 그들을 용서하듯이 우리의 죄를 용서하여 주소서." 하나님이 우리에게 원하시는 것은 명백한데, 그것은 우리가 우리에게 잘못을 범한 모든 자들에게 참되고 진심 어린 용서를 베풀라는 것입니다. 그분은 우리가 용서의 시늉을 하는 것을 원하시지 않고, 우리가 마음에서 우러나오는 너그러움과 진실함으로써 우리에게 어떤 식으로든 악을 행한 자들을 용서하기를 바라십니다. 또한 그분은 그 용서를 긍휼을 구하는 우리의 기도와 연계시키시고, 우리가 그들을 용서하듯이 그분이 우리를 용서하시도록 요청하라고 가르치십니다. 따라서 만약 우리의 용서가 실제적이라면, 그분의 용서도 그러할 것입니다. 우리의 용서가 진지한 것이라면, 그분의 용서 역시 그러합니다. 우리의 용서가 온전하다면, 그분의 용서도 그러합니다. 아니 그 이상입니다. 그분이 우리처럼 가련하고 타락한 인간보다 훨씬 더 위대하신 만큼 그분의 용서는 우리의 용서보다 훨씬 더 자비로운 것입니다. 주기도문의 그 특별한 탄원에서 죄인을 위한 희망의 별이 빛납니다.

그것은 마치 이렇게 말하는 듯합니다. "너의 마음에 너에게 잘못을 범한 자를 향한 실제적이고 참되고 진심 어린 용서가 있듯이, 너를 향한 실제적이고 참되며 진심 어린 하나님의 용서가 있다." 여러분이 진정 다른 사람들을 마음으로부터 용서하는지를 살펴보십시오. 당신의 용서는 그것으로써 측정되기 때문입니다. 이 점을 잘 살피십시오.

모든 논증들 중에서 최상의 논증은 이것입니다. 하나님께서는 실제로 수많은 죄인들을 용서하셨습니다. 우리는 성경에서 하나님과 동행했던 사람들, 하나님을 기쁘시게 했다는 증언을 얻은 사람들에 대해 읽었습니다. 하지만 만약 그들의 죄가 여전히 하나님을 노엽게 했다면 그들은 하나님을 기쁘시게 하지 못했을 것입니다. 하나님께서 그들의 죄를 사하신 것이 틀림없습니다. 하나님의 은혜를 크게 입고, 그분과의 달콤한 교제를 나누며, 그분으로부터 놀라운 기도의 능력을 부여받고, 하나님께서 믿음의 권위를 크게 나타내도록 해 주셨던 구약의 성도들은 한결같이 용서받은 자들임에 틀림없습니다. 왜냐하면 주께서 그들을 용서하지 않으셨더라면, 그분은 그들과 동행하실 수 없었고, 그들 안에 거하실 수 없었으며, 그들을 통해 일하시지도, 그들에게서 그분의 영광을 나타내실 수도 없었을 것이기 때문입니다.

하지만 내가 굳이 지난 시대에 대해서 말할 필요는 없을 것입니다. 오늘 여러분 중에는, 말하도록 요청을 받는다면 죄 용서의 분명한 느낌을 누리고 있다고 말할 수 있는 이들이 많이 앉아 있습니다. 그들은 예수님께서 그들의 죄를 씻어주셨던 그 행복한 날을 잘 기억합니다. 현재의 평화의 상태, 즐거운 특권, 장래의 소망은 그들에게 있어서 큰 기쁨입니다. 그 모든 것이 죄의 사면은 실제적인 경험이며, 오늘날에도 하나님의 백성들 중에는 잘 알려진 사실임을 명백히 증언합니다. 죄는 지금도 제거될 수 있습니다. 지워질 수 없을 것처럼 보이는 오점도 깨끗이 지워질 수 있으며, 그리스도의 보혈에 의해 눈처럼 희어질 수 있습니다. 오늘 본문은 모두 한 목소리로 그 사실을 선언합니다. "내가 그들의 악행을 사하고 다시는 그 죄를 기억하지 아니하리라."

성령 하나님께서 이 논증을 사용하셔서, 이 자리에서 은혜를 구하는 모든 죄인들에게 위로를 주시길 바라며, 또한 이 설교를 읽는 더 많은 자들에게도 그렇게 하시길 빕니다.

2. 용서는 죄를 기억하지 않는 것이나 다름없다.

둘째로, 용서는 죄를 기억하지 않는 것이나 다름없습니다. 이는 내게는 하나의 경이(驚異)이며, 경이 중의 경이입니다. 이는 하나님께서 어떤 의미에서는 그분이 하실 수 없는 것을 행하신다고 말씀하시는 것이기 때문입니다. 즉 하나님은 불가능성을 내포하는 표현을 사용하시면서도, 정확하게 그분의 의도하는 바를 나타내십니다. 죄에 대한 하나님의 용서는 너무나 완벽하기에, 그분은 마치 우리의 죄와 허물을 기억하지도 않으시는 것처럼 묘사하십니다. 이 표현에는 어떤 불가능성이 내포되었다고 나는 말했습니다. 왜냐하면 하나님께서는 정확한 의미에서 어떤 것도 잊지 않으시기 때문입니다. 망각이란 하나의 결점이며, 하나님께는 어떤 결점도 없습니다. 주님의 기억은 여러분이나 나의 기억과는 다릅니다. 우리는 과거를 회상하지만, 그분에게는 과거가 없습니다. 모든 일들이 그분에게는 현재입니다. 하나님께서는 직관적인 인식으로 한순간에 모든 것을 보십니다. 과거와 현재와 미래가 그분 앞에서는 한 시야에 보입니다. 인간의 방식에 따르지 않으면, 주 하나님이 기억력을 가지시는 것에 대해 우리는 말할 수 없습니다. 그런데 주님께서 친히 현재 우리가 사용하는 언어를 사용하시어, 사람의 방식을 따라 자신을 나타내시고 이렇게 말씀하시는 것이 얼마나 감사한지요! "그들의 죄를 다시 기억하지 아니하리라." 그분은 그분의 용서가 너무나 참되고 깊어서, 그것이 마치 용서받는 자들의 모든 잘못된 행동들에 대한 절대적인 망각이나 완벽한 잊음이나 매한가지임을 우리가 알기를 원하십니다.

우리가 기억한다는 것이 무엇인지를 여러분은 압니다. 일반적으로 말하자면, 한 사람이 어떤 일을 자기 생각 속에 간직합니다. 하지만 죄가 잊혀질 때 그것은 하나님의 생각에 간직되지 않습니다. 어떤 문제가 발생했고, 우리는 그것을 기억하며, 그 일을 우리의 기억 속에 저장해둡니다. 우리는 성경에서 "마리아는 이 모든 말을 마음에 새기어 생각하니라"(눅 2;19)고 한 대목을 읽었습니다. 우리는 일종의 기억의 저장소를 만들고, 그곳에 일어난 일들을 보관합니다. 마치 앞으로 사용하려고 가을에 과실들을 보관해 두는 것과도 같습니다. 우리는 좋은 기억력을 가져서 자기 뇌 속에 많은 것을 보관해 두었다가 필요할 때에 그것을 활용할 수 있는 사람을 행운아라 여깁니다. 주님은 우리의 죄에 대해 이런 일을 행하지 않으십니다. 그분은 그것들을 그분의 문서보관소에 간직해두지 않으십니다. 그분은 그것들을 창고에 보관하지 않으십니다. 우리 죄에 대한 기록이 하늘의 창고에 간직되지 않을 것입니다. 우리는 욥처럼 외치지 않을 것입니다. "주는 내 허물을 주머니에 봉하시고 내 죄악을 싸매시나이다"(욥 14:17). 불경건한 자들에 관해 말하자면, 그들의 죄는 철필로 기록됩니다. 그래서 그들의 죄악은 매일 항목별로 철하여 보관되며, 마침내 그것은 그들의 머리 위로 쏟아질 것입니다. 그들의 죄는 그들에 앞서 심판대에 서서, 복수를 위해 크게 부르짖고 있습니다. 하나님의 백성에 대해 말하자면, 그들의 사정은 다릅니다. 주께서 그들의 죄악을 그들에게로 돌리지 않으시고, 진노의 날에 그들을 벌하기 위해 그것들을 간직해두지 않으십니다. 물론 주님은 그들의 악한 행위를 기억하십니다. 어떤 의미에서 그분은 어떤 것도 잊으실 수 없습니다. 하지만 사법적인 차원에서, 재판장으로서, 그분은 용서받은 자들의 죄를 잊으십니다. 그들의 죄는 법정에서 그분 앞에 제시되지 않으며, 그분의 공무상의 시야에 들어오지 않습니다.

기억할 때에, 사람들은 어떤 일들을 곰곰이 숙고하고 묵상합니다. 하지만 주님은 자기 백성의 죄를 곰곰이 생각하지 않으실 것입니다. 어떤 심각한 잘못은 우리의 생각을 몰두하게 만드는 경향이 있습니다. 그것은 종종 생각에 그늘을 드리우고, 여러분은 그것을 지워 버리지 못합니다. 마치 암탉이 병아리들을 자기 날개 아래로 모으듯이 다른 사람이 행한 어떤 잘못을 깊이 간직하고 있는 사람들을 나는 압니다. 그들이 그것을 깊이 생각할수록 문제는 더욱 악화되어갑니다. 그들은 그 불쾌한 일을 여러 다른 관점에서 주의 깊게 관찰합니다. 그래서 처음에는 그다지 분을 내지 않았다가도, 분노를 점점 뜨겁게 달구고는 마침내 그것이 폭발하도록 만듭니다. 처음에, 그들은 사과에 만족할 수 있었을 것입니다. 하지만 그들이 그 부당함을 곰곰이 생각한 후에는, 그 잘못이 너무나 악한 것으로 보이고, 마침내 그들은 잘못을 행한 자에게 앙갚음을 요구합니다. 자비로우신 주님은 회개하는 자들에 대해 그렇게 하지 않으십니다. 결코 그렇지 않습니다. 그분이 말씀하십니다. "그들의 죄를 다시 기억하지 아니하리라." 위대하신 아버지의 마음은 우리가 행한 무례들을 깊이 간직하지 않으십니다. 그분의 무한하신 정신은 우리가 행한 불의에 대해 곰곰이 반복하여 생각하지 않으십니다. 아, 그렇지 않습니다. 만약 우리가 그리스도를 피난처로 삼아 그분께 피한다면, 주님은 우리의 죄를 더 이상 기억하지 않으십니다. 우리 죄악에 대한 기록은 지워질 것이며, 재판장은 사법적으로 그 일에 대해 기억하지 않을 것입니다.

때때로 여러분은 어떤 일을 거의 망각하고, 그 일은 여러분의 생각에서 지워집니다. 하지만 그 일을 생생하게 회상하게 만드는 어떤 사건이 발생하면, 마치 그 일이 어제 벌어진 일처럼 보입니다. 하나님은 용서받은 자의 죄를 회상하지 않으실 것입니다. 나는 누군가 내게 나쁘게 말하거나 행동한 것을 잊어버리는 근사한 기억력을 가진 것에 대해 복을 받았다 여기며, 하나님께 감사합니다. 나는 그런 일을 잊어버립니다. 그렇게 하려고 노력하기 때문이 아니라, 어쩔 수 없이 잊어버리는 것입니다. 그래서 나는 그 일과 관련하여 어떤 요구도 하지 않습니다. 일전에, 내가 어떤 사람과 상냥하게 대화를 나누고 있을 때, 다른 사람이 그가 수년 전에 내게 크게 부당한 일을 한 자라고 내게 상기시켜주었습니다. 나는 그 일에 대한 기억이 없었습니다. 그래서 그 일이 생각났을 때, 나는 그 일을 잊고 있었던 것에 대해 감사했습니다. 왜냐하면 내가 그 사람을 친구로서 정직하게 대할 수 있었기 때문입니다. 지금도 그는 진정으로 내 친구입니다. 내 기억력이 되살아날 때까지 그 오래된 사건은 내 생각에서 지워져 있었습니다. 은혜로우신 주님의 기억은 자기 백성의 죄와 관련하여 결코 새롭게 상기되지 않습니다. 그 죄들은 모두 지나간 기억입니다. "동이 서에서 먼 것 같이 우리의 죄과를 우리에게서 멀리 옮기셨음이라"(시 103:12). 별안간 주께서 이와 같이 말씀하시는 음울한 날은 결코 없을 것입니다. "내가 이 사람은 은혜롭게 대해왔다. 하지만 이제 나는 그가 예전에 행한 일들을 회상한다. 그러니 내 태도를 바꾸어야겠다. 나는 그가 했던 거짓맹세들을 기억하며, 그가 탐닉했던 범죄들, 그의 술취함과, 그의 부정직함과, 그의 끔찍한 위선을 기억한다. 비록 내가 그를 부드럽게 대해왔지만, 나는 공의의 입장에서 내 태도를 바꾸고 그를 벌해야겠다." 그런 일은 없습니다. 결코 없습니다! 우리를 용서하시는 주님께서 그렇게 하실 일은 결코 없습니다. "그들의 죄를 다시 기억하지 아니하리라." "다시는 기억하지 않으리라!" 이 말씀이 절망의 방에서 메아리치기를 바랍니다. 이 두 음절의 말씀에 아름다운 음악 소리가 있지 않습니까? 하나님은 결코 그분의 기억을 상기하시지 않습니다. 그분의 백성의 죄는 그리스도와 함께 죽고 장사되었으며, 그것이 부활하는 일은 결코 없을 것입니다. "그들의 죄를 다시 기억하지 아니하리라."

더 나아가, 이와 같이 기억하지 않는다는 것은 하나님께서 결코 더 이상의 죄값을 요구하지 않으신다는 의미입니다. 사도는 말합니다. "이것들을 사하셨은즉 다시 죄를 위하여 제사 드릴 것이 없느니라"(히 10:18). 예수님의 희생이 죄를 끝내셨습니다. 옛 법 아래에서 사람들은 속죄의 희생을 바쳤지만, 그들은 그것을 반복해서 바쳐야만 했습니다. 매년 속죄일마다 죄를 기억했습니다. 하지만 이제 복되신 주께서 단번에 영원히 휘장 안으로 들어가셨고, 자기 자신을 제물로 바치심으로써 영원히 죄를 없애셨으므로, 더 이상 속죄를 위한 희생 제물을 드릴 필요가 없게 되었습니다. 주님은 결코 또 다른 희생을 요구하지 않으실 것이며, 또 다른 속죄의 제물을 찾지 않으실 것입니다. 예수 그리스도의 희생은 완벽하게 충분한 것이기에, 그분을 믿는 어떤 신자도 자신의 불의에 대해 형벌을 받지 않을 것입니다.

영국 국교회에 다시 찾아오고 있는 저 허구의 연옥을 보십시오. 일부 비국교도들도 그것을 얼마나 동경하고 있는지요! 그들은 변조된 형태의 연옥을 믿기 시작했으며, 이는 시대의 어두운 징조입니다. 연옥은 언제나 교황을 수지맞게 해 온 것입니다. 그것은 그의 영지 내에서 가장 비옥한 지역이고, 그의 식품 저장고를 풍성하게 채워주었습니다. 하지만 하나님의 백성이 어떻게 연옥에 갈 수 있겠습니까? 만약 그들이 그곳에 간다면, 그들은 하나님이 기억하지 않으시는 죄 때문에 그곳에 가는 것이며, 따라서 그분은 그들을 그곳에 보내는 이유를 제시하지 못하십니다. 나로서는 연옥을 묘사할 만한 말이 없습니다. 하지만 가톨릭의 보고에 의하면 그곳은 끔찍한 장소입니다. 자, 만약 참된 신자들이 그곳에 간다면, 하나님께서 그들의 죄를 기억하시는 것일 테지만 그분은 그렇게 하시지 않는다 말씀하셨고, 그런 것이 아니라면 그분은 그분이 기억하지도 않으시는 죄로 인해 그들을 벌하시는 셈입니다. 여러분은 어떤 재판관이 자신이 기억하지도 않는 범죄로 인해 한 사람을 감옥에 보냈다는 말을 들어본 적이 있습니까? 하나님께서 용서하시고 잊으신 것에 대해서, 또 벌하신단 말입니까? 어떤 형태나 형식으로든, 죄가 속죄될 수 있거나 혹은 인간의 상태가 바뀔 수 있다고 하는 중간 단계(middle state)를 믿지 말라고 여러분에게 호소합니다. 여러분이 죽을 때 여러분은 천국에 가든지 지옥에 갑니다. 곧장 그렇게 갈 것이며, 여러분의 상태는 둘 중 어떤 경우이든 확정적인 것이며, 변화의 가능성이 없이 영원히 확정적일 것입니다. 이 교리는 개신교의 주춧돌입니다. 만약 그것이 치워지면 빈 곳이 생길 것이며, 그 빈 곳에서 교황주의의 모든 악한 교리들이 신속하게 둥지를 찾을 것입니다. 성경에 계시된 진리 안에 서고, 오직 거기에 굳게 서십시오. 악한 자들은 영벌에 들어갈 것이며, 의인들은 영생으로 들어갈 것입니다. 여러분이 용서받았다면, 하나님께서는 결코 여러분의 죄를 기억하지 않으실 것이며,

어떤 형태나 방식으로든 여러분은 속죄의 값을 치를 필요가 없을 것입니다.

하나님이 우리 죄를 기억하지 않는다고 하셨을 때, 그것은 그분이 결코 우리 죄로 인해 우리를 벌하지 않으실 것임을 의미합니다. 그분이 잊으셨는데 어찌 벌하시겠습니까? 또한 그것은 그분이 그것 때문에 우리를 꾸짖지 않으실 것임을 의미합니다. 하나님은 후히 주시고 꾸짖지 아니하십니다(참조. 약 1:5). 그분이 잊으신 것에 대해 어찌 우리를 꾸짖으실 수 있겠습니까? 그분은 심지어 죄를 우리 탓으로 돌리지도 않으십니다. 에스겔이 무어라 말하는지를 보십시오. "그 범죄한 것이 하나도 언급되지 아니하리라"(겔 18:22, KJV, 한글개역개정에는 '기억함이 되지 아니하리라'로 되어 있음 — 역주). 사도는 용감하게 물었습니다. "누가 능히 하나님께서 택하신 자들을 고발하리요?"(롬 8:33a). 하나님이 그렇게 하실까요? "의롭다 하신 이는 하나님이시니"(롬 8:33b), 그런데 어찌 그분이 정죄하시겠습니까? 그리스도께서 그렇게 하실까요? 그분은 재판장이십니다. 하지만 그분은 정죄하실 수 없습니다. 왜냐하면 "죽으실 뿐 아니라 다시 살아나신 이는 그리스도 예수시니 그는 하나님 우편에 계신 자요 우리를 위하여 간구하시는 자"(롬 8:34)이시기 때문입니다. 예수님이 우리를 위해 간구하시고 또 우리를 정죄하신단 말입니까? 같은 샘에서 단물과 쓴물이 같이 나올까요? 아닙니다, 그럴 수는 없습니다. 주님은 우리 죄를 잊으셨고, 따라서 그분은 죄로 인해 우리를 꾸짖으실 수 없습니다.

또한 주께서 "내가 그들의 죄를 다시 기억하지 아니하리라"고 말씀하실 때, 그것이 의미하는 바는 바로 이것입니다. 즉 우리가 큰 죄인들이었다는 이유로 주께서 우리를 덜 너그럽게 대하시지 않을 것입니다. 죄인 중의 괴수였던 당신이여, 그분은 당신을 그리스도인들 중에서 2등급 계층으로 분류하지 않으실 것이며, 당신을 일종의 부차적인 사랑으로 대하시지 않을 것입니다. 그분은 당신이 죄를 범한 것을 기억조차 아니 하실 것이며, 오히려 당신이 완벽하게 무죄였고 모든 불의로부터 전적으로 깨끗했던 자처럼 대하실 것입니다. 그분은 당신의 잘못들을 기억하지 않으실 것입니다. 주께서 어떻게 가장 큰 죄인들 중의 일부를 그분의 영광을 위해 사용하시는지를 보십시오. 이것이 그분이 그들의 죄를 기억하지 않으신다는 증거가 아니겠습니까? 오순절 날에 서서 첫 번째 설교로 삼천 명을 회심하게 했던 베드로를 생각할 때, 나는 더 이상 베드로의 실패와 수탉의 울음소리를 생각하지 않습니다. 나는 주께서 그가 세 번씩 부인했었던 일을 잊으시고, 영혼을 구하는 일의 최전방에 그를 배치하셨음을 볼 수 있습니다. 하지만 주 예수님은 자기 백성을 사용하실 뿐 아니라 그들을 크게 영화롭게 하십니다. 그분이 사도들에게, 그분의 고난의 때에 그분을 버리고 도망쳤던 자들에게 어떤 영예를 부여하셨는지요! 그분은 그들 각 사람에게 말씀하십니다. "내가 너의 죄를 기억하지 아니하리라." 비록 그들이 한 무리의 도망자들이었고 위급할 때에 자기들의 주를 버린 자들이었지만, 주님은 그들을 자기 백성의 지도자들로 삼으셨습니다.

황송하게도 주께서 여기 참석한 이들 중의 일부를 어떻게 영예롭게 하시고, 그들로 하여금 피로 값 주고 사신 영혼들을 그분께로 이끌도록 하셨는지를 보십시오. 그것이 그분이 그들의 죄를 전적으로 잊으셨다는 증거입니다. 또한 그분이 우리를 그분 가족으로 입양하신 것을 생각해보십시오. 우리는 그분의 원수였었고, 반역자였고, 마귀의 자식들이었습니다. 그분이 우리를 자녀로 삼으시고 우리를 "하나님의 상속자요 그리스도와 함께 한 상속자"(롬 8:17)로 삼으신 것이 놀랍지 않습니까? 정녕 그분이 우리를 그리스도와 함께 한 상속자로 삼으셨다는 성경의 기록은 아버지께서 우리의 죄악을 더 이상 기억하지 않으신다는 명백한 증거입니다. 우리의 죄악을 그분의 귀한 아들에게 감당케 하시고 "내가 그들을 은혜롭게 받아들이고 그들을 너그러이 사랑하리라"고 말씀하시는 것은 놀라운 은혜입니다. 형제들이여, 무한한 사랑이 우리를 "그의 사랑하시는 자 안에서"(엡 1:6) 받아들여지도록 했고, 그분이 귀하신 것처럼 우리를 귀하게 여김 받도록 했으며, 그분 앞에서 존귀하도록 만들었고, 그분의 보석상자의 보석들이 되게 했으며, 그분에게 영광의 면류관이 되게 했습니다.

이것이 완전한 용서의 표징이 아니겠습니까? 온 마음으로 그분은 우리를 살피시고 우리를 유익하게 하십니다. 정녕 그분은 우리에게 복을 주시며, 우리로 하여금 복이 되게 하십니다. 우리는 땅에서 은혜를 받고, 하늘에서는 영광을 얻습니다. 그분은 우리를 은혜의 대상으로 삼으시고 천국에 앉히십니다. 천국 외곽의 열등한 장소나 천국 문 뒤편이 아니라, 오직 우리를 보좌에 앉으신 예수님과 더불어 앉도록 하십니다. 이는 마치 예수님이 아버지와 함께 그분의 보좌에 앉으시는 것과도 같습니다. 우리는 그분이 계신 곳에 그분과 함께 있을 것이고, 그분의 영광을 볼 것이며, 영원토록 천국의 귀족이 될 것입니다. 진정 이 모든 것이 그분이 우리의 죄를 완벽하게 사하시고, 우리를 전적으로 무죄한 자로 대하신다는 증거입니다. 정녕, 성도들은 하나님의 보좌 앞에서 흠이 없습니다. 그들은 어린 양의 피로 그 의복을 씻어 희게 했습니다. 믿는 자의 죄는 더 이상 존재하지 않습니다. "여호와의 말씀이니라 그 날 그 때에는 이스라엘의 죄악을 찾을지라도 없겠고 유다의 죄를 찾을지라도 찾아내지 못하리라"(렘 50:20).

"하나님이여, 당신처럼 용서하시는 이가 누구입니까?
당신처럼 은혜가 풍성하신 이가 누구입니까?"

오, 하나님께서 이 설교를 통해 그분의 우는 백성을 위로하시길 바랍니다! 이런 생각이 듭니다. 즉, 만약 내가 죄의식 아래 있을 때 이 주제를 다루는 말씀을 들을 수만 있다면, 나는 즉시 자유를 찾을 수 있을 것입니다. 비록 내가 이 회중석에서 보이지 않는 뒷자리에 숨었다 해도, 이와 같은 긍휼에 관해 들을 수만 있다면, 나는 즉시 기쁨으로 뛰어오를 것입니다. 어떻게 말해야 할지 모르겠지만, 나는 한량없는 은혜가 분명하게 선언되는 것을 들어본 기억이 없습니다. 오, 주께서 가련한 영혼들로 하여금 이 말할 수 없는 은혜를 받아들이게 하시기를 간절히 소망하고 기도합니다! 오십시오, 죄의식을 가진 이여, 당신의 구주의 자비의 은빛 홀(笏)을 만지십시오. 그분은 용서하실 준비가 되었습니다. 속죄는 이루어졌고 받아들여졌습니다. 구주께서 죽으시고 다시 사셨습니다. 그러므로 그분에게 와서 평화를 누리십시오. 오, 복되신 성령께서 여러분에게 이 화목케 하는 피의 능력을 느끼게 하시길 빕니다!

3. 용서는 얻어질 수 있다.

용서는 얻어질 수 있다는 이 복된 사실을 언급함으로써 설교를 마치겠습니다. 그것을 어떻게 얻을 수 있을까요? 간략히 말할 터이니, 여러분은 이 말을 놓치지 말고 곰곰이 생각해보십시오. 용서는 속죄의 피를 통해 얻어질 수 있습니다. 하나님이 왜 우리의 죄를 용서하실까요? 그것은 이런 이유 때문이 아니겠습니까? 즉 그분은 그 죄를 짊어지신 그 아들 예수를 바라보십니다. 성부 하나님께서 십자가에 달린 예수님에게서 무엇을 보시는지에 대해 여러분은 생각해본 적이 있습니까? 여러분과 나는 가슴을 치게 만드는 그 십자가에서 가슴을 치게 만드는 충분한 이유를 볼 것입니다. 하지만 아버지께서 죽기까지 고난당하신 그분의 독생자를 보실 때, 그것이 그분의 크신 마음에 너무나 무한한 감명을 주어서 그분은 그 아들이 속하기 위하여 목숨을 버리신 죄들을 잊으십니다. 새로운 일, 하나님의 마음에 새겨진 가장 놀라운 일, 곧 독생자의 죽음이, 그리스도께서 속하기 위하여 죽으신 모든 죄악에 대한 영원한 기억을 깨끗이 지웁니다. 그런 식으로 그분은 우리에게 용서하는 사랑의 신비를 묘사하십니다. 사랑하는 여러분, 구주의 십자가 그늘 아래로 오십시오. 지금 예수 그리스도를 의지하십시오. 그 때 그 피가 당신에게 적용되면, 당신의 죄들은 더 이상 영원토록 기억되지 않을 것입니다. 왜냐하면 하나님은 당신의 자리에서, 당신 대신에, 그 아들이 고난당한 것을 기억하시기 때문입니다.

다음으로 이 하나님의 망각은 넘치는 은혜 때문임을 기억하십시오. 하나님은 사랑이십니다. "그 인자하심이 영원함이로다"(시 106:1). 하나님은 그분의 사랑을 표출하기 원하셨습니다. 그분의 크신 마음은 그분의 본성에 가득한 은혜를 나타내기를 원하셨습니다. 그분은 은혜로우시며, 또한 은혜로우실 수밖에 없습니다. 하나님은 거룩한 결심으로써 우리의 죄를 그분의 등 뒤로 던지십니다. 그러니 만약 당신이 죄를 용서받기 원한다면 오십시오! 와서 긍휼의 하나님 앞에 엎드리십시오. 공로에 호소하지 말고 긍휼에 호소하십시오. 감히 율법의 차원에서 주님을 가까이 하려 하지 말고, 오직 은혜의 차원에서 그분을 가까이 하십시오. 여기 당신에게 도움이 될 말로서, 어느 유명한 성도가 하나님께 나아갈 때에 했던 말이 있습니다. "주여, 저는 지옥이며, 당신은 천국입니다." 이 말에 당신 자신에 대한 완전한 묘사가 있으며, 또한 하나님께 대한 복된 묘사가 있습니다. 그러니 오십시오. 지옥에 합당한 불쌍한 이여, 영원한 사랑의 주 안에서 스스로를 숨기십시오. 그러면 그분이 당신에게 영원한 평화의 피난처가 되실 것입니다.

하나님이 어떻게 죄를 잊으실까요? 그것은 그분의 영원한 사랑을 통해서입니다. 그분은 자기 백성이 타락하기 전에 그들을 사랑하셨습니다. 그분은 그들이 타락했을 때에도 그들을 사랑하셨습니다. 그분이 말씀하십니다. "내가 영원한 사랑으로 너를 사랑하였노라"(렘 31:3). 그분의 크신 사랑이 그분으로 하여금 그 아들을 자기 백성의 대속물로 내어주도록 이끌었고, 또한 그분으로 하여금 자기 백성의 죄를 잊도록 만들었습니다. 주님은 택하신 자들을 너무나 사랑하셨기에 이렇게 말씀하셨습니다. "야곱의 허물을 보지 아니하시며 이스라엘의 반역을 보지 아니하시는도다"(민 23:21). 예수님을 선물로 주심으로써 자기 사랑을 나타내셨듯이, 그 사랑이 많은 죄를 덮었습니다. 그러므로 여러분이 죄를 잊으시는 이러한 용서 안으로 들어오기를 원한다면, 여러분은 값없이 주시는 그분의 사랑을 바라며 하나님께 와야 하며, 그분의 이름이 사랑이기 때문에 그분께 용서를 요청해야 하지 않겠습니까? "하나님이여 주의 인자를 따라 내게 은혜를 베푸시며 주의 많은 긍휼을 따라 내 죄악을 지워 주소서"(시 51:1).

또한 하나님이 자기 백성의 죄를 잊으시는 것은 새로워지고 거룩해진 피조물로서의 그들에 대한 만족감 때문입니다. 하나님께서 회개하는 자기 백성의 부르짖는 소리를 들으실 때에, 그들의 믿음의 고백을 들으실 때에, 성령께서 그들 안에 심어주신 사랑을 보실 때에, 그리고 그들이 그분의 귀한 아들의 형상을 닮아 점점 성장하는 것을 보실 때에, 그분은 그들을 기뻐하십니다. 그분의 기쁨이 그들로 인하여 가득해집니다. 그분은 그들을 너무나 기뻐하시고, 그들과 사랑의 교제를 나누십니다. 그분은 그들에게서 은혜의 징표들을 보시고 그들을 받아주시며, 그들의 죄악을 더 이상 기억하지 않으십니다. 오, 그러므로 여러분은 하나님께 나아와 그분에게 여러분을 변화시켜주시고 새롭게 하시도록 요청해야 하며, 그리하여 그분이 여러분에게서 기쁨을 얻으시도록 해야 합니다. 여러분이 거듭나 그리스도 예수 안에서 새로운 피조물이 되도록 간구하십시오. 여러분이 용서를 받으려면 반드시 그렇게 되어야 합니다. 마음의 갱신이 없는 곳에 죄의 용서는 있을 수 없으며, 마음이 새로워지는 것은 오직 하나님의 주권적인 은혜로만 이루어지는 일입니다.

오, 죄의 용서를 바라는 여러분이여, 이 아침에 하나님이 정하신 방식으로 오십시오. "회개하라"고 그분이 말씀하십니다. 그것은 당신의 죄에 대해 슬퍼하는 것이며, 비록 당신이 한때는 죄를 사랑했더라도 마음을 바꾸어 그것을 미워하는 것입니다. 그런 다음에는 그것을 고백하십시오. 하나님께서 이렇게 말씀하시기 때문입니다. "너는 오직 네 죄를 자복하라"(렘 3:13). 하나님께 예물을 드리기 전에 집으로 가서 당신의 죄를 슬퍼하십시오. 진실하게, 충분히, 깊은 후회와 함께 애통하십시오. 그러면 그분이 당신의 죄를 없이하실 것입니다. 자복하고 죄를 버리는 자는 긍휼을 얻으리라고 기록되었기 때문입니다. 이것이 그분의 방식입니다. 그러므로 당신이 유죄임을 인정하고 더 이상 죄에 머물지 않도록 요청하십시오.

무엇보다, 주 예수 그리스도를 믿으십시오. 그러면 구원을 얻을 것입니다.

구원에는 사면의 행위와, 당신의 모든 악한 생각과 말과 행동에 대한 망각이 포함되어 있습니다. 주 예수 그리스도를 믿으십시오. 그것이 핵심입니다. 당신을 위해 십자가에 못 박히신 손에 당신 자신을 맡기십시오. 창으로 찔리시고 피와 물을 쏟으신 그분의 사랑의 품에 당신을 의탁하십시오. 당신은 이렇게 했습니까? 그렇다면 당신은 지금 용서를 받은 것입니다. 당신의 죄는 사라졌습니다. 그것은 바다 깊은 곳으로 던져졌습니다. 이 예배당 복도를 기뻐 춤추며 지나가십시오. 이제 주 예수님을 믿는 당신을 송사하는 것이 더 이상 없기 때문입니다. 하나님께서는, 구주에게 자신을 의탁한 자에게 죄를 묻지 않으십니다. 당신은 현세에서 당신의 죄를 결코 잊지 말고, 그 죄를 용서한 은혜도 잊지 마십시오. 항상 회개하고 항상 주를 찬미하십시오. 하나님이 당신의 허물을 기억하지 않으심을 찬미하고, 이 복된 소식을 당신이 만나는 모두에게 전하십시오. 용서는 있으며, 그러한 용서는 하나님께서 자기 백성에게 이렇게 말씀하심으로써 표현하시기까지는 결코 들어보지 못한 것입니다. "내가 그들의 죄를 다시 기억하지 아니하리라." 사랑하는 친구들이여, 하나님이 여러분에게 복을 주시되, 지금부터 영원히 복 주시기를 바랍니다. 아멘.

제
44
장

사랑의 호소

"너는 나에게 기억이 나게 하라 우리가 함께 변론하자 너는 말하여 네가 의로움을 나타내라."—사 43:26

우리는 주로 본문의 첫 번째 권면을 살펴볼 것입니다. "너는 나에게 기억이 나게 하라." 여러분이 성경을 살펴보면 본문의 위치로 인해 강한 감명을 받을 것입니다. 본문을 앞의 구절과 연결해서 읽으면 그것은 매우 놀라운 역설(逆說)을 만들어냅니다. "나 곧 나는 나를 위하여 네 허물을 도말하는 자니 네 죄를 기억하지 아니하리라. 너는 나에게 기억이 나게 하라." 이는 모순처럼 보입니다. 하지만 지혜로운 교사가 모호한 말로써 주의를 이끌어내는 것처럼, 하나님의 말씀도 그 표현의 풍성함으로써 생각을 자극하고, 그 교훈을 우리의 마음속에 더 깊이 각인시킵니다. 선지서의 많은 부분이 역설이며, 모든 선지자들의 주이시며 지도자이신 분의 말씀도 많은 부분이 역설입니다. 이렇게 연결된 문장들을 누가 주의를 집중하지 않은 채 읽을 수 있겠습니까? "나는 네 죄를 기억하지 아니하리라. 너는 나에게 기억이 나게 하라." 성경에서 이러한 역설의 사용은 어떤 해명도 필요하지 않습니다. 사람은 살아 있는 수수께끼입니다. 어떤 사람이 자기 자신을 이해하겠습니까? 그는 자기를 이해한다고 생각하겠지만, 이 자만심으로 자기의 무지를 드러냅니다. 죄인은 하나의 역설이며, 성도는 그보다 곱절의 역설입니다. 나는 성령께서 이처럼 역설적인 표현들을 사용하시는 것이 적절하고 옳다고 말합니다. 왜냐하면 그분이 말씀하시는 대상이 그들의 본성 깊은 곳에 역설을 가지고 있으며, 따라서 이러한 화법이 청취자에게 어울리는 것입니다.

이 구절에서 인간은 하나님께 가까이 오라고 초대를 받습니다. 하나님께서는 자신을 괴롭게 하였다고 말씀하셨던 그 동일한 사람들을 향해 자신과 더불어 변론하라고 말씀하십니다. "너는 네 죄짐으로 나를 수고롭게 하며 네 죄악으로 나를 괴롭게 하였느니라"(24절). 하지만 또 다른 의미에서는 주님께서 그들을 싫증내지 않으신 것이 명백합니다. 그분이 그들을 부르시고 그분과 더불어 대화하라고 말씀하시기 때문입니다. "너는 나에게 기억이 나게 하라 우리가 함께 변론하자." 이러한 하나님의 접근이 우리의 구원의 방식입니다. 어떤 사람들에게는 행해져야 할 첫 번째 일이 그들로 하여금 하나님에 대해 생각하도록 만드는 것입니다. 그리고 인간을 위해 행해질 수 있는 최상의 일은 그를 영들의 위대하신 아버지께로 더욱더 가까이 이끄는 것입니다. "하나님을 가까이 함이 내게 복이라"고 자신이 말하는 바를 잘 아는 사람이 말했습니다. 그런 말을 아직 이해하지 못하는 모든 사람은 그것을 경험할 때 그 말이 진실임을 발견할 것입니다. 여기 약속이 있는 한 계명이 있습니다. "하나님을 가까이 하라 그리하면 너희를 가까이 하시리라"(약 4:8). 여기 또 다른 말씀이 있습니다. "너희는 여호와를 만날 만한 때에 찾으라 가까이 계실 때에 그를 부르라 악인은 그의 길을, 불의한 자는 그의 생각을 버리고 여호와께로 돌아오라 그리하면 그가 긍휼히 여기시리라 우리 하나님께로 돌아오라 그가 너그럽게 용서하시리라"(사 55:6-7).

하나님을 가까이 함이 명백히 구원을 찾는 자들의 소망입니다. 먼 나라에 있는 탕자에게 가장 중요한 일은 일어나 아버지께로 가는 것이었습니다. 그가 돼지 여물통의 오물로 더러워진 스스로를 씻거나, 혹은 그 나라 거주민들과 아는 관계를 끊으려 하는 일은 거의 소용이 없었습니다. 자기 아버지의 집에서 멀리 떨어져 사는 동안에는 그가 결코 올바르게 될 수 없었습니다. 먼 나라에서 가장 건전하고 격리된 삶도 그의 마음의 갈망을 채워주지 못하는 것은, 쥐엄 열매가 그의 배를 채워주지 못했던 것과 마찬가지입니다. 물론 그렇게 하는 것이 그의 삶을 방탕하게 보내는 것보다 어느 정도는 좋겠지만, 그것이 그의 영혼에 변화를 가져다주지는 못하며, 그의 마음에 안식을 주지는 못할 것입니다. 치유는 아버지의 입맞춤이고, 아버지의 품이며, 아버지의 집이고, 아버지의 사랑입니다. 그러므로 이 본문이 아무리 역설적으로 보이더라도 이해하십시오. 이 본문은 은혜로우신 하나님 편에서 가장 노엽게 하는 인간들을 향한 초대입니다. 비록 그들이 너무나 악하게 행동하여 그분이 그들에게 싫증을 내시는 것이 당연했지만, 그분은 그들에게 변론하자고 강력하게 말씀하십니다. 만일 그들에게 실수로 부담을 지운 것이 조금이라도 있다면, 그분이 기꺼이 그들의 불평을 들으실 것입니다. 그분이 간절히 바라시는 것이 있다면 그들이 부루퉁하여 거리를 두지 않는 것입니다. 이 초대가 오늘 아침 설교를 듣는 여러분들에게도 받아들여지기를 바랍니다.

우리는 본문을 이런 식으로 살펴볼 것입니다. 첫째, 그것은 겸허하게 만드는 도전입니다. "너는 나에게 기억이 나게 하라. 우리가 함께 변론하자." 둘째, 우리는 이 도전에 대응할 수 없으므로, 우리는 이 말씀에 또 다른 의미를 부여하여 그것을 수정된 의미로 받아들일 것인데, 곧 참회로써 그렇게 할 수 있을 것입니다. 셋째, 우리는 이 말씀에서 실제적인 제안을 볼 것인데, 아마도 그 제안은 하나 이상일 것입니다. 성령께서 우리로 하여금 이 교훈을 배우게 하시고, 그 제안대로 실행할 수 있게 해 주시길 빕니다!

1. 겸허하게 하는 도전

첫째로, 우리 앞에 있는 이 본문은 겸허하게 하는 도전으로 보입니다. 하나님은 죄 때문에 이스라엘을 벌하셨습니다. 이스라엘은 참회하지 않았고, 자기 의로써 주께서 모질고 가혹하였다고 판단했습니다. 하나님이 말씀하십니다. "그렇다면 오라, 와서 너의 입장을 항변하라. 내가 간과했다고 여기는 너의 덕목을 나로 기억나게 하라. 만일 내가 너를 잘못 판단했다면, 너희가 진정으로 나를 섬기고 예배하는 일을 무시하지 않았다면, 그 문제를 바로잡으라. 정녕 네 자신의 의를 가지고 있다면, 그것을 나에게 기억나게 하라."

뒤돌아보면 우리는 주께서 자기 백성에게 기도의 태만을 꾸짖으셨음을 발견합니다. "그러나 야곱아 너는 나를 부르지 아니하였도다"(22절). 이는 우리가 모든 회심하지 않은 남자와 여자들에게 제기할 수밖에 없는 책망입니다. 여러분은 하나님을 부르지 않으며, 진지하고도 간절한 기도 없이 살아갑니다. 아마도 여러분이 기도의 어떤 형식을 따르는지는 모르겠지만, 그 말에 당신의 마음이 함께 하지 않는다면 그것은 아무것도 아닙니다. 그것은 하나님을 진실하게 부르는 것이기보다는 오히려 그분을 조롱하는 것입니다. 하지만 만약 이 책망에 어떤 잘못이 있다면, 와서 그것을 반박하십시오! 만일 여러분이 그리스도 예수를 통하여 주님을 진지하게 부르고, 간절히 그분의 얼굴을 구하였음에도, 그분이 여전히 여러분을 외면하고 있다면, 그분을 반박하며 증언하십시오. 기도하는 영혼이 은혜의 보좌에서 거절된다는 것은 "해 아래서 새로운"(참조. 전 1:9) 일일 것입니다. 나는 여러분이 기도하지 않은 것에 대한 비난을 부인할 수 없음을 압니다. 만약 여러분이 아무런 은혜도 받지 못했다면 그것은 여러분이 은혜의 보좌에서 그것을 구하지 않았기 때문입니다.

다음으로 주께서는 이스라엘이 그분을 기뻐하지 않았다고 책망하십니다. "이스라엘아 너는 나를 괴롭게 여겼도다"(22b절). 이 비난을 부인할 수 있겠습니까? 남자든 여자든 거듭나지 않고 죄 용서를 받지 못한 이들이여, 여러분이 하나님을 괴롭게 여긴 것이 사실이 아닌가요? 여러분은 우리가 그분에 대해 말하려고 애쓰는 설교에 쉽게 싫증을 내고, 그러면서도 어리석은 이야기에는 몇 시간이고 귀를 기울입니다. 여러분은 안식일에 싫증을 냅니다. 얼마나 따분한지요! 여러분은 성경에도 싫증을 냅니다. 그래서 거의 그것을 읽지 않습니다! 어리석은 소설책이 여러분에게는 제격이지요. 여러분은 그리스도인들이 그리스도의 일에 관하여 지혜롭고 진지하게 말하는 것을 들으면, 여러분은 그들이 하는 말을 좋아하지 않습니다. 여러분은 차라리 우스꽝스러운 노래나 들으려고 하지요. 여러분에게 하나님의 집은 따분한 전당이며, 하나님께 대한 예배는 일종의 속박입니다. 하나님께 대해서, 여러분은 그분을 기억하려고 하지 않으며, 여러분의 생각에 그분은 전혀 안 계십니다. 여러분은 때때로 만약 천국이 하나님께 대한 예배와 찬미 그리고 그분과의 교제로 가득한 곳이라면, 심지어 천국까지도 따분한 장소일 것이라 여깁니다. 여러분은 이 말을 부인할 수 있겠습니까? 만약 여러분이 부인할 수 있다면, 여러분은 얼마든지 주 앞에 와서 여러분의 떳떳함을 진술할 수 있습니다. 하지만 내가 진실을 알거니와 여러분은 의문을 제기하지 못합니다. 의문의 여지 없이, 여러분의 마음속에는 하나님께 드리는 예배에 반감이 있기 때문입니다. 사실상, 여러분은 하나님이 안 계시다면, 그리고 영원에 대한 생각이 여러분의 삶에 끼어들지 않으면, 더 행복하다고 느낄 것입니다. 그러한 혐오감이 상호적인 것이 되지 않도록 조심하십시오. 하나님께서 "내 마음이 그들을 싫어하였고, 그들의 마음 또한 나를 혐오하였도다"라고 말씀하시는 일이 없게 되기를 바랍니다.

주께서는 또한 이 백성이 그분을 공경하지 않았다고 말씀하십니다. "네 번제의 양을 내게로 가져오지 아니하였고 네 제물로 나를 공경하지 아니하였느니라"(23절). 아마도 여러분은 주님께 어떤 사랑의 징표도 제시한 적이 없을 것입니다. 혹은 그와 정반대로, 여러분이 제물을 가져오기는 했지만, 그것으로써 하나님을 공경하지 않았을 것입니다. 여러분은 와서 하나님의 백성과 더불어 앉고 그들의 노래에 동참합니다. 하지만 여러분은 그 노래로써 하나님의 영광을 구하지 않습니다. 하나님의 영광은 여러분의 일상의 삶에서 주된 목적이 아니며, 여러분도 그렇지 않다는 것을 압니다. 만약 그렇다면, 만약 회심하지 않은 어떤 사람이 먹든지 마시든지 무엇을 하든지 하나님의 영광을 위하여 했노라고 말할 수 있다면, 이는 알려져야 합니다. 그런 일은 '해 아래서 새 것'이기 때문입니다. 실상이 그렇다면, 그 사람은 회심한 사람으로 판명될 것이며, 하나님의 은혜로써 그 영과 마음이 새로워진 것으로 판명될 것입니다. 하지만 실상이 그렇지 않습니다. 여러분은 여러분에게 은혜를 베푼 창조주를 공경하지 않았습니다. 여러분은 그분에게서 그분의 이름에 합당한 영광을 강탈했습니다.

더 나아가, 주께서는 이스라엘에게 그들이 그분을 사랑하지 않았다고 책망하셨습니다. "너는 나를 위하여 돈으로 향품을 사지 아니하며 희생의 기름으로 나를 흡족하게 하지 아니하였느니라"(24절). 어떤 사랑의 증거도 제시되지 않았고, 오히려 그들은 그들의 죄짐으로 주님을 수고롭게 했습니다. 돈으로 향품을 살 생각은 하지도 않았습니다. 그들은 그럴 형편이 되지 않는다고 말했습니다. 하지만 그들이 거짓 신들을 섬길 때에 그들은 충분한 돈을 찾아냈습니다. "사람들이 주머니에서 금을 쏟아 내며 은을 저울에 달아 도금장이에게 주고 그것으로 신을 만들게 하고 그것에게 엎드려 경배하는도다"(사 46:6).

그처럼 하나님의 목적을 위해서나 기독교적 자선을 위해서는 아무것도 내놓을 수 없으면서 그들 자신의 죄악된 쾌락을 위해서는 큰 재물을 낭비할 수 있는 사람들이 있습니다. 인간의 욕망을 위해서라면 어떤 희생도 비싸게 여기지 않습니다. 그런 사람은 즐거운 생활을 영위할 수만 있다면, 비록 그 즐거운 삶이 하나님을 거역하는 것이라 해도 무엇이든 하려 합니다. 오 죄인이여! 당신은 하나님의 이름이 모독을 당한다는 생각에 눈물이 흐르는 것을 느껴본 적이 있습니까? 당신은 당신 자신이 그분을 불명예스럽게 만들었다는 이유 때문에 하나님 앞에서 스스로를 낮추어본 적이 있습니까? 그분의 말씀이 당신에게 귀하게 여겨집니까? 예수님의 아름다운 이름이 당신의 귀에 음악처럼 들려집니까? 아아,

그렇지 않습니다. 당신은 당신이 이 모든 것에 대해 죽은 것을 압니다. 하나님은 당신이 만일 무죄를 주장할 수 있다면 변론해보라고 도전하십니다. 감히 당신이 그 도전에 응할 수 있겠습니까? 당신이 그분을 사랑하였노라고 증명해보십시오. 그분에게 당신의 친절한 행위와 열정적인 행동들을 기억나게 해 보십시오. 당신에게는 그분으로 하여금 기억나게 할 만한 것이 전혀 없습니다. 당신의 마음은 전혀 주 당신의 하나님을 기뻐하지 않았으니까요.

하나님은 다시 그들에게 그들이 그분께 순종하지 않았다고 책망하십니다. "네 죄짐으로 나를 수고롭게 하였느니라"(24절). "너는 네 고집스러움으로 나를 수고롭게 하였느니라"는 의미입니다. "네 죄악으로 나를 괴롭게 하였느니라"(24b절). 그들의 터무니없는 죄악으로 인하여 하나님의 인내심이 극도로 시험을 받았습니다. 슬프게도 이 책망은 많은 사람에게 사실이지 않습니까? 오, 그리스도를 영접하지 않고, 그분의 발치에 엎드리지 않은 당신이여, 당신은 이처럼 고집스럽게도 사랑을 거부함으로써 주님의 은혜를 모독했습니다. 당신은 그분의 율법을 존중하지 않았고, 법을 어기기를 너무나 좋아하였기에 스스로를 절제하지 않았으며, 주님을 기쁘시게 할 마음은 조금도 일어나지 않았습니다. 아아, 당신은 스스로가 주인인 양 살아왔습니다! 만약 그렇지 않다면, 당신은 지금 당신의 평판을 옹호하기 위해 변론할 수 있습니다. 거짓 변호를 하지 말고, 오직 진실을 말하십시오. "너는 나에게 기억이 나게 하라." 만약 당신이 기도를 많이 했거나, 하나님을 기뻐하였거나, 그분의 명예를 추구하였거나, 그분을 사랑하였거나, 그분에게 순종하였다면, 밝은 태양 앞에서 당신의 의를 나타내고 두려워하지 마십시오. 하지만 당신은 주 앞에서 무죄가 아닙니다. 그러므로 자신을 낮추십시오. 당신의 유죄를 자백하고, 하나님 앞에서 당신의 얼굴을 가리십시오. 하나님께서 이렇게 당신을 낮추시는 것은 당신으로 하여금 회개하도록 하시기 위함이며, 당신에게 그분의 말씀을 성취하시려 함입니다. "나 곧 나는 나를 위하여 네 허물을 도말하는 자니 네 죄를 기억하지 아니하리라"(25절).

우리 앞에 있는 이 도전은 인간의 방식뿐 아니라 하나님의 방식과도 관련이 있습니다. 여기서 주님이 스스로에 대해 이와 같이 단언하시기 때문입니다. "나는 제물로 말미암아 너를 수고롭게 하지 아니하였고 유향으로 말미암아 너를 괴롭게 하지 아니하였도다"(23절). 말하자면, 하나님께서는 엄격한 공사감독 같은 분이 아닙니다. 그분은 심지 않은 곳에서 거두려 하는 엄한 주인이 아닙니다.

하나님의 계명들은 본질적인 정의입니다. 여러분은 그것들을 개량시킬 수 없습니다. 그 어떤 법도 그분이 우리에게 주신 율법보다 우리의 유익을 위해 더 나은 것이 없습니다. 하나님을 섬기는 것은 속박이 아닙니다. 그분의 자녀들에게 그것이 어떤 것인지 물어보십시오. 그들이 그분의 멍에를 메고 그분을 배울 때, 그들은 영혼의 안식을 발견합니다. 그분의 방식은 기쁨의 방식이며, 그분의 길은 평안입니다. 완전한 복종은 천국입니다. 만약 하나님께서 여러분을 노예처럼 대하셨든지, 그분이 그분의 권리 이상의 것을 여러분에게 요구하셨든지, 혹은 끝없는 노동으로 여러분의 마음을 힘겹게 했다면, 그렇다고 말하십시오. 그리고 하나님과의 엄숙한 대화에서 당신의 고통을 진술하십시오. 하지만 제정신을 가진 사람치고 하나님을 섬김이 곧 자유라고 말하지 않을 사람이 누구입니까?

오 사랑하는 이여, 하나님이 어떤 것을 금하실 때 그 이유는 그것이 우리에게 해가 됨을 그분이 아시기 때문입니다. 또한 하나님께서 우리에게 무언가를 하라고 명하실 때 그 이유는 그것이 우리 영혼에 안전과 영원한 유익이 됨을 그분이 아시기 때문입니다. 도덕법은 올바름의 거울입니다. 거기에 계시된 주님의 뜻은 인간의 양심에 좋게 여겨지기에, 인간은 정직하게는 그 뜻과 맞서 싸우지 못합니다. 그것은 "진실하여 다 의롭습니다"(시 19:9). 만약 우리가 판단력에서 정직하다면 우리의 소원은 이러할 것입니다. "내 길을 굳게 정하사 주의 율례를 지키게 하소서!"(시 119:5). 만약 우리가 율법을 어긴다면 그것은 그것이 불합리하거나, 부당하거나, 가혹하기 때문이 아닙니다. 그분의 멍에는 쉽고 그분의 짐은 가볍습니다. 정녕, 틀림없이 그러합니다. 비록 나는 내가 바라는 대로 하나님의 뜻을 제대로 대변하지 못한다고 느끼지만, 이 자리에 서서, 그분의 피조물들이 그분을 대하는 잘못된 태도로 인해 울 수는 있습니다. 그분의 대의는 내가 할 수 있는 것 훨씬 이상으로 잘 옹호되어야 하건만, 내가 그분의 대의를 너무나 냉랭하게 옹호하는 것 같아 스스로 부끄러움을 느낍니다. 하지만 경건치 못한 이들이여, 여러분은 주님을 부끄럽게 대해오지 않았습니까? 여러분은 여러분을 결코 잊지 않으시는 그분을 잊고서 살아오지 않았습니까? 여러분은 여러분에게 호의를 베푸시는 분이자 여러분의 친구이신 그분을 외면해오지 않았습니까? 여러분은 여러분의 영혼에 깊은 즐거움을 가져다주는 일, 곧 그분을 섬기는 일을 거부해오지 않았던가요? 여러분은 여러분에게 주어진 은혜와 불화하고, 심지어 천국 자체와 싸워오지 않았던가요? 분명 그러할 것입니다. 만약 반박할 말이 있다면 당신의 조물주와 더불어 논쟁하십시오. 다만 그분에게서 멀어진 채로 지내지 말기를 바랍니다. 그분에게로 돌이켜 그분의 호소에 대답하십시오. "너는 나에게 기억이 나게 하라. 우리가 함께 변론하자. 너는 말하여 네가 의로움을 나타내라."

2. 참회의 시각으로 수정해서 표현한 본문

나는 참회의 입장에서 하나의 수정된 표현을 제시하고자 하는데, 여러분이 이를 잘 이해하기를 바랍니다. 내 말의 의미는 말씀의 변경이 아니며, 단지 그 의미를 바꾸어 표현하려는 것입니다. 이 본문을 우리의 죄 의식의 차원에서 읽어보도록 합시다. 하나님께서는 크신 사랑 안에서 우리가 그분에게 기억이 나게 하기를 원하시는 어떤 일들이 있습니다. 그 일들이 무엇일까요? 그것을 여러분에게 말하겠습니다. 만일 여러분이 그분의 도전에 감히 응하지 못하고, 여러분의 개인적인 의를 입증할 수 없다면, 그분의 책망에 대해 침묵으로써 동의하십시오. 그리고 당신이 돌이키고 용서를 받을 수 있도록, 그 일에 도움이 되는 일들을 기억하시도록 간청하십시오.

첫째로, 주님이 앞 절에서 주권적인 은혜로 인간들에게 선언하신 내용 즉 사면과 망각이라는 영광스러운 행위를 주님께 기억이 나게 하십시오. 지금 오십시오. 죄 많고 허물 많은 모든 이들이여, 와서 그분에게 이렇게 아뢰십시오. "주여, 비록 저의 죄악이 저를 탄핵하지만, 저는 당신의 용서의 말씀 곧 '나 곧 나는 나를 위하여 네 허물을 도말하는 자니 네 죄를 기억하지 아니하리라'(25절) 하신 말씀을 의지합니다." 하나님께서는 은혜 베풀기를 잊지 않으시고, 그분 자신이 은혜로 선포하신 말씀을 단 한 마디도 잊지 않으심을 기억하십시오. 또한 그분은 여러분이 그분으로 하여금 마치 그분이 그 약속들을 잊으신 것처럼 진지하게 아뢰기를 바라십니다. 그것은 그분의 기억을 새롭게 하기 위함이 아니라, 여러분의 기억을 새롭게 하기 위함입니다. 여러분이 죄인으로서 은혜의 보좌 앞에 무릎을 꿇는 것보다 더 안전한 곳은 결코 발견할 수 없을 것입니다. 거기서 이와 같은 약속의 말씀에 호소하십시오. "여호와께서 말씀하시되 오라 우리가 서로 변론하자 너희의 죄가 주홍 같을지라도 눈과 같이 희어질 것이요 진홍 같이 붉을지라도 양털 같이 희게 되리라"(사 1:18). "내가 그들의 불의를 긍휼히 여기고 그들의 죄를 다시 기억하지 아니하리라 하셨느니라"(히 8:12). "만일 우리가 우리 죄를 자백하면 그는 미쁘시고 의로우사 우리 죄를 사하시며 우리를 모든 불의에서 깨끗하게 하실 것이요"(요일 1:9). 즉시 눈물과 상한 마음의 언어로써 하나님께 그분의 은혜로운 약속들을 기억나게 하면서, 이와 같이 말하십시오. "당신의 종에게 하신 당신의 말씀을 기억하소서. 그 말씀이 저로 하여금 소망을 갖게 하였나이다." 이런 방식으로 그분에게 부르짖으십시오. "주여, 당신께서 말씀하신 바를 행하소서. 여기 죄악으로 가득한 자가 있나이다. 간구하오니 저를 깨끗하게 하소서. 만일 저에게 불의가 없다면 주께서 그것들을 제거하실 수 없을 것이나, 저에게 많은 불의가 있나이다. 주께 구하오니 당신의 말씀대로 그것들을 제하여주소서! 보소서, 제가 주님께 주님의 말씀을 기억나게 하나이다. 오 주여, 저로 당신께서 이렇게 말씀하시는 것을 듣게 하소서. '네 죄가, 네 많은 죄가 사하여졌느니라.'"

그런 후에는, 계속해서 하나님께 여러분의 죄가 기억나게 하십시오. 하나님께 숨김없이 알리십시오. 여러분이 죄를 범하였다고 그분께 말씀하십시오. 돌아오는 탕자처럼 이렇게 말하십시오. "내가 하늘과 당신께 죄를 지었사오니 지금부터는 당신의 아들이라 일컬음을 감당하지 못하겠나이다"(참조. 눅 15:18-19). 아무것도 감추지 마십시오. 아무것도 감출 수 없기 때문입니다. 어떤 것도 숨길 수 없으니, 어떤 것도 숨기려 하지 마십시오. 분명 여러분의 죄는 밖으로 드러날 것입니다. 그러므로 여러분의 죄를 드러내고 그것을 위대하신 하나님의 손에 맡겨, 그분이 처리하도록 하십시오. 특히 하나님께 이 점을 기억나게 하십시오. 즉 여러분은 계속해서 여러분을 용서해주셨던 분에게 죄를 지었으며, 따라서 여러분은 매우 지독하고도 배은망덕한 방식으로 죄를 지은 것입니다. 그토록 너그럽게 여러분의 죄를 용서하신 분에게 죄를 범한 것은 그 죄의 심각성을 더하는 것입니다. 주님은 오래전에 우리를 지옥으로 던져 넣으실 수도 있었지만 그렇게 하지 않으셨습니다. 그런데 우리가 자유를 가지고 더 많은 죄를 범한단 말입니까? "우리의 죄를 따라 우리를 처벌하지는 아니하시며 우리의 죄악을 따라 우리에게 그대로 갚지는 아니하셨음이라"(시 103:10). 이 사실이 고집스러운 반역을 더욱 흉악한 죄로 만드는 것입니다.

또한 이 점을 자백하십시오. 여러분은 계속해서 죄를 범함으로써, 돌아오라고 초청하시고 따뜻한 환대를 약속하시는 그분에게서 멀리 떠났습니다. 기억하십시오. 만일 여러분이 아직 그리스도 밖에 있다면 그것은 하나님이 여러분을 그렇게 만드셨기 때문이 아닙니다. 그분은 이렇게 맹세하십니다. "주 여호와의 말씀이니라 나의 삶을 두고 맹세하노니 나는 악인이 죽는 것을 기뻐하지 아니하고 악인이 그의 길에서 돌이켜 떠나 사는 것을 기뻐하노라"(겔 33:11). 여러분의 저주는 그분의 탓이 아닙니다. 그분은 분명히 말씀하십니다. "이스라엘아 네가 스스로 네 자신을 멸망시켰노라"(호 13:9, KJV). 자비로우신 주께서 외치십니다. "너희가 영생을 얻기 위하여 내게 오기를 원하지 아니하는도다"(요 5:40). 이 사실을 인정하십시오. 비록 여러분이 전에는 어리석게도 여러분의 자유 의지를 자랑하였어도, 이제는 여러분의 멸망을 위협하는 그 악한 의지에 대해서 겸손해지십시오. 무릎을 꿇고서 하나님께 그분의 자비를 거역한 것에 대해 용서를 구하십시오. 그분의 오래 참으심을 거역했던 것에 대해 용서를 구하십시오. 그분은 여러분이 그렇게 하기를 바라십니다. 그렇기 때문에 이와 같이 말씀하시는 것입니다. "너는 나에게 기억이 나게 하라."

이렇게 한 다음에, 만일 여러분의 심령이 크게 눌리고, 여러분의 마음이 죄의식으로 인해 낙심하게 되었다면, 하나님께 죄를 용서하실 특별한 이유를 기억나게 하라고 여러분에게 조언하고 싶습니다. "나 곧 나는 나를 위하여 네 허물을 도말하는 자라"(25절). 그분에게 이런 식으로 아뢰십시오. "주님, 저에게는 당신이 저를 아껴 살려두실 이유가 전혀 없습니다. 하지만 당신 자신을 위하여 그렇게 하소서. 당신의 사랑을 위하여, 당신의 자비를 위하여 그렇게 하소서. 주여, 주의 기쁨을 위하여 저를 긍휼히 여기소서. 죄를 용서하시는 일이 당신에게는 영광이 되며, 인간의 죄를 제하실 때에 주 예수 그리스도의 이름이 위대하게 되옵니다. 주여, 제가 지금 간구하오니, 당신을 위하여 그리고 당신의 아들을 위하여, 이전의 제 모든 죄악을 덮어주시고, 당신의 아들의 죽음으로 인하여 저로 당신과 화목하게 하소서."

사랑하는 청중이여, 나는 전해야 할 말을 제대로 전하고 있는 것인지 염려됩니다. 여러분에게 호소하는 동안 나는 여러분을 위해 울 수 있기를 바랍니다. 여러분에게 간곡히 청하니, 즉시 정직하고도 애정 어린 마음으로 이 본문의 호소에 순종하십시오. "너는 나에게 기억이 나게 하라 우리가 함께 변론하자."

하나님께 그분의 주권적인 은혜와, 복을 주시는 그분의 충만한 능력을 기억나게 하십시오. 세상에서 가장 악독한 악일지라도 그분이 능히 예수님의 피로 그것들을 씻으셨음을 그분에게 기억나게 하십시오. 그분이 가장 고집 세고 완고한 마음들도 부드럽게 하시어 그분의 은혜의 영광을 찬미하게 하셨던 것을 기억나게 하십시오. 그리고 이 말을 덧붙이십시오. "주여, 이 모든 일을 제 속에 행하시고, 저 역시도 당신의 은혜로우신 이름을 송축하게 하소서!"

여러분이 여기까지 행했으면 나는 큰 애정으로 여러분에게 21절에 계시된 주님의 목적과 의도에 호소하라고 조언하고 싶습니다. "이 백성은 내가 나를 위하여 지었나니 나를 찬송하게 하려 함이니라." 이렇게 말하십시오. "주여, 저는 당신의 불쌍한 피조물입니다. 당신이 저를 만드셨습니다. 저의 이 몸도 경이롭고 놀라운 방식으로 지어졌습니다. 제가 영혼이라고 부르는 신비로운 것이 제 안에 거하고 있으며, 그것 역시도 당신의 능력의 피조물입니다. 당신의 손으로 지으신 작품을 소유하시길 원치 않으시나이까? 주여, 오소서 저에게 은혜를 베푸소서. 저와 같은 죄인이, 전적으로 자격이 없지만, 그래도 저는 당신의 피조물입니다. 저를 퇴비 더미에 던지지 마소서. 주께서 저를 용서하기 원하시면, 주여, 제가 주를 찬송할 수 있지 않겠나이까? 저에게도 어디엔가는 당신을 찬송할 가능성이 있지 않습니까? 땅에서나 하늘에서, 제가 조금이나마 당신을 섬길 수 있을 것이고, 당신의 이름을 높여드릴 수 있지 않겠습니까? 주여, 제가 죄 중에 사는 동안에는 당신의 이름에 불명예를 안겼지만, 당신이 저를 거룩하게 만드시면 저는 당신을 영광스럽게 할 것입니다. 저는 무가치한 도구이며, 그저 깨어진 질그릇들과 함께 던져지기에 마땅하고, 하나님과 사람에게 쓸모가 없으며, 심지어 저 자신에게도 아무런 쓸모가 없지만, 감히 당신께 '이 백성은 내가 나를 위하여 지었나니 나를 찬송하게 하려 함이니라'고 하신 당신의 말씀을 이루시라고 간청합니다." 이는 훌륭한 변론입니다. 이런 방식으로 이 말씀에 순종하십시오. "너는 나에게 기억이 나게 하라 우리가 함께 변론하자."

만일 그것으로도 안심되지 않으면, 이 장의 앞부분으로 조금 되돌아가서 19절의 말씀을 보십시오. "보라 내가 새 일을 행하리니 이제 나타낼 것이라 너희가 그것을 알지 못하겠느냐 반드시 내가 광야에 길을 사막에 강을 내리니 장차 들짐승 곧 승냥이와 타조도 나를 존경할 것은 내가 광야에 물을, 사막에 강들을 내어 내 백성, 내가 택한 자에게 마시게 할 것임이라"(19-20절). 그 공포된 선언에 호소하십시오! 이렇게 말하십시오. "주여, 당신이 '내가 새 일을 행하리라'고 말씀하셨나이다. 제가 구원을 받는다면 정녕 그것은 새 일이 될 것입니다. 제가 만일 스스로의 죄를 혐오하고 구원받게 된다면, 그것이야말로 당신의 은혜의 기적들 중에서도 놀라운 일이 될 것입니다.

> '구원을 받다! 그 일은 빛나는 천국에도
> 새로운 기쁨을 더하는 일!
> 천사들도 그 즐거운 이야기를 노래하며
> 당신의 사랑에 도취될 것입니다!"

여러분이 이렇게 말할 수 있기를 바랍니다. "주여, 저는 지금까지 한 달을 줄곧 탄식하고, 부르짖고, 신음해왔음에도 여전히 평화를 찾을 수 없습니다. 오, 당신께서 제 입에 새 노래를 넣어주신다면, 슬픔 중에 빠진 나를 보아왔던 저 밤의 올빼미들도 눈을 크게 뜨고 놀랄 것이며, 이스라엘의 주 하나님을 칭송할 것입니다!" 여러분은 침울함에 빠져서 승냥이들과 올빼미에 비견되는 이상한 동료들과 친숙해졌습니다. 그러므로 당신의 구주께 이렇게 부르짖으십시오. "주여, 저를 구원하소서. 그리하시면 올빼미들이 더 이상 소리 내지 않을 것이며, 만일 소리를 낸다면 당신을 찬송하는 소리를 낼 것입니다. 그리고 모든 사람들이 무서워하는 용들도 무섭지 않은 존재가 될 것이며, 시편 기자가 '너희 용들과 바다여 땅에서 여호와를 찬양하라'(시 148:7)고 말한 것처럼 당신의 이름을 높이게 될 것입니다."

나는 이렇게 말하게 될 몇 사람들을 압니다. "주여, 만일 제가 예수님 안에서 기뻐한다면 제가 일하는 일터가 온통 놀라게 될 것입니다. 제가 당신의 주권적인 은혜로 인하여 행복하고 거룩해진다면, 저의 모든 친구들과 동료들이 경이로워할 것입니다. 그들이 생각하기에 저는 가장 회심할 것 같지 않은 사람으로 보일 것입니다. 그 때 그들은 당신의 팔이 무엇을 행할 수 있는지 보게 될 것이며, 이 일이야말로 하나님의 역사임을 시인할 것입니다. 주님을 훼방하는 일 외에는 입을 열지 않는 사람들도, 한 부지깽이가 타는 불에서 꺼내어진 것을 보고는 경외감을 느끼며 놀랄 것입니다."

지금까지 나는 여러분이 이 말씀에 순종하도록 애를 썼습니다. "너는 나에게 기억이 나게 하라." 하지만 여러분을 위해 내가 그 일을 할 수는 없습니다. 회심하지 않은 청중이여, 여러분은 여러분 스스로 고백하고 목숨을 위해 간청해야 합니다. 이 간청이 하나님의 영에 의해 여러분 속에서 이루어져야 합니다. 만약

할 수만 있다면, 나는 여러분의 방에 있는 한 마리의 생쥐라도 되어, 여러분이 은혜로우신 하나님 아버지께 그분의 약속을 기억하시도록 아뢰는 소리를, 또한 그분이 여러분을 구원하시면 그분의 이름에 영광이 될 것이라고 변론하는 소리를 듣고 싶습니다. 특히, 나는 여러분이 이런 말로 시작하는 것을 듣고 싶습니다. "주여, 당신의 독생자를 기억하소서. 당신께서는 '미쁘다 모든 사람이 받을 만한 이 말이여 그리스도 예수께서 죄인을 구원하시려고 세상에 임하셨다'(딤전 1:15)고 선언하시지 않았습니까? 저는 죄인입니다. 주여, 저를 구원하소서! 오, 겟세마네를 기억하시고, 골고다를 기억하소서. 저 피와 같은 땀을 기억하시고, 당신의 독생자의 저 상처들을 기억하소서. '다 이루었다!'고 하셨던 그분의 외침을 기억하소서. 그분이 자기 영혼의 수고한 것을 제 속에서 보게 하소서!"

그것이 바른 변론의 방식입니다. 이러한 변론은 머지않아 당신에게 안식과 평안을 가져다줄 것입니다. 여러분이 이 말에 주목하지 않아 내 수고가 무산될 것이 염려스럽습니다. 여러분이 순종하지 않으면 듣는 것은 허사입니다.

3. 실천적인 제안들

이것이 우리를 마지막 요점으로 이끌어줍니다. 본문은 우리에게 몇 가지 실천적인 제안들을 제공합니다.

만약 주께서 "너는 나에게 기억이 나게 하라"고 말씀하신다면, 우리 자신이 이런 일들을 기억해야 함이 매우 분명합니다. 우리는 우리 자신이 잊은 것을 주님께 기억나게 할 수는 없습니다. 그러므로 우리가 망각하기 쉬운 어떤 문제들을 잠시 동안 스스로 상기해보도록 합시다. 내가 이미 앞에서 살펴보았던 같은 근거를 되짚어보면서, 나는 변명을 하지 않겠습니다. 내 바람은 하나님의 영이 그것을 여러분의 마음에 각인시켜주시는 것이기 때문입니다.

오, 구원받지 못한 사람들이여, 여러분이 기도 없이 살아왔던 세월들을 기억하십시오! 여러분이 살도록 허용되었다는 것만으로도 얼마나 놀라운지요! 아침의 해가 뜰 때나 저녁에 어둠이 찾아올 때, 여러분은 기도하지 않습니다! 여러분의 식탁과, 가족과, 여러분의 몸과 정신에 은총이 베풀어지지만, 여러분은 기도하지 않습니다! 설교를 듣고, 권면을 받고, 부드러운 호소를 듣지만, 여전히 여러분은 기도하지 않습니다! "야곱아 너는 나를 부르지 아니하였느니라"(22절). 우리의 죄들을 무더기로 들고 가는 것은 좋지 않습니다. 오히려 그 죄들을 세부적으로 나누어 차례로 들고 가십시오. 여기에 기꺼이 용서하고자 하시는 하나님이 계십니다. 그런데도 우리는 용서를 구하려 하지도 않습니다. 여기에 은혜를 베풀려고 기다리는 하나님이 계시지만, 우리는 그분을 이 사십 년 동안 계속해서 기다리시게 만들었습니다. 여기 우리 앞에 자비의 문이 있으나, 우리는 그것을 두드리려 하지 않습니다. 누구든지 두드리는 자에게 열릴 것이라는 약속이 있음에도 말입니다. 여기 밤의 이슬에 머리가 젖은 채로 우리 문을 두드리시는 예수님이 계십니다. 하지만 우리는 문을 열려고 하지 않습니다. 그것을 기억하십시오! 이 죄를 우리 앞에 가지고 와서, 그것으로 인해 깊이 회개하고 자기를 낮추시길 바랍니다.

다음으로, 여러분이 스스로를 낮추는 가운데, 여러분이 하나님을 얼마나 괴롭게 여겼었는지를 기억하십시오. 내가 방금 전 그 사실을 언급하긴 했으나, 여러분이 그 일을 생각해보십시오! 자기를 지으신 창조주를 생각하는 것을 견디지 못하는 피조물이 여기에 있습니다. 한 친구(a Friend)의 식탁에서 날마다 음식을 먹고서, 결코 그 친구에게 좋은 말을 한 마디도 하지 않는 사람이 여기 있습니다. 도처에 하나님이 지으신 작품이 있는 곳에 살면서, 그리하여 그것들을 항상 볼 수밖에 없고, 심지어 밤에도 경이의 새로운 장면이 펼쳐져서 낮에는 숨겨졌던 별들을 보여주는 것을 경험하면서도, 여전히 자기 하나님을 보기를 거부하는 자가 있습니다! 여러분은 하나님을 괴롭게 여겼으며, 그분에 관해서 듣기를 원치 않았고, 차라리 하나님도 아니 계시고 영원의 세계도 없기를 바랐으며, 그래서 오직 현재만을 위해 살아가는 짐승들처럼 인생을 즐길 수 있기를 바랐습니다. 아아! 이 문제에 대해 생각해보고, 여러분의 죄를 기억나게 하십시오. 여러분은 천사들처럼 하나님을 섬기느니 차라리 짐승이 되기를 지금까지 바라왔습니다.

몇몇 이들에게, 하나님을 섬기는 일을 망각했던 오랜 세월들을 기억하라고 진지하게 호소합니다. 여러분은 하나님의 큰 목적에 온통 태만했고, 하나님을 사랑함이 전혀 없었으며, 줄곧 마음을 완악하게 하고서, 귀를 막고, 구주의 경고와 호소를 거부했습니다. 성령께서 그런 기억들을 통하여 여러분에게 죄를 자각하게 하시기를 바랍니다. 오, 회심하지 않은 안타까운 영혼들이여, 내가 지금 여러분에게 진실을 말하고 있지 않습니까? 만약 어떤 사람에게든 거짓 고발을 제기하는 것이라면 하나님이 그 일을 금하십니다! 나는 지금 여러분에게 더 흉악하고 더 공개적인 죄들로 여러분을 비난하는 것이 아닙니다. 아마도 여러분은 그런 죄들에 대해서는 무죄일 수도 있겠지요. 하지만 이것은 모든 죄들 중에서도 으뜸가는 죄입니다. 즉 하나님을 망각하는 것, 그분 섬기기를 싫어하는 것, 그분의 아들이 주시는 구원을 받아들이기를 거절하는 죄입니다. "그 정죄는 이것이니 곧 빛이 세상에 왔으되 사람들이 자기 행위가 악하므로 빛보다 어둠을 더 사랑한 것이니라"(요 3:19).

여러분은 여러분의 사업에 대해 생각하지만, 여러분의 구원이라고 하는 큰 사업에 대해서는 아무런 관심을 기울이지 않습니다. 이 문제를 생각해보십시오. 여러분은 불멸의 영혼보다 죽어질 몸을 우선시합니다. 여러분은 일정 시간에만 관계되는 문제들에 대해 염려하고 근심하면서, 여러분의 영원한 운명에 대해서는 관심을 기울이지 않습니다. 이 점에 대해 스스로를 정당화할 수 있습니까? 당신은 제정신입니까? 왜 당신은 그렇게 어리석게 행동합니까? 그 미소는 천국이며 그 찌푸린 인상은 지옥이신 하나님이 계시거늘, 당신은 그분의 존재를 무시하고, 그분을 찾으려 하지도 않고 섬기려 하지도 않습니다.

내 호소가 서툴다는 것은 알지만, 그래도 내 의도는 선한 것입니다. 만일 당신의 마음이 정직하다면 그 호소의 힘을 느낄 것입니다. 하나님께 행한 잘못들을 시인하고 용서를 받아야 하지 않겠습니까? 사랑하는 청중이여, 이렇게 말하십시오. "저는 오늘 제 잘못들을 기억합니다. 그리고 그 잘못들을 기억하면서, 일어나 내 아버지께로 갈 것이며, 그분에게 그것들을 기억나게 하여 용서를 받고 싶습니다." 주님께서 이곳에 서 계시어, 여러분이 그분에게 기억나게 하는 모든 죄의 채무들을 면제하실 것이라고 나는 믿습니다. 여러분의 죄의 목록들을 가지고 오십시오! 그 채무의 기록들을 제출하십시오! 지금 하나님 앞에 그것들을 펼쳐놓으십시오. 그것은 하나님께서 그것들로 인하여 여러분을 정죄하시도록 하기 위함이 아니라, 오히려 그분의 속죄의 피로써 인을 치시고 "내가 너의 죄들을 사하였노라"고 말씀하실 수 있도록 하기 위함입니다. 주저 말고 그것들을 하나님께 기억나게 하십시오. 그러면 그분이 그것들을 잊겠다고 약속하십니다. 만일 내게 모든 채무들을 면제할 능력이 있고, 내일 이 자리에 서서 그 모든 채무들을 면제할 것이며, 또한 채무 면제의 유일한 조건은 채무 목록을 제출하는 것이라고 공표한다면, 그 목록을 가져오는 일에 주저할 사람이 아무도 없을 것이라고 나는 확신합니다. 누구든 빚진 것이 있는 사람은 서류철을 찾아볼 것이며,

서랍들을 열어보고, 모든 장소를 샅샅이 뒤져서 지불되지 않은 청구서들을 찾아낼 것입니다. 여러분이 영적인 일에서 그렇게 하기를 바랍니다. 겸손히 인정하고 참회하는 마음으로 여러분의 죄들을 기억나게 하십시오. "만일 우리가 우리 죄를 자백하면 그는 미쁘시고 의로우사 우리 죄를 사하실"(요일 1:9) 것이기 때문입니다. 오 하나님의 영이시여, 청중에게 전하는 저의 이 호소가 당신의 택하신 백성의 마음에 각인되게 하시고, 그들로 하여금 당신께 죄악을 자백하고 오늘 구원을 얻게 하소서!

두 번째 실천적인 제안은 이것입니다. 본문이 "너는 나에게 기억이 나게 하라 우리가 함께 변론하자"라고 말씀하므로, 지금이 우리가 하나님과 변론을 시작할 때입니다. 그분이 말씀하십니다. "오라 우리가 서로 변론하자"(사 1:18). 분별없이 거부하는 자들이 되지 맙시다. 학교 선생님들이 학생들을 대할 때와 마찬가지로, 동일한 교훈이 철저히 습득되도록 다시 한 번 같은 교훈을 반복하고자 합니다. 고통스러워하는 죄인이 즉시 평안의 길을 찾기를 간절히 바라는 마음으로, 나는 그에게 지금 이 순간 하나님과 더불어 변론을 시작하라고 호소합니다. 이런 식으로 변론하십시오. "주님, 여기 '나는 네 허물을 도말하는 자라'는 당신의 말씀이 있습니다. 당신께 호소하오니 그 말씀이 제게 이루어지게 하옵소서!" 하나님의 신실성에 호소하는 것은 훌륭한 논증입니다. 하나님께 그분의 약속에 의해 호소하는 것은 기도의 씨름을 함에 있어서 중요한 기술입니다. 언약의 사자를 붙들지 않는 것은 믿음이 약속을 붙들지 않는 것과 마찬가지입니다. 사실상, 약속은 여호와의 옷자락입니다. 그것을 붙잡을 수 있는 자가 복됩니다. 그것은 결코 찢어지지 않습니다. 하나님이 주신 약속을 붙잡는 자, 그분의 약속을 신뢰하는 자는 결코 실패하지 않습니다.

주께서 말씀하셨으면 그분이 행하시지 않겠습니까? 그러므로 이렇게 호소하십시오. "주님, 당신께서 죄를 용서하신다고 말씀하셨습니다. 저의 죄를 용서해주시라고 당신께 간구합니다. 당신께서 용서를 약속하시지 않았더라면 저는 결코 용서를 얻을 꿈을 꾸지 못할 것입니다. 하지만 당신께서 그것을 약속하셨으니, 저는 감히 당신의 말씀을 의심하지 않겠습니다. 저의 가장 검고, 흉악하고, 더러운 죄들이라도 씻어질 수 있을 것입니다. 당신께서 사람의 모든 죄와 훼방도 사해질 수 있을 것이라고 말씀하셨기 때문입니다. 저는 오직 당신의 말씀에 근거하여 호소합니다. 저는 당신의 말씀을 이루어주시도록 탄원합니다." 우리는 그리스도의 입에서 좌우에 날 선 검이 나오는 것을 읽었습니다. 그분의 약속의 말씀이 우리에게 마치 하나의 검이 되어, 우리가 그것으로 은혜도 획득하며 천국까지도 쟁취할 수 있지 않겠습니까? 오, 여러분이 즉시 이와 같이 시도해보는 믿음을 가지기를 바랍니다!

변론의 과정에서, 하나님께서 승냥이와 타조들에 의해서도 존경을 받으신다는 구절(20절)을 잊지 말고 사용하십시오. 이렇게 말하십시오. "주여, 제가 은혜를 구하며 당신께 부르짖어왔던 이 방이 저의 한숨과 신음과 깊은 슬픔을 증언할 것입니다. 하지만 주께서 제게 은혜를 베푸시면 이 방에서 당신을 향한 찬송이 울릴 것입니다. 저는 영적으로 승냥이와 타조들과 더불어 거주해왔으나, 당신께서 저를 용서하시면, 이들이 당신을 존경할 것입니다. 주여, 만약 당신께서 저를 자유롭게 하시면 당신은 지상의 합창대와 천국의 합주단에서 새로운 가수를 얻으시는 것입니다. 오 나의 구주시여, 저는 제 빈약한 찬송이 당신을 더 영광스럽게 만들지 못함을 압니다. 당신은 너무나 위대한 분이시기 때문입니다. 하지만 비록 그러한 노래일지라도 당신의 발치에 놓여질 것입니다."

또한 주님께 만일 은혜를 베푸시면 그것으로써 당신의 마음을 얻게 될 것이라고 호소하십시오. 그분은 명백히 그것을 바라시는데, 그래서 그분이 이렇게 하소연하시는 것입니다. "너는 나를 위하여 돈으로 향품을 사지 아니하며 희생의 기름으로 나를 흡족하게 하지 아니하였느니라"(24절). 하나님께서 향품을 바라시겠습니까? 그분이 타는 기름을 기뻐하시겠습니까? 그렇지 않습니다! 그분이 보기 원하시는 것은 자기 백성이 희생의 제물을 드리는 것이며, 그들이 상당한 비용을 들인 무언가를 주님께 바침으로써 그들의 사랑을 입증하는 것입니다. 그분은 황송하게도 그들의 손에서 사랑의 증표들을 받으시며, 그것들에서 큰 기쁨을 얻으십니다. 이제 그분에게 이렇게 말씀드리십시오.

"주님, 저는 당신께서 받아주실 가치가 없습니다. 하지만 그럼에도 불구하고 당신께서 저를 구원해주신다면, 저는 당신의 것이 될 것이며, 제가 가진 모든 것은 당신의 제단에 바쳐질 것입니다. 주님, 저는 당신을 사랑할 수밖에 없습니다! 그 사랑 안에서 스스로 자랑할 것이 전혀 없으니, 제가 어찌 주를 사랑하지 않을 수 있겠습니까? 당신께서 먼저 저를 사랑하셨으니, 저는 당신을 사랑할 수밖에 없나이다. 저는 은혜의 포로입니다. 저는 당신의 사랑의 줄에 손과 발이 묶였습니다. 당신께서 자비의 눈길로 저를 바라보신다는 소망을 갖게 되었을 때,

저는 저의 돌 같은 마음이 녹는 것을 느꼈고, 당신을 향하는 영혼의 강한 욕구를 느꼈습니다. 정녕 당신의 크신 사랑을 제게 베푸시고, 저의 모든 죄를 제하여주신다면, 저의 온 마음은 영원히 당신의 포로가 될 것이며, 저는 사는 날 동안 당신의 이름을 높일 것입니다." 이것은 좋은 변론입니다. 진실함과 참된 겸손으로 그 변론의 방식을 사용하십시오.

또한 "나를 위하여"(25절)라는 말씀을 근거로 호소하십시오. 이렇게 부르짖으십시오. "주여, 당신의 이름의 영광을 위하여 저를 구원하소서. 사람들로 하여금 당신께서 얼마나 은혜로운 분이신지 알게 하소서. 제 속에는 당신의 놀라운 사랑을 나타내실 만한 그 어떤 여지도 없으니, 저는 가장 흉악한 죄인들 중 한 사람이기 때문입니다. 오 주님, 저를 씻으심으로써, 저를 눈보다 더 희게 하심으로써, 깨끗하게 하시는 예수의 피의 능력을 입증하소서. 저는 대부분의 제 동료들보다 더 굳은 마음을 가진 자였습니다. 오, 이 돌처럼 굳은 마음을 살처럼 부드럽게 바꾸심으로써 당신의 영의 역사하심이 얼마나 강력한지를 나타내소서! 주여, 저는 믿지 않는 자였습니다. 온통 의심과 불신으로 가득한 자였습니다. 오, 제 안에 믿음을 주시어, 믿음이 하나님의 선물인 것을 나타내소서! 만일 당신께서 저를 제외하고서 제 주변의 온 세상을 구원하신다면, 당신의 자비의 음악에는 무언가 빠진 음표가 있을 것입니다. 어떤 면에서 저는 홀로 두드러진, 특별한 죄인이기 때문입니다. 하지만 주여, 당신께서 저를 구원하신다면, 당신은 온 우주에서 다른 어떤 줄에서도 내지 못하는 소리를 내는 줄에 손가락을 대시는 셈입니다. 당신은 모든 것 중에서도 가장 무가치한 자를 구원하시는 것이며, 결코 당신의 소유가 되지 못할 것 같은 자를 돌이키신 셈입니다. 당신은 지난 과거에 아무런 공로가 없고 미래에도 당신을 위해 큰 일들을 할 소망이 없는 자에게까지 은혜를 베푸심으로써, 당신의 은혜가 얼마나 풍성한지를 나타내시는 셈입니다." 이런 식으로 하나님과 변론하십시오. 그러면 기묘자요 모사이신 주께서 당신의 변론이 이길 때까지 그것을 지도해주실 것입니다.

보혈에 근거하여 모든 변론을 종결지으십시오. 다른 모든 변론이 반박을 받아도 그것만큼은 효력이 있을 것이기 때문입니다. 사도신경을 암송할 때마다 수많은 사람들이 "나는 죄를 사하여 주시는 것을 믿습니다"라고 말합니다. 하지만 그들은 그들이 죄인인 것을 느끼지 않으며, 따라서 용서를 믿는 것이 매우 쉬운 것이라고 여깁니다. 하지만 분명히 말하건대, 한 사람이 하나님 앞에서 정녕 자신이 죄인임을 알고 느낄 때, 그가 죄의 용서를 믿는 것은 하나의 기적입니다. 성령의 전능하심이 아니고서는 그의 속에 이 믿음이 생기도록 할 수 없습니다. 잃어지고 정죄를 받는 것이 무언인지를 알고, 그래서 자기 양심 속에서 죽음의 선고를 받은 것이 무엇인지를 여러분이 진정으로 알 때, 용서의 은혜를 믿는 것이란 용감한 일입니다. 우리들 중 어떤 이들은 사람들이 "믿으시오, 믿으시오!"라고 말할 때 그것이 마치 우리를 조롱하는 것처럼 여겨졌던 것을 기억합니다. 우리에게는 누군가 "나는 믿습니다"라고 말하는 것과, 하나님의 택하신 백성으로서 믿음을 소유하는 것은 전혀 별개라고 느꼈기 때문입니다. 성령 하나님이 오셔서 우리에게 예수님을 나타내실 때, 그래서 불쌍하고 공허한 죄인이 그리스도의 충만 속으로 뛰어들 때, 그 죄인의 믿음으로 인하여, 그리고 그 믿음의 대상이신 그리스도로 인하여, 하나님께 영광이 돌려지는 것입니다. 하나님은 은혜의 역사에서 높임을 받으십니다. 은혜란 온통 그분의 것이기 때문입니다. 구원받은 자의 마음속에 이런 음성이 들려옵니다. "나 곧 나는 여호와라 나 외에 구원자가 없느니라"(11절). 거만한 시선들이 낮추어지고, 어떤 자랑도 배제됩니다. 겸손이 마음을 지배하고, 순종이 겸손과 손을 잡습니다. 그 때 새로워진 마음은 이렇게 외칩니다. "여호와 우리 하나님이시여 주 외에 다른 주들이 우리를 관할하였사오나 우리가 주만 의지하고 주의 이름을 부르리이다"(사 26:13).

지금까지 나는 여러분의 유익과 주님의 영광을 바라며, 여러분에게 주님과 변론하라고 호소했습니다. 나는 나 자신의 약함을 잘 의식하고 있으며, 어쩌면 내 인생의 그 어느 때보다 그것을 크게 의식하고 있습니다. 하지만 여러분 중 많은 이들에게 내 호소가 성공하기를 기대합니다. 모든 은혜의 성령님이 아니시라면 내가 무엇이겠습니까? 소리나는 구리와 울리는 꽹과리에 지나지 않을 것입니다. 하지만 성령이 아니고서는 우리 모두 아무것도 아니라는 이런 점에서, 내가 하나님의 다른 종들보다 더 약한 것은 아닙니다.

"하늘에서 내리는 소낙비처럼
주께서 은혜를 뿌려주시지 않으면,
아볼로의 경작도 헛되며
바울의 심는 것도 헛되리."

우리가 심는 것이 헛되지 않을 것이기에 하나님을 찬양합니다! 그분이 우리와 함께 하십니다! 여러분 중에 어떤 이들은 이 메시지를 받아들였고, 곧 나는 여러분에게서 그 소식을 전해들을 것입니다. 이 메시지가 여러분 모두의 심령에 새겨지기를 바랍니다. 마음이 부드러워지는 것을 느낍니까? 그 힘에 복종하십시오. 복되신 성령께서 지금 여러분의 마음을 누그러뜨리고 계시며, 여러분으로 하여금 진지하게 느끼고 생각하도록, 그리고 애타고 갈망하도록 만드십니다. 강가의 풀들이 바람에 고개를 숙이듯이, 성령의 거룩한 숨결에 겸허히 고개를 숙이십시오. 여러분에게는 은혜가 임하고, 사랑의 성령께는 아버지와 아들과 더불어 영원토록 영광이 있기를 바랍니다. 아멘, 아멘.

제 45 장

부흥의 약속

“나는 목마른 자에게 물을 주며 마른 땅에 시내가 흐르게 하며 나의 영을 네 자손에게, 나의 복을 네 후손에게 부어 주리니 그들이 풀 가운데에서 솟아나기를 시냇가의 버들 같이 할 것이라. 한 사람은 이르기를 나는 여호와께 속하였다 할 것이며 또 한 사람은 야곱의 이름으로 자기를 부를 것이며 또 다른 사람은 자기가 여호와께 속하였음을 그의 손으로 기록하고 이스라엘의 이름으로 존귀히 여김을 받으리라.”—사 44:3-5

지금 이 순간 기독교회에는 신앙 부흥을 위한 열망이 널리 퍼져 있습니다. 어디든 그리스도인들이 모여 있는 곳에 가면, 여러분은 그들이 현재의 상태에 대해 슬퍼하면서 서로에게 다음과 같이 말하는 것을 발견할 것입니다. “더 큰 은혜는 언제 임할까요? 우리가 그것을 얻을 수 있을까요? 우리가 이 불경건한 무리에게 감명을 줄 때가 언제일까요? 우리들의 기도의 집이 말씀을 듣고자 하는 청중으로 가득 찰 때가 언제일까요? 언제 주의 나라가 임할 것이며, 그분의 오른팔이 모든 사람들의 눈에 나타나 보일 때가 언제일까요?” 나는 그런 질문을 들을 때 기쁩니다. 예수님의 나라와 그분의 목적에 대해, 그리고 멸망하는 사람들에 대해 관심이 증대되고 있다는 징후들을 발견할 때마다 내 영혼은 주님을 송축합니다. 이는 더 나은 시대를 위한 징조입니다. “시온은 진통하는 즉시 그 아들을 순산하였도다"(사 66:8). 마음을 살피고, 말할 수 없는 고민으로 탄식하고, 많은 기도가 있다는 것은 축복의 전조입니다. 그런 것들은 뽕나무 꼭대기에서 들려오는 소리, 곧 신자들로 하여금 승리의 희망을 갖도록 분발하는 소리입니다(참조. 삼하 5:24). 성도들 사이에서 이러한 추세가 지속되고 깊어지기를 바라며, 마침내 그것이 죄인들 사이에서도 광범위하게 퍼지기를 바랍니다.

또한 이 즈음에, 하나님께서 그분의 백성들 사이에서 곧 일하실 것임을 보여주는 매우 분명한 표징들이 있습니다. 회심자들을 수확하는 매우 주목할 만한 일이 뉴캐슬(Newcastle)에서 일어났습니다. 그 일의 도구로 하나님께서 귀하게 쓰신 두 명의 형제들이 이제는 에든버러(Edinburgh)로 이동했습니다. 그곳에서 모든 교단의 목사들이 그들을 돕는 일과 하나님의 은혜를 간절히 구하는 일에서 연합하였습니다. 이미 에든버러에서 일어난 은혜의 임재는 아마도 사람들이 기억하는 한 전에는 결코 알려지지 않았던 일이었습니다. 그 도시 전체가 요동한 듯이 보입니다. 주말에 그토록 수많은 사람들이 집회에 모여서 "우리가 구원을 받으려면 무엇을 해야 합니까?"라고 부르짖었다는 소리를 들으면, 우리는 그 문제에서 하나님의 손길이 있었다고 믿게 됩니다. 지금, 진지한 그리스도인들 사이에 있는 일반적인 느낌은, 만약 기도와 진지한 노력으로써 획득할 수만 있다면, 에든버러에서 일어난 일이 런던에서도 크게 필요하고, 런던을 위해서도 일어나야 한다는 것입니다. 사백만의 영혼들이 있는 이 큰 도시에 하나님이 구원의 은총을 보내시도록, 많은 사람들이 의의 길로 돌이켜 하나님의 은혜의 영광을 찬송하도록, 우리의 기도는 끊임없이 올라가야 합니다. 그리스도의 영광을 위한 우리의 증대되는 관심과, 그분의 영의 능력에 대한 우리의 믿음은 다가올 축복에 대한 두 가지 희망의 징조들입니다.

교회로서 우리는 하나님을 위하여 행해지는 이런 종류의 일에 언제나 기쁨을 느꼈습니다. 그리고 오랜 세월 동안 우리는 지속적인 은혜의 임재를 즐거워해왔습니다. 다른 곳에서는 부흥일 수 있는 것이 우리에게는 일상적인 상황이었습니다. 그에 대해 우리는 감사하고 있습니다. 이 이십 년의 기간 동안, 거의 아무런 부침(浮沈)이 없이, 하나님께서는 그분의 진리의 전파를 통하여 구원받은 영혼의 수가 지속적으로 늘게 하셨습니다. 그분께 모든 영광을 돌립니다! 하지만 지금 우리는 그 이상의 진보에 참여하기를 간절히 바라고 있습니다. 우리는 더 큰 은총을 원합니다. 우리가 얻은 것이 줄어든 것이 아니라, 오히려 우리의 욕구를 더욱 자극한 것입니다. 오, 더 많은 회심자들을 얻기를! 예수님을 위해 더 많은 영혼들을 얻기를 바랍니다! 하나님께서 우리와 우리 동료 그리스도인들에게 하늘의 이슬을 칠 배나 풍성하게 내리셔서, 지난 과거에 비해 미래가 더욱 영광스럽게 되기를 바랍니다! 이 욕구가 우리 마음속에서 불처럼 일어나도록 하는 것이 우리의 진지한 기도입니다. 나는 이 본문을 격려로 가득한 메시지로 받아들입니다. 이 본문을 통해 우리 모두는 희망으로 벅차고 기대감으로 흥분될 수 있을 것입니다.

나는 본문을 이런 방식으로 다룰 것입니다. 첫째, 교회를 향한 언약의 큰 복이 우리 앞에 있습니다. 둘째, 우리는 본문에서 묘사된 복의 은혜로운 결과를 얻었습니다. 여기까지 다룬 후, 우리는 이 복의 갈망과 조화되는 행동, 그리고 그 행동들로 인해 우리에게 찾아올 결과들에 관해 말하는 데 나머지 시간을 쓸 것입니다.

1. 교회를 향한 언약의 큰 복

이 본문에는 교회를 향한 큰 언약의 복이 담겨 있습니다. 그것은 성령의 선물입니다. 어떤 은유가 사용되었건, 이것이 그 은유의 의미입니다. 그분은 새롭게 하고, 생명을 주고, 비옥하게 하는 물 곧 예수님께서 말씀하셨던 생명수이십니다. 본문의 첫 번째 약속인 "나는 목마른 자에게 물을 주며 마른 땅에 시내가 흐르게 하리라"는 두 번째 약속에 의해 설명됩니다. "나의 영을 네 자손에게, 나의 복을 네 후손에게 부어 주리라."

이 약속을 언급하면서, 우리가 다음과 같은 사실을 기억하는 것이 좋을 것입니다. 첫째로, 이 복은 이미 주어진 것입니다. 우리는 주님의 승천의 중요성과 그에 따른 성령의 선물을 과소평가해서는 안 됩니다. 우리가 오순절을 가볍게 생각하는 것은 당치 않습니다. 오순절에 성령께서 내려오셨고, 성령이 내려오신 이후 교회를 떠나셨다는 어떤 기록도 없습니다. 그분은 교회의 영속적인 유산이며, 우리와 영원토록 함께 거하십니다. 나는 이 노래를 부르기를 좋아합니다.

> "성도들이 기도로 연합하는 곳
> 성령이 여기 계시네.
> 예수님이 헤어질 때 주신 선물이신 그분이
> 모든 간구하는 자들 곁에 계시네.

기도로써 가까이 할 수 없을 만큼
그분은 멀리 계시지 않으며,
높은 궁전에 거하시는 것처럼
이곳에도 위엄 중에 임재하시네."

그분은 교회 가운데 영원히 거하십니다. 하지만 우리가 그 진리를 받아들였다면, 우리에게 매우 익숙한 그 표현을 더욱 진일보하게 사용하여, 성령의 부어주심을 위해 기도할 수 있습니다. 비록 그 표현이 아주 정확하지 않더라도, 그 의미는 매우 탁월합니다. 한 회중 혹은 개인과 관련하여, 우리는 성령께서 그분의 은혜로우신 활동 중에 우리 위에 부어지도록 요청할 수 있습니다. 우리는 하나님의 영이 교회에서 더욱 강력히 역사하시는 것을 보기 원합니다. 우리 각 사람은 성령의 영향력에 더욱 철저히 복종하기를 갈망하고, 그분의 능력으로 더욱 충만해지기를 바라며, 그리하여 믿음과 성령에서 충만하여지기를 바랍니다. 우리는 성령께서 성령을 받지 못한 자들 위에도 부어지는 것을 보기 원합니다. 성령이 부어져서 죄 가운데 죽은 자들이 소생하게 되기를, 낙심한 자들이 위로를 얻고, 무지한 자들이 깨우침을 얻으며, 구원의 길을 찾는 자들이 우리의 유일한 평화이신 그분을 발견하게 되기를 원합니다. 우리는, 비록 악할지라도 자녀들에게 좋은 선물을 줍니다. 따라서 우리는 우리의 천부께서 구하는 자들에게 성령을 주실 것임을 믿을 수 있습니다. 우리가 성령의 특별한 은총을 구할 때에 우리는 사도적인 축복의 기도를 확대하는 것입니다. 소생시키는 것은 성령이시지, 문자로서의 말씀이나 우리의 태도상의 활력이 생명을 주는 것은 아닙니다. 그러므로 우리가 마른 뼈들에게 대언하였다면 생기를 향해서도 대언해야 합니다(참조. 겔 37:4-10). 하나님의 숨결이 임하지 않으면, 마른 뼈들이 결코 살 수 없을 것이기 때문입니다.

사랑하는 이여, 성령에 대한 큰 언약의 복이 본문에서 약속의 주제임을 주목하십시오. "나는 목마른 자에게 물을 주며 마른 땅에 시내가 흐르게 하며 나의 영을 네 자손에게, 나의 복을 네 후손에게 부어 주리라." 우리는 주님에 의해 약속된 복들을 받을 것임을 언제나 확신할 수 있습니다. "정직하게 행하는 자에게 좋은 것을 아끼지 아니하실 것이라"(시 84:11)는 포괄적인 약속은 큰 위로가 됩니다. 그 포괄적인 약속 하에서 우리는 약속의 특별한 언급이 없는 일들을 위해서도 많은 호의를 구하도록 격려를 받습니다. 하지만 우리는 명백하고도 구체적인 약속의 말씀을 콕 집어서 언급할 수도 있는데, 그런 약속에 의해 우리는 특정한 좋은 일을 보장받고, 믿음이 충만한 확신에 이르고, 우리의 기도가 응답을 받을 것이라는 확신을 느끼게 됩니다. "당신께서 '내가 나의 영을 네 자손에게 부어 주리라'고 말씀하셨습니다. 그러므로 오 주여, 이 말씀으로써 당신께서 당신의 종에게 소망을 갖도록 하셨으니, 이 말씀을 당신의 종에게 이루소서."

여러분은 그 일을 위하여 하나님의 말씀을 가졌습니다. 그 말씀을 구체적으로 언급하며, 무릎으로 주님께 그분이 하신 말씀대로 행하시도록 간구하십시오. 그분은 거짓말을 하실 수 없습니다. 그분은 자신의 말씀을 결코 철회하지 않으실 것입니다. 그분이 말씀하셨으면, 그분이 행하시지 않겠습니까?

"그분의 살아계심이 멈추어지지 않듯
그분의 약속도 깨어지거나 잊혀지지 않으리."

그분이 자발적으로 약속하셨으니, 그분이 틀림없이 이행하실 것입니다. 모든 약속 위에 예수 그리스도의 피는 인장을 찍어, 영원히 "예와 아멘"이 되게 만듭니다. 그분을 검증해보십시오. 여러분은 그분이 신실하신 분임을 발견할 것입니다. 하나님의 약속은 진리의 정수, 확실성의 요체, 성실성의 표현, 복의 근거입니다.

그 약속이 얼마나 바르고 고귀한지요! 그 언어는 얼마나 고상하고 확신에 가득한지요! "나는 목마른 자에게 물을 주리라." 하나님께서 "내가 하리라(I will)"라고 말씀하시는 것이 좋습니다! 우리는 무언가를 과감하게 선언할 때에 "할 수 있다면 내가 할 것입니다(I will if I can)"라고 말할 수 있습니다. 하지만 하나님의 능력에는 한계가 없습니다. 이렇게 말하는 것이 우리의 지혜입니다. "나는 내가 바라는 대로 할 수 있기를 소망합니다." 하지만 전능자에게는 불가능이 없습니다. 하나님께로부터 성령이 이슬처럼 사람들 위에 내립니다. 사람을 기다리지 않고, 사람들 때문에 지체하지도 않습니다. 소나기를 내리실 때, 하나님께서는 지상의 권력자들에게 동의를 구하지 않으며, 오직 당신의 뜻대로 그 복된 빗방울들을 떨어뜨리십니다. 봄의 계절이 올 때 하나님은 인간에게 시내에서 얼음을 치워달라거나, 언덕에서 눈을, 혹은 공기 중에서 습기를 걷어달라고 요청하지 않으십니다. 그분은 씨앗의 싹이 트게 하고, 줄기가 자라도록 하며, 잠자던 꽃들이 그 사랑스러운 눈을 떠서 온 사방을 향해 미소를 짓게 하는 일에 인간의 어떤 도움도 요청하지 않으십니다. 그분이 그 모든 일을 하십니다. 그분의 신비한 영향력, 곧 신비한 만큼이나 전능한 그 힘이 발휘되면, 그 일이 완수됩니다. 하나님께 영광을 돌립니다! 여기 전능자의 약속의 말씀이 있습니다. 우리가 그 말씀에 근거하여 호소할 때, "그런 일이 가능할까요?"라는 식의 질문에 낙심할 필요가 없습니다. 성령의 숨결이 임하면 마른 뼈들이 살아날 수 있다는 것을 우리는 압니다. 마찬가지로 생명을 부여하시는 그 성령께서 지금도 생기를 불어넣으실 수 있음을 우리는 확신합니다. 주의 영이 사람들에게 부어지리라는 하나님의 약속이 있기 때문입니다. 우리는 이중으로 "내가 하리라, 내가 하리라(I will, I will)"고 말씀하시는 것을 듣습니다. 그러므로 우리는 주께서 "목마른 자에게 물을 주며 마른 땅에 시내가 흐르게" 하실 수 있으며 또 그렇게 하실 것이라고 확신합니다.

형제들이여, 약속의 주제인 이 선물이 우리에게 매우 필요한 복이라는 점에 주목하십시오. 나는 이따금씩 어떤 사람들이, 우리가 성령을 필요로 함을 잘 알고 있으며, 따라서 계속적으로 그것에 대해 말할 필요가 없다고 냉소적으로 언급하는 것을 들어왔습니다. 하지만 형제들이여, 우리가 이 진리를 빈번하게 인지시킬 필요가 있습니다. 우리가 그렇게 해야 하는 이유는 다름 아닌 성령님 자신 때문입니다. 만일 우리가 성령님을 높이지 않으면, 우리는 그분이 우리 가운데 역사하실 것을 기대할 수 없습니다. 그분은 탄식하실 것이며, 우리로 하여금 우리의 무기력을 깨닫도록 버려두실 것입니다. 게다가, 내가 두려워하는 것은, 하나의 이론상의 문제로서 성령의 역사의 필요성에 대한 교리가 일반적인 차원에서 아무리 믿어진다 하더라도, 우리가 그에 따라 행동하지 않는 것입니다. 실제적인 차원에서 믿지 않는 것은 사실상 전혀 믿지 않는 것입니다. 나는 그토록 중요한 진리에 대해 싫증을 내고, 감히 그것을 진부하다고 부르는 사람에 대해서는 매우 의구심을 가지고 있습니다. 우리는 주저없이 그 가르침을 반복할 것이며, 또한 하나님의 백성들이 그것을 싫증내지 않을 것이라는 믿음을 가지고 있습니다.

하나님의 영이 아니고서는 우리가 아무것도 할 수 없습니다. 우리는 바람 없는 배와 같거나, 군마(軍馬) 없는 전차와도 같을 것입니다. 수액이 없는 나뭇

가지처럼 우리는 시들고 맙니다. 불 없는 석탄처럼 우리는 쓸모가 없을 것입니다. 또는 불사름이 없는 희생 제물처럼 우리는 받아들여지지 않을 것입니다. 나는 설교할 때마다 이 사실을 매번 느끼고 시인하기를 원합니다. 나는 그 입장에서 멀어지기를 원치 않습니다. 나는 그런 태도를 감추기를 원치 않으며, 또한 감출 수도 없습니다. 왜냐하면 나는 종종 그것을 깊이 느끼며 내 영혼을 낮추기 때문입니다. 주일학교에서 가르치는 분들, 가난한 자들을 방문하고, 하나님을 위해 어떤 식으로든 일하는 여러분에게 호소합니다. 여러분은 선한 일을 위한 여러분의 무력감을 시인하겠지만, 위로부터의 능력을 바라십시오. 성령님이 우리 손의 힘이며, 그분이 우리 눈의 빛이십니다. 우리는 돌멩이에 불과하지만 그분이 물매이십니다. 우리는 화살이며 그분이 활이십니다. 여러분의 약함을 시인하십시오, 그러면 강해질 준비가 될 것입니다. 여러분의 비어 있음을 고백하십시오, 그러면 위로부터의 충만을 받을 준비가 될 것입니다. 생수의 약속이 "목마른 자에게" 주어졌음에 주목하십시오. 혹은 그 비유가 좀 더 선명해지도록 이런 식으로 더 낫게 표현할 수도 있습니다. "나는 목마른 땅에 물을 주며, 마른 땅에 시내가 흐르게 하리라." 그 복은 필요한 곳에 임합니다. 광야에 임하고, 비가 내리기까지는 사망의 골짜기와도 같은 메마른 곳에 임합니다. 만일 여러분이 스스로를 물이 잘 흐르는 소돔의 평야와 같다고 여긴다면, 하나님께서 여러분에게 시내를 흐르게 하지 않으실 것입니다. 목마른 땅에, 메마름을 슬퍼하며 자신의 무가치성을 고백하는 심령에, 하나님의 영이 임할 것입니다.

나는 우리가 하나의 교회로서 하나님의 복의 전매권 혹은 그분의 은혜의 독점권을 가졌다는 사상을 받아들이지 말기를 간절히 바랍니다. 주님은 우리를 떠나실 수 있으며, 만약 우리가 그분 앞에 낮아져서 우리의 무가치성을 시인하지 않으면 실제로 떠나실 것입니다. 주께서 잘못에 빠진 자기 백성들에게, 그들이 혈통을 자랑하고 스스로를 그분의 성전이라고 부를 때에 하셨던 말씀을 기억하십시오. "너희는 내가 처음으로 내 이름을 둔 처소 실로에 가서 내 백성 이스라엘의 악에 대하여 내가 어떻게 행하였는지를 보라"(렘 7:12). 그분은 그분의 정원을 엉겅퀴로 뒤덮이도록, 그분의 포도원을 돌들에 의해 훼손되도록 버려두실 수 있습니다. 하나님은 어떤 한 장소나 한 백성에게 얽매이시지 않습니다. 그분은 촛대를 옮겨 그것을 다른 방에 두실 수 있습니다. 소아시아의 일곱 교회들은 이 일에서 우리에게 하나의 경고로 작용합니다. 살아계신 하나님의 복되신 성령이여, 우리는 우리 토양의 메마름과 우리 땅의 황량함을 시인합니다! 우리에게서 당신의 이슬을 거두지 마시길, 우리에게서 당신의 비를 멈추지 않게 하시길 간청합니다! 당신께서 우리를 홀로 버려두시는 것보다 더 큰 저주가 무엇이겠습니까? 오, 우리에게 임하소서. 당신께 간구하오니 그 거룩한 약속이 이루어지게 하소서!

우리가 하나님의 영을 필요로 할 때, 그분의 활동은 우리의 모든 필요들을 공급하시는 일에 매우 효과적이라는 사실을 생각해보는 것이 우리에게는 큰 위로가 됩니다. 동양에서, 여러분은 강이나 시내가 어디에 있는지 그것을 구별지어주는 에메랄드 색깔의 선에 의해서 알 수 있습니다. 언덕에 서 있으면, 여러분은 물길을 따라 자라난 풀, 갈대, 등심초속의 풀줄기들, 이따금씩 있는 나무들로 형성된 어떤 초록의 선을 볼 수 있을 것입니다. 그 땅을 비옥하게 하기 위해서 물을 주는 것 외에는 아무것도 필요치 않습니다. 우리는 여행자들에게서 그들이 완전히 황무지가 된 평야, 메마른 흙먼지로 뒤덮인 곳을 보았다는 말을 듣습니다. 하지만 큰 소나기가 내리면, 조금 후에 믿기 어려운 일들이 일어납니다. 쌀쌀한 날씨 속에서도 가장 사랑스러운 꽃들과 생기로 가득한 초록의 풀들이 평원을 덮습니다. 마침내 그 쓸쓸한 황무지는 즐거워하고, 그 사막은 꽃들로 만발하여 활기를 띱니다. 그렇습니다. 그것은 마치 갈멜과 샤론이 아름다운 것처럼(참조. 사 35:2) 꽃이 만발하게 됩니다.

이와 같이 하나님의 영이 교회에 임하시면, 그것이야말로 교회가 살고 열매를 맺기 위해 필요한 모든 것입니다. 교회라고 하는 조직은, 하나님의 영이 아니면, 동력을 상실합니다. 그 동력이 임할 때, 여러분의 조직이 활동할 것입니다. 물론 성령님께서는, 만약 그것이 불완전한 조직이라면, 더 좋은 조직을 갖추어 할 수 있는 모든 일을 하게 하시지는 않을 것입니다. 하지만 아주 불완전한 조직이라 할지라도 바라보는 모든 사람들을 놀라게 할 만큼 많은 일을 성취할 것입니다. 교회가 실제로 하나님의 영을 풍성히 받을 때 그것은 얼마나 큰 복인지요! 그 때 교회의 사역은 말에는 어눌할 수도 있습니다. 마치 모세가 그랬던 것처럼, 백성들의 지도자가 어눌한 언변의 사람일 수 있으며, 혹은 바울이 그랬던 것처럼 개인적인 외모가 변변치 않고 말이 시원치 않아 보일 수도 있습니다(참조. 고후 10:10). 하지만 하나님의 영이 그 사람과 백성 중에 임하실 때에는 이것이 전혀 문제되지 않습니다. 교회가 작고, 교인들이 매우 가난하며, 그들 중 상당

수가 문맹일 수도 있습니다. 하지만 한 병사가 꿈에서 본 보리떡 한 덩이가 미디안 군대를 쳤듯이(참조. 삿 7:13), 주님께서는 가장 연약한 자의 손에 의해 그분의 가장 위대한 일들을 행하여 큰 명성을 얻으실 수 있습니다. 하나님의 영이 계신 곳에, 전능자의 위엄이 있습니다.

여기서 이 본문의 약속이 풍성하여 제한이 없다는 사실에 여러분의 주의를 촉구합니다. "나는 목마른 자에게 물을 부어 주며 마른 땅에 시내가 흐르게 하리라." 주님은 그분의 선물을 아까워하실 이유가 없습니다. 그분은 복을 주실 때 왕처럼 주십니다. 그분의 보화는 줌으로써 소진되지 않으며, 혹은 아껴둠으로써 보충되지 않습니다. 나는 이탈리아에서 물대기의 절차를 거쳐 들판에 물이 공급되는 것을 보았습니다. 정원을 따라 흐르도록 만들어진 도랑이 있고, 줄어든 물줄기를 각각의 화단으로 운반하는 작은 수로들이 있었으며, 그 과정에 따라 각각의 식물들이 자기 몫의 물을 공급받았습니다. 하지만 농부는 매우 신중해야 했는데, 그의 저수조에는 물이 적었고, 공공 저수지에서 할당되는 일정 기준이 있었기 때문입니다. 어떤 식물도 넘칠 정도의 많은 물을 얻을 수 없었으며, 정원의 어느 구획도 물에 흠뻑 적셔질 정도는 아니었습니다. 이것이 주님의 방법과는 얼마나 차이가 나는지요! 주님은 물을 부어주십니다. 그분은 땅을 흠뻑 적셔주십니다. "뜨거운 사막이 변하여 못이 될 것이며 메마른 땅이 변하여 원천이 될 것이며 승냥이의 눕던 곳에 풀과 갈대와 부들이 날 것이라"(사 35:7). 오 주께서 지금 수문을 여시고 은혜의 큰물을 이 예배당에 흐르게 하시길 빕니다! 지금 이 순간 그분이 하늘 문을 여시고, 마치 노아 시대에 심판의 홍수처럼, 은혜의 홍수를 보내시어 마침내 우리의 기대의 가장 높은 꼭대기마저 잠기게 하시길 바랍니다! 그분은 우리가 구하거나 생각하는 모든 것에 더 넘치도록 능히 행하실 수 있습니다. 그분은 풍성하게 주시고, 아낌없이 주십니다. 우리의 넘치는 죄와 죽음은 넘치는 생명과 능력을 필요로 합니다. 이와 같은 도시에서 가장 큰 복도 지나치게 큰 복은 아닐 것입니다. 그분이 채우시도록 우리의 입을 크게 벌립시다. 주님은 부와 은총에서 제한이 없으시며, 선하심과 능력에서 한이 없으십니다. 본문의 약속을 있는 그대로 받아들이고, 보좌 앞에서 이렇게 호소합시다. "주여, 당신께서 '내가 목마른 자에게 물을 주며 마른 땅에 시내가 흐르게 하리라'고 말씀하시지 않았습니까? 그 일을 행하시어, 당신의 은혜의 영광을 찬미하게 하소서."

한 가지를 더 언급하고 다음 요점으로 넘어가겠습니다. 본문에 나오는 이 언약의 복은 특히 우리에게 아주 소중한 특정 부류의 사람들에게 약속된 것입니다. "나의 영을 네 자손에게, 나의 복을 네 후손에게 부어 주리라." 부모들은 간절히 바라는 마음으로 이 약속을 붙들어야 합니다. 나는 주께서 우리의 자녀들을 위해 주신 약속을 우리가 충분히 생각하지 않고 있다고 염려합니다. 은혜가 혈통을 따라 흐르지는 않습니다. 우리는 출생의 권리라고 하는 심각한 오류나, 경건한 부모의 자녀는 기독교 성례에 권리를 가진다는 미신에 결코 빠지지 않았습니다. 우리는 신앙이 개인적인 문제이며, 혈통이나 출생에 속한 것이 아님을 잘 알고 있습니다. 우리는 또한 하나님의 은혜로 거듭날 때까지는 모든 자녀들이 본질상 진노의 자녀임을 알고 있습니다. 하지만 그럼에도 불구하고 이 은혜로운 말씀에는 어떠한 의미가 담겨 있습니다. "이 약속은 너희와 너희 자녀 곧 주 우리 하나님이 얼마든지 부르시는 자들에게 하신 것이라"(행 2:39). 바울이 간수장의 질문에 이와 같이 대답했을 때 결코 틀리지 않았고 오히려 매우 옳았습니다. "주 예수를 믿으라 그리하면 너와 네 집이 구원을 받으리라"(행 16:31). 그리스도인 부모들이여, 그 말씀을 붙드십시오. 그 약속의 절반을 얻는 것으로 만족하지 말고, 하나님께서 그 약속의 전부를 이루시도록 기도하십시오. 어머니와 아버지들이여, 하나님께 가서 여러분의 자손들을 불쌍히 여기시도록 탄원하십시오. 그분에게 이렇게 말씀드리면서 부르짖으십시오. "당신께서 말씀하시길 '나의 영을 네 자손에게, 나의 복을 네 후손에게 부어 주리라'고 하셨습니다. 주여, 예수님을 위하여 그 일을 행하소서."

2. 이 언약의 복의 영광스러운 결과

이제 우리는 이 언약의 복의 영광스러운 결과에 대해 생각해보겠습니다. 성령의 부으심의 확실한 결과는 영적 생명의 발생입니다. 내가 앞에 말했듯이, 팔레스타인에서는 물이 있는 곳마다 틀림없이 풀이 뒤따라 생겨나고, 식물들이 즉시 생동하게 됩니다. 하나님의 영이 임하는 곳이라면, 교회와 사역에 생명력이 있을 것이며, 기도의 생명, 노력의 생명, 거룩함과 형제 사랑의 생명이 있을 것입니다.

그 다음에 나타나는 결과는 성령에 의한 수많은 회심자들의 부르심에서 나타날 것입니다. "그들이 풀 가운데에서 솟아나기를 시냇가의 버들 같이 할 것이라." 누가 풀 잎의 수를 셀 수 있겠습니까? 그것들은 큰 수를 나타내는 좋은 상징이며, 바닷가의 모래알처럼 수의 많음을 의미하는 목적으로 적절하게 사용될 수 있습니다. 주의 영이 임하실 때, 회심자들은 레바논의 백향목처럼 희귀하지 않을 것이며 오히려 땅의 풀처럼 번성할 것입니다. 그들은 연무(煙霧)처럼 자욱할 것이며, 비둘기장에 가득한 비둘기들처럼 그 수가 많을 것입니다. 우리가 일 년에 십여 명 정도 교회에 그 수를 더하는 것으로 만족할 수 있겠습니까? 결코 판단하려는 것은 아닙니다만, 나는 내 형제들 중에서 교회에 고작 서너 사람의 수를 더하고서 매우 만족스럽게 느끼며 행복한 한 해를 보냈다고 말하는 이들을 만납니다. 비록 그 회중의 규모가 아무리 적다고 해도, 그것이 정녕 열두 달 동안의 사역에 대한 보상으로는 만족스러울 수 없습니다. 내 형제들이여, 오늘날 우리는 복음을 위해 일하면서 우리를 만족시키는 결과를 어디에서 봅니까? 일 년에 수백 명의 사람들이 교회에 더하여질 수 있으며, 그것은 우리에게 주어진 통상적인 복이었습니다. 하지만 수백 명이라니요? 비록 작년에 사백 명이 우리의 교제 속으로 들어왔다고 해도, 사백 만의 인구 중에서 그 수가 얼마란 말입니까? 이 구원받은 이들의 수가 그토록 많은 인구 중에서 얼마나 된단 말입니까? 교회에 의해 이루어진 진보는 거의 없는 것이나 다름없습니다. 그것은 인구 성장의 속도에도 미치지 못합니다. 우리는 하나님의 영을 더욱 필요로 합니다. 만일 우리에게 하나님의 영이 크게 임하신다면, 회심자들의 수를 한 번에 수천 명 그리고 수만 명씩 셀 수 있을 것이라고 나는 믿어 의심치 않습니다. 그렇게만 된다면, 하나님의 교회가 지금은 비록 초라한 소수에 불과하여도 모든 행정 구역마다 압도적인 다수가 될 것이며, 하나님의 은혜의 영향력이 먼 데서와 가까운 데서 느껴질 것입니다.

이 본문이 하나님의 영에 의해 부름을 받은 회심자들을 활기와 생동감이 넘치는 것으로 묘사한다는 점에 주목하십시오. "그들이 풀 가운데에서 솟아날 것이라." 동양에서 풀은 씨를 뿌리거나 재배하지 않으며, 어떤 주의를 기울이지 않아도 솟아납니다. 그것은 비옥한 토양에서 저절로 자라납니다. 물이 있는 곳에는 풀이 있습니다. 그와 마찬가지로 하나님의 영이 교회와 함께 계시는 곳이라면 틀림없이 회심자들이 있을 것이며, 그렇지 않을 수가 없습니다. 진실로, 우리는 선한 목적을 이루기 위하여 적절하고 올바른 모든 수단들을 사용해야 합니다. 하지만 하나님의 영이 계시는 곳에서 우리는 종종 수단들을 활용한 통상적인 결과를 훨씬 넘어서 생명이 확장되어가는 것을 보고 놀랄 것입니다. 버들 역시 언급되었는데, 역시 왕성한 생명력을 나타내기 위해서입니다. 버들은 얼마나 신속하게 자라는지요! 케임브리지 지방에는 "버드나무 한 그루로 말 한 마리를 살 수 있다"는 속담이 있는데, 그곳에서 떡갈나무 한 그루로는 말 안장 하나도 살 수 없습니다. 그 속담이 있는 이유는 버들이 너무나 신속하게 자라서 풀을 베는 자에게 끊임없이 새로운 가지들을 내기 때문입니다. 올해 여러분이 버들을 자르면, 이른 시일 내에 유연한 가지들을 다시 자를 수 있을 것입니다. 가지들이 새롭게 나기 때문입니다.

그와 마찬가지로 진실로 구원받은 자들은 방해와 시련을 이겨내고 계속해서 자랄 것입니다. 만일 여러분이 버드나무에서 모든 가지들을 잘라낸다고 해도, 그것은 내년 봄이면 다시 초록으로 무성할 것입니다. 심지어 여러분이 그 나무의 밑동을 자른다 해도 그것이 중대한 영향을 미치지 않습니다. 물이 있는 곳이면 다시 싹을 틔울 것이기 때문입니다. 여러분은 어린이들이 버드나무 잔가지들을 가지고서 작은 정원을 두르는 테로 사용하는 것을 기억하지 않습니까? 여러분은 그 가지들이 죽었다고 생각하고, 그래서 그것들을 작은 울타리로 사용합니다. 하지만 조금 후에는, 여러분이 놀랍게도, 그 가지들에 온통 초록의 싹이 납니다. 버들은 생명으로 가득합니다. 마찬가지로 하나님의 영이 있는 곳에, 새롭게 회심한 자들은 생명으로 가득합니다. 여러분이 그들을 억제하려고 해도, 그들은 억제를 당하지 않습니다. 정통이라고 하면서 무뚝뚝한 기질을 가진 사람들은, 주머니칼을 가지고 다니면서, 그 가지들을 잔인하게 싹둑싹둑 베면서 이렇게 말합니다. "우리에게는 이 젊은이들이 필요하지 않습니다. 우리는 부흥을 원하지 않습니다." 하지만 그럼에도 불구하고 그들은 자라납니다.

하나님께 감사하게도, 나이든 형제들이 회개하는 탕자들을 문 밖으로 돌려보내지 못한다는 것입니다. 여러분이 새롭게 자라난 버들의 가지들을 곧바로 잘라낼 만큼 몰인정하여도, 그들은 다시 자라날 것입니다. 만일 그들이 주님께서 친히 그 오른손으로 심으셨고, 성령께서 물을 주신 식물들이라면, 그들은 가장 악하게 다루어도 살아남을 것이기 때문입니다. 그들은 풀처럼 솟아나고 시냇가의 버들 같이 자라날 것입니다. 하나님의 영이 우리 가운데 역사하시면, 많은 회심자들이 생겨날 것이고 또한 그들이 원기 왕성할 것이라고 우리는 기대할 수 있습니다.

이 회심자들은 모든 지역에서 올 것입니다. 한 사람이 이를 것이고, 또 한 사람이 부를 것이며, 또 다른 사람은 손으로 기록할 것이라고 본문은 말합니다(5절). 여기 집사님의 아들이 있습니다. 우리는 그가 그의 마음을 예수님께 드릴 것이라고 기대합니다. 또 한 사람이 있습니다. 그는 경건한 신앙고백자의 자녀가 아니며, 오히려 불경건한 가정에서 나왔습니다. 아아, 여기 또 다른 사람이 있습니다. 그는 성장하여 원숙한 나이에 이르렀으며, 어리석은 길을 따르고 죄 가운데 살아왔습니다. 하지만 그 역시도 나옵니다. 하나님이 은혜로 그를 부르셨기 때문입니다. 한 사람은 부한 가정에서 났고, 또 한 사람은 가난한 집에서 났습니다. 셋째 사람은 어디에서 났는지 누구도 알지 못합니다. 하지만 그들은 올 것이고, 올 수밖에 없습니다. 자기 백성을 아시는 하나님께서 그들을 부르실 것이기 때문입니다. 그들은 모든 업종과 직업으로부터 올 것이며, 모든 교회와 교파들로부터 올 것입니다. 여기 어린 작은 소년들로부터도 올 것이며, 또한 저기 백발의 노인들로부터도 올 것이라고 나는 기대합니다. 한 사람은 이곳에서, 또 한 사람은 저곳에서 나올 것입니다. 우리는 모든 길모퉁이에서와, 모든 지역, 모든 장소에서 사람들이 한 사람은 "나는 여호와께 속하였습니다"라고 하고, 또 한 사람은 "나는 야곱의 이름으로 불리는 자입니다"라고 하며, 또 다른 사람은 "나는 이스라엘이라는 이름으로 불리는 자입니다"라고 말하는 것을 듣고서 놀라게 될 것입니다. 하나님의 은혜의 역사는 정해진 하나의 궤도를 따라서만 흐르지 않으며, 오히려 전혀 그럴 것 같지 않은 곳에서 발생합니다. 그것은 한 번은 사마리아에서 부흥을 일으키고, 다른 때에는 욥바의 한 과부를 구원하거나 혹은 가사로 가는 길에서 내시를 구원하기도 합니다. 하나님께서는 누구든 원하시는 자를 부르실 것이며, 예수님을 위하여 많은 사람들을 부르실 것입니다.

성령의 역사에 의한 회심과 관련하여 한 가지 기억할 만한 일은 이것입니다. 즉 이 회심한 사람들이 그들의 신앙을 고백하도록 인도를 받는다는 것입니다. 그들은 니고데모처럼 밤에 예수님을 찾아오지 않을 것입니다. 그들은 울타리 뒤로 난 길을 따라 기어서 천국에 가기를 원치 않을 것이며, 오히려 그들의 충성을 맹세할 것입니다. "한 사람은 이르기를 나는 여호와께 속하였다 할 것이며 또 한 사람은 야곱의 이름으로 자기를 부를 것이며 또 다른 사람은 자기가 여호와께 속하였음을 그의 손으로 기록하고 이스라엘의 이름으로 존귀히 여김을 받으리라." 이스라엘의 하나님이 그들의 하나님이 될 것이며, 이스라엘 백성이 그들의 민족이 될 것입니다.

나는 이 두 가지 모두를 젊은 회심자들에게서 보기를 원합니다. 어떤 이들은 그들 자신을 하나님께 바치는 듯이 보이지만, 그들 스스로를 우월한 존재들로 여기기 때문에, 그들은 어떤 교회에도 소속되지 않고 고립된 입장을 취합니다. 그것은 특히 이런 의미라고 할 수 있습니다. "떨어져 있어요, 나는 당신보다 더 거룩해요." 그들은 어떤 교회도 그들에게 어울릴 만큼 좋지 않다고 생각하지만, 내 개인적인 견해로는 그들이 어떤 교회에도 어울릴 만큼 좋지 않은 것입니다. 또 한편으로, 어떤 이들은 교회에는 참여하지만, 내면적인 것이나 주님께 자기 자신을 드리는 신앙의 핵심적인 부분에는 충분한 관심을 기울이지 않는 듯이 보입니다. 따라서 어떤 교회도 그들이 영적으로 큰 소득이 아님을 발견할 것입니다. 하나님께 대한 복종과 하나님의 백성과의 연합, 그 둘은 반드시 함께 가야 합니다. 이 문제의 첫 번째 요소를 이 말씀에서 숙고하십시오. 한 사람이 "나는 여호와께 속하였다"고 말할 것입니다. 그는 머리끝에서 발끝까지, 몸과 정신과 영혼 전부가, 자기 자신의 것이 아닌 그리스도의 것이라고 고백합니다. 그는 이렇게 느낄 것입니다. "나는 그분의 피로 씻음을 받았습니다. 나는 모든 죄를 용서받았고, 마음이 새로워졌습니다. 그러니 이제 나는 주님의 것이며, 그분의 영광을 위해 살기를 원합니다. 내가 해야 할 것이 무엇인지 알려주시고, 내가 어떻게 주님을 섬길 수 있는지를 알려주세요. 나는 그분의 것이고, 앞으로도 영원히 그분의 것이기 때문입니다." 이 얼마나 즐거운 일입니까? 오, 여러분 중 수백 명이 이렇게 말하는 것을 듣고 싶습니다. 그것을 볼 수 있다면 나는 내 목숨이라도 주고 싶습니다.

또 한 회심자는 자기가 야곱의 하나님께 속하였음을 그의 손으로 기록할 것입니다. 그는 자기를 하나님께 드리는데, 마치 사람이 토지를 물려줄 때에 신중하게 서명을 하듯이 그 일을 신중하게 합니다. 그는 자기 이름을 쓰고, 손가락의 인장을 찍으며, 침착하게 말합니다. "이는 내가 서명한 증서이다." 우리는 사람들이 하나님과 언약을 작성하고 거기에 서명하라고 권하지 않습니다. 우리가 권하는 것은 그들이 지존자 앞에서 그들의 마음에 언약을 맺으며 다음과 같이 말하는 것입니다.

"이루어졌도다. 큰 계약이 이루어졌도다.

나는 주님의 것이고, 그분은 나의 것이라.
그분이 나를 이끄시니, 나는 그분을 따르리.
거룩한 목소리에 매혹되어 순종으로 따르리."

본문을 또 다른 표현으로 나타낼 수 있습니다. 본문에는 '~으로'(with)라는 단어가 이탤릭체로 표기되어 있는데(KJV에 *with* his hand로 되어 있음 — 역주), 그것은 번역자들에 의해 삽입되었음을 보여주기 위함입니다. 그 문장을 이렇게 표현할 수 있습니다. "또 한 사람은 여호와께 속하였다고 자기 손에 기록하리라." 이는 지금도 존재하지만 당시에 더욱 일반적이던 풍습을 암시합니다. 즉 종이 자기 손에 주인의 이름으로 표시를 새기는 것입니다. 군인들도 마찬가지였습니다. 종종 그들은 지도자를 위하여 열성적이어서 지도자의 이름을 몸의 어떤 부분에 새기곤 했으며, 그것을 그들의 손바닥에 새기는 일이 매우 잦았습니다. 고전 작품들에는 이런 일이 자주 암시되어 있습니다. 우리는 독실한 예배자들이 그들이 숭배하는 신에게 자기 자신을 바쳤고, 어떤 은밀한 표지를 새겼다는 것을 압니다. 바울은 이런 일을 암시하며 다음과 같이 말했습니다. "이후로는 누구든지 나를 괴롭게 하지 말라 내가 내 몸에 예수의 흔적을 지니고 있노라"(갈 6:17). 이렇게 말하는 것이나 다름없습니다. "나는 그리스도의 것이다. 내 몸에는 그분의 이름이 새겨졌다." 그가 채찍질을 당하고 태장으로 맞았을 때, 그는 그 일을 주 예수의 흔적을 지니는 것이라고 불렀으며, 이와 같이 말한 셈입니다. "마음껏 때려라. 단지 너희는 내 육체에 그분의 이름을 새기는 것이니, 나는 그리스도의 것이기 때문이다." 지금은 어떤 사람이건 주님의 이름이나 십자가로 문신을 새기는 것은 매우 미신적이고 어리석은 일이 될 것입니다. 하지만 옛적에 그런 행동은 그런 행동을 한 사람들에게 "우리는 영원히, 되돌릴 수 없을 정도로, 예수님의 소유이다"라는 의미를 가졌습니다. 우리 귀에는 구멍이 뚫렸습니다(출 21:6). 우리는 사는 날 동안 우리의 귀하신 주님의 종들입니다. 원수들이 우리를 금방이라도 죽이려 하고 우리를 우리가 섬기는 분으로부터 떼어놓으려 할지도 모릅니다. 하지만 누가 하나님의 사랑에서 우리를 끊겠습니까?

"높은 하늘이 거룩한 맹세를 들었으니,
그 맹세는 매일같이 새로운 맹세로 들리니라.

생의 마지막에 이를 때까지 나는 경배하리니,
죽을 때에도 그 고귀한 맹약을 노래하리라."

하나님을 향한 가장 철저한 형태의 헌신이 있었지만, 그것은 또한 교회의 연합과 병행하였습니다. 왜냐하면 "나는 여호와께 속하였다"고 하는 선언은 "야곱의 이름으로 자기를 부르는" 것이기 때문입니다. 야곱이라는 이름은 하나님의 백성의 최초의 이름이며, 더 낮고 일반적인 이름이었습니다. 그들은 야곱의 후손이었습니다. 회심한 한 사람이 말합니다. "아, 나는 사람들이 그리스도인들을 무어라 부르는지 신경을 쓰지 않지만, 만약 그들이 원한다면 나를 같은 호칭으로 불러도 무방합니다. 나는 그에 대해 불평하지 않을 것입니다. 그들은 우리를 청교도들, 메소디스트, 랜터스(Ranters, 17세기, 교회 제도 반대파 — 역주), 퀘이커 등 그 무엇이든 그들이 원하는 대로 부를 수 있습니다. 나는 그들 중의 하나입니다." 나는 성도였던 어느 귀족에 관한 글을 읽은 적이 있습니다. 사람들이 경건한 사람들을 '청교도들'이라고 조롱하는 말을 들었을 때, 그는 즉시 이렇게 선언하곤 했습니다. "나 역시 청교도입니다. 나는 그들 중의 하나인 것을 자랑으로 여깁니다." 그들은 그를 조롱하는 것이 소용없다고 느꼈습니다. 그는 굳센 병사이자 담대한 웅변가였습니다. 한 사람이 무리 속에서 이렇게 말할 수 있다는 것은 대단한 일입니다. "여러분이 신앙에 대해 무어라 생각하든 중요치 않습니다. 나는 그리스도인들에게 속했으며, 그들을 부끄러워하지 않습니다. 그들의 이름이 조롱거리가 되고 그들의 사역이 멸시받는 것을 알지만, 그것은 문제가 되지 않습니다. 나는 그들 중의 한 사람입니다."

또 한 사람이 자기 자신을 이스라엘의 이름으로 불렀다고 언급되어 있습니다. 이스라엘, 유력한 방백! 그것은 당시 교회를 칭하는 위대한 이름이었습니다. 우리는 그리스도인이 된다는 것이 그 무엇에도 뒤지지 않는 귀족의 특권을 얻는 것이라고 느껴야 합니다. 공작, 후작, 백작, 기사 등 우리는 이런 이름을 부러워하지 않습니다. 우리를 그리스도의 이름으로 부르십시오. 그러면 우리는 충분한 명예를 얻는 것입니다. 가이사의 이름은 그리스도의 이름에 비하면 초라한 이름입니다. 예수님의 한 제자로 인정받는 것이 황제들 중의 황제로 인정받는 것보다 낫습니다. 오, 하나님의 영이 이곳에 부어지기를 바랍니다. 그리하여 여러분 중 많은 이들이 회심하여 구원을 얻고, 이렇게 말하게 되기를 바랍니다. "나는 나 자신을 주께 드릴 것이며, 또한 그분의 백성과 공동 운명이 될 것입니다. 그들이 거하는 곳에 나 역시 거할 것이며, 그들이 죽는 곳에서 나도 죽을 것이니, 그 백성이 곧 내 백성이 될 것입니다. 왜냐하면 그들의 하나님이 내 하나님이 되셨기 때문입니다." 사랑하는 형제들이여, 본문의 약속이 이 교회에서와 우리 주 예수 그리스도께 속한 모든 교회들에서 성취되도록 기도하십시오.

3. 이 복을 얻은 자에게 합당한 행위

이제 마지막으로, 이 복을 얻은 자에게 합당한 행위에 대해 말하고자 합니다. 먼저, 그리스도 안에서 내 형제들이여, 만약 우리가 이 엄청난 복을 얻었다면 우리가 얼마나 메마르고, 갈하며, 황무지 같은 자들인지를 고백해야 합니다. 그러므로 하나님의 손 아래에서 자기를 낮추십시오. 때가 되면 그분이 높이실 것입니다. "[하나님이] 주리는 자를 좋은 것으로 배불리셨으며 부자는 빈 손으로 보내셨도다"(눅 1:53). 오, 교회 전체에 겸손의 정신이 가득하기를 바랍니다!

다음으로 기도에 힘쓰도록 합시다. "이스라엘 족속이 이같이 자기들에게 이루어 주기를 내게 구하여야 할지라"(겔 36:37). 여러분이 만일 일천 파운드의 액수에 해당하는 어떤 사람의 수표를 가지고 있을 때, "나는 돈을 가질 수 없어. 이 종이는 지불되지 않을 테니까"라고 말하면서 그 수표를 은행에 가지고 가지 않는다면 매우 꼴사나운 짓일 겁니다. 마찬가지로, 여러분이 하나님의 약속을 가지고 있으면서, 그 약속에 호소하지 않아 복을 얻지 못한다면 그것은 여러분 자신의 잘못이 될 것입니다. 우리가 하나님께 구하도록 하는 것이 그분이 우리에게 요구하시는 최소한의 일입니다. "구하라 그리하면 너희에게 주실 것이요 찾으라 그리하면 찾아낼 것이요 문을 두드리라 그리하면 너희에게 열릴 것이라"(마 7:7). 개인적으로 더욱 진지하게 간구하고, 기도 모임에 더욱 열성을 가지며, 그 모임에 더욱 자주 참석하면서 여러분의 마음을 기도에 더 많이 쏟으십시오. 그러면 분명 하나님의 영이 주어질 것입니다.

그 다음으로, 만약 우리가 복을 원한다면 우리 자신의 개인적인 노력을 기울여야 합니다. 어떤 사람이 수확을 위해 기도하면서 쟁기질도 하지 않고 씨도 뿌리지 않는다면 매우 불합리한 일일 것입니다. 우리가 기도하면서 가만히 팔짱만 끼고 있다면, 그보다 하나님의 위엄에 모독이 되는 일은 없다고 생각합니다. 그런 식으로는 우리의 진심을 입증하지 못합니다. 나는 우리 주변에 있는 죄인들의 회심이 전적으로 나 자신에게 달린 것처럼 설교하기를 원하며, 그런 다음에는 그것이 전적으로 주 하나님께 달렸다는 진리에 엎드려 의지하기를 기뻐합니다. 주일학교 선생들이여, 여러분에게 맡겨진 어린이들의 회심을 위해 수단들을 활용하십시오! 그들 모두에게 인격적으로 말하도록 노력하십시오. 기회를 얻을 수 있다면, 개별적으로 그들 한 사람 한 사람과 함께 기도하십시오. 그런 방식으로 여러분은 예수님을 위하여 어린아이들의 마음을 얻을 수 있을 것입니다. 사랑하는 친구들이여, 개개인의 마음을 얻기 위해 노력하십시오. 이곳에 지속적으로 참석하는 여러분은 회중 속에서 개개인을 응시하고, 그들에게 여러분이 그리스도의 사랑에 대해 경험한 바를 들려주십시오. 만일 여러분이 그들에게 말할 수 없다면 편지를 쓰십시오. 진지한 기도는 설교와 마찬가지로 효력이 있습니다. 영혼들을 예수님께로 데려오기 위해, 무엇이든 하고, 모든 일을 행하십시오. 우리가 일하는 동안 우리는 하나님이 우리와 함께 일하시는 것을 발견할 것입니다. 그분은 자기 백성보다 결코 더디지 않으시기 때문입니다. 만일 우리가 세운다면, 그분은 건축의 대가로서 우리를 통해 세우실 것입니다. 한 사람이 안전한 여행을 위해 기도한 후에, 잠을 자러 가고 집에서 출발하지도 않는다면, 어리석고 악한 일일 것입니다. 마찬가지로 죄인들의 회심을 위해 하나님께 기도하고서, 그들에게 복음을 전하지도 가르치지도 않는다면, 그것은 하나님께 대한 무례한 조롱이 될 것입니다. 사랑하는 이여, 이 일에 유의하십시오. 시간이 흐르고 있기 때문에, 여러분을 분발시키기 위해 이 문제에만 멈추고 있을 수가 없습니다. 하지만 성령께서 여러분을 분발시키시어, 여기 있는 여러분 모두가 영혼을 얻는 자가 되기를 바랍니다.

여기서 하나님의 백성이 아닌 사람들에게 말할 것이 있습니다. 오 사랑하는 여러분, 구원하지 못한 여러분이여, 우리의 모든 관심은 여러분의 구원에 관한 것입니다. 우리는 언제나 여러분에게 말씀을 전하고 여러분의 문제로 기도하고 있습니다. 여러분이 어떻게 하면 구원을 얻을 수 있을까요? 나는 여러분이 실제로 처한 위치를 명확히 알라고 호소합니다. 회심하지 않은 사람들이여, 여러분이 어디에 있는지, 여러분이 어떤 상태인지를 아십시오. 그렇게 되면 아마도 여러분이 보이는 현재의 무관심에서 각성할 수 있을 것입니다. 만일 여러분이 그리스도 밖에 있는 것과, 이미 저주받은 상태이고, 악한 행위로 인해 하나님께 원수인 상태이며, 그리하여 여러분 위에는 하나님의 진노가 머물고 있으며,

여러분이 영원한 멸망의 위험에 처한 것을 실제적이고도 명확하게 이해한다면, 그것이 여러분을 놀라게 하고 여러분으로 하여금 구원을 갈망하게 만들 것입니다. 여러분 모두에게 이런 요청을 해도 되겠습니까? 여러분이 집으로 돌아가면, 자리에 앉아서 종이에 이런 내용으로 글을 쓰십시오. 만일 여러분이 구원을 받았다면 "구원받았다"라고 쓰고, 만일 믿지 않는 자라면 "정죄되었다"라고 쓰십시오. 그것이 여러분의 상태이기 때문입니다. 여러분이 누구인지를, 그리고 어디로 가고 있는지를 깨닫기 바랍니다. 그렇게 한 뒤에는, 여러분의 상태와 전망에 대한 느낌이 여러분 마음에서 더 깊어지기를 바랍니다. 죄인들이여, 여러분은 충분히 생각합니까? 충분히 숙고합니까? 여러분은 일천 가지 문제로 분주하지만, 진정으로 여러분의 영혼에 대해서 생각하고 있습니까? 여러분의 죽음과 심판, 영원한 파멸에 대해 생각하고 있습니까? 여러분은 구주의 사랑에 대해 충분히 생각합니까? 여러분의 죄에 대해서와, 용서받을 수 있다는 복된 사실에 대해 숙고하고 있습니까? 오, 여러분이 자신을 충분히 돌아보고 숙고하여, 전심으로 하나님께 돌아오기를 바랍니다!

하지만 지금 나는 에둘러 말하고 있습니다. 내게는 여러분을 권면할 훨씬 더 중요한 교훈이 있습니다. 이 복음의 명령을 기억하십시오. "주 예수 그리스도를 믿으라, 그리하면 구원을 받으리라." 여러분은 불신자로 머물러 있는 매순간마다 죄를 더하고 있는 것이며, 여러분의 불의를 증대시키고 여러분의 저주를 확증하고 있는 셈입니다. 오, 여러분이 예수님과 관련된 거룩한 증언을 믿기를 바랍니다. 그분이 곧 믿음의 대상이기 때문입니다! 여러분에게 믿으라고 요청하는 내용은 진실입니다. 내가 여러분에게 의지하라고 호소하는 대상인 그분은 능히 여러분을 구원하실 수 있습니다. 그리고 믿으면 구원을 받을 것이라고 하는 그 약속은 확실하고도 분명한 것입니다. 그러므로 여러분의 영혼을 팽개치지 말고, 하나님의 긍휼을 멸시하지 마십시오. 영원하신 성령께서 지금 이 순간 여러분을 예수 그리스도를 믿도록, 그리하여 구원을 받도록 이끌어 주시길 빕니다. 그리되면 여러분은 풀 가운데서 솟아난 자들 중의 하나가 될 것이며, 시냇가의 버들 같이 될 것입니다. 예수 그리스도를 위하여, 하나님께서 여러분 모두에게 복을 주시길 바랍니다. 아멘.

제
46
장

미혹된 마음

"그는 재를 먹고 허탄한 마음에 미혹되어 자기의 영혼을 구원하지 못하며 나의 오른손에 거짓 것이 있지 아니하냐 하지도 못하느니라."—사 44:20

의심의 여지 없이, 선지자는 여기서 주로 이방인들을 언급하고 있습니다. 그는 나무와 돌로 만든 신상에 절하는 그들의 어리석음을 열거하고서, 그들의 허탄한 마음이 그들을 미혹하여 그들로 하여금 진리를 알도록 추구하지도 않게 하고, 그들의 우상이 기만이요 올무가 아닌지 의문을 제기하지도 못하게 만든다고 단언합니다. 그 우상숭배자들은 실제로 결코 이런 식으로 말하지 않았습니다. "내 오른손에 거짓 것이 있지 아니하냐?" 하지만 본문에 인접한 문맥과 관련하여 나는 거의 다루지 않을 것입니다. 나는 단지 이 본문에서 몇 가지 교훈을 끌어내려고 시도할 것입니다. 만일 복되신 성령 하나님께서 그 교훈을 사람들의 마음에 적용하게끔 하신다면, 그것이 몇몇 사람들에게 유용할 것이라고 나는 믿습니다.

오직 하나의 참된 종교가 있고, 또한 그 종교를 받아들이는 오직 하나의 길이 있습니다. 많은 거짓된 종교들이 있으며, 또한 참된 종교를 고백하는 많은 잘못된 방식들이 있습니다. 지옥으로 이끄는 일천 갈래의 길이 있지만, 천국으로 이끄는 길은 오직 하나입니다. 멸망으로 이끄는 많은 평탄한 길들에는, 수없이 많은 샛길들을 위한 공간이 있습니다. 하지만 천국으로 인도하는 그 길은 좁으며, 따라서 그곳에는 일탈을 위한 공간이 없습니다. 우리는 동일한 신앙을 가져야 하고, 또한 같은 방식으로 시인해야 합니다. 그렇지 않으면 우리는 소망하던 목적지, 곧 신앙을 고백함으로써 도달하려고 하는 종착지에 이르지 못합니다.

사랑하는 이여, 많은 사람들이 자기들의 종교에서 속습니다. 그들은 잘못된 신앙을 고백하고 있든지, 혹은 바른 신앙을 그릇된 방식으로 고백하고 있습니다. 종교에서 전적으로 미혹된 많은 사람들이 있다고 하는 것이 우리가 다룰 첫 번째 요지입니다. 두 번째로, 우리는 그들의 종교가 그들에게 불만족스럽다는 점을 다룰 것입니다. 건전하지 못하고 참되지 못한 어떤 종교도 인간의 양심에 만족스럽지 못하다는 것을 우리는 확신할 수 있습니다. "그는 재를 먹고 사느니라." 하지만 그 다음에 우리는 다음의 사실을 언급해야 합니다. 즉 비록 그렇다 할지라도, 헛된 종교에 완전히 만족하는 듯이 보이는 많은 사람들이 있다고 하는 점입니다. 그들은 재를 먹지만, 그들의 상태에 만족한다고 말하는데, 그 이유를 본문 말씀은 이와 같이 표현합니다. "그는 허탄한 마음에 미혹되어 자기의 영혼을 구원하지도 못하며, '나의 오른손에 거짓 것이 있지 아니하냐?' 하지도 못하느니라." 이러한 요점들을 간략히 다룬 후에, 나는 다양한 부류의 미혹된 사람들 중에서 대표자들을 묘사할 것입니다. 그들은 신앙을 고백하지만 그것을 소유하지 못한 자들입니다. 그리고 나는 성령 하나님께서 내게 주시는 힘을 다하여, 그들이 강력한 미혹 중에 멸망하지 않도록 그들을 깨우고 각성시키려 애쓸 것입니다.

1. 신앙의 문제에서 속은 자들이 많다.

첫째로, 신앙의 문제에서 전적으로 속은 사람들이 많습니다.

내가 우상숭배자에 대해 상세히 언급할 필요성은 거의 없습니다. 그는 자기 손으로 만든 우상 앞에서 절하는 자들입니다. 그가 아무리 진지하고, 예배 문제에 아무리 독실하고, 종교적 의식의 준수에 아무리 철저해도, 그는 미혹된 사람이라고 우리는 확신할 수 있습니다. 그러한 예배 형태의 어리석음을 발견할 때, 우리는 사람이 어떻게 그런 졸렬한 종교의 모조품에 의해 계속해서 속는지, 감각과 지혜 면에서 어쩌면 그렇게 모자라는지를 발견하고는 경악합니다.

또한 나는 로마주의자를 간략히 언급하고 지나가야 할 필요를 느낍니다. 그 역시 거짓 종교를 가지고 있습니다. 그가 자기 선행과 성례전들에 의해 천국에 도달하려고 애를 쓰더라도, 우리에게는 그가 속은 것이 명백합니다. 천국은 믿음의 의가 아닌 율법의 행위에 의해 가려 한다면, 결코 갈 수 없는 곳입니다. 우리 주 예수 그리스도의 피와 공로에 의하지 않고는, 하나님이 주신 믿음으로 말미암지 아니하고는, 천국에 들어가지 못하는 것을 우리는 압니다. 로마가톨릭교도가 아무리 진지하고 독실하여도, 아무리 온 힘을 다해 수고하며 자기 신념대로 살고자 최대한 노력하여도, 이 문제에 관하여, 의심의 여지 없이, 우리는 그가 속은 사람이라고 또한 그의 종교는 전적으로 무가치한 것이라고 확신합니다.

한편으로, 다른 부류의 사람들이 살고 있습니다. 그들은 아무런 종교를 갖지 않은 체하지만, 사실상 그들 나름의 미신을 가지고 있습니다. 내 말은 일반적으로 스스로를 자유사상가들에 속한다고 분류하는 사람들을 의미합니다. 즉 성경을 믿지 않는 사람들, 그들의 조모들이 걸었던 좁은 길을 걸을 수 없는 자들을 의미하지요. 그들이 그 길을 걷지 못하는 이유는 그 진리의 길을 걷는 것이 그들에게는 일종의 굴종으로 여겨지기 때문입니다. 그들은 스스로를 담대하고 용감한 자들이라고 여기며, 의(義)의 족쇄를 깨뜨리고 자유를 위해 그릇되게 행동하는 것을 자랑스럽게 여깁니다. 그들은 그들의 동료들이 존중할 만하고 참되다고 간주하는 모든 것을 멸시할 수 있을 때, 그 자체를 높이 평가하고 큰 성취라고 여깁니다. 사실상 그들의 가장 큰 야망 중의 하나는, 옛 진리의 인장을 찍은 모든 것을 비웃을 수 있고 그들의 거친 사상을 재갈도 물리지 않고 고삐의 통제도 없이 제멋대로 달리도록 방치하는 후안무치의 경지에 도달하는 것입니다. 이 사람들은, 제아무리 자기들의 신념에서 진실하여도, 그들의 종교에서 속은 자들임을 우리는 압니다. 결국 그들의 신념이란 하나의 경솔한 종교입니다. 아무것도 믿지 않는다고 공언하는 사람만큼 경솔한 사람은 없습니다. 미신을 혐오한다고 공언하는 사람만큼 또 하나의 기만에 빠지기 쉬운 사람은 없습니다. 스스로 미혹당할 수 없는 사람이라고 말하는 사람만큼 쉽게 미혹에 빠지는 사람을 찾기란 어렵습니다. 우리 주님의 기적들을 멸시하는 자, 하나님의 말씀에 기록된 모든 것을 멸시하는 자, 그는 살아 있는 피조물 중에 가장 속기 쉬운 자입니다. 그가 스스로에 대해 제아무리 높은 견해를 가지고 있어도, 우리는 그가 미혹된 사람이요, 재를 먹고 사는 자인 것을 압니다.

하지만 오호라! 좀 더 우리와 가까운 곳을 보십시오. 종교 문제에서 속은 또 다른 부류의 사람들이 있는데 곧 거짓 신앙 고백자들입니다. 어떤 의미에서 그들은 참된 종교를 가지고 있지만, 그것을 옳은 방식으로 가지지 않은 자들입니다.

그들의 교리는 정통이고 신학적 관점은 건전합니다. 만약 웨스트민스터 총회 앞에서 신앙적인 심문을 받아도, 그들은 나부끼는 깃발과 더불어 당당히 나설 것입니다. 그들은 교리문답과 신조에서 배운 진리를 주장하고, 교리상의 전문적인 사항에서 머리카락 한 올만큼도 그릇된 방향으로 벗어나지 않습니다. 하지만 오호라! 그들은 그것을 그릇된 방식으로 주장합니다. 그들은 하나님의 진리를 방자하게 주장하거나, 혹은 위선적으로 주장합니다. 올바른 신앙 고백을 하면서도, 결국 그 문제에 전혀 마음이 없고, 하나님의 일에 전혀 관계도 분깃도 없는 자들이 더러 있습니다. 못에서 세례를 받았지만, 성령으로 세례를 받지 않은 자들이 있습니다. 주의 만찬에 자리를 차지하고 앉아 떡을 먹고 포도주를 마시지만, 주 예수 그리스도와 어떤 실질적인 교제도 가진 적이 없는 자들이 있습니다.

우리는 가장 순수한 교회들에서도 대단한 술책과 교묘함으로 목사와 집사들과 형제들의 판단을 기만하는 자들이 있다는 사실을 감히 부인하지 않습니다. 우리가 교회의 순수성을 철저하게 지키는 일은 불가능합니다. 밤낮으로 그 문 앞에 서서 잠도 없이 깨어 있어도, 적들은 몰래 숨어들 것입니다. 우리가 아무리 조심해도, 원수는 숨어 기어들고, 곡식 가운데 가라지를 뿌립니다. 많은 교회에서, 우리가 생각하는 것보다 훨씬 더 높은 비율로 미혹된 사람들의 수가 많다는 것을 우리는 의심하지 않습니다. 우리가 관대하게 선언하는 것보다 유다의 운명에 참여할 자들의 수가 더 많다고 우리는 염려합니다. 오호라! 너무나 냉담하고 미온적인 교회에는 위선이 만연할 수밖에 없습니다. 세상이 교회 구성원들에게 손가락질을 하면서 “만약 이들이 하나님의 자녀이고 그리스도인이라면, 그들처럼 사느니 차라리 신앙 고백을 아예 하지 않는 편이 훨씬 좋을 것이다”라고 말할 때, 우리 중에는 하나님께 진실하지 못한 사람들이 너무나 많을 것임이 틀림없습니다. 교회에서 위대하고 강력한 인물이라고 우러름을 받았으나 지옥처럼 음험한 자들로 판명된 자들이 있었습니다. 그러니 우리는 여전히 위선자들이 여기저기에 있다고 생각해야 합니다. 그들은 저 큰 심판의 날에 분명히 드러날 것이지만, 지금 당장은 우리에게 알려지지 않았습니다. 아마도 이 나라의 동서남북으로 다양한 교회들에 속한 수백 혹은 수천 명이 그런 자들로 발견될 것이며, 그들에게는 견고한 소망의 근거가 전혀 없습니다. 비록 그들이 스스로를 의로운 자라고 믿고 있을지 모르지만, 그들은 그들 스스로와 다른 사람들을 속이고 있는 것입니다. 주께서 그들의 가면과 변장을 벗기실 때, 본 모습이 발각되어 영원한 수치를 당하게 될 것을 그들은 두려워하고 있습니다.

2. 속은 자들은 자기 종교에 만족하지 못한다.

두 번째 언급할 것은 이 문제입니다. 즉 신앙의 문제에서 이처럼 속은 자들이 많이 있지만, 우리는 그들 중에 누구라도 진정 마음으로부터 자기 신앙에 만족하는 자들이 있다고 생각해서는 안 됩니다. 그들 스스로 만족한 듯이 보일 수는 있습니다. 하지만 우리는 압니다. 그들 내면 깊은 곳의 심령은 만족하지 않습니다.

본문은 우상숭배자에 대해 "그는 재를 먹는다"고 말합니다. 여러분은 우상 앞에서 무릎을 꿇은 한 사람을 봅니다. 그는 제물을 사서 사제에게 바치고, 무릎을 꿇고는, 특정한 형태의 기도를 반복합니다. 그가 일어나고, 여러분은 말합니다. "저 사람은 깨끗한 양심을 갖고 있구나! 그 예배는 그를 위해 충분하다. 그는 잠자리에 들 수 있고, 밤에 평안히 쉴 수 있을 것이다. 그는 자기 신에게 기도문을 읽었고, 받아들여질 만한 엄숙한 기도의 노래를 불렀기 때문이다. 틀림없이, 그는 종교의 모든 형식과 의식들과 더불어 양심의 평안을 가질 것이다." 하지만 조금만 더 깊이 살피면 실상이 전혀 달라질 때에, 우리는 사물의 표면만 보기가 쉽습니다. 자기 종교에서 불만족하지 않은 우상숭배자란 하늘 아래에서 아무도 없다고 나는 믿습니다. 나는 인간의 본성이 타락하였음을 충분히 알고 있으며, 인간 이성은 어두워지고 맹목적이 되었음을 압니다. 하지만 나는 한 줄기의 광선도 들어오지 못할 정도로 우상숭배자의 이성이 완전히 캄캄하다고 믿지는 않습니다. 그러므로 이따금씩은 저 불쌍한 사람도 자기가 경배하는 나무 조각이나 돌조각보다 더 높고 뛰어난 하나님(God)이 계심을 인식한다고 나는 믿습니다. 나 자신의 마음이 구주 없이는 평안을 누릴 수 없기 때문에, 다른 사람의 마음도 마찬가지라고 나는 생각합니다. 나는 이방인의 정신에도 자기 종교에 완전히 만족한 상태에 머물지 못하게 할 정도의 빛은 있다고 생각합니다. 본문이 말하듯이, "그는 재를 먹는다"는 말씀이 사실입니다. 그는 자기 종교가 잿더미 위의 쓰레기에 불과하여, 그를 만족시키는 것이 아니라 오히려 그의 품위만 떨어뜨리는 것임을 틀림없이 알고 있습니다.

로마주의자도 꼭 마찬가지입니다. 여러분과 대화할 때, 그는 그가 자기 종교에 꽤 만족한다고 말할 것입니다. 하지만 나는 그 말을 믿을 수 없습니다. 그는 기만을 당하여, 자기 교회에 확실한 구원이 있다는 것과, 우상숭배자들의 종교의식과 다름없이 부조리하고 사악한 의식들에 참여함으로써 주 하나님의 호의를 얻을 수 있다고 믿을 때가 있습니다. 하지만 특히 이 나라에서, 로마주의자들은 자기들 종교의 견고성에 대해 몹시 불안해할 때가 있으며, 조금은 흔들릴 수밖에 없을 때가 있습니다. 정녕 대다수의 사람들에게는, 썩은 누더기에 어떤 구원의 덕목도 없음을 그들에게 가르칠 만한 도덕적 위엄과 양심이 있습니다. 교황의 발끝에 입맞춤을 하는 사람은, 자기 속에 고귀한 모든 것이 그 행동을 주춤거리게 만든다고 분명히 느낄 것입니다. 인간에게는, 인간의 본성을 야만적인 피조물보다 더 낮출 것을 요구하는 굴욕적인 체제에 반감을 느끼게 할 정도의 충분한 인간성이 있음에 틀림없습니다. 나로서는, 영혼을 가진 사람이라면 — 영혼의 높은 열망은 영혼의 불멸성을 말해주는 최상의 증거들에 속합니다 — 우리가 교황제도(Popery)라고 부르는 저 초라한 외적인 허식에 만족할 수 있을 것이라고는 상상할 수가 없습니다. 그 경우에도 마찬가지로 인간은 "재를 먹는" 것입니다. 비록 그가 만족하는 시늉을 하여도, 그는 자기 종교에 만족하지 못합니다.

이번 경우에, 나는 더 큰 확신을 가지고 말합니다. 무신론자의 경우에도 마찬가지입니다. "그는 재를 먹습니다." 그는 자유사상가로서 아주 만족한다고 말합니다. 그는 여러분에게 대담한 얼굴 표정을 지어보이며, 여러분의 두려움을 비웃습니다. 죽음에 대해, 그리고 죽음 이후에 닥쳐오는 모든 것에 대해, 그가 대체 그런 일들에는 신경이나 쓴답니까? 그는 보모의 이야기에 놀랄 정도의 어린애가 아닙니다. 그는 십자가에 달리신 그리스도에 관한 이야기를 믿느니 차라리 『거인 잡는 잭』(*Jack the giant-killer*, 영국 민화로 농부의 아들인 주인공이 마법의 옷 등 네 가지 보물을 가지고 거인족을 퇴치한다고 하는 줄거리 — 역주)의 이야기를 믿으려 합니다. 그는 종교인들이 말하는 것을 믿지 않을 것입니다. 그는 자신의 현재 위치에, 현재의 자기 모습에 상당히 만족합니다. 하지만 폭풍 속에서 배에 탄 그를 보십시오. 거기서 그가 하나님께 부르짖으니 어찌된 일입니까? 저 볼네이(Volney), 저 무신론자, 서가에 수많은 무신론 관련 책들을 진열해놓은 그가, 폭풍이 일 때, 무릎을 꿇고서, 예수 그리스도를 통하여 하나님께 자비를 베푸시도록 간청하다니 어찌된 일입니까? 그런 뒤, 육지에 닿았을 때, 그는 자신이 자비를 빌던 하나님을 저주하였습니다! 폭풍은 인간에게서 무신론을 신속하게 몰아냅니다. 그런 상황에서 무신론과 같은 천박한 태도를 유지하기에는 그의 속에 아직 상당한 인간성이 남아 있습니다. 어떤 사람이, 하나님의 존재를 의심할 정도로 불신앙의 수준에 도달했노라고 말할 만큼 악할 수 있습니다. 하지만 정신 착란 상태가 되어 완전히 분별을 잃은 경우를 제외하고는, 나는 어느 누구도 실제로 자기 마음속으로는 그렇게 생각하지 않을 것이라고 믿습니다. 여러분이 신나게 춤추고 흥청망청 즐기는 동안에는 불신앙의 태도를 가질지 모르지만, 질병과 죽음은 그것이 지속될 수 없음을 증명합니다. 그 때, 많은 사람들이 그들이 먹었던 재가 곧 하나님의 영원한 진노의 타는 숯불을 먹을 준비에 지나지 않았음을 발견하였습니다.

네 번째 부류의 사람도 마찬가지라고 나는 말합니다. 즉, 신앙을 고백하지만 그 마음에는 신앙이 없는 사람들입니다. 우리는 당신들이 평온치 않다는 것을 알고, 당신들이 재를 먹고 있다는 것을 압니다. 여러분은 세례의 못을 찾아오고 성찬의 식탁에도 찾아옵니다. 여러분은 자신 있게 집사나 목사에게 다가가서 말을 걸고, 그들이 말하듯이 경험에 대해서 이야기합니다. 여러분은 마치 종교가 여러분을 행복하게 해준 듯한 표정을 합니다. 하지만 우리는 그 이상을 알고 있습니다. 참된 신앙이 마음속에 올바로 자리 잡지 않았다면, 그 무엇도 양심으로 하여금 진정으로 평온하게 하지 못하며, 영혼에 견고한 평화를 줄 수 없습니다. 양심에 적용된 그리스도의 피를 제외하고 마음의 질병에 또 다른 치유제가 있다면, 정녕 그토록 희생이 큰 치유제가 제공될 필요는 없었을 것입니다. 우리 중 많은 사람들이 참된 신앙 아닌 다른 것으로 평화를 얻으려고 시도해보았지만, 결코 그것을 찾지 못했음을 우리는 압니다. 우리는 율법에 대한 순종을 시도해보았고, 마음에는 믿음이 없는 채로 단순한 입술의 고백만으로 할 수 있는 것을 시도해보았습니다. 하지만 그리스도께 오기까지 우리는 결코 안식을 찾을 수 없습니다. 그러므로 우리는 여러분이 우리보다 더 많은 안식을 가졌다고 믿지 않습니다. 우리는 여러분이 허탄한 마음에 미혹되어 재를 먹고 있다고 믿습니다.

3. 헛된 종교에 만족한 듯이 보이는 사람들이 있다.

하지만 세 번째로, 이 모든 사람들이 그들의 헛된 종교에 매우 만족한 듯이 보이는 것은 이상한 일입니다.

우상숭배자, 로마주의자, 무신론자, 형식적인 신앙 고백자, 이 모든 사람들이 그들 자신과 그들의 망상에 매우 만족한 듯이 보이며, 이따금 우리는 어떻게 이럴 수 있는지 놀랍니다. 우상숭배자는 어떻게 나무 한 조각을, 즉 그 일부는 방금 자신의 솥을 끓이는 땔감용으로 쓰고 또 다른 일부는 자신이 앉는 의자를 만드는데 썼던 목재 중에서, 나머지 한 부분이 신이 될 수 있다고 생각할 수 있을까요? 저 이방인들이 그들의 어리석음을 두고 서로를 비웃지 않는 것이 우리에게는 이상하게 보입니다. 어느 옛 시인은 어느 포도원에 세워진 한 우상의 입에 이러한 풍자적인 말을 새겨 놓았습니다. "전에 나는 나무 한 토막이었고, 쓸모없는 목재였으나, 목수가 나를 식탁이나 연장으로 만들기를 주저하더니, 결국 그가 나를 신으로 만들었다." 우리는 이방인들이 그토록 어리석은 미신에 어떻게 만족을 얻을 수가 있는지 묻고 싶습니다. 또한 저 로마주의자는 겉만 번지르르한 모조품 같은 자기 종교에 어떻게 만족할 수 있을까요? 어떻게 저 무신론자는 저 냉정하고도 경솔한 불신앙의 분위기 속에서 살아갈 수 있을까요? 저 형식적인 신앙 고백자는 대체 어떻게 지금처럼 마음의 평화를 누릴 수 있는지, 혹은 그가 우리에게 말할 때 어떻게 마음의 평화를 유지하고 있는 것처럼 보일 수 있을까요? 그 참된 이유는 이렇다고 우리는 대답합니다. 즉 그것은 이 사람들이 그들의 종교에 충분히 만족해서가 아닙니다. 그것은 그들 스스로 그것을 굳게 믿기 때문이 아닙니다. 그 이유는 바로 본문이 말하는 바와 같습니다. "허탄한 마음에 미혹되어 자기의 영혼을 구원하지 못하며 '나의 오른손에 거짓 것이 있지 아니하냐?' 하지도 못하느니라."

만일 그들이 한 번이라도 정직하게 그 질문을 했더라면, 그 질문은 그들의 거짓 종교에 치명적이었을 것입니다. 저 불신자로 하여금 가만히 앉아 이 질문을 하게 해 보십시오. "내 오른손에 거짓이 있지 않은가?" 그 자신의 양심의 법정에 선 것처럼 엄숙하게, 그로 하여금 스스로 믿고 있다고 여기는 바에 대해 두려움 없이 과연 "이것은 거짓이 아닌가?"라고 말할 수 있는지 조사하도록 하십시오. 저 로마주의자도 마찬가지이며, 저 우상숭배자도 마찬가지입니다. 또한 저 거짓 신앙 고백자도 마찬가지로 그렇게 해 보라고 하십시오. 그러면, 그렇게 하는 즉시로, 양심이 일깨워져서 이렇게 대답할 것입니다. "그렇습니다, 내가 내 소망의 기반으로 삼았던 저 종교는 거짓입니다. 이제 나는 그것을 버리고 더 나은 것을 찾고자 합니다."

하지만 미혹된 마음은 그 질문이 대두되도록 허용하지 않습니다. 혹 그런 질문이 제기될 때, 그것은 가능한 한 신속하게 외면당합니다. 마귀가 마음속에서 이렇게 속삭입니다. "네 조모도 그 우상을 섬기지 않았더냐? 다른 많은 사람들도 같은 일을 행하지 않더냐?" 만약 같은 질문이 또다시 제기되면 이번에는 다른 마귀가 이렇게 속삭입니다. "저거노트(Juggernaut, 인도 신화에서 크리슈나 신상)의 신전으로 가는 수많은 사람들을 보라. 붓다의 사원 앞에서 절하는 수백만의 사람들이 있지 않으냐? 일반적인 풍습이 무엇이 옳은지를 결정하는 것이다." 저 로마주의자는 이렇게 말합니다. "저 넓은 기독교 왕국을 보라. 도처에 내 종교를 신봉하는 자들로 덮여 있지 않은가?" 그리고 저 불신자는 말합니다. "나는 홀로 서 있는 것이 아니다. 이 시대에 몇몇 뛰어난 정신을 소유한 사람들도 내가 생각하는 것처럼 생각해왔다." 그리고 거짓으로 신앙 고백을 하는 사람이 말하는 것을 보십시오. "저는 누구누구 부인과 마찬가지로 선하며, 누구누구 씨와 마찬가지로 신앙이 독실하답니다. 저는 제 입장에 대해서 조사해볼 필요가 전혀 없다고 확신합니다." 그런 식으로 그들 모두에게서, 마음이 심하게 미혹되었기 때문에 "내 오른손에 거짓이 있지 아니하냐?"라는 질문은 양심에서 떠오르지 않습니다. 다시 반복하지만, 만약 이 질문이 진실로 양심에서 대두된다면, 그 대답에는 어떤 오해도 있을 수 없을 것이며, 가련하고 타락한 이성조차도 "너의 종교는 거짓이다. 그러므로 그것을 버려야 한다."고 대답할 것입니다.

4. 신앙을 고백하지만 그것을 갖지 못한 자들에게

이제 주어진 나머지 시간 동안, 신앙을 고백하지만 그것을 소유하지 못한 자들에게 말하고 싶습니다.

선생이여, 나는 당신에게 나 자신을 소개할 것입니다. 당신은 오랫동안 당신의 신앙에 관하여 스스로 어떤 질문도 하지 않았습니다. 정직하게 이 본문의 물음을 당신 자신에게 적용해 보겠습니까? "나의 오른손에 거짓 것이 있지 아니한가?" 당신은 이렇게 대답합니다. "글쎄요. 나는 세례를 받았고, 교회에 참여하였으며, 아주 오래전에 내가 회심했다고 결론을 내렸습니다. 그리고 어쨌건 교회는 내 증언에 만족했습니다. 나는 어떤 의심이나 두려움이나 염려들로 인해 곤란을 겪지 않습니다. 만약 내가 올바르지 않다면, 많은 다른 사람들이 큰 곤경을 겪을 것이라고 나는 확신합니다." 예, 선생, 많은 사람들이 곤경을 겪을 것이라고 나도 의심치 않습니다. 하지만 당신의 결론이 나로 하여금 개인적으로 당신과 관계된 그 질문으로 돌아가지 못하도록 막지는 못합니다. 나는 이 질문을 당신에게 제기하고 싶습니다. 당신의 오른손에 거짓이 있지는 않습니까? 나는 당신의 이마에 거짓이 있다고 말하지 않습니다. 당신은 거짓을 그곳에 두고 싶지 않을 것입니다. 하지만 당신의 오른손에 거짓이 없습니까? 자, 당신의 손을 펴보십시오. 내 말은 당신의 왼손이 아니라 당신의 오른손을 의미합니다. 즉 당신이 행동할 때 주로 쓰는 그 오른손 말입니다. 나는 당신의 왼손, 즉 당신의 위선적인 마음을 가리려고 예비로 남겨둔 그 손을 말하지 않습니다. 내가 의미하는 것은 당신의 오른손입니다. 내가 알고 싶은 것은 당신의 행동, 당신의 삶, 당신의 대화입니다. 이런 것들이 당신의 오른손에 거짓이 있음을 입증하지 않습니까? 우리는 당신의 모든 대화를 알지 못합니다. 우리가 어찌 알겠습니까? 하나님은 모든 것을 아시지만, 우리는 그렇지 않습니다. 당신은 많은 악행들을 남에게 누설하지 않을 수 있었습니다. 또는 당신의 사업에서 당신이 나쁘다고 알고 있는 많은 일들이 있습니다. 그래서 나는 다시 이 질문을 제기합니다. 당신의 오른손에 거짓이 없습니까? 당신은 진실로 하나님께로 마음을 돌이켰다고 확신합니까? 정말 그렇다면, 당신은 당신이 지금 살고 있는 방식대로 사는 것이 가능하다고 생각합니까? 이런저런 악과 또 이런저런 죄에 대한 탐닉이 당신의 마음에 있는 은혜와 공존할 수 있다고 생각합니까? 만약 당신이 진정으로 하나님의 은혜를 소유한 자라면, 당신의 모습이 과연 지금과 같을 수 있다고 생각합니까? 당신 자신의 양심이 이렇게 말하지 않습니까? "아니다, 너는 네 오른손에 거짓을 갖고 있다."

만일 당신이 교회의 한 구성원인 누군가를 알고, 그가 당신처럼 살고 있음을 안다면, 당신이 제일 먼저 이렇게 말하는 사람들 중에 속하지 않겠습니까? "저런 사람이 교회에 있어서는 안 된다." 바로 그렇다면, 당신의 이웃을 헤아리던 바로 그 잣대로 당신 자신을 헤아려 보십시오. 지금도 당신은 당신이 순전한 형식주의자들이며 위선자들이라고 간주하는 몇 사람을 알고 있지 않습니까? 이따금씩, 당신은 그렇게 말해오지 않았습니까? 자, 당신 자신과 그들 사이에 무슨 차이가 있습니까? 당신이 그들의 몸 속으로 들어갈 수 있고, 그래서 그들의 눈을 통해 본다면, 당신이 그들을 정죄하는 것과 꼭 마찬가지로 당신 스스로에게서 정죄할 만한 충분한 것을 볼 수 있다고 생각하지 않습니까? 만약 양심이 지금 말할 수 있다면 틀림없이 이렇게 말할 것입니다. "아아, 목사님 그렇습니다. 참으로 그렇답니다!" 양심이 "네 오른손에 거짓이 있지 아니하냐?"라는 질문을 다시 들을 때, 당신이 어떻게 이 엄숙한 대답을 피할 수 있겠습니까? "만약 내 삶이 내 신앙 고백과 일치하지 않는다면, 두렵건대 내게는 거짓이 있는 것입니다. 만약 내 감정과 내적 경험이 내 입술로 말하는 말들과 일치하지 않는다면, 그 때는 분명 내 오른손에 거짓이 있는 것입니다."

오 신앙 고백자, 단지 입으로만 신앙을 고백하는 자여, 다시 한 번 당신에게 말합니다. 하나님께서 내 말을 사용하시어, 살았다 하는 이름은 가졌으나 실상은 죽은 자들에게 경고가 되게 하시길 빕니다! 아아, 선생이여! 당신은 오랫동안 당신의 상태에 대해 의심을 가져본 적이 없습니다. 그래서 하나님의 참된 한 자녀가 당신을 보며 이렇게 말했습니다. "오 내가 저 사람이 서 있는 위치로 들어갈 수만 있다면, 나도 그처럼 마음이 평안할 텐데!" 저 하나님의 자녀는 당신이 어떤 비참한 가짜인지를 거의 알지 못하며, 당신이 얼마나 허탄한 마음에 미혹되었는지도 알지 못합니다. 아아! 만약 그가 그것을 안다면, 그는 결코 당신처럼 되기를 원치 않을 것입니다. 당신의 평화는 믿음의 확신에서 나온 결과가 아닙니다. 그것은 단지 억측일 뿐입니다. 당신의 확신은 그리스도를 의지하는 것에서 생겨난 것이 아니라, 순전한 기만에서 발생한 것입니다. 한때는 당신이 스스로를 위해 떨던 적이 있었지요. 당신이 처음 교회에 출석하였을 때, 당신은 종종 스스로에게 물었습니다. "나는 그리스도의 것인가, 그렇지 않은가?" 지금, 그 모든 의심과 두려움은 사라졌고, 당신이 스스로에게 어떤 질문을 하는 경우는 거의 없습니다. 당신은 팔짱을 끼고서, 당신의 모든 것이 좋은 상태라고 여기고 있습니다. 당신은 교회의 한 지체라고 생각하고 있지 않습니까? 그런데 왜 당신이 내면을 살피는 질문들을 스스로에게 하겠습니까?

목사가 특별히 당신을 향해 설교할 때, 당신은 다른 청중들을 바라봅니다. 당신은 한 술주정꾼을 보고서, 그 메시지가 그의 마음을 감동시키기를 소망한다고 말합니다. 목사가 신앙의 고백과 삶의 불일치에 대해 강력한 무언가를 말할 때, 당신은 교회당을 둘러보고, 거기서 누군가를 주목합니다. 그리고 틀림없이 그 메시지가 그의 양심을 건드릴 것이라고 생각합니다. 아아, 사람아, 하나님의 메시지는 당신을 향한 것이 아닙니까? 그것이 당신의 양심에 도달해야 하는 것이 아닌가요? 만약 그렇지 않다면, 우리는 그 사실로부터 당신이 강력한 미혹에 빠져 거짓을 믿게 되었고, 허탄한 마음에 미혹되었으며, 그리하여 천 가지나 되는 책략과 꾀를 내어 "내 오른손에 거짓이 있지 않은가?"라는 가장 중요한 질문에 대해 정직한 대답을 회피하고 있다는 두려운 추론을 이끌어낼 수 있지 않을까요?

하나님의 대사로서, 당신의 굳은 양심을 일깨우려고 애를 쓸 때, 내 양심이 당신의 피에 대해 깨끗하기를 원합니다. 헛된 신앙 고백자여, 하나님 앞에서 당신에게 호소합니다. 이 질문이 즉시 당신의 마음에서 떠오르게 하십시오. 오! 단지 고백만 하는 자들이여, 이 질문이 여러분 각 사람에게서 대답되기를 바랍니다. "내 오른손에 거짓이 있지 아니한가? 나는 참된 그리스도인인가, 아니면 거짓 신앙 고백자인가? 나는 내 본 모습과 다르게 고백을 하는 것은 아닌가, 혹은 사람 앞에서의 내 모습이 하나님 앞에서의 내 모습 그대로인가?" 나는 이 엄숙한 자기점검으로부터 나 자신을 면제시키지 않습니다. 그리고 목회 사역을 하는 내 형제들이여, 여러분에게도 나는 묻고 싶습니다. 집사의 직분을 가진 여러분에게와, 이 교회와 다른 교회의 지체들인 여러분 모두에게, 그 누구도 예외 없이, 이 질문이 여러분 각 사람의 마음에 와 닿기를 바랍니다. "내 오른손에 거짓이 있지 아니한가?"

기억하십시오! 신앙을 고백하고도 미혹되었다는 것은 상상할 수 있는 가장 두려운 일들 중의 하나입니다. 그것은 너무나 두려운 일이지만, 또한 슬프게도 빈번하게 있는 일입니다. 신앙 고백으로는 얼굴을 시온으로 향하지만 행동으로는 지옥으로 향하고 있는 것, 그것은 뻔뻔한 철면피의 얼굴을 하고서 천국 문 앞에 가서는 이렇게 외치는 것과 마찬가지입니다. "주여, 주여, 우리에게 열어주소서." 그리고 천국 문이 우리에게 굳게 닫히고 주께서 우리에게 이와 같이 말씀하시는 것을 듣는 것이란 상상하기조차 끔찍한 일입니다. "내게서 떠나가라, 나는 너를 알지 못한다. 내게서 떠나가라 저주를 받은 자여." 하지만 그것은 두려운 일일 뿐 아니라 또한 빈번한 일입니다. 내 형제여, 당신은 그런 운명을 맞게 되길 원합니까? 오 나의 하나님, 그런 일이 제게 일어나지 않게 하소서! 만약 제가 저주를 받아야 한다면, 세상 사람으로서 저주를 받고, 공공연하게 자기 죄에서 살다가 죽는 죄인으로서 저주를 받게 하소서. 하지만 저로 하여금 죄에 대한 정당한 심판의 형벌에 일치하는 고통에 더하여, 희망이 실망으로 끝나는 지옥의 이중적인 고통을 겪게 하지 마소서. 오 나의 하나님, 당신께서 저로 어떤 일을 겪게 하시든, 저로 하여금 천국의 소망을 가졌다가, 그런 후, 마지막에 그 소망이 기만으로 판명되게 하는 일을 허락지 마소서! 내 친구여, 당신은 이 본문의 질문을 외면하고서, 당신이 전적으로 옳은 것으로 안다고 말할 것입니까? 당신이 바로 이 질문을 마음에 되새겨야 하는 그 사람입니다. 그러면, 아마도 당신은 확신을 갖지 못할 것입니다. 당신은 절대로 의심하지 않습니까? 당신은 미래에 대해 어떤 두려움도 가진 적이 없습니까? 그렇다면, 시인 쿠퍼(Cowper)가 지혜롭게 한 말을 기억하십시오.

> "두려움을 가져본 적이 없는 사람에겐 소망이 없네.
> 자기 상태에 대해 의심해본 적이 없는 사람,
> 그는 아마도, 아마도, 너무 늦었으리라."

당신의 확신이 너무나 견고하여 어떤 것도 그것을 흔들 수 없습니까? 아마도, 그것은 반석 위에 세워지지 않았을 것입니다. 한동안은 매우 견고하게 서 있지만, 결국에는 영원히 지속되지 못하는 것들이 있습니다. 큰 산들은 견고히 서 있습니다. 하지만 그것들도 사라지고, 바다 한가운데로 던져질 수 있습니다. 당신의 소망은 매우 확고한 토대를 가진 것처럼 보입니다. 하지만 당신은 끔찍한 멸망의 소용돌이 속으로 빠져 들어가는 당신 자신을 발견하게 될 것입니다. 내 진지한 말에 주의를 기울일 필요가 없다고 생각하는 몇몇 사람들에게 호소합니다. 진정한 의미에서 기독교회의 지체들이 아니면서, 그리스도인들이라고 평가받고 있는 사람들에게 호소합니다. 우리 중에는 하나님의 자녀들이라고 널리 평판을 얻는 사람들이 더러 있습니다. 그들의 대화는 중요한 종교적인 문제들로 가득하고, 어느 누구도 그들이 아는 진리를 더 잘 이해하지 못할 정도입니다. 하지만 그들에게는 한 가지 큰 악이 있는데, 그들을 매일 잘못된 길로 이끄는 한 가지 악한 성향이 그것입니다. 하나님의 이름으로, 나는 그들에게 계속해서 죄에 거하는 결과들에 대해 경고해 왔습니다. 그들은 여호와의 법정에 서게 될 것이며, 그들에게 경고해온 나로서도 그들과 함께 그곳에 서게 될 것이므로, 내 경고의 음성이 그들 마음에 도달하기를 간곡히 호소합니다.

오 사람이여, 만약 당신이 당신의 마음에 은혜를 소유하지 못했다면, 경건한 어머니를 갖는 것이나, 하나님 나라와 관련된 지식을 깨닫는 것이나, 진리를 아는 것이나, 달콤하고 은혜로운 가르침을 좋아하는 것이나, 모든 선한 사람들의 친구가 되고 그들로부터 사랑을 받는 일은 모두 사소한 일입니다. '사소하다(little)'고 내가 말했습니까? 그것은 당신의 유익을 위해 '아무런(nothing)' 소용이 없습니다! 하지만 당신이 이런 모든 이점들과 지식을 가지고서도, 여전히 어떤 천한 성향이 당신을 빗나가게 하고 천국에 대한 당신의 모든 소망들을 파괴한다면, 그것은 결코 사소한 일이 아닙니다!

이 세상에서 우리가 알고 있는 사람들 중에 어떤 이들은 천국에 가기를 바라지만, 이따금씩 우리는 그들이 그곳에 가기에는 너무 탐욕스러운 것이 아닌가라고 생각합니다. 그들이 강한 독주에 빠진 것과, 죄가 그들의 저주요 파멸이 되어 그들을 낙원 문 밖으로 영원히 쫓아낼 것이라는 것을 제외하고는, 우리는 그들에게서 어떤 잘못도 찾지 못합니다! 우리가 아는 또 다른 이들은, 우리가 그들이 주는 사랑을 좋아하고 또 그들과의 친분을 맺으려 추구하는 사람들이지만, 종종 그들을 주의 깊게 살피는 자들에 의해 어떤 은밀한 잘못이 발견되곤 합니다. 그리고 그 잘못은 사람의 생명을 삼키는 큰 암과 같습니다. 그의 의복은 산뜻하고 단정하며, 그의 친구들은 그를 "완벽한 신사"라고 부릅니다. 하지만 그는 은밀한 정욕과 탐닉하는 악덕으로 인해 자기 내면에는 저주를 안고 있습니다. 오, 자기 신앙을 자랑하는 자들, 혹은 은밀하게 죄를 간직하고서도 일말의 희망을 가지고 있는 이들이여, 나는 여러분에게 경고를 받아들이라고 호소합니다!

여러분에게 이런 식으로 말하는 것이 내 기쁨이 아닙니다. 하지만 만약 내가 이런 식으로 말하지 않는다면, 저 마지막 큰 날에 내가 무슨 변명을 하겠습니까? 만일 내가 여러분이 앉은 신도석에 앉아 있다면, 나는 내게 신실하게 말하지 않는 목사를 경멸할 것이며, 곧 그런 사람에게서 설교 듣는 것을 그만두겠습니다. 강단에서 꾸미지 않은 언어로써 진리를 말하는 사람이 없는 예배당이라면, 나는 그런 예배당에는 가지 않을 것입니다. 내가 여러분을 판단하건대, 여러분은 진리를 분명하게 듣기를 원합니다. 나는 내가 듣고 싶어 하는 바를 그대로 여러분에게 말해왔습니다. 어느 누구든 허탄한 마음에 미혹된 자가 있다면, 그는 이렇게 말할 것입니다. "저 목사는 매우 개인적인 차원에서 말한다. 그는 명백히 나에게 말하고 있다. 그의 말은 검과 같고, 그것이 내 마음을 베고 있다." 여러분 중에 어느 누구든 그런 경우에 해당된다면, 나는 목사로서 내 말이 곧 당신을 두고 한 말이라고 인정할 것입니다. 나는 아주 개인적인 차원에서 말하고 있음을 부인하지 않습니다. 내 말은 당신을 두고 하는 말이며, 또한 내 메시지는 당신의 마음에 호소하는 것입니다. 혹 당신이 설교자에게 화가 난다고 해도, 그는 그것을 얼마든지 참을 수 있습니다. 물론 목사는 당신이 화내는 것을 바라지는 않지만, 당신의 영혼이 그런 식으로라도 구원받을 수 있다면, 목사는 기뻐할 것입니다. 어떤 사람을 매우 화나게 함으로써 그의 양심을 찔리게 만들 가능성이 있다면, 나는 무릎이라도 꿇을 것이며 이렇게 말할 것입니다. "내 하나님, 설혹 저 사람이 나를 죽이려 하여도, 그것이 그의 영혼을 구원하는 수단이 된다면, 그렇게 되게 하소서. 만일 정직한 경고가 그의 분노를 일으킨다면, 그렇게 되게 하소서. 다만 내 아버지여, 결국에는 그것이 그로 하여금 자신을 파멸로 이끄는 어리석음과 악을 깨닫도록 하는데 소용이 되게 하소서."

형제 자매들이여, 우리 모두가 골방으로 들어가서 우리 자신을 조사해봅시다. 여러분의 소망을 도가니에 넣고, 그것이 불과 같은 주의 말씀의 시험을 견디는지를 보십시오. 여러분이 다른 사람을 판단하듯이 여러분 자신을 판단해보십시오. 만일 여러분이, 죄 속에 살면서 자기 신앙 고백을 거짓으로 만드는 어떤 다른 사람을 알고 있고, 또 여러분도 마찬가지로 그 죄 속에서 살고 있다면, 여러분이 그 사람에 비해 조금이라도 낫다고 생각하지 마십시오. 만일 여러분이 괴저병으로 인해 수족이 썩어가는 한 사람을 안다면, 여러분은 그에게 그것을 잘라버리라고 재촉하지 않겠습니까? 자, 그렇다면, 여러분 자신의 것을 자르십시오. 만일 여러분이 파멸을 향해 빠르게 달려가는 한 사람을 본다면, 여러분은 용감히 뛰어들어 그에게 경고하지 않겠습니까? 그렇다면, 다른 사람을 위해 용감하듯이 여러분 자신을 위해 용감하십시오. 여러분이 다른 사람들에게 말하듯이 여러분 자신을 향해 말하십시오.

만일 여러분이 이 규칙을 준수한다면, 여러분에게 어떤 일이 일어날 것인지에 대해 나는 염려하지 않을 것입니다. 여러분 중에 일부는 자신을 스스로 조사해볼 수 있게 된 것에 대해 하나님께 감사할 것입니다. 지금은 죄를 범한 죄인이지만, 그렇게 함으로써 여러분은 그리스도의 십자가로 피할 수 있을 것이기 때문이며, 또한 자기를 힘입어 하나님께 나오는 자들을 얼마든지 구원하실 수 있는 그분을 믿음으로 붙들 수 있을 것이기 때문입니다.

제
47
장

노래 중의 노래

"여호와께서 이 일을 행하셨으니 하늘아 노래할지어다. 땅의 깊은 곳들아 높이 부를지어다. 산들아 숲과 그 가운데의 모든 나무들아 소리내어 노래할지어다. 여호와께서 야곱을 구속하셨으니 이스라엘 중에 자기의 영광을 나타내실 것임이로다."—사 44:23

의심의 여지 없이 이 선지자는 바벨론에서 포로가 되었던 유대인들의 회복, 성전의 재건축, 예루살렘 성벽의 완성이라는 성취를 염두에 두고 있습니다. 이것이 그 민족으로 하여금 말할 수 없는 기쁨으로 즐거워하게 하고, 그들을 소리치게 만듭니다. "너 예루살렘의 황폐한 곳들아 기쁜 소리를 내어 함께 노래할지어다 이는 여호와께서 그의 백성을 위로하셨고 예루살렘을 구속하셨음이라"(사 52:9). 이것은 하나의 성취입니다. 하지만 이것이 영혼을 감동시키는 이 예언의 완전한 성취는 아닙니다. 장차 더 큰 복이 올 것입니다. 모든 말씀은 더욱 강력한 차원에서 성취되고, 기쁨의 영역은 더욱 확대되어 마침내 온 땅과 온 하늘이 그 기쁨에 참여할 것입니다. 나는 이 구절의 작은 의미에 시간을 소비하지 않을 것이며, 즉각적으로 구속에 대해 말할 것입니다. 모든 안식은 구속의 예표, 즉 우리 주 예수 그리스도에 의한 진정한 이스라엘의 속량을 예표하는 것입니다. 이 본문의 말씀은 그 구속에 명백하게 적용됩니다. "여호와께서 이 일을 행하셨으니 하늘아 노래할지어다. 땅의 깊은 곳들아 높이 부를지어다. 산들아 숲과 그 가운데의 모든 나무들아 소리내어 노래할지어다. 여호와께서 야곱을 구속하셨으니 이스라엘 중에 자기의 영광을 나타내실 것임이로다."

본문을 숙고하면서 우리는 먼저 이 예언의 경치를 조망할 것입니다. 둘째로, 우리는 지극히 영광스러운 기쁨의 주제를 묵상할 것입니다. 이 두 가지 문제들을 모두 살핀 후에, 우리는 잠시 그 노래를 경청할 것입니다. 그리고 마지막으로, 하나님의 영이 은혜롭게 도우신다면, 우리가 그 우주적인 합창에 참여할 것입니다.

1. 예언이 보여주는 경치

먼저 경치를 조망합시다. 이 본문의 광경은 주목할 만합니다. 우리는 어제 본문의 광경과 대조되는 지상의 경치를 보았습니다. 하늘은 흐리고, 구름이 빽빽하였으며, 날이 어둡고, 해는 가려졌습니다. 거의 한낮이었음에도 불구하고 한기가 느껴졌습니다. 멀리 위쪽에서 큰 천둥소리가 울렸고, 마치 주의 전쟁의 날인 것처럼 무서운 하늘의 대포가 발사되었습니다. 우리는 사나운 폭풍우를 예상했으며, 약한 마음이 떨리기 시작했습니다. 하늘의 번개가 어디에 떨어질지, 그 불이 어떤 불행을 야기할지 누가 알겠습니까? 겁쟁이의 두려움은 기우에 불과했습니다. 폭우가 우리 지역이 아닌 다른 지역에 내렸기 때문입니다. 그곳에 땅에 복을 주는 소나기가 내렸습니다.

"내려라, 내려라, 열매를 맺게 하는 소나기!
땅이 기뻐하는 물방울들이여!
일시적으로 폭우로 쏟아지지만
차츰 빗줄기는 가늘어지며 멈추네.
물방울은 수면 위에 잔물결을 일으키고는,
원을 그리며 시야에서 사라져가네.
보라! 태양으로부터 즐거운 빛이
황갈색의 햇살이 되어 비추도다."

그 때 은혜로우신 주께서 하늘을 가로질러 아름다운 활 곧 언약의 증거를 걸어두셨는데, 그것이 마치 우리에게는 그분이 폭우로 땅을 멸하지 않으실 것임을 확인해주시는 듯했습니다. 이내 빠른 바람이 불자 구름은 차례로 사라지고,

마침내 우리는 기분을 상쾌하게 해 주는 나무 아래를, 또한 웃음 짓는 꽃들 사이를 걸을 수 있었습니다. 짙은 구름으로 덮였던 하늘은 맑고 푸른 하늘이 되었습니다. 폭풍과 번개의 두려움은 사라지고, 하늘은 땅에 햇살을 비추고, 땅은 하늘을 향해 미소로 화답했습니다.

선지자는 그와 같은 영적인 풍경을 응시하였으며, 그것을 이 본문의 앞 구절에서 묘사했습니다. 하나님의 얼굴빛이 비추자 한 구름 곧 죄의 빽빽한 구름이 그분의 백성에게서 떠나갔으며, 그 어두운 그늘이 그들의 시선에서 사라졌습니다. 죄와 불의가 마치 휘장처럼 드리워져 있었으므로, 아니 마치 놋 성벽처럼 하나님과 그분의 죄 많은 백성 사이를 가로막고 있었으므로, 그들의 기도는 그분에게 도달될 수 없었고, 그분의 은혜의 빛도 그들에게 비추어질 수 없었습니다. 그들은 심판을 위협하는 하나님의 음성을 들을 때에 두려움으로 움츠러들었고, 어느 순간 그분이 그들에게 진노를 쏟으실 거라고 예상했습니다. 그러나 보십시오! 그렇게 하는 대신, 주께서는 언약의 무지개를 내어걸으셨고, 복음의 약속들을 보여주셨습니다. 예수님이 위대한 속죄의 희생 제물로 제시된 것입니다. 사람들이 그분을 바라볼 때 하나님의 얼굴빛이 그들에게 비추어 소망으로 충만하게 했습니다. 그들의 소망은 헛되지 않았습니다. 오래지 않아, 어느 순간 주께서 이와 같이 기록된 말씀을 성취하셨기 때문입니다. “내가 네 허물을 빽빽한 구름 같이, 네 죄를 안개 같이 없이하였노라”(22절). 그리하여, 청명한 하늘 아래서 그들의 하나님께로 되돌아가면서, 의의 태양이 내려 비추는 사랑의 햇살을 받으면서, 그 용서받은 백성은 기쁨으로 충만하였으며, 선지자의 입을 빌려 이렇게 크게 외치는 것입니다. “여호와께서 이 일을 행하셨으니 하늘아 노래할지어다! 땅의 깊은 곳들아 높이 부를지어다! 산들아 숲과 그 가운데의 모든 나무들아 소리내어 노래할지어다! 여호와께서 야곱을 구속하셨으니 이스라엘 중에 자기의 영광을 나타내실 것임이로다.” 이와 같이 본문을 온전히 이해하기 위해서는 그 경치를 바라보는 것이 도움이 됩니다. 22절과 23절을 함께 읽으십시오. 그러면 그 아름다움이 보일 것입니다.

노래를 불러 축하하도록 한 그 즐거운 사건은 언제 일어났습니까? 우리는 그것이 사실상 하나님의 영원한 계획 안에서 성취되었다고 간주할 수 있습니다. 우리 주님은 “창세로부터 죽임을 당한 어린 양”(참조. KJV 계 13:8)이시기 때문입니다. 그 언약이 아버지와 아들 사이에 맺어지고, 예수님께서 자기 백성을 위하여 대신 죽으시기로 약속하셨을 때, 먹구름은 사라지고, 여호와께서는 택하신 백성들을 그들의 보증주의 맹세로 인하여 구속받은 자들로 만족스럽게 바라보실 수 있었습니다. 만일 그들의 죄를 바라보신다면 그분의 거룩한 눈은 그들을 참으실 수 없었을 것이지만, 그들을 그리스도 예수 안에서 바라보시며, 속죄의 희생을 통하여 그들을 바라보시기에, 그분은 그들의 죄악을 자기 등 뒤로 던지시고 "그의 의로 말미암아"(사 42:21) 그들을 기쁘게 여기셨습니다. 그 언약이 "만사에 구비하고 견고하게"(삼하 23:5) 된 것을 생각하고, 우주의 지적인 존재들은 즐거워할 수 있게 되었으니, 그 영원한 언약의 작정에 의하여 인간의 속량과 하나님의 영광이 하나로 결합되었기 때문입니다. 그 언약의 힘에 근거하여 저 위대한 보증주께서 피를 흘리시기 이전에도 무수한 영혼들이 천국에 들어갔습니다. 그러므로 오래전에 예정된 날의 동이 트기 전에도 그것은 거룩한 노래의 적법한 주제였던 것입니다.

속죄가 이루어졌을 때 구름들이 실제로 제거되었습니다. 때가 차매 예수님이 나타나셨고, 그분의 백성의 모든 죄가 그 나무 위로 옮겨졌습니다. 전 생애 동안 그들의 약함과 슬픔을 짊어지셨던 그분은 죄를 멸절하는 곳까지 그들의 죄를 짊어지고 가셨으며, 그분의 죽음으로써 그것을 끝장내셨습니다. 그 속죄가 아니었다면, 하나님의 택하신 백성들도 다른 사람들과 마찬가지로 죄 아래서 엎드러졌을 것입니다. 그 검은 구름이 온 인류를 덮었지만, 예수님이 자기 백성의 모든 빽빽한 죄악을 걷어내셨습니다. 과거와 현재와 미래의 죄악을 지우셨고, 마치 하늘에서 구름을 걷어내시듯 그 전체를 지우셨습니다.

예수님은 측량할 수 없을 정도로 무거운 죄의 짐을 모두 그 어깨에 짊어지셨습니다. 만일 신성한 어깨가 아니었다면, 그 어깨는 모두 으스러지고 말았을 것입니다. 나무 위에서 그분은 죄와 그에 합당한 진노를 감당하셨고, 그 사나운 폭풍이 그분 자신의 영혼에서 휘몰아치는 것을 느끼셨습니다. 마침내 그분이 그 모든 것을 감당하신 순간, 모든 것이 끝났으며, "다 이루었다"는 승리의 외침을 외치셨습니다. 그 때 맑게 갠 하늘에서 무한한 사랑의 광채가 발하였으며 저 위협적이던 폭풍은 영원히 떠나갔습니다. 땅에서는 의가 솟아나고, 하늘에서는 평화가 굽어보았고, 화목케 된 자들은 당연히 이렇게 소리쳤습니다. "여호와께서 이 일을 행하셨으니 하늘아 노래할지어다! 땅의 깊은 곳들아 높이 부를지어다! 산들아 숲과 그 가운데의 모든 나무들아 소리내어 노래할지어다! 여호와께서 야곱을 구속하셨으니 이스라엘 중에 자기의 영광을 나타내실 것임이로다." 죄는 치워지고, 불의는 바다 깊은 곳으로 던져졌으며, 저 기쁨에 찬 도전의 음성이 크게 울려 퍼졌습니다. "누가 능히 하나님께서 택하신 자들을 고발하리요? 누가 정죄하리요? 죽으실 뿐 아니라 다시 살아나신 이는 예수 그리스도시라!"(롬 8:33-34).

이 본문은 또한 믿음의 눈이 처음으로 십자가에 달리신 구주로 향할 때, 바로 그 순간 하나님의 백성 각 사람에게 실제적으로 성취됩니다. 내가 그 경험을 묘사할 필요는 거의 없을 것입니다. 왜냐하면 내 형제들이여, 여러분이 그것을 잘 알기 때문입니다. 오, 위를 덮고 있던 캄캄한 구름, 내면적인 폭풍의 두려움, 죄를 자각하는 저 끔찍한 시간, 내 지친 영혼이 그 자체의 지옥에서 벗어날 수만 있다면 다른 아무것도 바라지 않을 때가 있었습니다! 오, 다가올 진노에 대한 두려움이여! 나는 내게 쏟아 부어지려고 모여드는 진노의 먹구름을 보았습니다. 하지만 하나님께 감사하게도 그 모든 것이 다른 곳에 쏟아 부어졌습니다!

"폭풍의 두려운 소리가 들려왔으나,
오 그리스도시여, 그것이 당신에게 쏟아졌나이다!
당신의 열린 가슴이 내 피난처가 되고,
그 품이 나를 위해 용감하게 폭우에 맞섰습니다.
당신의 형상이 상처를 입고, 당신의 얼굴이 상하셨으니
이제는 맑게 갠 하늘의 평화가 내게 찾아왔나이다."

예수님을 바라보자 순식간에 밝아졌던 그 날을 나는 잘 기억합니다. 비가 그치고 날이 개었습니다. 모든 것이 평화요 기쁨이었습니다. 오, 그 복된 날이여! 나는 기쁨으로 뛰어나갔으며, 평화가 내게 함께 했습니다. 산들과 언덕들이 노래하였고, 들판의 모든 나무들이 손뼉을 쳤습니다. 그 기쁨은 떠나지 않았습니다. 나를 위해 산들이 여전히 노래하고 있으며, 나무들이 여전히 손뼉을 치고 있습니다. 여전히 내 마음은 예수님의 귀한 이름을 떠올릴 때마다 기쁨으로 요동하며, 그분의 피는 여전히 내 양심 안에서 평화를 말합니다. 그분의 드리신 완전한 제물이 여전히 나의 기쁨입니다.

이런 일은 단지 처음에만 그치는 것이 아니라, 그리스도인의 삶에서 빈번하게 지속되는 일입니다. 이따금 우리의 불신이 새로운 구름들을 만들 때가 있으며, 새로운 폭풍의 징후를 보일 때가 있습니다. 비록 우리의 죄가 처음에 모두 용서받았고, 또한 우리가 처음 씻김을 받았을 때 모든 면에서 깨끗하였으며, 그리하여 그 후에는 우리의 발을 씻는 것을 제외하고는 영원히 다시 씻을 필요가 없지만, 불신은 죄의 기억을 되살릴 수 있으며 죽은 행실로 양심을 더럽힐 수 있습니다. 그런 방식으로 그것은 하나님과 우리 사이에 구름들을 만들어내는 것입니다. 그럼에도 불구하고, 우리 주께서 자기를 나타내실 때 그분은 구름과 같은 우리의 죄, 먹구름과 같은 우리의 악을 지우십니다. 그리하여 우리는 다시금 그분께로 되돌아가서 그분 안에서 즐거워하는 것입니다. 우리는 이처럼 우울한 구름 아래로 돌아갈 필요는 없으며, 그래서도 안 됩니다. 하지만 만약 그런 일이 일어난다면, 위를 바라보며 주께서 한순간에 하늘을 맑게 개이도록 하실 수 있음과, 우리의 가장 우울한 그늘을 아침의 햇살처럼 밝게 바꾸실 수 있음을 기억해야 합니다.

내가 생각하기에, 본문 말씀은 주께서 나타나시는 날에 최상으로 성취될 것입니다. 우리의 최고의 소망은 바로 그 날에 집중되어야 합니다. 그 날은 복음이 마지막 때를 위해 선포되었을 때 임할 것입니다. 그 때 하나님의 택하신 자들이 사방에서 모이고, 그분의 뜻은 온전히 성취될 것이며, 모든 성도들이 하나님의 부르심에 일어나 영광으로 들어갈 것입니다. 택하심을 받은 수많은 백성들이 모두 그곳에 있을 것입니다. 아버지의 목적에 따라 선택된 모든 사람, 아들의 구속을 받은 모든 사람, 성령의 부르심을 받은 모든 사람이 그곳에 있을 것입니다. 그들의 얼굴에는 점이나 주름이 없을 것이며, 그들의 의복에는 얼룩이나 더러운 것이 없을 것입니다. 그들은 하나님의 보좌 앞에서 아무 흠이 없기 때문입니다. 그 때 생명책이 펼쳐짐에 따라, 경건하지 못한 자들의 악행이 하늘에서 선포될 것이며, 그들은 떨지 않을 수 없을 것입니다.

"예수여, 당신의 피와 의가
그들의 아름답고도 영광스러운 의복입니다.
불타는 세계 한가운데서, 이처럼 단장을 하고서
기쁨으로 그들은 고개를 들리라."

그렇습니다. 예수를 믿은 우리, 우리 모두는 그곳에 있을 것입니다. 우리의 죄를 회고할 때 우리는 얼마나 큰 기쁨으로 모든 죄를 가려준 저 속죄를 바라볼는지요! 영원한 죽음 안에서 우리의 모든 불의를 삼켜버린 저 무덤, 사로잡혔던 자를 사로잡은 그분의 승천(참조. 엡 4:8), 양자 될 것 곧 우리 몸의 속량을 이루고 우리를 온전하게 하여 어떤 죄의 불행의 흔적도 발견될 수 없도록 한 재림을 우리는 즐거이 바라볼 것입니다. 우리는 어떤 해도 입지 않을 것입니다. 우리는 불에 탄 냄새도 없이 삶의 시련이라는 용광로에서 나올 것입니다. 유혹과 죄는 일곱 배나 뜨거운 풀무와 같습니다. 하지만 하나님의 아들이 오셔서 그 타는 풀무에 우리와 함께 하시니, 우리는 아무런 해를 입지 않고 살아서 나올 것입니다. 저 마지막 날에 우리의 인간성은 어떤 해도 입지 않을 것이며, 마치 타락한 적이 없었던 것보다 더욱 밝고 선하게 될 것입니다. 아아, 어떤 선율의 음악이 들려올까요? 오르간의 소리도 아니며, 플루트, 하프, 중저음의 나팔, 현악기, 타악기 등 바벨론 우상숭배 시절에 있던 모든 종류의 악기 소리가 아니라, 거룩한 찬미의 복된 노래 소리가 들려올 것입니다. 그 노래에 천사들의 노래가 화음을 이룰 것입니다. 이것이 바로 그 찬양일 것입니다. "하늘아 노래할지어다. 여호와께서 야곱을 구속하셨으니 이스라엘 중에 자기의 영광을 나타내셨음이로다."

2. 기쁨을 위한 영광스러운 주제

이제 우리는 이 주제의 두 번째 부분에 이르렀습니다. 우리의 기쁨을 위한 영광스러운 주제를 묵상하도록 합시다. 그 위대한 기쁨의 주제는 구속(救贖), 곧 하나님의 백성인 이스라엘의 구속입니다. 구속이란 엄청난 일입니다. 사람이 자기를 종으로 파는 것은 단순한 일이지만, 그를 속량한다는 것은 또 다른 문제입니다. 이는 큰 일이며, 큰 수고입니다! 사람을 죄에서 속량하는 것은 어떤 그룹과 스랍 천사들도 이룰 수 없었던 일이며, 진정 온 피조물이 동원되어도 행할 수 없는 일이었습니다. 내 형제들이여, 우리의 노예 상태는 끔찍하고, 구원을 위한 값은 산더미 같은 은이나 금으로도 치를 수 없는 것입니다. 영혼의 구속은 고귀합니다. 그것은 "오빌의 금이나 귀한 청옥수나 남보석으로도 그 값을 당하지 못하겠고, 황금이나 수정이라도 비교할 수 없고 정금 장식품으로도 바꿀 수 없습니다"(욥 28:16-17). 구속을 위해서는 값이 필요한 것처럼 능력이 필요합니다. 강한 손과 펼친 팔로 이스라엘을 애굽에서 이끌어내야만 했으니, 그런 능력을 어디에서 찾을 수 있겠습니까? 천사도 천사장도 그 능력을 소유하지 못했으니, 인간들로서는 마치 여름 밤에 춤추는 곤충들만큼이나 연약할 뿐입니다. 사탄의 악의와 교활함과 능력에 모든 점에서 견줄 수 있을 만한 뛰어난 사랑과 지혜와 힘이 아니라면, 인간이 속박 상태에서 벗어날 가망은 없는 것입니다. 그러나 치러야 할 값이 발견되었고, 속박에서 풀어줄 능력이 나타났습니다. 오 하늘이여, 노래하라. 주께서 한 대속물을 찾으셨도다! 우리가 대속함을 받은 것은 은이나 금같이 없어질 것으로 된 것이 아니요 오직 그리스도의 보배로운 피로 된 것이며(벧전 1:18-19), 그 대속의 값이 우리를 자유롭게 한 것입니다. 너희 산들아, 노래하라! 주께서는 능력 또한 가지셨으니, 그분의 오른팔과 거룩한 손이 승리를 얻으셨도다! 그분은 자기 백성을 속박의 집에서 이끌어내시고 진정 자유롭게 하셨습니다.

본문은 희생의 대가와 능력에 의해 이루어진 구속을 노래하라고 우리에게 말합니다. 이 구속은 가장 처참한 속박인 죄로부터 우리를 구하여 낸 구속입니다. 그것은 너무나 고귀한 것이기에 그 무엇으로도 충분한 가치를 매길 수 없습니다. "죄가 너희를 주장하지 못하리라"(롬 6:14). 그리스도께서는 그 폭압적인 통치로부터 효과적으로 여러분을 속량하셨습니다. 여러분은 또한 율법의 저주로부터 구원을 누리고 있습니다. 그것은 성경에 기록되었듯이 그리스도께서 우리를 위하여 저주를 받으셨기 때문입니다. "기록된 바 나무에 달린 자마다 저주 아래에 있는 자라 하였음이라"(갈 3:13). 여러분은 불행에서 해방되는 복을 받았습니다. 죄가 있는 곳마다 단연코 불행이 뒤따르지만, 예수님께서 여러분의 죄의 형벌을 감당하심으로써 불행이 여러분에게서 비켜가도록 하셨습니다. 여러분은 성가신 근심과 불신앙의 염려로부터 해방되었습니다. 모든 지각에 뛰어난 하나님의 평강이 예수 그리스도로 인하여 여러분의 마음과 생각을 지킵니다. 또한 여러분은 죽음과 지옥으로부터 구원받았습니다. 이 생각은 여러분의 마음을 기쁨으로 전율하게 할 것입니다. 여러분의 귀에는 "저주를 받은 자들아 떠나라"고 하는 저 음울한 판결이 결코 들리지 않을 것입니다. 여러분에게는 끝없는 구덩이도 없고, 꺼지지 않는 불도 없으며, 죽지 않는 구더기도 없을 것입니다. 그리스도께서 여러분을 건지셨습니다. 여러분은 더 이상 죄의 노예가 아니며 죽음의 피해자들이 아닙니다. 여러분은 죽음의 권세를 가진 사탄의 힘센 손아귀에서 벗어났기 때문입니다. 그가 유혹할 수는 있겠지만, 결코 강제력을 행사하지는 못합니다. 그가 자극할 수는 있겠지만, 결코 굴복시키지는 못합니다. 그리스도께서 마귀의 일을 멸하셨고, 그를 자기 보좌에서 끌어내셨으며, 그의 성채를 무너뜨리셨습니다. 여러분에 대한 마귀의 지배권은 끝이 났고, 결코 회복되지 않을 것입니다. 그리스도께서는 그분을 믿는 여러분 속에 그분의 보좌를 세우시고, 그곳에 좌정하시어 영원히 다스리실 것입니다. 이로 인해 하나님께 영광을 돌립니다! 주의 구속은 끊이지 않는 찬미의 주제입니다. 그 구속에는 소망, 성결, 천국, 죄로부터의 해방, 그리스도를 닮기, 그리스도와 함께 하는 영원한 영광 등이 잇따르기 때문입니다. 하늘아 노래할지어다, 오 땅이여 기뻐할지어다!

형제들이여, 이 노래의 중심이자 강조점은 여기에 있는 듯이 보입니다. "여호와께서 이 일을 행하셨도다." 이 다섯 단어에 내 마음이 얼마나 기쁜지요! 여호와께서 이 일을 행하셨도다! 잠시 그 표현을 살펴보십시오. 하나님이 무엇을 행하시든 그것은 모든 순결한 성도들의 기쁨의 주제입니다. 하나님께서 세상을 창조하실 때, 샛별들이 함께 노래하였고, 하나님의 모든 자녀들이 기쁨으로 소리쳤습니다. 여호와께서 "일곱째 날에 일을 마치고 쉬셨을" 때(출 31:17), 나는 그들이 특별히 즐거운 축제를 하였다고 상상할 수 있습니다. 놀라운 표현입니다! 우리가 온전하다면, 하나님이 행하신 모든 것이 우리로 하여금 노래하게 만들 것이며, 또한 그분이 항상 행동하시므로 우리는 항상 노래할 것입니다. 그렇고 말고요. 만약 우리가 죄로부터 결별하여 정결한 상태라면, 비록 그분이 우리를 때리신다고 해도, 그것이 우리로 하여금 그분을 송축하게 만들 것입니다.

만일 구원이 사람의 일이라면, 우리의 빈약하기 짝이 없는 가락으로는 불충분할 것입니다. 인생이란 한낱 벌레요, 좀 벌레에 의해서도 스러지는 약한 피조물에 불과하지 않습니까? 그를 셈에 칠 가치가 어디 있을까요?(참조. 사 2:22). 하지만 우리가 구속에 대해 노래할 때 그것은 주의 구속을 노래하는 것입니다. 그분이 처음부터 그것을 계획하셨고, 그분이 그의 아들의 인격 안에서 그 일을 행하셨으며, 그분이 성령으로써 그것을 우리에게 적용하십니다. 구원은 여호와께 속한 것입니다. "여호와께서 이 일을 행하셨도다." 여러분 중에 어떤 이들은 부분적으로는 사람에 의해, 부분적으로는 하나님에 의해 이루어지는 구원을 고안해내고는, 그것을 좋아라고 소리쳐대고 싶은 사람이 있을는지 모르겠습니다. 하지만 나로서는 모두가 하나님께 속한 구원 이외에는 다른 어떤 것도 바라지 않습니다. 그 외에 다른 구원은 있을 수가 없습니다. 이 한 가지 선율만이 온통 내 마음을 차지하고 있습니다. "여호와께서 이 일을 행하셨도다. 여호와께서 이 일을 행하셨도다!" 새롭게 평안을 발견한 모든 새로운 회심자는 주께서 그 일을 행하신 것을 압니다. 수 년 동안 믿는 자로 살아오면서 자기 자신의 연약함을 알게 된 모든 사람은 분명하게 말할 것입니다. "주께서 이 일을 행하셨습니다." 또한 이제 막 세상을 떠나려하는 노령의 그리스도인도 이렇게 말할 것입니다. "주께서 이 일을 행하셨습니다." 은혜의 통치에는 경쟁자가 없습니다. 오직 주님만이 홀로 높임을 받으십니다. 구원은 여호와께 속한 일이니, 하늘아 노래할지어다, 땅이여 즐거워할지어다!

구속이 성취된 사실임을 묵상하는 것은 달콤한 일입니다. "여호와께서 이 일을 행하실 것이라"가 아니라, "여호와께서 이 일을 행하셨도다"입니다. 만일 내가 오늘 아침에, 선지자처럼 주께서 성육신하실 것이고 또한 골고다에서 피 흘리고 죽으실 것을 말하도록 보냄을 받는다 해도, 나는 여러분 중 몇몇이 그것을 믿기를 바랄 것입니다. 하지만 여러분은 그 사실을 깨닫는 것이 어렵다고 느낄 것입니다. 그것은 마치 아브라함이 그리스도의 날을 보고 즐거워한 것과 같을 것입니다. 하나님의 증언이 아니라면, 하나님께서 그분 자신의 도덕적 통치에 가해진 손상을 회복하시려고 친히 속죄하신다는 것은 도무지 믿기 어려운 놀라운 일이기 때문입니다. 하지만 나는 오늘 하나의 역사적 사실에 대해 말합니다. "여호와께서 이 일을 행하셨습니다." 인간이 그분에게 잘못하였거늘 그분이 화목제물을 제공하셨습니다. 그분 자신의 초월적인 은혜의 행위가 자욱한 죄의 구름들을 흩으셨고, 어두운 땅에 영원한 빛을 비추셨습니다. 예수님이 피 흘려 죽으셨고, 그렇게 하심으로써 죄를 정복하셨습니다. 우리의 영광스러운 삼손이 가사의 무덤에 잠드셨고, 그분의 원수들은 그분을 영원히 단단히 붙잡았다고 생각했습니다. 하지만 그분은 아침의 해가 밝기 전에 일어나셔서 죽음과 지옥의 문짝들을 뽑으셨으며, 그 기둥과 문빗장까지 모두 뽑아버리셨고(참조. 삿 16:3), 사로잡혔던 자들을 사로잡으셨습니다(엡 4:8). 그분이 그 일을 행하셨습니다. 우리의 신적 구원자가 우리를 위하여 죽음과 무덤을 망가뜨리셨습니다. "하늘아 노래할지어다 땅의 깊은 곳들아 높이 부를지어다." 그 파괴자는 우리 앞에서 위로 올라가셨고, 우리의 왕이 우리의 선두에서 올라가셨습니다. 그분이 무덤에서 하나님의 보좌에 이르는 길을 여셨고 모든 장애물들을 치우셨습니다. 그분이 이 일을 행하셨습니다. 그분의 이름을 높여드립니다!

우리가 "여호와께서 이 일을 행하셨다"고 하는 말에 특별한 강조를 할 수 있는 것은, 그분이 그 일을 완수하셨기 때문입니다. 그분의 백성을 구속하는 문제에 있어서 아무것도 남겨진 일이 없습니다. 하나님의 교회에는 최후에 풀어주도록 저당 잡힌 것이 없으며, 주께서는 우리를 저당 잡힌 것이 없는 '자유보유부동산'(freehold)이 되게 하셨습니다. 또한 우리는 영원히 그분의 보유 재산입니다. 죄인이 자기 자신의 구원을 위해 인간의 공로 차원에서 행해야 할 것은 전혀 남지 않았으며, 혹은 구원의 역사에서 불완전하게 남겨진 부분은 전혀 없습니다. 오직 "여호와께서 그 일을 행하셨습니다." 형제들이여, 의(義)의 옷의 끝자락조차도 다 그분이 완성하셨습니다. 여러분은 거기에 한 올도 더할 것이 없습니다. 그 의복은 이음매가 없으며, 전체가 하나의 통으로 짜인 것입니다. "다 이루었도다." 모든 예표는 성취되었고, 모든 계명은 지켜졌으며, 모든 죄는 소멸되었고, 하나님의 진노와 모든 가로막는 것이 없어졌습니다. "여호와께서 이 일을 행하셨도다." 예수님이 그 일을 행하러 오실 때 하늘이 노래하였고, 저 천상의 아기가 태어났을 때 하늘이 양 우리의 침묵을 깨뜨렸습니다. 그분이 자기에게 위임된 그 일을 끝내신 지금, 구별된 모든 자들을 영원히 온전하게 하신 지금 하늘은 어떻게 노래해야 마땅할까요? 나는 그런 주제에 대해 말을 이어가지 못하겠습니다. 언어란 내 감사의 기쁨을 표현하는 매개체로는 너무나 빈약합니다. 나는 우리가 잠시 멈추고 이 본문을 노래할 수 있기를 바랍니다. "여호와께서 이 일을 행하셨도다. 여호와께서 야곱을 구속하셨으니 이스라엘 중에 자기의 영광을 나타내셨도다"(KJV, 한글개역개정은 '나타내실 것임이로다'로 되어 있음 — 역주).

하지만 이 노래의 매우 중요한 부분은 하나님께서 행하신 일이 그분 자신을 영광스럽게 한다는 사실에 있습니다. 무한한 긍휼과 사랑은 하나님께로 영광의 광채를 반사합니다. '구속에 나타나고 영화롭게 된 하나님의 속성들'은 오웬(Owen) 박사 같은 분이 글을 쓰기에 얼마나 훌륭한 주제인지요! 그가 그 주제로 글을 쓰려면 스무 권이나 필요했을 것이며, 각권 모두 그의 평소 표현방식대로 응축된 사랑으로 가득 채워져야 할 것입니다. 구속의 지혜에 대해 한 장(章)이 할애되어야 할 것입니다! 구속의 정의에 대해 또 다른 한 장을 써야 할 것입니다. 여호와는 희생의 제물 없이 죄를 용서하시는데, 왜냐하면 그분이 정의로우시고, 불의를 용인하실 수 없기 때문입니다. 또 다른 한 장, 아니 여러 권의 책들을 구속의 사랑으로 그 내용을 구성할 수 있을 것입니다. 염려스러운 것은, 우리의 유한

한 지성이 하나님의 속성 한 가지를 응시하다가 그 눈부심에 압도되어 나머지 속성들을 잊어버리지 않을까 하는 점입니다. 구속의 문제에 있어서 가장 좋은 것이 지혜, 정의, 혹은 은혜라고 말할 수 있는 사람이 누구일까요? 구속에서 여러분은 하나님의 모든 속성들을 볼 것이며, 모두 조화되어 어우러진 것을 볼 것입니다. 그 조화된 속성들은 온화한 광채로 빛나고 있으며, 시내 산의 화염으로가 아니라, 골고다에서 발하는 평화와 사랑의 부드러운 광채로 빛나고 있음을 볼 것입니다. 하나님은 다른 어느 곳에서가 아니라 십자가에서 가장 영광스럽게 목격됩니다. 심지어 불꽃 같은 스랍 천사들 중에 있는 하늘의 성도들도, 예수님의 상처를 보고 그분의 못 자국에 손가락을 대어보고는 기쁨에 도취되어 "나의 주 나의 하나님"이라고 소리칠 때만큼 더 기쁘게 하나님을 볼 때가 없습니다.

내 형제들이여, 여호와는 구속의 위대한 계획에서 그분의 모든 속성들을 나타내셨을 뿐 아니라, 그분의 본성의 선하심이 어떻게 모든 악의 권세를 압도하는지를 보여주시기를 기뻐하셨습니다. 사탄은 그 독으로 우리 인류를 망쳐놓았을 때 하나님께 대해 큰 이점을 가진 듯이 보였습니다. 하지만 그 이점은 일시적인 것에 불과했고, 그의 더 큰 패배에서 끝장났습니다. 사탄은 자신이 스스로의 죄와 악의로써 하나의 검은 배경을 마련하였다는 것과, 그 배경을 바탕으로 하나님의 사랑의 아름다운 색조들이 더욱 두드러지게 나타나게 될 것임을 거의 알지 못했습니다. 오 루시퍼여, 너의 음흉한 계략이 어떻게 좌절되었느냐! 오 너 원수여, 네가 어떻게 패배하였느냐! 오 망치는 자여, 너 자신이 어떻게 망가졌느냐! 오 사로잡은 자여, 네가 어떻게 사로잡혔느냐! 너는 인간이 너의 나약하고 자발적인 도구가 될 것이라고 생각했고, 인간을 도구로 삼아 지존자를 향한 너의 앙심을 보여주려 했겠지만, 하지만 보라! 네가 망쳐놓았고 치욕스럽게 만든 인간이 하나님 편에 서서 너에게 승리를 거두었노라! 네가 속였던 그 여자의 후손이 너보다 더 지혜로우셨으니, 그분의 상한 발꿈치가 너의 머리를 깨뜨렸노라! 이제 그분이 만유를 자기 발 아래 두셨으니, 모든 양들과 소들과 공중의 새들과 바다의 물고기들과, 바다 길로 다니는 그 무엇이든 다 그 발 아래 두셨습니다. 인간이신 그리스도 예수는 만유의 주이시며, 그분의 이름에 모든 피조물들이 무릎을 꿇습니다. 심지어 귀신들도 그분에게 복종하니, 악이 선에게 지배를 당하는 것입니다. 주께서 어떻게 "헛된 말을 하는 자들의 징표를 폐하며 점치는 자들을 미치게 하시는"(사 44:25)지를 보십시오. 주여, 영원토록 찬미를 받으소서!

적어도 우리가 판단하기에, 주님은 또한 단순한 권능만으로는 창조될 수 없었던 새로운 인류를 일으키심으로써 자신을 영화롭게 하셨습니다. 하나님에게는 그분께 경배할 천사들의 무리가 있었습니다. 하지만 그들은 악을 알지 못했고, 따라서 선에 대한 그들의 선택은 그리 놀라운 것이 아닙니다. 그들은 또한 정기(精氣)와 같은 성질의 존재로서, 살과 피로 된 육체로 인해 방해를 받지 않습니다. 주님은 천사들처럼 순수한 영으로 된 더 많은 존재들을 창조하실 수도 있었지만, 그분은 부분적으로는 물질로 되어 있으면서도 그분을 닮은 존재들에 의해 섬김과 사랑을 받기 원하셨습니다. 자유의지를 소유하고, 선과 악 모두를 알고, 그러면서도 영원히 선만을 선택하는 존재들에 의해서 말입니다. 그러한 피조물들이 생겨난 것을 보십시오! 그것은 창조에 의해서라기보다는 구속에 의해서입니다.

그 영화롭게 된 백성이 한때는 죄에 깊이 빠졌었습니다. 하지만 그들은 예수님의 사랑에 의해, 그들의 자유의지를 훼손하지 않고서도 그들의 충성심을 회복할 수 있었습니다. 그 후 그들은 그리스도 예수 안에서 하나님과 가까운 지위에 오르게 되었고, 어떤 계층의 존재들도 그들과 하나님 사이에 끼어들 수 없습니다. 그러면서도 그들은 그들의 높아진 지위로 인해 어떤 야심만만한 이익을 취하기를 감히 바라거나 기대하지 않습니다. 만일 하나님께서 선과 악을 모두 아는 자유로운 행위자들을 창조하시고, 아무런 예비적인 절차를 수행함도 없이 그들을 천국에 두신다면, 그것은 매우 위험한 실험이 될 것입니다. 하지만 그분은 그들로 하여금 악을 충분히 알게 하시고, 그러면서도 영원토록 완벽한 성결에 결속되게 하셨습니다. 왜냐하면 무한한 사랑이 그들로 하여금 감사 의식을 가지도록 통치하기 때문입니다. 이 감사 의식이 피조물들로 하여금 그들의 조물주께 큰 영광을 돌리게 만듭니다. 이들은 단순히 기계로 찍듯 형성된 자들이 아니라, 고난당하신 그분 아들의 피에 잠긴 자들이며, 그분의 강한 능력이 그 속에 내재하는 자들이니, 그분이 보시기에 존귀한 존재들임이 당연합니다. "영광, 영광"이라고 천사들이 노래합니다. 하지만 구속받은 자들의 음성이 그들의 노래 소리보다 훨씬 더 큽니다. 속량 받은 이들 곧 그 의복을 어린 양의 피에 희게 씻은 이들의 수금에서 "영광, 영광"의 노래를 연주하는 소리가 일곱 배나 크게 들려옵니다. 여호와께서 이스라엘 중에 자기 영광을 나타내셨습니다.

비록 이 주제가 나를 매혹시키지만 여기서 오래 머물 수가 없습니다. 세 번째 요점에 대해 말해야 하기 때문입니다. 그 요점은 다음과 같습니다.

3. 그 노래의 경청

이제 그 노래를 경청하도록 합시다. 천사들이 노래하는 것은, 그들이 인간의 구속에 대해 깊이 공감하기 때문입니다. 구속받은 이들이 영광 중에서 노래하는 것은, 그들이 이 강력한 은혜의 수혜자들이기 때문입니다. 하늘도 그 달콤한 음악을 울려 퍼지게 하고, 모든 별들이 후렴구를 합창하며, 해와 달도 지존자를 찬미합니다.

하늘로부터 내려오는 그 노래는 낮은 땅을 매혹시키고, 선지자는 물질계를 향해서도 그 기쁨에 참여하라고 외칩니다. 산과 계곡들, 숲과 나무들이 그 노래에 참여하라는 지시를 듣습니다. 그들이 그러지 않을 이유가 무엇이겠습니까? 이 둥근 지구는 죄로 말미암은 저주에 의해 그늘이 드리웠습니다. 죄가 드리운 짙은 안개가 아직 다 걷히지는 않았습니다. "피조물이 허무한 데 굴복하는 것은 자기 뜻이 아니요 오직 굴복하게 하시는 이로 말미암음이라. 그 바라는 것은 피조물도 썩어짐의 종 노릇 한 데서 해방되어 하나님의 자녀들의 영광의 자유에 이르는 것이라"(롬 8:20-21). 그러므로 피조물들로 노래하게 하십시오!

우상숭배로 더럽혀지지 않은 산이 어디에 있습니까? 저기 그모스의 제단들과 바알의 산당들을 보십시오! 하지만 너희 산들아 노래하라, 하나님이 나타나시어 골고다의 피로 너희를 정결케 하셨음이라! 인간의 죄로 오염되지 않은 골짜기가 어디에 있습니까? 평화로운 추수를 거두어야 할 평지들에, 인간들은 맹렬한 싸움 중에 자기 동료들의 피를 흘렸습니다. 그리고 인간에 의해 세워진 도시들은 죄의 요새들이 되었습니다. 하지만 노래하라, 너희 골짜기들과 비옥한 평지들이여, 주께서 너희들 사이를 지나 걸으셨으며 너희를 유다 백성이 노래하였듯이 브라가 골짜기로 삼으셨음이라! "여호와께 감사하세 그의 인자하심이 영원하도다. 그러므로 오늘날까지 그 곳을 브라가 골짜기라 일컫더라"(대하 20:21,26). 너의 숲들아, 들짐승들이 더욱 사나운 인간들에 의해 침입을 당해 왔던 곳이여, 크게 노래할지어다! 주께서 더 이상 높은 레바논 백향목들과 바산의 상수리나무들을 꺾지 않으실 것임이라! 너희 작은 숲들아, 피로 숭배하는 잔인한 종교 의식들을 목격해온 너희는 노래할지어다! 이제는 그 제단을 향한 통로에서 구속의 사랑을 노래하는 거룩한 찬송이 들릴 것이라! 오 너희 푸른 나무들이여, 그 아래서 인간들이 스스로를 더럽혔으나, 이제 그 그늘 아래에서 성도의 영혼이 기도와 찬양을 위해 예비된 휴식처를 발견할 것이라! 너희 산들아 노래할지어다! 오 모리아여, 그곳에서 저 족장이 자기 아들을 죽이려 칼을 뽑았고, 진실한 이삭이 제물로 드려졌으며, 하나님께서 자기를 위하여 한 어린 양을 예비하셨던 산이여, 노래할지어다! 시내 산이여 노래하라, 그대의 두려운 꼭대기에서 선포되었던 율법이 이제는 더욱 높임을 받고 영예를 얻게 되었음이라! 오 비스가여 노래하라, 그리스도께서 죽으신 지금, 그 정상에서 약속의 땅이 보일 것이며, 그곳으로 주의 종들이 들어가는 것이 더 이상 금지되지 않을 것이기 때문이라! 오 갈멜이여 노래하라, 하나님과 바알 사이에서의 머뭇거림은 영원히 종식되었음이라! 오 헐몬 산이여 노래하라, 이제 형제 사랑의 부드러운 이슬들이 인류 위에 떨어질 것임이라! 그리고 오 길보아여, 침묵하지 말지어다, 그대는 한때 저주를 받았으나, 저 다윗의 자손이 그대에게 복된 이슬을 되돌려주었도다! 노래하라, 오 다볼 산이여 노래하라, 그곳에서 변화하셨던 메시야께서 이제는 장래 인류의 형상이 되셨도다! 오 감람산아 노래하라, 예수께서 번민하시며 피와 같은 땀방울을 흘리셨던 곳이여, 이제는 그분이 영원한 복락과 성결을 이루시기 위해 굳게 서셨음이라!

이 본문은 땅의 더 낮은 곳들을 향해서도 소리치라고 권고합니다. 그럴 수 있는 이유는 땅의 깊은 곳들도 구속주의 손에 있기 때문입니다. 산들의 노래에 화답하여 골짜기들은 외칠지어다! 오 왕의 골짜기로 불렸던 사웨 골짜기여(창 14:17), 이제 저 위대한 멜기세덱이 아브라함의 후손들을 위하여 참된 떡과 포도주를 가지고 오셨도다! 오 에스골이여 외칠지어다, 그대의 풍성한 포도송이들이 주께서 심으신 참된 포도나무에 의해 능가당했음이라! 오 요단 골짜기여 외칠지어다, 그대의 강에서 구속주께서 세례를 받으셨음이라! 오 바카 골짜기여 기뻐하라, 주 예수께서 그 샘들을 채우셨음이라!(참조. 시 84:6). 오 아골 골짜기여 소리칠지어다, 그대가 이제는 소망의 문이 되었음이라!

오 광야의 외딴 장소들이여 기뻐하라, 주님의 구속이 그곳에 장미꽃들을 피게 하셨음이라! 삼림의 모든 나무들은 주를 송축할지어다! 각 나무들은 저 겸손하신 왕이 가시는 길에 깔 가지들을 낼지어다! 열매 맺는 나무들과 모든 백향목들이여 주를 송축하라! 전나무들의 기둥 아래에 드리운 그늘에서 찬양의 부드러운 속삭임이 들리게 할 것이며, 이 섬의 거대한 상수리나무들 밑에서 영광스러운 복음이 선포되게 할지어다! 너희 느릅나무들아 주를 찬양하라! 그대들의 오랜 가로수길 아래에 평화가 뛰어놀기 때문이라. 그리고 넓게 가지를 펼치고 있는 너도밤나무들이여 그분을 노래하라, 그대들이 드리운 가지들 밑에서 양 떼들이 풍성히 꼴을 먹기 때문이라. 그리고 너희 소나무들 곧 상록의 옷을 입은 너희여, 그 노래에 참여할지어다! 단 하나의 식물도 침묵하지 말 것이며, 벽에 기댄 단 하나의 우슬초도 입을 다물지 말지어다!

나는 이 고상한 노래의 절정에 이르지 못합니다. 내 생각에는, 밀턴(Milton)처럼 그 영혼이 감동되어 고상한 시로 하나님의 은혜를 노래한 시인이 아니라면, 어느 누구도 그렇게 하지 못할 것입니다.

이 본문의 전체적인 의미는 이렇게 보입니다. 즉 성도들이 어디에 있건, 그들이 구속의 사랑을 인하여 하나님을 찬미해야 한다는 것입니다. 그들이 알프스에 오르든지 혹은 평지로 내려가든지, 그들이 도시에 거하든지 혹은 고요한 숲속에 거하든지, 하나님의 구속의 사랑을 노래해야 합니다. 그들의 마음 상태가 어떠하든지, 그들은 여전히 구속의 은혜의 죽음으로 보이신 사랑을 노래해야 한다고 느낍니다. 친밀한 교제의 산꼭대기에 있든지 혹은 겸손의 골짜기에 있든지, 형통으로 높아지든지 혹은 역경으로 낮아지든지, 그들은 그 사랑을 노래해야 한다고 느낍니다. 그들은 마치 배가 바다에서 흰 거품으로 수면에 자취를 남기며 나아가듯이, 매일의 삶의 과정에서 찬미의 빛나는 자취를 남겨야 합니다.

본문은 모든 계층의 사람들과 모든 처지에 있는 사람들을 향해 구속을 인하여 하나님을 찬미하라고 요청합니다. 산처럼 높아진 여러분 곧 장관들과 제후들과 왕들과 황제들이여, 그리고 평지처럼 낮은 곳에 처한 여러분 곧 얼굴에 땀이 흐른 채 빵을 먹고 가난과 수고에 힘겨운 하나님의 자녀들이여, 구속의 사랑 안에서 기뻐하십시오! 마치 복잡한 삼림 속에 있듯이 죄 중에 거하는 여러분이여, 하나님께 잘못을 범하고 악의 깊은 곳에 빠진 이들이여, 여러분이 회복될 수 있는 것으로 인해 즐거워하십시오! 여자에게서 태어난 모든 사람들이여, 함께 이스라엘의 구속주를 찬양합시다! 그분이 자기 백성의 구원을 이루셨습니다!

4. 우주적인 합창에 참여함

이 노래에 참여합시다. 지금 내 뒤에는 생키(Sankey) 씨가 있습니다. 하지만 그가 이 노래의 장엄함을 충분히 표현할 수는 없습니다. 노래하는 남자와 여자들로 구성된 최상의 합창단 역시 마찬가지입니다. 아니, 이 임무는 스랍 천사들의 한계조차도 넘어선 일입니다. 오 주여, 당신의 사랑의 영광으로 인하여 찬양이 잠잠해집니다. 하지만 형제들이여, 우리의 역량대로 찬양하도록 합시다.

이 노래를 우리가 어떻게 불러야 할지 생각해봅시다. 우리는 예수 그리스도께서 자기 백성의 죄를 감당하시고, 그렇게 하심으로서 그들을 속량하셨다는 장엄한 진리를 믿음으로 바라볼 때 그 노래를 부릅니다. 복음의 핵심인 이 사실을 이해하고, 우리는 기쁨으로 노래하기 시작합니다. 내 형제들이여, 그것을 이해하였으면 그것을 굳게 붙잡으십시오. 그 때 여러분의 마음은 노래할 것이며, 그렇게 하지 않을 수가 없을 것입니다. 하늘의 모든 수금도, 여러분이 이 사실 즉 예수님께서 실제로 자기 백성을 대신하여 죄를 끝내셨으며, 그들을 위해 영원한 의를 가져다주셨다는 사실을 온전히 이해했을 때 부르는 노래보다는 감미롭지 못할 것입니다. 그 사실을 성령께서 여러분의 마음에 적용하신다면 여러분은 그 노래를 훨씬 더 훌륭하게 부를 것이며, 이렇게 말할 수 있을 것입니다. "내 허물이 빽빽한 구름 같이, 내 죄가 안개 같이 사라졌도다." "예수님의 피로 말미암아 나는 깨끗하며, 그의 사랑하시는 자 안에서 받아들여졌도다. 나는 하나님의 품에 사랑스러운 자이며, 이제 내게는 점도 주름잡힌 것도 없으니, 이는 예수 그리스도를 통하여 깨끗하게 되었음이로다." 그 어떤 것도, 구속의 은혜와 생명을 주신 사랑을 느끼는 마음에서 우러나오는 노래만큼 매혹적인 소리를 낼 수는 없습니다.

만일 여러분이 하나님께 가까이 감으로써, 또한 기도의 특권을 사용하고, 매일 주님을 신뢰하며, 양자됨을 즐거워하고, 하늘의 아버지와 교제를 누림으로써 매일같이 구속과 용서의 복을 깨닫는다면, 여러분은 훨씬 더 훌륭한 노래를 부를 수 있을 것입니다. 만일 여러분이 지상의 아버지의 모습을 닮았듯이 여러분의 천부의 형상을 닮기를 추구한다면, 또한 주님을 섬기는 일에 온전히 헌신하고, 거역할 수 없는 거룩한 사랑의 조류에 자신을 맡겨 산다면, 여러분의 노래는 훨씬 더 훌륭할 것입니다. 오 사랑하는 이여, 그렇게만 된다면 여러분은 영원히 이렇게 소리칠 것입니다. "하늘아 노래할지어다, 여호와께서 이 일을 행하셨음이라!"

이 건물의 다른 부분에서는 탄식 소리가 들려오는 것 같습니다. "오호라, 우리는 노래할 수 없구나. 우리는 예수님을 믿지 않았고, 그리스도께서 우리의 죄를 치우지 아니하셨구나." 잠시 내 말에 귀를 기울이십시오. 이 말을 한 후에 설교를 마치겠습니다. 죄인이여, 비록 당신이 이 구속을 얻지 못했으나, 그럼에도 나는 당신이 그것에 대해 노래하기를 바랍니다. 왜냐하면 당신이 원하는 것은 정확히 그것이기 때문입니다. 여러분은 죄의 종이며, 그렇다면 속량이 가능하다는 것으로 인해 하나님을 찬미해야 하지 않을까요? 만일 내가 옛 시대에 종이었다면, 비록 속량을 얻을 기회는 적어도, 속량이라는 단어 자체가 내게는 달콤한 위안이 되었을 것입니다. 그리고 다른 사람들이 구속받을 것을 들을 때, 내가 노래라는 걸 할 수 있다면, 나는 속량을 내 노래의 주제로 삼을 것입니다. 가련한 영혼이여, 당신도 그럴 수 있습니다. 많은 사람들이 구원받았고, 그 안에서 즐거워하고 있습니다. 그 일이 당신에게 일어나서는 안 되는 이유가 있을까요? 하여간 희망을 가져보십시오.

즐거워하십시오. 왜냐하면 구원은 당신을 위하여 또 다른 손에 의해 행해진 일이기 때문입니다. "여호와께서 이 일을 행하셨도다." 만일 구속을 위한 삯의 일부를 당신이 스스로 지불해야 하는 것이라면, 그것은 당신을 노래하게 하지 못할 것입니다. 당신은 너무나 가난하여 단 한 푼도 지불할 수 없기 때문입니다. 하지만 여호와께서 단 한 푼도 지불할 것을 남기지 않고 전부를 지불하셨습니다. 만일 당신이 구원을 받는다면 그것은 당신 자신을 초월한 능력에 의한 것임에 틀림없습니다. 당신은 한없이 약하기 때문입니다. 하지만 기뻐하십시오. 주께서 그 일을 행하셨습니다. 주 예수께서 달리신 나무에서 당신의 구원이 완성되었다는 생각이 당신 마음에 새겨진다면(성령께서 그렇게 되게 하시기를 기도합니다), 아아, 내 생각에 당신은 기쁨으로 구속의 주를 소리쳐 찬미할 것입니다.

다시 생각하십시오. 당신이 거역했던 그분 곧 "여호와께서 이 일을 행하셨습니다." 당신이 근심하게 했던 하나님께서 황송하게도 당신의 구속을 이루셨습니다. 이것이 당신의 영혼으로 하여금 이렇게 말하게 만들어야 하지 않겠습니까? "하나님께서 그 일을 내게 이루기를 원하셨던가?" 그리고 그런 일이 가능하다는 생각만으로도 당신은 노래하기를 시작해야 할 것입니다.

죄인이여, 귀담아 들으십시오. 당신의 죄는 지워질 수 있습니다. 당신은 그 얼룩을 제거하느라 노력해왔지만 모두가 허사였습니다. 그 붉은 얼룩은 여전히 남아있습니다. 비록 당신이 대서양에 손을 씻어도, 그 끝없는 파도에 손이 빨갛게 될 때까지 씻어도, 여전히 그 얼룩은 사라지지 않을 것입니다. 어떤 유한한 능력도 그 저주받은 얼룩을 영원히 지워낼 수는 없습니다. 하지만 그것이 지워질 수는 있습니다. 본문은 다른 사람들의 경우에 주께서 그 얼룩을 지우셨다고 말합니다. 그렇다면 당신을 위해서는 안 될 이유가 무엇일까요? 이 질병이 절대적으로 죽음에 이르게 하는 것은 아닙니다. 그것은 치유될 수 있습니다. 오 인간이여, 그 족쇄들은 영원한 것이 아니며, 끊어질 수 있는 것입니다. 저기 창살들은 제거될 수 있으며, 당신은 도망쳐서 자유를 얻을 수 있습니다. 그러므로 노래를 시작하십시오! 오호라, 내가 당신에게 말한다고 해서, 그리고 어떤 사람이 명한다고 해서 노래하지는 않을 것임을 압니다. 은혜가 당신을 자유롭게 하기까지는 그럴 수 없을 것입니다. 당신으로 하여금 노래하게 만드는 유일한 것은 당신 자신이 구원을 깨닫는 것이니, 오 당신이 예수님을 믿음으로써 지금이라도 그렇게 되기를 바랍니다. 그리스도를 의지하는 것 외에 다른 모든 것을 멈추십시오. 그분의 팔에 당신을 맡기십시오! 그분 안에서 쉬고, 그분을 신뢰하며, 그분을 의지하십시오. 그러면 모든 것이 잘 될 것이며, 당신은 큰 소리로 외치게 될 것입니다. "하늘아 노래할지어다, 여호와께서 이 일을 행하셨도다!"

"죄에 눌린 모든 영혼이여 오라.
주께는 긍휼이 있으니
그가 정녕 너를 쉬게 하리라.
그의 말씀을 의지하며
오직 그를 신뢰하라! 오직 그만을 신뢰하라!
그가 너를 구하시리라. 그가 너를 구하시리라.
그가 지금 너를 구하시리라."

제
48
장

주께서 말씀하시지 않은 것으로부터 주를 찾는 자들을 위로함

"나는 감추어진 곳과 캄캄한 땅에서 말하지 아니하였으며 야곱 자손에게 너희가 나를 혼돈 중에서 찾으라고 이르지 아니하였노라."—사 45:19

우리는 하나님이 말씀하시지 않은 것을 숙고함으로써 많은 위안을 얻을 수 있습니다. 그분이 말씀하신 것에는 표현할 수 없을 정도로 위로와 기쁨이 가득합니다. 하지만 그분이 말씀하시지 않은 것에도 그에 못지않은 위안이 풍성합니다. 요아스의 아들 여로보암의 시대에 이스라엘이 보전되었던 것은 "여호와께서 이스라엘의 이름을 천하에서 없이 하겠다고 아니하셨기" 때문입니다(왕하 14:27). 이 본문에서 우리는 하나님께서 기도에 응답하신다는 확신을 가집니다. 왜냐하면 그분이 "야곱 자손에게 너희가 나를 혼돈 중에서 찾으라"고 말씀하시지 아니하였기 때문입니다.

여러분 중에 스스로에 대해 낙담 어린 생각에 빠진 이들은 이 사실을 기억하기 바랍니다. 비록 여러분의 의심과 두려움이 그렇게 될 것이라고 말해도, 만약 하나님께서 여러분을 은혜에서 끊어내겠다고 말씀하시지 않았다면 낙담할 이유가 없습니다. 양심의 소리조차도 그것이 하나님의 말씀에 의해 지지를 받은 경우가 아니라면 중하게 여길 가치가 없습니다. 하나님이 말씀하신 것에 대해

떠십시오! 하지만 여러분의 두려움과 의심이 여러분을 완전히 압도하여 낙심과 악한 절망에 빠뜨리게 하지는 마십시오. 많은 소심한 사람들이, 하나님의 작정 속에 그들을 모든 소망으로부터 배제시키는 무언가가 있을 것이라는 의심으로 괴로움을 겪어왔습니다. 어떤 비밀이 운명의 거대한 두루마리 속에 기록되어 있어서, 그것이 그들로 하여금 주를 찾고 기도하여도 그분을 찾지 못하게 한다고 여기는 것입니다. 이 본문은 그런 식의 근심과 두려움을 전적으로 반박하고 있습니다. "나는 감추어진 곳과 캄캄한 땅에서 말하지 아니하였으며, 또한 나의 신비스러운 작정의 비밀 속에서 '너희가 나를 혼돈 중에서 찾으라'고 이르지 아니하였노라." 작정은 "감추어진 곳에서 말해진" 것입니다. 작정이란 "캄캄한 땅에" 숨겨진 것과 같습니다. 하지만 주께서 그분의 작정 중 어디에서도 "나를 혼돈 중에서 찾으라"로 해석될 만한 내용을 말씀하시지 않은 것이 절대적으로 확실합니다.

오, 내 형제여, 하나님께서 분명히 계시하신 진리, 그분이 자기를 찾는 자들의 기도를 들으실 것이라는 진리는, 하나님께서 다른 곳에서 말씀하시는 어떤 내용과도 상충될 수가 없습니다. 그분은 너무나 확고하게, 너무나 진실하게, 너무나 의롭게 말씀하셨기에 이 문제에서 모호성이란 없습니다. 그분은 시빌(Sybil, 옛 그리스 로마의 무당이나 예언자)처럼 이중의 혀를 가지고 애매모호하게 말하지 않으시고, 델포이(Delphi, 그리스의 옛 도시로 아폴로 신전이 있던 그리스의 옛 도시)의 신탁처럼 이해할 수 없는 말로 자신의 생각을 계시하지도 않으시며, "구하라 그리하면 받으리라"(요 16:24)고 분명하면서도 단호하게 말씀하십니다. 오, 여러분 모두가 이 확실한 진리를 받아들이기를 바랍니다. 기도는 틀림없이 하나님께 들릴 것입니다. 저 영원의 내실(內室)에서나 언약의 회의실에서, 주께서는 어떤 영혼을 향해서도 결코 "너희가 나를 혼돈 중에서 찾으리라"고 말씀하시지 않았습니다.

오늘 아침 내가 다루고자 하는 주제는 이것입니다. 예수 그리스도를 통하여 하나님이 정하신 길 안에서 하나님을 찾는 자들이 그분을 헛되이 찾을 가능성은 없습니다. 진지하게 참회하며 기도하는 마음은, 비록 시간이 지연될 수는 있어도, 결코 최종적인 거절을 당하고 쫓겨날 수가 없습니다. "누구든지 주의 이름을 부르는 자는 구원을 받으리라"(롬 10:13). "구하는 이마다 받을 것이요 찾는 이는 찾아낼 것이요 두드리는 이에게는 열릴 것이니라"(마 7:8). 나는 이것을 입증할 터인데, 먼저, 이 본문이 표현하고 있듯이 "나는 너희가 나를 혼돈 중에서 찾으라고 이르지 아니하였노라"는 부정문에서 그렇게 할 것입니다. 그런 후 긍정문으로써 그것을 입증할 것입니다. 오, 하나님께서 우리에게 성령을 주셔서, 내가 설교하는 동안 많은 상심한 마음들이 위로를 얻게 되기를 빕니다.

1. 하나님을 진실하게 찾는 자는 찾게 된다. — 부정문을 통한 입증

먼저, 부정문의 방식으로 시작하겠습니다. 하나님이 정하신 방식으로 진실하게 긍휼과 영생을 구하는 자가 그것을 찾지 못할 가능성은 없습니다. 마음으로부터 진실하게 하나님께 기도하는 사람에게, 최종적으로 은혜의 응답이 거절될 가능성은 없습니다. 여기에는 몇 가지 이유들이 있습니다.

1) 왜 기도하라는 권면이 주어졌을까?

이 경우를 가정해봅시다. 만일 진실한 기도가 아무런 소용이 없다면, 다음과 같은 질문이 대두됩니다. 그렇다면 왜 사람들에게 기도하라는 권면이 주어질까요? 만일 하나님이 기도를 듣지 않으신다면, 우리의 간구가 실패로 끝날 수 있다면, 왜 하나님께서 그토록 계속해서, 그토록 진지하게, 그토록 강력하게, 인간들에게 그분을 찾으라고 재촉하며 명령하실까요? 만일 내가 빚지지 않고 생계를 이어가지 못하는 어느 가난한 농부를 보고서, 그에게 바위 위에 쟁기질을 하라 권하고, 씨를 뿌려도 자랄 수 없는 땅에 그가 가진 소량의 씨를 뿌리라고 권한다면, 나는 무정하고 냉혹한 사람이 아닐까요? 어떤 왕이 어느 해안 땅이 단 한 톨의 곡식도 날 수 없고 농부의 수고에 아무런 보상도 주지 않을 땅임을 알고서도, 그의 불쌍한 신하에게 그 땅을 쟁기질하고 써레질하도록 명하며, 거기에 그가 가진 모든 경작 기술을 활용하도록 법을 부과할까요? 목말라 죽을 지경이 된 사람에게 빈 우물에서 두레박질을 하도록 조언하는 사람을 여러분은 어떤 사람이라고 생각합니까? 어떤 군주가 목말라서 곧 죽게 된 자기 신하에게 물이 없는 곳으로 두레박을 내리라 명하고, 그 줄을 내리고 다시 감아올리기를 반복하도록, 아무 유익도 얻지 못할 것이 분명한 행동을 쉬지 말고 지속하도록 강요한다고 상상해 보십시오!

여러분은 인간에게 낙심하지 말고 기도하라고 명하시는 하나님께서, 아무런 수확도 거둘 수 없음에도 불구하고 그렇게 하도록 명하셨다고 생각합니까? 여러분은 그분이 사람들에게 계속해서 기도하고 "쉬지 말고 기도하라"고 말씀하시면서, 깨어 기도하고 야경(夜警) 시간에도 그분에게 부르짖도록 말씀하시면서, 결국에는 그들의 호소에 귀를 막고 그들의 부르짖음을 멸시하기로 작정하셨다고 여기는 것입니까? 만일 여왕이 감방에 갇힌 한 사람에게 은혜를 구하도록 탄원하게 하고, 아니 탄원하도록 명령을 하면서 다음과 같이 말한다면, 그것은 무정한 폭군의 한 단면이 아니겠습니까? "만일 내가 즉시 답을 주지 않는다면, 다시 탄원을 올리고, 또다시 탄원을 올리라. 그런 식으로 일곱 차례의 탄원을 올리고 계속해서 그렇게 하라. 네가 사는 날 동안 멈추지 말고 그리 하라. 끈질기게 조르면 네가 답을 받으리라." 만일 그 여왕이 강청하는 과부의 이야기를 들려주고, 또한 피곤한 친구에게 강청하여 빵 세 덩어리를 얻은 사람의 경우에 대해 들려주고서, "그와 마찬가지로, 너도 구하면 얻을 것이라" 말하고는, 정작 그 사람이 그렇게 하는 동안에도 여왕의 마음에는 그 사람을 용서하려는 의도가 없고, 오히려 마음속으로 그 사람의 사형집행에 서명을 하리라고 결심하고 있다면, 대체 그게 말이나 되겠습니까? 형제들이여, 이것이 왕의 관대함과 어울리는지, 은혜로운 군주의 행동으로 걸맞은 것인지 여러분에게 묻고 싶습니다. 하나님께서 여러분 각 사람에게 그분의 얼굴을 구하라 명하시고는 — 그분은 예수 그리스도를 통하여 그분에게 나오도록 여러분에게 명하십니다 — 정작 그분의 마음 은밀한 곳에서 여러분의 부르짖는 소리에 결코 은혜로 응답하지 않으실 의향을 가지고 있다고, 여러분은 한순간이라도 상상할 수 있겠습니까?

2) 기도하는 자가 기도하지 않는 자보다 형편이 악화되는가?

두 번째 논증입니다. 만약 기도를 지속적으로 드리면서 하나님을 진지하게 찾으면서도 은혜를 얻을 수 없다면, 그렇다면, 기도하는 자가 기도하지 않는 자보다 형편이 더 악화될 것이며, 하나님께 올리는 간구는 인류의 해악을 증대시키기 위해 교묘하게 고안된 장치에 불과할 것입니다. 만일 하나님께서 기도에 응답하는 분이 아니시라면, 기도하지 않는 자가 기도하는 자보다 더 적은 슬픔을 겪을 것이기 때문입니다. 기도하는 자는 주릴 것이니, 그들은 주리고 먹지 못할 것이라! 만일 그렇다면, 아예 주리지 않는 편이 훨씬 좋지 않겠습니까? 그렇다면 어떻게 "의에 주리고 목마른 자는 복이 있다"(마 5:6)고 할 수 있겠습니까? 기도하는 자는 목마릅니다. 그는 사슴이 시냇물을 찾기에 갈급함 같이 자기 하나님을 찾기에 갈급합니다. 하지만 하나님께서 그에게 결코 마실 생수를 주시지 않는다면,

목마른 영혼은 목마른 것이 무엇인지 모르는 사람보다 훨씬 더 비참하지 않겠습니까? 기도하도록 가르침을 받은 자는 큰 갈망과 필요가 있습니다. 그의 마음에는 세상이 결코 채워줄 수 없는 쓰라린 빈 공간이 있습니다. 하지만 기도하지 않는 자는 하나님을 향한 바람이나 갈망이 없습니다. 간구하는 자는 영원한 것들을 향하여 채워지지 않는 욕구를 느낍니다. 그런데, 만일 사람이 이러한 강렬한 갈망을 가졌음에도, 하나님께서 결코 그런 것들을 허락하시지 않는다면, 기도하는 사람은 기도하지 않는 사람보다 나쁜 처지에 놓인 셈입니다. 이런 일이 어찌 있을 수 있습니까? 하나님께서 세상을 그렇게 조성하셔서, 덕에는 불행이 수반되고, 악에는 행복이 따르게 하셨단 말입니까? 그럴 리가 없습니다. 우주의 도덕적 통치자이신 하나님께서 그분을 망각하는 자에게는 상을 주시고, 진실하게 그분의 얼굴을 구하는 자의 영혼에게는 불행을 쏟아 부으신단 말입니까? 그렇게 상상하는 것은 신성모독입니다.

들짐승들은 그들이 불멸의 존재가 아닌 것에 대해 한탄하지 않습니다. 그들에게는 불멸을 향한 열망이 없기 때문입니다. 은혜로우신 하나님께서는 그들의 욕구를 그들이 도달할 수 있는 한도로 제한하셨습니다. 하지만 만일 황소가 천국을 바라며 애통할 수 있거나, 양이 부활을 위해 기도할 수 있다면, 그것들은 구하는 바를 거절당할 것이기에 정녕 비참한 가축들일 것입니다. 그와 마찬가지로 불경건한 사람은 마치 들의 짐승들과 같아서, 하나님의 은혜를 바라는 간절함이 없고, 영생을 위한 갈망도 없고, 그리스도의 형상을 닮고자 하는 소원도 없습니다. 그의 욕구는 그가 얻을 수 있는 것에만 제한되어 있습니다. 하지만 한 영혼이 하나님을 닮기를 갈망하고, 자기를 지으신 조물주와 화목하기를 애타게 바라고, "예수 그리스도로 말미암은 하나님과의 화평"을 주려 실신할 정도로 간절히 바란다면, 그러한 갈망이 단지 그를 더욱 비참하게 만들기 위해 주어졌을까요? 나는 그런 것을 상상조차 할 수 없습니다. 기도하는 사람이 하나님에 의해 기도하지 않는 사람보다 더 나쁜 처지에 놓이게 된다는 식의 상상은 정말이지 불합리하기가 짝이 없습니다. 그러므로 진지하고 진실하게 기도하는 사람은 그리스도의 공로로 말미암아 틀림없이 하나님의 은혜를 얻을 것입니다.

3) 하나님이 불필요한 불행을 야기하는 분이신가?

한 걸음 더 나가겠습니다. 하나님께서 기도를 듣지 않으신다면, 그런 경우기도하는 사람이 태평한 죄인보다 더 비참할 것이 자명하기 때문에, 하나님이 불필요한 불행의 조성자가 되신다는 말이 됩니다. 우리는 이것이 우리 하나님의 성품과 조화되지 않음을 압니다. 우리는 세상을 돌아보고, 죄에 대한 심판을 목격하지만, 선한 소원에 대한 심판은 보지 못합니다. 우리는 타락이 우리에게 손실과 파멸을 가져다주었음을 발견하며, 또한 정의가 최후로 집행되는 끔찍한 지옥이 있음을 압니다. 하지만 나는 독단적인 고문이 자행되는 방, 즉 전능하신 하나님께서 자기 피조물이 정당치 못한 고통과 부당한 슬픔을 겪는 것을 보고 즐거워하시는 것은 어디에서도 보지 못했습니다. 나는 하나님께서 불필요한 고통을 주기 위해 단 하나의 장치도 고안하신 것을 보지 못했습니다. 나는 내 몸의 어떤 관절 하나, 아니 단 하나의 힘줄이나 근육도 나에게 고통을 가하려고 의도된 것을 보지 못했습니다. 내가 타락한 죄인이기에, 그 모든 것이 고통과 아픔으로 비틀려진다 해도, 그 몸 자체는 고통이 아니라 즐거움을 위하여 지어진 것입니다.

여러분은 하나님께서 은혜를 모방하고 자비를 흉내 냄으로써 인간의 불행을 증대시키기 위해 나쁜 의도로 은혜의 보좌를 제시하셨다고 생각합니까? 여러분은 그분이 인간에게 순종을 명하신 이유가 그들에게 불순종이 가져다줄 수 있는 것보다 더 큰 슬픔을 안겨 주기 위해서라고 상상하는 겁니까? 여러분은 그분이 팔을 벌리고 인간에게 호소하시는 이유가 그들을 예전보다 더욱 비참하게 만들기 위해서라고 생각하는 겁니까? 그분이 거짓되고 무정한 마음으로 인간에게 오라고 명하실까요? 그들을 받아주실 의도가 없기 때문에 그들이 오더라도 그들이 이미 겪는 것보다 열 배나 더 심한 불행을 겪게 될 것을 아시고 그들을 부르신단 말입니까? 내 하나님에 대해 이런 식으로 상상할 수 있는 사람은 그분을 알지 못하는 사람입니다. 하나님께서 들으실 것을 약속하심으로써 인간에게 기도를 호소하고 자극하시는 이유가 결국에는 기도를 거절하기 위한 것이라고 상상할 수 있는 사람은, 정녕 여호와를 칼리(Kali, 힌두교에서 시바신의 배우자로 파괴와 창조의 여신) 혹은 저거노트(Juggernaut, 인도 신화에서 크리슈나의 칭호)와 비교하고 있음이 틀림없습니다. 그런 사람은 여호와가 어떤 분인지 알지 못합니다. 여러분은 기도 그 자체가 하나님의 역사임을 알지 못합니까? 기도는 인간의 행동이기 이전에 창조주의 일입니다. 기도는 인간이 하나님께로 향하도록 하나님이 인간 안에서 역사하시는 것입니다. 기도는 신적 생명의 열매입니다. 그런데 여러분은 하나님이 인간의 마음에서 기도하게 하시고는 그것을 들으실 의향이 없다고 믿는 것이며, 또한 영원하신 성부께서 거절하기로 결정하신 바를 우리 안에 계신 성령께서 간구하신다고 믿는 것입니까? 아니, 아니, 결코 그렇지 않습니다. 우리는 이 부정적 방식의 추론으로부터, 우리의 하나님이 반드시 기도를 들으시고 응답하신다는 확신을 가져야만 합니다.

4) 사람이라면 그렇게 할까?

여전히 낙심한 몇 사람이 있을 것입니다. 그들은 하나님이 기도하라고 권하시지만 결국 그것을 물리칠 것이라고 생각합니다. 그런 이들에게 또 다른 근거를 제시하겠습니다. 사람이라면 그렇게 할까요? 당신이라면, 비록 죄로 가득하지만, 당신의 동료 인간을 그렇게 취급하겠습니까? 거리의 거지들에게 이런 식으로 말하고 행동하는 어느 부자가 있다고 가정합시다. “나는 어떤 곳에 산다. 10km 떨어진 곳이다. 만약 너희 모두가 내일 아침 8시에 와서 내 집 문을 두드리고, 내 아들의 이름을 반복해서 부른다면, 나는 너희들의 필요를 채워줄 것이다.” 그가 그 불쌍한 거지들을 모았을 때, 그들을 그 자리에 세워둔 채로, 그들이 지칠 때까지 그의 명대로 계속해서 문을 두드리게만 하고 결코 응답하지 않는다면, 그리고 그들에게 자기 집에는 빵이 있음을 알리고서 그들을 위해서는 한 조각의 빵도 주지 않는다면, 우리는 분명 그 부자를 경멸할 것입니다. 우리는 이렇게 말하겠지요. “만약 사람들이 실제적인 문제로 농담하는 것을 즐거워한다면, 가난하고 궁핍한 사람들을 그런 농담의 대상으로 삼아서는 안 되며, 아무 도움이 없는 거리의 거지들을 희생자들로 삼아 그런 어리석은 즐거움을 얻으려 해서는 안 된다.”

그렇다면 내 하나님께서 사람들보다 덜 관대하시다고 여기는 것이 가당하단 말입니까? 환자의 고통을 덜어주기 위해서나 다친 사람을 치료하기 위해 문을 연 병원이 있다면, 심하게 다친 사람들이 호소를 하면 받아들여지는 것을 우리는 늘 목격하지 않습니까? 그런 병원을 운영하는 사람들 속에 특수한 동정심이 있는지 모르겠지만, 이것 하나만은 분명히 압니다. 그들의 가슴에는 따뜻한 인정이 많아서, 어느 불쌍한 사람을 거의 죽은 상태에서 병원 문 앞에 데려온다면 — 비록 그보다 가벼운 상태여도 그들은 그런 사람을 특별 취급하여 돌볼 것입니다 — 그 상황의 절박성 때문에라도 병원 문은 열릴 것이며, 그 환자는 즉시 받아들여질 것입니다. 인간이 바로 그런 상태에 있습니다. 거의 죽게 된 상태, 아니, 자기 죄로 인해 정죄되고 완전히 망가진 상태입니다. 나는 내 하나님께서 그런 불행을 대하시고도 그분의 문을 닫을 것이라고 믿지 않습니다. 오히려 나는 그 경우의 절박성이 그분의 마음에 강력히 호소할 것이며, 따라서 그분이 자기 약속을 이행하실 것이라고 믿습니다. 내 하나님은 인간보다 무한히 더 자비로운 분이라고 나는 인정합니다. "하늘이 땅보다 높음 같이 내 길은 너희의 길보다 높으며 내 생각은 너희의 생각보다 높으니라"(사 55:9). 만약 사람이 딱한 처지에 놓인 다른 사람의 간청을 거절하지 않는다면, 사람의 마음이 불행의 외침에 동정심이 발동한다면, 하물며 긍휼이 풍성하신 내 하나님, 그 이름이 사랑이신 하나님, 그 본성이 꾸짖지 아니하시고 후히 주시는 하나님께서는 더욱더 그러하시지 않겠습니까? 그러므로 나는 그분이 반드시 기도를 들으실 것이라고 확신합니다.

5) 기도를 들으심으로써 하나님은 거짓 신들과 구별되신다.

더 나아가, 여러분은 기도를 들으시는 하나님의 기념 칭호이며, 그것으로써 그분이 거짓 신들과 구별되신다는 것을 잊었습니까? 우상들은 "귀가 있어도 듣지 못합니다"(시 135:17). 그것들은 손이 있어도 그 숭배자들을 돕지 않으며, 발이 있어도 그 숭배자들을 구하러 오지 않습니다. 하지만 우리 하나님은 하늘을 지으셨으며, "기도를 들으시는 하나님" 이것이 그분을 기억하게 하는 칭호입니다. 다윗이 그것을 이렇게 표현하지 않았습니까? "기도를 들으시는 주여 모든 육체가 주께 나아오리이다"(시 65:2). 여호와가 하나님 되신다는 뚜렷한 증거들 중의 하나는, 그분이 오늘도 자기 백성의 간구에 응답하신다는 것입니다. 하지만 여러분 중 어느 누구든 몇 날과 몇 주와 몇 달 동안 그분의 얼굴을 구하고서도, 그분이 여러분을 거절하신다고 상상해보십시오. 이것이 "기념 칭호"가 되겠습니까?

오, 만일 저기 가련한 죄인이 많은 눈물과 애처로운 부르짖음으로, 예수의 이름으로 은혜의 보좌를 공략한다면, 전능하신 하나님 아버지께서 그를 거절하시고 그를 쫓아내실까요? 내 감히 말하건대, 그렇다면 하나님의 자랑스러운 이름이 어디에 있을까요? 응답이 지체될 수 있음을 나는 인정합니다. 하지만 그것은 오직 응답이 임할 때 그것을 더욱 달콤하게 하려는 이유 때문입니다. "비록 더딜지라도 기다리라 지체되지 않고 반드시 응하리라"(합 2:3). 만일 그렇지 않다면, 하나님의 영광은 어디에 있을까요? 어떻게 그분이 바알과 구별되어 높임을 받으실까요? 어떻게 그분이 이방인들의 신들 위에 높임을 받으실까요? 엘리야가 그것을 시험하지 않았습니까? 바알 제사장들이 외쳤습니다. 그들이 칼로 스스로를 베고, 아침부터 저녁까지 하늘에 닿을 정도로 소리를 쳤습니다. 그러자 그 선지자가 조롱하며 말했습니다. "큰 소리로 부르라, 그는 신인즉 잠깐 나갔는지 혹은 그가 잠이 들어서 깨워야 할 것이라"(왕상 18:27). 하루 종일 그 제사장들은 피가 흐르도록 창으로 제 몸을 상하게 했지만, 바알에게서는 아무 말이 없었습니다. 무대를 치우고, 하나님의 종이 나섭니다! 그는 하늘을 향해 손을 들고 외칩니다. "아브라함과 이삭과 이스라엘의 하나님 여호와여 주께서 이스라엘 중에서 하나님이신 것과 내가 주의 종인 것과 내가 주의 말씀대로 이 모든 일을 행하는 것을 오늘 알게 하옵소서. 여호와여 내게 응답하옵소서 내게 응답하옵소서 이 백성에게 주 여호와는 하나님이신 것과 주는 그들의 마음을 되돌이키심을 알게 하옵소서"(왕상 18:36-37). 여호와의 불이 내리고, 그 송아지를 태울 뿐 아니라 제단의 돌들도 태우고, 도랑의 물도 핥아 버립니다. 우리 하나님은 기도를 들으시기 때문입니다. 가련한 영혼이여, 그분이 기도를 듣지 않으실 것이라고 당신이 말할 때, 당신의 절망이 하나님으로부터 그분의 위대한 칭호를 앗아가는 것임을 이제는 이해하겠습니까? 그분이 당신의 기도를 듣기를 거절하실 거라고 상상함으로써 당신은 그분에게 심각한 불명예를 안기는 것입니다. 만약 당신이 그분이 당신에게 기도하라고 가르치시고 그리스도의 피를 통해 그분께 오도록 명하시고도 실제로는 당신의 신음 소리 듣기를 거절하실 거라고 생각한다면, 당신은 그분의 신성의 기념 방패에 오물을 던지는 셈이며, 지존자로서 걸맞지 않는 분이라 생각하는 셈입니다.

6) 하나님이 기도를 듣지 않으시면 약속의 의미는 무엇인가?

정녕 이상의 논증으로도 충분할 것입니다. 하지만 존 번연이 말했듯이 불신앙이란 목숨이 아주 질기기 때문에, 나는 이 문제를 다룰 때에 여러 번의 충분한 타격을 가하여, 확신을 갖게 하기를 바랍니다.

만일 하나님이 기도를 듣지 않으신다면 —그런 경우를 잠시 가정해봅시다— 나는 그분의 약속의 의미가 무엇인지를 알고 싶을 것입니다. 나는 경외심을 가지고 묻습니다. 만일 그분이 자기 백성의 기도에 응답하지 않으신다면, 어떻게 그분이 자기의 진실성을 입증하실까요? 여러분에게 그분이 친히 하신 약속들 중 한두 가지를 예로 들어보겠습니다. "환난 날에 나를 부르라 내가 너를 건지리니 네가 나를 영화롭게 하리로다"(시 50:15). "그가 내게 간구하리니 내가 그에게 응답하리라"(시 91:15). 이사야의 입을 통해 하신 이 말씀의 의미는 무엇일까요? "그가 네 부르짖는 소리로 말미암아 네게 은혜를 베푸시되 그가 들으실 때에 네게 응답하시리라"(사 30:19). 하나님이 기도를 듣지 않으시면, 그것은 더도 덜도 아닌 거짓입니다. 이 근사한 구절은 무엇을 의미할까요? "그들이 부르기 전에 내가 응답하겠고 그들이 말을 마치기 전에 내가 들을 것이라"(사 65:24). 또 스가랴를 통해 하신 이 말씀은 무슨 의미일까요? "그들이 내 이름을 부르리니 내가 들을 것이며 나는 말하기를 이는 내 백성이라 할 것이요 그들은 말하기를 여호와는 내 하나님이시라 하리라"(슥 13:9). 구주의 입술로 직접 하신 이 말씀보다 더 분명한 것이 있을까요? "구하라 그리하면 너희에게 주실 것이요, 찾으라 그리하면 찾아낼 것이요, 문을 두드리라 그리하면 너희에게 열릴 것이니, 구하는 이마다 받을 것이요 찾는 이는 찾아낼 것이요 두드리는 이에게는 열릴 것이니라"(마 7:7-8). "너희가 악한 자라도 좋은 것으로 자식에게 줄 줄 알거든 하물며 하늘에 계신 너희 아버지께서 구하는 자에게 좋은 것으로 주시지 않겠느냐?"(마 7:11). 그리고 이 큰 약속의 의미는 무엇일까요? "너희가 기도할 때에 무엇이든지 믿고 구하는 것은 다 받으리라"(마 21:22). 이런 말씀들이 모두 불신의 마음을 향하여 쏘아대는 조명탄이 아닐까요?

저 고대의 문서 욥기에서 시작하겠습니다. "그는 하나님께 기도하므로 하나님이 은혜를 베푸사 그로 말미암아 기뻐 외치며 하나님의 얼굴을 보게 하시리라"(욥 33:26). 시편은 그러한 약속들로 가득합니다. 심지어 천둥과 번개로 가득한 요엘서에서도, 선지자는 이렇게 말합니다. "누구든지 여호와의 이름을 부르는 자는 구원을 얻으리라(shall be delivered)"(욜 2:32). 바울은 그 구절을 로마서에서 조금 변형하여 이렇게 표현합니다. "누구든지 주의 이름을 부르는 자는 구원을 받으리라(shall be saved)"(롬 10:13). 전체적으로 아주 실천적인 문제를 다루면서 위로는 매우 조금 다루고 있는 야고보조차, 이 말을 하지 않고는 그의 서신을 끝낼 수가 없었습니다. " 하나님을 가까이 하라 그리하면 너희를 가까이 하시리라"(약 4:8). 옛 율법 하에서도, 신명기는 이와 같은 약속을 담고 있습니다. "네가 거기서 네 하나님 여호와를 찾게 되리니 만일 마음을 다하고 뜻을 다하여 그를 찾으면 만나리라"(신 4:29). 왕들의 통치 하에 있던 때에 우리는 이렇게 기록된 것을 발견합니다. "네가 만일 그를 찾으면 만날 것이라"(대상 28:9). 나는 이런 식으로 여러분이 내 소리에 싫증을 낼 때까지 계속해서 약속들을 인용할 수 있습니다.

하지만 내 사랑하는 친구들이여, 나는 묻습니다. 만일 하나님께서 내가 반복했던 이 약속들을 말씀하신 후에 기도를 듣지 않으시면, 그분의 신실성은 어떻게 되는 것입니까? 모든 사람이 거짓말쟁이라 해도, 그분만은 틀림없이 참되십니다. 하늘과 땅이 사라져도 그분이 친히 하신 말씀은 굳게 설 것입니다. 너희 민족들이여, 너희는 꽃들처럼 죽을 것이며, 너희 열방들아 너희는 꿈처럼 사라질 것이다. 오 너희 산들아, 너희는 그림자처럼 없어질 것이며, 오 땅아 너는 난파선처럼 산산조각 날 것이며, 오 하늘들이여, 너희는 두루마리처럼 말릴 것이라. 하지만 하나님의 모든 말씀은 굳게 설 것이며, "그리스도 예수 안에서 예와 아멘"이 됩니다. "말하는 자의 소리여 이르되 외치라 대답하되 내가 무엇이라 외치리이까 하니 이르되 모든 육체는 풀이요 그의 모든 아름다움은 들의 꽃과 같으니, 풀은 마르고 꽃은 시드나 우리 하나님의 말씀은 영원히 서리라 하라"(사 40:6,8). 이보다 더 강력한 논증을 우리가 어디에서 찾겠습니까?

7) 그리스도를 통해 준비하신 일들의 의미는 무엇인가?

불신앙에 가하는 또 한 번의 타격입니다. 만약 하나님께서 실제로 우리에게 "기도하라, 나는 결코 너희 소리를 듣지 않을 것이며, 너희는 혼돈 중에서 나를 찾으리라"고 말씀하신다면, 나는 그분이 기도를 들으시기 위해 준비하신 모든 일들이 무슨 의미냐고 물을 것입니다. 나는 하나님께로 향하는 한 길을 봅니다. 그것은 돌로 포장되어 있고, 구주의 피라는 아름다운 붉은 색으로 물들어 있습니다. 나는 한 문을 봅니다. 그것은 예수님의 상처 입은 옆구리입니다. 만일 하나님이 기도를 듣지 않으시면, 왜 그 피를 흘렸을까요? 또한 결국에는 은혜의 보좌로 나아가는 휘장이 닫혀져 있다면, 그 옆구리가 상처를 입은 이유는 무엇일까요? 더 나아가, 나는 하늘에서 하나님과 나 사이에 계신 한 중보자를 봅니다. 그러나 만일 하나님께서 인간과 화평하지 않으시고 그의 기도를 듣지 않으신다면, 왜 중보자가 계실까요? 또한 나는 한 중재자를 봅니다. 가슴에 보석으로 장식된 흉배를 붙이고, 자기 상처 난 손을 뻗어 자기 옆구리를 가리키고 계시는 하나님의 아들을 봅니다. 하지만 만일 기도가 헛되고 하나님께서 "너희가 나를 헛되이 찾으리라"고 말씀하신다면, 그 흉배는 무엇이며, 그 대제사장은 왜 계신 것입니까? 또한 나는 놀라운 언약 조항들을 처음부터 끝까지 살펴봅니다. 그리고 묻습니다. "만일 이 조항들이 하나님의 얼굴을 구하는 죄인들을 위한 것이 아니라면, 대체 그 모든 것이 무슨 의미일까?" 또한 나는 복되신 성령님을 봅니다. 그분이 우리 안에 거하시며 "말할 수 없는 탄식으로 우리를 위하여 친히 간구하십니다"(롬 8:26). 오, 우울과 낙심에 빠진 이들이여, 여러분에게 묻습니다. 왜 이 성령님을 보내셨을까요? 왜 이 피를 흘렸을까요? 이 구주께서 높아지신 것은 "회개함과 죄 사함을 주시기"(행 5:31) 위함이 아닙니까? 만일 죄 사함이 주어질 수 없다면, 회개가 받아들여지지 않는다면, 간구하여도 하나님이 듣지 않으신다면, 왜 그렇게 하셔야 했을까요?

예수님의 모든 상처를 두고 나는 당신을 설득합니다. 죄인이여, 하나님이 당신의 기도를 들으심을 믿으십시오. 그리스도께서 흘리신 보혈의 핏방울들을 두고, 그분이 죽으시며 외치신 모든 말씀에 힘입어, 그 흐릿해진 눈의 모든 눈물을 두고, 매 맞으신 등의 모든 상처를 두고, 아니 더 나아가 그분의 영광의 면류관에 아로새겨진 모든 보석들과 제사장의 흉패에 달린 모든 보석들과, 성부 하나님께서 우리 주 예수님께 부여하신 모든 영예를 두고서 말합니다. 예, 복되신 성령의 모든 능력으로, 그분이 그리스도를 죽은 자 가운데서 일으키신 그 모든 능력으로, 그분이 하나님이심을 알게 하셨던 그 모든 능력으로, 나는 당신에게 호소합니다. 하나님이 때가 되면 당신의 부르짖는 소리에 은혜롭게 응답하실 것임을 결코 의심하지 마십시오.

8) 하나님이 기도를 듣지 않으시면 어떤 복음을 전할 수 있을까?

이 도망치는 원수, 즉 내 생각에 지금쯤 우리가 거의 죽음에 이르게 한 이 원수를 끝까지 추격하기 위해, 나는 사도가 부활과 관련하여 사용했던 논증을 사용하려고 합니다. 만약 하나님이 기도를 들으시지 않으면, 내가 어떤 복음을 전해야 할까요? 부활에 관해 사도가 말한 것처럼 "우리가 전파하는 것도 헛것이요 또 너희 믿음도 헛것이며, 너희가 여전히 죄 가운데 있을 것이라"(고전 15:14,17). 하나님이 기도를 듣지 않으신다면, 정말이지 우리가 전파하는 것은 헛것입니다. 우리는 사람들에게 다음과 같이 말하도록 보냄을 받았습니다. "너희의 죄가 주홍 같을지라도 눈과 같이 희어질 것이요 진홍 같이 붉을지라도 양털 같이 희게 되리라"(사 1:18). 사람들이 그들의 악한 길에서 돌이켜 주를 찾으면 그렇게 될 것입니다. 하지만 만약 그들이 돌이킴에도 불구하고 받아들여질 수 없다면, 나로서는 내게 위임된 일을 단념해야 할 터인데, 전할 만한 가치가 있는 복음이 내게 없기 때문입니다. 그리고 정녕 여러분은 이렇게 말할 것입니다. "그것은 우리가 받을 가치가 있는 복음이 아닙니다."

바울의 논증 방식으로 말하자면, 만약 예수의 이름으로 한 기도가 받아들여지지 않으면 그리스도도 받아들여지지 않는 것입니다. 만약 "예수님을 힘입어" 드리는 죄인의 간구가 받아들여지지 않으면, 그리스도의 간구도 받아들여지지 않는 것입니다. 만약 그리스도의 간구가 받아들여지지 않으면, 우리의 기도는 헛것이며, 여러분의 믿음도 헛것입니다. 그렇습니다. 또한 우리는 하나님의 거짓된 증인들로 발견될 터이니, 우리가 하나님에 대해 증언하기를 그분이 예수님의 간구를 들으신다고 했기 때문입니다. 하나님이 예수님의 간구를 듣지 않으신다면, 예수님의 이름으로 간구하는 사람들의 기도도 듣지 않으시는 것입니다. 만약 여러분이 참된 기도가 하나님에게서 거절될 수 있음을 한 번이라도 입증할 수 있다면, 하나님이 기도를 들으신다는 것은 복음의 초석처럼 매우 중요한 것이기 때문에, 그것 한 가지를 제거할 수 있다면, 마치 천국 아치문의 주춧돌을 흔드는 것과 마찬가지가 될 것입니다.

9) 하나님이 기도를 듣지 않으시면 믿는 자의 소망은 어디에 있는가?

내 형제들이여, 여기 아홉 번째 논거가 있습니다. 만약 이것이 제거된다면, 믿는 자의 소망은 어디 있습니까? 만일 은혜의 보좌가 우리를 조롱하는 것으로 판명될 수 있다면, 천국을 삼베 끈으로 매달고, 태양을 어둠으로 변하게 하며, 달을 핏덩이가 되게 하는 것이나 마찬가지입니다. 오! 하나님께서 자기 백성을 부르짖게 하시고, 은혜를 베푸시지 않는다면, 차라리 우리가 태어나지 않았더라면 좋을 것입니다! 하나님이 우리의 기도를 듣지도 않으시고 들으실 수도 없는 것이 분명하다면, 가장 행복한 성도라 할지라도, 그의 최상의 순간에서조차, 지옥에서 저주받은 자들과 마찬가지로 비참할 것입니다.

은혜의 보좌가 하나의 허구에 불과하다면, 시련의 때에 우리가 무엇으로 위로를 얻고, 고생의 때에 우리가 무엇으로 힘을 얻을 것이며, 폭풍에서 피할 피난처는 어디이고, 뜨거운 열기에서 피할 은신처는 어디인가요? 정말이지, 기도의 문이 닫힐 때는 천국 문이 닫힌 것입니다. 기도가 효력을 발휘하기를 멈출 때, 정녕 모든 복이 즉시 사라져버린 것이나 다름없습니다. 야곱이 보았던 사다리가 하늘로 끌어올려진다면, 그때부터 하나님과 인간 사이의 교통은 불가능하게 될 것입니다. 그런 일은 있을 수 없기에, 하나님께 영광을 돌립니다! 죄인이여, 당신은 하나님께서 자기 성도들을 해치시지 않을 것이라 여기면서도 그분이 당신을 거절하실 거라고 생각하고 있습니다. 하지만 깨닫기를 바랍니다. 만약 그분이 당신의 기도를 거절하신다면, 규칙이 깨어집니다. 그리고 그 규칙은 일단 깨어지면, 하나의 예외가 되는 것이므로, 성도의 위로의 안정성은 단번에 제거되는 셈입니다.

10) 지옥의 무리가 무어라 할까?

열 번째로, 이제 나는 다음 사실을 언급함으로써 부정적인 관점에서 이 주제를 숙고하는 것을 마무리할까 합니다. 만약 한 영혼이 진정으로 주님을 찾고서도 거절될 수 있다면, 지옥에 있는 무리가 무어라 말할까요? 오! 저 악령들이 사악하게 떠들며 즐거워할 것입니다! 그 중 하나가 말합니다. "여기 기도했음에도 멸망당한 한 영혼이 있도다. 여기 예수의 옷자락을 만진 한 손이 있지만, 그 옷이 그를 고치지 못했구나! 여기 한때 살아 있는 기도를 드리고도 맹렬한 불에 타버린 입술이 있구나!" 내 생각에 그들은 의기양양한 태도로 그런 자를 끌고서 의기양양하게 도벳(Tophet)의 거리를 지날 것입니다. 그들은 그 광경을 보기 위해 큰 통로에 밀집할 것입니다. 그리고 오! 끔찍한 비웃음의 환호성을 지르겠지요! 우레와 같은 웃음소리가 사방에 울릴 것입니다! "아하! 아하! 아하!" 그들은 말할 것입니다. "저 큰소리치던 구주는 지금 어디에 있는가? 그는 인간 영혼들에게 거짓말을 하였다. 그는 약속했지만 지키지 않았다. 그는 그들에게 기도하라 가르쳤고, 지옥의 삶을 지상에서 시작하도록 만들었으며, 그들을 영원한 지옥으로 던져 버렸구나." 그런 일이 가능할까요? 기도하는 사람들이 지옥에서 무엇을 한단 말입니까?

나는 훌륭한 여성 그리스도인이었던 라일랜드 부인(Mrs. Ryland)의 이야기를 기억합니다. 그녀는 침상에 누워 죽어갈 때에 너무 너무 슬펐습니다. 그녀의 남편이 말했습니다. "여보, 당신은 죽어가고 있는 거야?" "그래요", 그녀가 말했습니다. "그러면 당신은 어디로 가지?"라고 남편이 물었습니다. 그녀가 대답했습니다. "아아! 존, 나는 지옥으로 갈 거예요." 다시 남편이 그녀에게 말했습니다. "당신이 거기에서 무엇을 할까?" 그녀가 그곳에서 무엇을 할까, 그 말이 그녀의 마음을 울렸습니다. 남편이 계속해서 말했습니다. "베치(Betsy), 거기서는 기도를 멈추게 될 거라고 생각하지?" 그녀가 말했습니다. "존, 그렇지 않아요. 지옥에 있더라도 나는 기도할 거예요." 그가 말합니다. "오, 하지만 그곳에 있는 무리들이 이렇게 말할 텐데? '여기 기도하는 베치 라일랜드가 있다. 그녀를 쫓아내라. 이곳은 그녀를 위해 적합한 장소가 아니다.'" 내 생각으로는, 만약 여러분 중 하나가 그곳에 가서 탄원하고 부르짖어 기도할 수 있다면, 그 무리가 당신을 하나님이 참되시지 않다는 하나의 증거물로 여기고 기뻐하든지, 혹은 이런 식으로 말할 것입니다. "그녀를 쫓아내라, 우리는 지옥에서 기도를 견딜 수 없다. 우리는 잃은 영혼들의 비명소리와 저줏소리 중에서 진지한 간구의 소리가 들리는 것을 참을 수 없다."

나는 지금까지 한 가지 문제를 논증해왔는데, 여러분은 그것이 이론적으로는 가능하지 않음을 알고 있습니다. 하지만 자신의 죄를 자각하고서도, 여전히 하나님이 그의 기도를 듣지 않으신다는 어두운 미망(迷妄)에 사로잡혀 있는 사람이 혹 있을 것입니다. 그러므로 나는 연속해서 이러한 두려움을 타격함으로써, 가능하다면 그것을 죽이려고 시도해왔습니다. 야엘이 말뚝 하나와 방망이만을 가졌을 때, 그녀는 시스라의 관자놀이에 말뚝을 박아 그를 죽일 수 있었습니다(참조. 삿 4:21). 나는 열 개의 말뚝을 사용하였고, 망치로 내가 할 수 있는 만큼 힘 있게 쳤습니다. 오, 하나님께서 그 타격을 강력하게 하시어, 저 불신앙의 시스라로 하여금 죽어 여러분의 발치에 엎드러지게 하시기를 빕니다!

2. 긍정적 관점에서의 질문

이제 잠시 동안, 긍정적 관점의 질문을 생각해봅시다. 주께서 기도를 들으심을 우리는 다음의 몇 가지 고찰을 통해 입증할 수 있습니다.

주님이 기도를 들으시는 것은 그분의 본성과 조화됩니다. 무엇이든 하나님의 본성과 조화되는 것이라면, 건전한 판단의 차원에서, 우리는 참이라고 믿습니다. 우리는 하나님의 속성 중에서 그 어떤 점도 그분이 기도를 들으신다는 것과 배치된다고 생각할 수 없습니다. 하나님의 정의의 속성이 그분이 기도를 들으신다는 점과 배치된다고 생각할는지 모르겠습니다. 하지만 정의는 그리스도의 속죄에 의해 만족되었기 때문에, 그것은 다른 방식으로 하나님이 기도를 들으신다는 점을 오히려 옹호합니다. 그리스도께서 "죄를 없이"(히 9:26) 하셨고, 복을 값 주고 사셨기 때문에, 예수님께서 위하여 죽으신 이들을 하나님이 받으시는 것이 정당하며, 또한 그들에게 그리스도께서 값을 치르고 사신 복을 주시는 것이 온당합니다.

하나님의 모든 속성들이 죄인에게 이와 같이 말합니다. "오라, 은혜의 보좌로 오라. 그러면 네가 원하는 것을 얻을 것이다." 권능이 그의 강한 팔을 내밀며 소리칩니다. "내가 너를 도우리니, 두려워 말라." 사랑이 그 밝은 눈으로 미소 지으며 외칩니다. "내가 영원한 사랑으로 너를 사랑하기에 인자함으로 너를 이끌었다"(렘 31:3). 진리가 그 맑고 분명한 언어로 말합니다. "찾는 이는 찾아낼 것이요 두드리는 이에게는 열릴 것이니라"(마 7:8). 불변성이 말합니다. "나는 하나님이라, 나는 변치 않으니, 네가 진멸되지 아니하리라." 하나님의 성품의 모든 속성들이 — 여러분은 나처럼 이 속성들을 생각할 수 있습니다 — 기도하는 사람을 위하여 호소합니다. 나는 하나님의 속성 중 그 어떤 것도 그것과 상충된다고 상상하지 않습니다. 그러므로 만약 그것이 진정으로 하나님을 영화롭게 하고, 그분에게 불명예를 안기지 않는다면, 그분이 틀림없이 그것을 행할 것입니다.

당신이 말합니다. "오! 하지만 저는 너무나 큰 죄인입니다." 그것이 내게 또 다른 근거를 제시합니다. 하나님께서 조금도 자격이 없는 자에게 은혜를 주신다면, 그것이 그분의 사랑과 은혜를 크게 높이지 않을까요? 자격이 있는 자에게 무언가를 주는 것은 자비가 아닙니다. 조금 잘못한 자들에게 호의를 베푸는 것은 위대한 자비의 행동이 아닙니다. 하지만 어느 왕이 자기 영지에서 가장 큰 반역자를 골라내어, 그 반역자에게 "내가 너를 용서한다"고 말한다면, 아니 그 반역자를 양자로 삼아 자기 가족이 되게 한다면, 이것이야말로 그의 머리에 황금 면류관을 씌우고 보석으로 치장하게 만드는 것이 아닐까요? 오 주 하나님, 이것이 인간들의 방식이 아니겠습니까? 그렇습니다. 이런 경우에서, 우리는 인간 군주들의 관대함과 왕 중 왕의 강력하고도 주권적인 은혜 사이에는 커다란 차이가 존재한다는 것을 압니다. 당신의 처지가 더 나쁠수록, 내 논증은 더 유리합니다. 병이 심할수록, 그것을 치유하는 의사의 영예는 더 커집니다. 죄가 더 심할수록, 그 죄를 없이하시는 놀라운 은혜에는 더 많은 칭송이 주어집니다. 더 악한 반역자일수록, 그 반역자를 자녀로 삼는 은혜의 영광은 더욱 빛납니다. 내가 말하는 것은, 당신의 큰 죄가 마치 하나의 검은 박편(薄片)이 되어 하나님의 사랑의 밝기를 더욱 두드러지게 한다는 것입니다. 하나님께서 당신의 무가치한 기도를 들으시고, 당신의 오염된 입술에서 나오는 부르짖음에 귀를 기울이신다는 이 점이 그분을 영화롭게 하기에, 그분이 그렇게 하실 것이라고 나는 확신합니다.

더 나아가, 이상의 두 가지 이유들로 충분하겠지만, 하나님께서 기도를 들으신다는 것이 그분의 과거의 모든 행동들과도 조화를 이룬다는 점을 언급하고자 합니다. 만약 당신이 하나님께서 사람들을 어떻게 대하셨는지에 대한 역사를 원한다면, 시편 107편을 펼쳐보십시오. 거기서 당신은 당신처럼 길을 잃은 여행자들을 발견합니다. 그들은 광야 사막 길에서 방황하며 거주할 성읍을 찾지 못합니다(4절). 병에 든 물은 떨어졌고, 약대 등에 실린 빵도 소진되었습니다. 그들은 우물을 찾지 못합니다. 길도 알지 못합니다. 그들은 이 길을 따라가다가, 다음에는 저 길을 따라갑니다. 마침내, 주리고 목이 말라, 그들의 영혼이 속에서 피곤하여 그들은 뜨거운 모래 사막에서 일어나 작열하는 하늘을 향하여 소리쳐 울부짖습니다. "오 하나님, 자비를 베풀어 우리로 살게 하소서." 그 시편에 어떻게 기록되었습니까? "여호와께서 그들을 고통에서 건지시고 또 바른 길로 인도하사 거주할 성읍에 이르게 하셨도다"(6-7절). 또 그 시편은 말합니다. "그가 사모하는 영혼에게 만족을 주시며 주린 영혼에게 좋은 것으로 채워주심이로다"(9절). 그 말씀은 우리를 예외로 하고 주어진 말씀이 아니라, 규칙으로 주어진 말씀입니다. 그것이 사람들을 대하시는 하나님의 방식입니다. 그들이 길을 잃고 그분에게 돌이킬 때, 그분이 그들의 소리를 들으십니다.

"아아!" 당신이 말합니다, "저는 길을 잃었습니다. 하지만 저는 그 여행객들과는 다릅니다. 저는 저 자신의 죄 때문에 길을 잃은 것입니다." 이 시편에 있는 다음 사례가 당신에게 적합하겠군요. 여기서 우리는 옥에 갇힌 반역자들을 발견합니다. 그들은 하나님의 말씀을 거역하고 지존자의 뜻을 멸시했습니다(11절). 그러므로 하나님이 그들에게 고통을 주셨으니, 그들이 엎드러져도 돕는 자가 없었습니다. 그 때 그들이 그 환난 중에서 하나님께 부르짖었습니다. 그분이 그들의 소리를 들으셨나요? 이들은 "반역자들"이기에, 옥에 갇혀야 마땅한 자들이며, 차꼬로 채워두는 것이 정당합니다. 당신은 양심의 차꼬로 채워져 있으며, 두려움의 쇠사슬에 매였습니까? 당신은 율법의 감옥에 있습니까? 당신이 지옥이라는 최종적인 감옥에 있지 않는 한, 당신이 처한 환난 중에서 하나님을 부른다면,

그들에게 일어난 일이 당신에게도 일어나는 것을 발견할 것입니다. "흑암과 사망의 그늘에서 인도하여 내시고 그들의 얽어 맨 줄을 끊으셨도다"(14절).

"오! 하지만," 또 한 사람이 말합니다, "저는 죄로 말미암아 환난에 처하게 되었지만, 어떻게 기도해야 하는지 알지 못합니다. 저는 너무나 미련한 멍텅구리거든요." 그렇다면 다음 사례가 당신에게 맞겠군요. "미련한 자들은 그들의 죄악의 길을 따르고 그들의 악을 범하기 때문에 고난을 받는도다"(17절). 이 "미련한 자들" 중의 하나가 자기 죄로 인하여 질병에 걸렸습니다. 그는 병중에 너무 아파서 모든 식욕을 잃었습니다. 그는 모든 음식물을 싫어하게 되어 사망의 문에 이르게 되었습니다. 이 미련한 자, 그가 어떤 종류의 기도를 했을까요? 틀림없이 미련한 자의 기도였을 것입니다. 하지만 이 시편에 기록되었듯이 미련한 자의 기도를 하나님이 들으실 것입니다. "그가 그의 말씀을 보내어 그들을 고치시고 위험한 지경에서 건지시는도다"(20절). 그와 마찬가지로, 비록 당신이 어리석고, 당신이 지금 느끼는 모든 고통이 당신 자신의 미련함 때문에 생긴 것이라 하더라도, 하나님은 당신의 기도를 들으실 것입니다.

"아! 하지만", 당신이 말합니다, "저는 큰소리치는 허풍선이였고, 매일같이 사납게 행동해왔습니다." 다음 사례가 어떤 것입니까? 뱃사람의 사례입니다. 여러분이 알다시피, 우리는 일반적으로 뱃사람들이 근심을 많이 하지 않는다고 여깁니다. 그들은 물불을 안 가리는 이들이며, 아무 거리낌 없이 맹세를 내뱉는 사람들입니다. 감히 말하지만 옛 시대에, 그들은 지금보다 더 거칠었으며, 그래서 육지에 정박할 때에 그들은 모든 악행의 전형으로 행동했습니다. 하지만 여기서 우리는 폭풍 속에 있는 선원들을 대합니다. 의심의 여지 없이, 그들은 평온할 때는 저주와 맹세를 일삼았지만, 여기 폭풍이 찾아옵니다. 그들은 하늘로 솟구쳤다가 바다 깊은 곳으로 곤두박질칩니다. "그들이 이리저리 구르며 취한 자 같이 비틀거리도다"(27절). 그들은 갑판을 가로질러 걷지도 못합니다. 배가 요동칩니다. "들의 모든 지각이 혼돈 속에 빠지는도다." 그러자 그들이 생각합니다. "틀림없이 배가 바다 밑으로 침몰하고 말거야." 그때 그들이 하나님께 부르짖습니다. 배 위에는 따로 목사가 없습니다. 누가 기도했을까요? 바로 갑판장, 선장, 선원들입니다. 그들은 무슨 말로 기도해야 할지도 몰랐을 것입니다. 그들은 기도하기보다는 욕지거리나 하는 것에 익숙했기 때문입니다. 하지만 그들은 갑판에 무릎을 꿇고, 돛대를 붙잡고, 어떤 방벽이나 키의 손잡이를 움켜잡고서 외칩니다.

"오 하나님, 오 하나님! 우리를 구원하소서. 파도가 우리를 삼키려 합니다. 폭풍을 주관하시는 하나님, 우리를 구원하소서." 그분이 그 선원들의 기도를, 침몰하는 사람들의 미친 듯이 소리치는 기도를 들으셨을까요? 여기를 읽어보십시오. "광풍을 고요하게 하사 물결도 잔잔하게 하시는도다. 그들이 평온함으로 말미암아 기뻐하는 중에 여호와께서 그들이 바라는 항구로 인도하시는도다"(29-30절). 자, 저주와 거짓 맹세에 익숙하게 살아왔던 당신이 지금 이렇게 말합니다. "내 기도가 무슨 소용이 있을까?" 여기 당신에게 꼭 맞는 사례가 있습니다. 이것은 하나의 규칙이며, 내 다시 말하지만, 예외가 없는 규칙입니다. 그러므로 하나님이 과거에 행하셨던 행위들과 방법에 근거하여 주장하건대, 그분은 지금도 기도를 들으실 것입니다.

여기 여러분을 위한 또 하나의 논증이 있습니다. 하나님은 자기 약속으로써 무엇을 의도하셨을까요? 내가 부정적 차원에서 말했듯이, 만약 그분이 기도를 듣지 않으신다면, 그분의 약속이 무얼 위해 있겠습니까? 이제 나는 긍정적 차원에서 말하는데, 하나님은 자신이 하신 약속 때문에 틀림없이 기도를 들으십니다. 하나님은 자유로우시지만, 그분의 약속이 그분을 묶습니다. 하나님은 자신이 원하는 대로 행하시지만, 그분은 언제나 그분이 행하겠다고 말씀하신 것을 행하길 원하십니다. 우리가 하나님께 권리를 주장하는 것이 아니라, 오히려 하나님이 우리에게 권리를 주장하십니다. 그분이 약속을 주실 때, 우리는 확신을 가지고 그것에 호소할 수 있습니다. 감히 말하지만, 성경에 주어진 약속들은 하나님의 계약들이며, 존경할 만한 사람이라면 누구도 자기 계약을 파기하지 않듯이, 명예와 진리의 하나님께서도 자기 본성으로 인하여 자신이 하신 말씀들 중 하나라도 땅에 떨어뜨리실 수가 없습니다. 사람들이 늘 손 가까이에 두고 싶어 하는 『클라크의 약속들』(*Clarke's Promises*)이라는 소책자에서, 여러분은 주님의 약속들을 집약해 둔 두어 장(章)을 발견할 것인데, 곧 주께서 은밀한 기도에 응답하실 것이며, 참회하는 자의 소리에 귀를 기울이신다는 약속들입니다. 나는 여러분 모두가 성경에서 얼마든지 발견할 수 있는 약속들을 열거함으로써 여러분의 시간을 뺏고 싶지 않습니다. 이 한 가지 말씀만 언급하겠습니다. "사람은 다 거짓되되 오직 하나님은 참되시다 할지어다"(롬 3:4). 하나님이 약속하신다면, 그분은 반드시 이행하실 터이며, 그렇지 않다면 그분은 참되시지 않은 것입니다.

담대히 말하지만, 하나님이 기도를 응답하신다는 것은 우리 자신이 경험한 풍부한 사실들로도 증명됩니다. 최상의 증거는 당신 자신이 시험해보는 것이라고 우리는 진술합니다. 말 등에 올라타지 않고는 승마를 배울 수 없다는 속담이 있습니다. 나는 경험하지 않고서는 어떤 진리도 배울 수 없다고 믿습니다. 만일 여러분이 인간 마음의 부패성을 알고 싶다면, 여러분은 여러분의 매일의 결점들을 바라볼 때 그것을 발견할 수 있습니다. 만일 하나님이 기도를 들으시는지를 알고 싶다면, 여러분이 그 사실을 시험해보아야 합니다. 왜냐하면 여러분이 결코 내 말을 통해서 그것을 배울 수는 없기 때문입니다. "그가 내게 응답하셨도다"(참조. 시 34:4). 여러분은 그분이 여러분에게 응답하신 것을 통해서 그것을 배웁니다. 그러므로 나는 지금 내 목소리가 들리는 곳에 있는 여러분 모두에게 권면합니다. "구하는 이마다 받을 것이요 찾는 이는 찾아낼 것이라"는 말씀은 '혹시'나 '우연'이나 '아마'가 아닙니다. 그런 말은 죽은(dead) 말이며, 나는 그런 단어들을 사용해서는 안 됩니다. 그 약속은 살아 있는(living) 확실한 약속입니다. 여러분의 집으로 가서 무릎을 꿇고 하나님께 기도하십시오. 여러분의 영혼을 구하기 위해, 지금이라도 예배당 의자에서 그분께 기도하십시오. 야망은 여러분을 유혹하여 실망하게 만듭니다. 부는 여러분을 미혹하여 실패로 이어지는 투기로 이끕니다. 여러분의 격정은 여러분을 고통으로 끝나는 쾌락으로 몰아갑니다. 세상이 여러분에게 약속할 수 있는 최상의 것은 '아마'(perhaps)입니다. 하지만 내 주님이 여러분에게 제시하시는 것은 "다윗에게 허락한 확실한 은혜"(사 55:3)입니다. 확실한 것들, 오류 없이 확실한 것들, 여러분은 그것들을 갖지 않겠습니까? 오, 하나님의 영이 여러분으로 하여금 그것들을 받아들이게 하시기를 빕니다.

신도석에 앉은 채 여러분은 기도할 수 있습니다. 장의자 사이의 통로에서 여러분은 침묵의 부르짖음을 하늘로 올려 보낼 수 있습니다. 여러분의 작고 좁은 방에서, 혹은 작은 구덩이에서나, 정원에서나, 들에서나, 길에서나, 혹은 감옥에서나, 여러분이 기도할 마음이 있는 곳이면 어디에서든 기도하십시오. 하나님께서는 들을 귀를 가지고 계십니다. 용수철처럼 입술에서 무의식적으로 튀어나오는 것을 빼고는, 어떤 말도 무방합니다. 하나님의 주권적인 은혜가 아니라면, 당신이 영 죽을 불쌍한 자임을 그분께 말씀드리십시오. 당신 스스로에게는 어떤 소망이 없다고 말하십시오. 당신에게는 어떤 공로도 없다고 말하십시오. 당신이 당신 자신을 구원할 수는 없다고 그분께 아뢰십시오. 이렇게 말하십시오. "주여 나를 구원하소서(마 14:30), 그렇지 않으면 저는 망할 것입니다." 그것은 물에 빠져가던 베드로의 기도였습니다. 하지만 그 기도가 그를 물에 빠지지 않도록 했습니다. 이렇게 말하십시오. "하나님이여 불쌍히 여기소서 나는 죄인이로소이다"(눅 18:13). 그것은 성전에서 세리가 드린 기도였는데, 그 기도가 그를 의롭게 했습니다.

은혜로우신 하나님 앞에 고난당하신 구주를 데리고 오십시오. 예수님의 상처를 가리키며 이렇게 말하십시오. "오 하나님! 비록 제 마음은 돌처럼 완고하지만, 그리스도의 가슴이 상처를 입었습니다. 비록 제 양심은 부드럽지 못하고 딱딱하게 굳었지만, 그리스도의 살은 부드러우며, 그 살이 심하게 고통을 당했습니다. 비록 저는 죄를 속할 수 없지만, 그리스도께서 속하셨습니다. 비록 저는 드릴 공로가 없으나, 예수의 공로에 저는 호소합니다."

여러분이 작정한 대로 기도하고, 엘리야가 그랬듯이 복을 얻을 때까지 계속해서 기도하십시오. 여러분 중에 더러는 하나님께서 여러분의 기도를 들으실 때까지 무릎을 일으키지 않을 수 있기를 바랍니다. 사람이 자기 목숨을 위해 간청하듯이 그분께 간청하십시오. 마치 물에 빠져가는 사람이 구명 튜브를 붙잡고 매달리듯이 제단 뿔을 붙잡으십시오. 야곱이 천사를 붙잡았듯이 하나님을 붙잡고, 그분이 당신에게 복을 주지 않으면 그분을 가게 하지 마십시오. 여호와께서 이와 같이 말씀하셨기 때문입니다. "나는 감추어진 곳과 캄캄한 땅에서 말하지 아니하였으며 야곱 자손에게 너희가 나를 혼돈 중에서 찾으라고 이르지 아니하였노라!"

제
49
장

하나님의 주권과 구원

"땅 끝의 모든 끝이여 내게로 돌이켜 구원을 받으라 나는 하나님이라 다른 이가 없느니라."—사 45:22

육년 전 오늘, 아마도 바로 이 시각 즈음에, 나는 "악독이 가득하여 불의에 매인 바" 되었습니다(행 8:23). 하지만 하나님의 은혜로 나는 악독함의 속박을 느끼고서, 그 고통으로 인하여 부르짖었습니다. 안식을 찾다가 찾지 못한 채, 나는 하나님의 집으로 들어섰습니다. 그곳에 앉아, 위를 쳐다보기가 두려웠는데, 혹 내가 완전히 끊어지고, 그분의 격렬한 진노가 나를 불사르지나 않을까 두려웠기 때문입니다. 목사님이 강대상에 서서, 오늘 아침 내가 그런 것처럼 이 본문을 읽었습니다. "땅 끝의 모든 끝이여 내게로 돌이켜 구원을 받으라 나는 하나님이라 다른 이가 없느니라." 그 순간, 믿음의 은혜가 내게 주어졌습니다. 그리고 이제 나는 진실로 이렇게 말할 수 있습니다.

"그 때 이후로, 믿음으로 나는 보았네,
그분의 상처에서 흐르는 강물을.
구속의 사랑은 그 때부터 내 주제가 되었고
내가 죽을 때까지도 그러하리라."

내 기억력이 지속되는 한, 나는 그 날을 결코 잊지 않을 것입니다. 내가 처음으로 주를 알게 된 그 때를 기억할 때마다, 나는 이 본문을 반복해서 떠올리지 않을 수 없습니다. 얼마나 기이한 은혜인지요! 불과 얼마 전에 이 말씀을 듣고 자기 영혼에 유익을 얻은 자가, 이제 오늘 아침 여러분에게 같은 본문으로 설교하게 된 것이 얼마나 아름답고 놀라운 은혜인지요. 나는 오늘 1월 6일에, 이곳에 있는 어떤 가련한 죄인 역시 자기 영혼을 위해서 구원의 복된 소식을 듣고, "어둠에서 빛으로, 사탄의 권세에서 하나님께로 돌아오게"(행 26:18) 될 수 있다는 확신 어린 소망으로 가득합니다.

하나님께서 피조물 없이 홀로 거하실 때가 언제인지 상상하는 것이 인간의 능력의 범위 내에 있다면, 우리는 하나님의 가장 거대하고 장엄한 생각들의 일부를 알 수 있을 것입니다. 아직 태양이 자기 길로 경주하지 않을 때가 있었고, 지구를 비추기 위해 그의 황금의 햇살들을 우주 공간을 가로질러 날아가도록 쏘아대지 않을 때가 있었습니다. 궁창에는 아무런 별들이 반짝이지 않던 시기가 있었고, 푸른 바다에 유영하는 생물이 아무것도 없을 때가 있었습니다. 지금 우리가 바라보는 위대한 우주가 아직 태어나지 않고 하나님의 생각 속에 잠들어 있던 때, 아직 창조되지 않아 존재하지 않았던 때가 있었습니다. 하지만 하나님은 계셨습니다. "그는 만물 위에 계셔서 세세에 찬양을 받으실 하나님이시니라"(롬 9:5). 비록 스랍 천사들이 그분을 찬미하지 않았고, 강한 날개를 지닌 그룹 천사들이 높으신 그분의 명령을 수행하기 위해 날개를 번쩍이지 않았으며, 그분에게 수종자들이 없었으나, 그분은 자기 보좌에 왕으로 앉으셨습니다. 전능의 하나님, 영원히 경배 받으실 분, 두려우신 지존자요 광대무궁하신 분께서 엄숙한 침묵 중에 홀로 거하셨습니다. 명랑한 구름들을 병풍처럼 두르시고, 그분 자신의 광채의 빛이 그분의 영광을 밝게 비추었습니다. 하나님은 계셨고, 하나님은 계십니다. 태초부터 하나님은 하나님이셨습니다. 세상이 시작되기 전에도, 그분은 "영원부터 영원까지"(시 90:2) 살아계셨습니다.

이제 그분이 피조물들을 창조하기를 기뻐하실 때, 그 피조물들이 정녕 한없이 그분 아래 낮은 곳에 있어야 한다는 생각이 들지 않습니까? 여러분이 토기장이라면, 여러분은 물레에서 하나의 그릇을 빚습니다. 그 진흙 한 덩이가 감히 여러분과 동등하다고 사칭하겠습니까? 여러분이 부분적으로는 그것을 만든 자이기 때문에, 그것과 여러분 사이에는 커다란 차이가 있는 것입니다. 그처럼 전능자께서 피조물들을 지으실 때, 피조물들이 한순간이라도 감히 스스로를 그분과 비교하려 든다면, 그것이야말로 무례함의 극치가 아닐까요? 하지만 저 반역의 수괴, 반역자들의 우두머리인 사탄은, 하나님의 높은 보좌에까지 오르려 했습니다. 그러다가 곧 자기 목표가 너무 높은 것을 발견하였으며, 지옥마저도 하나님의 복수를 피하기에는 충분히 낮지 않은 것을 알게 되었습니다. 사탄은 여호와만이 "홀로 하나님"이신 것을 압니다. 세상이 창조된 이후로, 인간은 사탄을 모방해 왔습니다. 한 날의 피조물, 하루살이처럼 덧없는 존재가 영원하신 분과 견주려고 해왔습니다. 그러므로 인류에게 그분이 하나님이시고, 그분 외에는 그와 같은 이가 없음을 가르치는 것이 위대하신 여호와의 목적들 중의 하나였습니다. 인간이 그분에게서 떠나 방황하게 된 이후로, 그분은 이 교훈으로 세상을 가르치셨고, 높은 곳을 깨어 낮추고, 골짜기를 돋우어 높이며, 거만한 상상력과 표정들을 낮추어 오셨습니다. 그리하여 온 세계가 이를 알게 하고자 하셨습니다.

> "여호와만이 홀로 하나님이시며,
> 그는 창조하시고, 또 멸하실 수 있도다."

먼저, 오늘 아침 나는 하나님이 이 위대한 교훈을 어떻게 세상에 가르쳐오셨는지를 여러분에게 제시하려 합니다. 즉 그분이 하나님이시요 그분 외에 다른 이가 없다는 교훈입니다. 그 다음 두 번째로, 구원의 문제에서 그분이 그것을 가르치기 위해 계획하신 특별한 방법을 제시할 것입니다. "땅 끝의 모든 끝이여 내게로 돌이켜 구원을 받으라. 나는 하나님이라 다른 이가 없느니라."

1. 하나님이 이 교훈을 어떻게 가르치셨나?

첫째, 하나님께서 이 교훈을 어떻게 가르쳐오셨을까요?

우리는 이렇게 대답합니다. 무엇보다 먼저 그분은 그것을 거짓 신들과 그 앞에 절하는 우상숭배자들에게 가르치셨습니다. 인간은, 그의 사악함과 죄 속에서, 나무토막과 돌을 세우고는 자기의 주로 삼고 그 앞에 절했습니다. 그는 좋은 목재로 자기를 위하여 우상을 만들되, 죽을 수밖에 없는 인간의 모양이나, 바다의 물고기들, 혹은 땅에 기는 동물의 모양으로 만들었습니다. 그는 자기 손으로 만든 피조물 앞에 몸을 숙여 절하고, 그 영혼도 그렇게 했습니다. 눈이 있어도 보지 못하고, 손이 있어도 쓰지 못하고, 귀가 있어도 듣지 못하는 그것을 자기 하나님이라 부르면서 말입니다! 하지만 하나님께서는 고대의 이방 신들에게 어떻게 모욕을 주셨는지요. 그것들이 지금 어디에 있습니까? 그들이 많이 알려진 상태입니까? 니느웨의 수많은 사람들이 그 앞에서 부복하였던 거짓 신들이 어디에 있습니까? 그것들의 동료인 두더지나 박쥐들에게, 혹은 그것들이 묻혀 있는 작은 흙무덤에나 물어보십시오. 혹은 한가로운 관람객들이 거니는 박물관에 가서, 골동품처럼 전시되어 있는 그것들을 관찰하고, 인간들이 이런 우상들 앞에 절했던가를 생각하며 미소를 지으십시오.

페르시아의 신들은 어디에 있습니까? 그들이 어디에 있나요? 불이 꺼지고, 불을 숭배하던 자들이 땅에서 거의 자취를 감추었습니다. 그리스의 신들, 시인들이 칭송했으며, 가장 웅장한 송시(訟詩)에서 찬미의 대상이 되었던 그들이 어디에 있습니까? 그들은 모두 사라졌습니다! 단지 예전에 있었던 것으로 언급하는 경우가 아니면, 지금 누가 그것들에 대해 말합니까? 유피테르(Jupiter), 그 앞에 절하는 사람이 있습니까? 누가 사투르누스(Saturn)를 숭배한단 말인가요? 그것들은 지나갔고, 잊혀졌습니다. 또 로마의 신들은 어디에 있습니까? 야누스(Janus)가 지금도 신전을 차지하고 있습니까? 혹은 베스타(Vesta) 신전의 처녀들이 지금도 계속해서 그 불을 돌보고 있습니까? 지금도 이 신들 앞에 절하는 이들이 있습니까? 없습니다. 그것들은 자기들의 보좌를 잃었습니다. 또 남태평양 제도의 신들은 어디에 있습니까? 그 앞에서 비참한 인간들이 몸을 조아리던 그 잔혹한 귀신의 우상들이 지금 어디에 있습니까? 그것들은 거의 소멸된 상태입니다. 중국과 폴리네시아(Polynesia)의 거주민들에게 그들이 숭배했던 신들이 어디에 있는지 물어보십시오. 물어보고, 또 물어보십시오. 그것들은 그 보좌에서 내던져졌습니다. 그것들은 그것들을 올려놓았었던 대좌(臺座)에서 내동댕이쳐졌습니다. 그것들의 병거는 부서졌고, 그것들의 홀(笏)은 불태워졌으며, 그것들의 영광은 떠나갔습니다. 하나님께서 거짓 신들에 대해 승리를 얻으셨으며, 그 우상숭배자들에게 그분이 하나님이심을, 그분 외에 다른 이가 없음을 가르치셨습니다.

우상들이 여전히 숭배를 받습니까? 혹은 우상 앞에 민족들이 엎드려 절합니까? 조금만 기다리십시오. 여러분은 그것들의 파멸을 볼 것입니다. 잔인한 저거노트(Juggernaut, 인도 신화의 크리슈나 신 혹은 그 신상으로, 그것을 실은 수레에 치여 죽으면 극락에 간다고 함 — 역주), 그 수레가 여전히 움직이면서 그 앞에 몸을 던지는 어리석은 자들을 깔아뭉갭니까? 곧 조롱의 대상이 될 것입니다. 그리고 가장 널리 알려진 우상들, 붓다나 브라마(Brahma)나 비슈누(Vishnu) 같은 우상들도 땅에 엎드러질 것이며, 사람들이 그것들을 마치 거리의 진흙을 밟듯이 짓밟을 것입니다. 하나님께서 모든 인간에게 그분이 하나님이시며 다른 이가 없음을 가르치실 것이기 때문입니다.

또한 하나님께서 이 진리를 제국들에게 어떻게 가르치셨는지를 주목하십시오. 제국들이 일어나, 그 시대의 신들이 되었습니다. 그 왕들과 제후들이 스스로 높은 칭호를 취하고, 군중에게 숭배를 받았습니다. 하지만 하나님 외에 다른 이가 있는지 제국들에게 물어보십시오. 여러분에게 저 바벨론의 거만한 독백이 들려온다고 생각지 않으십니까? "나는 여왕으로 앉은 자요 과부가 아니라 결단코 애통함을 당하지 아니하리라(계 18:7). 나와 견줄 이가 없을 것이다." 만약 폐허가 된 바벨론의 터를 걷다보면, 여러분은 엄숙한 성경의 교훈이 떠오를 뿐 아무것과도 마주치지 않을 것입니다. 마치 나이든 백발의 선지자가 서서, 여러분을 향해 한 분 하나님이 계시며 그 외에는 다른 이가 없다고 말하는 듯하다고 생각될 것입니다. 그 잔해의 모래로 뒤덮인 바벨론으로 가십시오. 저 니느웨의 흙무덤으로 가십시오. 그러면 이런 음성이 들려오는 듯할 것입니다. "한 분 하나님이 계시며, 제국들도 그분 앞에서 침몰하고 말았다. 오직 한 분의 주권자가 계시며, 땅의 제후들과 왕들은 그 왕조들 및 보좌들과 함께 그분의 발걸음의 진동에도 흔들리도다." 저 그리스의 신전에 앉아서, 한때 알렉산더가 얼마나 거만한 말을 했던가를 생각해보십시오. 하지만 지금 그는 어디에 있으며, 그의 제국은 또 어디에 있습니까? 폐허가 된 카르타고의 아치형 다리 밑에 앉거나, 저 로마의 황폐화된 야외극장을 거닐어 보십시오. 그러면 그 폐허에서 부는 황량한 바람 속에서 한 음성이 들려올 것입니다. "나는 하나님이라 다른 이가 없느니라." "오 도시여, 너는 스스로를 영원하다 불렀지만, 내가 너를 이슬처럼 녹게 하였노라. 너는 '내가 일곱 산에 앉아, 영원히 지속되리라'고 말하였다. 하지만 내가 너를 무너지게 했으니, 너는 지금 초라하고 멸시받는 장소가 되어 한때의 네 모습과 비교가 되는구나. 한때 너는 평범한 돌이었으나, 네 스스로 대리석이 되었다. 하지만 내가 너를 다시 돌이 되게 하여 너를 낮추었도다." 오! 하나님께서 한때는 하늘의 새 왕국들처럼 우뚝 솟았던 왕국들과 제국들에게, 그분이 하나님이시며 다른 이가 없음을 어떻게 가르쳐오셨는지요!

또한 이 진리를 그분은 군주들에게 어떻게 가르쳐오셨는지요! 아주 거만하여 다른 사람들보다 더 거친 방식으로 그 진리를 배워야 했던 이들이 더러 있었습니다. 예를 들어, 느부갓네살을 보십시오. 그의 왕관이 머리에 있고, 그의 홍포가 어깨를 덮습니다. 그는 자랑스러운 바벨론을 거닙니다. 그리고는 이렇게 말합니다. "이 큰 바벨론은 내가 능력과 권세로 건설한 것이 아니냐?"(단 4:30). 여러분은 들에 있는 저 피조물을 봅니까? 그것은 사람입니다. "사람이라고요?"라고 여러분이 말합니다. 그 머리는 독수리의 깃털처럼 자랐고, 그 손톱은 새의 발톱처럼 자랐습니다. 그것은 네 발로 걷고, 소처럼 풀을 뜯어먹습니다. 그것은 사람들에게서 쫓겨났습니다. 그것이 바로 "이 큰 바벨론은 내가 건설한 것이 아니냐?"라고 말했던 그 군주입니다.

헤롯을 보십시오. 그가 단상에 앉아 백성을 향해 말합니다. 여러분은 저 불경스러운 외침이 들립니까? 그들이 소리칩니다. "이것은 신의 소리요 사람의 소리가 아니라"(행 12:12). 그 거만한 군주는 하나님께 영광을 돌리지 않습니다. 그는 신의 시늉을 하고, 하늘을 흔드는 듯이 보이며, 스스로를 신이라고 상상합니다. 한 벌레가 그의 몸 속으로 파고듭니다. 다른 벌레, 또 다른 벌레가 그렇게 파고듭니다. 마침내 해가 지기 전에 그는 벌레에게 먹혀 죽습니다. 아아, 군주여! 그대는 스스로 신이라고 생각했으나, 벌레가 너를 먹었구나! 그대는 스스로 사람 이상이 된 듯이 여겼지만, 정녕 너는 무엇이더냐? 사람보다 못한 벌레들이 너를 먹었으니, 너는 부패의 희생물이 되었구나!

이처럼 하나님은 교만한 자를 낮추십니다. 이처럼 그분은 강한 자를 낮추십니다. 우리는 현대 역사에서도 예들을 제시할 수 있습니다. 하지만 사람들이 배우려고만 한다면, 한 왕의 죽음으로도 이 교훈을 가르치기에 충분합니다. 왕들이 죽을 때, 장례 행렬이 무덤에 도착할 때, 우리는 이 교훈을 배웁니다. "나는 하나님이라 다른 이가 없느니라." 혁명의 소식이 들리고 제국들이 흔들릴 때, 오랜 왕조들이 흔들리고, 백발의 군주들이 그들의 왕좌에서 쫓겨날 때, 그때는 여호와께서 그 발로 땅과 바다를 밟고 서신 듯하며, 그 손을 들고 이렇게 외치시는 듯합니다. "들으라! 너희 땅에 거하는 자들아! 너희는 단지 메뚜기 같을 뿐이라. 나는 하나님이며 다른 이가 없느니라."

또한 우리 하나님께서는 이 교훈을 이 세상의 지혜로운 자들에게 많이 가르치셔야 했습니다. 신분과 허세와 권력이 사람들을 하나님의 자리에 둔 것처럼, 지혜도 그렇게 했습니다. 하나님의 가장 큰 원수들 중의 하나는 언제나 인간의 지혜였습니다. 인간의 지혜는 하나님을 볼 수 없습니다. 스스로 지혜롭다고 자부하면서, 지혜로운 자들이 바보가 되었습니다! 하지만 역사를 읽으면서, 여러분은 하나님이 지혜의 교만을 어떻게 굴욕스럽게 하셨는지 목격하지 않았습니까? 아주 오래 전 시대에, 그분은 철학 체계를 고안한 강력한 지성의 소유자들을 세상에 보내셨습니다. 그들은 말했습니다. "이러한 체계들은 영원히 지속될 것이다." 그들의 학생들은 그들을 오류가 없다고 생각했고, 그래서 그들의 말을 오래 지속되는 양피지에 기록하고서는 이렇게 말했습니다. "이 책은 영원히 지속될 것이다. 인간들은 세대를 이어가면서 최후의 인간까지 이 책을 읽을 것이며, 이 책은 지혜의 결정판으로 전수될 것이다." "아하, 하지만", 하나님이 말씀하셨습니다, "너희들의 그 책은 다음 백 년이 지나기 전에 우둔한 것으로 간주될 것이다."

소크라테스의 강력한 사상과 솔론(Solon, 기원전 6세기 경 아테네의 입법가이며 그리스 칠현 중 한 사람 — 역주)의 지혜는 이제 완전히 잊혔습니다! 그들이 말하는 것을 우리가 들을 수 있다면, 우리 학교의 아이들이라도 그가 그들보다 철학을 더 많이 이해한다는 생각에 웃을 것입니다! 하지만 인간은 하나의 철학체계의 헛됨을 발견하면, 또 다른 것을 보고 눈을 반짝입니다. 만약 아리스토텔레스가 만족스럽지 않으면, 여기 베이컨(Bacon)이 있습니다. "이제 나는 모든 것을 알게 될 것이다"라고 말하며, 그는 이 새로운 철학이 영원히 지속될 것이라고 연구에 착수합니다. 그는 고운 색깔로 채색한 돌들을 쌓고는, 자신이 쌓아올리는 모든 진리가 고귀한 불후의 진리라고 생각합니다. 하지만 오호라! 또 다른 세기가 오고, 그것은 "나무와 건초와 지푸라기"에 지나지 않았음이 판명됩니다. 전임자들을 반박하는 새로운 분파의 철학자들이 대두됩니다!

그와 마찬가지로 이 시대에도 지혜로운 자들이 있습니다. 곧 지혜로운 세속주의자들이지요. 그들은 진리를 얻었다고 상상합니다. 하지만 또 다른 오십 년 이내에—이 말에 주목하십시오—이 머리가 백발이 되기도 전에 그런 종류의 사람들은 모두 사라지고 말 것이며, 그런 사람들과 관계된 사람은 어리석은 자로 여겨질 것입니다! 불신앙의 체계는 태양 앞의 이슬방울처럼 사라질 것입니다! 하나님이 이렇게 말씀하시기 때문입니다. "나는 하나님이라 다른 이가 없느니라." 이 성경은 철학을 깨뜨려 가루로 만들 돌입니다! 이것은 모든 철학 체계들을 쳐서 산산조각 낼 강력한 망치입니다! 이것은 모든 '아비멜렉'의 머리에 던져 그 두개골을 완전히 깨부술 맷돌입니다(참조. 삿 9:53)! 오 하나님의 교회여! 두려워 말라! 그대는 이적들을 행할 것이라! 여러분은 지혜로운 자들이 혼동 중에 좌절할 것임을 압니다. 그들 또한 오직 여호와만이 하나님이시며 그 외에 다른 이가 없음을 알게 될 것입니다!

한 사람이 말합니다. "정녕, 하나님의 교회는 이것을 배울 필요가 없습니다." 우리는 대답합니다. "그럴 필요가 있습니다." 모든 존재들 가운데, 하나님께서 자기 은혜의 대상으로 삼으신 자들이 이러한 기본적인 하나님의 진리, 즉 그분이 하나님이시며 그분 외에 다른 이가 없다는 사실을 가장 잘 잊어버리는 경향이 있습니다! 가나안에서 교회는 어떻게 그것을 망각했는지요! 그들이 다른 신들 앞에 절했을 때, 그분은 그들을 대적할 강한 왕들과 제후들을 일으켜 그들에게 견디기 힘든 고통을 가하도록 하셨습니다. 또한 그분은 그들을 포로가 되어 바벨론으로 끌려가게 하셨습니다. 이스라엘이 가나안과 바벨론에서 행한 일들을 우리는 알고 있습니다.

우리 역시, 그분이 하나님이시며 그 외에 다른 이가 없다는 것을 너무나 자주 망각하지 않습니까? 내가 이런 사실을 말할 때 내 말이 무엇을 의미하는지 그리스도인은 알지 않습니까? 그리스도인이라는 여러분 자신이 그렇게 하지 않았습니까? 어떤 때에는 번영이 그에게 찾아옵니다. 부드러운 바람이 그의 배에 불어 그의 무모한 의지가 나아가고자 하는 방향으로 나아가게 만듭니다. 그러면 그는 속으로 이렇게 말합니다. "이제 나는 평화를 얻었다. 이제 나는 행복을 가졌다. 내가 손에 넣기를 바라던 것이 이제는 내 손에 들어왔다. 이제 나는 말하리라. '내 영혼아, 가만히 앉아 쉬어라. 먹고, 마시고, 즐거워하라. 이런 것들을 너의 신으로 삼아, 행복하고 즐거워하라.'" 하지만 우리는 하나님께서 그 받침 달린 술잔을 땅에 던지시고, 그 달콤한 포도주를 쏟으시며, 그 대신 쓸개즙을 그 잔에 채우시는 것을 보아왔지 않습니까? 하나님은 그 잔을 우리에게 주실 때 이렇게 말씀하셨습니다. "마시라, 마시라, 너는 땅에서 신을 발견했다고 생각하겠지만, 그 잔을 마시면 그 쓴 맛을 알게 될 것이다." 그 때 우리는 그것을 마시고는, 마신 것이 너무나 메스꺼워 이렇게 소리쳤습니다. "아아 하나님, 더 이상 이런 것을 마시지 않겠습니다. 당신은 하나님이시며 당신 외에 다른 이가 없나이다."

아, 또한 우리는 하나님의 허락도 없이 얼마나 자주 미래를 위해 계획을 짜곤 했습니까? 사람들은 마치 야고보가 언급했던 어리석은 자들처럼 말했습니다. "오늘이나 내일이나 우리가 어떤 도시에 가서 거기서 일 년을 머물며 장사하여 이익을 보리라"(약 4:13). 하지만 그들은 내일 일을 알지 못했기 때문에, 내일이 오기 훨씬 전에, 사거나 팔거나 할 수 없었습니다. 그들은 죽었고, 불과 한 평 남짓한 땅에 그들의 뼈가 묻혔습니다! 하나님께서는 질병으로, 환난으로, 심령의 의기소침으로, 한동안 하나님을 떠남으로써 성령을 상실하거나, 그분의 임재의 기쁨이 결핍되는 것을 통해, 그분이 하나님이시며 그분 외에 다른 이가 없음을 매일 가르치십니다. 우리가 잊지 말아야 할 것은 위대한 일을 하도록 세우심을 받은 하나님의 특별한 종들이, 아주 특이한 방식으로, 이 교훈을 배워야 했다는 것입니다. 예를 들어, 복음을 선포하는 위대한 일을 위해 부름을 받은 한 사람의 경우를 생각해봅시다. 그는 성공적입니다. 하나님이 그를 도우십니다. 수천 명의 사람들이 그의 발치에서 기다리고 큰 무리가 그의 입술에 매달립니다. 분명 그는 사람이기에, 그는 분수 이상으로 높아지려는 경향이 있을 것입니다! 그는 자기 자신을 너무 많이, 그리고 하나님에 대해서는 너무 적게 바라보기 시작합니다! 이를 아는 사람에게, 그가 아는 바를 말하라고 해 보십시오. 그러면 그들은 이렇게 말할 것입니다. "사실입니다. 정말로 그렇습니다."

만약 하나님께서 특별한 사명을 주시면, 우리는 일반적으로 얼마간의 영예와 영광을 우리 자신에게로 돌리기 시작합니다. 하지만 하나님의 뛰어난 성도들의 회고록에서, 하나님께서 그들로 하여금 오직 그분이 하나님이시며 그분 외에는 다른 이가 없음을 어떻게 느끼게 하셨는지를 여러분은 찾아볼 수 있지 않습니까? 가련한 바울이 자기 스스로를 신으로 생각했을 수도 있었습니다. 그는 그에게 주어진 계시의 위대성으로 인해 쉽게 분수 이상으로 부풀어 오를 수 있었습니다. 하지만 바울은 자신이 하나님이 아님을 느낄 수 있었습니다. 그에게는 육체의 가시가 있었고, 신들은 육체에 가시를 가질 수 없었기 때문입니다! 이따금씩 하나님께서는 특별한 사건들에서 도움을 주기를 거절하심으로써 목사를 가르치십니다. 우리는 강단에 올라서면서 말합니다. "오, 오늘이 좋은 날이 되면 좋으련만, 오늘이!" 우리는 분투하기 시작합니다. 우리는 지칠 줄 모르는 것처럼 뜨겁게 기도해왔습니다. 하지만 그것은 연자방아를 돌리는 눈먼 말과도 같고, 혹은 들릴라와 함께 있던 삼손과도 같습니다. 우리는 일어나 힘을 떨쳐보려 하지만 놀랍게도 그것은 "힘없는 몸부림"에 지나지 않고, 아무런 승리를 얻지 못합니다. 그 때 우리는 주님이 하나님이시며 그 외에 다른 이가 없음을 보게 됩니다!

아주 종종 하나님께서는 목사에게 목사 자신의 죄의 본성을 보게 하심으로써 이 교훈을 가르치십니다. 그는 자기 자신의 악하고 가증스러운 마음을 직시하고는, 강단에 서려 할 때, 그가 자기 동료들에게 설교하기는커녕 신도석에 앉는 것도 합당치 않다고 느낄 것입니다. 비록 우리가 하나님의 말씀을 선포하는 것에서 항상 기쁨을 느끼기는 하지만, 자기와 같은 죄인 중의 괴수가 다른 사람들에게 설교하도록 허락되었다는 느낌 때문에, 강단에 오르는 계단에서 비틀거리는 것이 무엇인지를 압니다. 아아, 사랑하는 여러분이여, 자기 영혼의 심연에 빠져 그 캄캄함을 느끼며 이렇게 소리쳐보지 않은 사람은 목사로서 그리 성공적이지 않을 거라고 나는 생각합니다. "모든 성도 중에 지극히 작은 자보다 더 작은 나에게 이 은혜를 주신 것은 측량할 수 없는 그리스도의 풍성함을 이방인에게 전하게 하려 하심이라"(엡 3:8).

하나님께서 목사들에게 적용하시는 또 하나의 해독제가 있습니다. 만약 그분이 그들을 개인적으로 다루시지 않으면, 그분은 한 무리의 적들을 일으켜 오직 그분만이 홀로 하나님이심을 보게 만드십니다! 뭐라고요? 한 사람이 큰 무리의 비방거리가 된단 말인가요? 그가 매일처럼 수고로이 일하는 것이 불필요했단 말인가요? 그가 매 안식일마다 서서 복음을 전하여도, 그 속에 하나님의 은혜가 없다면, 자신의 이름을 중상과 비방의 대상이 되게 만든다고요? 이 문제와 관련하여 내 입장을 말하자면, 만일 그리스도의 사랑이 나를 강권하시지 않으면, 내가 설교하는 것은 이번이 마지막이 될 수 있다고 말할 수 있습니다. "내가 부득불 할 일임이라 만일 복음을 전하지 아니하면 내게 화가 있을 것이로다"(고전 9:16). 하지만 하나님께서는 자기 종들이 맞닥뜨리는 그 반대를 통해 그들로 하여금 즉시 그분이 하나님이시며 다른 이가 없음을 깨닫도록 이끄십니다. 만약 모두가 갈채를 보내고 모두가 감사를 표한다면, 우리는 우리 스스로를 신으로 생각하겠지만, 그들이 야유와 조롱을 보낼 때, 우리는 우리의 하나님께로 돌이키며 이렇게 부르짖습니다.

"주여, 당신의 귀한 이름을 위하여
제 얼굴에 수치와 조롱이 가해져도,
당신이 저를 기억해주시기만 하면
기꺼이 비난을 기뻐하고 수치를 환영하겠나이다."

2. 하나님은 이 교훈을 구원의 문제에서 어떻게 가르치시나?

이상의 내용은 우리를 이 강론의 두 번째 부분에 이르게 합니다. 구원은 하나님의 가장 위대한 일입니다. 그러므로 가장 위대한 구원의 일에서, 하나님은 그분이 하나님이시며 다른 이가 없다는 이 교훈을 우리에게 특별히 가르치십니다. 이 본문은 우리에게 그분이 그것을 어떻게 가르치시는지를 보여줍니다. 그분이 말씀하십니다. "땅 끝의 모든 끝이여 내게로 돌이켜 구원을 받으라." 그분은 자신이 하나님이심을 우리에게 보이시며, 그분 외에 다른 이가 없음을 세 가지 방법으로 제시하십니다. 첫째, 그분이 우리에게 제시하시는 그 위격(person)에 의해서입니다. "내게로 돌이키라(Look unto Me)." 둘째, 우리가 은혜를 얻기 위해 사용하는 수단들에 의해서입니다. "보라," 단순히 "보라"입니다. 그리고 세 번째로, 그분이 부르시는 사람들에 의해서입니다. "땅 끝의 모든 끝이여 내게로 돌이켜 구원을 받으라."

1) 바라봄의 대상

첫째, 하나님은 우리에게 구원을 위해 누구를 바라보라 하십니까? 오! 우리가 주께서 "땅 끝의 모든 끝이여 내게로 돌이켜 구원을 받으라"고 말씀하시는 것을 들을 때, 그것은 인간의 교만을 낮추시는 음성이 아닙니까? "너희의 사제를 바라보고 구원을 받으라"가 아닙니다. 만약 여러분이 그렇게 한다면 또 다른 하나님이 있는 것이며, 그분 외에 또 다른 이가 있는 것입니다. "너희 자신을 바라보라"도 아닙니다. 만약 그렇다면, 구원의 찬양 중 일부를 가로채는 존재가 있다는 말입니다. 오직 "나를 바라보라"입니다. 여러분들은 그리스도께로 오면서도 얼마나 자주 여러분 자신을 바라보는지요. 당신은 말합니다, "오! 저는 충분히 회개하지 않았습니다." 그것은 당신 자신을 바라보는 것입니다. "저는 충분히 믿지 않고 있습니다." 그것은 당신 자신을 바라보는 것이지요. "제가 어떠한 의라도 가졌는지 찾을 수가 없습니다"라고 또 한 사람이 말합니다. 당신이 어떤 의도 가지지 못했다고 말하는 것은 상당히 옳습니다. 하지만 어떤 의를 당신에게서 찾으려고 하는 것은 잘못입니다. 본문의 말씀은 "나를 바라보라"입니다. 하나님께서는 당신이 자기 자신에게서 눈을 떼고 돌이켜 그분을 바라보기를 원하십니다.

세상에서 가장 어려운 일은 인간의 눈을 자기 자신에게서 떼는 일입니다. 사는 날 동안, 그는 항상 자기 자신의 내면과 모습을 바라보는 편애(偏愛)의 성향을 가지고 있습니다. 반면 하나님은 "나를 바라보라"고 말씀하십니다. 골고다의 십자가에서, 예수님의 피 흘리시는 손에서 은혜의 방울들이 떨어집니다. 겟세마네 동산에서 땀방울을 핏방울처럼 흘리시는 예수님의 모공에서는 용서가 스며나오며, 그분에게서 이러한 외침이 들려옵니다. "땅 끝의 모든 끝이여 내게로 돌이켜 구원을 받으라." 골고다 언덕에서, 예수님이 "다 이루었다"고 외치신 그곳에서, 나는 또 다른 한 외침을 듣습니다. "보라, 그리고 구원을 받으라." 하지만 우리 영혼으로부터 악한 외침이 들려옵니다. "아니다, 너 자신을 바라보라! 너 자신을 바라보라!" 아, 내 청중이여, 여러분 자신을 바라보면 저주를 받을 것입니다. 틀림없이 그렇게 되고 말 것입니다. 여러분이 스스로를 바라보는 한 여러분에게는 소망이 없습니다. 당신을 구원할 수 있는 것은 당신 자신에 대한 숙고가 아니라, 하나님이 어떤 분이시며 그리스도는 어떤 분이신지에 대한 숙고입니다. 당신에게서 눈을 돌이켜 예수님을 바라보는 것입니다.

오! 복음을 상당히 오해하는 사람들이 있습니다. 그들은 의가 그들로 하여금 그리스도께 올 수 있는 자격을 부여한다고 생각합니다. 그러나 실상은 죄가 사람으로 하여금 예수님께로 오게 하는 유일한 자격입니다. 예전의 훌륭한 성도였던 크리스프(Crisp)는 말합니다. "의는 나로 하여금 그리스도를 멀리하게 했다. 온전한 사람에게는 의사가 필요 없지만 병든 자에게는 필요하다. 죄가 느껴질 때 그 죄는 나로 하여금 그리스도께 오도록 만든다. 또한 그리스도께 옴에 있어서, 나에게 더 많은 죄가 있을수록 내게는 긍휼을 소망해야 할 더 큰 이유가 있는 것이다." 다윗 역시 기이하게도 이렇게 말했습니다. "나를 불쌍히 여기소서, 나의 죄악이 크기 때문입니다"(참조. 시 25:11). 하지만 왜 다윗은 그의 죄악이 '적다'고 말하지 않았을까요? 다윗은 자기의 죄가 클수록 그것이 긍휼을 구하기에 더 좋은 이유가 됨을 알았기 때문입니다. 사람이 더 악할수록, 나는 그에게 예수님을 믿으라고 더 간절히 호소합니다. 죄의식은 우리가 목사로서 기대하고 찾는 전부입니다. 우리는 죄인들에게 설교합니다. 그러기에 사람이 자기 자신에 대해 죄인의 칭호를 부여해야 함을 알며, 그 때 우리는 그에게 말합니다. "그리스도를 바라보십시오, 그러면 구원을 얻을 것입니다."

"보라"—이것이 그분이 당신에게 요구하는 전부입니다. 바로 이것을 그분은 당신에게 요구하십니다. 만약 당신이 스스로를 바라보면 당신은 정죄를 받습니다. 당신은 사악한 이단자이며, 불쾌하고 썩은 것으로 가득한 자이며, 또한 다른 것들도 썩게 만드는 자입니다. 하지만 그대여 이곳을 바라보십시오! 십자가에 달리신 그 사람(Man)이 보이지 않습니까? 유순하게 가슴에 고통스러운 머리를 떨어뜨리고 계신 그분이 보이지 않습니까? 저 가시 면류관과, 핏방울들이 그분의 뺨을 타고 뚝뚝 떨어지는 것이 보이지 않습니까? 그분의 손이 못에 박혀 찢어지고, 체중을 지탱하던 그분의 복된 발이 저 잔혹한 못으로 인해 거의 두 동강 난 것이 보이지 않습니까?

죄인이여! "엘리, 엘리, 라마 사박다니!"라고 그분이 외치는 소리가 들리지 않습니까? 그분이 "다 이루었다"고 소리치는 음성이 들리지 않습니까? 고개를 숙이고 숨지신 그분의 모습이 보이지 않습니까? 창으로 찔리신 그분의 옆구리, 십자가에서 내려지는 그분의 몸이 보이지 않습니까? 오! 이리로 오십시오! 그 손이 당신을 위해 못 박혔습니다. 그 발이 당신을 위해 핏덩이를 쏟아냈습니다. 그 옆구리가 당신을 위해 찔리고 벌어졌습니다. 만약 당신이 어떻게 하면 긍휼을 발견할 수 있는지를 알기 원한다면, 바로 여기에 있습니다! "보라!" "나를 바라보라!" 더 이상 모세를 바라보지 마십시오. 더 이상 시내 산을 쳐다보지 마십시오. 여기 와서 골고다를 쳐다보십시오. 골고다의 희생자와, 그분의 무덤을 보십시오. 그리고 저기 아버지 옆 보좌에 앉으신 그 사람(Man), 빛과 불멸의 영광으로 면류관을 쓰신 그분을 보십시오. "보라! 죄인이여," 그분이 오늘 아침 당신에게 말씀하십니다. "내게로 돌이켜 구원을 받으라!" 이러한 방식으로 그분은 그 외에 다른 이가 없음을 우리에게 가르치십니다. 그분은 우리로 하여금 전적으로 그분을 바라보게 만드시며, 전적으로 우리 자신에게서 눈을 돌리게끔 만드십니다.

2) 구원의 수단

두 번째 생각할 것은 구원의 수단에 대해서입니다. "나를 바라보고(Look unto me, KJV) 구원을 받으라." 많은 사람들이 복잡한 예배를 좋아하는 것을 여러분은 종종 목격해왔을 것입니다. 아주 복잡하여, 그들이 거의 이해하지 못하는 종교이지요. 그들은 우리처럼 단순하게 드리는 예배를 참지 못합니다. 그래서 흰 의상을 입은 사람이 있어야 하고, 또 검은 의상을 입은 사람도 있어야 합니다. 그리고 그들이 제단이라고 부르는 것과 성단소(聖壇所)라고 부르는 것도 있어야 합니다. 조금 지나면 그것으로는 충분하지 못해, 꽃병들과 촛대들도 있어야 합니다. 그러면 성직자는 사제가 되며, 가운데에 십자가를 새긴 아주 얼룩덜룩한 옷을 입어야 합니다. 계속 그런 식이지요. 단순한 접시가 소위 성반(聖盤)이 되며, 한때 잔이었던 것은 성배(聖杯)가 됩니다. 의식들이 더 복잡할수록 그들은 더욱 좋아합니다. 그들은 그들의 성직자가 마치 초월적인 존재라도 되는 듯이 서 있는 것을 좋아합니다. 세상은 그들이 이해하지 못하는 종교를 좋아합니다!

하지만 여러분은 성경이 얼마나 영광스러우면서도 단순한지를 인식하지 않았습니까? 성경에는 여러분이 허튼 것이라고 여길 만한 것이 하나도 없습니다. 그것은 분명하게 말하고, 분명한 것 외에는 아무것도 말하지 않습니다. "보라!" 회심하지 않은 사람치고 이 말을 좋아하는 이는 없습니다. "그리스도를 바라보고, 구원을 받으라." 그는 그리스도께 오기를 마치 엘리사에게 오는 나아만처럼 옵니다. 그리고 "가서 요단 강에 씻으라!"는 말을 들을 때, 그는 이렇게 대꾸합니다. "내 생각에는 그가 내게로 나와 서서 그의 하나님 여호와의 이름을 부르고 그의 손을 그 부위 위에 흔들어 나병을 고칠까 하였도다(왕하 5:11). 그런데 나더러 요단 강에 가서 씻으라니, 이 얼마나 우스꽝스러운 일인가? 그런 일은 아무나 할 수 있을 것이다!" 만약 선지자가 그에게 어떤 큰 일을 행하도록 명했다면, 그가 그 일을 하지 않았을까요? 아아! 틀림없이 그랬을 것입니다. 그리고 만약 내가 이 아침에, 누구든지 여기서 바스(Bath)까지 신이나 양말도 신지 않고 걸어서 가거나, 혹은 어떤 불가능한 일을 하면 구원을 받을 것이라고 전한다면, 아마도 여러분은 내일 아침 조반 시간이 되기도 전에 출발하려 할 것입니다. 구원의 길을 설명하는데 칠 년이 소요될 것이라고 한다면, 나는 여러분이 줄곧 그 말을 들을 것이라고 확신합니다. 만약 유일하게 학식이 있는 어느 박사가 천국에 가는 길을 일러줄 수 있다면, 그 뒤를 따라 달려갈 사람이 얼마나 많을는지요! 라틴어와 헬라어를 조금씩 섞어서 어려운 말로 한다면, 그들은 더 좋아할 것입니다. 하지만 우리가 전해야 하는 것은 단순한 복음입니다. 그것은 단지 "바라보라!"입니다. 당신이 말합니다. "아하, 그것이 복음인가요? 나는 그런 것에 관심을 기울이지 않겠습니다." 하지만 하나님께서 왜 그토록 단순한 것을 당신에게 명하셨을까요? 당신의 교만을 내려놓게 하시고, 당신에게 그분이 하나님이시며 그 외에는 다른 이가 없음을 보여주려 하시기 때문입니다.

오! 구원의 길이 얼마나 단순한지를 주목하십시오! "바라보라, 바라보라, 바라보라!" 그것은 영어 철자로 단순히 네 글자(look)이며, 그 중에서도 두 글자는 같습니다! "땅 끝의 모든 끝이여 나를 바라보고 구원을 받으라." 어떤 신학자들은 여러분이 구원을 받으려면 무엇을 해야 하는지에 대해 일주일 동안 말하고 싶을 것입니다. 하지만 성령 하나님은 여러분에게 단지 네 글자대로 행하기를 원하십니다. "땅 끝의 모든 끝이여 내게로 돌이켜 구원을 받으라." 구원의 길은 얼마나 단순합니까! 그리고 오, 얼마나 즉시에 일어나는 일인지요! 우리가 손을 움직이는 데에는 약간의 시간이 소요되지만, 바라보는 것은 잠시도 소요되지 않습니다. 그와 같이 죄인은 한순간에 믿으며, 그 죄인이 용서를 위해 십자가에 달리신 주님을 믿고 의지하는 그 순간, 즉시로 그는 그분의 피로 말미암아 온전히 구원을 얻습니다. 오늘 아침 이곳에 온 사람 중에는 양심이 의롭지 못한 사람이 있겠지만, 그 사람이 다른 사람들보다 의롭게 되어 나갈 수도 있습니다. 이곳에는 한때 추악한 죄인들이었지만 어느 순간 용서받은 사람들이 있을 것입니다. 그것은 즉시 이루어지는 일입니다. "보라, 보라, 바라보라!"

또한 그것은 얼마나 보편적인지요! 내가 어디에 있든, 아무리 멀리 떨어져 있든, 단지 이렇게 말씀합니다. "보라!" 그것은 내가 보아야(see) 한다고 말하지 않으며, 단지 "바라보라"고 말합니다. 만약 우리가 어둠 속에서 어떤 사물을 바라본다면, 그것을 식별하지는 못하겠지만, 우리는 들은 바를 행한 것입니다. 그와 마찬가지로 만일 한 죄인이 예수님을 바라보기만 한다면, 그분이 그를 구원하실 것입니다. 왜냐하면 예수님은 어둠 속에 계실 때나 빛 속에 계실 때나 마찬가지이기 때문입니다. 여러분이 예수님을 식별하지 못할 때에도, 그분은 여러분이 그분을 식별할 때와 다르지 않습니다. 본문은 그저 "바라보라!"고 말합니다. 한 사람이 말합니다. "아아, 저는 올해에 예수님을 보기 위해 노력해왔지만 그분을 보지 못했습니다." 본문은 그분을 보라고 말하지 않고 "그분을 바라보라"고 말합니다. 또한 그분을 바라보는 자들이 구원을 얻는다고 말합니다. 여러분 앞에 장애물이 있어도, 단지 바른 방향으로 바라보기만 하십시오. 그것으로 충분합니다. "나를 바라보라!" 그리스도를 보는 것이 아니라 그분을 향해 바라보는 것입니다. 의지가 그리스도를 향하고, 소원이 그리스도를 향하며, 욕구가 그리스도를 향하는 것입니다. 그리스도를 신뢰하고, 그리스도께 매달리는 것, 그것이 필요한 것입니다. "바라보라, 바라보라, 바라보라!" 만일 불뱀에 물린 사람이 시력을 잃은 그의 눈동자들을 놋뱀 쪽으로 향한다면, 비록 그가 그것을 보지는 못해도, 그는 그 바라봄으로써 자기 생명을 회복할 것입니다. 죄인을 구원하는 것은 바라보는 것이지 보는 것이 아닙니다.

다시 말하지만, 이것이 얼마나 인간을 겸손하게 하는지요! 이렇게 말하는 어느 신사가 있습니다. "만일 나를 구원하는 데에 일천 파운드의 돈이 들어도, 나는 그것을 아무것도 아니라고 여길 것이다." 하지만 당신의 금과 은은 부식되었습니다. 그것은 아무 소용이 없습니다. "그렇다면 내가 내 여종 베티와 같은 식으로 구원을 받는단 말입니까?" 예, 바로 그렇습니다. 당신을 위한 다른 구원의 길은 없습니다. 바로 그 방식이야말로 인간에게 여호와가 하나님이시며 그 외에는 다른 이가 없음을 제시하는 것입니다. 저 지혜로운 사람이 말합니다. "만약 해결해야 하는 가장 놀라운 문제가 있거나, 혹은 풀어야 할 큰 신비가 있다면, 나는 그것을 행할 것입니다. 나는 약간은 신비스러운 복음을 가질 수 있지 않을까요? 나는 어느 정도는 신비스러운 종교를 믿을 수 있지 않겠습니까?" 아니요, "바라보라!"입니다. "뭐라고요? 내가 저 누더기 옷을 입은 주일학교 소년, 아직 글자도 제대로 읽지 못하는 아이와 똑같은 식으로 구원을 받아야 한단 말입니까?" 예, 그래야 합니다. 그렇지 않고서 당신은 구원을 얻지 못합니다. 또 다른 사람이 말합니다, "나는 매우 도덕적이고 올바르게 살아왔습니다. 나는 나라의 모든 법을 지켜왔으며, 만약 해야 할 다른 무엇이 있다면 기꺼이 그 일을 행할 것입니다. 나는 금요일에는 오직 생선만을 먹을 것이고, 교회의 모든 금식 절기들을 지킬 것입니다. 그것이 나를 구원한다면 그렇게 할 것입니다." 아니요, 선생, 그것이 당신을 구원하지 못할 것입니다. 당신의 선행들은 아무 소용이 없습니다. "뭐라고요! 내가 저 창녀와 술주정뱅이와 같은 방식으로 구원을 받아야 한단 말인가요?" 예, 선생, 모든 사람들을 위해 구원의 길은 오직 하나가 있습니다. "하나님이 모든 사람을 순종하지 아니하는 가운데 가두어 두심은 모든 사람에게 긍휼을 베풀려 하심이로다"(롬 11:32). 그분은 모두에게 정죄의 판결을 내리셨으며, 그것은 거저 주시는 하나님의 은혜로 많은 사람들을 구원에 이르도록 하기 위함입니다. "바라보라, 바라보라, 바라보라!" 이것이 구원의 단순한 방식입니다. "땅 끝의 모든 끝이여 내게로 돌이켜 구원을 받으라."

3) 그분이 부르시는 사람들

마지막으로, 하나님께서 그분을 바라보라고 부르시는 사람들을 통해 어떻게 인간의 교만을 꺾으시고 자기 자신을 높이시는지를 주목하십시오. "땅 끝의 모든 끝이여 내게로 돌이켜 구원을 받으라." 유대인은 이사야가 하는 말을 들었을 때 이렇게 고함쳤습니다. "당신은 '오 예루살렘이여 내게로 돌이켜 구원을 받으라' 고 말했어야 합니다. 그렇게 말했어야 옳습니다. 하지만 저 이방인 개들, 그들이 하나님을 바라보고 구원을 받는다고요?" "그렇다," 하나님이 말씀하십니다. "나는 너희 유대인들에게 보여줄 것이다. 비록 내가 너희에게 많은 특권들을 주었지만, 다른 민족들을 너희보다 높일 것이다. 나는 나 자신의 뜻대로 행할 수 있다."

자, 땅 끝의 사람들이 누구입니까? 그들은 바로 불쌍한 이방 민족들이고, 야만 상태에서 크게 벗어나지 못한 사람들이며, 문명화되지 못하고 배우지도 못한 사람들입니다. 하지만 내가 사막을 걸어 남아프리카에서 오두막에 사는 부시맨(Bushman)을 발견하거나, 남태평양 제도의 어느 섬에서 식인종을 발견하여도, 나는 그 식인종과 부시맨에게 "땅 끝의 모든 끝이여 예수님을 바라보고 구원을 받으시오"라고 말할 것입니다. 그들은 "땅 끝"에 속하는 사람들 중 일부입니다. 복음이 전파되는 것은 예절바른 그리스인들, 세련된 로마인들, 교육받은 영국인들을 위한 것만큼이나 그들을 위해서이기도 합니다. 하지만 나는 "땅 끝"이 그리스도에게서 가장 멀리 떠나 있는 사람들을 포함한다고 생각하는데, 곧 주정뱅이인 당신을 의미하는 것입니다! 당신은 비틀거리며 뒷걸음질하다가 마침내 땅 끝에 이르게 되었습니다. 당신은 거의 정신착란의 지경에 이르렀습니다. 당신은 더 이상 나빠질 수 없을 정도로 나빠졌습니다. 숨쉬고 있는 인간 중에 당신보다 더 악한 상태인 사람은 없습니다. 그런 사람이 있습니까? 아아! 하지만 하나님께서는 당신의 교만을 낮추시며 말씀하십니다. "내게로 돌이켜 구원을 받으라."

추한 행위와 죄로 점철된 삶을 살아온 또 한 사람이 있습니다. 마침내 그녀는 자기 자신을 파괴하였고, 심지어 사탄도 그녀를 뒤로 제쳐둔 것 같습니다. 하지만 하나님이 말씀하십니다. "땅 끝의 모든 끝이여 내게로 돌이켜 구원을 받으라." 내 생각에 나는 여기에서 떨고 있는 한 영혼을 보는 듯한데, 그가 이렇게 말합니다. "아아! 목사님 저는 이런 사람들 중의 한 사람이었습니다. 하지만 저는 그보다 더 나쁜 상태로 지내온 사람인데, 왜냐하면 저는 하나님의 집에 다니면서도 죄에 대한 양심의 자각을 억누르고, 예수님에 대한 모든 생각들을 억눌러 왔기 때문입니다. 그래서 이제 저는 그분이 결코 제게는 은혜를 주시지 않을 거라고 생각합니다." 과연 당신은 "땅 끝"의 사람들 중의 하나입니다. 누구든 그렇게 느끼는 사람을 발견하는 한, 나는 그런 사람에게 그가 바로 "땅 끝"에 있는 사람이라고 말할 수 있습니다. 또 한 사람이 말합니다. "하지만 저는 너무 특이합니다. 제가 그렇게 느끼지 않으면 좋겠지만, 저의 경우는 특이하다고 느끼고 있습니다." 그 말이 맞습니다. 땅 끝의 사람들은 특이한 사람들입니다. 당신도 그럴 것입니다. 또 다른 사람이 말합니다. "세상에 저 같은 사람은 아무도 없을 것입니다. 저처럼 그토록 많이 부름을 받고도 매번 그것을 거부하고 여전히 머리에 죄를 지고 사는 사람을 당신은 해 아래서 발견하지 못할 것이라고 생각합니다. 게다가, 저는 너무나 많은 죄를 지었기 때문에 어떤 사람에게도 고백하고 싶지가 않습니다." "땅 끝"의 한 사람이여, 그러므로 내가 할 일은 주의 이름으로 외치는 것뿐입니다. "땅 끝의 모든 끝이여 내게로 돌이켜 구원을 받으라. 나는 하나님이라 다른 이가 없느니라." 당신에게 말합니다. 죄는 당신이 그분을 바라보는 순간 제거될 것입니다. "하지만 감히 그럴 수가 없습니다. 그분이 저를 정죄하실 것입니다. 저는 바라보기가 두렵습니다." 당신이 그분을 바라본다면 그분은 당신을 더 이상 정죄하지 않으실 것입니다. 두려워하면서도, 바라보십시오. 두려움이 바라봄을 방해하지 못하게 하십시오. "하지만 그분이 저는 쫓아내실 겁니다." 그분을 시험해보십시오. "하지만 저는 그분을 볼 수가 없습니다." 거듭 말하지만 보는 것이 아니라 바라보는 것입니다. "하지만 제 눈은 너무 땅에 고정되어 있으며, 너무 세상적이고, 너무 세속적이랍니다." 아! 하지만 가련한 영혼이여, 그분이 바라보고 살 수 있는 힘을 주십니다. 그분이 말씀하십니다. "땅 끝의 모든 끝이여 내게로 돌이켜 구원을 받으라 나는 하나님이라 다른 이가 없느니라."

사랑하는 친구들이여, 주를 사랑하는 여러분이나 처음으로 그분을 바라보기만 하는 여러분 모두, 본문의 말씀을 새해를 위한 말씀으로 삼으십시오. 그리스도인이여! 올해를 지나는 동안 모든 역경 중에서 하나님을 바라보고 구원을 얻으십시오. 당신의 모든 시련들과 환난에서 그리스도를 바라보고 구원을 얻으십시오. 가련한 영혼이여, 당신의 모든 슬픔 중에서, 당신의 죄로 인한 모든 회개에서, 그리스도를 바라보고 용서를 얻으십시오. 올해에 당신의 눈이 하늘을 향하게 하시고, 당신의 마음도 하늘을 향하도록 하십시오. 오늘 당신은 황금의 사슬로 당신 스스로를 묶은 것과, 그 한쪽 끝을 하늘의 철침에 연결하였음을 기억하십시오. 그리스도를 바라보십시오. 두려워 마십시오. 사람이 그 눈을 예수께로 향하고서 걸으면 결코 넘어지지 않습니다. 별들을 쳐다보는 자는 고랑에 빠집니다. 하지만 그리스도를 쳐다보는 자는 안전하게 걷습니다. 일 년 내내 당신의 시선을 위로 향하게 하십시오. "그분을 바라보고 구원을 얻으십시오." 그리고 "그분이 하나님이시며 다른 이가 없음"을 기억하십시오.

그리고 떨고 있는 불쌍한 당신이여, 당신은 무어라 말하겠습니까? 당신은 그분을 바라봄으로써 한 해를 시작하시겠습니까? 당신은 이 아침에 자기가 얼마나 죄 많은 사람인지를 알고 있습니다. 자신이 얼마나 더러운지를 당신은 압니다. 하지만 당신이 신도석에서 일어나 복도에 발을 디디기 전에, 하나님의 보좌 앞에서 의롭다 하심을 얻은 사도들처럼 당신도 의롭다 하심을 얻는 것이 가능합니다. 당신의 발이 예배당 문지방을 나서기 전에, 당신의 등에 있는 짐이 벗어진 것을 깨닫고, 이와같이 노래하면서 길을 가는 것이 가능합니다. "나는 용서받았네, 나는 용서받았네. 내가 바로 은혜의 기적이라네. 이 날이 내 영적인 생일이라네." 오! 여러분 중에서 많은 이들에게 그런 일이 일어나길 바라며, 마지막 날에 제가 이렇게 말할 수 있게 되기를 바랍니다. "제가 여기 있습니다. 그리고 주께서 제게 맡기신 자녀들이 여기 있습니다."

죄를 자각한 죄인이여 이 말을 들으십시오! "이 곤고한 자가 부르짖으매 여호와께서 들으시고 그의 모든 환난에서 구원하셨도다"(시 34:6). "오! 너희는 여호와의 선하심을 맛보아 알지어다"(시 34:8). 지금 그분을 믿으십시오. 지금 당신의 죄 많은 영혼을 그분의 의에 맡기십시오. 지금 당신의 추한 영혼을 그분의 피의 욕조에 담그십시오. 지금 당신의 벌거벗은 영혼 그대로 그분의 의의 옷장문 앞에 서십시오. 지금 당신의 굶주린 영혼을 풍성한 잔치 자리에 앉게 하십시오! 지금 "바라보십시오!" 그것이 얼마나 단순합니까! 하지만 사람들을 그렇게 하도록 이끄는 것이야말로 세상에서 가장 어려운 일입니다. 은혜가 그렇게 하도록 강권하기까지는, 그들은 결코 그렇게 하려 하지 않습니다. 하지만 "바라보라!" 말씀하십니다. 이 말씀을 생각에 간직하고 돌아가십시오. "땅 끝의 모든 끝이여 내게로 돌이켜 구원을 받으라 나는 하나님이라 다른 이가 없느니라."

제
50
장

경건하지 않은 자들의 운명

"보라 그들은 초개 같아서 불에 타리니 그 불꽃의 세력에서 스스로 구원하지 못할 것이라 이 불은 덥게 할 숯불이 아니요 그 앞에 앉을 만한 불도 아니니라."—이사야 47:14

이 본문은 바벨론과 갈대아에 대한 하나님의 심판을 무섭게 묘사한 부분입니다. 선지자는 저 포악한 민족에 대한 하나님의 기소장을 분명히 기록하고 있으며, 그들의 죄를 입증한 후에 그들의 형을 선고합니다. 선지자는 그들이 여호와의 기업 곧 그분이 그들의 손에 맡기신 백성에 대해 자비를 보이지 않은 것을 비난합니다. 그는 갈대아인들의 교만과 자화자찬의 태도를 꾸짖는데, 이는 그들이 그 마음에 이르기를 "나뿐이라 나 외에 다른 이가 없다"(10절)고 하였고, 바벨론이 자랑하여 이르기를 "내가 영영히 여주인이 되리라 … 나는 슬픔을 보지 않으리라"(7절)고 했기 때문입니다. 선지자는 그들의 지나친 배짱과 주제넘은 태도를 책망합니다. 그들은 쾌락에 빠져 부주의하게 살았으며, 어떤 재앙도 예상치 않았습니다. 그리하여 선지자는 여호와의 이름으로 말합니다. "네가 네 악을 의지하고 스스로 이르기를 나를 보는 자가 없다 하나니 네 지혜와 네 지식이 너를 유혹하였음이라 네 마음에 이르기를 나뿐이라 나 외에 다른 이가 없다 하였다"(10절). 이러한 죄악 때문에 갈대아와 바벨론의 패망은 갑작스럽고, 끔찍하며, 철저하게 임할 것입니다. 그들은 너무나 철저하게 패망하여, 그들의 상태와 관련하여 회고할 때 단 하나의 위로거리도 없을 것입니다. 사르는 불이 있을 뿐, 따뜻하게 해 줄 불은 없습니다. 그들은 나무가 불꽃 속에서 타닥거리며 탄 후에 작열하는 재와 숯이 된 토막들을 남기는 것처럼 되는 것이 아니라, 오히려 초개(草芥)같이 타버릴 것이며, 완전히 소멸되어 아무런 흔적이나 기념물을 남기지 않을 것입니다.

이것이 얼마나 문자 그대로 성취되었는지를, 여행자들에 의한 현대의 발견들이 말해주고 있습니다. 우리는 성경의 진실성과 신적 기원성과 관련하여, 성취된 예언들이 제공하는 것보다 더 나은 증거를 원하지 않습니다. 그 예언들은 최근까지 우리에게 알려지지 않았던 지역들에서도 성취되었습니다. 하나님의 선하신 섭리 속에서 잡동사니들이 묻힌 흙무더기와, 부패한 물질이나 석판들이나 돌들이 쌓인 무더기들이 파헤쳐져왔으며, 거기서 발견된 조각들과 비문들이 주께서 말씀하셨고 또한 성취하셨음을 놀랍게 증거하고 있습니다. 그분이 말씀하신 것은 그대로 이루어졌습니다. "오 처녀 딸 바벨론이여, 네 보좌가 없어졌으니 네가 땅에 앉게 되었구나! 오 딸 갈대아여, 네가 더 이상 곱고 아리땁다 일컬음을 받지 못함은, 네 헐벗음이 드러났고 네 수치가 보임이라"(1-2절)! "딸 갈대아여 잠잠히 앉으라 흑암으로 들어가라 네가 다시는 여러 왕국의 여주인이라 일컬음을 받지 못하리라"(5절).

하나님의 정의가 편파적이지 않다는 것은 논쟁의 여지가 없는 진실입니다. 그분이 한 부류의 죄인들에게 부여하시는 파멸에 대한 묘사는, 그분이 다른 사람들에게 행하실 일에 대한 아주 공정한 묘사이기도 합니다. 하나님은 그분의 정의를 시행함에 있어서 사람들을 두세 가지 다른 방식으로 대하시지 않기 때문입니다. 그분은 저울의 추와 되를 바꾸시지 않습니다. 여호와는 그런 일을 미워하시기 때문입니다(참조. 잠 20:10). 그분은 의(義)를 다림줄로 펴시고 심판을 다림추로 매다십니다. 그분은 확정되고 변개치 않는 규칙에 따라 회개하지 않는 자들에게 복수하십니다. 그러므로 오늘 우리에게, 갈대아의 패망은 주께서 자리에서 일어나 원수들을 심판하시고 대적들을 제거하러 오시는 날, 회개하지 않는 죄인들에게 확실히 임할 멸망을 은유적으로 묘사하는 것입니다.

오늘 아침 나는 마음에 큰 떨림을 안고 이 주제를 가지고 여러분 앞에 나섭니다. 나는 이 예배당에서 여러분에게 상당 기간 설교해왔고, 내 주님의 십자가를 높이고, 그분의 보혈의 충분성에 대해서와, 그분의 은혜의 충만함에 대해 말하는 것을 기뻐해왔습니다. 하지만 주께서 우리 위에 손을 얹으실 때, 그래서 우리가 그분의 심판의 두려운 일들에 대해 말하는 것을 거부하지 못할 때가 있습니다. 나는 오늘 사도가 다음과 같이 말했을 때의 심정과 비슷한 무언가를 느낍니다. "우리는 주의 두려우심을 알므로 사람들을 권면하거니와 우리가 하나님 앞에 알리어졌으니 또 너희의 양심에도 알리어지기를 바라노라 … 하나님이 우리를 통하여 너희를 권면하시는 것 같이 그리스도를 대신하여 간청하노니 너희는 하나님과 화목하라"(고후 5:11,20).

성경에서 주님은 그분의 율법과 정의의 두려운 일들에 대하여 많은 말씀을 하셨고, 십자가를 제외하고는 다른 어떤 주제들보다 그것에 관해 더 많이 말씀하셨습니다. 만약 그것이 주께서 악한 자들에게 집행하시는 복수를 위해 정당하게 사용되지 않거나, 또한 그것이 의로운 자들의 유익과 경건하지 않은 자들의 각성을 위한 것이 아니라면 그 주제에 대해 그토록 많이 말씀하시진 않았을 것이라고 우리는 믿습니다. 때때로 여호와의 선고가 벼락을 치듯이 울립니다. 그러므로 오 인간들이여, 에발 산과 그리심 산이 여전히 서 있음을, 축복과 저주 모두가 있음을, 이것이든 저것이든 둘 중 하나가 여러분에게 반드시 임할 것임을 아시기 바랍니다.

이 본문을 얼핏 보면 그 표현이 모순되는 것처럼 보입니다. 첫 번째 문장의 표현은 "그들은 초개 같아서 불에 타리니 그 불꽃의 세력에서 스스로 구원하지 못할 것이라"입니다. 두 번째 묘사는 명백히 그와 정반대입니다. "덥게 할 숯불도 없고, 그 앞에 앉을 만한 불도 없으리라"(KJV, 한글개역개정은 '이 불은 덥게 할 숯불이 아니요, 그 앞에 앉을 만한 불도 아니니라'로 되어 있음 — 역주).

우리는 첫 번째 문장을 다룰 것이며, 그 다음으로 두 번째 문장을 다룰 것입니다. 그리고 세 번째로, 이 구절을 시작하는 중요한 단어를 숙고함으로써 마무리를 할 것입니다. 그 단어는 마치 우리의 주의를 끌기 위해 여백에 손 모양처럼 위치하였으며, 주의 깊게 묵상해야 하는 무언가를 우리에게 가리키기 위해 하늘에 매달린 일종의 신호처럼 보이기도 합니다. 그 단어는 바로 "보라!"입니다.

1. 악인들에 대한 심판은 쉽게 집행된다.

첫 번째 문장과 관련하여 말하겠습니다. 이 문장을 반복해서 읽으면, 머릿속에 떠오르는 가장 놀라운 생각들 중 하나는 악인에 대한 심판이 쉽게 집행된다는 것입니다. "그들은 초개 같으리라." 완전히 말랐을 때의 초개(草芥)처럼 쉽게 불붙는 것이 없습니다. 성냥불을 켜는 순간, 전체에 불이 붙습니다. 초개는 그 자체에 화재를 일으키는 물질들을 함유하고 있기 때문입니다. 회개치 않는 죄인들도 그러할 것입니다. 오, 악하고 회개하지 않는 인간이여, 당신 속에는, 가만히 익도록 내버려두면 당신을 지옥으로 끌고 갈 것이 있습니다! 우리는 성경에서 죽지 않는 벌레에 대해 읽었지만, 그 벌레는 죄인의 부패한 욕망 속에서 알을 까고 자랍니다. 우리는 결코 꺼지지 않는 불에 대해 읽었지만, 그 불은 타락한 인간의 마음속에서 그 연료를 발견할 것입니다. 우리는 바닥이 없는 구덩이에 대해 읽었지만, 죄는 가늠할 수 없는 심연의 구덩이를 자기 스스로 팔 것입니다. 죄인이여, 주께서는 거대한 쇠사슬을 만들거나 암흑의 감옥을 세우실 필요가 없습니다. 그분은 죄인들의 내면에서 그들을 심판할 수단들을 찾으실 것입니다! 그분은 당신을 괴롭힐 고문도구들을 만드실 필요가 없으니, 당신 자신이 스스로에게 형 집행자가 될 것이기 때문입니다. 그분은 독초에서 저주의 액체를 짜내실 필요가 없으니, 당신 자신이 스스로 마실 저주의 잔을 채울 것이기 때문입니다. 고문을 위한 형틀과 채찍들을 당신의 영혼이 스스로 만들 것입니다!

기억의 능력을 가진 인간이여, 내 말을 들으십시오! 그 능력이 당신에게 슬픔의 도구가 될 것입니다! 기억이 당신의 과거의 모든 죄를 되돌아볼 것이며, 비록 그것이 지금은 뱀의 비늘처럼 광택이 날지라도, 후에는 그것이 당신을 찔러 당신의 혈관 속에 지금껏 당신이 알고 있는 그 어떤 독보다 더 악한 독을 주입할 것입니다! 당신의 기억이 한때 당신이 즐겼던 쾌락들을 회상할 테지만, 그런 쾌락으로부터 당신은 영원히 추방됩니다. 당신의 기억은 한때 당신이 들었던 경고들과, 당신의 귀에 들려왔던 사랑의 초대들을 떠올릴 것입니다. 그 모든 것이 지나가고 끝났을 때, 당신의 기억은 지금보다 더 강해질 것입니다. 당신은 충분한 시간을 가지고 당신의 파멸과 관련된 모든 상황들을 기억할 것이며, 당신의 기억은 더 확대되고 강화되어, 당신이 태만하게 여겼던 모든 주일들과 당신의 은밀한 죄악들에 대한 기록을 들추어낼 것입니다. 예, 당신이 잊어버린 모든 신성모독적인 발언들, 시간에 의해 깊이 파묻혔던 은밀한 악행들이 영원한 손에 의해 파헤쳐져 밝히 드러날 것입니다. 지금도, 당신의 죄가 기억나자마자, 당신의 뺨은 수치로 붉어졌습니다. 하지만 기억이 들리는 소리를 얻게 될 때, 당신은 정녕 창백해질 것이며, 당신의 무릎은 두려움으로 인해 부들부들 떨게 될 것입니다! "기억하라"는 그 음성은 마치 전능하신 하나님이 진노의 유리병을 쏟아 부으시는 것처럼 두려울 것입니다.

기억 외에도, 당신에게는 양심이 있습니다. 당신은 양심을 침묵시키기 위해 애써왔습니다. 하지만 아무리 마취시키고 재갈을 물려도, 그것은 종종 당신으로 하여금 불행을 느끼게 만듭니다. 양심이 유다의 마음을 가책했을 때, 당신이 기억하듯이 그는 나가서 스스로 목을 매었습니다. 하지만 유다의 양심조차도 영원히 정죄된 죄인에 대한 심판을 이해하게 할 정도로 각성하지는 못했습니다. 죄인이여, 그 때 당신은 죄책감을 누그러뜨릴 수 없음을 알게 될 것입니다! 그 때 당신은 죄의 본색이 무엇인지를 볼 것입니다. 그 때 당신은 죄를 능란하게 변명하지 못할 것입니다. 진리의 손이 당신의 누더기 옷을 갈기갈기 찢을 것입니다. 그 때 당신은 양심을 지금처럼 가벼이 다룰 수 없음을 알게 될 것입니다. 지금 당신은 양심으로 하여금 마치 불공정한 손으로 저울을 재듯 부당한 판단을 내리도록 강요하지만, 그 때 그것은 유유히 당신의 행위에 합당한 보상을 받도록 할 것입니다. 오 인간이여, 당신의 기억과 양심은 당신을 갈아 가루로 만들 거대한 두 맷돌과도 같습니다. 혹은 거친 북풍이 다시스의 선박들을 깨뜨리듯이, 사나운 비바람 속에서 당신을 산산조각 내기 위해 서로 경쟁하는 두 종류의 바람과도 같습니다.

그 때 당신의 기억과 양심에 더하여, 증대된 지식이 찾아올 것입니다. 지금도 당신은 핑계할 수 없을 만큼 충분히 알고 있습니다. 하지만 그 때 당신의 지식은 증대되어 당신에게 어떤 변명의 구실도 남기지 않을 것입니다. 그 때 당신은 당신을 속인 저 유혹자의 술책을 알아차릴 것입니다. 그 때 당신은 지금은 보지 못하는 죄의 추함과 더러움을 이해할 것입니다. 그 때 당신은 당신이 멸시했던 하나님의 위대하심과 선하심을 이해할 것입니다. 그 때 당신은 당신이 잃어버린 천국의 영광을 알아볼 것입니다. 그 때 당신은 당신의 머리 위에서 흘러가는 영원에 대해 자각하기 시작할 것입니다. 당신의 지식은 불어날 것입니다. 당신의 정신은 강화될 것입니다. 당신은 자랄 것이며, 지력의 발달을 위한 충분한 시간을 가질 것입니다. 하지만 이 모든 증대된 빛이 당신의 눈에 고통을 더할 뿐이며, 이 모든 증대된 지혜가 뉘우치지 않은 당신의 영혼에 새로운 고통의 원천이 될 뿐입니다. 인간이여, 내 말을 믿으십시오. 나는 단지 당신을 자극하여 고통스럽게 하려고 이 말을 하는 것이 아닙니다. 내가 그렇게 하는 것을 하나님이 금하십니다! 하지만 오, 내가 당신을 일깨울 수만 있다면, 당신이 잠들어 지옥에 떨어지기 전에 약간의 천둥소리가 당신을 깨울 수 있다면, 나는 너무나 기쁠 것입니다. 만약 내 말이 당신을 그리스도를 아는 지식과 영원한 생명으로 이끄는 수단이 될 수만 있다면, 당신은 내 말을 너무 거칠다고 여기지 않을 것입니다.

사람이여, 다른 것이 없이도, 당신의 죄 자체가 당신을 초개처럼 태우기에 충분하지 않겠습니까? 사람이 언제까지 잘못을 하고도 그로 인해 벌을 받지 않는단 말입니까? 사람이 몸으로 행한 죄들은 지상에서도 그 자체의 형벌과 파멸이 수반되지 않겠습니까? 이 지상에서 아직 봉오리 형태인 죄도 고통스러울진대, 그것이 완전히 만개하였을 때는 어떠할까요? 죄는 그 자신의 가슴에 형벌을 품고 있습니다! 또한 여러분의 동료들을 생각해보십시오. 50명의 술주정꾼들과 신성모독적인 사람들을 한 곳에 모아보십시오. 따로 하나님의 능력의 개입이 없어도, 그들이 곧 그들 스스로를 위해 지옥을 만들지 않겠습니까? 그들을 한 무더기로 모아둘 때 어떤 일이 일어날까요? 그리스도께 복종하지 않는 그들 수만 명이 마땅히 있어야 할 곳에 있는 자신들을 발견하지 않겠습니까? 오, 그들은 펄펄 끓는 솥에 담긴 고기처럼 될 것이며, 불붙은 솥 안의 기름, 불꽃 속의 장작개비, 화염 속의 석탄처럼 될 것입니다! 그들은 남을 괴롭히면서 또 괴롭힘을 당할 것입니다. 서로 더 악한 죄들을 짓도록, 더 무서운 신성모독을 범하도록 자극할 것입니다. 그렇게 함으로써 그들은 하나님으로부터의 분리와 그분과의 적대상태의 결과로 생긴 큰 어둠의 공포를 서로에게 증대시킬 것입니다. 죄인이여, 당신은 하나님께서 당신을 괴롭힐 귀신들을 보내실 필요가 없음을 발견할 것입니다. 당신의 죄들이 충분히 악귀들이 될 것이며, 또한 저 무저갱에 있는 당신의 동료들이 충분히 악귀들이 될 것입니다. 그런 동안 당신의 기억, 당신의 양심, 당신의 지식은 그 불꽃에 연료를 더할 것이며, 그리하여 당신은 정녕 초개 같이 불에 탈 것입니다!

그것이 이 본문에 나타난 첫 번째 하나님의 진리입니다. 하지만 두 번째로, 우리에게 엄숙하면서도 아주 명백하게 주어진 교훈이 있는데, 이 형벌이 아주 엄중하고 무섭다는 것입니다. 불의 은유가 성경에서 사용된 것은 그것이 다른 어떤 것보다 심한 고통을 야기하기 때문이며, 가장 엄중하고 혹독한 것이기 때문입니다. 사람들은 불에 의한 죽음이 틀림없이 가장 고통스럽고 견디기 어려운 죽음이 될 것이며, 불에 타는 고통이야말로 인간 생명의 가장 깊은 곳까지 도달한다고 짐작할 것입니다. 하나님의 심판은 빠르고 강력하며, 여러분의 내면을 샅샅이 살피고, 당신의 속 깊은 곳까지 살필 것입니다. 그러므로 당신의 육체와 영혼 어느 곳에서 하나님의 심판이 미치지 않는 부분이 없을 것입니다. 불이 사물들을 태워 버리고 그 본질까지 이르는 것처럼, 하나님의 진노는 인간 영혼의 본질과 근원까지 도달할 것입니다! 그것은 전적이고도 압도적인 파멸로서, 기쁨이나 소망과 같은 모든 것을 완전히 소멸시킬 것입니다. 그것은 인간의 혈관과 골수까지 뚫고 들어갈 것이며, 따라서 그는 피할 수 없을 것입니다. 성경에서 이 진노는 둘째 사망(Second Death)으로 몇 차례 언급됩니다. 죽어가는 사람, 고통 중에 죽어가는 한 사람을 상상해보십시오. 그는 죽은 후 다시 살아나고 또다시 죽으며, 계속해서 죽는 것과 사는 것을 반복합니다. 숨을 거두었다가 다시 숨쉬고, 멸망했다가 다시 존재하며, 해체되면서도 여전히 육체 속에 존재합니다! 여러분은 지금 "둘째 사망" 곧 죽음에 대한 성경적 관점을 대하고 있는 것입니다.

> "영원한 죽음에 머물면서도,
> 죽음은 영원히 피하기만 하네."

오 영혼이여, 이 얼마나 두려운지, 지금껏 사용된 인간의 어떤 웅변의 언어로도 이 중대한 문제의 깊은 부분을 제대로 표현할 수 없었습니다! 가장 준엄한 선지자가 발설한 그 어떤 언어도, 가장 맹렬한 입술에서 흘러나온 두려운 탄핵의 말도, 장차 다가올 어마어마한 공포를 제대로 묘사할 수 없었습니다! 나는 사람들이 하나님의 설교자들에 대해 그들이 이따금씩 너무 거칠게 말한다고 평하는 것을 압니다. 선생들이여, 우리는 절반도 충분히 거칠게 말하지 못하는 것입니다! 우리가 여러분에게 울면서 다시 말하지만, 우리의 이 유약한 언어로는 당신에게 닥친 위험을 제대로 묘사하지 못합니다! 우리는 그 위험을 느끼고 싶은 만큼 우리 스스로가 느끼지도 못합니다. 하지만 오, 만약 우리의 입술에 알맞은 언어가 있고, 때때로 우리가 느끼는 대로 말할 수만 있다면, 우리는 여러분의 마음을 움직일 것이며, 마침내 여러분은 그리스도의 상처 안에서 피난처를 발견할 때까지는 먹지도 마시지도 잠들지도 않으려 할 것입니다! 하지만 우리가 너무 둔하든지, 아니면 여러분의 마음이 너무 완고하여, 여러분에게 말할 때 우리는 마치 벽에 돌을 던지는 사람인 것 같습니다. 오, 오늘 아침 우리가 용감히 활을 당기는 사람이 되어, 여러분의 굳은 마음의 이음매 부분을 정확히 타격하여,

여러분의 마음이 왕의 화살에 의해 상처를 입게 되기를 바랍니다!

셋째로, 이 본문을 살펴볼 때 우리는 이 파멸이 피할 수 없는 것임을 명백하게 봅니다. 선지자가 이 말을 분명하게 했기 때문입니다. "그들이 그 불꽃의 세력에서 스스로 구원하지 못할 것이라." 지금은 희망이 있습니다. 그 때 그곳에서는 희망이 없을 것입니다. 지금은 새로운 생명의 길이 있습니다. 그 때 그곳에는 어떤 길도 없을 것입니다. 지금은 은혜의 문이 열려 있습니다. 그 때 그것은 영원히 단단히 닫힐 것입니다. 땅에서 천국까지 도달하는 사닥다리는 있어도, 지옥에서 천국까지 도달하는 사닥다리는 없습니다. 큰 구덩이가 놓여 있기 때문에 그들이 우리에게로 넘어올 수가 없으며, 우리 역시 감히 그곳에 가기를 바라더라도 그들에게 갈 수가 없습니다.

> "그곳에서는 영원한 상태로 확정되는 것이므로,
> 인간이 회개할 수 없으리, 그 때는 너무 늦으리.
> 정의는 자비의 문을 폐쇄하고,
> 하나님의 오래 참으심은 더 이상 없다네."

그것은 피할 수 없는 것이라고 우리는 말합니다. 그들이 어떻게 그것을 피하겠습니까? 인간이여, 당신에게 지존자와 맞설 힘이 있습니까? 당신이 영원하신 하나님께 도전하여 싸울 것이며, 그처럼 연약한 힘으로 만군의 여호와 하나님을 상대할 수 있단 말입니까? 만약 그럴 수 있다면, 그렇다면 당신은 도망칠 희망을 가질 수도 있을 것입니다. 하지만 그렇게 된다면 당신 자신이 하나님이 되는 셈이며, 여호와는 하나님이 아니실 것입니다. 그러나 당신은 미약한 인간일 뿐입니다. 치통이 당신을 떨게 만들 수 있습니다. 바람에 날리는 작은 깃털이 당신을 벌벌 떨게 만들 수 있습니다. 당신은 죽을 인생입니다. 당신에게는 스스로 생명을 유지할 능력이 없습니다. 당신의 호흡은 코에 있으니 대체 당신을 수에 칠 가치가 어디 있습니까? 그러므로, 당신 스스로의 힘으로 그 불꽃의 세력에서 벗어날 수 없는 것이 확실합니다.

당신의 지혜로는 벗어날 수 있을까요? 오호라, 당신은 지금도 그리스도께 피할 지혜를 갖지 못했습니다. 당신에게는 지금도 그분을 바라볼 정도의 지혜가 없습니다. 그렇다면, 당신은 대체 어디에서 또 다른 구원의 계획을 고안할 수 있는 지혜를 발견한단 말입니까? 그리스도에 의한 구원의 길은 하나님의 지혜가 우리에게 계시하신 유일한 길입니다. 어리석은 자여, 당신은 다른 길을 결코 찾지 못합니다! 지옥에서도 영원히 당신은 또 다른 구원의 소망이나 위로를 찾지 못할 것입니다. 그곳에서 당신은 "이 닦아 둔 것 외에 능히 다른 터를 닦아 둘 자가 없으니 이 터는 곧 예수 그리스도"(고전 3:11)이심을 이해하게 될 것입니다. 혹 당신은 하나님의 임재를 피하여 숨을 수 있다고 생각합니까? 아아, 당신이 어디로 가겠습니까? 산 내부 깊은 곳을 찾습니까? 하나님이 거기 계십니다. 그분은 그 능력으로 산을 평평하게 만드십니다. 설혹 당신이 바다 깊은 곳까지 잠수할 수 있어서, 바다 밑 동굴의 후미진 곳을 찾는다 해도, 그곳에서도 그분은 당신을 잡으실 수 있습니다. 그분의 손이 대양의 해협들을 파헤칠 것이며, 바다의 힘 역시 그분에게 속했기 때문입니다. 당신은 캄캄한 구름 뒤에서 피할 수 있다고 여깁니까?

> "흑암이나 빛이 한 가지이니,
> 위대하신 하나님, 당신께는 그것들이 같음이니이다.
> 한밤의 그늘에서나 눈부신 정오의 빛에서나
> 당신의 눈은 당신의 원수들을 곧 찾아내시나이다."

혹 당신은 우주에서 알려지지 않은 영역으로 도망칠 희망을 가지고 있습니까? 인간이여, 그분이 거기에 계십니다. 그분은 만유를 채우시는 분입니다. 가이사 통치하의 세계에 대해 사람들이 말하기를, 범죄자가 어디로 가든 세계는 그에게 하나의 거대한 감옥이며, 따라서 가이사는 그를 뒤쫓아 잡을 수 있었다고 했습니다. 마찬가지로 당신이 우주의 어디로 도망쳐 가든지, 그곳 역시 당신에게 하나의 거대한 감방에 불과하여, 영원한 눈이 당신을 볼 것이며, 영원한 손이 당신에게 미칠 것입니다. 결코 도망칠 수 없고, 구원이 없으며, 삶이 끝났을 때 죄의 형벌을 회피할 수단이 없습니다. "장차 올 진노에서 피하는" 것은 오늘의 일입니다. 하지만 그 때는 피하는 것이 있을 수 없습니다.

이 세 가지 하나님의 진리, 즉 악인에 대한 형벌은 쉽게 가해질 것이고, 아주 두려운 것이며, 또한 그것을 피할 수 없을 것이라는 진리가 이 본문에서 분명히 제시됩니다. 여기 있는 사람 중에 내 말을 믿지 못하겠다고 말하는 사람이 있습니까? 선생이여, 내 이 정도만 당신에게 말하겠습니다. 당신은 명목상 그리스도인이라 고백합니다, 그렇지요? 또 당신은 기독교 국가에서 삽니다. 자, 만약 그렇다면, 당신이 정말로 이 책이 하나님의 말씀임을 믿는다면, 어떻게 당신이 미래의 심판을 부인한다고 말할 수 있나요? 당신은 장래의 진노를 믿어야 하며, 또한 총체적인 심판을 믿어야 합니다. 그렇지 않다면 이슬람교로 전향하고, 즉시 그렇다고 말하십시오. 불신자로 전향하든지, 혹은 그와 비슷한 사람이 되십시오. 다시는 그리스도인인 체하지 말고, 기독교 국가에 산다고 해서 기독교인들 중의 하나가 되었다고 자처하지 마십시오! 당신이 계시의 근본적인 진리들 중의 한 가지에 반대하는 동안에는, 성경을 하나님으로부터의 계시로 받아들이는 자들에게는 논쟁의 여지가 있을 수 없는 위대한 진리들 중 한 가지라도 당신이 배척한다면, 기독교인이라 고백하지 마십시오!

하지만 당신이 다시 말하기를, 내가 그 문제에 대해 너무 거칠게 말한다고 합니다. 오 선생들이여, 내 말의 거칠기는 이사야의 절반에도 미치지 못합니다! 내 말의 슬픈 어조는 예레미야나 에스겔의 절반에도 미치지 못하며, 내 복되신 주님의 호된 말씀에도 비할 바가 아닙니다. 주 예수님은, 비록 가장 사랑이 많은 분이시긴 하지만, 가장 준엄한 설교자이기도 하셨습니다. 그분의 설교에는 마음을 녹이고 애타게 호소하는 모든 요소가 있지만, 그렇다고 해서 크고 두려운 천둥소리가 결핍된 것이 아닙니다. 다가올 진노에 대해서와, 회개하지 않는 자들을 기다리는 심판에 대해 경고하는 당당한 음성이 그분의 설교에 있습니다. 하지만 당신은 또다시 내게, 왜 그런 것에 대해 말하느냐고 묻습니까? 왜 좀 더 즐거운 주제들에 대해 말하지 않느냐고 묻습니까? 그 이유를 당신에게 말하자면, 나는 살아계신 내 주 하나님 앞에 서 있으므로, 모든 사람들의 피에 대한 책임에서 면제되고 싶기 때문입니다! 오늘 여러분에게 갈채를 받은들 그것이 무엇이겠습니까? 혹은, 여러분의 비난을 받은들 그것이 무슨 대수이겠습니까? 선생들이여, 한순간 여러분의 박수갈채에 힘입어 우리가 산단 말입니까? 여러분은 우리 사역에 대한 여러분의 견해가 우리에게 중요한 요소가 된다고 여깁니까? 아니요, 하나님이 우리를 보내셨다면 그럴 수 없습니다! 만일 우리가 여러분이 생각하는 그런 존재, 즉 여러분을 기쁘게 하려는 협잡꾼에 불과하다면, 정녕 우리는 이와 같은 주제들을 모두 회피할 것입니다. 딱딱한 문제들에 대해서는 침묵해야 할 것이고, 오로지 부드러운 문제에 대해서만 예언해야 할 것입니다. 만일 우리가 그런 식으로 대중의 인기를 얻으려 한다면, 우리는 이런 교리들을 제쳐두고 이렇게 외쳐야 할 것입니다. "평안하다, 평안하다, 여러분의 '손목마다 부적을' 꿰어 매십시오."(참조. 겔 13:18. 옷소매에 부적을 꿰어 매는 것이란 당시 행해지던 일종의 악한 주술적 행위였던 것으로 보인다 — 역주).

하지만 하나님께서 우리를 보내셨으므로, 또한 우리가 우리의 사역에 대해서 결산해야 하므로, 우리는 여러분에게 만일 여러분이 망한다면 경고 없이 망하는 것이 아니라고 말하는 것입니다! 만일 여러분이 지옥에 내려가야 한다면, 그런 일은 여러분이 눈을 뜬 채로 일어나는 것입니다! 만약 여러분이 죄를 그대로 지니고 있다면, 여러분은 그 죄들과 함께 반드시 심판을 받을 것입니다. 만약 여러분이 그리스도를 거절하고, 그분을 멸시한다면, 이 사실이 명백하게 여러분 앞에 제시될 것입니다. 즉 여러분은 고의로 그렇게 한 것이며, 여러분이 무슨 일을 하는지 알고서 그렇게 하였고, 그런 일을 행한 자들이 하나님의 보응을 피할 수 없음을 알고서 그렇게 한 것입니다! 오, 하나님께서 그분의 진리의 영으로써 심판의 엄연한 실재와, 다가올 진노에 대해 여러분을 납득시키시기를 바랍니다. 그러면 우리로서는 변명하고 사과할 필요가 없게 될 것이며, 도리어 우리가 이런 문제들을 담대하게 말하지 않으면, 여러분은 우리를 거짓된 배반자들이라고 생각하게 될 것입니다!

2. 지옥의 죄인에게는 아무런 위로가 없다.

하지만 우리의 본문이 이제 그 비유를 바꾸고 있습니다. 따라서 우리는 여전히 같은 주제를 유지하면서도, 전달의 양식을 바꾸려 합니다. "이 불은 덥게 할 숯불이 아니요 그 앞에 앉을 만한 불도 아니니라." 이 말씀의 의미는 지옥에서는 죄인에게 위로를 줄 수 있는 것이 전혀 없다는 것입니다. 아무것도 없습니다! 그곳에 있는 죄인을 묘사해보겠습니다. 본문은 마치 그것이 눈으로 볼 수 있고 귀로 들을 수 있는 것처럼 "보라"고 말합니다. 그러므로 하나님에게서 쫓겨나, 그 행위에 합당한 보응을 받고 있는 한 영혼을 보십시오. 그 영혼에게는 그 자신을 따뜻하게 해 줄 숯불이 없으며, 한 줄기 기쁨을 발산하는 것이 단 한 가지도 없습니다. 그 영혼은 눈을 들어 천국을 향합니다. 그곳에는 영광스럽게 된 영혼들이 하나님 보좌 앞에 있습니다. 하지만 천국을 바라보는 것이 지옥에서 잃어진 자들에게는 아무런 위로를 주지 않습니다. 그래서 그들은 말합니다. "오호라 우리가 어떠한 영광을 잃어버렸던가! 얼마나 초월적인 기쁨을 우리는 놓쳐 버렸던가! 우리는 지극한 복락을 거부했으며, 한때의 쾌락을 얻으려다가 영원한 불행을 얻고 말았구나!" 또한 그들은 위를 바라보다가, 그곳에 있는 그들의 옛 동료들을 봅니다. 한때 그들처럼 죄인이었으나, 보혈을 통해 긍휼을 구하던 그들이, 그 피로 의복을 씻은 후 하나님의 보좌 앞에 서 있습니다! 그 때 그 잃어버린 자들은 스스로 손을 비틀고, 그들이 태어난 날을 저주하며, 그들에게 들려지고 선포되었던 은혜의 메시지를 다른 사람들은 듣고 구원을 받았음에도 그들은 거부했던 것을 한탄하고 있습니다. 이것이 그들의 상태를 가장 끔찍스럽게 대조하도록 만들 것입니다. 그 때 거기서 그들은 한때 그들이 조롱하던, 주님의 불쌍하고 시련당한 성도들을 볼 것이며, 이렇게 말할 것입니다. "아아, 저기 우리가 멸시했던 그 사람이 있다. 그는 높은 곳에서 다스리는데, 우리는 고통을 겪는구나. 온 몸에 종기가 가득한 채 우리 집 대문가에 누워 있던 나사로, 개들이 핥던 그가, 저기 아브라함의 품에 있고, 우리는 이 불꽃 가운데서 고통을 당하는구나."

영혼이여, 천국에 대한 생각은 지옥의 불꽃을 더욱 부채질합니다! 의로운 자들이 누리는 영광을 의식하면, 그것이 곱절의 비통함이 되어 당신의 영혼을 짓누릅니다. 당신이 잃어버린 것이 생각나면, 항상 귓전에 이런 소리가 들려올 것입니다. "오 너 아침의 아들이여! 어찌 그리 하늘에서 떨어져 지옥 구덩이에 들어가게 되었는고!"(참조. 사 14:12). 그 영혼이 그 눈으로 지옥을 둘러보면, 그곳에는 아무런 위로거리가 없음을 보게 될 것입니다. 그곳에는 이렇게 말하는 사람들이 더러 있을 것임을 나는 압니다. "내가 버림을 받았다면, 더 많은 사람들이 버림을 받을 것이다." 아, 하지만 저주받은 자의 수가 많다는 것이 저주받은 자에게 위안이 되지 못합니다. 그 수가 많을수록, 그들의 비참한 정도는 더 심할 것입니다.

오 버림받은 자여, 그곳에서 눈을 돌려 주위를 보면, 당신이 그릇 인도한 여성의 눈과 마주칠 것이며, 그녀가 당신의 면전에 저주의 말을 내뱉을 것입니다! 술 취한 자여, 당신이 생각에 잠겨 있는 동안, 당신이 처음으로 선술집에 데려가 당신과 마찬가지로 짐승처럼 되도록 가르친 한 소년을 만날 것입니다! 무뢰한이여, 그곳에서 당신은 당신의 업무상 동업자를 만날 것입니다! 그곳에서 불경건한 자들은 마치 지옥의 눈처럼 이글거리며 그들을 응시하는 눈들을 보게 될 것입니다. 그 눈초리, 그들이 놀리고 기만하고 잘못 인도했던 이들의 눈초리를 그들은 결코 피할 수 없을 것입니다. 무엇보다 끔찍스러운 것은 그리스도의 일꾼이라고 공언하면서도 복음을 전하지 않았거나, 사람들의 영혼을 돌보지 않았던 자들의 처지일 것입니다! 오, 그것이 영원한 운명이라고 생각하면 얼마나 끔찍한지요! 지옥에 있는 수백만의 눈들을 생각해보십시오. 그 모두가 영혼들을 돌보지 않았던 저 거짓 설교자를 향해 지옥의 화염을 쏘아댑니다! 자기 주님께 충실하지 않았던 설교자가 되느니 차라리 악마가 되는 편이 나을 것입니다! 하나님의 말씀을 온 힘을 다해 전하지 않은 성직자나 목사로서보다는 차라리 매춘부나 도둑으로서 지옥에 떨어지는 편이 나을 것입니다! 그곳에서 그들은 동료에게서 어떤 위안도 찾지 못할 것입니다. 천국도 지옥도 그들에게 덥게 할 숯불 하나도 제공하지 않을 것이며, 정녕 그들 스스로에게서 아무런 위안도 찾지 못할 것입니다.

자, 우리는 이따금씩 하나님의 복음의 가르침에서 스스로 위로를 얻는 자들을 발견합니다. 나는 이 기도의 집에 올라온 한 사람을 압니다. 그는 영혼을 구하려는 설교를 듣고 놀랐으며, 집으로 가서는 이마에 손을 얹고 한동안 생각에 빠집니다. 그리고는 이렇게 말합니다. "네가 적은 말로 나를 권하여 그리스도인이 되게 하려 하는도다"(행 26:28). 그는 상한 마음을 가질 듯이 보였지만, 마침내 일어나서 이렇게 말합니다. "만일 내가 저주를 받게 되면 저주를 받을 것이요, 구원을 얻게 되면 구원을 얻을 것이다." 그는 예정의 교리를 이불로 삼아 자기를 덮고 편안히 잠을 이룹니다. 영혼이여, 그 때 당신은 그렇게 할 수 없을 것입니다! 다가올 세상에서는, 어떤 교리이든 당신에게 한순간의 위로도 제공하지 않을 것입니다! 오히려 당신의 생각은 칼이 되어, 당신의 영혼을 베고 찌를 것이며, 당신이 알았던 하나님의 모든 진리가, 또 한편으로는 당신이 한때 믿었던 모든 거짓이, 당신이 평안을 얻고자 하는 침상에 박힌 대못들이 될 것입니다! 정녕 죄인에게는 이곳에서도 그의 정신이 깨어 있는 동안에는 어떤 실제적인 기쁨이란 없으며, 분명 내세에서는 아무런 위로가 없을 것입니다. 어떤 이들에게는 그들에게 가할 수 있는 가장 큰 고문은 그들로 하여금 생각하게 만드는 것입니다. 그들이 어떻게 살아갑니까? 그들은 많은 술을 마시고, 취한 채로 잠이 듭니다. 아침에 깰 때에 그들은 매우 우울하고 비참해져서, 다시 기분을 북돋우려고 약간의 술을 또 마셔야 합니다. 이성을 잃었을 때에야 그들은 행복해집니다! 하지만 그들이 가만히 앉아서 그들의 현재 상태에 대해 잠시 생각하게 되면, 그들은 스스로를 죽이고 싶어집니다. 그렇게 해서 많은 사람들이 자살을 하게 되었습니다. 그들이 잠시 맨 정신으로 생각하게 될 때, 그들은 자신의 모습을 바라봅니다. 만일 이런 생각이 이 지상에서도 그들로 하여금 목을 매게 하고 칼을 잡도록 한다면, 지옥에서 영원토록 죄와 그 형벌에 대해, 거절해 버린 하나님의 은혜에 대해, 거부해 버린 자비, 진노하신 하나님, 그분의 임재로부터 쏟아지는 맹렬한 진노에 대해, 생각이 반복되고 또 반복될 때에야 어떠하겠습니까?

또한 죄인이 하나님 안에서 아무 위로를 찾지 못함이 분명합니다. 이 말에 주목하십시오. 만약 죄인이 지금 여기서 말하는 것을 거기서도 말할 수 있다면, 그는 하나님 안에서 위로를 갖는 것입니다. 지금 그는 이렇게 말합니다. "만약 하나님께서 다가올 세상에서도 이런 식으로 나를 대하신다면, 그것은 부당할 것이다." 아아, 당신은 그 때 그렇게 생각하지 않을 것입니다. 당신은 고통스럽게 이 말을 되뇔 것입니다. "내가 벌을 받아 당연하구나. 벌을 받아 당연하구나. 내가 스스로 이런 일을 초래했구나!" 지금은 당신이 하나님의 엄격함에 대해 투덜거리고, 그분을 잔인한 감독자라고 부를 수 있겠지만, 당신의 감각과 의식이 더 예민해질 때에, 그 때 당신은 어쩔 수 없이 그분이 지나치게 엄한 분이 아님을, 그분이 당신에게 지나치게 가혹하지 않음을 인정하게 될 것입니다. 오, 잃어버린 영혼들이 지옥에서 하나님이 부당하다고 믿을 수 있다면, 그들의 고통이 그칠 것입니다. 하지만 그들은 그분이 너무나 정당하시고, 모든 고통과 고민은 그들이 의도적으로 그분을 멸시하고 거짓된 길로 달려감으로써 스스로 자초한 것임을 자각하게 될 것입니다. 그 자각이야말로 지옥 중의 지옥이 될 것입니다.

더 나아가서, 죄인이여, 당신이 그곳에 있을 때, 당신은 하나님께서 그분이 당신에게 하셨던 단 하나의 약속이라도 어기셨다고 말하지 못할 것입니다. 지옥에서 이런 식으로 말할 수 있는 영혼이 있을까요? "내가 주를 찾았지만 그분이 원치 않아 내가 그분을 찾을 수 없었다." "나는 그리스도를 믿었지만, 그분이 나를 구원하시지 않았다." "내가 간절히 구하며 기도했지만 그분이 기도를 듣지 않으셨다." "나는 자신을 겸손히 낮추고 죄를 버렸으며, 그분에게 와서 '구주 예수여, 저를 불쌍히 여기소서. 당신의 보혈로 말미암아 제게 긍휼을 베푸소서'라고 했지만 구원받지 못했다."

만약 그렇게 말할 수 있는 영혼이 있다면 그는 지옥에 있지 않을 것입니다. 그에게는 항상 얼마간의 변명거리가 있기 때문입니다. 그러나 그곳에는 계속 변명을 할 수 있는 영혼이 하나도 없습니다. 만일 당신이 잃은 자가 된다면, 그것은 당신이 기도하지 않았기 때문일 것입니다. 만일 당신이 멸망한다면, 그것은 당신이 회개하지 않았기 때문일 것입니다. 만약 당신이 버림을 당했다면, 그것은 당신이 그리스도를 믿지 않았기 때문일 것입니다. 당신은 약속들 중 어떤 것이 어겨졌다는 핑계로 위로를 찾지 못할 것이며, 오히려 지금 회개하는 자에게 소망과 기쁨이 되는 그 약속들이 그 때 당신에게는 공포와 두려움이 될 것입니다.

이따금씩 당신은 어쩔 수 없었고, 그렇게 될 수밖에 없었다는 생각을 하면서 스스로를 위로합니다. 하지만 다가올 세상에서 당신은 그런 생각으로 위로를 얻지 못할 것입니다. 왜냐하면 그 때는 당신의 죄가 고의로 행해진 것임을 분명히 인식하게 될 것이기 때문입니다. 당신은 스스로를 기쁘게 하려고 그렇게 했고, 하나님의 뜻에 복종하기보다는 당신 자신의 고집스럽고 완고한 의지를 따랐음을 인식할 것입니다. 오! 하나님 안에서, 그분의 약속들 안에서, 그분의 경고들 안에서, 그분의 말씀 안에서, 저 마지막 큰 날에 죄인에게 위로가 될 만한 것은 아무것도 없을 것입니다! 그를 따뜻하게 해 줄 숯불, 그 앞에 앉을 만한 불은 그에게 전혀 없을 것입니다! 그것은 완전하고도 캄캄한 절망이 될 것이며, 하나님으로부터 발산되어 그 영혼에게 비치는 단 하나의 불빛도 없을 것입니다.

또한 그 때 죄인은 과거에서 어떤 위로도 찾지 못할 것입니다. 그는 지난 과거의 기쁨들을 돌아볼 것입니다. 하지만 그가 그 기쁨들에 대해 무어라고 할까요? 그는 그토록 사소하고 하찮은 즐거움들을 위해 영원한 기쁨을 잃어버렸다고 생각하면서 자신을 너무나 어리석은 자라고 여길 것입니다. 의심의 여지 없이 술고래는 자기 잔들을 기억할 것입니다. 하지만 한 시간 지속되는 입천장의 달콤한 흥분을 위해 술을 마시다가 스스로를 영원히 저주받은 상태에 이르게 하였다고 생각하니, 그 기억은 자신을 멍청이라 부르게 만들 뿐입니다. 아아, 그 쾌락들에 대한 생각은 그가 처한 현재의 비참한 상태를 돋보이게 하는 박편(薄片)의 기능을 할 뿐입니다. 그는 죄를 지니고 있지만 그것이 주는 쾌락은 누리지 못할 것이며, 죄라는 포도주의 찌끼만 마실 뿐 그 액체는 마시지 못할 것입니다. 그 잔의 쓰고 불쾌하고 역겨운 맛은 알겠지만, 그 거품의 향긋한 맛은 알지 못할 것입니다. 그런 것들은 그가 한때 맛보던 것이지만, 이제 그는 영원토록 쓴 잔을 마셔야만 합니다.

오 선생들이여, 지난날을 회고할 때, 그것이 그에게 위로를 주는 것이 아니라 오히려 얼마나 큰 번민을 안겨줄는지요! 오늘 아침 여기 있는 회중 가운데 한 사람이 마지막에 멸망한다면 나는 너무나 슬플 것입니다. 지금의 이 모임이 그의 눈 앞에 아른거릴 것임을 나는 의심치 않습니다. 아, 그 때 그는 이렇게 말하겠지요. "그 설교자가 어떻게 말했는지 나는 기억한다. 무엇을 말하든지, 그는 내게 다가올 진노에서 피하라고 경고했었지. 나는 그가 얼마나 나약하게 표현하는지에 대해서는 생각하지 말았어야 했고, 오히려 그가 말한 진리를 기억하고 거기에 관심을 기울여야 했어." 오, 내 눈에서 흘러내리는 눈물로써, 이 가슴이 당신의 구원을 위해 느끼는 감정으로써, 그런 상태에 머물다가 당신이 죽을 때에 이렇게 말해야 하는 일이 없도록 간곡히 호소합니다. "그는 내가 나 자신을 위해 염려하는 것보다 나를 더 많이 염려했지. 그는 나의 회심에 대해 내가 나를 위해 생각했었던 것보다 더 많이 생각했지. 그는 내가 영생에 이르게 되기를 내가 바라던 것보다 더 많이 바랐었지."

오, 지나간 과거의 회상이 이처럼 쓰라린 고통이 되지 않게 하십시오! 젊은이여, 당신이 그리스도께 오게 되기를 바라던 당신 어머니의 눈물과 당신 아버지의 기도가, 당신에게 영원한 슬픈 기억의 일부가 되어야겠습니까? 이곳에 항상 참석하는 내 청중이여, 이 좌석들이 여러분을 반대하며 외쳐야겠습니까? 이 기도의 집이 여러분에게 불리한 증언을 해야겠습니까? 내가 하나님의 법정에 나타나 이렇게 말해야 할까요? "내 주님, 그 처벌은 정당합니다. 저는 그들에게 경고했습니다. 그들을 위해 기도했고, 그들을 위해 눈물을 흘렸으며, 그들에게 호소했습니다. 마치 어머니가 그 자녀들을 사랑함 같이 제 영혼이 그들을 사랑했습니다."

그렇게 되어야 할까요? 그렇게 되지 않기를 바랍니다. 하지만 여러분이 회개하지 않으면 그렇게 될 수밖에 없습니다. "사람이 거듭나지 아니하면 하나님의 나라를 볼 수 없을"(요 3:3) 것입니다. 그 때 하나님에게서 쫓겨나 아무런 소망이 없는 곳으로 가는 것 외에, 그에게 무엇이 남을까요? 하나님이 여러분을 긍휼히 여기시길 빕니다. 그렇지 않으면, 여러분은 과거를 회상하면서 여러분을 따뜻하게 해 줄 숯불을 발견하지 못할 것입니다.

영혼이 잃어버린 상태일 때, 그런 현재의 상태에서도 덥게 해 줄 아무런 숯불을 발견하지 못할 것입니다. 경건하지 않는 자들은 그들의 타락한 상태로부터 얼마간의 위로를 얻습니다. 내 말의 의미는 그들 중 어떤 이들이 매우 주제넘다는 것입니다. 그들은 말합니다. "내가 무얼 염려하나? 나는 이 모든 것에 대항한다. 여호와가 누구이기에 내가 그의 목소리에 순종하겠는가?" 이런 태도가 여기에서는 얼마간의 위로를 줍니다. 하지만 영원의 세계에서 여러분은 이런 식으로 대항하지 못할 것입니다. 불경건한 무리 중에서 가장 낯이 두꺼운 자도 그 때는 수치스러워 자기 얼굴을 가릴 것입니다. 벨사살처럼 무릎이 떨며 부딪힐 것이고 다리에 힘이 풀릴 것입니다. 그 때 그들의 고집 센 마음은 낙심할 것이며, 그들의 강한 정신은 엎드려 굴복하게 될 것입니다.

무지(無知) 역시, 여기서는 사람들에게 많은 위로를 주지요. 그들은 그들의 상태를 알지 못하고, 그래서 편안하게 지내지요. 하지만 그 때 여러분에게 지금의 무지란 없을 것입니다. 여러분은 알게 될 것이며, 그 때 무지에서 오는 평안도 사라집니다.

이곳에서는 우둔(愚鈍) 또한 종종 사람들에게 평안을 줍니다. 그들은 도무지 느끼지를 않습니다. 아무리 율법의 망치로 쳐도 그들은 요동하지 않습니다. 돌로 된 심장을 녹일 정도로 설교를 해도, 그들은 감동하지 않습니다. 아아, 그러나 돌 같은 마음이 지옥에는 더 이상 없을 것입니다! 물론 육의 마음이 회개하지는 않겠지만, 그들은 살처럼 부드러운 마음으로 고통을 느낄 것입니다. 그 때 완강한 마음은 풀이 죽을 것이고, 거만한 정신이 겁을 먹을 것이며, 따라서 잃어버린 상태에서는 그들에게 위로를 줄 수 있는 것이 전혀 없습니다.

미래의 상태에서도 그들에게 위로가 되는 것은 전혀 없을 것입니다. 그들은 긴 전망으로 영원의 세월을 바라보아도, 아무런 희망의 그림자를 발견하지 못합니다. 영원, 영원, 영원히, 끊임없는 슬픔의 물결이 몰려올 뿐입니다. 영원, 영원, 영원히! 오, 지옥에 휴일을 만들 수 있다면, 그 고통이 영원한 것은 아니라고 할 수 있을 것입니다. 하지만 고통은 멈추지 않습니다. "그들은 영벌에 들어가리라"(마 25:46). "거기에서는 구더기도 죽지 않고 불도 꺼지지 아니하느니라"(막 9:48). 희망은 없습니다! 한 여인에게 희망이 없을 때, 그녀가 차가운 강물로 뛰어드는 것을 보고 우리는 놀라지 않습니다. 한 남자에게 희망이 없을 때, 그가 정신이상자가 되어 보호시설에 수용되는 것을 보고 우리는 놀라지 않습니다. 하지만 영혼에게 희망이 없을 때, 그 때 죽음과 광기는 영원히 결합됩니다!

3. "보라"는 단어에 주목하라.

이 본문은 우리에게 "보라"고 명합니다. 그러므로 사랑하는 이여, 나는 여러분이 눈을 떼지 말고 이 말씀에 주목하여 묵상하라고 권합니다. 하나님의 자녀들이여, 주목하여 보십시오. 그것이 여러분을 감사하도록 만들 것입니다.

"오, 하나님의 은혜가 아니었다면
이 끔찍한 경우가 내게 해당되었으리라."

여러분이 벗어나게 된 그 불행에 대한 묵상이, 여러분으로 하여금 구주를 사랑하게 만들지 않습니까? 오, 그리스도인이여, 그것이 당신으로 하여금 불쌍한 죄인들 또한 사랑하게 만들지 않습니까? 당신은 마치 타다 남은 나무를 불에서 끄집어내듯이 그들을 건져내기 위해 무언가를 하고 싶다고 느끼지 않습니까? 주의 두려우심을 알며, 당신은 사람들을 건지는 자가 되고 싶지 않습니까? 잠든 자들이여, 깨십시오! 이런 일들을 생각할 수 있으면서도 여전히 가만히 있다면 당신에게 화가 있습니다! "화 있을진저 시온에서 평안히 있는 자들이여!"(암 6:1. KJV, 한글개역개정은 '시온에서 교만한 자들이여'로 되어 있음 — 역주). 사람들이 멸망하는 것을 보면서도 그들을 구하기 위해 아무것도 하지 않는 자여, 당신에게 화가 있습니다! 화가 있을 것입니다! 그러고도 어떻게 당신이 하나님의 종일 수 있단 말입니까?

특별히, 회심하지 않은 여러분을 향해 본문은 "보라"고 말합니다. 이것은 당신이 생각하기엔 우울한 주제입니다. 하지만 지금 그것을 생각하는 것이 앞으로 영원히 그것을 생각하게 되는 것보다 낫습니다. 절망의 눈물을 흘리는 것보다 참회의 눈물을 흘리는 것이 나으며, 저주의 고통을 느끼는 것보다는 죄의 자각으로 인한 고통을 느끼는 편이 좋습니다. 잠시 여러분의 쾌락과 즐거움을 잃어버리고 천국과 영생을 얻는 것이, 지금 즐겁게 지내고 그 때 주님으로부터 영원히 쫓겨나는 것보다 낫습니다.

이제 나는 설교를 마치려 합니다. 여러분은 제 길을 갈 것이며, 여러분 중에 어떤 이들에게는 하나님의 성령의 은총이 있고, 하나님의 말씀이 그 속에 거할 것입니다. 하지만 오! 여러분 중에서 많은 이들에게 우리의 설교는 허사일 뿐입니다. 우리는 듣기에 둔한 귀에게 말하고, 느끼지 못하는 마음을 향해 말할 뿐입니다. 만일 내가 여러분에게 거짓된 것을 말했다면, 그것을 거부하고 비웃으십시오. 만일 내가 여러분과 상관없는 주제로 여러분의 마음을 움직이려고 애썼다면, 획 돌아서서 여러분의 길을 가십시오.

하지만 선생들이여, 만일 이것이 실제라면, 진실이라면, 우리와 죽음 사이에 한 걸음 간격만 있을 뿐이라면, 나는 사랑으로 여러분의 소매를 붙잡고서 이 주제들을 깊이 생각하라고 간곡히 호소합니다. 하나님께서 당신으로 하여금 자아를 벗어나 그리스도께로 오게 하시길 빕니다. 죄에서 떠나 죄를 감당하신 저 위대하신 주께 오기를 바랍니다. 그리하면 그분 안에서 영생을 발견할 것입니다. "이스라엘 족속아 돌이키고 돌이키라, 어찌 죽고자 하느냐?"(겔 33:11). 어찌 망하고자 합니까? 어찌 멸망으로 내려가려 합니까? 어찌 지옥에 침상을 만들려 하고, 영원히 타는 곳에 거하려 합니까? 하나님께서 당신을 돌이키시길 빕니다! 하나님께서 지금 당신을 돌이키시고, 그분의 은혜로 당신을 구원하셔서, 영원토록 영광을 얻으시길 빕니다! 아멘.

제
51
장

연단하되, 은처럼 하지 아니함

"보라 내가 너를 연단하였으나 은처럼 하지 아니하고 너를 고난의 풀무 불에서 택하였노라."—사 48:10

주님은 자기 백성을 연단하십니다. 하지만 그분은 그렇게 하실 때 그 수단들을 매우 면밀히 검토하십니다. 은 도가니는 찌끼를 제거함에 있어서 최상의 도구들 중의 하나이며, 따라서 가장 귀한 것들을 연단하기 위해 채택하기 좋은 도구로 보입니다. 하지만 그것이 주께서 자기 백성을 연단하려는 목적으로는 충분히 좋지 않습니다. 은 도가니는 매우 세심하게 만들어지며 불순물을 분리시키는 큰 능력을 가지고 있습니다. 하지만 죄를 정하게 하는 일에는 더 큰 주의를 기울여야 하며, 은 도가니가 제공할 수 있는 것보다 훨씬 큰 정련 능력이 필요합니다. 정련 기술자는 아주 세심한 기술을 보여줍니다. 그는 귀금속이 도가니에 담겨 있는 동안 모든 과정을 관찰하고, 열의 정도와 시간의 길이를 조절합니다. 따라서 이것은 하나의 비유로서 최상의 성화(聖化) 방식을 보여준다고 할 수 있습니다. 그러나 명백히 그 비유도 성화의 정교함에는 미치지 못합니다.

은 정련의 과정은, 의심의 여지 없이, 인간의 작업 중에서 최상의 기술로 조정되고 수행되는 방식들 중 하나입니다. 하지만 주께서 정련 기술자로서 자리에 앉으실 때, 그분은 더 큰 지혜와 거룩한 기술을 활용하십니다. 은 정련은 자기 백성을 정화시키는 주님의 작업에 비하면 아주 거친 작업일 뿐입니다. 그래서 주님은 이렇게 말씀하십니다. "내가 너를 연단하였으나 은처럼 하지 아니하였다." "여호와의 풀무는 예루살렘에 있느니라"(사 31:9)고 기록되었듯이 주님은 자기 자신만의 도가니를 갖고 계십니다. 이 특별한 도가니에서 그분은 그분 외에는 어느 누구에게도 알려지지 않은 은밀한 과정들에 의해 자기 백성을 정화시키십니다. 그분에게는 그분이 직접 점화시키는 불이 시온에 있습니다(참조. 사 31:9). 이 불에 비하면 다른 모든 불꽃들은 낯선 불이며, 오직 이 특별한 불 속에서 그분은 자신만의 독특한 방식으로 자기 백성의 찌끼와 불순물을 태우십니다.

그분의 성도는 은이나 금보다 귀합니다. 그러므로 성경의 한 곳에 기록되었듯이 그분이 "우리를 단련하시기를 은을 단련함 같이"(시 66:10) 하셨지만, 또 다른 곳에서 그분은 그보다 더욱 거룩한 방식으로 우리를 단련하셨다고, 즉 "은처럼 하지 아니하였다"라고 선언하십니다. 은을 단련함에 있어서, 철을 녹일 때처럼 동일하게 거친 수단들을 활용한다고 여기는 사람은 없을 것입니다. 마찬가지로 우리 주님께서 은보다 훨씬 가치 있는 그분의 귀한 백성들을 정결하게 하실 때, 최상의 방법들을 쓰지 않는다고 여길 수는 없습니다. 천국의 성화 과정은 더욱 세밀하고도 더욱 엄밀하며, 더욱 영적이면서도 더욱 참되며, 더욱 부드러우면서도 더욱 효과적입니다. 우리의 연단자(Refiner)와 같은 연단 기술자(refiner)는 없습니다. 성령께서 우리 안에 이루시는 순결함 같은 것은 달리 없습니다.

그러므로 구별하고 차별하시는 은혜는 택하신 백성들의 고난 중에서도 여전히 활동한다는 것을 기억하십시오. "내가 너를 고난의 풀무 불에서 택하였노라(10절). 인간이 만든 최상의 풀무에서가 아니라, 나의 풀무, 내가 나의 특별한 보배들을 위하여 마련한 나 자신의 풀무에서 너를 택하였노라." 하나님의 백성들의 모든 고난 중에서 구별하시는 은혜가 역사합니다. 세상에 있는 모든 사람이 어느 정도 고난을 겪습니다. 불꽃이 위로 날아가는 것처럼 우리는 고생을 위하여 났기 때문입니다(참조. 욥 5:7). 하지만 악인의 슬픔과 의인의 시련 사이에는 차이가 있습니다. 경건하지 않은 자들의 형벌과 하나님을 경외하는 자들에 대한 징계 사이에는 매우 중대한 차이가 있습니다. 각각의 금속을 위한 도가니가 있지만, 광석이 더욱 귀할수록 정련의 과정은 더욱 특별합니다.

모든 인간들을 위한 도가니가 있습니다. 보좌에 앉은 왕들에게도 도가니가 있습니다. 그들에게도 질병과 죽음의 이별이 가난한 자들에게 찾아오듯이 언제든 찾아옵니다. 많은 재물을 소유한 부자들에게도 도가니는 있습니다. 그들에게서 재물이 떠나고, 혹은 그들이 모아두었던 것을 즐길 수 있는 힘이 떠납니다.

하지만 따로 마련된 특별한 불이 있습니다. 그 불은 세상의 위인들이나 부자들을 위해 마련된 것이 아닙니다. 그것은 거듭나지 못한 자들보다 더욱 귀한 광석을 위해 준비된 불입니다. 시온에 있는 하나님의 풀무는 특별히 자기 백성을 위한 것입니다. 이러한 왕의 보석들 각각에 대해 주께서 이렇게 말씀하십니다. "내가 너를 연단하였으나, 세상의 보석들처럼 하지 아니하였다. 곧 왕이나 제후들, 죽을 인생들 가운데 은과 같은 존재들에게 하듯이 하지 않았다. 나는 너를 연단하되 다른 방식으로 연단하였으며, 내가 내 보석들을 연단하는 풀무와 관련해서도 나는 내 선택을 뚜렷이 구별되도록 하였다."

사랑하는 친구들이여, 나는 이 생각을 좀 더 발전시켜서, 주께서 그분의 성도 각 사람을 특별한 방식으로 다루시는 것에 대해 말할 것입니다. 그분은 성도 개개인을 각 사람에게 독특한 과정으로써 연단하십니다. 그분은 자기의 귀한 광석들을 한꺼번에 하나의 은 도가니에 집어넣으시는 것이 아니라, 각각의 광석을 그에 맞는 각각의 도가니에 넣으십니다. 여러분은 나의 시련을 모르며, 여러분이 모르는 것이 나는 좋습니다. 나 역시 여러분의 시련을 모르며, 여러분이 겪어야 하는 것을 내가 대신 감당하기를 바랄 수도 없습니다. 물론 공통적인 공감은 있지요. 우리 모두 풀무에 들어가니까요. 하지만 각 사람의 경우마다 구분이 있으며, 각자에게 풀무는 다릅니다. 여린 마음을 가진 어떤 이들은 다른 사람들처럼 고난을 겪으면 완전히 부서지고 맙니다. 농부조차도 우리에게 이것을 가르치지 않습니까? 그는 부드러운 소회향을 도리깨로 떨지 아니하며, 대회향에는 더 무거운 곡식을 위해 사용하는 수레바퀴를 굴리지 않습니다(참조. 사 28:27). 그렇지 않습니다. 그분은 각기 다른 종류의 씨앗들에게 각기 다른 방식을 적용하십니다. 그것들은 모두 탈곡되어야 하지만, 모두가 같은 방법으로 탈곡되는 것이 아닙니다.

형제여, 당신은 한 다발의 최상의 밀일 수 있습니다. 그 점에 대해 감사하십시오. 하지만 당신이 날카로운 이를 가진 탈곡 기계를 느껴야 한다는 점을 기억하십시오. 그리고 여기 또 다른 내 형제여, 당신은 아마도 여린 씨앗들 중의 하나일 수 있습니다. 우리 주님의 곡물 저장고에서 좀 더 작은 종류의 씨앗이지요. 그 점에 대해서 감사하십시오. 왜냐하면 당신은 다른 사람들에 비해 좀 더 가벼운 도리깨질을 당할 것이기 때문입니다. 하지만 그것 때문에 스스로를 축하하지는 마십시오. 당신은 그 부드러운 도리깨를 유감으로 느낄 수도 있습니다. 왜냐하면 그것은 비록 당신이 주께서 파종하신 참된 곡식이기는 해도, 좀 더 경미한 종류의 곡식임을 증명하기 때문입니다.

사랑하는 이여, 똑같은 장소에 있는 두 사람에게 같은 일이 생기는 것은 아니라고 나는 감히 말하고 싶습니다. 우리는 다윗의 삶을 읽으면서 즐거워하는데, 그것은 그가 우리 모두의 다양한 삶을 보여주는 것처럼 보이기 때문입니다. 다윗과 하나님의 교회의 관계는 셰익스피어와 세상의 관계와 같습니다.

> "한 사람은 너무나 다양하여, 마치 그가
> 한 사람이 아니라, 모든 인류의 축소인 듯 여겨지네."

그렇지만 다윗은 전적으로 다른 성도들과 구분됩니다. 두 사람의 다윗이 있는 것이 아니며, 또 그럴 수도 없습니다. 당신과 내가 거의 평행인 두 선을 따라 걷는다고 가정합시다. 그러면 우리는 각자 다른 사람의 고통을 알고 친절하게 공감할 수 있을 것입니다. 하지만 내 삶에는 당신이 결코 도달해보지 못한 전환점이 있으며, 당신의 삶에도 내가 결코 본 적이 없는 어두운 구석이 있습니다. 한 사람의 집안의 비밀은 다른 누군가의 거주지에 자주 방문하는 것과는 다른 문제입니다. 어떤 사람도 다른 사람의 정확한 복제는 될 수 없습니다. 이 모든 면에서, 하나님의 주권은 거룩한 사랑 및 지혜와 연계되어 작용합니다. 모든 레위 자손을 깨끗하게 하되(참조. 말 3:3), 그들 각 사람의 필요에 따라 개별적인 깨끗함을 주십니다. "내가 너를 연단하였으나 은처럼 하지 아니하고, 내가 너를 택하였노라." "너희"가 아니라 "너(thee)"임을 주목하십시오. 분명히 개인적인 단어가 사용되었으며, 각각의 독립적인 성도에게 말씀하는 것입니다. "내가 너를 연단하였으나 은처럼 하지 아니하고 너를 고난의 풀무 불에서 택하였노라."

택하신 백성의 시련에서도 구별되는 은혜가 나타남을 충분히 제시했으므로, 이제 우리는 오늘 저녁의 주제로 전환하여, 하나님의 선택과 풀무 사이에 존재하는 달콤한 연관성을 살펴보도록 하겠습니다. 나는 여러분에게 할 말이 많습니다. 그러므로 할 수 있는 한 간략하게 말할 것이며, 그 내용들을 여러분의 기억의 서판에 새겨서, 여러분이 혼자 있을 때 곰곰이 생각해보시길 바랍니다.

1. 풀무는 선택의 사랑과 우리 영혼이 최초로 만나는 장소이다.

첫째, 하나님의 선택과 풀무 사이에는 이런 연관이 있습니다. 즉 그 풀무는 선택의 사랑과 우리 영혼이 만나는 최초의 회동 장소입니다. 하나님께서 자기 백성을 풀무에서 선택하신다는 것이 그들이 거기에 있기 전에는 선택하지 않으셨다는 의미가 아닙니다. 왜냐하면 그분은 창세 전에 그들을 선택하셨기 때문입니다! 하나의 외로운 별이 어둠 속을 응시하기를 시작하기 전에, 주께서는 자기 백성을 그리스도에게 유업으로 주셨으며, 또한 그들의 이름을 그분의 책에 기록하셨습니다. 하지만 그분의 선택의 사랑이 우리에게 처음으로 나타났던 것은 어디였습니까? 나는 감히 그곳이 풀무였다고 말합니다!

아브라함은 이러한 음성을 듣기 전에는 그를 향한 하나님의 사랑을 거의 알지 못했습니다. "너는 너의 고향과 친척과 아버지의 집을 떠나 내가 네게 보여 줄 땅으로 가라"(창 12:1). 이는 그에게 큰 시련이었습니다. 가족의 결속과 연합을 깨는 것은 그에게 일종의 풀무였습니다. 그가 하나님께서 그를 선택하셨음을 안 것은 그 때였습니다. 동일한 음성이 다음과 같이 들려왔기 때문입니다. "내가 네게 복을 주리니 너는 복이 될지라"(창 12:2). 나는 이삭이 자기 아버지를 따라가면서 "불과 나무는 있거니와 번제할 어린 양은 어디 있나이까?"(창 22:7) 하며 묻기까지는 자신에 대한 하나님의 선택에 대해 많이 알지 못했다고 생각합니다. 그가 번제란 다름 아닌 자기 자신임을 알았을 때, 바로 그 때 그는 자기 아버지처럼 여호와 이레를 알고 언약을 배웠습니다!

야곱도 그랬습니다. 돌베개를 하고서 한밤을 누워 보내기까지, 산울타리를 휘장처럼 두르고, 하늘을 지붕으로 삼아, 하나님 외에 아무 동행자가 없었던 그 때까지, 야곱은 선택적 사랑의 신비를 거의 이해하지 못했습니다. 그가 잠들었을 때, 풀무의 언저리였던—그의 부모와 가정을 떠난 타향살이—그곳에서, 그는 하나님께서 선택의 사랑으로 그에게 큰 호의를 가지고 계심을 이해하기 시작했습니다. 분명 이스라엘은, 하나의 민족으로서, 그 백성들이 애굽에 있을 때까지는 하나님의 선택을 이해하지 못했습니다. 그 때, 풍요로운 땅이었던 고센이 벽돌을 만드는 땅이 되고, 혹독한 속박의 슬픔과 고통을 그들의 영혼이 느낄 때, 그때서야 비로소 그들은 하나님께 부르짖었고 "내가 내 아들을 애굽에서 불러냈다"(호 11:1)고 하는 신비한 말씀을 이해하기 시작했습니다. 그 때 그들은 하나님께서 이스라엘과 애굽 사이에 차별을 두신 것을 알았습니다.

더 많은 압제를 받을수록 그들의 수는 더욱 증대하였습니다. 그 많은 고난을 겪을수록 하나님께서 그들에게 더 많은 복을 주셨습니다! 그들은 이 문제에서 하나님의 손길을 의식했으며 그분이 고난의 풀무에서 그들을 만나셨음을 알았습니다. 그렇습니다. 만약 당신이 선택하시는 하나님과 선택된 영혼이 회합하는 장소를 알기 원한다면, 바로 저곳, 광야의 한쪽 편 떨기나무에 불이 붙었으나 그 떨기나무가 타버리지 않았던 곳이 바로 거기입니다! 당신은 신을 벗어야 하니, 당신이 서 있는 곳이 거룩한 땅이기 때문입니다. 그리고 그 떨기나무에서 음성이 들려옵니다. "나는 아브라함의 하나님, 이삭의 하나님, 야곱의 하나님이니라"(출 3:6). 거기서 그분은 그들의 하나님으로서 자기를 나타내십니다.

그분이 모세에게 이렇게 말씀하시지 않았습니까? "내가 애굽에 있는 내 백성의 고통을 분명히 보고 그들의 부르짖음을 들었노라"(출 3:7). 우리는 이 문제를 개인의 경험에 의해서도 확증할 수 있습니다. 당신에 대한 하나님의 선택에 관하여 당신이 처음으로 안 것은 언제입니까? 고난 중에 있을 때, 많은 경우에 있어서 이 땅의 환난에 처했을 때가 아니었습니까? 세상에서 오랫동안 형통한 기간에 당신은 하나님을 알지 못했습니다. 오히려 당신은 탕자처럼 방탕한 생활로 재산을 소비하고 있었습니다. 차츰 상황이 악화되었고, 당신은 가난하고 병들고 슬픈 처지가 되었습니다. 당신이 아버지의 집에 대해 생각하기 시작하고 그곳으로 달려가기로 결심한 것은 그 때였습니다. 선택의 사랑이 당신을 찾아온 것이 그 때였습니다. 모든 경우가 다 그런 것은 아니라고 나는 인정합니다. 우리 중 어떤 이들의 경우는 매우 달랐습니다. 하지만 어떤 경우에든 예외 없이 우리가 선택의 사랑을 배우기 시작한 것은 우리가 영적인 비탄에 빠져 있을 때였습니다.

우리의 세련된 의라는 것이 하나의 거미집에 불과하다고 판명되었을 때, 우리 희망의 토대가 발밑에서 마구 흔들리고 휘청거리기 시작했을 때, 우리가 사망의 경계선 곧 지옥의 문 앞에 있는 것을 발견했을 때, 바로 그 때에 풍성한 은혜와 죽음으로 보이신 사랑이 우리 귀에 달콤하게 들려왔습니다. 우리는 이전에 값없이 주시는 은혜의 교리를 종종 배척하곤 했습니다. 하지만 이제 우리는 마치 배고픈 사람이 한때 그가 멸시했던 한 조각의 빵을 꼭 쥐듯이 그 교리를 꼭 붙듭니다! 우리는 그것이 우리의 유일한 소망임을 보았고, 하나님께 감사하게도, 그 은혜의 교리 안에서 구원을 발견했습니다! 만약 우리가 먼저 영혼의 고난이라는 풀무에서 녹지 않았더라면, 우리의 거만한 의지가 하나님의 은혜의 주권 앞에서 굴복할 수 있었을까요?

만약 우리 자신이 하나님의 말씀의 불에 의해 죽임을 당하지 않았더라면, 주께서 죽이기도 하시고 살리기도 하시는 분이신 것을 우리가 알았을까요? 만약 주님이 우리를 느부갓네살의 호위병들처럼 풀무 곁에 죽어 쓰러지도록 하지 않으셨더라면, 우리는 하나님의 진리를 결코 알지 못했을 것입니다! "원하는 자로 말미암음도 아니요 달음박질하는 자로 말미암음도 아니요 오직 긍휼히 여기시는 하나님으로 말미암음이니라"(롬 9:16). "내가 긍휼히 여길 자를 긍휼히 여기고 불쌍히 여길 자를 불쌍히 여기리라"(롬 9:15) 하신 천둥소리를 듣고서야, 우리는 겸손히 머리를 숙이고, 그리스도 예수 안에 있는 은혜를 받아들였습니다. 풀무 곁에서 우리는 처음으로 이와 같은 말씀을 이해하게 된 것입니다. "내가 너를 고난의 풀무 불에서 택하였노라."

2. 고난의 풀무가 하나님의 선택을 바꾸지 않는다.

이를 근거로 두 번째 주제로 넘어가고자 합니다. 고난의 풀무가 하나님의 선택을 바꾸지 않음이 매우 분명합니다. 만일 그분이 우리를 고난의 풀무에서 택하셨으면, 우리가 그 풀무 안에 있을 때나 바깥에 있을 때나 그분의 선택은 유효합니다. 우리가 그분의 선택의 사랑을 처음으로 알게 된 것이 절망의 문턱에서였다면, 우리는 그 때보다 더 나빠질 수는 없으며, 그분의 사랑이 줄어들 수도 없습니다. 그분이 우리가 최악일 때 곧 우리가 죄 중에서 죽었을 때에 우리를 사랑하셨다면, 하물며 소생하고 용서를 받은 지금 계속해서 우리를 사랑하시지 않겠습니까!

하지만 풀무의 연기로 인해 눈물이 날 때, 많은 두려움들이 근심하는 하나님의 백성들의 생각을 괴롭히는 것을 나는 압니다. 그러기에 나는 분명히 선언합니다. 고난이 아무리 많아도, 고통의 정도가 아무리 커도, 어떤 괴로움조차도, 자기 백성을 향하신 하나님의 생각을 바꾸지 못합니다! 풀무가 믿는 자의 환경을 바꿀 수는 있지만, 그가 하나님 안에서 용납된 것 자체를 바꾸지는 못합니다. 당신은 한때 근사한 신사였지요. 당신은 큰 집과 땅을 소유했었습니다. 하지만 이제 당신은 작은 방과 빈약한 임금으로 만족합니다. 당신은 한때 건장한 젊은 청년이었지만, 이제는 백발의 노인이 되었습니다. 한때는 모든 사람이 당신에게 좋은 내일에 대해 말했지만, 이제는 아무도 당신을 알아주지 않습니다. 아첨꾼들에게 버림받고 친구들에게는 잊혀졌습니다. 만약 우리가 유일하게 관심을 기울일 가치가 있는 그분이 당신을 사랑하시지 않았다면, 그분이 이와 같은 시기를 택하여 당신을 향한 사랑을 선언하시지 않았다면, 아마도 당신은 주저앉아 울 것입니다.

아, 당신의 주님은 당신의 외투나 당신의 집이나 당신의 건강이나 아름다움 때문에 당신을 사랑하신 것이 아닙니다. 그분은 "사람의 다리가 억세다 하여 기뻐하지 아니하시기"(시 147:10) 때문입니다. 그분은 오직 그분의 거룩한 마음만이 알고 있는 이유들 때문에 당신을 옛적부터 사랑하셨고, 지금도 같은 이유로 영원히 사랑하고 계십니다. 오 사랑하는 영혼이여, 당신이 깊은 역경 속으로 내려간다고 해서 상심하지 마십시오. 그분의 사랑이 당신을 따라 내려갈 것이기 때문입니다! 주님의 사랑은 주변 공기의 온도에 따라 오르락내리락 하는 온도계와 같지 않습니다. 오 그렇지 않습니다. 자기 백성을 향한 그분의 사랑은 그들의 상태가 어떠하든지 동일하게 지속됩니다! 풀무는 아주 종종 우리들의 우정을 변화시킵니다. 우리의 친구들이 우리를 안 것은 우리가 풀무에 들어가기 전입니다. 우리가 너무나 신선하고 유망하였기에 우리를 알고는 기뻐했지요! 하지만 우리가 찌그러지고 그을린 모습으로 풀무에서 나오자 그들은 우리에게서 도망칠 태세를 갖추었습니다! 욥처럼, 우리는 친숙했던 지인들이 우리를 잊는 것에 슬퍼해야만 합니다.

그렇지요. 하지만 하나님은 그렇게 변하시지 않습니다! 그분은 "거짓이나 변개함이 없으시니 사람이 아니시므로 결코 변개하지 않으십니다"(삼상 15:29). "나는 하나님이니 변개하지 않는다"라고 그분이 말씀하십니다. 예수는 어제나 오늘이나 영원토록 동일하시며, 그분의 우정은 결코 미움이나 망각으로 변하지 않으십니다. 복되신 그분의 이름이여, 그분이 내 영혼을 역경 중에서 아셨고 아골 골짜기를 내게 소망의 문으로 바꾸셨습니다! 그러므로 나는 그분의 이름을 칭송해야 하며 또 그렇게 할 것입니다. 예, 풀무는 우리를 아주 멋지게 변화시킵니다. 여러분 중의 일부에게 묻습니다. 만약 20년 전의 당신을 거리에서 만난다면 당신은 그를 알아보겠습니까? 그러기가 힘들 거라고 나는 생각합니다. 당신은 많은 변화를 겪었습니다. 그렇지 않습니까?

몸의 아픔과 통증이 당신을 몹시도 바꾸어놓았습니다. 젊은 시절의 정신적인 민첩성이 모두 사라졌고 당신의 겉모습도 많이 쇠약해졌습니다. 아아, 당신은 변했지만 당신의 하나님은 변하지 않으셨습니다! 영원한 세월에도 불구하고 그분은 불변하시고, 회전하는 그림자 같은 것도 없으시니 이 얼마나 감사한지요! 그분은 마치 큰 산처럼 견고히 서 계시며, 그와 달리 우리는 산마루에서 흩어져 사라지는 구름과도 같습니다. 왔다가 가고, 있다가 없어지는 안개와도 같은 것이 우리입니다. 그분은 한결같으시며 그분의 연대는 끝이 없습니다. 이것이 바로 모세와 더불어 노래하는 동안 우리의 위안입니다. "주여 주는 대대에 우리의 거처가 되셨나이다. 산이 생기기 전, 땅과 세계도 주께서 조성하시기 전 곧 영원부터 영원까지 주는 하나님이시니이다"(시 90:1-2).

나는 여러분이 하나님의 선택의 영원성을 확고히 믿기를 바라며, 그리하여 여러분이 다음 번 풀무로 들어갈 때에 하나님의 영원한 신실성에 대해서 의심하지 않기를 바랍니다. 여러분이 몇 주 혹은 몇 달을 아파서 누워 있을 때, 가정에서 쫓겨나거나, 빈곤에 빠졌거나, 친구들을 잃었을 때, 속으로 이렇게 말하지 마십시오. "하나님이 은혜 베푸시기를 잊으셨다. 그분이 나를 그분의 마음에서 지워 버리셨구나." 그럴 수 없습니다. 하나님의 사랑의 줄은 끊을 수 없기 때문입니다! 하나님의 백성이 역경 중에 있다는 이유로 하나님이 자기 백성을 내쫓으실 수 있다고 상상하는 것을 막기 위해 본문은 이와 같이 말합니다. "내가 너를 고난의 풀무 불에서 택하였노라."

3. 풀무는 선택의 표징이다.

이제 우리는 서둘러 하나님의 진리의 또 다른 면을 살펴보도록 하겠습니다. 세 번째로, 풀무 그 자체가 선택의 표징입니다. 가문의 문장(紋章)이 새겨진 선택의 방패는 풀무입니다! 여러분은 그렇다는 것을 하나님께서 아브라함에게 하셨던 옛 언약에서 알 수 있습니다. 그분은 희생제물이 갈라질 때 그에게 하나의 예표를 주셨습니다. 그 족장이 깊은 잠에 빠졌을 때 그의 앞에 연기 나는 화로가 보이며 타는 횃불이 지나갔습니다(창 15:17). 이 두 가지 징표는 언제나 하나님의 백성을 표시하는 것입니다. 그들을 밝혀주는 횃불이 있고, 또한 그들을 연단하는 연기 나는 풀무가 있습니다. "십자가 없이 영광은 없다"는 전에도 진리였고 지금도 진리입니다! 그것은 언약의 방패입니다.

우리 주님의 유언적인 말씀을 생각할 때, 그 중에서 가장 두드러진 조항이 무엇입니까? "세상에서 너희가 환난을 당하리라"(요 16:33)는 것입니다. 만약 여러분이 예수님께 속했다면 "세상에서 여러분이 환난을 당한다"고 확신해도 좋습니다. 여러분은 그분의 유언장에서 그 문장을 지우길 원합니까? 그렇다면 여러분은 그 언약의 증서 전체를 포기해야 합니다! 여러분은 쓰린 경고처럼 보이는 것뿐 아니라 달콤한 복까지 포기해야 합니다! 하나님의 자녀는 징계의 회초리를 반드시 느껴야 합니다. 조만간, 이런저런 형태로, 주께서는 자기 백성에게 표지를 새기십니다. 그분의 표지는 풀무의 표지입니다! 여러분 중에 젊은이들은 아직 그것을 받지 않았습니다. 하지만 곧 가지게 될 것입니다. 천국에 이르기 전 여러분은 반드시 그것을 가질 것입니다. 마치 왕이 굵은 화살촉 도장(broad arrow)을 자기의 모든 비품에 찍듯이, 왕 중의 왕께서도 자기의 모든 백성에게 그 표지를 새기십니다!

그러므로 여러분은 언약의 회초리를 경험해야 하며, 그것이 바로 하나님의 사랑의 징표입니다. 여러분은 그분이 이런 식으로 자기 소유된 백성에게 사랑을 나타내셨음을 알지 못합니까? 여러분은 여러분의 자녀가 아닌 아이에게 매를 들 생각을 하지 않습니다. 낯선 사람이라면 그가 하고 싶은 대로 하겠지만, 만약 비행을 저지르고 잡힌 사람이 여러분의 자녀라면, 여러분은 매를 아끼지 않을 것입니다. 만약 여러분이 마귀의 자식이라면, 여러분은 마음대로 죄를 저지르고 심지어 세상적인 면에서는 더욱더 번창할 수도 있습니다. 하지만 여러분이 하나님의 자녀 중 하나라면, 여러분은 비행을 저지를 때 징계를 받을 것입니다! 그분이 친히 이렇게 말씀하시지 않았습니까? "내가 땅의 모든 족속 가운데 너희만을 알았나니 그러므로 내가 너희 모든 죄악을 너희에게 보응하리라"(암 3:2).

주께서 우리를 단련하시는 것은 그분이 우리를 가치 있게 여기신다는 것을 보여줍니다! 사람은 정교한 풀무를 만들고는 거기에 하찮은 돌이나 쓸모없는 광물들을 넣지 않습니다. 만약 그렇게 하는 사람을 보면 여러분은 이렇게 말할 것입니다, "무엇 때문에 연료를 낭비한단 말인가?" 그는 합리적인 대답을 할 수 없을 것입니다. 하지만 여러분이 진귀한 광석들을 보았다면, 연료를 아낌없이 사용하여 정련하는 장치들을 가동할 것입니다. 그 광석들을 사용하는 사람은 "이것은 은이다" 혹은 "이것은 금이다"라고 말할 것입니다. 여러분은 즉시로 그 광석이 연료를 쓸 가치가 있으며 수고와 비용을 보상할 것임을 압니다. 사랑하는 친구들이여, 그처럼 만약 우리가 주님 보시기에 존귀하다면, 그분은 우리로

하여금 불을 통과하게 하실 것임이 분명합니다!

그분이 우리를 단순한 폐물 정도로 여기신다면, 그분은 우리를 가만히 쉬도록 내버려두실 것입니다. 하지만 진귀한 광석을 위해서는 많은 고통의 과정들이 기다리고 있습니다! 사람이 칼을 가지고 숲을 돌아다니면서 찔레나무 가지나, 야생 블랙베리 덩굴이나, 산사나무 가시들을 정돈하지 않습니다. 그는 그런 것들에 대해 신경을 쓰지 않습니다! 하지만 그가 정원사라면, 그가 어떻게 포도나무 가지들을 정돈하고 열매 맺는 나무들을 손질하는지 보십시오! 내 정원사는 내 장미나무들을 너무 짧게 잘라버려 나는 꽃들이 나올 수 없다고 생각했습니다. 하지만 울창한 장미꽃들을 보았을 때, 나는 그와 그의 칼이 나보다 더 잘 안다는 것을 인정했습니다! 좋은 장미나무들은 짧게 잘라주어야 합니다! 또한 하나님의 성도들은 고난을 겪어야 합니다. 하나님의 백성은 가지치기의 대가를 지불할 것이지만, 들 포도나무는 그렇지 않을 것입니다. 그러므로 하나님께서 그들을 고난의 풀무 불에서 택하신다는 것은 사랑의 표지요 징표입니다.

하나님께서 자기 자녀들을 고통스럽게 하실 때, 그것은 또 다른 방식에서 그분이 그들로 하여금 이 생애에서 분깃(portion)을 소유하지 않도록 하신다는 하나의 표징입니다. 그것은 어떤 위대한 인물이 마르틴 루터를 불러 그와 몇 시간을 보내고는 —내가 알기에—일백 크라운에 해당하는 돈을 주었을 때, 루터의 행동 특징이었습니다. 루터는 말했습니다, "나는 이것을 없애야 한다. 나는 이 땅의 삶에서 내 몫을 가지지 않을 것이다. 나는 이것을 즉시 가난한 사람들에게 주어야 한다!" 그는 이런 식으로 말하곤 했습니다. "하나님은 자기의 개들에게도 풍성히 주신다. 교황이나 터키 황제가 얼마나 부유한지를 보라. 그들은 금과 은을 얼마든지 가질 수 있다. 하지만 나는 그분의 개가 아니며 또한 그렇게 길러지지 않을 것이다. 그분은 금과 은으로써 내게 주신 약속을 취소하시지 않을 것이다. 나는 내 기업을 다가올 세상에서 얻기를 고대한다."

내 형제들과 자매들이여, 주께서는 여러분 중에 많은 이들을 그런 방식으로 시험하지 않으십니다. 오히려 그분은 여러분에게 식량 부족을 경험하게 하시고, 여러분의 빵을 쓰게 하시고, 여러분의 잔에 쑥을 섞으십니다. 그 이유가 무엇일까요? 여러분이 이곳에서 여러분의 분깃을 가져서는 안 되기 때문입니다! 한때 당신은 두 개의 천국을 소유할 수 있을 것이라고 생각했지만, 여러분이 속았습니다. 일전에 당신은 둥지를 만들기 시작했는데, 최근에 날카로운 가시 하나가 그 속에 들어갔습니다. 당신은 주님의 새들 중의 하나인데 그분은 당신이 날갯짓을 많이 하고 둥지에는 조금 머물기 원하십니다. 그래서 그분은 그 둥지를 당신에게 불편하게 만드신 것입니다. 여기는 당신의 안식처가 아닙니다. 당신이 그것을 아무리 안락하게 만든다 해도 이 세상의 둥지는 당신의 안식처가 아닙니다!

비록 경건에는 금생과 내생에 약속이 있지만, 이곳은 우리의 안식처가 아니며 만약 우리가 그것을 안식처로 삼으려 한다면 화가 있을 것입니다! 숲의 모든 나무들에는 도끼로 표시가 되어 있으며, 그것들은 모두 쓰러질 것입니다! 까마귀 선생이여, 당신이 그곳에 바라는 대로 좋은 둥지를 세울 수는 있겠지만, 그것은 반드시 무너지고 맙니다! 내 형제들과 자매들이여, 여러분의 둥지를 영원한 반석 위에, 곧 하나님의 독수리들이 그들의 둥지로 삼는 곳에 세우십시오. 하나님의 영원한 목적과 사랑 안에서, 시간과 변화의 한계를 넘는 높은 곳을 여러분의 안식처로 삼으십시오. 여러분의 기업은 현재의 세상이 아니며, 또한 아무리 애를 써보아도, 여러분이 이 세상으로 만족할 수 없기 때문입니다!

이 점에 대해 충분히 다루었다고 봅니다. 풀무는 은혜의 선택의 표징들 중의 하나임이 분명합니다.

4. 풀무는 선택적 사랑의 작업장이다.

넷째로, 풀무는 선택적 사랑의 작업장입니다. 하나님이 우리를 선택하셨다면, 우리를 어디로 향하도록 부르셨을까요? 즉, 그분은 우리를 거룩함을 향해 부르셨습니다. 이 세상에서 천국에 가기에 합당하도록 되기 전에 천국에 가도록 선택된 사람은 없습니다! 우리는 하나님의 자녀들이 되도록 선택된 것이며, 그리스도를 닮도록 선택되었습니다. 하나님의 손길과 복되신 성령 안에서, 풀무는 종종 이 목적을 위해 매우 유용하게 됩니다. 그것이 우리의 많은 불순물을 태우기 때문입니다. 풀무에서 어떤 종류의 불순물이 제거되느냐고 내게 묻습니까? 나는 이렇게 대답합니다. 고난은 많은 나쁜 품행들을 제거하는데 도움을 주지만, 그중에서도 내가 당장 말하고 싶은 것은 단명하다 사라지는 믿음과 도깨비불처럼 삽시간에 나타났다가 사라지는 기쁨입니다.

우리에게는 허구적이고 비실재적인 것들이 많은데, 특히 우리가 처음 출발할 때 그러합니다. 그 때 우리는 강하고 위대한 그리스도인들인 것 같고, 우리 앞에 지나갔던 모든 선진들을 능가하는 것 같습니다! 우리는 좀 더 높은 삶에

도달했고, 분명히 그런 삶에 상당히 근접해 있습니다. 우리는 매우 부유하여 재물도 늘었으며, 아무것도 부족한 것이 없습니다! 우리가 지칠 때까지는 그 얼마나 멋진 성도들인지요! 그런데 바로 그 때 우리의 아름다움은 찌끼처럼 태워지고 맙니다. 주께서 우리를 풀무에 넣으시면 우리들 중 절반은 사나흘 만에 사라지고 말 것입니다! 그분이 우리를 그곳에 한 주나 두 주를 계속해서 두시면 우리는 아주 철저하게 오그라들고 맙니다.

그럴 때 우리가 무엇을 잃었습니까? 하나님의 은혜입니까? 아닙니다, 형제들과 자매들이여, 풀무에서 조금이라도 은혜를 잃는 사람은 없습니다! 우리가 무엇을 잃었습니까? 우리가 잃은 것은 우리가 은혜라고 여겼던 것입니다. 우리는 영적인 허영심을 잃었습니다. 우리는 많이 쌓였던 자부심을 잃었고, 자기 확신과 자만심을 잃었습니다. 그리고 우리 자신을 칭송하는 대신 비로소 진토에서 긍휼을 구하며 부르짖기 시작했습니다! 나는 어떤 하나님의 자녀가 너무나 '커서'(big) 정상적인 예배당 문으로는 들어가지 못하다가, 주께서 그를 한두 번 비트셨을 때, 그가 하나님의 백성들이 모인 곳 가까이에 있기 위해서라면 쥐구멍으로 기어서라도 기꺼이 들어가려고 했던 것을 알고 있습니다!

성화를 위한 고난은 아름답게 축소되는 과정이지만, 그것이 우리가 성장하는 방식입니다. 우리 자신에 대한 자만심이 줄어들수록 우리는 성장합니다. 주께서 풀무를 사용하시는 것은 이런 목적 때문입니다. 즉 우리에게서 '허구적인' 은혜를 제거하려는 것입니다. 우리의 젊은 친구들 중 일부는 별안간 실망의 구덩이 속으로 떨어지며, 우리는 그들을 위해 매우 슬퍼합니다. 하지만 그것은 그들에게 일어날 수 있는 최상의 일입니다. 왜냐하면 그들이 다시 걸을 수 있을 때, 그들은 예전보다 훨씬 더 신중하고 경건한 태도로 걷기 때문입니다. 그처럼 여러분은 선택의 사랑이 우리의 찌끼를 태우기 위해 풀무를 사용함을 이해할 것입니다.

주께서 풀무를 사용하시는 또 다른 목적은 영혼이 좀 더 완전한 모양으로 빚어질 수 있도록 준비되게 하는 것입니다. 금속은 금형(金型)에 부어지기 위해서는 먼저 녹아야 합니다. 성령님은 고난의 풀무를 사용하여 우리 마음을 녹이시며, 그리하여 하늘의 지혜가 우리에게 부여한 거룩한 거푸집의 형상을 부드럽고 유연하게 받아들일 수 있게 하십니다. 게다가 고난은 그리스도인으로 하여금 세상과의 관계를 떼어놓는 데 큰 역할을 수행합니다. 그리스도인이 이곳에 오래 머물지 않을 것임을 이해하는 것은 그리스도인의 교육에 있어서 크고 중요한 부분이지만, 그럼에도 불구하고 그는 마치 이곳에서 영원히 살 것처럼 땅에 집착하는 경향이 있습니다! 그는 곧 산꼭대기에 있는 그의 기업으로 데려가질 것이면서도 여전히 이 초라한 땅에 집착하고, 만약 주께서 이 땅을 그에게 고통스러운 곳으로 만들지 않으시면, 그는 더욱더 그것을 껴안으려 할 것입니다.

예전에 어떤 사람이 말했습니다. "내 영혼은 마치 젖 뗀(weaned) 아이와 같습니다." 많은 사람들의 경우에는 이렇게 말하는 것이 훨씬 더 진실에 가까울 것입니다. "내 영혼은 젖 떼는(weaning) 아이와 같아서, 매우 까다롭고 고집스러우며, 어린아이 시절의 즐거움을 포기할 준비가 전혀 되지 않았습니다." 충분한 풀무의 작업이 있어서 사람으로 하여금 이렇게 말하도록 만든다면, 그것은 복된 일입니다. "나는 세상과의 관계를 끝장냈습니다. 이제 내 모든 생각은 다가올 세상을 향하고 있습니다. 하나님의 은혜로 인하여, 그곳에 내 보화가 쌓여 있기 때문입니다."

내게 주어진 시간이 신속하게 흘러가므로 내 풍부한 주제의 지엽적인 문제로 오래 끌 수가 없습니다. 의심의 여지 없이 선택의 사랑은 풀무를 그 작업장으로 활용합니다. 그럼으로써 은혜의 그릇들로 하여금 하나님의 은혜의 많은 흔적들과 아름다운 장식들을 받아들이게 합니다.

5. 풀무는 우리가 선택을 배우는 위대한 학교이다.

다섯 번째로, 풀무는 우리가 선택 그 자체를 배우는 위대한 학교입니다. 우선, 풀무에서 우리는 선택의 은혜로움을 배웁니다. 고난을 겪는 하나님의 자녀가 자기 마음—작은 지옥이며, 그 본성에서 악취를 풍기는 완벽한 소돔—의 부패를 볼 때, 그는 이렇게 말하기 시작합니다. "주께서 어떻게 나를 사랑하실 수 있을까? 만일 그분이 나를 사랑하신다면, 그 사랑은 은혜에 따른 것이며, 거저 주시는 은혜, 주권적인 은혜, 거룩한 은혜, 오직 은혜에 따른 것임에 틀림없다." 그것은 배울 가치가 있는 위대한 사실입니다!

다음으로, 우리는 선택의 거룩함을 배웁니다. 고통을 겪는 동안 한 음성이 이렇게 말합니다. "여전히 네 속에 죄가 있기 때문에 하나님께서는 너를 그대로 두지 않으실 것이다. 그분은 모든 잘못된 길에서 너를 깨끗이 씻으실 것이다." 그 때 우리는 하나님의 선택이 얼마나 거룩한 것인지를 배웁니다! 그 때 우리는 성도들이 그분 앞에 서게 될 때 얼마나 깨끗할 것인지를 배웁니다. 그 때 우리는 그분이 자기 사랑을 입은 자들로 하여금 얼마나 죄를 혐오하게 만드시는지를 봅니다. 그 때 우리는 하나님께서 때때로 그들이 죄를 짓는 것보다는 차라리 항상 아픔을 겪는 편을 더 좋다고 여기신다는 것을 배웁니다. 그분은 그들의 마음이 우상을 향하도록 허락하느니 차라리 그들로 하여금 피를 흘리게 만드실 것입니다. 우리의 온전함을 위해 책망과 징계들이 있으니 선택이란 얼마나 거룩한 것인지요!

또한 풀무에서 우리는 선택에 얼마나 깊은 애정이 있는지를 배웁니다. 하나님께서는 그 어느 때보다 자기 백성이 고난의 풀무 불에 있을 때 더욱 의식적으로 그들을 사랑하십니다. 그들이 고통에 처해 있을 때 그분이 그들을 얼마나 따뜻하게 품에 꼭 안으시는지요! 어머니는 항상 자기 자녀를 사랑합니다. 하지만 아이가 병들어 수척해지고 갈수록 약해져갈 때, 어머니의 마음이 어떤지를 여러분은 알 것입니다. 그녀는 다른 아이들보다 그 아이를 더 사랑합니다. 그 아이가 더 많은 사랑을 필요로 하기 때문입니다. 주께서 자기의 사랑하시는 자녀들이 점점 가난해지거나 정신과 몸이 고달프도록 허용하실 때, 그분은 자기 마음을 그들에게 보이십니다. 그 때 그분은 그들이 전에 알지 못했던 최상의 자상한 방식으로 자기 사랑을 그들에게 나타내실 것입니다. 하나님의 백성이 선택적 사랑의 능력을 아는 것은 그럴 때입니다!

깨달음을 얻은 신자가 외칩니다. "아, 하나님의 작정이 어떻게 내 영혼을 보전하는지를 이제야 알겠어요. 저는 풀무 안에 있고, 만약 하나님이 저를 지키시지 않았다면 뜨거운 열이 오래전에 저를 완전히 태웠을 겁니다." 만일 당신이 하나님의 능력이 신자를 위해 무엇을 할 수 있는지를 보기 원한다면, 느부갓네살이 서 있는 곳에 서서 그가 바라보았던 풀무의 붉은 아가리를 쳐다보아야 할 것입니다. 그 거룩한 세 자녀들을 던져 넣었던 자들은 뜨거운 열 때문에 죽었으며, 따라서 그 불이 가상의 불이라고 생각할 수 없습니다. 그것은 실제적이며 살인적인 불이었습니다! 찬찬히 그 속을 바라보십시오. 당신의 눈은 그 응시를 견딜 수 있습니다. 당신은 세 사람이 걷는 것을 봅니다. 그들은 묶인 채로 던져졌지만, 줄이 풀어진 상태에서 걷고 있습니다!

셋이라고 내가 말했나요? 거기엔 넷이 있습니다! 어떤 신비한 낯선 분(Stranger)이 그들과 함께 계십니다. 지상의 모든 왕관보다 더 밝은 왕관을 쓰신

분이십니다. 그분이 누구실까요? "그 넷째의 모양은 신들의 아들과 같도다"(단 3:25). 사드락, 메삭, 아벳느고는 극렬히 타는 풀무 불을 걸을 때보다 더 가까이에서 하나님의 아들을 본 적이 없습니다! "내가 너를 고난의 풀무 불에서 택하였다"고 기록되지 않았습니까? 불 가운데를 지날 때에 여러분은 타지 않을 것입니다. 여러분에 대한 주의 선택이 그분의 동행하심에 의해 나타날 것입니다! 그렇습니다, 사랑하는 이여, 하나님의 선택적 사랑의 달콤함이 그리스도인의 마음에 절실하게 느껴지는 때는 바로 그러한 때이며, 하나님의 사랑이 의식되는 동안 그는 환난 중에도 기뻐하고 즐거워하는 것입니다! 나는 내 신분을, 비록 풀무 가운데서도, 가장 화려하게 사는 세상 사람과 바꾸고 싶지 않습니다. 모든 것이 떠났을 때, 선택의 사랑이 남아 있다면, 나는 부요하며 지극히 행복합니다! 전능자의 사랑을 확신할 수 있다면 다른 모든 것은 일고의 가치도 없습니다!

그러므로 사랑하는 성도들이여, 여러분은 불 가운데서의 선택을 배웠습니다. 나는 어떤 신자이든 조금도 해가 없기를 바라며 오히려 모든 복을 누리기를 바랍니다. 하지만 아직 하나님의 깊은 일들에 대해 알지 못하고, 은혜의 교리에 대한 깨달음도 모호하여, "은혜"라든가 "자유 의지"에 대해 말할 때마다 더듬거리는 내 그리스도인 형제와 자매들 중 일부에 대해 내가 바라는 것이 있습니다. 그것은 그들이 영원한 유익을 위해 풀무 불에 조금이나마 접촉이라도 해 보는 것입니다! 한두 번 불에 그슬려보는 것이 그들에게 유익을 줄 것입니다. 아마도 그들은 성도들을 택하여 결코 내쫓지 않는 무한하고 영원한 은혜의 영광을 더욱 잘 말할 수 있게 될 것입니다!

6. 풀무에 의해 종종 좀 더 높은 목적을 위한 특별한 선택이 계시된다.

마지막으로, 풀무에 의해 더욱 높은 목적을 위한 더욱 특별한 선택이 종종 계시됩니다. 은혜의 선택이 있을 뿐 아니라, 최고의 지위와 가장 고상한 섬김을 위하여 선택된 자들 가운데서도 선택이 있기 때문입니다. 예수 그리스도에게는 수많은 선택된 제자들이 있지만, 한편으로 성경에는 "내가 너희 열둘을 선택하였다"고 기록되었습니다(참조. 요 6:70). 그 열둘 중에도 셋이 있었고, 여러분은 그들의 이름을 압니다. 그 셋 중에도 하나 즉 선택된 자들 중의 선택된 자가 있었으며, 그는 예수의 사랑하시는 요한, 자기 주님의 품에 기대었던 자였습니다!

일반적으로 풀무는 이런 일과 관련되어 있습니다. 왜냐하면 풀무는 하나님의 은혜의 더욱 높은 상태 및 은혜의 한층 광범위한 영역에서의 활용성에 수반되며, 더 나아가 그것을 증진시키기 때문입니다. 먼저 목사에게서 이런 진리가 목격됩니다. 고난이 그를 탁월하게 만듭니다. 루터는 그의 서재에 최상의 책 세 권이 있다고 했는데, 그 중의 하나가 고난이었습니다. 나는 설교자가 그 책을 읽지 않으면 하나님의 성도들을 오랫동안 먹일 수 없다고 생각합니다. 그 책은 검정색 글씨로 인쇄되어 있지만 놀라운 깨달음을 담고 있어서, 사람들을 가르치고자 하는 이는 그 책을 읽으면서 종종 눈물을 흘릴 수밖에 없습니다. 화덕이 뜨거워지지 않고서는 사람들이 떡을 잘 구울 수 없듯이, 불이 우리를 뜨겁게 달구기까지는 우리가 설교를 잘 준비할 수 없습니다.

우리 자신이 무거운 짐을 져본 적이 있을 때, 우리는 경험적으로 시련을 겪는 하나님의 자녀들에게 더 잘 말할 수 있습니다. 주께서 자기 백성을 믿음으로 세우는 중요한 일에 쓰시기 위해 자기 종을 훈련하기 원하실 때, 그분은 그를 불 가운데로 지나게 하십니다. 믿음의 덕을 세움이 고난에서 나오는 것이지요. 기독교적 영웅의 경우에도 마찬가지입니다. 은밀한 장소에서 주의 징계를 받은 적이 없다면 그는 결코 무리를 이끌 수 없습니다. 하나님의 군대의 전면에 선 사람들은 역경에 의해 훈련을 받은 자들입니다.

위대하고 용감한 사람인 마르틴 루터, 여러분은 그의 개인적인 전기를 읽은 적이 있습니까? 그는 쉽게 유혹받고, 쉽게 시험에 들며, 자주 영적 침체와 심각한 낙심에 빠지는 사람이었기에, 종종 절망 중에 죽으려고 했습니다! 그는 복음을 너무나 사랑했지만, 때때로 그는 자신이 복음에 조금의 분깃도 가지지 못했다고 여길 때가 있었습니다. 비록 그가 계속해서 다른 사람들에게는 복음을 큰 소리로 외쳐 전했지만, 때때로 자기 자신은 전혀 위로를 얻지 못했습니다. 마귀와의 끔찍한 투쟁은 공적인 논쟁들에서 그의 영혼을 확신시키는 수단이었습니다! 그가 마귀 자체와 상대하고 있을 때 어찌 교황을 두려워할 수 있겠습니까? 그가 자기 자신의 집에서 지옥의 군대와 대면하고, 하나님의 은혜로 그들을 이겼거늘, 어찌 마귀 때문에 보름스(Worms)에 가기를 두려워할 수가 있으며 지붕 위에서 말하기를 두려워하겠습니까!

또한 칼빈을 보십시오. 그는 이스라엘의 가장 강력한 선생이며, 명쾌하고, 강직하며, 심오한 사람이었습니다! 그는 목록으로 작성할 수 있을 만큼의 많은 질병으로 매일 고통을 겪었는데, 아마도 그 중 한 가지 질병이라도 병약자로 하여금 용기를 꺾을 만한 것이었습니다. 비록 그가 매일 아침 큰 예배당에서 유명한 성경 강해를 하여 하나님의 교회를 풍성하게 했지만, 그 자신은 언제나 고통으로 가득한 몸을 가누어야만 했습니다. 만일 연단자(Refiner)께서 풀무 불 입구에 앉아계시지 않았더라면, 잉글랜드가 위클리프를, 스코틀랜드가 녹스를, 스위스가 츠빙글리를 찾지 못했을 것입니다!

반드시 그러해야만 합니다! 어떤 칼도 충분히 자주 담금질이 되기까지는 우리 주님이 다루시기에 적합하지 않습니다. 설교자들이나 신앙의 영웅들이 그러하듯이, 우리 역시 영적으로 상승하려면 그럴 수밖에 없습니다. 나는 여러분이 거룩한 일들을 크게 열망하기를 바랍니다! 온전히 성화된 삶을 살기를 힘쓰십시오! 모든 이기심을 부인하고 영혼의 구원과 하나님의 영광을 위해 사십시오! 하지만 많은 시련에 의하지 않고는 여러분이 그 수준에 이르지 못함을 기억하십시오. 여러분은 그리스도를 닮기를 열망합니까? 그럴 것이라고 나는 기대합니다. 하지만 십자가를 지지 않고서는 결코 예수님처럼 될 수 없습니다. 만약 여러분의 삶이 안락한 삶이라면, 어찌 여러분이 머리 둘 곳이 없었던 분처럼 될 수 있겠습니까? 만약 여러분이 자기부인을 배우지 못했다면, 당신을 향해 비난이 쏟아지는 것을 겪어보지 못했다면, 아무도 당신을 귀신들렸다거나 미쳤다고 한 적이 없다면, 모든 일들이 일사천리로 진척된다면, 어찌 여러분이 사람에게서 멸시받고 거절당하신 그분과의 교제를 알 수 있겠습니까? 하나님의 참된 백성은 그들의 주께서 그러하셨던 것처럼 시대의 조류에 의한 반대를 경험합니다!

오, 그렇습니다. 만일 여러분이 여러분의 주님을 온전히 따르고자 한다면 많은 슬픔과 많은 눈물의 희생이 요구될 것입니다! 하지만 주저하지 마십시오. 여러분은 거룩해지길 원합니까? 나는 어느 정도는 이미 거룩한 사람들을 더러 알고 있습니다. 나는 이 교회의 지체들 가운데 그 언어에서 영원과 영광의 분위기를 풍기는 몇몇을 가리킬 수 있습니다. 그들은 대여섯 문장을 채 말하지 못하지만, 그들의 언어는 그들이 예수님과 함께 지내왔음을 무심코 드러냅니다! 이 사실을 잘 기억하십시오. 그들은 연단 받은 사람들입니다. 거룩한 사람들이라고 내가 감히 말하고 싶은 그들은 몹시도 아픈 사람들입니다. 우리 모두 그렇게 되어야 합니다. 하지만 오, 내 형제 자매들이여, 우리가 모루 위에 놓이고 주께서 우리에게 망치질을 하시기까지는, 우리의 수준은 마땅히 되어야 할 수준에 비해 너무나 미흡합니다. 만약 주께서 그렇게 하고 계시다면, 여러분에게 짊어져야 할 십자가가 있다면, 불평하지 마십시오. 오히려 이 본문의 부드러운 속삭임이 여러분을 지탱하고 격려하기를 바랍니다. "내가 너를 고난의 풀무 불에서 택하였노라."

사랑하는 자매여, 당신에게는 폐병의 징후들이 있습니다. 나는 당신에게서 소모열(消耗熱)에 의한 홍조를 봅니다. 하지만 미래를 두려워 마십시오. 주께서 이렇게 말씀하시기 때문입니다. "내가 너를 고난의 풀무 불에서 택하였노라." 내 형제여, 당신은 당신의 처지에서 일어서기 위해 힘겹게 싸워왔습니다. 하지만 힘겹게 애써온 만큼이나 당신은 자주 후퇴하였고, 날개가 부러진 채로 힘든 처지에 놓였습니다. 낙심하지 마십시오. 당신의 부르심 안에 거하며 만족하십시오. 주께서 이렇게 말씀하시기 때문입니다, "내가 너를 고난의 풀무 불에서 택하였노라." 젊은이여, 당신은 대학에 들어갔으며, 학위 취득이 가까웠지만, 건강이 나빠지고 있어서 당신이 바라던 대로 저명한 학자가 되지 못할 것 같습니다. 스스로 괴로워하지 마십시오. 왜냐하면 당신의 역할은 능동적이기보다는 수동적이기 때문입니다. 주께서 말씀하십니다. "내가 너를 고난의 풀무 불에서 택하였노라."

상인이여, 당신의 업체가 파산할 지경입니다. 당신은 가난하게 될 것입니다. 하지만 하나님을 믿으십시오. 당신의 남은 삶을 분투하면서 헤쳐 나가는 것이 주님의 뜻입니다. 하지만 그분이 말씀하십니다. "내가 너를 고난의 풀무 불에서 택하였노라." 어머니여, 당신은 어린 자녀를 셋이나 넷을 잃었으며, 또 다른 아이도 아픈 상태입니다. 그래서 당신이 말합니다. "저는 그 일을 감당할 수 없어요." 아니요, 당신은 감당할 것입니다. 주께서 이렇게 말씀하시기 때문입니다. "내가 너를 고난의 풀무 불에서 택하였노라." 한나여, 그대가 여기에 있습니까? 슬픈 여인인 당신이 오늘 밤 이곳에 있습니까? 당신의 대적이 당신을 격동시키며 괴롭힙니까? 당신 주변에 당신을 괴롭히고 성가시게 만드는 이들이 있습니까? 더 이상 울지 마십시오. 아무도 당신을 사랑하지 않을 때에도 주께서는 당신을 사랑하시며, 또한 이렇게 말씀하시기 때문입니다. "내가 너를 고난의 풀무 불에서 택하였노라."

여러분 중의 일부는 양치류 식물과도 같습니다. 당신은 축축하고 그늘진 곳이 아니면 잘 자라지 않습니다. 너무 많은 햇빛은 당신에게 좋지 않습니다. 어떤 식물은 잘 자라기 위해서는 늪지와 안개를 필요로 하는데, 아마도 당신이 그럴 것입니다. 당신의 하나님께서는 당신이 원하는 장소에 당신을 둔다면 그것이 당신에게 치명적일 것임을 아시며, 그래서 이렇게 말씀하시는 것입니다. "내가 너를 고난의 풀무 불에서 택하였노라."

이제 내 개인적인 경험 하나를 들려주고서 여러분과 작별하고자 합니다. 내 주님께서는 오늘 밤 저를 만나시고 말씀하셨습니다. "내가 너를 고난의 풀무 불에서 택하였노라." 나는 그분에게 이렇게 대답하려고 했습니다. "내 주님, 당신께서 은혜롭고 황송하게도 '내가 너를 택하였다'고 제게 말씀하시니, 저는 그 문장의 나머지 부분을 전적으로 당신의 뜻에 맡기며, 그것이 풀무 안에서인지 밖에서인지에 대해서는 묻지 않겠습니다. 저를 선택하시고, 그 다음에는 저를 위해 모든 것을 택하시옵소서. 만일 당신께서 풀무를 선택하시면 저 역시 풀무를 선택할 것입니다."

어느 훌륭한 믿음의 여인의 경우를 기억하십시오. 그녀가 몹시 아팠기 때문에 사람들이 그녀에게 "당신은 살기를 바랍니까, 아니면 죽기를 바랍니까?"라고 물었습니다. 그 때 그녀는 이렇게 대답했습니다. "나는 하나님의 뜻이 이루어지길 바랄 뿐입니다." 그러자 그들이 말했습니다. "오, 하지만 하나님께서 당신이 바라는 대로 하신다면, 어떻게 될까요?" 그녀가 대답했습니다. "만약 하나님께서 그 문제를 내 뜻에 맡기신다면, 저는 내 뜻대로가 아니라 그분의 뜻대로 되게 해 달라고 그분께 간청할 것입니다."

오 사랑하는 이여, "내 원대로 마옵소서"라고 기도하십시오. 고통은 자아가 죽을 때 거의 종결됩니다. 슬픔은 당신이 자아라고 하는 가시를 뽑아낼 때 슬픔이기를 멈춥니다.

그리스도를 위하여 하나님께서 여러분과 함께 하시길 빕니다. 아멘.

제
52
장

언약 속의 그리스도

"내가 너를 백성의 언약으로 삼으리라."—사 49:8

우리 모두는 우리의 구주께서 영원한 언약과 많은 관계가 있음을 믿습니다. 우리는 그분을 언약의 중보자로 간주해왔으며, 언약의 보증자로, 또한 언약의 핵심이며 실체로 간주해왔습니다. 우리가 그분을 언약의 중보자로 간주해온 이유는, 하나님께서 중보자 곧 양자 사이에 중재하시는 이가 아니고서는 인간과 언약을 맺으실 수 없음을 확신하기 때문입니다. 우리는 그분을 중보자로 부르며 맞아들였습니다. 왜냐하면 그분이 가득한 은총을 가지고 죄인에게 오셔서, 지존자의 영원한 회의에서 하나님의 은혜가 약속되었다는 소식을 들려주셨기 때문입니다. 우리는 우리의 구주를 언약의 보증(Surety)으로 사랑해왔습니다. 이는 그분이 우리를 대신하여 우리의 채무를 감당하셨고, 또한 아버지를 대신하여 우리의 영혼을 안전하게 돌보실 것과 그분 앞에서 흠 없이 온전하게 나타나게 하실 것을 약속하셨기 때문입니다. 따라서 우리는 의심하지 않고 그리스도가 언약의 핵심이자 실체라는 생각으로 기뻐해왔습니다. 만일 모든 영적인 복들을 요약하고자 한다면, 우리는 "그리스도가 전부입니다"라고 말해야 한다고 믿습니다. 그분이 본질이며 실체입니다. 우리가 비록 언약의 영광에 대해서 많은 말을 할 수 있지만, "그리스도" 안에서 발견되지 않는 것에 대해서는 아무것도 말할 수 없습니다.

하지만 오늘 아침 나는 그리스도를 중보자나 보증자로서 말하고자 하는 것이 아니라, 하나님께서 자기 자녀들에게 주신 위대하고 영광스러운 언약의 한 조항(Article)으로서 그리스도에 대해 말하려 합니다. 그리스도는 우리의 것이며, 하나님께서 우리에게 주신 분이라는 것이 우리의 확고한 믿음입니다. 우리는 하나님께서 "자기 아들을 아끼지 아니하시고 우리 모든 사람을 위하여 내주셨음"을 알며, 그러므로 그분이 "그 아들과 함께 모든 것을 우리에게 주실 것"(롬 8:32)을 믿습니다. 우리는 배우자와 더불어 "내 사랑하는 자는 내게 속하였고 나는 그에게 속하였도다"(아 2:16)라고 말할 수 있습니다. 우리는 우리의 주요 구원자이신 예수 그리스도 안에서 개인적인 소유권이 있다고 느낍니다. 그러므로 나는 오늘 아침에 가능한 가장 단순한 방식으로, 웅변의 꾸밈이나 연설의 장식 없이, 이 위대한 주제를 묵상하며 기쁨을 나누고자 합니다. 즉 언약 속의 예수 그리스도는 모든 신자의 소유(Property)입니다.

첫째, 우리는 이 소유를 고찰할 것입니다. 둘째, 우리는 그것이 우리에게 전달된 목적을 살펴볼 것입니다. 셋째, 우리는 이와 같은 위대한 복에 수반된다고 할 수 있는 한 가지 교훈을 제시할 것입니다.

1. 위대한 소유

먼저, 여기에 위대한 소유가 있습니다. 예수 그리스도는 언약에 의해 모든 신자의 소유입니다. 언약에 의해 우리는 예수 그리스도를 아주 다양한 의미에서 이해할 수 있습니다.

1) 그리스도의 모든 속성에서

무엇보다 먼저, 우리는 예수 그리스도께서 그분의 모든 속성들에서 우리의 소유임을 선언합니다. 그분은 이중적인 차원에서 속성들을 가지고 계시며, 두 본성이 하나의 위격(Person)에서 영광스럽게 연합되었습니다. 그분은 하나님의 속성들을 가지시고, 또한 온전한 인간의 속성들을 가지십니다. 이러한 속성들이 무엇이건, 그 속성들 각각은 모든 하나님의 자녀의 영구적인 소유입니다. 하나님의 속성들에 대해 내가 상세히 말할 필요는 없을 것입니다. 여러분 모두가 그분의 사랑이 얼마나 무한하고, 그분의 은혜가 얼마나 광대하며, 그분의 신실하심이 얼마나 견고하고, 그분의 진실성이 얼마나 확고한지를 압니다. 여러분은 그분이 전지하심을 압니다. 여러분은 그분이 무소부재(無所不在)하심을 알고, 또한 그분이 전능하심을 압니다. 만일 여러분이 하나님께 속한 이 모든 위대하고 영광스러운 속성이 여러분의 것임을 생각하기만 한다면 그것이 여러분에게 위안을 줄 것입니다.

그분이 능력을 가지셨습니까? 그 능력은 여러분의 것입니다. 그 능력은 여러분을 지지하고 여러분에게 힘을 주는 능력입니다. 그 능력은 여러분으로 하여금 원수들을 이기게 하고, 여러분을 안전하게 지키는 능력입니다. 그분이 사랑을 가지셨습니까? 그분의 위대한 마음 안에 있는 사랑 중에서 여러분의 것이 아닌 부분은 하나도 없습니다. 그분의 모든 사랑이 여러분에게 속했습니다. 여러분은 그 무한하고 깊이를 알 수 없는 그분의 사랑의 대양에 뛰어들 수 있으며, 그 모든 것에 대해서 "그것은 나의 것이다"라고 말할 수 있습니다. 그분에게 정의가 있습니까? 그것은 엄격한 속성으로 보일 수 있습니다. 하지만 그것조차도 여러분의 것입니다. 왜냐하면 그분의 정의의 속성에 의해, 그분은 하나님의 맹세와 약속으로 계약된 모든 것이 틀림없이 여러분에게 확보되어야 한다고 간주하시기 때문입니다. 하나님의 아들로서 그리스도의 속성들 중 그 어떤 것이든, 오 신실한 성도여, 당신은 거기에 손을 얹고서 "이것은 나의 것이다"라고 말할 수 있습니다. 오 예수여, 땅의 기둥들을 붙들고 계신 당신의 팔은 나의 것입니다. 오 예수여, 짙은 어둠을 꿰뚫고 미래를 응시하시는 당신의 눈은 나의 것이며, 그 눈이 사랑으로 나를 바라봅니다. 오 그리스도시여, 이따금씩 수많은 천둥보다 더 크게 말씀하시고, 혹은 영화롭게 된 성도들의 수금소리보다 더 부드럽고 달콤한 음악을 속삭이시던 당신의 입술, 그 입술은 저의 것입니다. 그리고 사리사욕 없고, 순수하며, 꾸밈없는 사랑으로 고동치던 당신의 위대한 심장, 그 심장이 저의 것입니다. 하나님의 아들로서와 만유 위에 계시며 영원히 복되신 하나님으로서 그분의 영광스러운 모든 본성에 있어서, 그리스도의 전부가, 비유의 차원에서가 아니라, 현실적이며 실제적으로 진실로 여러분의 것입니다.

또한 사람으로서의 그분을 숙고해 보십시오. 완전한 인간으로서 그분이 가지신 모든 것이 여러분의 것입니다. 완전한 인간으로서 그분은 자기 아버지 앞에 서십니다. "은혜와 진리가 충만"하시고 사랑이 가득한 그분을, 하나님은 온전한 존재로 받으십니다. 오 신자여, 하나님께서 그리스도를 받으신 것은 당신을 받으신 것입니다. 온전하신 그리스도를 향하신 아버지의 사랑이 이제는 당신을 향하고 있음을 당신은 알지 않습니까? 예수님께서 흠 없으신 생애를 통해 율법을 지키고 그것을 영예롭게 하셨을 때, 그분이 성취하신 완벽한 의가 당신의 것입니다. 그리스도께서 가지신 덕목 중에서 당신의 것이 아닌 것이 하나도 없습니다. 그분이 행하신 거룩한 행위 중에서 당신의 것이 아닌 것은 하나도 없습니다. 그분이 하늘을 향해 올리셨던 기도 중에서 당신의 것이 아닌 것은 아무것도 없습니다. 하나님을 생각하던 그분의 묵상과, 하나님을 섬기는 인간으로서 그분의 묵상 중에서 당신의 것이 아닌 것은 하나도 없습니다. 그분의 의가, 그 범위의 광대함의 측면에서나 그분 성품의 완벽함의 측면에서, 모두 당신에게 전가됩니다. 오! 당신은 "그리스도" 안에서 소유한 것이 무엇인지 상상할 수 있습니까? 믿는 자여, "하나님"이라는 단어를 깊이 생각하고, 그분이 얼마나 능력이 많으신지를 생각해보십시오. 그 다음에는 "완전한 인간"이라는 단어를 묵상해보십시오. 인간이시며 하나님이신 그리스도, 영광스러운 신인(God-man)이신 그리스도가 소유하신 모든 것, 그분의 본성상의 모든 특징이 당신의 것입니다. 그 모든 것이 당신에게 속했습니다. 그것은 순전히 거저 주시는 은혜로 말미암은 것이며, 취소에 대한 두려움 없이, 영원토록 당신의 실제적인 소유가 되도록 당신에게 전가되었습니다.

2) 그리스도의 모든 직분에서

믿는 자여, 그리스도의 모든 속성에서 뿐 아니라, 모든 직분들(offices)에서도 그리스도는 당신의 소유임을 깊이 생각하십시오. 이 직분들은 위대하고 영광스럽습니다. 우리에게는 그 모든 것을 언급할 시간이 부족합니다. 그분이 선지자이십니까? 그렇다면 그분은 당신의 선지자이십니다. 그분이 제사장이십니까? 그렇다면 그분은 당신의 제사장이십니다. 그분이 왕이십니까? 그분은 당신의 왕이십니다. 그분이 구속자이십니까? 그분은 당신의 구속자이십니다. 그분이 변호자이십니까? 그렇다면 그분은 당신의 변호자이십니다. 그분이 선구자이십니까? 그분은 당신의 선구자이십니다. 그분이 언약의 보증자이십니까? 그렇다면 그분은 당신의 보증자이십니다. 그분이 가지신 모든 이름들과, 그분이 쓰신 모든 면류관과, 그분이 입으신 모든 의복에서, 그분은 믿는 자의 소유이십니다. 오! 하나님의 자녀여, 만약 당신이 은혜로써 이런 묵상의 주제를 영혼 속에 간직한다면, 그 모든 직분들을 수행하시는 그리스도를 생각하고, 그 모든 면에서 그분이 정녕 당신의 소유라고 생각할 수 있다면, 당신은 놀랍도록 위로를 얻을 것입니다. 당신은 저기 팔을 펴고 아버지 앞에서 간구하시는 그분을 봅니까? 당신은 그분이 입은 에봇을 주목하고, 그분이 머리에 쓰신 황금의 관과 “여호와께 성결”이라고 새겨진 글을 봅니까? 그분이 손을 들고 기도하시는 것을 봅니까? 지상의 어떤 인간도 할 수 없는 그런 놀라운 간구로 그분이 기도하시는 것을 듣습니까? 그 간구는 너무나 권위가 있으므로, 그분 자신도 동산의 고난 중에서 사용하실 수 없었던 간구입니다.

“그가 지상에서는 탄식과 신음으로
겸손한 간청을 올리셨으나,
이제 영광의 보좌에 앉으시어
권위로 호소하시네.”

당신은 그분이 간구하시자마자 구하는 것을 받으시는 것을 봅니까? 당신은 그 모든 간구가 당신을 위한 것임을 믿지 못하십니까? 그분의 흉패에 당신의 이름이 새겨졌으며, 그분의 가슴에는 당신의 이름이 지울 수 없는 은혜의 표지로 새겨져 있습니다. 그 놀랍고 탁월하며 위엄 있는 간구가 당신을 위한 것이며, 만일 당신이 요청한다면 당신을 위해 쓰일 수 있는 것입니다. 그리스도는 간구하실 권한을 가지고 계시며, 만약 당신이 필요로 한다면, 그분은 그것을 당신을 위해 쓰실 것입니다. 그분은 능력으로 간구하시며, 당신의 모든 고난의 때에 당신을 위해 그 능력을 쓰실 수 있습니다. 말로는 이것을 다 표현할 수가 없습니다. 이것을 당신에게 가르칠 수 있는 것은 오직 당신 자신의 사고력입니다. 오직 진리를 생각나게 하시는 성령 하나님만이 이토록 황홀하고 감격적인 생각을 당신의 마음 적절한 곳에 넣어주실 수 있습니다. 그리스도는 모든 존재와 소유에서 당신의 것입니다.

당신은 지상에 계실 때의 그분을 봅니까? 자기 피로 제사를 드리는 제사장이 거기에 서 있습니다. 나무에 달리신 그분을 보십시오. 그분의 손은 못에 찔렸고, 그분의 발에서는 피가 솟구칩니다! 오, 당신은 저 창백한 얼굴을, 연민으로 가득한 지친 그분의 눈을 보십니까? 가시 면류관이 보이십니까? 가장 강력한 제물, 모든 희생 제물들의 총합이며 실체인 저 제물을 보십니까? 믿는 자여, 그 제물은 당신의 것입니다. 저 귀한 핏방울들이 하나님과 당신의 화평을 호소하고 간청합니다. 벌어진 옆구리는 당신의 피난처이며, 못자국난 손은 당신의 구속입니다. 그분의 탄식은 당신을 위한 것이며, 버림 받은 가슴에서 나오는 외침은 당신을 위한 것입니다. 그분의 죽으심은 당신을 위한 것입니다. 오십시오, 당신에게 호소합니다. 그리스도의 다양한 직분들 중의 어느 한 가지라도 깊이 묵상하십시오. 하지만 그분을 묵상할 때 이 생각을 놓치지 마십시오. 즉 이 모든 직분들에 있어서 그분은 당신의 그리스도이시며, 영원한 언약 안에서 당신에게 주어졌으며, 영원히 당신의 소유입니다.

3) 그리스도께서 행하신 일들에서

다음으로 그리스도는 그의 행하신 모든 일들에서도 신자의 것임을 주목하십시오. 그 행하신 일들이 고난과 관계된 것이든 기도와 관계된 것이든, 그 일들은 신자의 자산입니다. 그분이 어린아이로서 할례를 받으셨는데, 그 피의 의식이 나의 것입니까? 그렇습니다. 신자는 "그리스도 안에서 할례를 받았습니다." 그분은 믿는 자(Believer)로서 세례를 받으셨는데, 그 세례 의식이 나의 것입니까? 예, 신자는 "그리스도와 합하여 세례를 받고 또한 그의 죽으심과 합하여 세례를 받았습니다"(롬 6:3). 내가 축축한 무덤에 나의 가장 좋으신 친구와 더불어 장사지내어졌을 때 나는 예수님의 세례에 동참하는 것입니다. 저기를 보십시오. 그분이 죽으셨으며, 그분이 죽으신 것은 최고의 사역입니다. 그런데 그분의 죽음이 나의 것입니까? 예, 나는 그리스도 안에서 죽었습니다! 그분이 장사되셨고, 그 장사됨이 나의 것입니까? 예, 나는 그리스도와 함께 장사되었습니다. 그분이 일어나십니다. 지키는 자들을 놀라게 하시며 무덤에서 일어나시는 그분을 주목하십시오! 그 부활이 나의 것입니까? 예, 우리는 "그리스도와 함께 다시 살리심을 받았습니다"(골 3:1). 다시 주목하십시오. 그가 위로 오르시고 "사로잡혔던 자들을 사로잡으십니다"(엡 4:8). 그 승천이 나의 것입니까? 예, 그분이 "우리를 함께 일으키셨습니다"(엡 2:6). 그리고 보십시오, 그분이 아버지 보좌에 앉아 계십니까? 그 행위가 나의 것입니까? 예, 그분은 우리로 하여금 "함께 하늘에 앉히십니다"(엡 2:6).

그분이 행하신 모든 일이 우리의 것입니다! 하나님의 작정에 의해 그리스도와 그분의 백성 사이에는 그러한 연합이 있으며, 따라서 그리스도께서 행하신 모든 일은 그분의 백성이 행한 것입니다. 그리스도께서 수행하신 모든 일을 그분의 백성은 그분 안에서 수행한 것입니다. 그들은 그분이 무덤으로 내려가실 때에도 그분과 연합하였고, 그분이 높이 오르셨을 때에도 그분과 연합하였습니다! 그들은 그분과 함께 지복의 상태에 들어가며, 그분과 함께 하늘의 처소에 앉습니다. 그분의 모든 백성은 그들의 머리이신 그분에 의해 대표되며, 지금도 만유 위에 교회의 머리가 되신 그분 안에서 영화롭게 되었습니다! 오 신자여, 기억하십시오. 그리스도의 낮아지심에서건 높아지심에서건 당신은 언약의 몫을 가지고 있으며, 그가 행하신 모든 일들이 당신의 것입니다!

4) 신성의 모든 충만함

나는 한 가지 달콤한 사상을 더 전하려 하는데, 바로 이것입니다. 여러분은 그리스도의 위격 안에 "신성의 모든 충만이 육체로 거하시는"(골 2:9) 것을 압니다. 아아, 신자여, "우리가 다 그의 충만한 데서 받으니 은혜 위에 은혜"입니다(요 1:16). 그리스도의 모든 충만! 여러분은 그것이 무엇인지 압니까? 여러분은 그 구절을 이해하겠습니까? 나는 여러분이 아직은 그것을 알지 못한다고 장담합니다. 하지만 그리스도의 모든 충만, 그 풍성함을 여러분은 여러분 자신의 '텅빔'으로부터 추측할 수 있습니다. 그분의 충만은 여러분의 것으로서 여러분의 수많은 필요를 채울 것입니다! 그리스도의 모든 충만이 여러분을 지탱하고, 지키며, 보전합니다. 주 예수 그리스도의 인격 안에 저장되어 있는 능력의 충만, 사랑의 충만, 순결의 충만이 여러분의 것입니다! 그 생각을 간직하십시오. 그러면 여러분의 공허는 결코 두려움의 이유가 되지 않을 것입니다. 모든 충만이 여러분의 것일 때 어찌 여러분이 잃은 자가 되겠습니까?

5) 그리스도의 생명

하지만 이보다 더 달콤한 사상이 있습니다. 그리스도의 생명 자체가 믿는 이의 자산입니다. 아! 이 사상은 내가 감히 뛰어들 수 없으며, 그저 간단히 언급만 하는 편이 좋을 거라고 느낍니다. 그리스도의 생명은 모든 신자의 소유입니다. 당신은 그리스도의 생명이 무엇인지 상상할 수 있습니까? "물론입니다"라고 당신이 말합니다. "그분은 나무에 달려 자기 생명을 쏟으셨습니다." 예, 그러셨지요. 그분은 그 때 자기의 생명을 당신에게 주셨습니다. 하지만 그분은 그 생명을 다시 취하셨습니다. 그분의 몸의 생명도 회복되었습니다. 또한 그분의 위대하시고 영광스러운 신성의 생명은 그 때에 어떤 변화도 겪지 않으셨습니다. 이제 그분이 불멸의 생명을 가지신 것을 여러분은 압니다. "오직 그에게만 죽지 아니함이 있습니다"(딤전 6:16). 여러분은 그리스도께서 소유하신 생명이 어떤 종류의 생명인지 이해할 수 있습니까? 그분이 죽으실 수가 있나요? 설령 천국의 수금 소리가 멈추고, 낙원의 영광스러운 성벽이 흔들리며, 그 기초가 요동한다고 해도, 하나님의 아들 그리스도는 결코 영원히 죽지 않으십니다. 성부의 불멸하심과 같이, 그분은 영원하신 분으로서 보좌에 앉아계십니다. 그리스도인이여, 그리스도의 그 생명이 당신의 것입니다. 그분이 말씀하시는 것을 들으십시오. "이는 내가 살아 있고 너희도 살아 있겠음이라"(요 14:19). "여러분은 죽었습니다." 그렇다면 여러분의 생명이 어디에 있습니까? 그것은 "그리스도와 함께 하나님 안에 감추어졌습니다"(골 3:3). 우리를 세게 쳐서 영적으로 죽게 하는 타격이라면 그리스도 또한 죽여야 할 것이며, 거듭난 사람의 영적인 생명을 빼앗을 수 있는 검(칼)은 구속주의 생명 또한 빼앗아가야 할 것입니다. 왜냐하면 그들은 서로 연결되어 있기 때문입니다. 그들의 생명은 둘이 아니라 하나입니다. 우리는 우리의 구속주, 곧 위대한 의의 태양이신 분의 광선에 불과하며, 그 위대한 태양으로 되돌아가야 하는 불꽃에 불과합니다. 정녕 우리가 천국의 참된 상속자라면, 우리를 살리신 그분이 죽으시지 않으면 우리 역시 죽을 수 없습니다. 우리는 그 샘이 마르기까지는 멈출 수 없는 시내입니다. 우리는 저 태양이 빛을 발하기를 멈추기 전에는 결코 멈출 수 없는 광선입니다. 우리는 가지들이니, 줄기 자체가 죽기까지는 시들 수 없습니다. "내가 살아 있으니 너희도 살아 있겠음이라." 그리스도의 생명은 그분의 형제인 모든 신자들의 자산입니다.

6) 예수 그리스도의 인격

무엇보다 좋은 것은, 예수 그리스도의 인격(Person)이 그리스도인의 자산이라는 것입니다. 사랑하는 이여, 우리에게는 하나님에 대해 생각하는 것보다는 하나님의 선물들에 대해 훨씬 더 많이 생각하는 경향이 있습니다. 우리는 성령님 자체에 대해서보다 성령의 능력에 대해 훨씬 더 많이 전하는 경향이 있습니다. 마찬가지로 우리는 그리스도의 인격보다는 그분의 직분과 사역과 속성들에 대해 더 많이 말한다고 나는 생각합니다. 우리 중에는 솔로몬의 아가서에서 그리스도의 인격과 관련하여 사용된 비유들을 이해할 수 있는 사람들이 적은데,

그 이유는 우리가 좀처럼 그분을 보거나 알려고 애쓰지 않기 때문입니다. 하지만 믿는 자여, 당신은 때때로 당신의 주님을 볼 수 있었습니다. 당신은 "희고도 붉어 많은 사람 가운데서 뛰어나며, 그 전체가 사랑스러운"(아 5:10,16) 그분을 본 적이 있지 않습니까? 당신이 그분의 발, 곧 많은 순금 같고 풀무 불에 단련한 빛난 주석과도 같은 그분의 발을 보았을 때 당신은 기쁨으로 넋을 잃은 적이 있지 않습니까? 그분이 이중의 성품을 지니신 것을, 곧 희고도 붉으며, 백합이면서 장미이며, 하나님이시며 인간이고, 죽었지만 사신 분이시며, 온전한 분이시지만 죽음의 몸을 입으셨던 것을 당신은 목격하지 않았습니까? 당신은 그 손에 못 자국을 가지시고, 옆구리에 여전히 상처의 흔적을 지니신 주님을 목격하지 않았습니까? 그분의 사랑스러운 미소에 황홀해하고, 그분의 음성에 기뻐한 적이 있지 않습니까? 그분의 사랑이 찾아오는 것을 당신은 경험한 적이 없습니까? 당신 위에 사랑의 깃발이 나부낀 적이 없었습니까?(참조. 아 2:4). 당신은 그분과 함께 마을로 걸어가며, 호도 동산으로 내려갔던 적이 없습니까?(아 6:11). 당신은 그분의 그늘 아래에 앉아본 적이 없습니까? 그분의 열매가 당신의 입에 달콤한 것을 알지 못했습니까? 예, 당신은 그런 적이 있습니다. 그 때 그분은 당신의 것입니다.

아내는 남편을 사랑하며, 그의 집과 그의 소유를 사랑합니다. 그녀는 그가 그녀에게 주는 모든 것으로 인해 그를 사랑합니다. 그는 모든 것을 풍성하게 주며, 모든 사랑을 그녀에게 베풉니다. 하지만 그 사람 자체(his person)가 그녀의 애정의 대상입니다. 신자의 경우도 마찬가지입니다. 신자는 그리스도께서 행하신 모든 일들을 인하여 그분을 송축합니다. 하지만 오! 가장 중요한 것은 그리스도 자신이십니다. 그는 그리스도의 모든 직분에 대해서보다는 그리스도 자체에 더 많은 관심을 기울입니다.

자기 아버지의 무릎에 있는 아이를 보십시오. 그 아버지는 대학 교수입니다. 그는 많은 직함을 가진 위인이며, 아마도 그 아이는 그런 것이 존경스러운 칭호임을 알며, 그것들 때문에 그를 존중합니다. 하지만 그 아이는 교수나 그의 명성에 대해서 관심을 기울이는 것보다는 자기 아버지의 인격에 대해 더 많은 관심을 기울입니다. 그 아이가 사랑하는 것은 대학의 사각모나 가운이 아닙니다. 만일 그 아이가 사랑스러운 아이라면, 그에게 제일 중요한 것은 아버지가 제공하는 음식이나 자신이 살고 있는 집이 아니라, 사랑하는 아버지입니다. 참되고 진심 어린 애정의 대상이 되는 것은 아버지 자체입니다. 만일 당신이 구주를 안다면, 당신도 그럴 것이라고 나는 확신합니다. 당신은 그분이 베푸신 자비들을 사랑하며, 그분의 직분들을 사랑하며, 그분의 행위들을 사랑합니다. 하지만 오! 당신은 그분의 위격(His Person)을 가장 사랑합니다. 그렇다면, 그리스도의 위격이 언약 안에서 당신에게 전달되었음을 기억하십시오. "내가 너를 백성의 언약으로 삼으리라."

2. 언약 안에서 그리스도를 주신 목적

이제 두 번째 주제에 이르렀습니다. 하나님께서 언약 안에서 그리스도를 주신 목적이 무엇일까요?

1) 하나님께 오는 모든 죄인을 위로하시려고

먼저, 언약 안에서 그리스도를 주신 것은 하나님께 오는 모든 죄인들을 위로하시기 위함입니다. 하나님께 오고 있는 죄인이 말합니다. "오, 저는 그처럼 위대한 언약을 붙들 수 없습니다. 저는 천국이 저에게 주어졌다고 믿을 수 없으며, 저의의 옷과 이처럼 놀라운 일들이 저와 같은 파산자를 위해 의도된 것이라고 믿을 수 없습니다." 그렇다면 언약 안에 있는 그리스도를 생각하십시오. 죄인이여, 당신은 그리스도를 붙들 수 있습니까? 당신은 이렇게 말할 수 있나요?

"제 손에 아무것도 가진 것이 없으니,
그저 당신의 십자가만 붙잡습니다."

일단 그것이 당신 손에 붙잡혔다면, 그것은 당신이 꼭 붙잡도록 하기 위한 목적으로 주어진 것입니다. 만일 당신이 그리스도를 붙든다면, 하나님의 언약의 은총들이 모두 함께 주어집니다. 그것이 바로 그리스도께서 언약에 포함된 한 가지 이유입니다. 만약 그리스도가 언약에 없다면, 저 가련한 죄인은 이렇게 말할 것입니다. "나는 감히 은혜를 붙들지 못합니다. 그것은 너무나 거룩하고 신성하여, 제가 감히 그것을 움켜쥘 수 없습니다. 그것은 제게 너무나 과분한 것입니다. 저는 그것을 받을 수 없고, 그것이 제 믿음을 요동치게 만듭니다." 하지만 만약 그가 언약 안에서 그리스도께서 이루신 위대한 속죄와 더불어 그리스도를 바라본다면, 그리스도께서 그를 사랑스럽게 바라보시고 팔을 넓게 벌려 "수고하고 무거운 짐 진 자들아 다 내게로 오라 내가 너희를 쉬게 하리라"고 말씀하시는 것을 본다면, 그 죄인은 와서 그리스도의 팔에 자신을 던질 것입니다. 또한 그 때 그리스도께서는 이렇게 속삭이실 것입니다. "죄인이여, 네가 나를 붙잡았으니, 너는 모든 것을 가졌노라." "오 주여, 저는 다른 어떤 은혜들을 얻을 것을 감히 생각지 않겠습니다. 저는 오직 당신을 신뢰하며, 감히 다른 것들을 취하려 하지 않겠습니다!" "아 죄인이여", 우리 주님이 말씀하십니다. "하지만 네가 나를 붙잡은 그것에서, 너는 모든 것을 붙잡은 것이다. 언약의 은혜들은 사슬처럼 서로 연결되어 있기 때문이란다." 이 하나의 고리는 매혹적인 것입니다. 죄인이 그 고리를 붙잡으면, 그 죄인으로 하여금 언약의 은혜들을 모두 얻도록 하는 것이 하나님의 의도입니다. 여기에 위로가 있습니다! 죄인이 일단 그리스도를 붙잡으면, 그는 언약이 줄 수 있는 모든 것을 가집니다.

2) 의심하는 성도를 굳세게 하시려고

그리스도는 의심하는 성도를 굳세게 하기 위해 주어졌습니다. 때때로 성도는 언약 안에서 자신의 권리를 읽지 못합니다. 그는 성화된 자들 중에서 자기의 분깃을 보지 못합니다. 그는 하나님이 그의 하나님이 아니실까 두려워하며, 성령께서 그의 영혼에 관여치 않으실까 두려워합니다. 하지만 그 때

"날카롭고 강력한 유혹 중에서
그의 영혼은 귀한 피난처로 달려가네.
폭풍이 불고 파도가 일 때에,
견고하고 튼튼한 소망이 그의 닻이 되네."

성도는 그렇게 그리스도를 붙듭니다. 그렇지 않으면 믿는 자도 전혀 하나님께 올 수 없습니다. 그는 관련된 것 외에는 다른 어떤 은혜도 붙잡을 수 없습니다. 그는 말합니다. "아, 저는 내가 죄인인 것과, 그리스도께서 죄인들을 구하러 오신 것을 압니다." 그렇게 그는 그리스도를 굳게 붙잡습니다. 그가 말합니다, "내가 그리스도를 굳게 붙잡을 수 있으니, 내 검은 손이 그리스도를 검게 하지 않을 것이며, 내 더러움이 그분을 부정하게 하지 않으리라." 성도는 마치 물에

빠지는 사람이 필사적으로 구명줄을 붙잡듯이 그리스도를 굳게 붙잡습니다. 그 다음이 무엇입니까? 그는 언약의 모든 은혜를 손에 쥡니다. 그리스도를 백성의 언약으로 삼아, 다른 것을 붙잡기를 두려워하는 가련한 죄인이, 그리스도의 은혜로우심을 알고는 그분을 붙잡기를 두려워하지 않고, 그렇게 함으로써 그가 자기 자신도 의식하지 못하는 사이에 언약의 복 전체를 움켜쥘 수 있도록 하는 것이 하나님의 지혜입니다.

3) 언약 속의 많은 것들이 그리스도가 아니면 아무것도 아니기에

그리스도가 언약 안에 포함되어야 할 필요가 있음은, 언약 속에는 그분이 아니고서는 아무것도 아닌 것들이 많기 때문입니다. 우리의 위대한 구속은 언약 안에 있습니다. 하지만 그리스도의 피로 말미암지 않고는 우리에게 구속은 없습니다. 내 의는 언약 안에 있지만, 그리스도께서 성취하신 일과 무관하게 내가 의를 가질 수는 없습니다. 오직 그리스도의 의가 하나님에 의해 내게 전가되는 것입니다. 나의 온전함이 언약 안에 있음은 정녕 진실이지만, 선택된 자는 오직 그리스도 안에서만 온전합니다. 그들은 스스로 온전하지 않으며, 성령에 의해 씻음 받고 성화되어 온전해지기까지는, 결코 그들이 온전해질 수 없습니다. 심지어 천국에서도 그들의 온전함은 그들 자신의 성화에 있는 것이 아니라, 그리스도 안에서의 성화에 있는 것입니다.

> "그들의 아름다움, 그들의 영광스러운 의복은 이것이니
> 곧 주 예수님이 그들의 의라네."

사실상, 여러분이 언약에서 그리스도를 뺀다면, 그것은 마치 목걸이의 줄을 끊는 것과도 같습니다. 모든 보석들, 모든 산호 구슬들이 제각각 분리되어 떨어질 것입니다. 그리스도는 언약의 복들을 이어주는 황금 줄이며, 따라서 여러분이 그분을 붙잡을 때 여러분은 그 줄에 연결된 모든 진주들을 얻는 것입니다. 하지만 그리스도를 제외한다면, 정녕 진주들이 있어도 우리가 그 목걸이를 착용하지 못하며, 그것들을 붙잡을 수도 없습니다. 그것들은 낱낱이 분리되어, 가련한 믿음으로는 그것들을 어떻게 붙잡을지 알 수가 없기 때문입니다. 오! 언약 안에 그리스도가 있음은 온 세상보다 가치 있는 은혜입니다!

4) 언약의 활용을 위해

하지만 한 가지 더 주목할 것이 있습니다. 내가 언약 속의 하나님과 관련하여 말씀을 전할 때, 언약 속의 그리스도가 활용될 수 있습니다. 하나님께서는 자기 자녀들에게 그들이 활용하도록 의도하지 않으신 약속은 결코 주지 않으십니다. 성경에는 아직 내가 한 번도 활용하지 않은 몇몇 약속들이 있습니다. 하지만 시련과 고난의 때가 올 때에, 내가 무시했었던 그 약속, 나를 위한 것이라고 생각지 않았던 그 약속이, 내가 유일하게 붙들고 일어설 수 있는 약속이 될 때가 있음을 나는 잘 알고 있습니다. 모든 신자들이 언약 안에 있는 모든 약속의 가치를 알게 될 때가 올 것임을 나는 압니다. 하나님께서 주신 기업 중에서 신자들이 경작하도록 의도하지 않으신 부분은 하나도 없습니다. 그리스도는 우리에게 활용하도록 주어졌습니다.

믿는 자여, 그분을 활용하십시오! 내가 앞에서 말했듯이, 다시 당신에게 말하지만, 당신은 당신의 그리스도를 마땅히 그래야 하는 만큼 활용하지 않고 있습니다. 당신이 고난에 처했을 때, 왜 당신은 그분에게 가서 아뢰지 않습니까? 그분은 동정의 마음을 가지고 계시니, 그분이 당신을 위로하고 안도하게 하시지 않을까요? 당신은 모든 친구들 사이를 돌아다니면서 당신의 최상의 친구는 제외하고 있습니다. 어디든 가서 당신의 사정을 말하면서 정작 당신의 구주에게는 사정을 털어놓지 않습니다. 오, 그분을 활용하십시오. 그분을 활용하십시오! 당신은 어제의 죄로 더러워졌습니까? 여기 피로 가득한 샘이 있습니다. 성도여, 그것을 활용하십시오. 그것을 활용하십시오! 당신의 죄가 다시 반복되었습니까? 그렇다면, 그분의 능력이 거듭거듭 입증됩니다. 그분을 활용하십시오, 그분을 활용하십시오! 당신이 헐벗었다고 느끼십니까? 영혼이여, 이리로 와서 옷을 입으십시오. 서서 바라보고만 있지 말고, 그 옷을 입으십시오. 선생이여, 당신 자신의 의를 벗어버리고, 당신의 두려움 역시 벗어버리십시오. 이 옷을 입으십시오. 이 옷은 입으라고 주어진 것입니다. 당신은 병들었다고 느낍니까? 가서 야간 비상용 벨을 울리지 않겠습니까? 당신의 의사를 깨우지 않겠습니까? 취침시간이어도 가서 그분을 깨우라고 당신에게 권면합니다. 그러면 그분이 당신을 소생시킬 강심제를 주실 것입니다. 뭐라고요! 당신이 병들었고, 그런 의사가 당신 옆집에 있는데, 지금처럼 곤경에 처해 도움이 필요한 때에, 그분에게 가지 않겠단 말입니까? 오, 당신은 가난하지만, 당신에게는 "유력한 친족이 있음을"(룻 2:1) 기억하십시오. 뭐라고요! 당신은 그분이 이 약속을 주셨거늘, 즉 그분이 가진 것이면 무엇이든 기꺼이 당신에게 나누어 주겠노라고, 그분의 모든 것이 당신의 것이라는 약속을 주셨거늘, 그분에게 가서 요청하지 않겠단 말입니까?

오, 믿는 자여, 그리스도를 활용하라고 당신에게 호소합니다. 그리스도께서는 자기 백성이 그분을 단지 전시용(show-thing)으로 삼고, 그분을 활용하지 않으시는 것을 무엇보다 싫어하십니다. 그분은 활용되기를 기뻐하십니다. 그분은 위대한 노동자이십니다. 그분은 언제나 아버지를 위해 일하시고, 또한 자기 형제들을 위해 수고하기를 기뻐하십니다. 당신이 그분의 어깨에 더 많은 짐을 지울수록, 그분은 더욱 당신을 사랑하실 것입니다. 당신의 짐을 그분에게 맡기십시오. 당신은 산 같은 고난의 짐을 그리스도의 어깨 위에 올리기까지, 또한 그분이 그 무게에도 조금도 비틀거리지 않으심을 발견할 때까지는, 결코 그분의 동정심 가득한 마음과 사랑을 알지 못할 것입니다. 당신의 고통이 마치 산더미 같은 눈처럼 영혼을 짓누릅니까? 그것들로 하여금 마치 산사태처럼 전능하신 그리스도의 어깨 위로 떨어지라고 명하십시오. 그분은 그 모든 것을 지고 가실 수 있으며, 바다 깊은 곳으로 운반하실 수 있습니다. 당신의 구주를 활용하십시오. 그분이 언약 안에 포함되신 것은, 당신이 그분을 필요로 할 때마다 그분을 활용하도록 하기 위한 바로 이 목적을 위해서입니다.

3. 언약 속의 그리스도와 관련된 한 가지 교훈

마지막으로 여기 한 가지 교훈이 있습니다. 그 교훈이 무엇일까요? 그리스도는 우리의 것입니다. 그렇다면 사랑하는 이여, 당신도 그리스도의 것이 되십시오. 당신은 그리스도의 것이며, 당신은 그것을 잘 압니다. 당신은 하나님 아버지께서 당신을 그 아들에게 주실 때 그분의 것이 되었습니다. 당신은 그분이 피로 사셨기에 그분의 것이며, 그분은 당신을 구원하시기 위해 값을 치르셨습니다. 당신은 믿음의 헌신에 의해 그분의 것입니다. 당신이 스스로를 그분께 바쳤기 때문입니다. 당신은 양자됨에 의해 그분의 것인데, 왜냐하면 당신이 그분에게 이끌려 와서 그분의 형제들 중의 하나가 되고 또한 그분과 공동 상속자가 되었기 때문입니다.

사랑하는 형제들이여, 여러분이 실제로 그분의 소유임을 세상에 나타내도록 힘쓰십시오. 죄를 짓도록 유혹받을 때 이렇게 대응하십시오. "나는 이 큰 악을 행할 수 없습니다. 나는 그리스도께 속한 사람이기 때문입니다." 죄에 의해 획득할 수 있는 재물이 당신 앞에 있을 때, 그것에 손대지 마십시오. 당신이 그리스도의 것임을 말하십시오. 만일 그렇지 않다면 당신이 그것을 취할 수도 있겠지만, 이제 당신은 그럴 수가 없습니다. 만일 그리스도를 덜 사랑해야 한다면 세상을 주어도 갖지 않겠다고 사탄에게 말하십시오. 당신은 세상에서 역경과 위험에 노출되었습니까? 악한 날에 굳게 서서, 당신이 그리스도께 속했음을 기억하십시오. 당신은 많은 것을 행해야 하는 현장에 있는데, 다른 사람들은 앉아서 한가로이 게으름을 피우며 아무것도 하지 않고 있습니까? 가서 당신의 일을 하십시오. 당신의 이마에 땀이 맺히고, 누군가 당신에게 멈추라고 말할 때 이렇게 대답하십시오. "아닙니다. 나는 멈출 수 없습니다. 나는 그리스도께 속한 사람입니다. 그분이 받으셔야 할 세례를 받으셨으니, 나 역시 마찬가지입니다. 그 일이 완수될 때까지 나는 고생을 감수하겠습니다. 나는 그리스도께 속한 자들 중의 하나입니다. 만일 내가 그분께 속한 자가 아니고 그분의 피로 사신 바된 자가 아니라면, 나는 잇사갈처럼 아무것도 하지 않고 '두 짐 사이에 구부리고 앉아' 있을 것입니다(참조. 창 49:14). 하지만 나는 그리스도께 속한 자입니다."

사이렌(Syren, 그리스 신화에 나오는 바다의 요정으로, 아름다운 노래로 근처를 지나는 뱃사람을 유혹하여 파선시켰다고 함 — 역주)의 매혹적인 노래가 당신을 바른 길에서 벗어나도록 유혹할 때, 이렇게 대응하십시오. "너의 노래 가락을 멈추라. 오 유혹자여, 나는 그리스도께 속한 사람이다. 네 음악이 내게 영향을 미칠 수 없다. 나는 나 자신의 것이 아니며, 값으로 사신 바된 자이다."

하나님의 대의(大義)가 당신을 필요로 할 때, 당신을 아낌없이 주십시오. 당신은 그리스도의 것이기 때문입니다. 언제든지, 그리스도의 교회와 그분의 십자가를 위해 해야 할 일이 있을 때, 당신이 그리스도께 속한 자임을 기억하십시오. 당신이 누구의 소유인지에 대해 결코 거짓으로 말하지 마십시오. 다른 사람들이 "그가 그리스도께 속한 자일 수 없다"고 말할 수 있는 곳에는 가지 마십시오. 오직 당신은 말투에서도 그리스도인답고, 언어가 그리스도를 닮은 자가 되십시오. 행동과 대화에서 천상의 향기가 풍기도록 하십시오. 그리하여 당신을 보는 모든 사람이 당신이 구주께 속한 자임을 알게 하고, 당신에게서 그분의 특징과 그분의 사랑스러운 형상을 인식할 수 있게 하십시오.

사랑하는 형제자매들이여, 지금까지의 내 설교가 해당되지 않았던 이들을 위해 한 마디 해야겠습니다. 여러분 중에는 언약을 붙들지 않은 이들이 일부 있기 때문입니다. 나는 때때로 '언약에 의하지 않은 하나님의 은혜'(uncovenanted mercies of God, 언약과 그리스도를 믿지 않는 자들에까지 미치는 하나님의 은혜를 의미함 — 역주)를 믿는다고 속삭이는 말을 들은 적이 있으며, 그런 내용의 글을 읽은 적도 있습니다. 엄숙히 여러분에게 말하거니와 언약에 의하지 않은 은혜 같은 것은 천국에 없습니다. 하나님이 지으신 하늘 아래에서나 혹은 그 위에도, 언약에 의하지 않고서 사람들에게 주어지는 은혜란 없습니다. 여러분이 받을 수 있는 모든 것, 여러분이 소망해야 하는 모든 것은 거저 주시는 은혜의 언약으로 말미암아야 하며, 오직 그것을 통해 주어져야 합니다.

확신이 부족한 죄인이여, 어쩌면 오늘 당신은 언약을 감히 붙들지 못할 것입니다. 당신은 언약이 당신의 것이라고 말하지 못합니다. 당신은 그것이 결코 당신의 것일 수 없다고 여기며 두려워합니다. 당신은 너무나 무가치한 죄인입니다. 이 말에 귀를 기울이십시오. 당신은 그리스도를 붙들 수 있습니까? 담대하게 그것을 행할 수 있습니까? 당신이 말합니다, "오, 저는 너무나 무가치합니다." 영혼이여, 오늘 당신은 그분의 옷자락을 만질 수 있습니까? 당신은 담대하게 그분에게 와서 땅에 끌리는 그분의 옷자락을 만질 수 있습니까? 당신이 말합니다, "아니요, 감히 그렇게 하지 못합니다." 왜입니까? 가련한 영혼이여, 왜 안 된다는 것입니까? 당신은 그리스도를 신뢰할 수 없습니까?

"그분의 은혜는 풍성하고 거저 주는 것이니
불쌍한 영혼이여, 당신에게 주시지 않을 이유가 무엇입니까?"

"저는 그분께 올 용기가 없어요. 저는 그럴 자격이 없어요"라고 당신은 말합니다. 들어보십시오. 내 주님께서 당신에게 오라 말씀하시는데, 여전히 당신은 두려워할 것입니까? "수고하고 무거운 짐 진 자들아 다 내게로 오라 내가 너희를 쉬게 하리라"(마 11:28). "미쁘다 모든 사람이 받을 만한 이 말이여 그리스도 예수께서 죄인을 구원하시려고 세상에 임하셨다 하였도다"(딤전 1:15). 왜 당신은 담대히 그리스도께 오지 못하는 것입니까? 오, 당신은 그분이 당신을 쫓아내시지 않을까 두려워합니다. 그렇다면 그분이 말씀하시는 것을 들어보십시오. "[누구든지] 내게 오는 자는 내가 결코 내쫓지 아니하리라"(요 6:37). 당신이 말합니다, "저는 그분이 저를 내쫓으실 것을 압니다." 그렇다면 와서, 당신이 그분을 거짓말쟁이로 입증할 수 있는지 보십시오. 나는 당신이 그럴 수 없을 것임을 압니다. 단지 와서 시도해보십시오. 그분은 "누구든지"라고 말씀하셨습니다. "하지만 저는 가장 흉악한 자입니다." 그럴지라도, 그분은 "누구든지"라고 말씀하셨습니다. 흉악한 자 중에서도 가장 흉악한 자여, 어서 오십시오. "오, 하지만 저는 더럽습니다." 오 더러운 자여, 당신도 오십시오. 와서 그분을 시험하고 또 검증해보십시오. 그분이 믿음으로 그분에게 오는 자는 결코 내쫓지 않겠다고 말씀하신 것을 기억하십시오. 와서 그분을 시험해보십시오. 나는 당신에게 언약 전체를 붙들라고 요청하는 것이 아닙니다. 당신은 차츰 그렇게 할 것입니다. 하지만 지금은 그리스도를 붙드십시오. 만일 당신이 그렇게 하면, 당신은 언약을 가진 셈입니다.

"오, 저는 그분을 붙잡을 수가 없어요"라고 한 가련한 영혼이 말합니다. 그렇다면 와서 그분의 발치에 엎드리십시오. 그리고 그분에게 당신을 붙잡아달라고 간청하십시오. 신음하고 애원하며 말하십시오, "주여, 이 죄인을 불쌍히 여기소서!" 탄식하며 간절히 말하십시오, "주여, 저를 구원하소서. 그렇지 않으면 제가 멸망할 것입니다." 당신의 입술로 할 수 없다면 당신의 마음으로 그렇게 말하십시오. 오랫동안 억제된 비통함이 당신의 뼈 속에서 불처럼 타고 있다면, 적어도 하나의 불꽃은 밖으로 배출하십시오. 한 가지 기도를 말하십시오. 진실로 당신에게 말하지만, 한 번의 진실한 기도가 정녕 그분이 당신을 구원하는 분이심을 확실히 입증할 것입니다. 하나님이 마음속에 넣어주신 한 번의 참된 신음은 그분의 사랑의 증거입니다. 그리스도를 향한 한 번의 참된 소원은, 그분을 향한 진지하고 간절한 추구가 뒤따르기만 한다면 하나님께 받아들여질 것이며, 당신은 구원을 얻을 것입니다.

다시 한 번 말합니다. 영혼이여, 오십시오. 그리스도를 붙드십시오. "오, 하지만 저는 감히 그렇게 하지 못합니다." 당신에게 한 가지 어리석은 일을 말하겠습니다. 만일 내가 이 순간 당신과 같은 죄인이라면, 나는 앞으로 달려가 그리스도를 붙들 것입니다. 그리고 당신을 향해서 "당신도 붙드십시오!"라고 말하고 싶습니다. 나는 당신과 같은 죄인이며, 당신보다 나을 것이 전혀 없습니다. 나는 공로도 없고, 의도 없으며, 선한 행실도 없습니다. 그리스도께서 나를 불쌍히 여기지 않으시면 나는 지옥에서 저주를 받을 것입니다. 만일 내 행위에 따른 보응을 받았다면 나는 지금 그곳에 있을 것입니다. 여기 나는 죄인으로서, 당신과 같은 추한 죄인으로 있습니다.

하지만 오 그리스도시여, 저는 이 두 팔로 당신을 포옹합니다! 죄인이여, 와서 당신도 나를 따라 하십시오. 내가 그분을 포옹하지 않았습니까? 나는 당신과 마찬가지로 악한 자가 아닙니까? 내 경우가 당신에게 확신을 줄 수 있기를 바랍니다. 내가 처음 그분을 붙잡았을 때 그분이 내게 어떻게 대하셨을까요? 그분이 내게 말씀하셨습니다. "내가 영원한 사랑으로 너를 사랑하기에 인자함으로 너를 이끌었다"(렘 31:3). 죄인이여, 와서 시험해보십시오. 그리스도께서 나를 내쫓지 않으셨다면, 그분은 당신을 결코 문전박대하지 않으실 것입니다. 불쌍한 영혼이여, 오십시오, 어서 오십시오.

"과감히 그분에게 맡기시오, 전부를 맡기시오.
다른 어떤 신뢰의 대상도 끼어들지 못하게 하시오.
오직 예수 외에는
어찌할 수 없는 죄인들에게 아무 도움도 주지 않으리니."

그분은 당신이 원하는 모든 선한 일을 행하실 수 있습니다. 오, 내 주님을 의지하십시오! 오, 내 주님을 신뢰하십시오! 그분은 귀하신 주 예수, 그분은 다정하신 주 예수, 그분은 사랑 많은 구주이십니다! 그분은 친절하고 겸손하시며 죄를 용서하시는 분이십니다! 오 흉악한 죄인이여, 오십시오. 추한 죄인이여, 오십시오. 가난한 자여, 오십시오. 죽어가는 자여, 오십시오. 길 잃은 자여, 오십시오. 그리스도가 얼마나 필요한지 느껴보지 못한 죄인이여, 오십시오. 여러분 모두 오십시오. 예수님이 지금 여러분을 오라고 하십니다. 빨리 오십시오. 주 예수님, 그들을 이끄소서. 당신의 영으로 그들을 이끄소서! 아멘.

제
53
장

위에 있는 천국, 아래에 있는 천국

"그들이 다시는 주리지도 아니하며 목마르지도 아니하고 해나 아무 뜨거운 기운에 상하지도 아니하리니 이는 보좌 가운데에 계신 어린 양이 그들의 목자가 되사 생명수 샘으로 인도하시고 하나님께서 그들의 눈에서 모든 눈물을 씻어 주실 것임이라." —계 7:16,17
"그들이 주리거나 목마르지 아니할 것이며 더위와 볕이 그들을 상하지 아니하리니 이는 그들을 긍휼히 여기는 이가 그들을 이끌되 샘물 근원으로 인도할 것임이라." —사 49:10

요단은 아주 좁은 강입니다. 그것은 가나안을 표시하는 일종의 경계가 되었지만, 이스라엘 기업의 일부가 요단의 동편에도 있었기 때문에 이스라엘과 나머지 세상을 구분하기에는 충분치 않았습니다. 홍해가 갈라지고 온 이스라엘이 그 갈라진 바다 길로 행진하는 것을 보았던 자들은 요단이 마르고 이스라엘 백성이 그것을 건너 가나안으로 들어간 것을 결코 작은 일로 여기지 않았을 것입니다. 믿는 자들과 천국 사이에 있는 가장 큰 장벽이 안전하게 통과되었습니다. 주 예수 그리스도를 믿은 날 우리는 홍해를 건넜으며 우리의 죄의 애굽은 물에 수장되었습니다. 은혜의 기적은 놀랍습니다! 우리의 영원한 기업으로 완전히 들어가기 위해 우리는 단지 죽음의 좁은 강물을 건너기만 하면 됩니다. 사실 그것마저 건넌다고 하기가 어렵습니다. 천국은 강 저편뿐 아니라 이편에도 있기 때문입니다.

내가 이것을 여러분에게 먼저 상기시키는 이유는, 우리가 지상에 있는 동안에는 일종의 연옥과 같은 것을 견뎌야 한다고 상상하기가 쉽기 때문입니다. 즉 우리가 신자들이라면, 이 속세의 괴로움을 벗어버린 후에야 천국으로 들어갈 수 있다고 여기는 경향이 있기 때문입니다. 하지만 그렇지 않습니다. 천국은 우리가 천국에 있기 전에도 우리 안에(in) 있는 것이 틀림없습니다. 우리가 아직 광야에 있는 동안에도 우리는 가나안 땅을 정탐할 수 있으며, 에스골의 포도송이를 먹을 수 있습니다.

이 땅과 천국 사이에는 우울한 생각으로 추측하는 그런 간격이 있는 것이 아닙니다. 우리의 꿈은 심연(深淵)에 관한 것이 아니라, 한쪽 끝이 땅에 있고 그 꼭대기는 영광에 있는 사닥다리에 관한 것이어야 합니다. 만일 우리가 우리의 특권에 한참 못 미치는 삶을 사는 것이 아니라면, 지상과 천국 사이에는 백분의 일에 미치지 못할 정도의 큰 차이가 있는 것이 아닙니다. 우리는 땅에 살고 있지만, 독수리가 날개를 치듯 올라갈 수 있습니다! 우리 모두는 이 몸을 너무 크게 의식합니다. 오, 바울이 "몸 안에 있었는지 몸 밖에 있었는지 나는 모르거니와 하나님은 아시느니라"(고후 12:3)고 말했을 때처럼 우리가 좀 더 자주 그런 상태에 있을 수 있다면 얼마나 좋을는지요! 낙원에 이끌려가지는 않더라도, 우리의 일상의 삶이 주의 동산처럼 될 수는 있습니다.

하나님의 자녀들이여, 나는 다른 사람들이 아닌 여러분에게 말하고 있으니, 잠시 귀를 기울여 주십시오. 믿지 않는 자들에게 내가 무슨 말을 할 수 있겠습니까? 그들은 영적인 일들에 대해 아무것도 모르며, 심지어 영적인 일들을 그들에게 보여주어도 믿지 않을 것입니다. 그들은 영적으로 눈멀었고 죽었습니다. 주께서 그들을 소생시키시고 그들에게 빛을 주시길 빕니다! 하지만 죽은 자 가운데서 부활하신 예수 그리스도로 말미암아 거듭나 산 소망을 가진 여러분에게 나는 기쁨으로 말합니다! 하나님의 은혜로 인해 여러분이 지금 어떤 자임을 생각하십시오. 또한 영광 중에 여러분이 어떻게 나타날 것인지와, 그것이 그리스도 안에 있는 여러분의 생명 안에 이미 윤곽이 잡히고 전조가 나타났음을 기억하십시오! 위로부터 난 자들이여, 장차 천국에 있게 될 여러분과 지금의 여러분은 동일합니다! 여러분은 내면에 신적인 생명을 가지고 있으며, 그 생명은 영원불멸을 누릴 생명과 동일합니다! "아들을 믿는 자에게는 영생이 있느니라"(요 3:36).

그 생명은 이제 여러분의 소유입니다. 성령에 의해 살아난 자로서, 영원히 지속되는 그 생명이 여러분 안에서 시작되었습니다.

지금 이 순간에도 이미, 당신은 많은 면에서, 영원히 살게 될 당신과 동일하지 않습니까? 지금 이 시간에도, 나는 여러분 중 일부에 관하여 계시록에 있는 구절을 거의 동일하게 반복할 수 있습니다. "이 흰 옷 입은 자들이 누구며 또 어디서 왔느냐? 이는 큰 환난에서 나오는 자들인데 어린 양의 피에 그 옷을 씻어 희게 하였느니라"(계 7:13-14). 심지어 나는 이렇게도 계속해서 말할 수 있습니다. "그러므로 그들이 하나님의 보좌 앞에 있고"—여러분이 천국의 왕과 친밀한 교제 가운데 살기 때문입니다—"또 그의 성전에서 밤낮 하나님을 섬기매 보좌에 앉으신 이가 그들 위에 장막을 치시리라"(계 7:15). 내가 성도들에 대하여 이렇게 말할 때 그것은 결코 성경을 왜곡하는 것이 아닙니다.

사랑하는 이여, 여러분은 지금 "하나님의 미리 아심을 따라 택하심을 받은 자들"이며(벧전 1:2), "그의 뜻대로 부르심을 입은 자들"입니다(롬 8:28). 여러분은 흠 없이 하나님의 보좌 앞에 설 때와 마찬가지로 이미 용서받았습니다. 주 예수님께서 여러분을 눈보다 희게 씻어주셨으니, 누구도 여러분을 송사할 수 없습니다. 여러분은 그리스도의 의에 의해 장래에 영원히 그렇게 될 것과 마찬가지로 지금도 온전히 의롭게 되었습니다. 여러분은 그분의 의로 덮어졌으며, 천국도 지금보다 더 결백한 의복을 제공하지 못합니다. "사랑하는 자들아 우리가 지금은 하나님의 자녀라"(요일 3:2). "그의 사랑하시는 자 안에서 우리를 받으셨도다"(KJV, 엡 1:6). 오늘 우리는 양자의 영을 가졌으며, 천국의 은혜의 보좌에 나아감을 누립니다. 그렇습니다. 오늘 믿음으로 우리는 그리스도 안에서 일으켜졌고, 그분 안에서 하늘에 앉게 되었습니다(참조. 엡 2:6). 우리는 지금 그리스도와 연합되었고, 지금 성령으로 그분이 우리 안에 거하십니다. 이런 위대한 일들이 천상의 일들이 아니겠습니까? 주님은 우리를 흑암에서 이끌어내어 그의 기이한 빛에 들어가게 하셨습니다. 무엇보다 좋은 것은, 새벽부터 정오까지 밝혀주는 빛이 동일한 빛이라는 것입니다. 은혜란 장래의 영광에 대한 아침의 여명이 아니고 무엇이겠습니까?

사랑하는 이여, 장래에 여러분의 소유가 될 기업은 진실로 지금도 여러분의 소유입니다. 그리스도 예수 안에서 여러분은 기업을 받았으며, 현재에 여러분 안에 거하시는 성령을 받음으로써 보증을 가졌기 때문입니다. 새 예루살렘의 모든 거리들은 이곳에서 시작되었다고 말할 수 있습니다. 보십시오, 여기에 하나님의 중앙 궁전으로 나아가는 평화의 거룩한 거리가 있으며, 지금 우리는 그 길을 밟으며 걷습니다. "우리가 믿음으로 의롭다 하심을 받았으니 하나님과 화평을 누리자"(롬 5:1). 종려나무와 수금소리가 있는 승리의 거룩한 거리를, 정녕 우리는 이곳에서도 그 낮은 쪽 끝을 걷고 있습니다. 왜냐하면 "세상을 이기는 승리는 이것이니 우리의 믿음"(요일 5:4)이기 때문입니다. 본향에서 우리의 소유가 될 모든 것이 어느 정도는 지금 이 순간에도 우리의 것입니다. 상수리나무가 그 열매인 도토리에 잠들어 있듯이, 천국도 "아빠, 아버지!"라고 처음 부르짖는 소리에 잠들어 있습니다. 그렇고말고요. 영원한 할렐루야 찬송은 인내의 신음소리 안에 감추어져 있습니다. "하나님이여 불쌍히 여기소서 나는 죄인이로소이다"(눅 18:13)의 외침은 그 속에 "우리가 주를 찬양하나이다"라고 하는 영원한 노래를 담고 있습니다. 오 성도들이여, 여러분이 얼마나 많은 것을 소유하고 있는지를 여러분은 거의 모르고 있습니다!

만약 내가 성도들로 하여금 영광의 상태를 더욱 잘 의식하도록 인도할 수 있고, 은혜의 특권들을 좀 더 온전히 누리게 할 수 있다면, 나는 너무나 기쁠 것입니다. 사랑하는 이여, 당신은 결코 지금보다 더 좋으신 하나님을 갖지 못할 것입니다. "이 하나님은 영원히 우리 하나님이시기"(시 48:14) 때문입니다. 오늘 그분 안에서 기뻐하십시오. 영광 중에 있는 성도라도 자기 하나님보다 더 큰 기업을 소유하지는 않습니다. 그러므로 나는 시편의 표현처럼 이렇게 말할 수 있습니다.

"오, 주는 내 하나님이십니다."

고난에도 불구하고, 오늘도 여러분의 지극히 큰 기쁨이신 하나님 안에서 즐거워하며, 그분 안에서 기뻐하십시오. 천국에 있는 이들은 하나님의 어린 양에 의해 돌봄을 받으며, 여러분도 그러합니다. 그분이 그 품에 어린 양들을 안으시며, 어린 것들을 부드럽게 인도하십니다. 이곳에서도 그분은 우리로 하여금 푸른 초장에 눕게 하십니다. 그 이상 우리가 무엇을 얻기를 바라겠습니까? 하나님과 구주와 더불어, 여러분이 바랄 수 있는 전부는 내주하시는 성령님이며, 그분이 여러분으로 하여금 하나님을 깨닫도록, 구주 안에서 기뻐하도록 도우실 것입니다. 여러분에게는 성령님이 계십니다. 하나님의 영이 여러분과 함께 또 여러분 안에 거하십니다. "너희는 너희가 하나님의 성전인 것을 알지 못하느냐?"(고전 3:16). 성령 하나님은 멀리 계시지 않습니다. 우리는 마치 멀리 떨어져 있는 별에서 광선이 비추기를 바라듯 그분의 영향력을 간구할 필요가 없습니다. 그분은 영원히 자기 백성 안에 거하시기 때문입니다. 나는 천국에서의 온전함이 이 지상에서 우리가 도달할 수 있는 최고조의 상태보다 훨씬 탁월하다고 말하지 않을 것입니다. 그 차이는 온전함의 본질 자체에 있다기보다는 우리 자신의 실패에 더 크게 있습니다. 은혜란, 만일 온전히 깨달아지기만 한다면, 영광의 빛을 찬란히 발할 것입니다. 성령님이 우리의 존재를 온전히 소유하시고, 우리가 그분의 능력에 우리 자신을 굴복시킨다면, 우리의 약함은 강함이 될 것이며, 우리는 우리의 약함을 자랑하게 될 것입니다. 지상에서도 하나님이 우리와 함께 하신다면, 그것이 진실이라면, 천국과 우리 사이는 한 걸음에 지나지 않습니다. 이곳에서도 우리는 하나님과 함께 있기 때문입니다.

이제 나는 여러분을 두 개의 본문으로 인도합니다. 이 본문들은 내가 가르치고자 하는 것의 예증으로서 제시된 것입니다. 신약성경의 본문에서 우리는 위에 있는 천국의 상태를 볼 수 있고, 구약성경의 본문에서는 영원한 안식으로 가는 길에 있는 과정에서 주님의 양 떼들의 상태를 볼 수 있습니다. 아주 기이하게도, 내 생각에는, 우리 안에 있는 양들에 대한 묘사와 도중에서 돌봄을 받는 양들에 대한 묘사에는 동질성이 있습니다. 요한이 흰 옷을 입은 무리를 묘사하려 했을 때, 그는 이사야가 은혜의 하나님에 의해 인도되는 순례의 무리에 관해 말한 것 이상을 말할 수가 없었습니다.

1. 위에 있는 천국

먼저, 위에 있는 천국의 상태를 생각해봅시다. 사랑을 받은 요한은 그가 듣고 본 바를 우리에게 들려줍니다.

이 묘사의 첫 번째 부분은 우리에게 모든 필요의 공급을 확신시켜줍니다. "그들이 다시는 주리지도 아니하며 목마르지도 아니하리라." 천국에서는 채워지지 않는 궁핍이란 없으며, 충족되지 않는 욕구란 없습니다. 그들은 몸에 대해서도 결핍을 느낄 수 없으니, 이는 그들이 하나님의 천사들과 같기 때문입니다. 가난한 자녀들이여, 여러분의 빵의 결핍은 곧 종료되고, 풍부함으로 끝날 것입니다.

최악의 굶주림은 마음의 굶주림입니다. 이 역시도 하늘에서는 없을 것입니다. 사나운 늑대처럼 탐욕스러운 굶주림이 있으며, 그것이 어떤 사람들을 사로잡습니다. 온 세상도 그들의 탐욕을 만족시키지 못합니다. 천 개의 세상이 있어도 그들의 정욕은 한 입도 채우지 못할 것입니다. 그러나 천국에서는 죄악되고 이기적인 욕망이 없습니다. 게걸스러운 탐욕이나 야심은 천국의 성스러운 문을 통과하지 못합니다. 영광의 천국에는 있어서는 안 될 욕구들은 없으며, 또한 있어야 할 욕구들은 잘 조절되고 채워지기 때문에 결코 슬픔이나 고통의 원인이 될 수 없습니다. "그들이 다시는 주리지 않을" 것이기 때문입니다. 성도들도 사랑과 교제와 안식을 필요로 합니다. 그런데 그들은 이 모든 것을 하나님과의 연합과, 성도들과의 교통과, 예수님의 안식 안에서 얻습니다. 거듭나지 않은 사람은 항상 목마릅니다. 하지만 그리스도께서는 지금도 이 목마름을 면하게 하실 수 있습니다. "내가 주는 물을 마시는 자는 영원히 목마르지 아니하리라"(요 4:14)고 그분이 말씀하십니다. 그러므로 우리가 영광의 황금 잔에서 모든 목마름을 영원히 해소시킬 물을 마시게 될 것을 확신하시기 바랍니다. 천국의 황금 길에서는, 단 한 사람도 가질 수 없는 것을 바라는 사람이 없고, 얻을 수 없는 것을 원하는 사람이 없으며, 자기 손에 갖지 못할 것을 소원하는 사람이 없습니다. 오, 행복한 상태로다! 그들의 입은 좋은 것으로 만족할 것입니다. 그들은 하나님의 모든 충만으로 채워질 것입니다.

천국에는 모든 필요를 위한 공급이 있듯이 모든 악의 제거가 있습니다. 성령이 이렇게 말씀하십니다. "그들이 해나 아무 뜨거운 기운에 상하지도 아니하리라." 우리는 너무나 가련한 피조물이기에 유익한 것의 과잉이 우리에게 곧 악이 됩니다. 나는 태양을 사랑합니다. 만일 여러분이 맑고 푸른 하늘에서 밝게 빛나는 태양을 본 적이 있다면, 내가 강조하여 말하는 것을 이상하게 여기지 않을 것입니다. 이 땅에서는 생명과 기쁨과 건강이 해로부터 흘러나오며, 햇볕을 쬐는 것이 큰 행복입니다. 하지만 햇볕을 너무 많이 쬐는 것은 우리를 무력하게 합니다. 그 열기가 사람을 지치게 하고, 일사병이 사람을 쓰러뜨리기도 합니다. 너무 큰 복이 생명선에는 무거운 수하물이 될 수도 있습니다. 그러므로 우리는 위험들로부터의 보호가 필요한데, 그 위험들이 처음 보기에는 위험하지 않은 것처럼 보입니다. 행복의 상태에서, 만약 이 혈과 육의 몸이 여전히 우리의 거할 처소라면, 우리는 천상의 상태에서는 살 수가 없을 것입니다. 이곳에서도, 너무 많은 영적인 기쁨이 사람을 기진맥진하게 하거나, 그를 기절하게 만들 수 있습니다. 천상의 일들이 지극히 크게 계시되고 그것을 특별히 생생하게 누리는 사람에게 질병이 찾아올 수도 있습니다. 어느 성도가 기쁨의 고뇌 중에서 이렇게 소리쳤습니다. "주여, 멈추소서! 제가 질그릇일 뿐이며, 더 이상을 견딜 수 없는 존재임을 기억하소서!" 주님이 그분의 계시를 제한하셔야 하는 이유는, 우리가 지금은 그것을 다 감당하지 못하기 때문입니다.

나는 경솔하게 태양을 바라보다가 빛 때문에 눈이 먼 사람에 대해 이야기를 들은 적이 있습니다. 하나님의 계시와 은혜와 교제의 태양빛이 우리의 약한 시력과 마음과 두뇌에는 감당하기 어려운 것으로 판명될 수 있습니다. 그러므로 영광의 상태에서, 혈과 육은 제거될 것이며, 부활한 몸은 하나님 보좌에서 발산되는 강렬한 빛을 견딜 수 있도록 강해질 것입니다. 지금의 우리로서는 이렇게 소리치는 것이 마땅합니다. "우리 중에 누가 삼키는 불과 함께 거하겠으며 우리 중에 누가 영원히 타는 것과 함께 거하리요?"(사 33:14). 하지만 몸의 구속이 이루어질 때, 영혼은 힘을 얻을 것이며, 우리 하나님 곧 소멸하는 불이신 그분과도 함께 편히 거할 수 있을 것입니다. "그들이 해나 아무 뜨거운 기운에 상하지도 아니하리라." 하나님께서 우리에게 은혜를 주시어, 우리로 하여금 그분의 얼굴을 볼 수 있는 그 때를, 그분의 신비가 우리에게 드러나고, 그분이 우리를 아시듯 우리도 그분을 알게 될 그 때를 고대하며 즐거워하게 하시길 빕니다! 오, 우리가 지성소에 들어갈 그 날, 그분의 영광의 임재 앞에 서게 될 그 날, 두려움 없이 큰 기쁨으로 충만하게 될 그 날을 고대하시길 바랍니다!

하지만 천상의 삶에 대한 묘사는 이러한 두드러진 특징을 내포하고 있습니다. 그것은 어린 양의 인도입니다. "보좌 가운데에 계신 어린 양이 그들의 목자가 되사 그들을 인도하시리라." 위대한 속죄의 제물이 되신 그분에 의해 개인적으로 보살핌을 받는 곳이 천국입니다. 지금도 우리에게는 목자들이 있습니다. 하나님께서는 그분의 마음에 합하고 그분의 가르침을 받는 사람들을 통해 우리를 은혜롭게 먹이시며, 우리는 그들을 소중하게 여깁니다. 우리는 주께서 자기 양들을 먹이라고 임명하신 이들을 사랑하며 또한 그들의 믿음을 따릅니다. 주께서 우리에게 큰 도움이 되도록 그들을 보내셨습니다. 하지만 그럼에도 불구하고 그들은 수하일 뿐이며, 우리는 그들의 불완전성과 주님께 대한 그들의 의존성을 잊지 않습니다.

하지만 천국에서는 "양들의 위대한 목자"께서 친히 우리를 돌보실 것입니다. 달콤하고 향기로운 몰약을 떨어뜨리는 백합처럼 귀한 그분의 입술이 직접적으로 우리 각 사람의 마음에 말씀하실 것입니다. 우리는 그분의 음성을 들을 것입니다! 우리는 그분의 얼굴을 볼 것입니다! 우리는 그분의 손으로 돌봄을 받을 것입니다! 우리는 그분의 발꿈치를 따를 것입니다! 그분이 목자가 되어 돌보실 것이니 그 얼마나 영광스러운지요! 우리는 푸른 초장에 누워 얼마나 편히 쉴는지요! 그분이 가장 친절한 성품으로 우리를 돌보실 것입니다. 어린 양으로서 그분은 그분의 가장 위대한 사랑을 계시하셨고, 또한 어린 양으로서 우리를 영원히 인도하며 먹이실 것입니다!

개정판 성경에서는 지혜롭게 이 구절을 표현합니다. "보좌 가운데에 계신 어린 양이 그들의 목자가 되실 것이라." 우리가 우리 주님에 의해 가장 은혜롭게 돌봄을 받는 때는, 주께서 속죄의 희생물로서 자기 자신을 분명하게 계시하실 때입니다. 속죄의 제물은 무한한 사랑이라는 태양의 중심이며, 빛 중의 빛입니다. 하나님의 계시로서 그와 같은 진리가 없습니다. 상처를 입으시고 피땀을 흘리신 그리스도야말로 정녕 그리스도이십니다! "친히 나무에 달려 그 몸으로 우리 죄를 담당하셨도다"(벧전 2:24). 하나님의 진리의 말씀과 더불어, 그분의 살은 참된 양식이며 그분의 피는 참된 음료입니다.

천국에서 우리는, 세상의 기초가 놓이기 전부터 죽임당하신 어린 양으로서의 그분을, 곧 하나님의 유월절 어린 양, "세상 죄를 지고 가는 하나님의 어린 양"이신 그분을 지금보다 훨씬 더 잘 알게 될 것입니다. 깊은 평화, 영원히 깨어지지 않는 안식을 우리는 저 위대한 속죄제물을 바라보며 얻을 것입니다. 그분은 천국의 복락 중에서도 으뜸가는 복락입니다. "어린 양이 그들의 목자가 되리라." 하지만 우리가 우리의 주님을 어린 양으로 바라볼 것이지만, 수치와 굴욕의 상태가 아니라 능력과 영광의 상태에 계신 그분을 보게 될 것입니다. "보좌 가운데에 계신 어린 양이 그들의 목자가 되실 것임이라."

천국에서는 왕이신 예수님께 대한 시야가 확장될 것이며, 그분의 희생적 고통에 따르는 영광을 좀 더 가까이 목격할 수 있습니다. 아아, 형제자매들이여, 우리는 그분의 영광에 대해서 얼마나 조금만 알고 있는지요! 우리는 지금껏 우리를 돌보아주셨던 그분이 누구신지에 대해 너무나 빈약하게 알고 있습니다. 우리는 그분의 신성에 관한 교리를 굳게 붙잡고 있습니다. 하지만 천국에서 우리는 유한자가 무한을 이해할 수 있는 한에서는 그분의 신성을 진실로 인식하게 될 것입니다! 우리는 우리를 향한 그분의 우정을 알지만, 우리가 왕의 궁전에서 그분의 아름다우심을 보게 될 때, 우리는 왕으로서 그분의 용모와 얼굴을 주시하게 될 것입니다! 해보다 밝은 그분의 얼굴이 이루 말할 수 없는 애정의 광선을 발하실 그 때, 우리는 그분의 영광에서 천국을 발견할 것입니다! 우리는 어떤 보좌도 구하지 않을 것입니다. 그분의 보좌가 우리의 것입니다! 보좌에 앉으신 어린 양이 우리가 바라는 천국의 모든 것입니다!

다음으로 이 묘사의 마지막 부분에도 큰 의미가 있습니다. "생명수 샘에서 마시는 것"은 말로 형용할 수 없는 행복입니다. "보좌 가운데에 계신 어린 양이 그들의 목자가 되사 생명수 샘으로 인도하시리라." 우리는 이따금씩 살육당하기 위해 런던 거리를 지나는 불쌍한 양 떼처럼 목마를 수밖에 없습니다. 오호라, 우리는 도중에 진흙 웅덩이에 빠지기도 하고, 할 수만 있다면 새로워지기를 바랍니다. 하지만 이런 일은 우리가 생명수 강이 흐르는 땅에 도달할 때는 결코 일어나지 않을 것입니다! 그곳에서 양들은 고여서 썩은 물이나 쓴 샘물을 마시지 않을 것입니다. 그들은 생명수 샘물로 만족을 얻을 것입니다. 위로는 섭리의 은혜라는 시냇물에서도 상당히 발견될 수 있고, 그 위로는 감사로 받아들여져야 합니다. 그러나 일반적인 은총은 하나님의 은혜에 의해 소생한 영혼들을 만족스럽게 채우지는 못합니다.

밀이 들판을 채울 수는 있지만 마음을 채우지는 않습니다. 지상의 우물들에 대해 우리는 이렇게 말할 수 있습니다. "누구든지 그 물을 먹는 자마다 다시 목마르리라." 하지만 우리가 현세적인 공급을 초월하여 하나님께 직접적으로 의존하여 살 때, 영혼은 참된 음료를 얻고 더욱 지속적인 만족을 얻습니다. 곧 우리 주 예수님께서 우물가의 여인에게 말씀하신 바와 같습니다. "내가 주는 물을 마시는 자는 영원히 목마르지 아니하리니 내가 주는 물은 그 속에서 영생하도록 솟아나는 샘물이 되리라"(요 4:14). 천국의 복된 자들은 목숨을 부지시켜주는 재료인 빵으로 사는 것이 아니라 생명 자체이신 하나님으로 삽니다!

이차적인 원인은 지나가고 일차적인 원인만이 보입니다. 본향에서 영혼들은 은혜의 수단들에 의존할 필요가 없으니, 이는 그들이 은혜의 하나님을 직접 대하기 때문입니다. 은혜의 수단들은 생수를 우리에게 끌어다주는 배관들과 같습니다. 하지만 그것이 우리의 기대를 저버리는 것을 발견하는데, 때때로 우리가 그것을 그릇된 방식으로 사용하여 물이 그 신선함을 잃어버리거나, 또는 물이 흐르는 통로인 배관의 냄새가 배어 있기 때문입니다. 과실은 동산에서 막 수확했을 때가 최상입니다. 시장에서 다루면 그 신선도를 망칩니다. 이런 일을 우리는 목회자들에게서도 많이 경험합니다. 형제들이여, 우리는 곧 수원(水源)에서 생수를 마실 것이며 황금의 열매를 "수풀 가운데 사과나무 같으신"(아 2:3) 그분에게서 직접 얻을 것입니다.

우리에게 세례나 떡을 떼는 것이 필요 없을 것이며, 교회들이나 목사들도 필요하지 않을 것입니다. 우리에게 황금의 성배(聖杯)라든지, 지금은 매우 유용한 도자기 잔들이 필요하지 않을 것이며, 오직 우리는 강의 원천으로 가서 마음껏 마실 것입니다. "어린 양이 그들의 목자가 되사 생명수 샘으로 인도하시리라." 오호라, 때때로 우리는 우물에 왔으나 물이 없음을 발견하는 것이 무엇인지 압니다. 그 때 우리는 행복한 기억들에 의존하여 살려고 노력합니다. 우리는 노래하다가 탄식하고, 탄식하다가 노래합니다.

"한때 나는 얼마나 행복한 시절을 즐겼던가?
지금도 그 기억은 너무나 달콤하구나!
하지만 그것은 쓰라린 공허감을 남겼으니,
세상이 결코 채워주지 못하네."

기억으로 만든 케이크를 이따금씩 씹을 수는 있겠지만, 그것은 초라한 양식에 지나지 않습니다. 우리는 현재에 하나님을 즐거워하는 것이 필요합니다. 더 나아가, 우리는 새로운 공급을 위하여 샘에 가야 합니다. 주전자에 오래 담긴 물은 시원하고 신선한 맛을 잃기 때문입니다.

즐거워하던 기억에 의존해서 살지 않고 지금도 연회장에 있는 사람이 복됩니다! 첫 사랑의 현재적이며 지속적인 갱신과 하나님 안에서의 처음 기쁨이 천국에는 있습니다. 천국은 신적 생명의 본질과 비밀을 아는 것입니다. 단지 잔을 드는 것이 아니라, 생수를 마시는 것입니다. 이 교훈은 귀하지만, 이 교훈이 말하고 있는 것을 직접적으로 아는 것이 훨씬 더 좋습니다. 이 교훈이 은 쟁반이라면, 그것을 직접적으로 아는 복은 금 사과입니다. 복 있는 사람은 하나님의 진리의 실체, 진리 중의 진리, 본질적인 일들의 정수를 항상 먹는 사람입니다. "그가 생명수 샘으로 인도하시리라."

저 영원한 원천이 그 모습을 드러냅니다. 그들은 은혜를 받을 뿐 아니라, 그것이 어떻게 생겨나고 어디로부터 흐르는지를 봅니다. 그들은 마실 뿐 아니라 저 영광스러운 수원(水源)을 응시하며 마십니다. 더운 날에 누워 있는 소년을 본 적이 있습니까? 그가 목마를 때, 그의 입을 우물 언저리의 물에 대도록 해 보십시오. 그가 얼마나 시원하게 들이키는지요! 실컷 마셔라, 가엾은 아이여! 그가 샘을 마르게 할 것을 염려하지 않듯이, 우리도 마찬가지입니다. 마르지 않는 샘에서 마시는 것은 얼마나 즐거운지요! 우리가 마시는 물이 더욱 달콤한 것은 그 측량할 수 없는 잔량(殘量) 때문입니다. 충분하다는 표현으로는 충분치 않습니다. 하지만 우리가 하나님을 우리의 모든 것 되시는 분으로 삼을 때, 그 때 우리는 정녕 만족할 것입니다.

내가 하나님 가까이 있어 그분의 넘치는 사랑 안에 거할 때, 나는 뜨거운 여름날에 무릎까지 찰랑거리는 시냇물로 인도된 가축들처럼 느낄 것입니다. 그들은 서서 마음껏 마실 것이며, 시원하게 느끼고 새로워짐을 느낄 것입니다. 오 나의 하나님, 당신 안에서 저는 제가 담을 수 있는 모든 것뿐 아니라, 저를 담을 수 있는 모든 것을 소유했다고 느낍니다! 당신 안에서 저는 살고 완전한 만족감으로 거동합니다! 그런 것이 천국입니다! 우리는 우리 안에서와 우리 주변에서 천국의 기쁨을 누릴 것입니다. 우리는 그 샘에서 마시고 영원히 그 샘 곁에 거할 것입니다!

사실 천국은 하나님이며, 그분을 온전히 즐거워하는 것입니다. 하나님이 미워하시는 악은 모두 쫓겨날 것입니다. 하나님이 주신 능력은 온전할 결실을 위해 확대되고 준비될 것이며, 우리의 전 존재는 영원히 복되신 하나님과 친밀하게 지낼 것입니다. 그분에게서 우리가 났으며, 그분에게 우리가 돌아갈 천국이 있습니다! 하나님을 아는 자마다 천국을 압니다! 만유의 원천이신 그분이 우리의 생수의 샘이십니다!

이런 식으로 나는 오전 동안 줄곧 이 첫 번째 주제를 다룰 수 있지만, 지체해서는 안 될 것입니다. 첫 번째 주제뿐 아니라 또 한 가지 내가 여러분에게 제시하려고 했던 목표는 이것입니다. 즉 이곳에서도 우리가 영광의 밑그림을 그릴 수 있고, 이 광야에서도 천국에 있는 모양들의 양식(pattern)을 소유할 수 있다는 것입니다. 여러분은 이 점을 두 번째 본문을 주의 깊게 살펴봄으로써 확인하게 될 것입니다.

2. 아래에 있는 천국

이제 아래에 있는 천국의 상태를 숙고해봅시다. 아마도 여러분이 이렇게 말할지 모르겠습니다. "아, 지금이 거의 천국과 다름없지만 아직 우리는 천국에 이르지 못했어요." 자, 여러분, 만약 우리가 즉시 천국에 가지 못한다면, 천국이 우리에게 올 수 있습니다! 지금 내가 읽을 본문은 지상에서의 날들, 즉 양들이 길에서 꼴을 먹으며 북쪽과 남쪽에서 목자의 부름을 듣고 오는 때를 언급하는 대목입니다. "그들이 주리거나 목마르지 아니할 것이며 더위와 볕이 그들을 상하지 아니하리니 이는 그들을 긍휼히 여기는 이가 그들을 이끌되 샘물 근원으로 인도할 것임이라"(사 49:10).

앞의 계시록 본문과 이 본문을 보십시오. 전체적인 묘사가 같습니다! 나는 이 구절들의 유사성에 주목하며 놀라움을 금치 못합니다. 요한이여, 당신은 위대한 예술가입니다! 당신에게 간청하니, 내게 천국의 그림을 그려주십시오! 이사야여, 당신 역시 위대한 영혼을 소유하였으니, 내게 지상에서의 성도들의 삶 곧 주께서 그들과 함께 하실 때의 삶을 묘사해 주십시오! 나는 두 그림을 모두 가지고 있습니다. 그것들은 명작들입니다! 내가 그 그림들을 볼 때 그것들이 너무나 유사하여서 약간의 실수가 있지 않나 하고 의아해할 정도입니다. 정녕 두 그림들은 같은 것을 묘사하고 있습니다. 형식, 채색과 음영, 필치와 기풍 등이 유사하며, 아니 거의 일치합니다!

놀라서 나는 소리칩니다, "어느 것이 천국이며, 어느 것이 지상에서의 천국 같은 삶입니까?" 그 예술가들은 그들의 작품이 무엇인지를 알며, 그들의 가르침에 의해 나는 인도받을 것입니다. 이사야는 천국으로 가는 도중에서 우리 주님의 임재 안에 있는 양들을 그렸습니다. 요한은 어린 양과 함께 영광 중에 있는 동일한 양들을 그렸습니다. 그 그림들이 너무나 흡사하다는 사실은 연상을 일으키는 교훈으로 가득합니다. 여기 같은 말로 된 같은 사상이 있습니다. 형제자매들이여, 여러분과 내가 천국의 본향에 이르렀을 때 첫 번째 본문의 구절을 현실적으로 누릴 것을 소망하듯이, 이 두 번째 본문의 구절을 온전히 믿고 누리게 되기를 바랍니다!

첫째, 여기 모든 필요가 공급될 것이라는 약속이 있습니다. "그들이 주리거나 목마르지 아니할 것이라." 우리가 주님의 백성이고 그분을 신뢰하고 있다면, 모든 가능한 의미로 이는 사실이 될 것입니다. 문자 그대로, "빵이 여러분에게 주어질 것이며 물이 확실히 공급될 것입니다." 여러분은 무엇을 먹고 무엇을 마실지에 대해 근심 어린 생각을 할 필요가 없습니다. 하지만 만약 여러분이 일시적으로 가난의 고초를 겪고 현세적인 일들과 관련하여 크게 시련을 당하고 낮아진다 해도, 주님의 임재와 그분의 느낄 수 있는 위로가 여러분을 영적으로 지탱해 줄 것이며, 여러분은 내면적으로는 주리지도 목마르지도 않을 것입니다.

많은 성도들이 가난 중에 풍부를 발견하고, 노동 중에서 편안함을, 고통 중에서 안식과, 환난 중에서 기쁨을 발견합니다! 우리 주님은 우리의 마음을 환경에 적응하게 하실 수 있으며, 쓴 것이 단 것이 되게 하고 짐은 가벼워지게 하십니다. 바울은 성도들에 대하여 "근심하는 자 같으나 항상 기뻐하는"(고후 6:10) 자들이라고 했습니다. 근심은 슬픔과 연결되어 있는 것 같지만, 실상은 기뻐한다는 것입니다! "그들이 주리거나 목마르지 아니할 것이라." 여러분이 하나님 안에 산다면, 여러분에게 채워지지 않는 욕구는 없을 것입니다. "여호와를 기뻐하라 그가 네 마음의 소원을 네게 이루어 주시리로다"(시 37:4). 여러분이 소유하고 싶은 것들이 많을 것이며, 또한 여러분이 그것들을 소유하지 못할 수도 있습니다. 하지만 그 때에도 여러분은 그것들 없이 지내는 것을 더 좋아할 것이며 이와 같이 말할 것입니다. "그럼에도 불구하고, 내 원대로 마시고 당신의 원대로 하옵소서."

그리스도께서 여러분과 함께 계시면, 여러분은 너무나 행복해질 것이기 때문에, 여러분의 오락가락하고 터무니없는 소원들은 마치 여러분의 머리 위를 날지만 감히 그곳에 둥지를 틀지 못하는 새들과 같을 것입니다. 성급하게 조바심치는 갈망이나, 안달하는 야심이나, 애를 태우는 근심이 여러분에게 없을 것입니다. 한 신자가 이렇게 말합니다, "오, 내가 그런 상태에 도달할 수 있으면 좋으련만." 당신은 그 상태에 도달할 것입니다. 당신은 그 과정 중에 있습니다. 그리스도를 사랑하고 더욱 그분처럼 되기를 바라기만 하면 당신은 은혜로 만족할 것이며, 이와 같이 노래할 것입니다. "나의 모든 근원이 당신에게 있나이다"(참조. 시 87:7). "나의 영혼아 잠잠히 하나님만 바라라 무릇 나의 소망이 그로부터 나오는도다"(시 62:5).

내 말은 성도들이 이 세상의 것들로 온전히 만족한다는 의미가 아닙니다.

오히려 그들은 하나님 안에서 만족을 찾기에 그런 것들이 있건 없건 부요 속에 살아갑니다. 인간의 목숨이 그 소유의 많음에 있지 않습니다. 눈에 보이고 손으로 만져질 수 있는 것이라곤 거의 아무것도 소유하지 않은 많은 사람들이, 지존자의 왕국을 소유하였다는 점에서 참된 부자입니다! 주께서는 우리 중 일부를 이런 상태로 이끄셨습니다. 우리는 그분 안에서 모든 것을 가졌습니다. 우리에게 이 말씀은 사실입니다. "그들이 주리거나 목마르지 아니할 것이라."

다음으로, 여러분이 아직 이 광야에 있을 동안에도 모든 악이 제거된 상태로 있을 수 있습니다. "더위와 볕이 그들을 상하지 아니하리라." 하나님께서 여러분에게 형통의 은혜를 주신다고 가정해보십시오. 여러분이 하나님 가까이에 산다면 여러분은 형통으로 인해 거만해지거나 세속적인 마음 상태로 되지 않을 것입니다. 여러분의 유용성 때문에 인기가 많아졌습니까? 그리스도께서 여러분의 지속적인 지도자이시고 목자시라면 여러분은 그로 인해 부풀어 오르지 않을 것입니다. 그분 가까이에 산다면 여러분은 매우 겸손할 것입니다. 여러분이 햇볕을 쬐며 좋은 시절을 보내고 기쁜 일이 연속해서 생겨도, 일사병이 여러분을 쓰러뜨리지 않을 것입니다. 계속해서 여러분이 하나님 안에 살고 여러분의 마음이 그리스도로 가득하다면, 여러분은 마치 양처럼 그분의 인도를 받을 것입니다. 어떤 더위도 여러분을 무력하게 하지 못할 것입니다.

우리의 안전이나 혹은 위험이 우리의 환경에 달렸다고 생각하는 것은 잘못입니다. 우리의 안전이나 위험은 우리가 하나님을 가까이 하는지 혹은 그분에게서 멀어져 있는지의 여부에 달려 있습니다. 하나님을 가까이 하는 사람은 성전의 꼭대기에 설 수 있으며, 아래로 뛰어내리도록 마귀가 그를 유혹하여도 그는 성전 그 자체처럼 굳게 설 것입니다. 하나님이 없는 사람은 가장 안전한 길에서 평지를 걸어도 넘어질 것입니다! 순례자의 걸음을 지키는 것은 길이 아니라 주님이십니다. 천국의 상속자여, 당신의 길을 하나님께 맡기고 그분을 당신의 전부로 삼으며, 피조물을 넘어 하나님을 향해 오르십시오! 그럴 때 당신은 더 이상 주리지 않을 것이고, 더 이상 목마르지도 않을 것이며, 더위와 볕이 당신을 상하지 않을 것입니다.

더 나아가, 우리가 지상에서 주님의 인도하심을 누릴 수 있다고 성경은 말합니다. 성경이 그것을 어떻게 표현하는지를 보십시오. "그들을 긍휼히 여기는 이가 그들을 이끌리라." 여기서 우리는 계시록에 있는 구절과 같은 말씀을 대하는 것이 아닙니다. 계시록에서 우리는 이렇게 읽습니다. "보좌 가운데에 계신 어린 양이 그들의 목자가 되사 생명수 샘으로 인도하시리라." 하지만 그 의미는 같은 의미의 다른 측면일 뿐입니다. 오, 그 이름이 달콤하고도 매력적이지 않습니까? "그들을 긍휼히 여기는 이!" 항상 그들을 긍휼히 여기시는 분, 그분이 그들이 사는 평생에 긍휼로 그들을 이끄십니다! 계속해서 용서하시고, 붙들어주시며, 공급하시고, 힘을 주시며 은혜를 베푸시는 분, 곧 "그들을 긍휼히 여기시는 이가 그들을 이끄십니다."

사랑하는 친구들이여, 주의 인도하심을 받는 것이 무엇인지를 여러분은 아십니까? 많은 사람들이 그들 자신의 취향과 변덕에 의해 인도를 받습니다. 그들은 잘못될 것입니다. 다른 이들은 그들 자신의 판단력에 의해 인도를 받습니다. 하지만 그 판단력에 오류가 없는 것이 아니기에 그들 역시 잘못될 수 있습니다. 더 많은 사람들은 다른 사람들에 의해 인도를 받습니다. 후자의 사람들은 바르게 갈 수 있겠지만, 전자의 사람들이 바르게 갈 것 같지는 않습니다. 하나님의 인도를 받는 자, 그가 행복한 사람입니다. 그는 잘못되지 않을 것입니다. 그는 섭리의 안내를 받아 거할 성읍에 도착할 것입니다. 당신의 길을 여호와께 맡기십시오! 그분을 신뢰하십시오, 그러면 그분이 이루실 것입니다. 우리가 주의 발자취를 따른다면, 비록 그 길이 거친 길이 될 수는 있어도, 틀림없이 바른 길일 것입니다!

참된 신자는 종교적인 문제들에서 하나님의 영의 인도를 받을 것입니다. "그가 너희를 모든 진리 가운데로 인도하시리라"(요 16:13). 다른 일들에서도 우리를 긍휼히 여기시는 이가 유익한 것을 가르치시는 일에서도 우리를 긍휼히 여기실 것입니다. 우리 각 사람은 이렇게 노래할 것입니다. "그가 자기 이름을 위하여 의의 길로 나를 인도하시는도다"(참조. 시 23:3). 우리는 의무를 행하고 때로는 힘써 싸우도록 인도될 것입니다. 우리는 행복한 성취를 이루고 은혜의 즐거움을 누리도록 인도될 것입니다. 우리는 힘을 얻고 더 얻을 것입니다. 은혜를 입은 영혼에게, 지상이 천국처럼 되는 이유는 그가 하나님과 동행하기 때문입니다. 그를 긍휼히 여기시고 그와 교제하시는 이가, 그에게 자기 자신을 나타내실 것입니다! 목자가 자기 양 떼 앞에서 가면 참된 양은 그를 따릅니다.

어린 양이 어디를 가든지 그분을 따르는 자들은 복이 있습니다. 그들은 그들의 주님을 사랑합니다. 그렇기 때문에 그들은 그분이 그들을 어디로 이끌기를 원하시는지를 알고자 할 뿐이며, 사랑의 끈과 유대감의 띠로써 이끌려간다고 느낍니다. 주님의 눈이 그들을 살피신다면 그것으로 그들은 충분하다고 느낍니다. "너를 주목하여 훈계하리로다"(시 32:8)라고 기록된 말씀과 같습니다. 왕의 명령이 무엇이건, 그들은 매일 왕의 명령에 시중들기 위해 섭니다. 그들은 그들 자신과 몸의 지체들을 그분에게 복종시킴으로써 의의 도구가 되고, 주님이 사용하시기에 합당한 그릇들이 됩니다.

사랑하는 이여, 이것이 하늘 아래의 천국입니다! 여러분이 그것을 맛본 적이 있다면, 여러분은 과연 그러하다는 것을 알 것입니다. 여러분이 그것을 온전히 맛본 적이 없다면, 지금 그것을 맛보십시오. 그러면 여러분은 그 안에서 새로운 기쁨을 발견할 것입니다. 예수님이 여러분에게 말씀하십니다. "나의 멍에를 메고 내게 배우라 그리하면 너희 마음이 쉼을 얻으리라"(마 11:29). 여러분의 지성을 주님의 가르침에 복종하는 것을 두고서 세상은 여러분을 바보라 부르겠지만, 나는 그런 바보가 되는 것보다 더 즐거운 일을 알지 못합니다. 여러분이 너무 연약하여 스스로 판단하기보다 주님의 뜻을 받아들이고, 너무나 무능하여 주님께서 여러분 안에 소원을 주시고 행하게 하시는 것, 이보다 즐거운 일이 없습니다! 오, 이기적인 욕심이 없는 상태에서, 스스로의 의향에 따라 선택하기보다는 그리스도께로부터 오는 것이라면 무엇이나 받아들이는 것이 즐겁습니다!

만약 쓴 물이 담긴 통에 주님이 손을 넣으시면, 여러분은 그 쓴 물도 달다고 생각할 것입니다. 만약 그분이 여러분을 징계하시면, 여러분은 주께서 친절하게도 여러분을 생각해주시는 것에 대해 감사할 것입니다! 여러분이 그 상태에 도달할 때, 즉 여러분이 양이고 하나님이 친히 여러분의 목자가 되실 때, 그것이 여러분을 만족케 할 것입니다. 그 때 여러분은 황무지와 같은 목장에서도 하늘로부터 비가 내려 어떻게 여호와의 기업을 지친 상태에서 새롭게 하는지를 알게 될 것입니다. "모든 지각에 뛰어난 하나님의 평강이 그리스도 예수 안에서 너희 마음과 생각을 지키시리라"(빌 4:7). 사랑하는 친구들이여, 하나님께서 여러분에게 그것을 알게 해 주시기를 바랍니다! 나는 그에 대해 경험적으로 말할 수 있습니다. 그것은 천국의 전 단계일 뿐 아니라, 천국 잔치 그 자체의 일부입니다.

마지막으로 언급할 것은 수원(水源)에서 마시는 것입니다. 천국에 대한 묘사에서, 어린 양이 그들을 생명수 샘으로 인도하시는 것을 보고 우리는 놀라지 않습니다. 하지만 우리는 여기 아래에서도, 그분이 "그들을 샘물 근원으로 인도하실 것"임을 보고는 놀랍니다. 사랑하는 이여, 샘물 근원에서 마시기를 갈망하십시오! 오늘 아침에 내가 말하는 바가 무엇인지를 그리스도인이라고 고백하는 모든 사람들이 아는 것은 아닙니다. 그들은 내가 신비의 길로 들어서서 비실제적인 것들을 꿈꾸고 있다고 생각할 것입니다. 나는 그들과 논쟁하지 않을 것입니다. 하지만 내 말을 이해하는 사람들을 향해 말하겠습니다. 주 안에서 사랑하는 이여, 여러분은 지금도 하나님을 의지하여 살 수 있으며 그런 삶과 견줄 수 있는 삶은 없습니다. 여러분은 모든 물통과 저수조를 넘어 천국에서처럼 생명수 강에 이를 수 있습니다. 이차적인 원인에 의지하여 사는 것은 그야말로 부차적인 삶입니다. 제일 원인(First Cause)에 힘입어 사는 것이 으뜸가는 삶입니다! 나는 여러분에게 성령으로 감동된 말씀과 관련하여 이렇게 하라고 권면합니다. 지금은 인간의 의견, 견해, 판단, 비평이 난무하는 시대입니다. 그 모든 것을 떠나십시오. 좋든 나쁘든 관심을 두지 마십시오. 오직 오염되지 않은 순수한 영감의 원천인 이 책(Book)으로 오십시오!

하나님의 말씀을 공부하고, 그 말씀을 따라 사십시오. 나는 하나님 말씀을 방어하지 않을 것입니다. 그것은 방어가 필요하지 않습니다. 나는 성경의 영감성에 대해 논쟁하지 않을 것입니다. 여러분이 주님을 바르게 안다면, 그분의 말씀이 다른 사람들에게는 아닐지라도 여러분에게는 성령의 감동된 말씀으로 다가올 것입니다. 여러분은 성경이 기록되었을 때 성령으로 감동되었을 뿐 아니라, 지금도 감동된 말씀으로 다가옴을 압니다. 성경의 영감성은 다른 어떤 저작물들이 여러분을 감동하지 못했던 방식으로 여러분에게 영향을 미칩니다. 그것은 여러분에게 숨결을 불어넣습니다. 그것은 생명을 여러분 안에 불어넣고, 여러분으로 하여금 하나님을 위해(for) 말하게 하는데, 그것은 다른 영혼들에게 하나님으로부터(from) 온 말씀이라고 입증될 것입니다. 오, 여러분이 매일 아침 작은 모임에서 하나님의 말씀을 읽는다면 그것은 아주 훌륭한 일입니다. 단순하게 말씀을 읽고 읽은 내용을 토대로 기도한다면, 말씀을 듣는 모든 이들에게 영향을 끼칠 수 있을 것입니다.

나는 내가 말하는 바를 압니다. 여러분이 성령으로 감동된 말씀 자체를 읽고 그 말씀을 하신 주님을 바라본다면, 그 영적인 결과가 영감성의 증거가 될 것입니다. 이 책은 기적을 행하는 책입니다! 반대를 받을 수는 있어도, 결코 정복되지는 않습니다! 이 책은 불신앙 아래에서 매장될 수는 있겠지만, 틀림없이 다시 일어날 것입니다! 말씀이 양식이며 음료인 자들에게 복이 있습니다! 그들은 하나님의 샘물 근원을 얻기 위해 인간의 저수조를 떠나는데, 그것이 잘하는 일입니다. "그가 샘물 근원으로 인도할 것임이라." 하지만 나는 여러분에게 하나님의 말씀의 문자에서 머물지 말고, 오히려 믿고 겸손히 나아가서 성령으로부터 마시라고 권면합니다! 그분은 성경에 있지 않는 것은 어떤 것도 가르치시지 않을 것이며, 오히려 그리스도의 것을 가지고 여러분에게 보여주실 것입니다.

하나님의 진리는 하나님 말씀 안에 있는 보석과 같지만, 성령께서 빛을 우리에게 제시하시고 그 광채를 주목하도록 돕지 않으시면 우리가 그 광채를 볼 수 없을 것입니다. 하나님의 영은 계시의 깊은 바다에서 진주를 캐내어 믿는 자의 눈에 그 광채가 인식되도록 하십니다. 우리는 너무나 빈약한 학자들이기에 "일천 명 가운데 한 명의 해석자"(KJV, 욥 33:23)가 우리 마음을 말씀을 향해 열어주시고, 말씀을 우리 마음에 펼쳐주시기까지는 성경에서 배우는 것이 거의 없습니다! 성경에서 진리를 계시하신 성령께서 또한 각 사람에게도 인격적으로 그것을 계시해주셔야만 합니다. 여러분이 그 방식으로 진리를 붙들었다면, 여러분은 결코 그것을 포기하지 않을 것입니다.

한 사람의 목사에게서 하나님의 진리를 배운 사람이 또 다른 목사로부터는 그 배운 것을 고쳐서 배우고, 배운 것을 잊을 수도 있습니다. 하지만 성령에게서 진리를 배운 사람은 어느 누구도 빼앗을 수 없는 보화를 가진 사람입니다! 사랑하는 이여, 우리는 여러분이 이곳에 있는 동안에도 생명수 샘에서 마시라고 권합니다. 자주 샘물 근원으로 돌아가십시오. 특히 언약의 조항들을 거듭 숙고하십시오. 하나님 우리 아버지와 우리 주 예수 그리스도의 모든 은혜의 행위들이 그 언약의 조항들에서 비롯되지 않았습니까? 은혜의 행위들은 영원한 목적과 언약에서 비롯되었습니다. 땅이 조성되기도 전에, 아버지와 영원히 복되신 아들 사이에서 "모든 것이 준비되고 견고하게"(KJV, 삼하 23:5) 되지 않았습니까? 그 언약의 우물로 자주 돌아가십시오.

우리 구속의 위대한 신비와 관련하여 아버지께서 친히 맹세로 아들에게 약속하시고 아들 자신도 영원한 아버지에게 약속하셨음을 여러분의 영혼이 깨닫는 것보다, 여러분을 더 행복하게 해 주는 것을 나는 알지 못합니다. 영원한 사랑과 언약의 신실성, 이런 것들은 오래된 우물들입니다! 주저하지 말고 그 영원한 사랑의 샘에서 깊이 들이켜 마시기 바랍니다. 주께서 친히 여러분을 선택하셨고, 영원한 사랑으로 여러분을 사랑하셨습니다. 성도들에게 오는 모든 것이 "창세 전에 그리스도 안에서 우리를 택하심"(엡 1:4)에 따른 것입니다.

블레셋 사람들이 이 우물을 여러 번 막았지만, 그들은 그들이 던져 넣은 돌들 사이로 솟아오르는 물을 막지는 못합니다. 언약의 사랑은 영원합니다. "내가 영원한 사랑으로 너를 사랑하기에 인자함으로 너를 이끌었노라"(렘 31:3). 제일 원인(First Cause) 외에는 다른 어떤 이유도 없는 그 사랑으로 돌아가십시오. 변하지 않는 사랑, 한계를 모르는 사랑, 주저함이 없고, 줄지도 않는 그 사랑으로 돌아가십시오! 영원하시고 불변하는 하나님의 신성 그 자체처럼 변하지 않는 그 사랑으로 돌아가십시오! 여러분이 영원한 우물에서 마신다면, 여러분의 삶은 더욱 더 "지상에서 천국의 날들"을 보내는 것처럼 될 것입니다.

하나님께서 우리를 속이는 시냇물에서 떠나게 하시고 "깊은 샘"(참조. 창 49:25)으로 가서 즐거이 그 물을 긷게 해 주시길 바랍니다! 그리스도의 임재와 샘물을 마심, 이런 일 외에 나는 다른 것을 구하지 않을 것입니다! 어린 양이 나를 샘물 근원으로 이끄시면 나는 그것으로 충분합니다! 주여, "하늘에서는 주 외에 누가 내게 있겠습니까?"(시 73:25). 가난이여 오라, 질병이여 오라, 수치여 오라! 내 형제들에게서 쫓겨나고, 죽음이 와도, 어린 양이 내 목자이시고 주께서 내 샘이 되신다면 나는 아무것도 부족하지 않으며, 아무것도 나를 해하지 못합니다!

또 다른 주일이 오기 전에 우리 중 일부는 천국에 있을지도 모릅니다. 이 달이 끝나기 전에, 우리 중 일부는 신학자들이 우리에게 말해줄 수 있는 것보다 영원한 세계에 대해 지극히 더 많이 알 수 있을 것입니다! 우리 중 어떤 이들은 이곳에 잠시 더 머물 것입니다. 하지만 우리는 천국에서 배척된 상태가 아닙니다. 이곳에서도 우리는 왕과 함께 거합니다. 우리는 우리 주님과 가까운 사이를 유지하려고 애쓸 것이며, 또한 우리가 그분을 섬기고 그분의 얼굴을 볼 수 있다면, 우리는 영화된 상태에서 더욱 충만한 기쁨을 누리는 성도들을 부러워하지 않을 것입니다.

이런 일들에 대해 아무것도 모르는 사람들이여, 하나님께서 여러분에게 영적인 감각을 주시어 여러분이 알지 못하는 것을 알게 해 주시길 바랍니다. 그런 후에는 그 이상의 은혜를 주시어 여러분으로 하여금 "주여, 저를 생명수 샘으로 인도하소서"라고 기도하게 하시기를 바랍니다. 내적인 생명이 있으며, 천국의 비밀이 있고, 지극한 기쁨이 있습니다. 우리 중 일부는 그것을 압니다. 오호라, 우리는 여러분도 그것을 갖게 되기를 바랍니다! 그것을 위해 부르짖으십시오! 예수님은 그것을 즉시 여러분에게 주실 수 있습니다! 주 예수 그리스도를 믿으십시오, 그러면 영원히 살 것입니다! 새로운 출생은 그리스도께 대한 믿음과 병행합니다. 주께서 오늘 아침 여러분에게 그 믿음을 주시고, 이곳에서도 천상의 삶을 시작하게 하시며, 이후의 천국의 삶에 적합하게 하시길 빕니다!

사랑하는 친구들이여, 예수님을 위하여 하나님께서 여러분에게 복을 주시길 빕니다! 아멘.

제
54
장

고귀한 한 방울의 꿀

"내가 너를 내 손바닥에 새겼노라."—사 49:16

하나님의 약속들은 한 가지가 성취된다고 그 의미가 모두 밝혀지는 것이 아닙니다. 그 약속들은 복합적인 은혜들을 담고 있기에, 여러분이 그 중의 한 겹을 풀어 펼친 후에 또 다른 의미를 발견할 것이며, 그 후에도 여전히 동일하게 참된 또 다른 의미를 발견하고, 거의 끝도 없이 새로운 의미들을 찾게 될 것입니다. 그룹 천사들처럼, 하나님의 약속들은 각 방향으로 제각각의 얼굴을 가지고 있으며, 또한 눈이 가득한 바퀴처럼(참조. 겔 10:12) 선택된 백성들의 모든 시련들을 위하여 다양한 의미를 지니고 있습니다. 주님은 다양한 의미를 가진 약속들을 어떻게 말할 줄을 아시며, 그분의 말씀들은 마치 새 예루살렘의 나무들처럼 열두 가지 모양의 과실들을 맺고, 매달 그 과실을 냅니다.

의심의 여지 없이 본문과 그에 선행하는 구절들은 모두 아브라함의 후손들을 언급하고 있습니다. 하나님은 그들을 버리시지 않을 것입니다. 그분은 여인이 그 젖 먹는 자식을 잊지 않는 것 이상으로 그들을 잊지 않으실 것입니다. 그들은 본국으로 돌아올 것이며, 메시야 곧 그들이 오랫동안 멸시해왔던 왕을 영접할 것입니다. 하지만 아브라함의 후손은 교회의 거대한 모형입니다. 그러므로 우리는 여기에 있는 모든 말씀이 가장 광범위하고 포괄적인 의미에서 하나님의 선택된 자들에게 해당된다고 믿습니다. 곧 이 약속의 말씀들은 어린 양의 생명책에 기록된 자들, 예수님이 위하여 자기 피를 흘리신 자들에게 해당되는 말씀입니다.

우리는 전체 몸에게 제시된 은혜가 각 지체들에게도 주어진다고 믿으며, 그러므로 모든 참된 신자, 곧 믿음으로 말미암아 아브라함의 영적 후손의 하나가 된 신자는, 이 약속들을 자기에게 적용하며 이렇게 말할 수 있습니다. "주께서 이와 같이 내 영혼에게 말씀하셨고, 이와 같이 말씀하심으로써 나를 위로하시는구나." 우리 앞에 있는 이 본문은 일차적으로는 이스라엘 자손에게 속하고, 다음으로는 한 몸으로서의 전체 교회에 속하며, 그 다음에는 모든 개별적인 지체들에게 속한다고 나는 믿습니다. 그렇게 이해하십시오. 여러분 각 사람은, 비록 이스라엘 중에 작은 자로 헤아림을 받더라도, 오늘 하나님의 영이 우리에게 제시해주는 이 본문으로부터, 말로 다 표현할 수 없는 이 본문의 풍성함으로부터, 은혜의 골수와 기름진 것을 이끌어낼 수 있습니다.

우선적으로, 나는 이 본문을 글자 그대로 숙고하여, 한 단어 한 단어를 낱낱이 살펴보려고 합니다. 다음으로는 본문을 전체적으로 살펴볼 것입니다. 그리고 마지막으로는, 이 본문으로써 여러분 전체를 격려하여, 이처럼 달콤한 진리에 의하면 여러분에게 어떤 행동이 요구되는지 숙고하도록 할 것입니다.

1. 본문의 각 단어들에 대한 숙고

가장 먼저, 이 본문은 각각의 단어를 힘주어 강조할 만한 훌륭한 문장들 중의 하나입니다.

우리는 "보라"(KJV, 한글개역개정에는 빠져있음—역주)는 첫 번째 단어로 시작할 것입니다. "보라, 내가 너를 내 손바닥에 새겼노라." "보라"는 일종의 감탄사이며, 감탄을 자아내기 위해 의도된 표현입니다. 여러분이 성경의 어디에서 그 표현을 발견하든, 그것은 마치 그 속에 풍부한 물건이 있음을 알려주는 옛적의 표지판과도 같으며, 또는 견실한 독자가 옛 청교도 서적들의 가장자리에서 발견하는 일종의 표지와도 같아서, 특히 주목할 가치가 있는 무언가에 주목하도록 가리키는 것입니다.

정녕 여기에서 우리는 놀라운 주제를 얻습니다. 하나님께서 죄인들의 이름을 자기 손에 새기신다니요? 반역자들이 그분의 손바닥에 새겨질 정도로 그분의 마음에 가까워지다니요? 하늘과 땅도 놀랄 일입니다! 천사들이 놀랄 만하며, 저 빛나는 영들이 망연자실할 만한 일입니다. 그분이 언제 천사들에게 "내가 너희를 내 손바닥에 새겼노라"고 말씀하신 적이 있었습니까? 어떤 그룹 천사가 이런 명예를 얻은 적이 있고, 혹은 어떤 스랍 천사가 이런 영예를 수여받은 적이 있었습니까? 하지만 인간에게, 벌레에 불과한 존재에게, 진토나 재에 불과한 인자(the son of man)에게, 반역하였으므로 하나님의 은혜에 대한 모든 권리를 잃고 오히려 그분의 뜨거운 진노를 받기에 합당한 인간에게, 이런 위로의 말씀이 주어집니다. "내가 너를 내 손바닥에 새겼노라." 온 세상이 너무나 놀라고, 칠층천에서도 놀랄 말씀입니다!

"보라"는 단어가 경이로운 까닭의 일부는, 앞선 문장에 불신앙의 탄식이 있기 때문입니다. 시온은 이렇게 말했습니다, "여호와께서 나를 버리시며 주께서 나를 잊으셨다"(14절). 하나님의 마음이 인간의 이 사악한 불신앙에 대해 놀라신 듯이 보입니다! 은혜 입은 하나님의 백성들의 근거 없는 의심이나 두려움보다 더 놀랄 만한 것이 무엇이겠습니까? 하나님께서 이렇게 말씀하시는 듯합니다. "내가 너희를 내 손바닥에 새겼거늘, 내가 어찌 너희를 잊을 수 있었겠느냐? 어찌 그런 일이 가능하겠느냐? 기념의 표지가 내 살에 새겨져 있거늘, 어찌 너희가 나의 변함없는 기억력을 의심하느냐?" 오 불신앙이여, 너는 얼마나 기이하기 짝이 없는 것인지! 나는 하나님의 신실성과 그분의 백성들의 불신앙 중에서, 어느 것이 더 놀라운 것인지 모르겠습니다! 하나님은 일천 번씩이나 자기 약속을 지키셨거늘, 여전히 다음 시련이 올 때면 그분의 백성들은 그분을 의심합니다! 그분은 실패하지 않으십니다. 그분은 마른 샘이 아닙니다. 그분은 일몰(日沒)의 해가 아니시고, 지나가는 유성(流星)도 아니시며, 증발하는 수증기가 아니십니다. 그런데도 우리는 지속적으로 근심으로 노심초사하고, 의심으로 괴롭힘을 당하며, 두려움으로 마음의 평정을 잃습니다. 마치 우리 하나님이 변덕스럽거나 참되지 않으신 것처럼 말입니다! 여기에서 정녕 기이한 일이 따릅니다. 즉 하나님께서 그토록 신실하지 않은 백성에게 신실하시다는 것입니다! 그분은 그들의 의심에 의해 노여우실 때에도, 그럼에도 불구하고 여전히 참되십니다. 이 사실을 보십시오! 그리고 여러분의 관대하신 주님께 대한 여러분의 지독할 정도의 의심을 부끄러워하기 바랍니다!

나는 이 본문의 "보라"가 특별한 주의를 끌어내기 위해 의도된 것이라고 말했습니다. 여기에 연구할 가치가 있는 무언가가 있습니다. 여러분이 이 본문의 연구에 한 달을 소비하여도, 그것은 단지 본문을 이해하기 시작하는 단계에 불과할 것입니다. 그것은 일종의 금광입니다. 표면에도 금광석이 있지만, 깊이 팔 줄 아는 사람을 위해 더욱 풍성한 금이 있습니다. 나는 단지 광맥을 제시할 뿐이며, 후에 묵상을 통해 그 광맥을 발굴하는 것은 여러분의 몫입니다. 이 본문에 깊은 주의를 기울이라고 여러분에게 권합니다. 이 귀한 유리잔에 담긴 위로의 포도주를 한 방울도 잃지 말 것을 호소합니다. 기도하는 마음으로 정성스럽게 이 곡물을 곱게 빻아서 훌륭한 밀가루를 만드십시오. 곡식이 통에서 상해가도록 방치하지 마십시오. 하나님께서 "보라"고 하신 대목에서, 병에 담긴 모든 기름을 남김없이 부어내십시오. 틀림없이 거기에는 사소하게 취급하거나 무관심하게 넘겨 버려서는 안 될 무언가가 있습니다.

이제 다음 단어로 넘어가겠습니다. "보라, 내가 너를 내 손바닥에 새겼노라." 기념을 위해 자기 백성을 새겨두기를 기뻐하신 신성한 예술가는 다름 아닌 하나님 자신이십니다. 여기서 우리는 후에 그리스도께서 제자들에게 가르치신 교훈을 배웁니다. "너희가 나를 택한 것이 아니요 내가 너희를 택하여 세웠다"(요 15:16). 하나님 자신 외에는 어느 누구도 하나님의 손에 무언가를 새길 수 없습니다. 우리의 공로나 기도나 회개도, 심지어 믿음도 거기에 우리의 이름을 새기지 못합니다. 그 선함에 있어서, 이런 것들은 하나님의 손에 우리의 이름을 새길 정도의 수준에 이르지 못하기 때문입니다. 맹목적인 우연이나 운명적인 불가피성도 거기에 우리의 이름을 새기지 못합니다. 오직 살아계신 아버지의 생명의 손이, 그분의 마음에서 우러나오는 자발적이고도 전능한 사랑 이외에 달리 어떤 것에 의해서도 자극받지 않고서, 그분의 백성의 이름을 그분 자신의 손에 새겼습니다. 그러므로 우리는 얼마나 하나님께 의존하는 존재인지요! 만약 내 이름이 어린 양의 생명책에 있다면, 내 이름을 그곳에 두신 은혜의 주권을 내가 얼마나 찬미해야 마땅하겠습니까! 내 이름이 그곳에 없다면, 내가 그곳에 내 이름을 기록할 수는 없습니다. 내 이름이 그 목록에서 발견되지 않는다면, 천사장이라도 내 이름을 그곳에 끼워 넣을 수 있는 가능성이 전혀 없습니다.

> "주께서 우리의 이름을 부르실 때
> 내 이름이 빠져 있다면 어찌할까요?"

그것은 우리 중 누구에게든 암담한 생각입니다. 하지만 내 이름이 거기에서 빠지지 않고, 오히려 하나님께 선택된 빛나고 귀한 영혼들 가운데 내 이름도 그곳에 기록되었음을 알 때, 이것이 나를 기쁨으로 뛰게 만듭니다! "내가 너를 새겼노라."

또한 주께서 그 일을 하셨다면, 그 일에는 결코 실수가 없습니다. 만약 어떤 인간의 손이 기념비를 새겼다면 그 글씨에 틀린 것이 있을 수도 있겠지만, 완벽한 사랑과 결합된 완벽한 지혜가 성도들의 이름을 기록했다면, 어떤 오류도 발생할 가능성이 없습니다. 하나님이 쓰신 것을 지우거나 십자 긋기 표시를 하여 뺄 수는 없으며, 영원하신 분이 작정하신 바를 삭제할 수는 없습니다. 신적 저작에 의해 새겨진 것은 영원히 고정되고 불변한 것이 틀림없습니다. 어둠의 세력이 그 영원한 글귀를 지우지 못합니다. "내가 너를 내 손바닥에 새겼노라."

영혼이여, 하나님께서 그대를 이토록 주목하셨다면, 이것이 그대를 압도하여 겸손히 그분을 찬미하도록 하기에 충분합니다. 당신이 하나님이 돌보신다는 매일의 증거들을 받을 때, 당신은 다윗과 함께 이렇게 외쳐야 마땅할 것입니다. "주의 손가락으로 만드신 주의 하늘과 주께서 베풀어 두신 달과 별들을 내가 보오니 사람이 무엇이기에 주께서 그를 생각하시며 인자가 무엇이기에 주께서 그를 돌보시나이까?"(시 8:3-4). 하지만 주여, 어찌하여 당신께서는 그보다 더 나아가, 이 보잘것없는 죽을 인생들의 이름을 친히 당신의 손바닥에 새기셨나이까? "내가 너를 새겼노라."

하나님께서 그분의 성도들과 가까이 접촉하기 위해 찾아오시고, 은혜의 모든 행동들 안에서 친히 자기를 그들에게 나타내심을 보는 것은 굉장한 일입니다. 다른 일들에서 하나님은 멀리까지 미치는 음성으로 역사하시지만, 은혜의 기이한 일들을 행하실 때에 그분은 친히 임재의 손으로 일하십니다. 세상을 만드실 때 그분은 멀리 서서 그분의 의지를 말씀하십니다. 하지만 그분이 성도들을 창조하시고, 자기 백성들을 구속하실 때, 그분은 그분의 내실(內室)에서 나오십니다. 그분은 하늘을 가르고 강림하시며, 하나님으로서 자기 자신을 가까이 나타내십니다. 그분은 마치 토기장이가 물레 위에서 진흙을 바라다보듯이 그분의 작품들 위에 서서 보십니다. 그분이 하늘과 땅을 만드실 때, "새벽 별들이 기뻐 노래하며 하나님의 아들들이 다 기쁘 소리를 질렀느니라"(욥 38:7)고 기록되었습니다. 하지만 나는 하나님이 노래하시는 것을 듣지 못했습니다. 물질적인 우주에서는 그분의 무한한 마음을 감동시키는 것이 없습니다. 그 작품은 그분에게 충분히 소중한 일이 아니며, 구속의 사랑의 위대한 작품에 비하면 완전히 만족스러운 일도 아닙니다. 하지만 그분이 자기 백성을 구원하셨을 때, 이스라엘을 자기를 위하여 창조하셨을 때, 나는 이 외침을 듣습니다. "그가 너로 말미암아 기쁨을 이기지 못하시며 너를 잠잠히 사랑하시며 너로 말미암아 즐거이 부르며 기뻐하시리라"(습 3:17). 오, 비길 데 없이 귀한 구절입니다! 그 구절에서 영원한 삼위일체가 거룩한 노래를 외쳐 부르시는 것입니다! 여러분은 아직 이 선율의 아름다움을 이해하지 못합니까? "내가 그 일을 행하였노라. 내가 인간이 응시하지 못하도록 나 자신을 감추었던 내 장막의 은밀한 곳에서 나왔으며, 내가 너를 내 손바닥에 새겼노라."

다음 단어를 보십시오. 우리는 여기서 물을 길어낼 수 있는 많은 우물들을 얻습니다. "보라, 내가 너를 내 손바닥에 새겼노라(have graven)." "새길 것이라(will grave)"가 아니며, "새기고 있다"도 아닙니다. 그것은 과거의 일이며, 과거에 끝난 일입니다! 오, 이 새겨진 것이 얼마나 오래된 일인지요! 사람들은 우리를 대영 박물관으로 데려가서 아주 귀한 문서들을 보여줍니다. 그것들은 아주 오래된 시대의 기념비들이며, 홍수 이전 연대에 처음 생겨난 것입니다. 하지만 여기에 그 비문들보다 더 오래된 것이 있습니다. 그에 비하면, 앗수르 시대의 유물들과 애굽의 기록물들은 어제의 물건들이나 다름없습니다. 안개로 싸인 띠를 뚫고 지면이 그 모습을 드러내기 전에, 지구가 아직 생겨나기도 전에, 혹은 아직 어린 태양이 첫 햇살을 쏘아대기도 전이나, 저기 별들이 그 눈을 뜨기도 전에, 영원하신 하나님께서 그 사랑의 눈으로 그분의 은혜를 입은 자들을 응시하셨습니다.

여러분이 할 수 있는 한 최대로 시간을 거슬러 올라가, 마치 아직 생겨나지 않은 숲이 한 알의 상수리 열매 속에 배아(胚芽)의 형태로 있는 것처럼 아직 이 지구와 우주 내의 모든 세계가 하나님의 생각 속에 잠들어 있을 때, 그리고 여러분이 거슬러 올라갈 수 있는 모든 시간 이전에, 주께서 먼저 이 말씀을 하셨습니다. "내가 너를 내 손바닥에 새겼노라." "영원부터 영원까지 주는 하나님이시니이다"(시 90:2). 주여, 영원부터 영원까지 당신은 동일하시며, 당신의 백성들의 이름이 당신의 손바닥에 새겨졌나이다!

하지만 내가 생각하기에, 여기서 선지자가 언급하는 것은 그보다 후에 쓴 것을 가리킬 수도 있습니다. 곧 예수 그리스도께서 그 잔인한 조각 도구들인 긴 못에 팔을 펼치셨을 때입니다. 그 때 사형집행자들이 망치로 예수님의 부드러운 손을 내려쳤을 때, 정녕 우리의 이름이 그분의 손바닥에 새겨졌습니다. 오늘도 그분은 그 상처들을 가리키시면서, 우리로 하여금 믿음으로 그 못자국난 곳에 우리의 손가락을 대도록 허용하시고, 아마도 우리에게 이렇게 말씀하실 것입니다. "내 양쪽 손바닥 깊은 곳에 내가 너의 이름을 새겨놓았다."

그리스도인이여, 이 심오한 일들이 당신을 위로하지 않습니까? 당신은 영원한 언덕의 옛 일들에서 위로를 얻지 못합니까? 영원한 사랑이 당신을 기쁘게 하지 않습니까? 하나님은 당신에게 낯선 분이 아니십니다. 그분은 당신이 당신 자신을 알기 오래전에 당신을 아셨습니다. 그렇습니다. 당신이 "땅의 깊은 곳에서 기이하게 지음을 받기"(시 139:15) 아주 오래전에, 당신의 형질과 지체들이 아직 형성되기도 전에, 그분의 책에 그 모든 것이 기록되었습니다. 땅의 기초가 놓이기도 전에 당신은 주께 알려진 자입니다. 그분이 항상 당신을 생각하고 계셨습니다. 당신이 그분의 생각과 마음에 없었던 시기는 결코 없었습니다. "내가 너를 내 손바닥에 새겼노라(have inscribed)."

하지만 다음 단어가 "새겼다(inscribed)"입니다. 내 사랑하는 친구여, 오늘 아침 이곳에서 내가 기쁘게 맞이한 헬렌스버러(Helensburgh)의 존 앤더슨(John Anderson) 목사님은 오늘 아침에 동양에 여행하던 때의 이야기를 들려주었습니다. 그는 친구들의 초상화를 늘 지니고 있는 사람들을 자주 보았습니다. 우리나라에서 친구의 초상화를 브로치나 시계에 새겨 지니고 다니는 것처럼, 그들은 어디에 가나 친구의 초상화를 지니고 다녔는데, 곧 그런 모습을 손바닥에 새겨 둔 것입니다. 내가 그에게 말했습니다. "하지만 씻으면 지워질 텐데요." "차츰 그렇게 될 수 있겠지요", 그가 대답했습니다. "하지만 그들은 자주 강력하고 지워지지 않는 잉크를 바늘로 찔러서 주입하기 때문에, 손바닥이 있는 한 친구에 대한 기억도 지속되지요." 정녕 이것이 바로 본문이 의미하는 바입니다. "내가 너를 새겨 넣었노라. 단지 너를 그린 것이 아니라, 표면에 찍은 것이 아니라, 영구적으로 결코 지울 수 없는 표지로서 너를 내 손바닥에 새겨 넣었노라!" "새겼다"는 단어는 새겨진 표지의 영속성을 나타냅니다. 사람의 손바닥에가 아니라, 하나님의 손바닥에 새겨진 것입니다. 오, 신비스러운 일입니다! 불멸하시고 영원하신 분의 손바닥에 표지가 새겨지다니요! 조각가들은 그들의 도구에 무언가를 새깁니다. 딱딱한 금속을 절개하며 거기에 표지를 새긴다는 것이 얼마나 혹독한 일인지를 그들은 말합니다. 그런데 하나님께서 이렇게 새기셨습니다. 전능의 능력으로 그분은 우리의 이름을 그분의 살에 새기셨습니다! 골고다에서 그런 새김이 있었지 않습니까? "여호와께서 그에게 상함을 받게 하시기를 원하사 질고를 당하게 하셨다"(사 53:10)고 기록되지 않았습니까? 마치 영원하신 능력의 하나님이 조각 도구를 가지고 그의 택하신 백성들을 기억하는 표지를 예수님의 손에 새기신 것과 같습니다! "내가 너를 내 손바닥에 새겼노라." 우리가 잃은 자가 될 거라는 어두운 전망에 빠질 필요가 없습니다. 우리는 하몬드(Hammond)와 더불어 이렇게 노래할 수 있습니다.

> "예수님이 계시면 우리에게 참된 친구가 있는 것이니,
> 그의 인자하심은 끝까지 동일하시네.
> 인생의 위로들은 변하고, 육체는 쇠할 수 있으나
> 결코 좌절하지는 않으니, 하나님이 우리의 도움이기 때문이라네.
> 언덕이 떠나고 산들이 요동하여도
> 오 사랑의 원천이여, 당신은 신실하십니다!
> 아버지께서 그 손에 우리의 이름을 새기셨으니,
> 천국에서 우리의 기록은 영원히 지워지지 않으리."

잠시 멈추어 다음 단어를 살펴볼까요? 그 단어에서 내가 전하는 말은 적어도, 여러분은 지속적으로 그것을 묵상해야 합니다. "내가 너를 내 손바닥에 새겼노라." 나의 주님, 저를 의미하시는 것입니까? 예, 바로 저입니다. 만일 제가 믿음으로 당신의 십자가를 붙든다면, 바로 저입니다. "제가 만일 믿음으로 당신의 복된 가족에 들어왔다면, 저는 당신의 사랑의 품에서 쫓겨나지 않을 것입니다. 저는 당신께서 저를 기억하심을 압니다. 그렇지 않았더라면 결코 당신께서 저로 하여금 당신을 기억하도록 돕지 않으셨을 것입니다. 오 은혜로우신 나의 주님, 당신께서 영광을 얻으시기를 원합니다." 하지만 내 사랑하는 형제들과 자매들이여, 나는 여러분이 "내가 너를 내 손바닥에 새겼노라"고 표현된 말씀에 주목하기를 바랍니다. "너의 이름"이라고 말씀하시는 것이 아닙니다. 이름이 거기에 있습니다. 하지만 그것이 전부가 아닙니다. "내가 너를 내 손바닥에 새겼노라." 이 충만한 표현을 보십시오! 내가 너의 존재를, 너의 형상, 너의 사정, 너의 상황, 너의 죄들, 너의 유혹들, 너의 약함, 너의 필요, 너의 일들을 새겼다는 것입니다. 내가

너를 새겼노라. 즉 너에 관한 모든 것, 너와 관련된 모든 것, 너의 전부를 새겼다는 것입니다. 그것은 어렴풋한 스케치가 아닙니다. 그것은 완벽한 그림, 마치 그 사람 자체가 그곳에 있는 것과도 같은 것입니다. 뭐라고요? 당신은 감히 하나님께서 당신을 잊으신다고 꿈꾸는 것입니까? 하나님께서 당신을 새기셨거늘, 당신의 이름만이 아니라 당신과 관련된 모든 것을 그분의 손바닥에 새기셨거늘, 당신은 또다시 그분이 당신을 버리셨다고 말하는 것입니까?

한 사람이 말합니다. "오, 하지만 저는 오늘 아침 큰 곤경에 처해 있습니다." 자, 그분이 그 일을 그곳에 새기셨습니다. 또 한 사람이 말합니다. "아아, 저는 너무 약하고 연약하답니다!" 그것 역시 그곳에 새겨졌습니다. "내가 너를 새겼노라." 전지하신 하나님은 당신이 당신 스스로를 아는 것보다 당신을 더 잘 아십니다. 당신은 약간의 죄를 의식하고 있으며, 약간의 흠결을 의식하는 반면에, 그분은 당신에게 무수한 죄가 있음을 아시며, 당신이 한없이 약한 것을 아십니다! 그분은 그 모든 것을 거기에 새기셨습니다. "내가 너를 새겼노라." 다시 말하지만, 이는 말로 표현하기에는 너무 큰 주제이며, 오히려 여러분의 골방에서 읽고 주목하고 배워서 소화시키는 것이 더욱 적절합니다. 여러분이 여러분 자신의 지식을 서판에 아무리 잘 새기더라도, 하나님께서 그 복된 서판 곧 그분의 손바닥에 새기신 것보다는 결코 잘 새길 수 없습니다. 나는 감히 말합니다. 우리의 관대하신 하나님은 그분의 성도 한 사람을 생각하시기를, 마치 다른 성도는 없는 것처럼, 그리고 온 세계에 다른 피조물이 없는 것처럼, 많이 생각하십니다. 우리의 언약의 하나님은 자기 자녀를 너무나 잘 기억하시고 돌보십니다. 비록 온 우주가 해체되고 그림자처럼 떠나며, 오직 하나님의 은혜를 붙드는 단 한 사람만이 남는 경우에도, 자기 백성 각 사람을 주의 깊은 사랑으로 돌보시는 지금보다 더 잘 살피시고 돌보실 수는 없을 것입니다. "내가 너를 내 손바닥에 새겼노라."

지금까지 우리는 이 구절의 모든 단어를 살펴보았습니다. 하지만 우리는 다음 두세 단어에도 주목해야 합니다. 우리가 어디에 새겨졌음을 기억해야 합니까? 그분의 손바닥입니다. 그분의 손으로 만든 작품에 새겨진 것이 아니라, 그분의 손바닥에 새겨졌습니다. 그분이 손으로 만드신 것들은 사라질 것입니다. 예, 그것들은 모두 의복처럼 낡아질 것입니다. 하지만 그분의 손은 영원히 설 것입니다. 우리는 반지에 새겨진 것이 아닙니다. 반지는 손가락에서 빠져나가 잃어버릴 수 있습니다. 하지만 손 자체는 살아계신 하나님으로부터 결코 분리될 수 없습니다. 그것은 거대한 바위에 새겨지거나 조각된 것이 아닙니다. 지진과 같은 자연의 격동에 의해 바위가 깨어질 수 있으며, 혹은 오랜 세월이 바위에 새겨진 글을 침식시킬 수 있습니다. 우리의 기록은 그분의 손바닥에 있습니다. 영원히 지속되며, 끝이 없는 곳에 새겨진 것입니다! 새겨진 곳은 그분의 손등이 아닙니다. 전쟁과 다툼의 때에 그 새겨진 것이 손상을 입을 수 있는 손등이 아니라, 잘 보호되는 그분의 손바닥입니다.

"하나님이 전쟁을 위해 오른팔을 걷으실 때나,
뇌운(雷雲)과 폭풍이 소리칠 때에도, 안전하게 보호되리."

그분이 주먹으로 치실 때에도, 그분의 백성은 그분의 손바닥 안에서 안전하게 보호를 받습니다. 새겨진 장소는 가장 부드러운 부분, 가장 보기 쉬운 곳, 그분의 지혜의 손가락들이 둘러싸는 곳이어서, 그분이 능력으로 행하신 기사들과, 택하신 자들을 결코 잊지 않겠다고 하신 맹세를 그분에게 계속해서 기억나게 할 것입니다.

본문이 "내가 너를 내 한 손바닥에 새겼다"고 말하지 않고, "내가 너를 내 양손(My hands) 바닥에 새겼다"고 말하는 것에 주목하십시오. 이중의 기념비가 있습니다. 그분의 성도들은 결코 잊혀지지 않을 것입니다. 새겨진 곳이 그분의 은총의 오른손 바닥과 정의의 왼손 바닥이기 때문입니다. 나는 그분이 오른손으로 나를 손짓하여 "복 받은 자여, 내게로 오라"고 부르시는 것을 봅니다. 그분은 그분의 손에서 나를 봅니다. 그분은 한편에 있는 자들에게 "저주를 받은 자들아 나를 떠나라"고 하시지만, 나에게는 그러지 않으십니다. 그분은 그 손에서 나를 보시며, 따라서 나를 저주하실 수 없기 때문입니다. 오! 내 영혼이여, 그분이 "왼팔로 내 머리를 고이고 오른팔로 나를 안으심을"(아 2:6) 아는 것이 얼마나 매혹적이더냐! 그분이 왼손으로, 저주하시는 왼손으로 나를 저주하실 수 없음은, 그 손이 내 머리를 고이고 계시기 때문입니다. 그분이 나를 치실 수 없음은 그 왼손이 내 힘과 버팀이 되었고, 내 베개와 안식이 되었기 때문입니다. 또 한편 그 오른손으로는 나를 안으시고, 사망과 지옥으로부터 안전하게 지키시며, 나를 보존하시고, 나를 영원한 영광의 나라로 이끄시기 때문입니다.

나는 이 구절의 아름다움을 다 표현할 수 없다고 의식합니다. 여러분이 이 짧은 예배 시간보다 훨씬 긴 시간을 묵상을 위해 쓰지 않는다면, 여러분도 이 본문의 아름다움을 느끼지 못할 것이라고 생각합니다. 집으로 가서 본문을 거듭해서 살펴보고, 특히 "너를"이라는 단어를 중점적으로 묵상해보십시오. 오, 그러면 여러분은 이렇게 표현할 수 있을 것입니다. "그분이 나를, 나를, 나를 그 손바닥에 새기셨도다!" 만일 당신의 영혼이 하나님께서 매일 당신을 기억하고 계시며, 그분이 당신을 잊을 수도 없고 잊지도 않으실 것임을 알 수 있다면, 그 때 당신은 주의 언약궤 앞에서 춤을 출 것입니다. 비록 미갈이 조롱하여도, 당신은 다윗처럼 이렇게 대답할 것입니다. "하나님이 나를 선택하셔서, 나로 춤추게 하셨습니다." 영원한 선택과 해체될 수 없는 연합은, 믿는 자들을 말할 수 없는 기쁨으로 즐거워하게 만드는 진리입니다. "너희 의인들아 여호와를 기뻐하며 즐거워할지어다 마음이 정직한 너희들아 다 즐거이 외칠지어다"(시 32:11).

2. 본문 전체에 대한 숙고

이제 이 주제의 두 번째 부분으로 나아갑시다. 그것은 본문을 전체로서 숙고하는 것입니다.

"내가 너를 내 손바닥에 새겼노라." 먼저, 이 말씀은 자기 백성을 향하신 하나님의 기억은 지속적임을 우리에게 보여주는 듯합니다. 손이란, 말할 것도 없이, 몸과 지속적으로 연합되어 있습니다. 솔로몬의 아가에서 우리는 "너는 나를 도장같이 팔에 두라"(8:6)는 말씀을 읽습니다. 이는 아주 친밀한 형태의 기억을 말합니다. 동방에서는 도장을 치워버리는 경우가 거의 없으며, 자기 이름을 예술적으로 표기하는 기술이 없는 사람은 서류에 서명을 하기 위해 도장을 사용합니다. 따라서 사람들은 거의 언제나 도장을 소지하며, 어떤 경우에는 결코 몸에서 떼어놓지 않습니다. 그렇더라도 도장은 치워둘 수 있겠지만, 손은 결코 그렇게 할 수 없습니다. 특히 옛 시대에는 사람들이 어떤 것을 기억하기 원할 때, 기억의 보조수단으로서, 팔에 끈을 묶어두든지 혹은 손가락에 실을 매어두는 것이 풍습이었습니다. 하지만 줄은 끊어지거나 벗겨질 수도 있었고, 따라서 그 문제가 잊혀질 수 있었습니다. 하지만 손과 거기에 새겨진 것은 지속적이며 영속적입니다.

오 그리스도인이여, 밤이든 낮이든 하나님께서 항상 당신을 생각하고 계심을 기억하십시오. 연초에서 연말까지, 주의 눈이 언제나 당신에게 향하시는데,

곧 이 귀한 말씀과도 같습니다. "나 여호와는 포도원지기가 됨이여 때때로 물을 주며 밤낮으로 간수하여 아무든지 이를 해치지 못하게 하리로다"(사 27:3). 하나님께 대한 당신의 기억은 간헐적입니다. 당신은 오늘 아침 침상에서 일어났을 때 그분을 생각했습니다. 당신은 지금도 그분을 생각하려고 애쓰고 있으며, 오늘 저녁에 다시 당신의 생각은 그분을 향해 올라갈 것입니다. 이런 것은 단지 때와 시기에 따라 기억하는 것에 지나지 않습니다. 하지만 하나님은 당신에 대한 생각을 멈추실 수가 없습니다. 인간의 유한한 정신은, 수행해야 할 다른 일들이 있을 경우, 끊임없이 한 가지 생각에 골몰할 수 없습니다. 하지만 하나님의 무한한 정신은 백만 가지의 일들을 한 번에 생각하실 수 있습니다. 그분은 한 번에 한 가지 일을 생각하거나 일하는 것에 제한되지 않으십니다. 그분은 많은 손들과 많은 눈들을 가지신 하나님이십니다. 그분은 모든 일들을 행하시고, 모든 일들을 곰곰이 생각하시며, 동시에 모든 일들을 이루어가십니다. 그러므로 그분이 어떤 긴급한 용무에 몰두하시느라 당신을 잊으시는 일은 결코 있을 수 없습니다. 당신을 향한 그분의 애정에서 다른 누군가가 끼어들어 당신에게 라이벌이 되는 일은 없습니다. 당신은 당신의 위대하신 남편 곧 그리스도께 단단히 연합되었으며, 다른 어떤 연인도 그분의 마음을 훔치지 못합니다. 하지만 예수님은, 당신을 선택하셨기에, 다른 라이벌이 오는 것을 결코 참지 않으십니다. 당신은 그분의 사랑하시는 자요, 그분의 배우자이며, 그분의 마음의 연인입니다. 당신에 대해서 그분이 이렇게 말씀하십니다. "내 눈과 내 마음이 항상 너를 향하고 있다." 당신이 그분의 소유된 백성 중 하나라면, 매일 매 순간, 매달 매일, 매년 매달, 주님은 지속적으로 당신을 생각하고 계십니다.

또한 이 본문은 전체적으로 볼 때, 하나님의 이러한 기억이 실제적임을 우리에게 보여주는 듯합니다. 우리는 그분의 마음에 새겨졌습니다. 이것은 그분의 사랑을 보여주는 것입니다. 우리는 그분의 어깨 위에 올려졌습니다. 이는 그분의 힘이 우리를 위해 사용됨을 보여줍니다. 또한 우리가 그분의 손에 있다는 것은, 우리 주님께서 우리를 위해 행동을 아끼지 않으실 것임을 보여줍니다. 그분은 자기 백성을 위해 일하시며 그분의 강함을 보여주실 것입니다. 그분은 전능의 손으로 우리의 구속을 효과적으로 이루실 것입니다. 우리를 생각해주는 친구가 있어도 그의 사랑이 생각으로만 끝난다면, 친구가 있는 것이 무슨 소용일까요? 우리가 원하는 신실성이란 우리 편에서 행동하는 친구의 신실성입니다. 우리는 우리를 돌보아주고, 원수의 모든 화살에 맞서 방패를 들어주며, 우리의 모든 필요를 공급해주는 분이 필요합니다. 우리는 하나님으로부터 행동하는 긍휼을 필요로 합니다. 정녕 이것이 본문이 의미하는 것입니다. "내가 너를 내 손바닥에 새겼노라." 마치 하나님이 만지신 모든 것에 그분의 백성을 기념하는 것을 새겨두었다고 하는 것 같습니다. 그분이 행하신 모든 일을, 그분은 자기 백성을 기억하려고 손바닥에 새겨둔 그 손으로 행하셨습니다. 여러분은 그 취지를 이해하시겠습니까? 만일 그분이 그분의 손바닥 사이에서 세계를 조성하시고 제 궤도를 따라 구르도록 보내셨다면, 그분의 아들과 딸들의 형상을 새기신 손바닥도 바로 그 손바닥이며, 따라서 그분이 하시는 새로운 일은 그들의 유익에 이바지하는 일이 될 것입니다. 그분이 민족을 나누신다면, 그 일 역시 언제나 시온을 기억하시는 그 손으로 행하시는 것입니다. 성경 자체가 우리에게 그것을 일러주고 있습니다. "지극히 높으신 자가 민족들에게 기업을 주실 때에, 인종을 나누실 때에 이스라엘 자손의 수효대로 백성들의 경계를 정하셨도다"(신 32:8).

섭리의 거대한 바퀴는, 하나님께서 그것을 구르도록 하실 때, 하나님이 그분의 목적에 따라 부르신 백성의 유익을 위하는 방향으로 구르는 것입니다. 많은 줄들이 있지만, 그 모든 줄들은 한 손 안에 있으며, 따라서 그 모든 줄들이 한 방향으로 당겨지고, "영원한 영광의 중한 것을"(고후 4:17) 선택된 자들에게로 끌어옵니다. 많은 바퀴들이 있고, 헤아릴 수 없이 많은 톱니바퀴들이 있기에, 여러분과 내가 아무리 둘러보아도 그 장치를 이해하지 못합니다. 우리는 소리칩니다. "오 바퀴들이여, 너희들은 어떻게 작동하느냐?" 하지만 종말에, 여러분이 굳게 서서 모든 것의 종말을 본다면, 여러분은 하나님께서 그 모든 바퀴에 그의 자녀들을 기념하는 것을 새기신 것과, 그리하여 그 작동의 결과가 언제나 선하며, 그분의 손바닥에 새겨두신 자들의 유익을 위해서만 작동한 것을 알 것입니다. 그러므로 그분의 긍휼은 지속적일 뿐 아니라 실제적입니다.

사랑하는 친구들이여, 하나님의 자녀들에게 기쁨이 되는 것은 이것이 또한 영원한 기억이라는 것입니다. 하나님의 손에 새겨진 것을 사람이 지울 가능성이 있다고는 상상할 수 없습니다. 성경은 우리가 그리스도의 손 안에 있다고 말하며, 그러므로 어느 누구도 그 손에서 우리를 빼앗을 수 없다고 말합니다. 어떤 아르미니우스주의자들(Arminians)은 우리가 그분 손에서 미끄러져 나갈 수도 있다고 말합니다. 하지만 우리가 그분의 손에 새겨졌거늘 어떻게 빠져나갈 수 있단 말입니까? 설혹 지옥의 모든 악령들이 모든 궤계로써 우리를 하나님의 손바닥에서 빼낼 수 있는 음모를 꾸민다고 해도, 우리는 그들에게 잘 맞설 수 있습니다. 나는 어떤 피조물이, 그것이 삶이든 죽음이든, 현재 일이든 장래 일이든, 하나님의 손바닥에서 우리의 이름을 지우는 것보다 더 불가능한 일은 생각해낼 수 없다고 생각합니다. 이런 가사로 부르는 우리의 찬송은 틀리지 않습니다.

"일단 그리스도 안에 있으면, 영원히 그리스도 안에 있는 것이니
그 무엇도 그분의 사랑에서 끊어낼 수 없네."

토플래디(Toplady)는 다음과 같이 말했을 때 틀린 것이 아닙니다.

"그분의 손바닥에 있는 내 이름은
영원히 지워지지 않으리.
지울 수 없는 은혜의 흔적이
그분의 마음에 여전히 새겨져 있다네.
그렇지, 나는 끝까지 견디리니
확실한 담보가 주어졌기 때문이라네.
천국에 있는 영화로운 영들이
나보다 더 행복하겠지만, 나보다 더 안전한 것은 아니라네."

"내가 너를 내 손바닥에 새겼노라!"

아직 나는 이 본문에 담긴 은혜의 즙을 다 뽑아낸 것이 아닙니다. 포도주 틀을 밟는 자로 하여금 한 번 더 포도들을 밟게 하십시오. 거기에서 더욱 거룩한 포도주가 흘러나올 것입니다. 이러한 기념이 얼마나 부드러운 것인지요! 내가 얼마나 부드러우냐고 말하는 이유는, 그것이 손에 새겨졌기 때문입니다. 어떤 사람에게서 들은 이야기입니다. 동양의 한 여왕이 그녀의 남편을 너무나 사랑하여 그를 기억하기 위해 능(陵)을 세우는 것으로는 충분치 않다고 생각했습니다. 그녀에게는 자신의 애정을 입증할 기이한 방법이 있었는데, 남편의 뼈들이 소각될 때 그 재를 취하여 마시고는, 그녀의 몸이 그녀 남편의 살아 있는 묘가 될 것이라고 말했습니다. 그것은 사랑을 보여주는 기이한 방식이었고, 놀라울 정도로

이상하면서도 광적인 애정이 그 속에 내포되어 있었습니다.

하지만 손바닥에 새김으로써 기억을 보여주는 이토록 거룩하고, 아름다우며, 반대할 수 없고, 공감을 자아내는 방식에 대해서는 내가 무어라고 말할까요? 그것은 마치 왕이 이렇게 말하는 것처럼 보입니다. "내가 내 백성을 귀한 돌에 새길까? 내가 홍옥(紅玉)과 녹옥(綠玉)과 남옥(藍玉)과 황옥(黃玉)을 골라 거기에 새길까? 아니지, 이런 것들은 마지막의 큰 불 속에서는 모두 녹아지게 마련이다. 그렇다면 무엇이 있을까? 내가 금이나 은으로 된 판에 기록할까? 아니지, 이 모든 것은 부식할 수 있고 손상될 수 있으며, 도둑들이 들어와 훔쳐갈 수도 있다. 그렇다면 기념의 표지를 동판에 깊게 새겨둘까? 아니다, 시간이 그것을 침식할 수 있고, 머지않아 글씨가 지워져 읽을 수 없게 될 것이다. 나는 나 자신에게, 내 손에 기록할 것이다. 그래서 내 백성으로 하여금 내가 얼마나 그들을 사랑하는지, 차라리 나 자신의 살을 벨지언정 그들을 잊지 않을 것임을 알게 하리라. 이 상처에 의한 기억은 그들을 향한 내 사랑의 기념이 될 것이며, 정녕 그 상처는 영원한 기념이 되리라." 우리의 이름을 그렇게 기록하시니, 여러분과 나를 향한 하나님의 사랑은 얼마나 충만하고 지극히 뛰어난 것인지요!

내가 좀 더 말한다고 해서 지루해하지 마십시오. 이 기념은 아주 놀라운 것입니다. 성경에는 기이한 일들로 가득하지만, 그런데도 이 구절 앞에 "보라"는 표현이 있습니다. "보라!" 만일 내가 지금까지 말한 것들이 여러분을 놀라게 하기에 충분하지 않다면, 이 본문의 깊은 바다, 바닥도 없고 기슭도 없는 이 바다가 여러분으로 하여금 놀라서 손을 들게 할 것입니다. 하나님의 자녀여! 당신의 즐거운 눈과 기쁜 마음으로 하여금, 한때 그토록 악하고 마음이 완고했으며 하나님으로부터 멀리 떨어져 있던 당신이, 오늘 그분의 손바닥에 새겨진 것이 얼마나 놀라운 일인지를 증언하게 하십시오!

다음으로, 나는 그것이 또한 매우 위로가 되는 것임을 말하고자 합니다. 하나님께서 "여호와께서 나를 잊으셨다"(14절)고 한 시온의 큰 의심을 대하실 때, 그분은 시온을 이 말씀으로 위로하십니다. "내가 너를 내 손바닥에 새겼노라." 슬퍼하며 우는 자여, 오늘 아침 당신은 어디에 있습니까? 어디에 있습니까? 아아, 당신은 부끄러워 고개를 숨기고 있는 것이 당연합니다. 시련이 거듭하여 닥치자, 당신은 어제 이렇게 토로했습니다. "내 하나님이 나를 잊으셨으니, 더 이상 은혜를 베풀지 않으시겠지."

여기 오늘 아침에 당신을 향한 하나님의 대답이 있습니다. "그럴 수 없다. 나는 너를 잊지 못한다. 내가 너를 내 손바닥에 새겼기 때문이다."

"너를 잊다니, 나는 그러지 않을 것이고, 그럴 수도 없다.
네 이름이 내 마음에 새겨져 영원히 머물도다.
내 손바닥을 쳐다볼 때 내가 보는 것은,
너를 위하여 내가 고난당할 때 받은 상처들이라."

이 본문이 해독제가 되지 못하는 슬픔이란 없습니다. 당신이 하나님의 자녀라면, 비록 당신의 고난들이 바다 물결처럼 헤아릴 수 없는 것이었어도, 이 본문이 마치 대양의 바닥처럼 그 모든 것들을 담을 수 있습니다. 비록 당신이 모든 것을 잃어버리고, 무일푼의 파산한 거지가 되어 이곳에 왔더라도, 이 본문의 말씀을 소유하였다면, 당신은 수전노는 꿈꿀 수 없을 정도로 부유합니다. 아마도 당신은 한때 누렸던 복들을 잊었을 것이며, 당신 자신의 경험이 당신에겐 하나의 꿈처럼 여겨질 수도 있을 것입니다. 당신이 결코 주님을 알았던 적이 없다고 마귀가 당신에게 말할지도 모릅니다. 당신의 죄가 그와 같은 방식으로 증언할 수도 있습니다. 하지만 당신이 주 예수 그리스도를 믿었다면, 다윗의 주님과 더불어 맺었던 그 언약은 결코 파기될 수 없습니다. "내가 너를 내 손바닥에 새겼노라." 오십시오, 고개를 숙이고 있는 성도여, 당신의 고개를 드십시오! 지치고, 풀이 죽은 형제여, 용기를 내십시오! 그리스도께서 당신을 기억하시면, 더 이상 무엇을 바라십니까? 저 죽어가는 강도가 다급한 상태에서 "주여, 나를 기억하소서!"라는 말보다 더 좋은 기도를 할 수 없었듯이, 당신도 큰 슬픔 중에서 이보다 더 완벽한 위로가 되는 요청을 드릴 수 없을 것입니다. "주여, 당신께서 저를 당신의 손바닥에 새기셨음을 저로 보게 하소서."

3. 본문이 암시하는 의무

이제 마지막 요점에 이르렀는데, 그것은 하나의 암시에 관한 것입니다. 나는 앞에서 말할 때 마지막 요점은 이 본문이 암시하는 의무를 행하도록 여러분을 격려하는 것이라고 했습니다.

우리 주 예수 그리스도 안에서 사랑하는 성도들이여, 만일 여러분이 이 측량할 수 없을 정도로 귀한 본문에 관계된 자들이라면, 무엇보다 내가 말하고 싶은 것은 이것입니다. 즉 오늘 근심들을 뒤에 남겨두고 떠나는 것이 여러분의 의무가 아닐까요? 우리는 예배당에 귀중품들을 남겨두고 떠나기를 원치 않습니다. 하지만 이런 근심들은 내일 아침 여인들이 잡동사니들을 치울 때에 깨끗이 치워질 수 있습니다. 나는 쓰레기통에 담기는 내용물들 중에서 이보다 더 지저분한 것은 없다고 확신합니다. 그것들을 오늘 남겨두고 가십시오. 무엇에 대해서 당신은 근심하는 것입니까? 속을 썩이는 근심으로 가득하다면, 그것은 그리스도인으로서 모순이 아닙니까? 하나님께서 항상 은혜와 사랑으로 당신을 기억하시는 것이 사실이라면, 당신은 당신을 돌보시는 분에게 당신의 짐을 모두 맡겨야 하는 것이 아닙니까?

"우리의 지도자이신 주께서 앞서 가시니
그분으로 충분하며, 다른 무엇으로도 충분치 않으리.
위험한 일들이 더 많아져도
그런 안내자가 계시니 두려울 이유가 없네.
올무들과 위험들과 적들을 헤치고
전능의 팔을 가지신 그분이 인도하시네.
온 세상과 지옥이 반대하여도
그분이 우리 편이시니 두려울 이유가 없네."

여러분이 근심해서 안 되는 것처럼, 나는 여러분이 깊은 슬픔과 실망을 가져서도 안 된다고 생각합니다. 고개를 드십시오. 형제여, 여호와께서 당신을 기억하십니다. 만군의 주께서 해안까지 데려가려고 정하신 자를 파도가 익사시키지 못합니다. 당신의 하나님 안에서, 또한 그분의 완전한 사랑 안에서 기뻐하십시오. 당신은 이 본문과 관련된 사람에게는 기쁨이 어울린다고 생각하지 않습니까? 당신의 이마를 닦으십시오. 거기에 땀이 맺힌 것은 사실이지만, 당신의 가장 큰 수고는 끝났습니다. 그리스도께서 당신을 위해 그 일을 완수하셨습니다. 적어도, 불안이나 놀람으로 인해 얼굴에 땀을 흘릴 필요는 없습니다. 그분은 당신을 잊지 못하십니다. 당신은 천사들이 부러워하는 것을 가졌습니다. 당신은 비탄에 빠진 영혼들이 그들의 눈을 주고서라도 얻고자 하는 것을, 고통스러운 양심들이 그들의 피를 흘려서라도 사고 싶은 것을 가졌습니다. 기뻐하십시오. 그러한 왕의 자녀들이 왜 주어진 날들 중 하루인들 슬피 울면서 다녀야 합니까? 이제 당신의 머리를 들고, 하나님의 햇빛을 받으십시오. 희락의 기름으로 슬픔을 대신하며 찬송의 옷으로 근심을 대신하십시오(사 61:3). 나는 금 사슬을 목에 걸고 있는 사람은 궁핍의 누더기를 입을 필요가 없다고 확신합니다. 금강석 관을 이마에 쓰고 있는 사람은 거리의 불쌍한 거지처럼 행동해서는 안 됩니다. 슬픔의 누더기를 입고 나서지 말고, 오히려 감사의 홍포와 깨끗한 세마포 옷을 입으십시오. 하나님께서 당신에게 이 위로를 주시기 때문입니다. "내가 너를 내 손바닥에 새겼노라."

한 가지 더 말하고 싶은 것이 있습니다. 만약 이 본문이 당신에게 해당되지 않는다면, 당신이 그것을 얼마나 부러워해야 하는지요! 탐을 내는 것은 잘못이지만, 이와 같은 것을 탐내는 것은 잘못된 것이 아닙니다. "너희는 더욱 큰 은사를 사모하라"(고전 12:31). 여기에 이렇게 말하는 사람이 있습니까? "오 이런 문제에 내가 한 분깃을 가지면 얼마나 좋을까! 내가 구원을 받는다면, 내가 예수님의 손바닥에 새겨진다면 좋으련만!" 가련한 영혼이여, 당신이 그리스도를 바란다면, 그분도 당신을 바라십니다. 당신이 그분을 향해 사랑의 불씨를 지녔다면, 당신을 향한 그분의 마음은 격렬한 사랑의 풀무불과도 같습니다. 그러니 당신은 그분의 용서의 사랑을 이 아침에 얼마든지 얻을 수 있습니다. "어떻게요?"라고 당신이 묻습니다. "그분을 믿는 자는 결코 멸망하지 않습니다." 믿는 것은 신뢰하는 것이며, 당신이 만약 마치 아이가 그 어머니의 팔을 신뢰하듯이 그분을 담대하고도 단순하게 신뢰한다면, 그분이 당신의 신뢰를 결코 저버리지도 않으실 것이며, 당신의 믿음이 헛된 것으로 판명되지도 않을 것임을 당신은 알게 될 것입니다. 하나님께서 당신으로 하여금 스스로를 알게 하시고, 이 복되고도 복된 말씀의 달콤함을 알게 해 주시길 빕니다. 이 본문은 나를 온통 압도하여 말할 능력을 잃게 하며, 나로 하여금 내 생각과 언어의 빈곤을 느끼게 만듭니다.

예수님을 위하여 하나님이 여러분에게 복을 주시길 바랍니다.

제
55
장

버리지도 잊지도 않으심

"내가 너를 내 손바닥에 새겼노라."—사 49:16

사랑하는 친구들이여, 이 본문이 포함된 장을 읽는 동안, 아마도 여러분은 이 장이 두 부분으로 구분되는 점을 의식했을 것입니다. 첫 부분은 "근본 하나님의 본체시나 하나님과 동등됨을 취할 것으로 여기지 아니하신"(빌 2:6) 영광스러운 하나님의 종, 즉 우리의 신적 구속자이신 주 예수 그리스도와 연관이 있습니다. 이 부분에는 약간의 불평이 있습니다. 그리스도께서는, 다음과 같이 말씀하실 때, 사실상 겟세마네의 신음 중 한 가지를 토로하고 계셨습니다. "내가 헛되이 수고하였으며 무익하게 공연히 내 힘을 다하였구나. 참으로 나에 대한 판단이 여호와께 있고 나의 보응이 나의 하나님께 있느니라"(4절). 유대 백성들 사이에서 우리 주님의 개인적인 사역에 관한 한, 마치 그분이 헛되이 수고한 것처럼 보입니다. 그들 중 대다수가 그분을 거부했으며, 심지어 그들은 "그의 피를 우리와 우리 자손에게 돌릴지어다"(마 27:25)라고 하면서 그들 자신과 그들의 후손들에게 끔찍한 저주를 빌기까지 했기 때문입니다. 여기서 그분은 지상 사역의 명백한 실패와 관련하여 여호와 앞에서 울부짖는 것으로 나타납니다. 응답이 즉각적으로 그분에게 주어지고, 그것은 명백히 우리 구주에게 만족스러운 것이 틀림없었을 것입니다. 그래서 그분은 이런 말을 더하십니다. "비록 이스라엘이 모이지 않았지만(KJV, 한글개역개정에서는 '이스라엘이 그에게로 모이는도다'로 되어 있음—역주) 내가 여호와 보시기에 영화롭게 되었으며 나의 하나님은 나의 힘이 되셨도다. 그가 이르시되 네가 나의 종이 되어 야곱의 지파들을 일으키며 이스라엘 중에 보전된 자를 돌아오게 할 것은 매우 쉬운 일이라 내가 또 너를 이방의 빛으로 삼아 나의 구원을 베풀어서 땅 끝까지 이르게 하리라"(5-6절).

오, 우리의 거룩하신 주님께서는, 깊은 고통 중에서도, 그분의 죽음을 통해 모든 열방이 궁극적으로 하나님의 구원의 빛을 보게 될 것임을 보셨을 때, 그 마음이 얼마나 큰 기쁨으로 충만하셨을까요? 비록 한동안 이스라엘은 그분을 거부했지만, 수많은 이방인들이 그분을 영접할 것입니다. 그리고 장래에, 때가 차면, 유대인들 역시 그분을 영접할 것이며, 한때 골고다에서 십자가에 못 박혔던 그 나사렛 사람을 왕으로 인정할 것입니다.

이 장의 두 번째 부분은, 아주 독특한 부분으로서, 이스라엘 교회와 관련되어 있으며, 큰 틀에서는 하나님의 교회와 관련되어 있는데, 여기에도 역시 불평이 포함되어 있습니다. 13절의 인상적인 구절에서 하나님은 하늘과 땅에게 기뻐하라고 명하십니다. "하늘이여 노래하라 땅이여 기뻐하라 산들이여 즐거이 노래하라 여호와께서 그의 백성을 위로하셨은즉 그의 고난당한 자를 긍휼히 여기실 것임이라." 하지만 그 기쁨에 찬 선율이 바다와 땅 위에 울려 퍼지는 동안에도, 불쌍하게 버려진 시온의 하소연하는 소리가 들려옵니다. 곧 유대 백성의 교회이며, 살아계신 하나님의 옛 교회입니다. 그 교회가 이렇게 탄식합니다. "여호와께서 나를 버리시며 주께서 나를 잊으셨다"(14절). 그 때 주님의 대답이 임합니다. "여인이 어찌 그 젖 먹는 자식을 잊겠으며 자기 태에서 난 아들을 긍휼히 여기지 않겠느냐? 그들은 혹시 잊을지라도 나는 너를 잊지 아니할 것이라. 내가 너를 내 손바닥에 새겼노라"(15-16절). 이스라엘은 그들의 왕을 인정할 것이며, 그들의 구원은 정한 때를 바라보는 것입니다. 이스라엘을 위하여 하나님의 높은 뜻이 준비되어 있습니다. 많은 사람들이 유대인의 왕으로서 죽으신 그분이 다시 살아 그 칭호를 얻으시는 날을 볼 것이며, 또한 그분이 아브라함의 모든 자손들의 머리로서 인정되시는 것을 볼 것입니다.

이 친숙하고도 고귀한 본문 말씀을 전하는 내 목적은 이것입니다. 때때로 여러분과 나는 당시 시온이 처한 것과 같은 슬픈 상태에 처하며, 또한 하나님이 우리를 버리셨다고 상상합니다. 그러므로 내가 여러분에게 제시하고 싶은 것은, 우리가 주 예수 그리스도를 믿는 자들이라면, 주께서 슬픔에 빠진 시온에게 주신 것과 유사한 대답을 우리에게 주신다는 것입니다. "내가 너를 내 손바닥에 새

졌노라." 지금부터 나는 이 짧은 문장에 근거하여 여러분에게 말하고자 합니다.

1. 14절에 표현된 두려움

먼저, 14절에서 표현된 두려움, 즉 하나님의 백성들로 하여금 14절의 불평을 하게끔 한 그들 마음속의 두려움을 생각해보도록 하겠습니다. 14절에서 그 두려움은 이렇게 표현되었습니다. "여호와께서 나를 버리시며 주께서 나를 잊으셨다."

이 두려움은 많은 사람들에게서 느껴져 온 것입니다. 두려움이란 전염성이 강하여 옮기 쉬운 것입니다. 그것은 한 사람을 사로잡을 때, 종종 많은 다른 사람들에게도 퍼지는 것으로 알려졌으며, 아주 사소한 원인으로부터 끔찍한 공포의 결과가 생기기도 합니다. 여기 하나님께서 자기들을 버리셨다고 표현하는 전체로서의 유대 교회가 있습니다. 지금 내가 말씀을 전하는 대상은 그런 교회가 아니라고 느낍니다. 나는 여기 참석한 대다수의 사람들이 하나님께서 그들을 잊지 않으신 것을 알기 원하며, 그들이 지금도 여호와의 얼굴빛 가운데서 행하여 그분이 그들을 버리셨다고 상상하지 않기를 바랍니다. 하지만 여전히 이 두려움이 마치 구름처럼 온 하늘을 어둡게 하고, 모든 영혼들의 창 앞을 지나고 있지 않습니까? 내가 이 문제를 길게 말하진 않겠지만 나는 알고 있습니다. 이따금씩, 비록 큰 소리로 말하지는 않았어도, 고약하게도 마음으로는 "여호와께서 나를 버리시며 주께서 나를 잊으셨다"고 속삭인 적이 없는 사람은 우리 중에서 소수일 것입니다. 우리는 형제들과 함께 하나님의 집으로 올라갈 때, 다른 형제들이 매우 행복한 것을 보아왔습니다. 하나님의 말씀이 그들에게 소중하였고, 그들은 그 말씀을 크게 즐거워하는 듯이 보였습니다. 하지만 정작 우리는 그 말씀에서 양식을 취하지 못했고, 사랑하시는 주님을 희미하게나마 감지하지도 못했습니다. 우리는 예배당을 나와 한숨지으며 말했습니다. "여호와께서 나를 버리시며 주께서 나를 잊으셨구나." 여러분은 그렇게 생각해본 적이 없습니까? 만일 그런 적이 없다면, 앞으로도 그렇지 않기를 바랍니다. 하지만 내가 염려하건대, 우리 중 대부분은 이따금씩 그러한 탄식의 불평에 빠집니다.

또한 그것은 종종 아주 명백하게 표현되어 왔습니다. 본문에서도 그러합니다. 산들이 하나님의 즐거운 음성을 메아리로 울리고, 하늘이 구속받은 자들의 노래를 널리 울려 퍼지게 하는 것을 듣고 있다고 나는 상상합니다. 그리고 그 다음에는, 즐거운 합창이 잠시 멈춘 사이에, 이러한 작은 신음의 가락이 들려오는 것을 나는 알아챕니다. "여호와께서 나를 버리시며 주께서 나를 잊으셨다." 그 탄식의 가락이 더욱 선명한 이유가 있습니다. 그것은 시온 스스로가 그렇게 버려지고 잊혀지는 것이 마땅하다고 느끼고 있음을, 그 음조에서 분명히 나타내고 있기 때문입니다. 시온은 스스로를 너무나 무가치하며, 너무나 죄 많고, 하나님을 너무나 노엽게 만들었다고 느끼기에, 여호와께서 별것 아닌 시온을 잊으시고 순결하고 거룩하신 하나님께서 시온처럼 불의한 대상을 면전에서 내쫓으시는 것도 놀랄 일이 아니라고 여깁니다.

형제자매들이여, 나는 여러분과 나도 그렇게 울고 탄식하고 한숨짓던 때가 틀림없이 있었을 것이라고 확신합니다. 우리가 기쁨의 분위기에 참여할 수 없었고, 전적으로 위선자가 되지 않는 한 기쁨의 노래에 동참할 수 없었기 때문입니다. 우리는 아버지의 집에서 거룩하고도 달콤한 기쁨의 찬송을 듣지만, 정작 우리 스스로는 그 노래에 동참할 수 없다고 느꼈습니다. 우리는 버드나무에 우리의 수금을 걸어둔 채 앉아서 울고 있었습니다(참조. 시 137:1-2). 우리 주변의 모든 이들이 누리는 기쁨은 그 크기에 비례하여 우리의 슬픔을 가중시킬 뿐이었습니다. 나는 그렇게 괴로움을 느끼는 영혼들에게 말하고자 합니다. 하나님께서 그들을 위로하시길 빕니다! 그런 이들이 많으며, 그들의 슬픔은 큽니다.

어떤 이들은 그런 상태에서 매우 완고해지는데, 이 본문은 아주 불합리한 불평을 담고 있습니다. 13절의 마지막 부분을 읽어보십시오. "여호와께서 그의 백성을 위로하셨은즉 그의 고난당한 자를 긍휼히 여기실 것임이라." 하지만 그러한 이중의 선언에도 불구하고 시온이 이렇게 말합니다. "여호와께서 나를 버리시며 주께서 나를 잊으셨다." 아아, 사랑하는 친구들이여, 하나님께 대한 우리의 불평은 일반적으로 근거가 없습니다. 우리는 "하나님께서 우리를 버리셨다"고 말하는 심리 상태에 빠지지만, 정작 그 때에 그분은 여느 때보다 우리를 세심하게 대하고 계십니다. 어떤 아이가 회초리의 아픔을 느끼고서 "내 아버지가 나를 버리셨다"고 한다면 그것은 매우 어리석은 말입니다. 그래서는 안 됩니다. 도리어 그에게 쓰라린 아픔을 느끼게 하는 그 회초리들이, 그의 아버지가 그를 잊지 않으셨음을 상기시켜주는 것입니다. 또한 여러분의 시련이나 고난들, 여러분의 침체나 슬픔들은, 여러분이 하나님께 잊혀지지 않았음을 보여주는 증거들입니다. 모든 적법한 자녀에게 보장된 그 징계가 여러분에게 찾아오는 것입니다. 만일 여러분에게 징계가 없었다면, 오히려 "내 주께서 나를 잊으셨다"고 말할 훨씬 더 큰 이유가 있는 셈입니다.

뿐만 아니라, 사랑하는 친구여, 비록 당신이 많은 슬픔을 겪었어도 당신은 어떤 위로들을 얻기도 했습니다. 당신은 "내 탄식에 위로가 섞여 있다"고 말할 수 있습니다. 그 사실을 잊지 마십시오. 온통 쑥과 쓸개즙만 있는 것이 아닙니다. 그 쓴 맛을 완화시켜줄 정도의 많은 꿀도 있습니다. 그 점을 생각하고, 고집스러운 태도로 성급한 말을 내지 마십시오. 만일 당신이 "주께서 나를 잊으셨다"고 말했다면, 그 말을 취소하십시오. 그 말은 사실일 수 없기 때문입니다. 당신은 자기 백성을 결코 잊으실 수 없는 그분을 비방한 셈입니다. 또한 만약에 당신이 "여호와께서 나를 버리셨다"고 말했다면, 다시 말하거니와 그 악하고 어리석은 말을 철회하고 잘못을 인정하십시오. 그런 말을 다시는 들리게 하지 마십시오. 여호와께서 변하시거나, 그분의 무한한 마음에서 솟아나는 불변의 사랑이 식기란 불가능하기 때문입니다. 이 문제에 관해서 완고해지지 말라고 당신에게 호소합니다. 하지만 하나님의 백성 중 어떤 이들은 이 심각한 어리석음에 집착하여, 그들 자신의 상처에 아픔만 가중시키고 있음을 나는 압니다.

나는 시온이 이런 결론에 이르게 된 이유가 그들이 추방되었기 때문이라고 생각합니다. 시온은 젖과 꿀이 흐르는 땅에서 쫓겨났으며, 포로 상태에서 고통당하고 있었습니다. 이것이 모든 고난으로부터 끌어내야 할 결론인가요? 포도나무가 이렇게 말한답니까? "나를 이토록 아프게 가지치기를 하는 것을 보니 포도원 일꾼이 나를 버린 것이다." 환자가 이렇게 말합니까? "의사가 이토록 쓴 약을 내게 주는 것을 보니 나를 잊은 것이다." 칼 아래에 누워 있는 환자가 이런 식으로 말합니까? "의사가 뼈에 닿을 정도로 절개하는 것을 보니 나를 버린 것이다." 여러분은 그런 식의 말에 전혀 타당성이 없음을 발견하고, 즉시 그런 말에 반박할 것입니다. 섭리의 외양으로 "주님을 판단하지 말고" 더욱이 연약한 분별력으로 그분을 판단하지 마십시오. 오히려 당신을 향한 그분의 인자하심의 흔적을 볼 수 없을 때에도 그분을 신뢰하십시오. 어떤 환경에서도 "사람은 다 거짓되되 오직 하나님은 참되시다"(롬 3:4)고 하십시오. 하나님은 자기 백성에게 하신 약속을 반드시 지키시기 때문입니다. 그분은 변치 않으십니다. 그분은 변하실 수 없습니다. 그분은 그분의 입에서 나간 모든 말씀에 대해 참되실 수밖에 없습니다. 하나님께서 자기 백성을 버리시거나 잊으실 수 있다고 하는 두려움이란,

고약하게도 그런 상태에 빠졌다면, 은혜로우신 하나님께 대한 그분의 백성들의 터무니없고 무분별한 잘못으로 간주되어야 마땅합니다.

하지만 나는 이 두려움에도 어느 정도의 은혜가 섞여 있다고 생각합니다. 이 구절을 연결해서 읽어드리지요. "여호와께서 그의 백성을 위로하셨은즉 그의 고난당한 자를 긍휼히 여기실 것임이라. 오직 시온이 이르기를 여호와께서 나를 버리시며 주께서 나를 잊으셨다 하였느니라." 시온은 하나님께서 방문하실 때까지는 이 말을 하지 않았습니다. "여호와께서 자기 백성을 긍휼히 위로하셨다." 그분이 그들이 처해 있었던 더 깊은 수렁에서 그들을 끌어내셨으며, 이제 그들은 그분의 임재를 바라고 그것을 위해 탄식할 정도로 높이 올려졌습니다. 사랑하는 형제여, 당신은 지하 감옥 깊은 곳에 처해 있지만, 나는 당신이 그곳에서 나오기를 원한다는 사실에 기쁨을 느낍니다. 당신의 영혼 속에는 하나님을 향한 갈망이 있습니다, 그렇지 않습니까? 하나님과의 화평을 바라는 갈망과 부르짖음이 있습니다, 그렇지 않습니까? 하나님이 당신을 버리셨다고 생각하는 한 당신은 만족하지 못합니다, 그렇지요? 아아, 그렇다면! 이는 당신의 영혼 속에서 일어나는 성령의 역사입니다. 당신으로 하여금 살아계신 하나님을 갈망하게 하는 것이니, 그 불만족스러운 탄식 중에도 얼마간의 은혜의 표징이 있는 셈입니다. 하나님께서 당신을 버리시는 것을 당신이 견디지 못하고 있음을 그것이 입증하기 때문입니다. 자, 만약 당신이 세상에 속했다면, 주께서 당신을 버리시는 것이 당신에게는 아무 일도 아닐 것입니다. 만약 당신에게 은혜가 없다면, 당신은 하나님이 당신을 잊으셨든 아니든 개의치 않을 것입니다. 그런 상태라면, 어쩌면 당신은 그분이 당신을 잊어버리고, 진노 중에 당신을 찾아오지 않으시기만을 바랄 것입니다. 그러므로 당신이 "여호와께서 나를 버리시며 주께서 나를 잊으셨다"고 말하는 지금도, 당신의 영혼 속에는 하나님의 어떤 손길이 있는 것입니다.

그뿐이 아닙니다. 비록 이 본문은 불평의 말이기는 하지만, 그 속에는 믿음의 말 또한 내포되어 있습니다. "나의 주께서(my Lord, KJV)"라고 하는 말이 그것입니다. 여러분은 그것을 주목해보았습니까? 시온이 비록 여호와께서 자기를 버리셨다고 생각하면서도 그분을 여전히 자기 하나님으로 부르고 있습니다. 여러분이 이치에 맞지 않는 생각을 하면서도, 주께서 여러분을 잊으시고 버리셨다고 상상하면서도, 여전히 믿음을 붙잡고 있음을 보는 것이 나는 무척이나 좋습니다. 비록 여러분은 혹 그렇지 않은가 하고 두려워하지만, 여전히 "나의 주님"

이라고 말하며, 필사적으로 이 믿음을 붙듭니다. 만약 여러분이 양손으로 붙잡지 못할 때면, 한 손으로 붙잡으십시오. 혹 어떤 손으로도 붙잡을 수 없을 때는, 치아로 물어서라도 붙드십시오. 욥의 결심이 여러분의 결심이 되게 하십시오. "그가 나를 죽이실지라도 나는 그를 신뢰하리라"(KJV, 욥 13:15. 한글개역개정에는 '그가 나를 죽이시리니 내가 희망이 없노라'로 되어 있음 — 역주). "내 가죽이 벗김을 당한 뒤에도 내가 육체 밖에서 하나님을 보리라"(욥 19:26). "흙으로 된 내 육체의 모든 알갱이들이 흩어져도 나는 여전히 하나님을 신뢰하리라!" 오, 불가능을 비웃고, 사망의 아가리 사이에서도 기쁨으로 뛰며, 불 가운데서도 노래하는 믿음이여! 그러한 믿음은, 아무리 약한 상태에서도, 하나님께 영광을 돌립니다. 그러기에 나는 이 "나의"라고 하는 이 작은 단어를 소중히 여깁니다. 이 단어에는 단지 두 글자가 있을 뿐이지만, 시온이 이 본문에서 "나의 주님"이라고 말한 것처럼 사용할 수 있는 사람에게, 이 글자들 속에는 커다란 희망이 내포되어 있습니다.

이 본문에서 표현된 두려움에 관해서는 이 정도로 다루겠습니다.

2. 주어진 위로

이제 나는, 하나님의 도우심을 따라서, 주어진 위로에 관해 말하고자 합니다. "내가 너를 내 손바닥에 새겼노라."

이 보증의 말씀은 "여호와께서 나를 버리시며 주께서 나를 잊으셨다"고 한 시온의 탄식에 대한 주님의 대답입니다. 그러므로 그 말씀을 하나님의 입에서 나온 것으로 받아들이고, 결코 그것을 의심하지 마십시오. 자기 백성 전체에 대해서와, 그들 개개인에 대한 하나님의 기억은, 하나님이 친히 보증하신 것으로서 의심되어서는 안 됩니다. "앞에 있는 소망을 얻으려고 피난처를 찾은 우리에게 큰 안위를 받게 하려 하시려고"(히 6:18) 그분이 우리 각자에게 대하여 이렇게 말씀하셨습니다. "'내가 너를 내 손바닥에 새겼노라.' 내가 그 일을 행하였노라. 내가 내 백성을 잊는 것이 전적으로 불가능하도록 하기 위해 내가 그 일을 친히 행하였노라. 이는 내가 내 백성을 결코 잊을 수 없음을 내가 분명히 확약하는 것이니, 내가 너를 내 손바닥에 새겼음이라."

이러한 말씀은 하나님께서, 가능한 어떠한 위험도 초월하여, 자기 소유된 백성들을 향한 그분의 사랑의 기억을 확고히 하셨음을 우리에게 말해주는 듯합니다. 하나님은 어떠한 순간에도 망각은 결코 발생할 수 없는 방식으로 그 일을 완수하셨습니다. 기념비는 하늘에 세워졌으며, 따라서 여러분은 하나님께서 지상으로 내려오시더라도 그 기념비를 남겨두신다고 이해할 수 있습니다. 그것은 우주의 어느 거대한 광장에 세워진 것이 아닙니다. 또한 그것은 하나님의 손가락에 있는 반지도장에 새겨져서 벗겨질 수 있는 것도 아닙니다. 인간의 방식대로 말하자면, 그것은 전능자의 옷자락 즉 전쟁의 때에 벗겨질 수 있는 곳에 기록된 것도 아닙니다. 그분은 자기 사랑의 징표를 지워질 수 없는 곳에 두었는데, 곧 그분의 손바닥입니다. 사람은 자기 손을 집에 두고 나갈 수 없습니다. 만약 그가 기억할 목적으로 무언가를 자기 집의 담벼락이나 혹 대문에 두었다면, 그는 그것을 두고 나가 잊어버릴 수도 있습니다. 내가 이미 말했듯이, 만약 그가 기념의 내용을 어떤 귀한 금강석이나 황옥(黃玉)이나 그가 착용하는 다른 보석들에 새겨둔다면, 그는 그것을 다른 한편으로 치워둘 수 있습니다. 하지만 하나님은 "내가 너를 내 손바닥에 새겼다"고 말씀하십니다. 따라서 기념물은 언제나 그분과 함께 있습니다. 그렇습니다. 자기 백성에 대한 그분의 기념비는 하나님 자신 안에 세워져 있습니다.

나는 인유(引喩)가 동양적인 풍습이라고 생각하며, 아마 매우 흔하지는 않아도 오늘날까지 살아남을 정도로는 충분히 일반적이었다고 생각합니다. 헬렌스버러(Helensburgh) 장로교회의 목사인 존 앤더슨(John Anderson) 씨는 나의 아주 귀한 친구인데, 그가 내게 들려준 말이 있습니다. 그는 동양에서 자기 친구들의 초상화를 지니고 다니는 사람들과, 또한 손바닥에 친구들의 머리글자를 기록하고 다니는 사람들을 더러 본 적이 있다고 했습니다. 내가 그에게 말했습니다. "하지만 그것은 시간이 지나면 씻겨서 지워질 텐데요." "아니요", 그가 대답했습니다, "그 글자들은 문신처럼 깊이 새겨지기 때문에 지워지지 않습니다. 따라서 그들이 언제든 손바닥을 펼 때면, 그곳에는 그들에게 친숙한 머리글자가 있든지, 혹은 그들이 사랑하는 이들의 모습을 닮은 어떤 기억의 표징이 있습니다." 여기서 주님은 그러한 고대의 풍습을 적용하시며 이렇게 말씀하십니다. "내가 너를 잊지 못한다. 너를 잊는 것이 내게는 불가능한 일이다. 너에 대한 기억의 표징을 나 자신과 떼어놓을 수 없는 곳에 새겨놓았기 때문이다. 나는 너를 내 손바닥에 새겨놓았다."

사랑하는 친구들이여, 하나님께서 자기 백성을 잊지 못하신다는 사실을 확고하게 하는 것이 무엇입니까? 먼저, 하나님은 자기 백성을 향한 그의 영원한 사랑을 기억하시며, 또한 그들에 대한 그분의 기억은 그 사랑 때문에 지속적입니다. 그분이 모든 믿는 자에게 말씀하십니다. "내가 너를 내 손바닥에 새겼노라." 하나님의 백성은 세상이 창조되기 오래전에 이미 그분에게 사랑을 받았습니다. 그분은 너무나 오래도록 그들을 사랑하셨기에 그들을 잊을 수가 없습니다. 한 사람이 말합니다. "나는 다른 사람의 유혹 때문에 등을 돌리기에는 너무나 오래도록 사랑하였다." 비록 인간적인 사랑이라고 해도, 우리는 애정으로 굳게 결속된 것으로부터 우리의 마음을 떼어놓을 수 있는 어떤 것도 상상할 수 없습니다. 우리 둘 모두가 살아 있는 한, 둘은 진정으로 하나입니다. 하나님께서는 남편이 자기 아내를 사랑하는 것 이상으로 우리를 사랑하셨으며, 혹은 아버지가 자기 자녀들을 사랑하거나, 형제들이 자기 형제들을 사랑하는 것 이상으로 우리를 사랑하셨습니다. 그분의 사랑은 대양(大洋)과도 같아서 그에 비하면 모든 인간의 사랑이란 흩어지는 물안개와 같습니다. 그분은 우리를 너무나 오래도록 사랑하시고, 많이 사랑하시며, 깊이 사랑하시고, 무조건적으로 사랑하셨기에, 우리를 잊으실 수가 없습니다. 심지어 그분의 백성 중 어느 하나가 그분에게서 떠나 방황하며 그분의 마음을 근심하게 할 때에도, 그분은 이렇게 말씀하십니다. "그래, 하지만 나는 너를 영원한 사랑으로 사랑하였기에 너를 버리지 않을 것이다. 비록 지금 너의 모든 모습이 나로 하여금 너에게서 멀어지게끔 하는 경향이 있지만, 그럼에도 불구하고 내 사랑은 어제의 사랑이 아니며, 어떤 사람들 속에서 잠시 불꽃처럼 타다가 곧 어둠 속에 사라지는 열정 같은 것이 아니다." 하나님으로 하여금 우리를 계속 기억하시게끔 만드는 것은 그분의 영원한 사랑입니다. 그분이 영원 전부터 우리를 그분의 손바닥에 새기셨고, 따라서 그분은 우리를 잊지 못하십니다.

다음으로, 하나님의 고난의 사랑이 우리에 대한 그분의 기억을 확고하게 합니다. 방금 전 우리는 이 노래를 불렀습니다.

> "내 손바닥을 쳐다볼 때 내가 보는 것은
> 너를 위해 고난당할 때 내가 받았던 상처들이라."

오, 저 잔혹한 조각가들이 그리스도의 귀한 손에 우리의 이름을 얼마나 깊이 새겨놓았던지! 그분을 십자가에 박은 못들이 조각의 도구들이었으며, 그 쇳

조각이 그분의 살과 신경과 혈관을 뚫을 동안 그분은 힘겹게 나무에 기대셨습니다. 하지만 이 본문이 말하고 있는 조각은 그것 이상이며, 그에 대해 주께서 친히 이렇게 말씀하십니다. "내가 너를 내 손바닥에 새겼노라." 우리를 위한 그리스도의 고난은 그런 것이기에, 그 어떤 것에 의해서도, 그분이 우리를 잊으실 수는 없습니다. 그분이 우리를 위해 죽으셨기에 그분은 결코 우리를 내쫓지 않으실 것입니다. 곧고다 십자가의 죽음으로, 그리스도께서는 친히 위하여 죽으신 모든 이들이 그분의 왕국에서 그분과 함께 살 수 있도록 보장하셨습니다. 그분은 그토록 엄청난 값을 헛되이 지불하지 않으셨습니다. 또한 그분은 자신이 값 주고 사신 것의 어느 일부라도 결코 잃지 않으실 것입니다. 그러므로 하나님의 영원한 사랑 때문만이 아니라 그리스도의 고난의 사랑 때문이기도 한 이 기억이 얼마나 복된 것인지요!

또한 "내가 너를 내 손바닥에 새겼노라"는 본문의 표현에 의하면, 하나님께서 "내가 너를 위하여 너무나 많은 일을 행하여 너를 결코 잊을 수 없다"고 말씀하시는 듯합니다. 하나님께서는 자기 백성을 위하여 실제적으로 많은 일을 행하셨습니다. 하지만 지금 나는 단지 그분의 성령께서 여러분 안에 행하신 것만을 언급하고자 합니다. 이 얼마나 근사한 주제인지요! 하나님의 영이 그토록 많은 일을 우리 안에 행하셨다고 하는 그 사실에서, 우리는 그분이 결코 우리를 잊지 않으실 것이라는 만족스러운 결론을 이끌어낼 수 있습니다. 사람은 자기 손으로 한 일을 잊지 않으며, 특히 그것이 매우 특별한 일인 경우에는 더욱 그러합니다. 내가 기억하는 바로는, 파리가 포위 공격을 당할 때, 어느 위대한 예술가가 당시에는 미완성이었던 큰 그림을 숨겼습니다. 파리가 해방되었을 때, 그가 파리로 가서 자기 그림을 찾는 일을 잊었을까요? 절대 그렇지 않습니다. 그는 자기 손으로 한 일을 기억했고, 돌아가서 그 그림을 계속 그렸으며, 그 작품에 마지막 손질을 하였습니다. 그처럼 하나님께서도 우리를 위해 너무 많은 일을 행하셨기에 우리를 잃어버리실 수가 없습니다. 그분은 그리스도 예수 안에서 우리를 새롭게 창조하셨고, 그분의 영을 주어 우리 안에 거하게 하셨습니다! 그러므로, 틀림없이, 그분은 그토록 값진 대가를 치른 작품을 방치하실 수 없을 것이며, 그 일을 완성하여 그분의 기쁨과 영광이 되게 하실 것입니다.

하지만 그보다 더 나아가, 기념할 내용이 사람의 손에 새겨졌을 때, 그것은 그 사람의 목숨과 연결된 것입니다. 그가 사는 동안, 그 기념은 그의 목숨의 일부입니다. 하나님도 그러하십니다. 그분이 그분의 백성을 그분의 생명과 연결하셨습니다. 우리 주 예수님께서 제자들에게 말씀하셨습니다. "내가 살아 있기에 너희도 살겠음이라"(KJV, 요 14:19). 당신의 하나님과 당신의 연합이 너무나 완벽하기에, 당신의 생명은 그분의 생명과 결속되었습니다. 그리스도와 당신은 하나의 직조물이 되었습니다. 당신을 찢어내는 것은 그분을 망치는 것이 될 것입니다. "너희 생명이 그리스도와 함께 하나님 안에 감추어졌음이라"(골 3:3). 그리스도께서 죽지 않으시는 한, 그분의 백성 역시 죽지 않을 것입니다. 오, 이 놀라운 신비를 생각해보십시오! 영원히 복되신 하나님의 아들이 그분의 모든 백성과 한 다발의 생명으로 묶이신 것입니다.

나는 이것이 "내가 너를 내 손바닥에 새겼다"고 하는 주님의 말씀의 의미라고 받아들입니다. 내가 이 복된 주제로 더 깊이 들어갈 수 없지만, 하나님께서 여러분을 더 깊은 곳으로 데려가시길 기도합니다. 이 주제에는 엄청난 깊이가 있습니다.

3. 시찰(視察)을 위한 권면

사랑하는 이여, 이제 내 설교의 세 번째 대지로 들어가겠습니다. 이에 대해서는 간략히 다루고자 합니다. 우리는 이 본문에 표현된 두려움에 대해 살펴보았고, 주어진 위로에 대해서도 생각해보았습니다. 이제 여기에 시찰을 위한 권면이 있습니다. "보라"(KJV, 한글개역개정에는 생략되었음 — 역주)고 여호와께서 말씀하십니다. "보라, 내가 너를 내 손바닥에 새겼노라."

그러므로 와서 "보십시오." 당신이 스스로 살펴보십시오. 하나님 아버지께서 계십니다. 당신은 그분이 당신을 잊으셨다고 말했습니까? 하지만 어떻게 그런 일이 가능할까요? 보십시오, 그리고 깨달으십시오. 만약 당신이 하나님의 아들 예수 그리스도를 신뢰한다면, 하나님은 당신의 아버지이십니다. 당신은 당신의 자녀들을 잊고, 또 버립니까? 말해보십시오. 당신에게 아들이 하나 있는데, 그가 당신의 마음을 아프게 합니다. 그가 집을 나가면, 당신은 그가 나가버려서 몹시 기뻐합니까? 그가 당신을 너무 속상하게 하기 때문에 당신은 그가 눈에 보이지 않는 편이 더 낫다고 여깁니까? 그럴지도 모르겠지만, 그래도 그 아들을 잊을 수 있습니까? 오늘 밤 그가 돌아왔다고 가정해보십시오. 그가 당신의 축복기도 없이 떠난 지 몇 년이 흘렀습니다. 어머니여, 당신은 그로부터 어떤 소식도 듣지 못했습니다. 아버지여, 당신의 아들로부터 어떤 기별도 당신에게 당도한 적이 없습니다. 하지만 만약, 당신이 오늘 밤 집에 가니, 난롯가에 꽤 큰 녀석이 앉아 있습니다. 더 이상 예전의 그 어린 아들이 아니고, 오래전에 잃어버렸던 그 모습이 아닙니다. 처음에는 깜짝 놀라지만, 조금 후 당신은 그가 당신의 아들임을 알아봅니다. 어머니여, 내게 말해보십시오. 당신은 당신에게 대한 그의 배은망덕으로 인해 그를 문 밖으로 내쫓을 겁니까? 아버지여, 당신은 제일 먼저 그에게 무엇을 행할 것입니까? 내 경우라면 내가 어떻게 할 것인지를 나는 압니다. 나는 그의 뺨에 다정하게 입 맞출 것이며, 살아서 내 아들을 다시 보게 하신 것으로 인해 하나님께 감사할 것입니다. 그가 어떻게 지냈든지, 그가 내 속을 얼마나 상하게 했든지 나는 그렇게 할 것입니다. 만약 당신이 악할지라도 당신의 자녀를 잊지도 버리지도 않는다면, 하물며 하늘에 계신 당신의 아버지께서 어찌 당신을 잊으시겠습니까? 보십시오, 그리고 그런 일이 가능한지 생각해보십시오. 영원하신 아버지 하나님은 자기 자녀를 강렬하게 사랑하시고 무한히 사랑하시기에, 한순간이라도, 그분이 그들 중 하나라도 잊으신다는 것은 불가능합니다.

와서, 다시 살펴보십시오. 믿음으로 복되신 삼위일체의 제2 위격(the second Person)이신 하나님의 어린 양 예수를 보십시오. 오, 그가 자기 백성을 위해 감당하신 고난이 어떤 것이었습니까? 그분의 복되신 몸을 십자가에서 내려(그 몸을 감히 다루기 어려울 것입니다) 세마포로 그 몸을 싸는 것을 돕고, 그 몸을 무덤에 내리는 것을 도우십시오. 왜 그분이 이렇게 고난을 당하셨습니까? 왜 그분이 죽으셨을까요? 그분이 사랑하시는 이들 때문이었습니다. 그런데 그분이 그들을 잊으실 수 있을까요? 그것이 가능합니까? 그 모든 수난 후에, 예수님이 그들을 잊으신다고요? 오, 그럴 수 없습니다! 우리 자녀들은 우리를 잊을 수 있습니다. 하지만 어머니는 자녀를 위하여 고생한 것을 기억하며, 고통을 견디고 자녀를 출산하였기에 자식을 사랑합니다. 그녀는 과부의 몸으로 자녀를 위해 빵을 찾아 애쓰던 것을 기억하며, 자녀의 배고픔을 채우기 위해 그녀 자신은 얼마나 굶주렸는지를 압니다. 오, 어떤 부모들이 자기 자녀들을 위해 겪은 고생과 자기희생이 얼마나 큰지요! 하지만 이런 것들이 그들로 하여금 더욱 자녀를 사랑하게 하고, 그들을 잊는 것을 더욱더 불가능하게 만듭니다. 자, 그렇다면 당신도 이 모든 것을 염두에 두고서, 당신의 구주의 얼굴을 들여다보십시오. 그분이 당신을 위해 죽으셨거늘, 당신은 감히 그분이 당신을 잊으실 수 있다고 말하는 것입니까? 그릴 수 없습니다. 그분은 그분의 손바닥에 당신을 새기셨으며, 따라서 당신을 결코 잊거나 버리시지 않을 것입니다.

그 다음엔, 귀하고 복되신 하나님의 영에 대해 생각해보십시오. 그분이 당신의 마음속에 들어오셨고, 당신이 그분에게 저항했을 때 당신과 씨름하셨으며, 그 날 마침내 이기셨습니다. 그 때 이후로, 그분은 당신의 연약함을 도우셨고, 당신의 성급함을 억제하시고, 당신을 게으름으로부터 깨우시고, 그분이 하실 수 있는 모든 방식으로 당신에게 도움이 되셨습니다. 그런데 당신은, 이 모든 일이 있은 후에, 그분이 당신을 잊거나 버리신다고 생각하는 것입니까? 오, 만약 그분이 당신을 버리실 의향을 가지셨다면, 그렇게 하실 수 있는 수많은 기회들이 있었을 것입니다. 정녕, 그분이 당신을 변화시켜서 살아계신 하나님이 거하실 정결하고 눈처럼 흰 궁정으로 만들 의향을 가지지 않으셨더라면, 그분은 당신의 타락한 본성과 같은 헛간에 들어와 거하지도 않으셨을 것입니다. "보라"고 주님이 말씀하십니다. 이 위대한 진리를 조사하라는 말씀입니다. 그것을 깊이 들여다보고, 그런 다음 스스로 이렇게 말하십시오. "잊혀지거나 버려질 것이라는 내 두려움이 모두 사라졌습니다. 나는 그분의 손바닥에 새겨졌기 때문입니다."

4. 돌아오라는 제안

이제 마지막 요점을 짧게 언급한 후 설교를 마치겠습니다. 마지막 요점은 돌아올 것을 위한 제안입니다. 형제들과 자매들이여, 나는 꾸밈없고 친숙한 방식으로 여러분 각자에게 말하고자 합니다. 또한 동시에, 여러분에게뿐 아니라 나 자신을 향해서도 말하고자 합니다.

그리스도께서는 내가 지금까지 입증하려고 애쓴 것과 같이 우리를 기억하실까요? 그렇다면, 우리도 그분을 기억하도록 합시다. 그 목적을 위해서, 그분은 우리들 중 많은 이들이 참여하는 복된 성찬식을 제정하셨습니다. 그분을 기억하면서 떡을 먹고 잔을 마시는 일입니다. "이를 행하여 나를 기념하라"(눅 22:19). 이제 당신의 주님이요 구주를 제외하고는 모든 것을 잊으려 노력하십시오. 당신의 모든 근심과 고난과 슬픔들에 대하여 망각할 수 있기를 바랍니다. 마치 신비롭고도 낯선 분이 당신의 신도석 곁에 서 계시고, 당신에게 몸을 구부리시며, 그분의 그림자가 당신 위에 드리워지고 있다고 느끼면서, 오직 그분만을 바라보십시오. 그분에 대해 생각하십시오. 그분이 당신 가까이에 계시며, 당신은 그분 가까이에 있기 때문입니다.

형제들이여, 성찬식에서만 그분을 기억할 것이 아니라, 계속해서 그분을 기억합시다. 사실상 그분의 이름을 우리의 손바닥에 새긴 듯이 행동합시다. 항상 예수님을 생각할 수 있도록 하나님께 도움을 구합시다. 그분을 결코 잊지 않도록, 우리 자신의 생명의 호흡과 우리 혈관의 맥박과 직결된 그분을 기억합시다. 마치 오직 한 가지 소리만 울리는 종처럼, 예수님께 향한 사랑의 소리를 울리는 우리가 되도록 기도합시다. 또한 우리의 마음이 카드모스(Cadmus, 그리스 신화에서 용을 퇴치하여 테베를 건설하고 알파벳을 그리스에 전한 페니키아의 왕자)의 영웅적 행위에 대해서만 노래하기를 바랐던 아나크레온(Anacreon, 기원전 6세기경 그리스의 서정시인)의 하프처럼 되기를 바랍니다. 그의 마음과 하프가 오직 사랑에 대해서만 노래했듯이, 우리도 그렇게 되기를 바랍니다. 오, 그리스도의 사랑은 우리의 전 존재를 온통 몰입하게 만드는 주제이기에, 마침내 우리는 그리스도께 진실로 이렇게 고백하게 됩니다. "제가 당신을 저의 손바닥에 새겼나이다."

또한 형제들이여, 그리스도를 실제적으로 기억하도록 합시다. 우리는 그리스도를 우리의 손바닥에 새긴 듯이 살아야 하며, 그렇게 함으로써 무엇이든 우리가 손대는 것이 "그리스도화(Christianized)" 되어야 합니다. 나는 아기들의 "세례식(christening)"에 대해 들었지만, 그것은 무익한 미신이며, 믿는 자의 세례라고 하는 그리스도의 명령에 대한 왜곡입니다. 하지만 나는 그리스도인이 손대는 모든 것이 기독교화(Christ-ening)하는 것이어야 한다고 믿습니다. 사도 바울이 "너희가 먹든지 마시든지 무엇을 하든지 다 하나님의 영광을 위하여 하라"(고전 10:31)고 말했듯이, 모든 일을 주 예수의 이름으로 행함으로써 모든 것을 그리스도처럼(Christlike)되게 하십시오. 이런 식으로 여러분의 손바닥에 그분의 이름을 새기십시오.

형제들이여, 그리스도의 이름과, 그 이름에 대한 여러분의 기억이, 여러분에게 지극히 중요한 것이 되게 하십시오. 경문 띠를 넓게 하거나 옷 술을 길게 하는(참조. 마 23:5) 방식으로, 즉 요즘에 어떤 사람들이 대단한 것으로 간주하는 외적인 표지나 증표들로 할 것이 아닙니다. 참된 경건은 이런저런 식으로 재단한 의복에 있는 것이 아니며, 바리새인들처럼 우리가 어떤 사람들인지 자랑하거나 우리가 행한 것을 모든 사람들이 볼 수 있도록 거리 어귀에서 나팔 부는 것에 있지 않습니다. 오직 참된 경건은 여기에 있습니다. 즉 그리스도가 아니고는 우리가 사랑할 수 없고, 우리의 평범한 삶이 우리 안에 거하시는 그리스도에 의해서 높아지며, 마침내 모든 식사가 성찬이 되고, 모든 의복이 가운이 되고, 모든 장소가 제단이 되며, 전 세계가 성전이 되어, 거기서 우리가 왕들과 제사장들이 되는 것입니다. 우리 각 사람은 이런 수준에 이를 수 있으니, 지금 그렇게 행하도록 합시다!

만약 여러분 중에 누구든 아직 예수님을 믿지 않는 이가 있다면, 오, 당신이 믿게 되기를 내가 얼마나 바라는지요! 내가 잠시 교회를 비우는 동안, 나는 당분간 당신에게 개인적으로 말할 수 없을 것입니다. 하지만 나는 내 목소리가 영향력을 미치지 못하는 이들이, 내 부재 기간 중에 이 강단에 서게 될 주 예수 그리스도의 다른 종에 의해서라도 믿게 되기를 바랍니다. 오, 여러분 모두가 내 주님을 알게 되길 바랍니다! 그분과 같은 분은 없습니다. 그분에게 묶이는 것이 자유입니다. 그분을 섬기는 것이 안식이고, 그분을 위해 죽는 것이 사는 것이며, 그분을 위해 사는 것이 천국입니다. 하나님께서 여러분을 그분께 이끄시기를, 그리고 그분에게 굳게 결속시켜주시기를 기도합니다. 아멘 또 아멘.

제
56
장

수치와 침 뱉음

"나를 때리는 자들에게 내 등을 맡기며 나의 수염을 뽑는 자들에게 나의 뺨을 맡기며 모욕과 침 뱉음을 당하여도 내 얼굴을 가리지 아니하였느니라."—사 50:6

누구에 대하여 이 선지자는 말하고 있을까요? 그 자신에 대해서일까요, 아니면 다른 누군가에 대해서일까요? 우리는 이사야가 여기서 기록한 것이 주 예수 그리스도와 관련되었음을 의심할 수 없습니다. 이는 우리 주님께서 누가복음 18장 32절에서 친히 언급하신 그 사건과 관련된 예언 중 하나가 아닐까요? 그 때 주님은 열두 제자들에게 이와 같이 말씀하셨습니다. "보라 우리가 예루살렘으로 올라가노니 선지자들을 통하여 기록된 모든 것이 인자에게 응하리라. 인자가 이방인들에게 넘겨져 희롱을 당하고 능욕을 당하고 침 뱉음을 당하겠으며 그들은 채찍질하고 그를 죽일 것이라"(31-33절).

지금 우리 앞에 펼쳐진 본문에서처럼 채찍질과 침 뱉음을 당한다고 하는 이 놀랄 만한 예언은 정녕 주 예수님과 관련된 것이 틀림없습니다. 가장 높은 차원에서 이 예언의 성취는 정녕 그분에게서 발견됩니다. 여러분이 이 장 전체를 읽어본다면, 선지자가 다른 누구에 대해 말했다고 상상할 수 있겠습니까? 같은 입으로 다른 누가 이런 말을 할 수 있겠습니까? "내가 흑암으로 하늘을 입히며 굵은 베로 덮느니라. 나를 때리는 자들에게 내 등을 맡기며 나의 수염을 뽑는 자들에게 나의 뺨을 맡겼노라"(3,6절). 캄캄함 구름으로 하늘을 가리는 전능자의 위치에서 그 얼굴을 가리지 않는 종으로의 비하(卑下)가 얼마나 은혜롭고도 황송한지요! 하나님이시며 인간이신 그분 외에는 다른 누구도 이렇게 말할 수 없었습니다!

그는 신적인 분임에 틀림없습니다. 그렇지 않고서야 어떻게 그가 "보라 내가 꾸짖어 바다를 마르게 하며 강들을 사막이 되게 하며"(2절)라고 말할 수 있겠습니까? 또한 그는 동시에 "슬픔의 사람이며 질고를 아는"(사 53:3) 자임에 틀림없습니다. 이 말 속에 깊은 비애감이 담겨 있기 때문입니다. "나를 때리는 자들에게 내 등을 맡기며 나의 수염을 뽑는 자들에게 나의 뺨을 맡기며 모욕과 침 뱉음을 당하여도 내 얼굴을 가리지 아니하였느니라." 다른 사람들이야 어떻게 믿건, 우리는 이 구절의 화자(話者)가 나사렛 예수, 유대인의 왕, 하나님의 아들이면서 인자이신 우리의 구속주시라고 믿습니다. 그들이 매질을 가한 대상은 이스라엘의 재판장이시며, 그분이 자신이 겪은 고통에 대해 명백히 선언하시는 것입니다! 이 본문은 예언의 말씀이지만, 마치 그 사건이 일어난 순간에 기록된 것처럼 정확합니다. 이사야는 복음서 저자들 중의 한 사람과 같았으며, 그 정도로 우리 구주께서 견디신 고난을 정확하게 묘사하고 있습니다!

나는 이미 성경을 읽는 중에, 우리 주 예수님이 당하신 수치와 매질을 묘사한 신약성경의 몇 구절들을 여러분 앞에 제시하였습니다. 우리는 마태복음 26장에서 자기 동포들의 재판정 앞에선 그분을 봅니다. "이에 예수의 얼굴에 침 뱉으며 주먹으로 치고 어떤 사람은 손바닥으로 때리더라"(67절). 그분에게 경멸과 수치의 행동이 가해진 곳은 대제사장의 집 뜰이었고, 동포들 가운데였습니다. 그분의 최악의 원수들은 한 집안 식구에 속한 자들이었습니다. 그들이 그분을 멸시하고 조롱하며 거절하였습니다. 그분의 아버지 집에 딸린 소작 농부들이 서로 말했습니다. "이는 상속자니 자 죽이고 그의 유산을 차지하자"(마 21:38). 이스라엘 집에서 그분은 이런 취급을 당하셨습니다.

그와 동일하거나 혹은 비슷한 부당한 대우가 아직 유대 왕가의 어스름한 잔영(殘影)이 남아 있는 헤롯 궁전에서도 가해졌습니다. 거기는 내가 유대인과 이방인 권력이 혼합된 옷감과 같다고 부르는 곳입니다. 거기에서 재판이 진행되었고, 우리 주님은 한통속이 된 그 무리 속에서 조금도 더 나은 취급을 받지 못했습니다. 한통속이 된 그들에 의해, 주님은 역시 조롱거리가 되셨습니다. "헤롯이 그 군인들과 함께 예수를 업신여기며 희롱하고 빛난 옷을 입히더라"(누

23:11). 세 번째 공판이 신속하게 이루어졌으며 그분은 전적으로 이방인에게 넘겨졌습니다. 그 때 총독이었던 빌라도는 그분을 군병들에게 넘겨주어 잔혹한 채찍질을 가하도록 했습니다.

채찍질은, 영국 군대에서도 실행되어 온 것으로서, 끔찍한 것입니다! 그것은 야만적인 행위로서 우리는 그런 짓을 자행한 과거를 부끄럽게 여겨야 하며, 미래를 위해 그런 짓을 끝장내야 합니다. 모두가 야만인들만 사는 것도 아닌 나라에서 어떻게 오랫동안 그런 끔찍한 일이 용인되어왔을까요? 하지만 우리나라에서 행해졌던 채찍질은 로마인들의 그것과 비하면 아무것도 아닙니다. 내가 들은 바에 의하면 그것은 황소의 힘줄로 만들어졌으며, 그 속에 양의 크고 작은 뼈 조각들을 함께 엮어서, 내리칠 때마다 그 불쌍한 육체를 효과적으로 찢어 난도질하도록 고안되었습니다. 채찍질은 그런 형벌이기에 일반적으로 죽음보다 가혹한 형벌로 간주되었으며, 정말이지 채찍질 당하는 과정에서 혹은 그 이후에 많은 사람들이 목숨을 잃었습니다. 우리의 복되신 구주께서 때리는 자들에게 그 등을 맡기셨고, 때리는 자들이 그분의 등에 깊은 골을 남겼습니다. 오, 고통의 광경입니다! 어찌 우리가 그것을 쳐다볼 수 있을까요?

그것이 전부가 아니었습니다. 빌라도의 병사들은, 그 정도의 조롱으로는 충분하지 않은 것처럼, 모든 동료 무리를 불러 모은 후, 우리 주님을 모의 보좌에 앉히고 그분 머리에 가짜 왕관을 씌웠습니다. 그런 후 그들은 다시 그분을 손으로 치고, 그분 얼굴에 침을 뱉었습니다. 그 무자비한 자들이 고안해 내어 복되신 그분에게 가했던 잔혹함은 달리 찾아볼 수 없을 정도입니다. 그들은 야만적인 놀이에 탐닉했지만, 그 죄 없는 희생자는 아무런 저항도 항의도 하지 않았습니다. 이것이 그분의 고통스러운 인내에 대한 기록입니다. "나를 때리는 자들에게 내 등을 맡기며 나의 수염을 뽑는 자들에게 나의 뺨을 맡기며 모욕과 침 뱉음을 당하여도 내 얼굴을 가리지 아니하였느니라."

여러분의 왕을 보십시오! 나는 이 아침에 그분을 여러분에게 제시하며, 온 마음으로 외칩니다. "그 사람(Man)을 보십시오!" 여러분의 눈과 마음을 이리로 돌려, 사람들에게 멸시와 거절을 당한 그분을 보십시오! 공손하면서도 사랑스럽게, 그분의 고난에 대한 경외감과 그분의 성품에 대한 사랑을 담아 그분을 응시하십시오. 그 광경은 경배를 요구합니다. 여러분에게 상기시킵니다. 모세가 떨기나무에 불이 붙었으면서도 사라지지 않는 것을 보았을 때 어떻게 반응했습니까? 그 떨기나무는 고통의 불 속에 있으면서도 파멸되지 않았던 우리 주님에 대한 적절한 표상입니다. 나는 여러분에게 돌이켜 이 큰 광경을 보라고 권하지만, 먼저 이 명령에 주의하라고 말합니다. "네가 선 곳은 거룩한 땅이니 네 발에서 신을 벗으라"(출 3:5).

십자가를 둘러싼 그 땅은 신성합니다. 고난당하신 우리 주님은 그분이 서신 모든 곳을 거룩하게 하셨으며, 따라서 우리의 마음은 그분의 고난의 현장을 서성일 때마다 경외심으로 가득해져야 합니다. 그분을 바라볼 때마다 우리는 경건한 주의를 기울여야 마땅합니다. 첫째, 하나님의 대리자로서 그분을 바라봅시다. 둘째, 자기 백성의 대리자로서 그분을 바라봅시다. 셋째, 여호와의 종으로서 그분을 바라봅시다. 넷째, 구속받은 백성의 위로자로서 그분을 바라봅시다.

1. 하나님의 대리자로 그리스도를 바라보라.

첫째, 나는 여러분에게 멸시와 거절을 당하신 주님을 하나님의 대리자로 보라고 권면합니다. 그리스도 예수의 위격 안에서 하나님께서 친히 세상에 오셨습니다. 그분은 특히 예루살렘과 유대 백성을 방문하셨지만, 동시에 모든 인류에게 매우 가까이 오셨습니다. 주님은 오랫동안 호의를 베푸셨고 또 여전히 호의를 베풀고자 하시는 백성에게 찾아오셨습니다. 2절에서 그분은 "내가 왔고", "내가 불렀다"고 말씀하십니다. 하나님께서 정녕 인간들 가운데로 내려오셨습니다.

주께서 이 세상에 하나님의 대리자로서 오셨을 때, 그분은 그분에게 있는 모든 신적 능력과 더불어 오셨습니다. 본문의 앞 구절에서 그분은 이렇게 말씀하십니다. "내 손이 어찌 짧아 구속하지 못하겠느냐 내게 어찌 건질 능력이 없겠느냐? 보라 내가 꾸짖어 바다를 마르게 하며 강들을 사막이 되게 하며"(2절). 하나님의 아들은, 이 땅에 계셨을 때, 심판의 기적들보다는 은혜의 기적들에 열중하셨기에 그와 똑같은 기적들을 행하시지는 않았습니다. 그분은 애굽에 내린 재앙들을 반복하지 않으셨습니다. 그분은 심판하러 오신 것이 아니라 구원하러 오셨기 때문입니다. 하지만 그분은 더 큰 기사와 기적들을 행하셨으며, 그런 기적들은 선하심과 인자하심으로 가득하기에 그분에 대한 사람들의 믿음을 이끌어내는 면에서 애굽에 행하신 기사들보다 훨씬 더 강력하였습니다. 그분은 주린 자들을 먹이시고, 병든 자들을 고치시며, 죽은 자들을 살리시고, 귀신들을 내쫓으셨습니다. 그분은 여호와께서 모든 민족이 보도록 팔을 펴서 애굽에 행하셨던 기적들과 동일한 기적들을 행하셨습니다. 그분이 물을 피로 바꾸지는 않으셨지만, 물을 포도주로 바꾸셨습니다. 그분은 물고기들을 썩고 악취를 풍기도록 하지는 않으셨지만, 오히려 말씀으로 큰 물고기들을 그물에 가득 채워 터질 정도가 되게 하셨습니다. 그분은 애굽에서 행하셨던 것처럼 빵의 재료가 되는 식물 줄기들을 부러뜨리지는 않으셨지만, 떡과 물고기를 증대시킴으로써 수천 명의 남자와 여자와 어린이들이 아낌없이 주시는 그분의 손에 의지하여 먹을 수 있게 하셨습니다. 그분은 그 백성의 장자들을 죽이지 않으셨지만, 죽은 자들을 살리셨습니다. 나는 하나님의 영광이 나사렛 예수의 인격 안에 어느 정도 감추어져 있음을 인정합니다. 하지만 그 영광이란, 마치 모세가 그 얼굴에 있던 영광을 수건으로 가렸을 때와 흡사합니다. 하나님의 본질적인 속성들 중에서 그리스도 안에 부재했던 것은 아무것도 없으며, 만약 사람들이 의도적으로 눈을 감지만 않으면 그 모든 것을 그분에게서 볼 수 있었습니다. 그분은 아버지의 일을 행하셨고, 그 행하신 일들 자체가 그분이 아버지의 이름으로 오신 분임을 분명히 증언해주었습니다. 그렇습니다. 하나님께서는 예수님이 그 거룩한 땅의 들판을 걸어 다니실 때 몸소 세상에 계셨던 것입니다. 오호라, 이제 그분을 거절하는 자들은 저주 아래에 있습니다.

하지만 하나님께서 이렇게 사람들 가운데 오셨을 때 사람들에게 인식되지 못했습니다. 선지자가 무어라고 말합니까? "내가 왔어도 사람이 없었으며 내가 불러도 대답하는 자가 없었음은 어찌됨이냐?"(2절). 하나님의 영에 의해 가르침을 받은 소수는 그분을 알아보고 기뻐했지만, 그 수가 너무나 적어서, 우리는 그 세대 전체가 그분을 알지 못했다고 말할 수 있습니다. 그분의 탁월함과 위엄을 알고서도 그분을 거절한 자들이 있습니다. 헤롯은, 그분이 왕이신 것을 두려워했기 때문에, 그분을 죽이려 했습니다. 세상의 군왕들이 나서며 관원들이 서로 꾀하여 여호와와 그의 기름 부음받은 자를 대적하였습니다(참조. 시 2:2). 그분은 정녕 모든 사람 위에 뛰어난 분이지만, "멸시를 받아 사람들에게 버림받았습니다"(사 53:3). 내가 말했듯이 비록 그분 안에 있는 신성은 희미하게 베일에 가려져 있긴 했어도, 그 영광의 광채가 때때로 그 베일을 뚫고 발산되었지만, 여전히 사람들은 그것을 인정하지 않고서 이렇게 소리쳤습니다. "없이 하소서, 없이 하소서, 그를 십자가에 못 박게 하소서"(요 19:15). 그 아우성치는 소리가 그분이 강림하셨던 시대의 평결이었습니다. 그분이 불러도 대답하는 자가 없었으며,

그분이 종일토록 손을 펼치셨지만 반역적인 백성은 철저히 그분을 배격하였습니다.

하지만 우리 주님은 세상에 오셨을 때 하나님의 대리자로서 훌륭하게 적응하셨으니, 이는 그분 자신이 하나님이실 뿐 아니라 그분의 인격적 성품 또한 그 사역을 위해 온전히 바쳐졌기 때문입니다. 그분에게는 아무런 흠이나 점이 없었습니다. 그분은 아버지를 세상에 나타내고 인간들을 축복하려는 한 가지 욕망 외에 다른 어떤 동기에도 영향을 받지 않으셨습니다. 오 사랑하는 성도들이여, 예수님처럼 하나님의 입 가까이에 귀를 가까이 하였던 사람은 없었습니다. 그분의 아버지는 그분에게 밤의 꿈이나 환상으로 말씀하실 필요가 없었습니다. 그분의 모든 인지 능력이 활짝 열려 있을 때 아무것도 그분이 하나님의 마음을 이해하는 것을 방해하지 못했기 때문입니다. 아침마다 아버지는 그분을 깨워 그분의 귀에 말씀하셨습니다. 예수님은 아버지의 발치에 앉아 학자로서 먼저 배우려 하셨고, 그 다음에 가르치셨습니다. 그분은 아버지에게서 들은 바를 사람들에게 알리셨습니다. 예수님은 그분 자신의 말이 아니라 그를 보내신 이의 말을 전한다고 하셨습니다. "아버지께서 내 안에 계셔서 그의 일을 하시는 것이라"(요 14:10)고 예수님은 말씀하십니다. 이처럼 위대하신 하나님의 뜻과 정신에 전적으로 일치할 수 있는 사람은 하나님의 대리자가 되기에 합당하였습니다. 인성과 신성이 결합된 그분의 완벽한 성품은, 사람들 사이에 거하시는 하나님으로서 가장 적합한 자격을 갖추었습니다.

그렇습니다, 사랑하는 친구들이여, 우리 구주께서는 모든 인간의 경의와 존경을 얻으시기에 합당한 방식으로 우리에게 오셨습니다. 심지어 그의 위대하신 아버지께서도 "그들이 내 아들은 존대하리라"(마 21:37)고 말씀하셨습니다. 사람들에게 감명을 주기에 충분한 신성을 나타내셨으며, 또 한편으론 그 정도 내에서만 나타내신 것은 사람들이 놀라지 않도록 하기 위함이었습니다. 가장 온화한 정신과 우리와 같은 몸을 가지시어, 그분은 가장 적절하게 하나님의 대리자가 되셨습니다. 그분의 임무 또한 친절과 사랑의 임무였습니다. 그분은 지친 자들에게 적절한 말씀을 주시고, 낙망한 자들을 위로하러 오셨기 때문입니다. 정녕 그런 임무 때문에 그분은 환대를 받으셔야 했습니다. 그분의 행동방침은 매우 유화적이었는데, 이는 그분이 사람들 사이에 다니시고, 세리나 죄인들과 더불어 음식을 드셨기 때문입니다. 너무나 온유하셔서 그분은 어린아이들을 팔에 안고 축복하셨습니다. 다른 것을 제외하고서, 이런 이유만으로도 그들은 그분을 진심으로 환대하고 그분 보는 것을 즐거워해야 했습니다.

그런데 본문은 그분께 대한 사람들의 행동이 그분께 합당한 대우와는 얼마나 반대였는지를 우리에게 보여줍니다. 그분은 환대를 받으시는 대신 매를 맞으셨고, 공경을 받으시는 대신 조롱을 당하셨습니다. 사람들이 잔인하게도 그분의 등을 내리치고, 그분의 머리털을 뽑으며, 그런 와중에도 그분에게 조롱을 보내며 침을 뱉었습니다. 수치와 경멸이 그분에게 쏟아졌습니다. 그분이 다름 아닌 하나님이심에도 불구하고 말입니다. 침 뱉음과 매질을 당하신 그리스도의 모습은, 실질적으로 인간이 자기 하나님께 행한 것을 나타내며, 할 수만 있다면 지존자에게 그들이 하려는 행동이 무엇인지를 보여줍니다. 하트(Hart)가 그것을 잘 표현했습니다.

"가장 야비한 소송에서 모욕을 당하시고도
인내하며 서 계신 예수님을 보라!
죄인들이 전능자의 손을 결박하였고
그들의 창조자의 얼굴에 침을 뱉었다."

우리 조상들이 창조주의 계명을 어겼을 때, 하나님의 말씀을 따르기보다 마귀의 조언에 따르고, 하나님의 호의보다 저 보잘것없는 과실 하나를 더 좋아했을 때, 사실상 그들은 하나님의 얼굴에 침을 뱉은 것입니다. 그 때 이후로 자행된 모든 죄악은 영원하신 하나님께 대한 동일한 모독의 반복이었습니다. 인간이 하나님을 불쾌하게 만들면서 자기 쾌락을 얻으려 할 때, 그는 자신이 하나님을 멸시하고, 자기 자신을 우선시하며, 지존자의 진노에 반항한다고 선언하는 것이나 마찬가지입니다. 사람이 하나님의 명령과 반대되는 행동을 할 때, 그는 사실상 하나님께 이렇게 말하는 것이나 다름없습니다. "당신이 내게 하라고 명하는 것보다 이것이 내게는 더 좋습니다. 당신이 이것을 금지하는 것은 실수한 것이든지 혹은 내가 최고의 즐거움을 얻는 것을 의도적으로 방해하는 것입니다. 그러니 나는, 나 자신의 이익과 관련하여 당신보다 더 좋은 판단자로서, 당신이 내게 금하신 그 쾌락을 움켜쥘 것입니다. 나는 당신이 지혜롭지 못하거나 불친절하거나 둘 중 하나라고 판단합니다." 모든 죄의 행위는 하나님의 주권에 맞서는 것입니다. 그것은 그분이 최고(最高)임을 부인하며, 그분께 복종하기를 거부하는 것입니다. 모든 죄의 행위는 하나님의 사랑과 지혜를 모독하는 것입니다. 왜냐하면 그런 행위는 악을 행하도록 허용하는 것이 악을 삼가도록 명령하는 것보다 더 큰 사랑이라고 말하는 것이나 다름없기 때문입니다. 죄의 행위는 여러 면에서 성삼위일체 하나님의 위엄에 대한 모독이며, 그분 또한 그것을 그렇게 여기십니다.

사랑하는 친구들이여, 특히 복음을 듣고도 구주를 거부하는 자들의 죄가 이런 것입니다. 그들의 경우에, 주께서 가장 은혜로운 방식으로 그들을 찾아 오셨음에도 불구하고 그들이 그분을 거부한 것입니다. 주께서 이렇게 말씀하시는 것이 당연합니다. "내가 너를 구원하려고 네게 왔건만 너는 나를 존중하지 않았다. 내가 네게 와서 '땅 끝의 모든 끝이여 내게로 돌이켜 구원을 받으라'(사 45:22)고 말하였지만, 너는 불신앙으로 눈을 감아 버렸다. 내가 너를 찾아와 '오라 우리가 서로 변론하자 너희의 죄가 주홍 같을지라도 눈과 같이 희어질 것이요 진홍 같이 붉을지라도 양털 같이 희게 되리라'(사 1:18)고 말하였지만, 너는 너의 죄악을 깨끗이 씻기를 원치 않았다. 내가 너에게 '사람에 대한 모든 죄와 모독은 사하심을 얻는다'(마 12:31)는 약속을 가지고 왔지만, 너의 반응이 무엇이냐?"

많은 사람들의 경우에 그 대답은 이러합니다. "우리는 하나님의 의보다 우리 자신의 의를 더 좋아합니다." 만약 그것이 하나님의 얼굴에 침을 뱉는 것이 아니라면 달리 무엇이 그런 행동이겠습니까? 우리의 의란 "더러운 옷"(사 64:6)과 같다고 잘 묘사되었으므로, 그것을 그리스도 예수 안에 있는 하나님의 의보다 낫다고 말하는 것은 하나님께 대한 모욕입니다. 비록 우리가 구주를 거절할 때 그런 말을 하지 않았다고 해도, 실제로는 그분을 원치 않는다고, 그분을 필요로 하지 않는다고 말한 셈입니다. 이는 하나님께서 자기 아들의 목숨과 죽음으로 바보짓을 하였다고 말하는 것이나 다름없습니다. 속죄의 피를 불필요하다고 간주하는 것보다 하나님을 크게 조롱하는 것이 달리 무엇이겠습니까? 회개보다 죄를 선택하는 자는, 거룩하게 되어 천국에서 영원히 사는 것보다 하나님의 진노를 받기를 더 좋아하는 자입니다. 하찮은 몇 가지 쾌락들을 위하여 인간들은 하나님의 사랑을 저버리며, 기꺼이 하나님의 진노라고 하는 영원한 위험을 감수합니다. 그들은 하나님을 대수롭지 않게 생각하며, 전혀 하나님을 안중에 두지 않습니다. 이 모든 것이 사실상 주 하나님께 대한 멸시와 모독이며, 주 예수님께 쏟아졌던 모독에서 그 모든 것이 잘 표현되고 있습니다.

그런 일이 있다는 것이 얼마나 슬픈지요! 나의 하나님, 나의 하나님! 저는 얼마나 죄 많은 인류에 속하였는지요! 오호라, 인류가 당신의 무한한 자비를 그토록 악하게 취급하였습니다! 당신이 거절당하시다니요? 특히 당신께서 사랑의 옷을 입으시고 인자와 긍휼로 단장하셨을 때 거절당하셨다는 것이, 생각만 해도 얼마나 끔찍한지요! 오 인간들이여, 당신들은 정녕 그럴 의도인가요? 정녕 그런 의도를 가질 수 있는 것입니까? 여러분은 인간을 위해 죽으신 주 예수님을 조롱할 수 있습니까? 오직 그분은 선한 일을 행하며 사셨건만, 그분의 어떤 일 때문에 여러분은 그분에게 돌을 던질 것입니까? 그분은 인간의 구원을 위해 죽으셨건만, 그분의 어떤 슬픔 때문에 여러분은 그분을 거절하는 것입니까? "그가 남은 구원하였으되 자기는 구원할 수 없었던"(마 27:42) 것은, 죄인들을 너무나 사랑하셔서 자기 목숨을 아낄 수가 없었기 때문입니다.

나는 여러분이 여호와의 권능의 우레를 거부하는 것을 이해할 수 있습니다. 여러분의 정신 착란을 내가 알기 때문입니다. 하지만 여러분이여, 어떻게 여호와의 사랑의 친절을 거부할 수 있습니까? 만일 여러분이 그것을 거부한다면 나는 여러분을 짐승과 같다고 비난해야 할 것입니다. 하지만 그 점에서 나는 짐승들에게 미안한데, 짐승들에게도 그런 죄악은 불가능하기 때문입니다. 심지어 나는 이토록 잔인한 모독을 악마적이라고 부를 수도 없는데, 왜냐하면 그런 죄는 귀신들도 결코 범하지 않은 죄이기 때문입니다. 아마도, 만약 그들에게 그것이 가능했다고 해도, 그들이 그런 죄는 범하지 않았을 것입니다. 귀신들은 구속주를 우습게 여긴 적이 없으며, 속죄의 피를 거절한 적도 없습니다. 왜냐하면 우리 주님이 타락한 천사들을 구속하신 것이 아니라 아브라함의 후손들을 구속하셨기 때문입니다.

호의를 입은 인류가 그 친구(Friend)에게 침을 뱉는단 말입니까? 우리가 더 나은 정신 상태에 이르기를 바랍니다. 당신 눈 앞에 그분의 생생한 모습이 있습니다. 하나님이 스스로를 비우시고, 멸시받고, 거절당하며, 수치를 당하시며, 그분의 귀한 아들의 위격(Person) 안에서 지속적으로 불명예를 당하십니다. 그 광경을 보고 우리 안에서 회개가 우러나와야 합니다. 우리는 우리가 채찍으로 때린 그분을 보아야 하고, 그분을 위해 울어야 합니다. 오 성령이시여, 우리 모두의 마음에 부드러운 은혜의 역사를 이루소서.

2. 자기 백성의 대리자로서 그리스도를 바라보라.

이제 두 번째로, 나는 여러분에게 다른 관점에서 주 예수 그리스도를 제시하고자 합니다. 더 나아가 그리스도께서 친히 여러분에게 빛을 비추어 자기 백성의 대리자로서 자기를 나타내주시길 기도합니다. 우리 주 예수께서 이와 같이 고난을 받으셨을 때, 그것은 그분 자신을 위해서가 아니었으며 또한 순전히 아버지를 위해서도 아니었음을 기억하십시오. "그가 찔림은 우리의 허물 때문이요 그가 상함은 우리의 죄악 때문이라 그가 징계를 받음으로 우리는 평화를 누리고 그가 채찍에 맞음으로 우리는 나음을 받았도다"(사 53:5).

내가 아무리 비난해도 심하지 않은 현대의 한 사상이 대두되었는데, 그것은 그리스도께서 십자가를 제외하고는 우리의 죄를 위해 아무런 속죄의 일을 행하지 않으셨다는 주장입니다. 하지만 이사야서의 이 구절에서 우리가 명백하게 배우는 바는 그리스도의 죽으심에 의해서뿐만 아니라, 그분의 매 맞으심과 채찍질 당하심에 의해서도 우리가 나음을 입었다는 사실입니다. 그리스도의 삶과 죽음을 분리해서는 안 됩니다. 그분이 살지 않으셨다면 어떻게 죽으실 수 있었을까요? 그분이 살지 않으셨다면 어떻게 고난을 받으실 수 있었을까요? 죽음은 고난이 아니라, 그 끝입니다. 여러분이 그리스도의 의와 아무런 상관이 없다는 악한 사상 역시 경계하십시오. 만약 그분이 삶에서 온전하지 않으셨다면 그의 피로써 속죄를 이루실 수도 없었을 것이기 때문입니다. 그분이 먼저 거룩하고, 순결하며, 흠이 없다고 입증되지 않았더라면, 그분은 하나님께서 받으시기에 합당한 제물이 될 수도 없었을 것입니다. 제물은 흠이 없어야 하며, 그렇지 않다면 제물로 드려질 수 없습니다. 까다롭게 선을 긋고는 쓸데없는 질문들을 야기하지 마십시오. 오직 그분을 있는 그대로 바라보고 그분 앞에 경배하십시오.

내 사랑하는 형제들과 자매들이여, 예수님께서 친히 우리의 죄를 짊어지신 것과, 또한 그 죄를 짊어지신 것으로 인하여 그분은 죄에 마땅히 따라야 할 처분을 받으셨음을 깨달으십시오. 지금껏 존재해왔던 모든 죄는 그 자체가 너무나 수치스러운 것입니다. 그것은 채찍질을 당해야 하고, 침 뱉음을 당해야 하며, 십자가에 못 박혀야 마땅합니다. 우리 주님께서 우리의 죄를 짊어지셨기 때문에, 그로 인해 그분은 수치를 당하셔야 했고, 채찍에 맞으셔야 했습니다. 만약 여러분이 하나님이 죄를 어떻게 생각하시는지를 알기 원한다면, 우리 죄를 대신한 것으로 인하여 군인들에게 침 뱉음을 당하신 하나님의 독생자를 보십시오. 하나님이 보시기에 죄는 수치스럽고, 끔찍하며, 혐오스럽고, 가증한 것입니다. 그래서 예수님이 죄를 짊어지셨을 때 그분은 버림을 받고 멸시를 당하도록 넘겨져야 했습니다.

이 장면은 여러분이 침 뱉음을 당하신 그분이 누구신지를 기억할 때 더욱 놀랍게 다가올 것입니다. 만약 여러분과 내가 죄인으로서 채찍에 맞고 멸시를 당한다면, 그것은 놀랄 일이 아닙니다. 하지만 우리의 죄를 담당하신 그분은 하나님이시며, 천사들이 거룩한 경외심으로 그분 앞에 엎드립니다. 그런데 그분이 죄를 짊어지신 것으로 인해, 가장 극심한 수치를 당하셨습니다. 예수님께서 우리를 대신하신 것으로 인해, 영원하신 아버지께서 "자기 아들을 아끼지 아니하셨다"(롬 8:32)고, 또한 "여호와께서 그에게 상함을 받게 하시기를 원하셨다"(사 53:10)고 성경에 기록되었습니다. 그분은 자기 목숨을 우리 죄를 위한 제물로 삼으셨습니다. 그렇습니다. 사랑하는 이여, 죄는 육신에서 정죄되었고(참조. 롬 8:3) 크게 수치스러운 것으로 드러났습니다. 비록 그것이 단지 전가(轉嫁)에 의해 우리의 복되신 주님께 옮겨진 것이지만, 그럼에도 불구하고 제거되기 전까지, 그것이 그분을 깊은 수치와 슬픔에 내던진 것입니다.

이 모든 일의 자발성에도 주목하십시오. 그분은 기꺼이 고통과 멸시를 견디셨습니다. 본문에서 "나를 때리는 자들에게 내 등을 맡겼다(gave)"라고 기록되어 있습니다. 그들이 그분을 잡아서 억지로 시킨 것이 아닙니다. 설혹 그들이 그렇게 했다고 해도, 그분의 동의가 없이는 그렇게 할 수 없었을 것입니다. 그분은 때리는 자들에게 등을 내어주셨습니다. 그분은 머리털을 뽑는 자들에게 뺨을 내어주셨습니다. 그분은 수치와 침 뱉음으로부터 얼굴을 가리지 않으셨습니다. 그분은 어떤 방식으로든 모욕을 피하려 하지 않으셨습니다. 그분의 고난의 공로에 크게 기여한 것은 그분의 자발성이었습니다. 만약에 그리스도께서 억지로 우리를 대신하는 입장에 서신 것이라면 그 일은 위대한 일이 아니었을 것입니다. 하지만 그분은 자기 자신의 자유 의지로 거기에 서신 것이며, 그곳에서 자발적으로 조롱을 당하신 것입니다. 이것이 진정한 은혜입니다. 하나님의 아들이 자원하여 우리를 위하여 저줏거리가 되셨고, 그분의 자발적 소원에 따라 우리를 대신하여 수치를 받으신 것입니다.

나는 여러분이 내 말을 들으면서 어떻게 느끼고 있는지 알지 못합니다. 그러나 이 말을 하면서 내가 느끼는 것은 인간의 언어로는 이와 같은 주제를 제대로 다룰 수 없다는 것입니다. 인간의 언어는 그 임무를 수행하기에 너무 미약한 도구입니다. 나는 여러분이 내 말을 넘어서, 흑암으로 하늘을 덮으시는 그분이 자기 얼굴을 가리지 않으시고, 온 우주를 띠로 묶어 하나가 되게 하시는 그분이 자기의 피조물인 인간들에게 포박당하여 눈가리개를 하셨다는 사실을 여러분 스스로 묵상하기를 바랍니다. 그 얼굴이 힘 있게 비치는 해와 같으신 그분이 한때 침 뱉음을 당하셨습니다. 정녕 이토록 놀라운 사실을 믿기 위해서는 천국에서도 믿음이 필요할 것입니다. 영광스러운 하나님의 아들이 조롱과 비웃음을 당하셨다는 것이 사실일 수 있을까요? 나는 종종 천국에서는 믿음이 필요 없다는 말을 들어왔습니다. 하지만 나로서는 이런 일들이 일어났다고 믿기 위해서는, 믿음의 선조들이 장래에 그런 일이 일어날 것이라고 믿었던 것과 마찬가지의 믿음이 필요하다고 판단합니다. 가만히 앉아 그분을 바라보면서, 그분의 귀하신 얼굴이 한때 모독과 침 뱉음을 당하셨다고 어떻게 생각할 수 있을까요? 온 천국이 경외심 가득한 찬미의 침묵으로 그분 발 앞에 엎드릴 때, 한때 그분이 조롱을 당하셨다는 것이 가능한 일로 보일까요? 천사들과 정사들과 권세자들이 모두 일어나 그분을 찬미하는 조화로운 음악 속에서 황홀해할 때, 한때 가장 비열한 인간들이 그분의 머리털을 뽑았다는 일이 가능하게 보일까요? "황옥(黃玉)을 물린 황금 노리개 같은"(아 5:14) 그분의 성스러운 손이 한때 교수대에 못 박히고, "향기로운 꽃밭 같고 향기로운 풀 언덕과도 같은"(아 5:13) 그분의 뺨이 주먹으로 맞고 상처를 입으셨다고 여겨질까요? 우리는 그 사실을 확신하겠지만, 그럼에도 불구하고 그분의 옆구리가 깊은 상처를 입고, 그분의 얼굴에 침이 뱉어졌다는 사실에 대해 놀라지 않을 수가 없을 것입니다.

이 사건에서 인간의 죄가 언제나 우리를 아연실색하게 만들 것입니다. 어떻게 이런 범죄를 저지를 수 있단 말입니까? 오 인생들이여, 어찌하여 그대들이 그런 분을 잔인한 멸시로 대하였단 말인가! 오 죄라는 이름으로 일컬어지는 너 추악한 자여, 너는 정녕 선지자가 말했듯이 "창녀의 낯"(렘 3:3)을 가졌도다! 너는 악마의 마음을 가졌고, 지옥이 네 속에서 불타는구나! 어찌하여 너는 이 세상의 화려한 것에 대해서는 감히 침을 뱉지 못하느냐? 어찌하여 천국이 조롱을 받아야 하는가? 오, 차라리 천사들에게 침을 뱉을지언정, 그토록 복되신 분의 얼굴밖에는 너의 비열한 행동을 할 곳이 달리 없었단 말이더냐? 그분의 얼굴에! 오호라! 그분의 얼굴에 어찌 그런 일을 한단 말이던가! 그토록 사랑스러운 얼굴이 이런 수치를 받아야 한단 말입니까? 나는 차라리 인간이 창조되지 않았거나, 혹은 창조되었더라도, 살아서 그토록 끔찍한 짓을 저지르느니 소멸되어 버리는 편이 나았다고 바랄 정도입니다.

하지만 여기에 우리가 믿어야 할 문제가 있습니다. 사랑하는 여러분이여, 여러분 자신을 여러분의 위대한 대리자에게 맡기십시오. 그분이 이 모든 수치를 감당하셨습니까? 그렇다면 이 일에는 충분한 공로와 효험이 있을 것임에 틀림없습니다. 이 일은 그분의 죽음의 서막이며, 그분의 특별한 죽음의 서막이기에, 여기에는 모든 불의와 허물과 죄를 치우기에 충분한 공로가 있음에 틀림없습니다. 우리의 수치는 끝이 났습니다. 그분이 그것을 감당하셨기 때문입니다! 우리의 형벌은 면제되었습니다. 그분이 그 모든 것을 감수하셨기 때문입니다. 우리의 모든 죄에 대해 충분한 삯을 우리의 구속자께서 지불하셨습니다. 오 내 영혼아, 이제는 안식을 누리고, 네 슬피 우는 마음에 평화가 가득하게 하라!

3. 하나님의 종으로서 그리스도를 바라보라.

시간이 많지 않으므로 이제 세 번째 관점에서 우리 구주를 바라보기 원합니다. 사랑하는 이여, 우리는 주 예수 그리스도를 하나님의 종으로서 바라보기 원합니다. 그분은 사람들과 같이 되셨을 때 스스로 종의 형체를 가지셨습니다. 그분이 이 섬김의 임무를 얼마나 철저하게 수행하셨는지를 주목하고, 또한 우리가 그리스도의 이러한 세 번째 모습을 보고 본받으며, 우리 삶의 안내자로 삼아야 함을 기억하십시오. 나는 여러분 중에서 많은 이들이 스스로를 하나님의 종으로 부르기를 좋아한다는 것을 압니다. 그 이름을 헛되이 취하지 마십시오. 여러분은 이 세상에서 예수님을 본받아야 하며, 그분처럼 되기를 힘써야 합니다.

먼저, 하나님의 종으로서, 그리스도는 섬김을 위해 개인적으로 준비되셨습니다. 그분은 30년 이상을 이곳 낮은 곳에 계셨고, 아버지의 집에서 순종을 배우셨으며, 그렇게 여러 해를 보낸 후에는 고난 받으심을 통하여 순종을 배우셨습니다. 그분이 얼마나 충성된 종이었는지요! 그분은 자기 자신의 용무를 위해서나 자기 자신의 뜻대로 행하지 않으셨으며, 언제나 아버지의 뜻을 따라 섬기셨습니다. 그분은 밤이든 낮이든, 지속적으로 하늘과 교통하셨습니다. 그분이 말씀하십니다. "아침마다 깨우치시되 나의 귀를 깨우치사 학자들 같이 알아듣게 하시도다"(사 50:4). 복되신 주님은 매일 아침 그를 부르는 부드러운 음성을 들으셨으며, 그 속삭임을 듣고 동트기 전에 일어나셨습니다. 새벽 미명에 그분은 산에서 발견되셨는데, 거기서 기도의 씨름을 하며 하나님의 뜻을 구하셨고, 사람들에게 전할 아버지의 메시지를 받으셨습니다. 그분은 사람들을 많이 사랑하셨지만 아버지를 더 사랑하셨습니다. 그분은 사람들에게 가서 하나님의 사랑에 대해 들려주실 때마다, 전하는 메시지를 하나님의 심중으로부터 새롭게 들으신 듯했습니다. 그분은 아버지께서 항상 자기의 말을 들으시는 줄을 아셨고, 또한 아버지께서 언제나 자기의 요청을 수락하심을 의식하면서 사셨습니다. 여러분은 혹 "그 때에 예수께서 대답하여 이르시되"(마 11:25)로 시작되는 구절에 주목하신 적이 있습니까? 그 때 그분 앞에는 아무도 그가 말씀하시는 것을 듣는 사람이 없었고, 또한 그분에게 말하고 있는 사람이 아무도 없었습니다. 그분이 하신 말씀은 오직 그분의 귀에만 들린 음성에 대한 답변이었던 것입니다. 그분은 언제나 귀를 열고서 영원하신 아버지의 음성을 듣고 계셨던 것입니다.

예수님은 그렇게 섬기셨으니, 여러분도 그렇게 섬겨야 합니다. 여러분이 주님 가까이에 살지 않고서 그분의 뜻을 행할 수는 없습니다. 우리의 메시지를 하늘의 아버지에게서 얻은 것이 아니라면 능력으로 설교하려는 시도는 소용이 없습니다. 나는 여러분이 청중으로서, 단지 사람의 머리와 입술에서 나온 죽은 말과 하늘에서 떨어진 만나처럼 신선하게 선포되는 생명력 있는 말의 차이를 분별할 것이라고 확신합니다. 말씀은 마치 화덕에서 갓 나온 뜨거운 빵처럼 목사에게서 나와야 합니다. 혹은 더 나아가, 설교 말씀은 그 속에 생명을 품은 씨앗과 같아야 합니다. 바싹 말라서 그 속에 배아(胚芽)가 죽어 버린 씨가 아니라, 살아 있는 씨앗으로서 여러분의 영혼에 뿌리를 내리고 자라서 추수할 수 있는 씨앗이어야 합니다. 우리 주님께서 아버지의 음성에 귀를 기울이셨고 아버지의 뜻에 온전히 복종하셨다는 점이 그분을 훌륭한 종이 되게 하였습니다.

본문은 이 섬김에는 성별됨에 있어서 어떤 예외도 없음을 우리에게 확인시켜줍니다. 우리는 대개 어떤 면에서는 뒤로 물러서고 맙니다. 이 말을 하는 것이 부끄럽지만, 나도 그렇게 해 왔다는 것을 슬퍼합니다. 우리 중에서 많은 이들은 우리의 건강과 힘의 전부를, 그리고 우리가 가진 돈의 전부를 기꺼이 그리고 즐겁게 그리스도께 드릴 수 있었습니다. 하지만 평판의 문제에 이르면, 우리는 가책을 느낍니다. 비방을 당하는 것이, 여러분에게는 어떤 불결한 것을 얻는 것처럼 여겨집니다. 이것은 혈과 육에는 견디기 어려운 것입니다. 여러분은 이렇게 말하는 것 같습니다. "나는 바보 취급을 당할 수 없어요. 나는 순전한 협잡꾼처럼 간주되는 것을 견디지 못합니다." 하지만 참된 그리스도의 종은 자기 주님의 일을 수행할 때 스스로의 평판에 관심을 기울여서는 안 됩니다. 우리의 복되신 주님은 가장 낮고 추잡한 사람들에게 기꺼이 비웃음을 당하셨습니다. 비열한 자들이 그분을 조롱했습니다. 그들의 비방이 그분에게 쏟아졌습니다. 그분은 술주정뱅이들의 노래가 되셨으며, 거친 군병들이 그분을 억류했을 때, 그들은 마치 그분이 사람이라는 이름을 갖기에도 합당치 않은 것처럼 조롱을 퍼부었습니다.

> "그들이 내 앞에 무릎을 꿇고
> '왕이여 평안할지어다' 소리치네.
> 온갖 조롱과 비웃음을 내게 퍼부으니
> 이런 슬픔을 달리 누가 겪어보았을까?
> 군병들이 그 얼굴에 침을 뱉기도 하네.
> 그 얼굴은 천사들도 보는 것을 은혜로 여기고
> 선지자들이 한 번이라도 보기 원했으나 볼 수 없었던 얼굴이니
> 이런 슬픔을 달리 누가 겪어보았을까?"

헤롯과 빌라도는 인간 찌꺼기 같은 자들이건만, 그분은 그들에게 자기를 재판하도록 허용하셨습니다. 그들의 하속들은 악한 종자들이었지만, 그분은 자기 몸을 그들에게 맡기셨습니다. 만약 그분이 분노의 숨을 내쉬었더라면, 그분은 삼키는 불을 그들에게 내뿜어, 그들을 초개처럼 태우실 수 있었습니다. 하지만 그분은 전능자의 인내심으로 분노를 억제하시고, 털 깎는 자 앞의 양처럼 가만히 계셨습니다. 그분은 자기 피조물들이 그분의 수염을 뽑고 그 얼굴에 침 뱉는 것을 허용하셨습니다. 하나님의 종으로서 여러분의 인내심도 그러해야 합니다. 우리는 기꺼이 아무것도 아닌 자처럼 되고, 심지어 만물의 찌끼처럼 되는 것도 감수해야 합니다. 그리스도인이 고난 받는 것을 거절하고, 다투는 사람이 되어서, "우리는 우리의 권리를 위해 일어나야 합니다"라고 소리치는 것은 안타까운 일입니다. 예수님이 그런 태도를 보이신 적이 있었습니까? 우리에게는 "나는 그 문제를 따져볼 테야"라고 말하는 경향이 있습니다. 예, 하지만 여러분은 그런 태도를 보이는 예수님을 상상할 수 없습니다. 나는 그분을 그런 식으로 묘사하

는 화가를 반대합니다. 그렇게 묘사된 그림은 다른 누군가이지, 결코 그리스도일 수 없습니다! 그분은 이렇게 말씀하셨습니다. "나를 때리는 자들에게 내 등을 맡기며 나의 수염을 뽑는 자들에게 나의 뺨을 맡기며 모욕과 침 뱉음을 당하여도 내 얼굴을 가리지 아니하였느니라."

마음 깊은 곳에서 아버지의 뜻에 대한 순종의 기쁨이 명백히 나타나기에, 여기에는 단지 형식상의 온전한 헌신 이상의 무언가가 있습니다. 내가 보기에 이 말씀은 민첩함을 표현하는 것 같습니다. 본문은 그분이 대적들에게 마지못해 수염을 뽑거나 등을 치도록 허용하였다고 말하지 않고, 오히려 '나를 때리는 자들에게 내 등을 맡기며(gave) 나의 수염을 뽑는 자들에게 나의 뺨을 맡겼다'라고 말합니다. 그분은 그것을 기뻐하실 수 없었습니다. 어떻게 그분이 고통과 수치를 기뻐하실 수 있었겠습니까? 이런 일들은 우리의 본성보다 그분의 본성에 한층 더 거스르는 일들입니다. 그럼에도 그분은 "그 앞에 있는 기쁨을 위하여 십자가를 참으사 부끄러움을 개의치 아니하셨습니다"(히 12:2). 그분은 이토록 불쾌한 취급을 참을 준비가 되셨기에 이렇게 말씀하셨습니다. "나는 받을 세례가 있으니 그것이 이루어지기까지 나의 답답함이 어떠하겠느냐?"(눅 12:50). 그분은 쓴 잔을 마실 준비가 되셨고, 그것이 아무리 써도, 기꺼이 한 방울도 남기지 않고 그 잔을 마셨습니다. 그분은 때리는 자들에게 등을 내어주셨습니다.

한편, 그분이 조금도 주춤하지 않으셨음을 주목하기 바랍니다. 그들이 그분 얼굴에 침을 뱉었지만, 7절에서 그분이 무어라고 하십니까? "내가 내 얼굴을 부싯돌 같이 굳게 하였다." 그들이 그분의 얼굴을 더럽히려 한다면 그분은 그것을 견디고자 결심하셨습니다. 그분은 단단히 태세를 갖추고 굳게 결심하셨습니다. 오, 우리 주님의 침묵에는 얼마나 큰 용기가 있는지요! 잔혹 행위와 수치가 그분으로 하여금 입을 열게 하지 못했습니다. 여러분의 입술은 종종 부인하고 방어하기 위해 크게 말하기를 원치 않았던가요? 침묵하는 것이 지혜롭다고 느끼면서도, 비난의 정도가 너무 심하다 싶으면, 그것이 여러분을 크게 자극하여 분개하도록 만듭니다. 야비한 거짓이 분노를 일으킬 때, 여러분은 무언가를 말해야 한다고 느끼며, 악인들이 목전에 있을 때 비록 입에 재갈을 물리려 애를 쓰면서도, 결국 입을 열어 말하고 맙니다. 하지만 우리의 복되신 주님은, 전능자의 인내와 사랑으로써 한 마디도 하지 않으셨고, 마치 도살자 앞에서 잠잠한 양 같이 그 입을 열지 않으셨습니다. 그분은 침묵으로써 훌륭한 증언을 하셨습니다. 오, 그분의 인내는 얼마나 강력하고, 또 얼마나 고귀한지요! 만일 우리가 그분의 제자들이 되고자 한다면 그분을 본받아야 합니다. 우리 역시 얼굴을 부싯돌처럼 굳게 해야 하며, 움직이든지 가만히 앉아 있든지 아버지의 뜻을 따라야 하며, 침묵하든지 말하든지 그분을 영화롭게 해 드려야 합니다. 비록 다른 곳에서는 "내 마음은 밀랍 같아서 내 속에서 녹았다"(시 22:14)고 외치시지만, 그럼에도 그분은 "내가 내 얼굴을 부싯돌 같이 굳게 하였다"고 말씀하십니다.

이 와중에 그분 마음에 있는 확신과 고요를 여러분은 눈여겨보았습니까? 그분은 마치 이렇게 말씀하시는 듯합니다. "너희가 내게 침을 뱉을 수 있겠지만, 내게서 잘못을 찾지는 못할 것이다. 너희가 내 수염을 뽑을 수 있겠지만, 내 고결함을 비난할 수는 없을 것이다. 너희가 내 어깨에 매질을 가할 수는 있겠지만, 어떤 잘못도 내 탓으로 돌릴 수는 없을 것이다. 너희의 어리석은 증인들이 감히 내 얼굴을 쳐다보지 못한다. '나의 대적이 누구냐? 내게 가까이 나아올지어다. 보라, 주 여호와께서 나를 도우시리니 나를 정죄할 자 누구냐? 보라, 그들은 다 옷과 같이 해어지며 좀이 그들을 먹으리라'(사 50:8-9)."

그러므로 하나님의 참된 종이여, 잠잠하십시오! 인내로써 마음을 평안히 가지십시오! 모든 사람이 여러분의 기대를 저버릴지라도, 꾸준하고 한결같이 하나님을 섬기십시오. 섬김의 밑바닥까지 내려가서, 그리스도의 무덤에 누워 있어도 만족하십시오. 여러분은 그리스도의 부활에 참여할 것이기 때문입니다. 천국으로 이르는 길이 명예의 언덕을 오르는 길이라고 꿈꾸지 마십시오. 오히려 천국으로 이르는 길은 겸손의 골짜기로 내려가는 길입니다. 이 지상에서 위대하게 됨으로써 영원히 위대하게 될 수 있을 것이라고 상상하지 마십시오. 비록 여러분이 사람들에게 멸시와 거절을 당해도, 여러분은 점점 더 작아지고 쇠하여야 합니다. 왜냐하면 이것이 영원한 영광으로 이르는 길이기 때문입니다.

이 장의 마지막 두 구절을 상세하게 설명할 시간이 없지만, 그것은 여러분에게 귀한 교훈을 줍니다. 그분은 때리는 자들에게 등을 맡기셨습니다. 그러므로 만일 여러분 중에 누구든 흑암 중에 행하여 빛이 없을지라도, 이런 일이 하나님의 종에게 새로운 것이 아닙니다. 사람들에게 멸시를 당할 때, 하나님의 모든 종들의 우두머리이신 분이 인내하셨습니다. 그러므로 그분을 따르십시오. 그리스도께서 그러셨듯이 하나님께 의지하십시오. 시련의 밝은 종말을 바라보십시오. 결국 그분은 밝은 빛으로 나오셨고, 아버지 우편에서 상상할 수 없는 영광의 광채 가운데 앉으셨습니다. 그와 마찬가지로 모든 신실한 종들은 구름에서 나올 것이며, 아버지의 나라에서 해처럼 밝게 빛날 것입니다. 오직 굳센 인내로 견디십시오. 그분에게 그러하셨듯이, 찬란한 영광이 여러분의 보상이 될 것입니다.

4. 자기 백성의 위로자로서 그리스도를 바라보라.

마지막으로, 나는 그분의 네 번째 특성을 묘사할 터인데, 곧 그분을 자기 백성의 위로자로 제시하고자 합니다. 하지만 내가 그리고자 하는 그림을 스케치하는 동안, 여러분에게 이렇게 할 것을 요청합니다.

먼저, 우리의 복되신 주님은 곤고한 자를 말씀으로 도와주기에 훌륭한 자격을 갖추셨음을 기억하십시오. 왜냐하면 그분 자신이 겸손하고, 온유하시어, 우리에게 가까이 오셨기 때문입니다. 사람들은 마음이 곤고할 때에, 거칠고 거만한 사람들로부터는 위로를 얻을 수 없다고 느낍니다. 위로자는 고난을 겪은 자로서 다가와야 합니다. 만약 환난당하는 자를 위로하려면, 그는 반드시 낮고 상한 심령으로 찾아와야 합니다. 가난한 자매를 방문할 때 여러분은 최고의 옷을 입어서는 안 되며, 혹은 여러분이 그녀보다 얼마나 더 유복한지를 보여주는 보석을 걸쳐서는 안 됩니다. 여러분의 주님은 "때리는 자들에게 등을 맡기셨고, 수염을 뽑는 자들에게 뺨을 맡기셨습니다." 그래서 그분은 여러분이 필요로 하는 위로자가 되신 것입니다.

그분의 겸손뿐 아니라, 그분의 동정심 또한 주목하십시오. 여러분은 이 아침에 아픔과 고통으로 가득합니까? 예수님은 그 모든 것에 대해 아십니다. 그분은 "때리는 자들에게 등을 맡기신" 분이기 때문입니다. 여러분은 비방과 중상으로 고통당하고 있습니까? 그분이 모욕과 침 뱉음을 당하여도 그 얼굴을 가리지 않으셨습니다. 최근에 여러분은 조롱을 당했습니까? 은혜를 모르는 자들이 여러분의 경건을 조롱했습니까? 예수님은 당신을 동정하실 수 있습니다. 사람들이 그분을 놀리며 불경스러운 유희를 즐겼음을 당신은 압니다. 당신의 마음을 찢어지게 만드는 모든 고통을 당신의 주님은 이미 감당하셨습니다. 가서 그분에게 아뢰십시오. 많은 사람들이 당신을 이해하지 못할 것입니다. 당신은 점박이 새이며, 나머지 다른 새들과는 다르기에, 그들 모두가 부리로 당신을 쪼아서 아프게 만듭니다. 하지만 예수 그리스도는 이것을 아십니다. 그분 역시 점박이 새이셨기 때문입니다. 그분은 "거룩하고 악이 없고 더러움이 없고 죄인에게서 떠나 계시지만"(히 7:26) 당신과 같은 이에게서 떨어져계시지는 않습니다. 그분에게 가십시오. 그분이 당신을 긍휼히 여기실 것입니다.

동정하시는 그분의 겸손과 능력에 더하여, 우리를 위로하는 것은 그분의 본입니다. 그분은 우리에게 이렇게 말씀하실 수 있습니다. "내가 때리는 자들에게 내 등을 맡겼다. 너는 이처럼 할 수 없느냐? 제자가 자기 스승보다 위에 있느냐?" 만약 내가 천국의 문지방에 도달할 수만 있고, 그곳에서 가장 낮은 곳에 앉을 수만 있다면, 나는 내게 합당한 자리보다 말할 수 없을 정도로 좋은 자리를 차지했다고 느낄 것입니다. 내 복되신 주님께서 침 뱉는 자들에게 그 얼굴을 가리지 않으신 것을 생각하고서, 감히 내가 뻐기는 태도로 "나는 이런 모욕을 참을 수 없어, 나는 이런 고통을 견딜 수 없어!"라고 말한단 말입니까? 뭐라고요? 나의 왕이 기드론 시내를 건너셨는데(참조. 삼하 15장), 당신에게는 기드론 시내가 없어야 한단 말인가요? 주님께서 십자가를 지셨거늘, 당신의 어깨는 쑤시는 고통을 당해서는 안 된다는 말인가요? 사람들이 우리 주님을 "바알세불"이라고 불렀거늘, 그들이 당신에 대해서는 "존경하는 선생님"이라고 불러야 한단 말입니까? 그들이 그분을 비웃고 그분에게 조롱을 퍼부었거늘, 당신은 존경을 받아야만 합니까? 그리스도께서 "이 작자"(this fellow, KJV, 마 12:24)라고 불리신 곳에서, 당신은 "신사 양반" 혹은 "귀부인"이라고 불려야 합니까? 그분의 출생 때에 사람들은 그분에게 마구간을 빌려주었고, 장례를 위해서 그분은 무덤을 빌리셨습니다. 오 친구들이여, 여러분의 교만이 떠나길 바랍니다! 스스로를 낮출 수 있다는 것이 곧 우리의 가장 높은 영예라고 여깁시다!

그분이 보이신 모범 중에서도, 그 모든 와중에 그분이 침착하셨다는 사실이 우리에게 위로를 줍니다. 오, 우리 구주의 마음에 있는 깊은 평온이여! 그들은 그분을 조롱하려고 모조 왕좌에 앉혔으나, 그분은 성난 말로 대꾸하시지 않았습니다. 그들이 그분의 손에 갈대를 쥐여 주었으나, 그분은 그것을 철장으로 바꾸어 그들을 토기 그릇처럼 깨뜨리지 않으셨습니다. 그분은 움츠리지도 않았고 자비를 구하지도 않았습니다. 고통의 탄식이 속에서 터져 나올 때, 그분은 극기주의자가 아니었기에 "내가 목마르다"고 말씀하셨습니다. 하지만 그분에게 사람에 대한 두려움이나 소심함으로 인한 위축됨은 없었습니다.

순교자들의 왕은 순교자의 면류관을 쓰기에 합당하셨습니다. 당당하게 견디셨기 때문입니다. 그분의 인내와 같은 인내는 또 없습니다. 형제여, 그것이 당신이 따라야 할 본입니다. 자매여, 그것이 당신이 본받아 써야 할 습자책입니다. 여러분은 최대한 그 본을 따라 써야 합니다. 주님께서 여러분의 손을 잡아주셔야 할 것입니다. 사실상 그리스도의 학교에서 주님의 자녀들이 그분의 본을 따라 쓸 때마다, 그것이 가능한 이유는 그분이 성령으로 그들의 손을 잡아주시기 때문입니다.

마지막으로, 우리 구주의 승리는 우리에게 자극과 격려가 됩니다. 그분은 이 아침에 자기 백성의 위로자로서 우리 앞에 서 계십니다. "너희가 피곤하여 낙심하지 않기 위하여 죄인들이 이같이 자기에게 거역한 일을 참으신 이를 생각하라"(히 12:3). 비록 그분이 한때 멸시와 천대를 받으셨지만, 지금 그분은 하나님 우편에 앉아계시며, 만물을 다스리십니다. 모든 무릎이 그분 앞에 꿇고, 모든 혀가 예수 그리스도는 주이심을 고백하여 하나님께 영광을 돌리게 될 날이 오고 있습니다. 그분에게 침을 뱉은 자들이 그 날 비통에 빠질 것입니다.

그분을 조롱했던 너희여, 이리로 오라! 그분이 죽은 자 가운데서 일어나셨으니, 지금 이리 와서 그분에게 침을 뱉어보라! 그분에게 매질을 했던 너희여, 너희의 회초리를 가지고 와서, 그분이 영광 중에 계신 이 날 너희가 무엇을 할 수 있는지를 보라! 보십시오, 그들이 그분 앞에서 도망칩니다! 산들이 자기들을 덮어 가려주도록, 바위가 깨어져 그들을 숨겨주도록 그들이 호소합니다! 하지만 땅과 하늘을 떠나게 만드는 그 얼굴은 그들이 침을 뱉었던 동일한 얼굴입니다. 그렇습니다. 한때 때리는 자들에게 등을 맡기셨고, 수염을 뽑는 자들에게 뺨을 맡기셨던 그분의 위엄 앞에서 모두가 떨며 도망칩니다. 그러므로 그분의 이름을 가진 성도들이여, 그분처럼 되십시오. 그분을 신뢰하고, 그분을 위해 사십시오. 그러면 여러분은 그분과 함께 세세토록 왕 노릇 할 것입니다. 아멘.

제
57
장

흑암 중에 행할 때 우리의 인도자

"너희 중에 여호와를 경외하며 그의 종의 목소리를 청종하는 자가 누구냐 흑암 중에 행하여 빛이 없는 자라도 여호와의 이름을 의뢰하며 자기 하나님께 의지할지어다."—사 50:10
"보라 내가 그를 만민의 인도자로 삼았노라."—사 55:4

사랑하는 친구들이여, 나는 여러분에게 우리의 지도자로서 예수님에 대해서 말하고 싶을 뿐 아니라, 어둠 속에서 그분을 따르는 것에 대해서도 말하고 싶습니다. 여러분은 어둠 속에서 예수님을 볼 수 있습니까? 그렇습니다. 우리는 때때로 빛 속에서보다는 어둠 속에서 그분을 더 잘 봅니다. 여러분이 대낮에 밖에 나가서 위를 쳐다보면 단 하나의 별도 볼 수 없을 것입니다. 그러나 여러분이 우물 속으로 들어가면, 어둠 속으로 내려가면, 곧 여러분은 별들을 볼 것입니다. 내려가는 것이 때로는 올라가는 지름길입니다. 분명코, 고난을 겪는 것이 고난 없는 나라로 가는 길입니다. 현재 어둠 가운데 처하는 것이 영원한 빛으로 가는 가장 가까운 길일 수 있습니다. 그리스도로 말미암는 빛을 제외하고, 모든 빛은 그분을 보는 것을 돕기보다는 오히려 방해합니다. 그분은 그분 자신의 빛으로 볼 때에 가장 잘 보입니다. 해야, 떠나라! 달아, 물러가라! 촛불들아, 사라지라! 그분은 의의 태양이시니, 그분이 계신 곳에는 충분한 빛이 있습니다. 지상에서 생겨난 모든 빛은 그분의 얼굴을 보는 것을 방해할 뿐입니다. 자기 자신의 정신적인 빛의 위대성을 신뢰하는 많은 사람들이 예수 그리스도의 얼굴에 있는 하나님의 영광을 보는 것에는 눈이 멀었습니다. 그리스도를 그리스도의 빛으로 보는 자가 복이 있습니다. 그리스도는 십자가에 못 박혀 다섯 군데에 상처를 입고, 그분 자신의 생명의 광휘에 의해 부활하신 분이십니다!

어둠—그것이 하나님의 자녀에게 드리울 수 있습니까? 하나님의 자녀는 빛의 자녀입니다. 그가 어둠 속에 행할 수 있을까요? 무지와 죄와 죽음의 관점에서의 어둠이 아니라, 슬픔과 고통의 차원에서의 어둠을 말하는 것입니다. 성도들에게도 그것이 많을 수 있습니다. 천국의 상속자도 때로는 깜깜한 어둠을 경험할 수 있습니다. 하지만 예수님과 함께라면, 그분을 인도자로서 따르고 있다면(그것이 내 설교의 주제입니다), 그는 안전한 상태에 있는 것입니다. 우리의 찬송가사 중에 이런 대목이 내 귓전에 울리고 있습니다.

"예수와 함께라면 그 어디든지
예수와 함께 어디든 가리."

예수님과 함께 어둠 속에 있는 것이, 그분 없이 빛 속에 있는 것보다 좋으며, 더 나아가 그분 없이 천국에 있는 것보다 더 좋습니다.

"그리스도께서 함께 거하시지 않거나
혹 그분이 얼굴을 감추시면,
천상의 모든 수금으로도
천국을 만들지 못하네."

그리스도를 우리에게 주십시오, 그러면 우리는 어둠이든 빛이든 상관치 않을 것입니다. 오직 우리로 그분과 함께 있게 하십시오, 그러면 그것으로 충분합니다. "영원토록 주와 함께 있는 것"이 곧 영원한 영광의 다른 말이기 때문입니다.

아담은 낮에 창조되었다고 나는 생각합니다. 그는 하나님과 자기 주변의 아름다운 창조의 작품들을 즐거워하며 동산을 거닐었을 것입니다. 밤이 찾아왔을 때, 어둠은 그에게 새로운 현상이었습니다. 그는 틀림없이 그것을 의아하게 여겼을 것입니다. 하지만 그에게 죄가 없었기에, 하나님께 대한 그의 순진무구한 신뢰심이 그로 하여금 어둠을 두려워하지 않게 하였습니다. 그는 두려움 없이 누워 안식을 취하였습니다. 그것은 그에게 기억에 남는 밤이었습니다. 어둠 속에서 그는 무언가를 잃었지만, 그 손실이 그에게는 또한 큰 유익이었습니다. 아침에 그가 깨었을 때, 그는 누군가 그곳에 있는 것을 발견했으니, 바로 그가 필요로 했던 것이었습니다. 그녀가 그곳에 있었습니다. 그녀는 "사람이 혼자 사는 것이 좋지 아니하므로"(창 2:18) 주께서 그를 위하여 지으신 배필이었습니다.

그와 마찬가지로 여러분과 나도 어둠이 찾아오는 것을 보았을 때, 우리는 잠시 괴로워하곤 했습니다. 하지만 하나님을 생각할 때 우리는 안식을 찾았습니다. 그 때 우리는 어둠 속에서 많은 것을 잃었다고 생각했습니다. 왜냐하면 우리에게 매우 중요한 부분이라고 여기는 부분을 잃어버리는 내적 고통을 의식했기 때문입니다. 하지만 우리가 그 슬픔에서 벗어나 아침의 빛으로 들어왔을 때, 전에는 알지 못했던 기쁨이 우리에게 찾아왔습니다. 그 기쁨이 오늘날까지 우리의 동반자가 되고 위로가 되었습니다. 형제들이여, 나는 어둠에 의해 아무것도 잃지 않았습니다. 내가 "나"라고 일인칭을 사용하는 이유는, 모든 사람이 스스로 그것을 증언해야 하기 때문입니다. 나는 하나님의 모든 자녀가 동일한 증언을 할 수 있다고 믿습니다. 이슬이 저녁에도 내리지 않던가요? 우리가 작열하는 태양의 빛을 지속적으로 견딜 수 있습니까? 아침의 신선함이 큰 기쁨이 되어, 우리가 겪은 밤의 시간을 충분히 보상해주지 않습니까?

"예수, 어둠 속에서 우리의 인도자"라는 이 설교의 주제를 생각하면서, 나는 어둠과 사랑에 빠지기 시작했습니다. 내 설교의 주제에는 두 부분이 있습니다. 한 부분이 울적하게 보인다면, 다른 한 부분은 충분히 밝을 것입니다. 그리스도를 따르는 것은 밝은 주제입니다. 어둠은 매우 울적할 수 있습니다. 하지만 어두운 곳에 예수님이 찾아오시어, 그곳을 그분의 거처로 삼으신다면, 나는 거의 어둠을 사랑할 지경이라고 감히 말합니다. 러더퍼드(Rutherford)는 선언하기를, 그가 주님을 위해 졌던 십자가가 마침내 그에게 너무나 소중하게 되어, 혹 그가 자기 주님을 사랑하는 것보다 십자가 자체를 사랑하게 되지 않도록 신경을 썼다고 했습니다. 영혼의 어둠이란 그 자체로는 끔찍한 것입니다. 하지만 그것이 우리에게 가져다주는 풍성한 열매는 우리로 하여금 더 이상 어둠을 두려워하지 않게 만들었습니다. 이제 우리는 저녁과 아침이 하루를 이루며, 저녁이 아침에 못지 않게 하루 중 많은 부분을 차지하는 것에 대해 하나님께 감사할 수 있습니다. 우리 인생의 밤들은 낮과 마찬가지로 풍성합니다. 고통은 환희와 마찬가지로 유용하며, 아래로의 침체는 위로의 고양(高揚)에 못지않게 유용합니다. 그러므로 다음의 주제들을 깊이 생각합시다.

1. 그리스도인들이 경험할 수 있는 어둠

첫째로, 어떤 면에서 우리가 이 지상에 있는 동안에는 항상 어둠 속에 있다고 말할 수 있습니다. 우리는 인내로써 "날이 밝고 어둠이 사라지기를"(참조. KJV, 아 2:17) 기다려야 합니다. 우리 주님은 이 지상에 계시는 동안, 그분이 잠시 떠나오셨다가 다시 되찾으신 영광과 복락에 비하면, 항상 어둠 속에 계셨다고 말할 수 있습니다. 이곳에 계신다는 것 자체가 그분에게는 어둠에 있는 것이었습니다. 영원히 복되신 하나님의 아들이 본향과 그 영광을 떠나셨습니다. 그분은 죄인들 가운데 거하셨고, 그분의 마음은 인간의 죄로 인해 고통을 받으셨으며, 그분의 귀는 불경스러운 말들로 인해 괴로웠고, 그분의 눈에는 완고한 반역으로 인해 눈물이 고였습니다. 그분은 너무나 온유하신 분이었지만 사자들처럼 사나운 자들 중에 거하셨습니다. 죄인들 가운데 거하신다는 것 자체가 그분의 거룩하시고 민감하신 마음에는 지속적인 시련이었음에 틀림없습니다. 마찬가지로 어떤 의미에서는 우리 또한 장차 다가올 미래에 비하면 언제나 어둠 가운데 있는 것입니다. 우리가 "장래에 어떻게 될지는 아직 나타나지 않았습니다"(요일 3:2). 그분이 오십니다! 그분이 오고 계십니다! 그분의 병거의 축이 빠른 속력으로 인해 뜨겁습니다. 그분이 외치십니다. "보라 내가 속히 오리라"(계 22:7). 그분이 오실 때, 그분의 임재의 영광이, 우리가 지금까지 알았던 가장 큰 기쁨을 마치 광명한 날에 비교되는 희미한 여명에 불과한 것으로 만들 것입니다. 만약 그분의 삶이 정녕 어둠 속에 있었던 것이라면, 우리의 삶도 그와 마찬가지라고 해서 놀랄 이유가 없습니다.

하지만 그분과 마찬가지로 우리 역시 자연의 빛에 의존하지 않습니다. 만약 한 그리스도인이 느낌이 좋을 때에만 행복할 수 있다면, 나는 그가 자기 느낌을 의지하는 것이라고 우려합니다. 만약 여러분이 기분이 즐거울 때에만 확신을 가진다면, 여러분이 자기 기분과 감정에 의지하는 것이라고 나는 우려합니다. 믿음은 느낌보다 깊은 곳에 뿌리를 둔 원리입니다. 보거나 보지 못하거나, 우리는 믿습니다. 느끼거나 느끼지 못하거나, 우리는 믿습니다. 우리는 성부의 증언에 근거하여 그리스도를 믿는 것이며, 다른 부수적인 표적들이 없어도 그 증언만으로 충분합니다. 우리가 누리는 구원의 행복한 경험은 주님의 말씀에 대한 즐거운 확신에서 나옵니다. 하지만 그 행복한 경험이 희미해질 때에도, 우리는 여전히 믿습니다. 우리가 떤다고 하여 하나님이 변하시지는 않습니다. 우리가 두려워한다고 해서 그리스도가 변하시는 것은 아닙니다. 구원을 위한 우리의 토대는 우리의 성취에 있는 것이 아니며, 우리의 경험이나 우리의 친교에 있는 것도 아닙니다. 우리는 완성된 그리스도의 사역 위에 서 있으며, 어둠에 있을 때나 빛 가운데 있을 때나, 우리는 그것을 믿습니다.

아마도 저기 젊은 그리스도인은 이렇게 말할 것입니다. "나는 내가 구원받았다고 믿습니다. 왜냐하면 내가 너무 행복하기 때문입니다." 그의 말이 틀린 것은 마치 나이든 그리스도인이 다음과 같이 말하는 것이 틀린 것이나 마찬가지입니다. "나는 내가 구원받았다고 믿습니다. 내가 너무나 불행하다고 느끼기 때문입니다." 나 자신의 경우를 설명하겠습니다. 느낌의 가치는 그 원인에 달려 있습니다. 저 젊은이가 느끼는 모든 행복이 경건의 증거는 아닙니다. 많은 유산을 물려받았거나 혹은 즐거운 파티에 초대받았다면 그는 행복하다고 느낄 수 있습니다. 마찬가지로, 저 나이든 그리스도인의 모든 불행이 은혜의 증거라고 할 수도 없으며, 그런 주장은 결코 성립되지 않습니다. 하지만 만약 우리가 이 도시의 타락으로 인해 탄식하고 부르짖는다면, 우리는 그리스도와 의의 편에 서 있다는 강력한 증거를 가진 셈입니다. 만약 우리가 우리 자신의 결점들과 흠 없는 경건의 결핍으로 인하여 슬퍼한다면, 우리의 탄식과 울음은 영적 생명과 구원의 증거들입니다. 마음이 온전한 거룩에 이르지 못하는 것으로 인하여 결코 만족할 수 없다면, 그 마음은 깨끗한 것이며, 그 영혼은 천국을 향하고 있는 것입니다.

우리가 만일 소생하지 않았다면, 높은 차원에까지 소생하지 않았다면, 우리는 경건의 희미한 표징들에 만족했을 것입니다. 하지만 이제 온전함 이외에는 그 어떤 것도 우리를 만족시키지 않습니다. 우리는 하나님과 우리 사이의 희미한 안개로는 만족하지 못합니다. 이러한 우리의 느낌은 우리가 그분을 얼마나 사랑하는지를, 또한 우리 속사람이 그분과의 깨어지지 않은 온전한 교통 속에 거하기를 얼마나 원하는지를 증명합니다. 우리는 행복이든 불행이든, 그 자체를 우리 믿음의 토대로 의존하지 않습니다. 그리스도께서 우리를 사랑하사 자기 자신을 우리를 위해 주셨습니다. 이것이 내가 서 있는 반석입니다. 그분이 자기를 의지하는 모든 영혼을 위해 죽으셨습니다. 나는 그분을 신뢰하며, 이것이 그분이 나를 죄에서 속량하셨다는 증거입니다. 나는 그분의 것입니다. 여기에 내가 피할 구원의 반석이 있습니다. 어둡든지 밝든지, 나는 그리스도의 의에 서 있습니다. 그리스도인의 믿음의 토대는, 그가 영적인 한 날의 어느 시점에 있는지의 여부나, 그의 경험상의 풍요의 상태에 따라 조금도 요동하지 않습니다. 우리가 다볼(Tabor) 산 꼭대기에 앉을 수 있다고 해도, 겸손의 골짜기에 항상 거하면서 좀 더 밝은 날을 사모하는 때보다 결코 더 안전한 것이 아닙니다. 그리스도! 그리스도! 그리스도! 그분 안에서 우리는 안전합니다.

사랑하는 친구들이여, 하나님의 최상의 백성들 중 일부에게도 우울한 날이 찾아올 수 있습니다. 은혜 안에서 크게 진보를 이루고 주 안에서 크게 기뻐하는 내 형제들과 자매들이여, 나는 여러분이 동료 그리스도인들을 판단하지 않도록 주의하기를 바랍니다. 슬프게도 나는 일부 그리스도인들에게서 그런 모습을 보아왔습니다. 나는 그들의 신발 끈을 풀기에도 합당치 않지만, 그럼에도 불구하고, 그들은 양 떼 중에서 어리고 약한 양들에게 거친 태도를 보이는 것을 보았습니다. 어리고 약한 양들이 여러분의 높은 수준에 이르지 못했다는 이유로 그들을 비난하지 마십시오. 여러분이 강한 믿음을 가지고 있다면, 여러분이 불신앙을 비난할 수는 있겠지만, 약한 신자들을 정죄하지는 마십시오. 비록 그들이 아직 은혜의 단계에서 아기들에 불과하여도, 그들의 성품에도 아름다운 점들이 있을 수 있습니다. 여러분은 하나님께서 튼튼한 소들에게 이렇게 말씀하시는 것을 들어본 적이 없습니까? "너희가 옆구리와 어깨로 밀어뜨리고 모든 병든 자를 뿔로 받아 무리를 밖으로 흩어지게 하는도다. 그러므로 내가 내 양 떼를 구원하여 그들로 다시는 노략 거리가 되지 아니하게 하고 양과 양 사이에 심판하리라"(겔 34:21-22). 당신이 도달한 수준에 대해 교만한 마음을 품고서, 그 아래 단계에 있는 자들에게 불친절하지 않도록 주의하십시오. 빛 가운데에 너무 오래 있었기 때문에, 여러분은 다른 사람들이 여전히 어둠 속에 있음을 망각한다고 나는 생각합니다. 그들이 어둠 속에 있을 때, 여러분은 그들을 약하고 어리석다고 판단하며 꾸짖으려는 경향이 있습니다. 형제여, 당신은 어둠을 꾸짖어 빛 속에 들어오게 하지 못합니다! 약간의 동정심이 당신이 정확한 질책이라고 여기는 것보다 훨씬 더 좋은 효력을 나타낼 것입니다. 그 "정확한"이라는 단어가 때로는 "잔인한"이라는 의미를 가질 수 있습니다.

하나님의 일부 뛰어난 자녀들도 종종 육체의 질병이나 약함으로 인해 우울함에 빠질 수 있다는 것을 아무도 의심하지 못합니다. 질병의 형태 중에는 전혀 우울함을 야기하지 않는 종류도 있습니다. 여러분은 일생 어떤 질병을 가지고 있으면서도, 그것 때문에 우울해지지 않을 수 있습니다. 하지만 어떤 형태의 질병은 뼈와 살에 영향을 줄 뿐 아니라 정신에도 영향을 미칩니다. 정신의 고통이 영혼에 영향을 미치고, 그 영혼은 고통으로 어두워질 수 있습니다. "오, 하지만 그들이 고통스러워해서는 안 됩니다." 예, 그 말을 인정합니다. 하지만 그들은 고통스러워하고 있으며, 따라서 나는 이 점을 강조합니다. 여러분처럼 강한 사람들이나 또는 아주 강한 목사들이 약한 자들에 대해 날카로운 말을 할 수도 있겠고, 그렇게 말하는 것이 정당하다고 할 수는 있겠지만, 그럼에도 불구하고 그렇게 함으로써 그들은 스스로 같은 책망을 초래할 뿐입니다. 위대한 교사들이라고 해서 반드시 고난을 훌륭하게 견디는 것은 아닙니다. 뜨거운 다리미가 실제로 닿을 때 그것은 단지 눈으로 보이는 것과는 별개의 문제입니다. 우리가 낙심해서는 안 된다고 말하는 것은 좋은 말로 들립니다. 하지만 이런 강한 사람들이 실제로 두통을 앓고 있을 때나 다른 일로 마음이 심란할 때 어떻게 되는지 그들의 아내들에게 물어보십시오. 긴 밤을 뜬 눈으로 지새우고 수면부족으로 지칠 때, 그들이 지금 말하고 있는 한결같은 믿음을 보일까요? 아아 형제들이여, 육체는 약합니다!

하지만 우리 주님은 모든 질병에 대해 아십니다. "우리의 연약한 것을 친히 담당하시고 병을 짊어지셨도다"(마 8:17). 예수님께서 동정하지 않으시는 질병은 없습니다. 그분의 동정보다 더 달콤하고 기운을 주는 것은 없습니다. 동정심이 어떻게 효과적일 수 있는지 모르는 사람이 있지만, 그것은 놀랍게 작용합니다. 한 어린 소녀가 자기 어머니에게 이렇게 말했습니다. "어머니, 불쌍한 브라운 씨의 미망인이 매일 자기를 보러오라고 저에게 요청했어요. 그것이 그녀에게는 큰 위로가 된대요. 어머니, 제가 어떻게 그녀를 위로하는지 저는 아무것도 모르겠어요. 가능하면 저는 그녀의 눈물을 닦아주려고 해요. 하지만 그녀가 앉아서 울 때, 제가 할 수 있는 거라곤 그녀에게 가서 뺨을 맞대고 같이 우는 것이 전부예요. 그러면 그녀는 내 볼에 입을 맞추고는 제가 그녀에게 위로를 준다고 말하지요." 바로 그렇습니다. 불쌍한 우리 인간이 동정심으로써 다른 사람을 위로할 수 있다면, 하물며 예수님의 동정심은 얼마나 큰 위로가 될는지요! 오, 주님의 눈물이 여러분의 뺨 위에 떨어지는 것을 느껴보십시오! 여러분이 울고 있을 때, "예수께서 눈물을 흘리셨다"(요 11:35)는 말씀을 기억하십시오.

"마음을 찢는 모든 고통에
저 슬픔의 사람이 동참하시네."

큰 슬픔의 또 다른 이유가 우리에게 자주 발생합니다. 그것은 사별(死別)입니다. 나는 그것에 대해 많은 말을 하지 않을 것입니다. 불필요하게 많은 과부들이나, 아내를 잃은 남편들이나, 부모를 잃은 아이들의 눈물을 자아내고 싶지 않습니다. 슬픔에 잠긴 사람들은 자신의 가장 소중한 존재를 무덤에 뉘였다고 여깁니다! 그들이 아무리 소중하여도, 그들은 더 이상 우리와 함께 머물 수 없었습니다. 아마도 그들이 너무나 훌륭하기에 그리스도께서 그들을 지상에서 데려가시는 것이 필요했는지 모릅니다. 그리스도께서는 그들을 위해 이렇게 기도하셨습니다. "아버지여 내게 주신 자도 나 있는 곳에 나와 함께 있게 하시기를 원하옵나이다"(요 17:24). 우리는 다른 방식으로 계속 이렇게 기도합니다. "아버지여, 우리가 있는 곳에 저들도 함께 있게 하시기를 원합니다." 우리 주님의 기도가 우리의 기도를 이겼습니다. 그래야만 합니다. 왜냐하면 그들은 우리의 것이기보다는 주님의 것이며, 주께서 자기 피로 그들을 사셨기 때문입니다. 우리는 결코 우리 주님과 반대로 기도해서는 안 되며, 설혹 우리가 그렇게 기도하여도, 그분의 기도가 언제나 우선될 것입니다. 그러나 사별은 많은 마리아와 마르다를 매우 슬프고 침울하게 만듭니다.

나사로의 무덤에서 "예수님이 우셨습니다." 이곳에서도, 우리는 주님께서 우리와 매우 가까우신 것을 압니다. 만약 우리가 우시는 주님을 알기 원한다면, 우리 자신이 울어야 한다고 믿습니다. 대부분의 경우에서 우리는 주님이 우리 자신과 마찬가지시라고 이해합니다. 우리가 순례자들이라면, 그분은 아브라함에게 그러하셨듯이 우리에게 여행자로서 다가오십니다. 만약 우리가 야곱처럼 씨름하고 있다면, 그분은 우리와 더불어 씨름하기 위해 오십니다. 우리가 고난 중에 있다면, 그분은 타는 떨기나무에서 모세를 만나셨듯이 우리를 만나주십니다. 우리가 여호수아처럼 군사라면, 그분은 여호와의 군대장관으로서 우리를 만나십니다. 만약 사드락과 메삭과 아벳느고가 풀무 속에 있다면, 그 하나님의 아들이 네 번째 인물로서 불 속에 함께 하실 것입니다. 그분이 우리처럼 되신다면, 우리도 그분처럼 될 수 있습니다. 우리의 사별이란 우리의 주님을 보고 따르는 과정의 일부입니다.

가난도 마찬가지입니다. 여러분 중에 많은 이들은 가난을 알지 못합니다. 나는 여러분이 가난을 알아야 한다고 바라지는 않습니다. 가난은 하나님의 많은 자녀들에게 무거운 십자가이기 때문입니다. 그것은 그들이 주님의 대의를 위해 나서고자 할 때 그들을 방해하고, 그분을 위한 일에서 그들을 곤란하게 합니다. 아마도 가난의 현실은 사람들이 생각하는 것과는 다를 것입니다. 가난이 몸을 고단하게 하는 수고와, 긴 노동 시간과, 몸과 정신을 유지하기에는 불충분한 빵의 문제와 결합될 때, 그것은 정녕 무거운 짐입니다. 혹독한 가난이 하나님의 많은 자녀들 위에 마치 구름처럼 드리우고 있습니다. 시인들이 사랑하는 가난도 있습니다. 그것은 초가지붕과 담쟁이덩굴로 뒤덮인 시골집에 거주하는 것입니다. 만약 그 시인들이 류머티즘을 가지고 있고, 썩어가는 벽을 통해 불어오는 바람 때문에 고통스럽다면, 그들은 아마도 가난에 대해 그렇게 달콤하게 노래할 수 없을 것입니다. 런던에서 우리는 횃불이나 담쟁이가 없는 가난을 겪을 수 있습니다. 오두막이 없고, 그저 단칸방에 거하면서, 빈곤한 삶을 겨우 지탱해가는 그런 가난입니다. 사랑하는 이여, 만약 이런 슬픔 때문에 고통을 겪는다면, 인자(the Son of man)에게 머리 둘 곳이 없었다는 점을 기억하십시오.

이 땅에 있는 동안 또 다른 고통이 많은 이들에게 슬픔의 그림자를 드리우며, 특별히 어떤 이들에게는 그 사나운 모습을 불쑥 드러냅니다. 그것은 비방과 질책이라는 구름입니다. 비록 여러분이 의복을 더럽히지 않고 보존하며, 오직 하나님의 영광 외에 아무것도 추구하지 않는다 해도, 여러분의 모든 행동이 그릇된 모습으로 비쳐지고, 여러분의 말은 곡해되며, 여러분 자신이 매도되는 것을 볼 수 있습니다. 이것은 시련입니다. 비방은 장미꽃 화단이 아니며, 전혀 바라던 시련이 아닙니다. 하지만 오, 그 때 예수님을 보기가 얼마나 쉬우며, 또 그분을 따르는 것이 얼마나 달콤한지요! "그는 멸시를 받아 사람들에게 버림받았음이라"(사 53:3). 만약 사람들이 주님을 바알세불이라고 불렀다면, 우리를 위해서도 충분히 나쁜 다른 이름을 남겨놓지 않았을까요? 우리는 우리 주님보다 더 낮은 이름을 가지기를 겸손하게 바랄 수 있습니다. 어느 위대한 성도가 통상적으로 십자가에 못 박히는 것이 그에게 너무나 큰 영예라고 여겨, 머리를 아래쪽으로 하고 십자가에 못 박히도록 요청한 것과 같은 동기로 그렇게 할 수 있습니다. 여러분은 바알세불보다 나쁜 무언가로 호칭되는 것에 만족하지 않겠습니까? 여러분의 인도자 뒤를 따르는 길이라면, 여러분은 포도주를 즐기는 자라든가 미친 자라는 호칭을 기쁘게 받아들일 수 없겠습니까? "죄인들이 이같이 자기에게 거역한 일을 참으신 이를 생각하고"(히 12:3) 노래하시기 바랍니다.

> "당신의 귀하신 이름을 위하여
> 제 얼굴에 수치와 비방이 퍼부어져도,
> 비난을 환영하고 수치를 환대하리니,
> 당신이 저를 기억하실 것이기 때문입니다."

버림을 당했을 때에 슬픔이 그리스도인들에게 찾아올 수 있습니다. 나는 가룟 유다에게 아들과 딸들이 있었는지 모르겠지만, 그 멸망의 자식을 닮은 가족으로 보이는 몇 사람을 본 적이 있습니다. "내 떡을 먹는 자가 내게 발꿈치를 들었다"(요 13:18)는 종종 반복되는 문장입니다. "나를 책망하는 자는 원수가 아니라 원수일진대 내가 참았으리라. 그는 곧 너로다 나의 동료, 나의 친구요 나의 가까운 친우로다. 우리가 같이 재미있게 의논하며 무리와 함께 하여 하나님의 집안에서 다녔도다"(시 55:12-14). 이 역시 자주 들려지는 이야기입니다. 하지만 배은망덕, 변덕, 배반 때문에 너무 많이 괴로워하지 마십시오. "무릇 사람을 믿은 사람은 저주를 받을 것이라"(렘 17:5)라고 성경에 기록되지 않았습니까? 모든 사람이 거짓말쟁이입니다. 피할 수 없는 일을 겪은 것에 대해 만족할 수 없겠습니까? 주님에게도 유다가 있었습니다. 당신에게는 당신의 유다가 없겠습니까? "이에 제자들이 다 예수를 버리고 도망하니라"(마 26:56). 주님께 충실하기를 바라면, 그 이유 때문에 더욱더 당신은 그런 일을 겪을 수 있습니다.

최악의 먹구름은, 내가 생각하기에, 하나님의 얼굴빛을 잃어버린 것에 수반되는 영혼의 깊은 침체입니다. 질병, 가난, 비방, 그 어떤 것도 이 우울함과는 비교가 되지 않습니다. "사람의 심령은 그의 병을 능히 이기려니와 심령이 상하면 그것을 누가 일으키겠느냐?"(잠 18:14). 무거운 중압감이 무엇을 의미하는지 당신은 압니까? 나는 당신이 그것에 대해서는 매우 조금만 경험하기를 바랍니다. 하지만 당신이 그것을 경험한다면, 이렇게 말씀하셨던 분을 기억하십시오. "나의 하나님, 나의 하나님, 어찌하여 나를 버리셨나이까?"

그 말씀이 한때 낙심 중에 죽어가는 하나님의 한 자녀에게 큰 위로가 되었습니다. 비록 크게 은혜를 받은 사람이지만, 그는 어둠 속에 있었습니다. 그는 자기 하나님을 찾을 수 없었고, 자신이 곧 숨져 영원의 세계 속으로 떠날 것을 알았습니다. 나는 천부께서 자기 자녀들을 자주 어둠의 침상에 두신다고 생각하지는 않습니다. 하지만 그분이 그렇게 하신다면, 그분은 아침의 밝은 빛 속에서 그들을 깨우실 것입니다. 이 하나님의 사람은 자기를 방문한 목사에게 이렇게 말했습니다. "오 목사님, 제가 오랜 세월 그리스도를 믿어왔고 그분의 뜻을 섬겨왔지만, 이제 그분을 잃어버리고 말았습니다. 하나님께 버림을 받았다고 느끼면서 죽는 사람은 어떻게 될까요?" 그 지혜로운 목사가 그에게 대답했습니다. "죽음 직전에 '나의 하나님, 나의 하나님, 어찌하여 나를 버리셨나이까?'라고 외치셨던 분이 어떻게 되었습니까? 그분은 지금 영광의 높은 보좌에 계시지 않습니까?" 그 순간 그 아픈 사람의 정신이 번쩍 들었습니다. 그는 주 예수님께서 그 암울한 문장 다음에 하신 말씀을 반복하여 말하기 시작했습니다. "아버지 내 영혼을 아버지 손에 부탁하나이다"(눅 23:46). 그리고 그는 평안히 숨졌습니다.

그렇습니다. 하나님은 자기 백성을 어둠 속에 두실 때에도, 그들을 자기 우편 빛 가운데 두실 때와 마찬가지로 사랑하십니다. 하나님의 사랑을 그분의 섭리의 현상을 기준으로 판단하지 마십시오. 오직 독생자를 선물로 주신 그 기준으로 판단하십시오. 예수님만이 하나님 우리 아버지의 측량할 수 없는 사랑을 측정할 수 있는 유일한 기준입니다. 하나님의 자녀가 수년간 낙심 속에 처할 수도 있습니다. 티머시 로저스(Timothy Rogers) 씨는 수년 동안 낙망에 빠졌던 사람이지만, 다시 빛으로 나왔으며, 그 때 그는 자신의 경험을 「정신의 고통」(*Trouble of Mind*)이라는 인상적인 책에 기록으로 남겼습니다. 그 책은 비슷한 처지에 있는 다른 사람들에게 큰 도움이 되었습니다. 나는 여러분 중에 아무도 영혼의 어둠 속에 처하기를 바라지 않습니다. 일부 두려움에 떠는 사람들은 일종의 지속적인 두려움의 증세를 보입니다. 그들은 의심에 단단히 갇혀 있어서 믿음의 빛으로 나오기를 두려워합니다. 고통을 겪는 이들이여, 여러분의 은신처에서 나오십시오. 어쩔 도리가 없다고 스스로를 가두지 마십시오. 하지만 비록 당신이 우울증에 오래 빠져 있었고, 그리고 그 우울증이 낙심으로 이어지고, 그 낙심이 절망감과 결합되어도, 여전히 하나님을 믿으십시오. 욥처럼 이렇게 말하십시오. "그가 나를 죽이실지라도 나는 그를 신뢰하리라"(KJV, 욥 13:15). 비록 내가 기쁨으로 그분의 얼굴을 볼 수 없어도, 그분의 날개 그늘 아래서 나는 기뻐할 것입니다.

이제 나는 내 설교의 좀 더 실제적인 부분으로 들어갈 것입니다.

2. 어둠이 허용된 목적

우리 주님이 견디셨던 어둠에는 세 가지 양상이 있으며, 그 점에서 우리는 그분을 본받아야 합니다. 첫째, 그분이 어둠 속에 계셨던 것은 교육을 위해서입니다. "그가 아들이시면서도 받으신 고난으로 순종함을 배워서"(히 5:8). 우리의 중보자는 학교에 가셨으며, 그분의 교과서는 "그가 받으신 고난"이었습니다. 우리는 다른 책들에서 많은 것을 배웁니까? 우리의 최상의 교사는 역경이라는 이름을 가진 교사가 아닙니까? 우리의 최상의 교과서들은 오래된 검은 글씨로 인쇄되지 않았습니까? 우리는 다른 것들을 중시하지 않습니다. 우리 주 예수님은 순종을 배우셨습니다. 어떤 사람들은, 어둠 속에 처하게 될 때, 아무런 진보를 이룰 수 없으니 가만히 누워 있어야 한다고 생각합니다. 그렇게 말하지 마십시오. 우리의 가장 큰 진보는 어둠 속에서 이루어져야 합니다. 바람이 가장 심하게 불 때 우리는 가장 많이 굴러갈 수 있습니다.

내 친구 중의 하나가 호주로 갔습니다. 배에서 그는 다양한 형태의 무지에 빠져 있는 많은 신사들을 만났습니다. 그 중의 하나는 세상 물정을 모르는 완벽한 풋내기였습니다. 그는 전에 바다를 본 적이 없었는데, 그가 전에 다른 어떤 곳에 있었는지 나는 알지 못합니다. 밤이 찾아왔을 때, 그가 물었습니다, "오늘 밤은 어디서 머무나요?" 내 친구가 되물었습니다. "무슨 뜻이지요?" 그가 대답했습니다. "설마 어둠 속에서도 계속 항해하지는 않겠지요?" "당연히 항해하지요" 라고 내 친구가 대꾸했습니다. 그런데 또 다른 사람이 말했습니다. "아, 그렇다면 무언가에 부딪힐 수도 있을 텐데요? 항해 길을 볼 수 없으니까요." "물론 볼 수 없지요." 내 친구가 대답했습니다. "선원들은 목적지에 도달할 때까지 길을 볼 수 없습니다. 항구에 닿을 때까지, 그들은 밤에도 낮과 마찬가지로 빠르게 항해한답니다." 실제로 그렇습니다. 바보가 아니고서는 누가 달리 생각하겠습니까?

은혜 안에서의 성장은, 빛 속에서 뿐 아니라 어둠 속에서도 지속되어야 합니다. 나는 식물들이 대부분 밤에 자란다고 들었습니다. 정녕 그리스도의 식물들은 어둠의 기간 후에 빨리 자라며, 그 어둠의 시기가 그들을 정화시켜줍니다.

나는 몇몇 친구들이 하루 이틀 정도는 어둠을 경험해보았으면 하고 바랄 정도입니다. 나는 몰인정한 사람이 되고 싶지 않습니다. 나는 할 수 있다면 공감을 느끼고 싶어 하는 한 사람을 압니다. 하지만 그는 질병을 앓아보지 않았기에, 그가 공감을 느낀다면, 그것 자체가 거의 기이한 일로 여겨질 것입니다. 여러분은 그 사람을 이상하게 여길 것이며, 아마도 핀을 집으려는 코끼리를 연상할 것입니다. 설혹 그가 동정한다고 해도, 그것은 그에게 어울리지 않는 일처럼 보일 것입니다. 그 일이 그에게 자연스럽게 보이지 않는 것입니다.

우리 주님은 받으신 고난을 통하여 하나님께 대한 순종을 배우셨습니다. 여러분이 그것을 깊이 생각한다면, 그것은 그분이 배우셔야 할 매우 큰 교훈이었음을 이해할 것입니다. 하늘과 땅의 통치자, 그 뜻이 곧 법이신 그분이, 순종을 배우셔야 했습니다. 그분이 말씀하시면, 천사들의 무리가 그분의 명을 받들어 신속히 움직입니다. 그런데 그분이 순종을 배우셔야 했습니다. 그분이 사람의 모양으로 지상에 계시는 동안, 그분은 순종의 종이 되셨습니다. 여러분과 나는 아직 그 교훈을 배우지 못했습니까? 모든 그리스도인은 가장 낮은 형태의 순종을 배운 자가 아닙니까? 교회 질서 면에서 순종하는 것을 끔찍하게 싫어하는 어떤 그리스도인들을 나는 압니다. "너희를 인도하는 자들에게 순종하라"(히 13:17)는 그들이 좋아하지 않는 성경 구절입니다. 그들은 목사를 두고 싶어 하지 않습니다. 그들은 어느 누구도 그들 위에 두려고 하지 않습니다. 내가 그런 위치에 있지 않은 것에 대해 진정으로 감사합니다. 그런 감당할 수 없는 영혼들을 인도하는 것은 매우 불편한 임무일 것이기 때문입니다. 순종은 이 세대가 배울 필요가 있는 지혜의 교훈입니다. 요즘에는 모든 남자와 여자들이 선생이 되려 하기 때문입니다. 우리 모두는 다스리기를 바라며, 지금의 지도자가 하고 있는 것보다는 훨씬 더 잘할 수 있을 것이라고 느낍니다. 지혜가 가장 부족하고, 자기 업무에서 여러 번 반복해서 실패만 거듭하는 바로 그 사람이, 스스로는 최고의 목사가 되기에 가장 합당하다고 믿고 있는 것입니다! 우리는 순종을 좋아하지 않습니다. 하지만 그것을 배워야만 합니다. 회초리는 우리 주님의 도구입니다. 이 어둠, 이 짐이 우리를 숙이게 하여, 참된 섬김으로 이끌어줍니다. 이제 우리는 예수님처럼 순종을 배워서 어둠 속에서도 그분을 따라가야 합니다. 그렇게 할 수 있도록 주께서 우리에게 은혜 주시길 바랍니다!

다음으로 우리는 동정심을 배워야 합니다. 나는 이미 그 점을 암시했습니다.

"우리에게 있는 대제사장은 우리의 연약함을 동정하지 못하실 이가 아니요 모든 일에 우리와 똑같이 시험을 받으신 이로되 죄는 없으시니라"(히 4:15). 우리의 영광스러운 큰 형님(Elder Brother)께서는 고난에 의해 동정을 배우셨습니다. 수난을 통해 그분은 긍휼을 배우셨습니다. 우리가 고통당할 때마다, 그것을 우리 교육의 일부로 간주하도록 합시다. 그리하여 그리스도께서 아버지를 배우셨듯이, 그리스도를 더욱 가까이 따르며 그분을 배우도록 합시다. 이 말씀에 주목하십시오. "나의 멍에를 메고 내게 배우라 그리하면 너희 마음이 쉼을 얻으리라"(마 11:29). 먼저 믿음으로 그분에게 오십시오. 그러면 그분이 우리에게 쉼을 주십니다(gives). 그것은 일종의 쉼입니다. 그 다음에는, 순종으로, 우리에게 지워주시는 그분의 멍에를 지고 그분을 배우십시오. 그러면 우리는 또 다른 종류의 안식을 발견할(find) 것입니다. 하나는 주어지는 것이고, 또 다른 하나는 찾아지는 것입니다. 우리의 어깨에 멍에를 메고서 그리스도를 배우지 않으면, 우리가 두 번째 종류의 안식을 찾을 수는 없습니다.

어둠에서의 교육은 우리로 하여금 자기를 의지하지 않도록 도움을 줍니다. 나는 이따금씩 이 노래를 부릅니다.

> "만약 오늘 그분이 우리에게 은혜를 내려주시어
> 죄 사함을 느끼게 하시면,
> 내일 그분은 우리에게 고통을 주심으로써
> 우리 속의 죄악을 느끼게 하시고,
> 우리 자신에 대해서 전적으로 혐오를 느끼고
> 그분만을 사모하게 만드신다네."

천사가 야곱과 더불어 씨름하였습니다. 우리는 대개 천사와 씨름한 야곱에 대해서 말합니다. 물론 나는 그가 씨름했다고 생각합니다. 상대가 없이는 씨름이란 성립되지 않으니까요. 하지만 그 싸움에서 중요한 점은, 천사가 야곱과 더불어 씨름했다는 것입니다. 우리에게서 우리의 자아를 몰아내기 위해 하나님께서 우리와 더불어 씨름하시는 것입니다! 우리는 그런 면에서 모두 야곱과 같습니다. 우리는 음모를 꾸미고, 꾀를 내는 교활한 자들입니다. 하나님께서는 이 육체의 지혜와 관련하여, 우리를 쳐서 넘어뜨리기 원하십니다. 그분이 우리를 야곱처럼 쓰러뜨려 낮아지게 하시고 절도록 만드실 때, 그 때 그분은 우리에게 영예의 작위(爵位)를 수여하시며, 우리는 유력한 방백 또는 '이스라엘'로서 그 현장을 떠날 수 있습니다. 하나님은 우리의 교육을 위해 흑암 중에서도 은혜를 주시며, 그리하여 우리는 하나님께 대한 온전한 순종으로써 그리스도를 따를 수 있습니다.

나는 어둠의 세 가지 목적에 대해서 말하는데, 두 번째는 쓰시기 위한 목적입니다. 우리 주님은 죄 지은 인간들을 구원하기 위해 어둠 속으로 들어가셨습니다. 우리는 어둠의 중심부, 곧 모든 폭풍 구름이 모이는 곳에서는 주님을 따를 수 없습니다. 그곳은 그리스도의 대속의 자리이기 때문입니다. 그 무서운 포도주틀 속으로, 그분은 우리를 위한 희생제물이 되어 홀로 가셨습니다. 우리는 감히 그 속에 끼어들 생각을 하지 않습니다. 하지만 그럼에도 불구하고, 그분이 말씀하신 잔이 있습니다. "너희는 내가 마시는 잔을 마시며 내가 받는 세례를 받으리라"(막 10:39). 우리가 속죄할 것이 없습니다. 그것은 다 이루어졌습니다. 하지만 하나님이 택하신 자들을 모아서 구원하는 일을 위해, 하나님의 교회가 그 많은 지체들과 함께 어둠 속으로 들어가는 것이 필요합니다.

여러분에게 한 가지 이야기를 들려주겠습니다. 나 자신의 이야기이지만 무방할 것입니다. 우리가 여기 모인 것은 개인적인 간증을 하고 또 그것을 듣기 위해서입니다. 어느 주일 나는 "나의 하나님, 나의 하나님, 어찌하여 나를 버리셨나이까?"라는 본문으로 설교했습니다. 그 때 내가 말한 것은 내 마음의 번민에서 나온 것이었습니다. 한동안 나 자신이 버림을 받았다고 느꼈기 때문입니다. 그 정도로 내 영혼은 슬프고도 두려웠습니다. 왜 내가 그런 식으로 느끼게 되었는지를 설명할 수가 없었습니다. 나는 몸 상태가 나쁘지 않았습니다. 육체적인 원인을 찾을 수 없었습니다. 나는 하나님에게서 떠나 방황하는 것도 아니었기에, 도덕적인 원인도 찾을 수 없었습니다. 하지만 그 설교 후에 내 사무실로 육십 대로 보이는 한 남자가 찾아왔습니다. 그의 머리털은 꼿꼿이 선 듯 보였고, 그의 눈은 기이한 광채를 발하고 있었습니다. 그가 내 손을 잡더니 서서 울었습니다. 나는 그를 쳐다보았고, 내 앞에 있는 그가 비록 미치지는 않았어도 약간 이상한 상태라고 여겼습니다. "유유상종이라고 하지요." 그의 말에 그가 미친 사람인가 하는 생각이 스쳤는데, 내 생각이 그다지 틀리진 않았습니다. 그 때 그가 내게 말했습니다. "제 경험에 관해 설교한 분은 아무도 없었습니다. 지금까지 저는 몇 년 동안 큰 어둠과 같은 끔찍한 우울함에 빠져 있었고, 하나님을 찾을 수 없었습니다. 하지만 오늘 아침 저는 짙은 어둠 속에 있는 사람이 나 혼자가 아닌 것을 배웠습니다. 그리고 그 어둠에서 나갈 수 있을 거라고 믿게 되었습니다." 내가 이렇게 대답했습니다. "예, 내가 당신을 도울 수 있다면, 그것이 바로 내가 어둠에 처해졌던 이유이지요. 이제 나는 그 이유를 알고 있으며, 이미 그 감옥에서 나왔답니다."

나는 그 사람과 많은 대화를 나누었습니다. 나는 그를 정신착란의 심연에서 나오도록 인도했습니다. 하나님의 은혜로, 나는 그를 기쁨과 평안으로 이끌 수 있었으며, 그는 일상적인 직업상의 일을 재개할 수 있었습니다. 주의 종들은 자기 자신을 위해서가 아니라 다른 사람들을 위해 쓰임받기 위해 많은 것들을 경험해야 합니다. 그리고 우리는 그런 점에 대해 만족해야 합니다. 여러분이 어떤 사람에 대해 아무것도 알지 못한다면 그 사람을 도울 수 없습니다. 주님께서 여러분을 빽빽한 숲과 어두운 골짜기로 보내시는 것은, 그렇게 함으로써 여러분으로 하여금 방황하는 그분의 백성을 만나게 하시려는 것입니다. 여러분이 광야에 대해 알지 못하면, 어떻게 광야 길을 인도하는 자가 되겠습니까? 하나님께서 우리를 광야로 인도하시는 것은 다 쓸모가 있어서입니다. 예수님께서도 사람들을 구원하시려고 광야에 가셨으니, 그분에게서 자기희생이라는 큰 은혜를 배우도록 합시다.

세 번째 목적을 말하고 마치도록 하겠습니다. 어둠이 영혼에게 드리우는 이유는 우리로 하여금 하나님께 영광을 돌리도록 하기 위함입니다. 우리 주 예수님께서는 아버지의 이름을 영화롭게 하기 위해 어둠을 뚫고 가셨습니다. 그분이 우리에게 제시하신 교훈은 그분이 한결같이 믿으셨다고 하는 것입니다. 시편 22편을 읽어보십시오. 거기서 오래전 일들을 추억하는 믿음을 보십시오. 그는 하나님께서 그를 돌보셨던 유아 시절로 되돌아갑니다. "주께서 나를 모태에서 나오게 하셨나이다"(9절). 그는 옛 역사로 되돌아갑니다. "우리 조상들이 주께 의뢰하고 의뢰하였으므로 그들을 건지셨나이다"(4절). 그 시편을 주의 깊게 읽고, 그 고난당하는 자의 믿음이 결코 그를 실망시키지 않았음에 주목하십시오.

사랑하는 친구들이여, 여러분은 시련 중에 믿음에 설 수 있습니까? 한 사람이 말합니다, "저는 큰 믿음을 가지고 있습니다." 예, 시냇가에 서 있는 한 수사슴이 있습니다. 그가 물에 비친 자기의 뿔을 보고서 말합니다. "내가 얼마나 멋진 뿔을 가지고 있는가! 내 친구들은 개 짖는 소리를 듣자마자 꽁지가 빠지도록 도망치지. 하지만 나는 이런 멋진 뿔을 가지고 있기 때문에, 어떤 개와도 싸울 것이고, 설혹 사냥개들이 떼로 몰려오더라도 싸울 것이다. 그들을 오게 하라, 내 뿔이 어떤 일을 할 수 있는지 그들이 똑똑히 보리라." 그 수사슴은 그렇게 말했습니다. 그는 훌륭한 동료일까요, 아닐까요? 경치를 구경하는 자는 그런 그림을 그리고는 자랑스럽게 여기겠지요. 그것이 바로 시련을 거치지 않은 믿음으로 가득한 사람의 모습입니다. 지금 사냥개가 컹컹거리는 소리가 들려옵니다. 우리의 수사슴은 어디로 갔습니까? 그의 심장은 그의 뿔만큼 강하지 못하고, 그의 다리는 그 사냥개에게서 멀리 떨어지기 위해 달리고 있습니다. 연단되지 않은 믿음이란 그런 것입니다. 여러분은 잠시라도 그런 믿음을 자신해서는 안 됩니다. 고난의 때에 두려움이 그런 믿음을 깨부술 것입니다.

우리 주님은 풍부하고 지속적인 믿음을 가지셨습니다. 그 중에 한 가지 예만 들어보겠습니다. 겟세마네 동산에서의 그분의 훌륭한 기도에는 두 부분이 있습니다. "내 아버지여 만일 할 만하시거든 이 잔을 내게서 지나가게 하옵소서. 그러나 나의 원대로 마시옵고 아버지의 원대로 하옵소서"(마 26:39). 우리는 끝부분의 온전한 복종만을 곰곰이 생각하려 합니다. 그 기도 자체를 주목해서 보시기 바랍니다. "만일 할 만하시거든 이 잔을 내게서 지나가게 하옵소서." 여러분이 어둠 속에 있을 때, 하나님께 가서 그 어둠을 물러가게 해 달라고 호소하십시오. 그분에게 잔을 거두어달라고 요청하며, 여러분의 주님처럼 담대하게 갈 수 있는 데까지 가보십시오. 그것은 실로 매우 긴 과정일 것입니다. 주님이 "만일 할 만하시거든"이라고 말씀하셨기 때문입니다. 거기까지 가십시오. 나는 하나님의 자녀에게 어둠 속에서 "자기가 가진 것을 사용하라"고, 약속을 실제로 사용하고 도움을 기대하라고 권면합니다. 하나님께서는 항상 그분을 신뢰하라고 선언하셨지만 우리가 항상 그렇게 하는 것은 아닙니다. 때때로 우리가 그렇게 하기만 하면, 우리의 어둠은 끝날 것입니다.

나 자신의 경험을 기억합니다. 거의 잠을 이루지 못하고 계속적으로 통증을 느끼던 시기에, 나는 어느 날 아침 고통 중에서 침상에 일어나 앉았습니다. 그리고 구원을 위해 주님께 부르짖었습니다. 나는 그 때 그곳에서 그분이 나를 건지실 수 있음을 믿었고, 그분이 아버지이심과 내가 자녀임을 호소하였습니다. 긴 시간 동안 나는 그분이 나의 아버지이심에 호소하면서 이렇게 말했습니다. "만약 제 자녀가 이토록 고통을 겪는다면, 또 내가 도움을 줄 수 있다면, 더 이상 그를 고통스럽게 하지 않을 것입니다. 당신은 저를 도우실 수 있습니다. 당신의 부성애에 의지하여 당신께 호소하오니 저에게 안식을 주십시오." 나는 이 말을 덧붙일 수 있다고 느꼈습니다. "그렇지만 제 원대로 마시고, 당신의 뜻대로 되기를 원합니다." 하지만 나는 첫 번째 간구를 먼저 드렸으며, 그리스도께서 "내 아버지여, 만일 할 만하시거든 이 잔을 내게서 지나가게 하옵소서"라고 말씀하신 것처럼 내 아버지께 호소했습니다. 나는 이 호소에서 좋은 결과를 얻은 것을 결코 잊지 못합니다. 진지하게 나는 하나님이 내 아버지이심을 믿었고, 그분께 나 자신을 맡겼으며, 몇 분 후 나는 베개를 받치고 누울 수 있었습니다. 통증이 가라앉았고, 곧 매우 평안한 상태로 잠이 들었습니다. 하나님은 우리가 그분을 믿고서, 진지하게 그분께 호소하는 것을 좋아하십니다. 만약 그분이 우리의 요청을 들어주시는 것이 최상이 아니라고 생각하시면, 그분은 우리가 두 번째 단계 곧 온전한 복종으로 이렇게 부르짖는 것을 기뻐하십니다. "그러나 나의 원대로 마시옵고 아버지의 원대로 하옵소서."

만약 여러분이 간절한 기도 중에 여러분의 소원을 주님 앞에 가져오지 않는다면, 여러분은 그분께 복종할 의지가 있는지를 입증하기 어렵습니다. 그 문제에 관해 철저하게 기도하십시오. 그리고 그것이 주님의 뜻이 아니라면, 그 기도를 접으십시오. 오 형제들이여, 이 마지막 덕목을 배웁시다. 믿음의 치유는 위대하지만, 믿음의 인내는 더욱 위대합니다. 그분의 뜻이 옳음과, 그분의 회초리가 친절함을 믿음으로써 하나님께 영광을 돌리십시오. 믿음의 양날을 모두 사용하십시오. 슬픔으로부터의 구원을 위해 믿고, 혹은 슬픔 중에서의 구원을 위해 믿으십시오. 어떤 식으로든, 하나님의 아들을 온전히 믿음으로써 그분을 영화롭게 하십시오. 이것이 "내가 그를 의지하리라"(히 2:13)고 말씀하셨던 여러분의 인도자를 따르는 방식입니다.

오, 만약 여러분이 어둠의 시기를 지나고 있다면, 주 우리 하나님께서 여러분 모두와 함께 하시기를 빕니다. 또한 비록 지금 여러분이 그런 상태에 있지 않더라도, 그런 일이 곧 닥칠 수 있으므로, 장래의 활용을 위해서라도 이 진리를 간직하기를 바랍니다. 사람이 아주 행복할 때, 그 행복이 너무나 좋아 오래 지속될 수 없을 것이라는 의심이 슬그머니 우리 발 밑에 다가옵니다. 그래서 그런 경험을 가진 시인은 이렇게 말했습니다.

"우리는 아주 큰 기쁨을 의식할 때에
어떤 위험이 가까이 있다는 낌새를 느낀다."

그러므로 마음을 가라앉히고 주님만을 신뢰하십시오. 오직 그분을 기대하십시오. 맑은 날이 오거나, 찌푸린 날이 오거나, 바람이 불거나 비가 오거나 우박이 내리거나, 폭풍이 다가오거나 곡식을 여물게 하는 여름날의 화창함이 찾아오거나, 그것이 여러분에게 큰 영향을 미치지 못하게 하십시오. 우리의 확신은 온도계에 따라 변하는 것이 아니며, 영원하고 불변하는 것들에 근거를 두고 있기 때문입니다.

"그대 믿음의 눈이 희미해질 때,
물 속에 가라앉든지 헤엄을 치든지
예수를 계속 바라보라.
잠잠히 그분의 발등상 앞에 엎드리라.
이스라엘의 하나님이 그대의 힘이 되시리."

제
58
장

짙은 어둠에서의 한 줄기 밝은 빛

"의를 따르며 여호와를 찾아 구하는 너희는 내게 들을지어다. 너희를 떠낸 반석과 너희를 파낸 우묵한 구덩이를 생각하여 보라."—사 50:1

이스라엘 백성들은 여호와 그들의 하나님께서 광야에서 그들을 인도하신 모든 방식을 기억하라는 명을 받았습니다. 그 명령은 이유 없이 주어진 것이 아닙니다. 과거에 베푸신 하나님의 은혜를 기억하는 것은 여러 면에서 우리에게 유익을 줍니다. 우리의 과거 상태를 돌아보고, 우리가 극도로 곤란한 형편에 처했을 때 하나님께서 우리를 돌보신 방식을 기억하는 것은, 종종 우리 영혼의 건강에 유익하고 기운을 돋우어줍니다.

한 가지 예를 들자면, 그것은 우리에게 지혜에서 비롯된 겸손의 태도를 가지게 하는 경향이 있습니다. 우리가 영적인 의미에서 부요하고 부족한 것이 없을 때, 우리가 한때 헐벗었으며 가련하고 비참했었다는 것을 기억한다면, 그것이 우리를 겸손하게 하고 바른 자리에 머물 수 있게 할 것입니다. 오늘 우리가 주 안에서 기뻐하며, 아버지의 식탁에 앉아서, 자녀로서의 특권을 누리고 있습니까? 얼마 전까지 우리가 돼지가 먹는 쥐엄나무 열매로 배를 채우기 원했으며 온 몸에 누더기를 걸치고서 "내가 일어나 아버지께 가리라"(눅 15:18)고 말했던 것을 기억한다면, 그것이 우리가 교만해지는 것을 막아줄 것입니다. 오 하나님의 자녀여, 당신의 현재 위치가 탁월한 것을 보며 스스로 만족스러워질 때마다,

한때 당신이 어떤 자였는지, 당신이 어떻게 지금의 당신이 되었는지, 그 영광을 누구에게 돌려야 마땅한지를 기억하는 것이 좋습니다. 그것이 당신의 흥분을 식혀줄 것이며, 당신의 열광적인 충동을 가라앉게 할 것이며, 당신의 안녕과 존재를 전적으로 신세지고 있는 분 앞에 엎드려 경배하게 해줄 것입니다.

과거의 회상은 또한 우리의 감사를 일깨워줄 것입니다. 하나님의 백성은 감사할 때에 항상 행복합니다. 만약 우리가 적절하게 감사하는 마음으로 가득하다면 지금보다 열 배나 더 행복으로 가득할 것입니다. 우리는 하나님의 은혜를 묻어두고서 위로를 구하며 탄식합니다. 우리는 한때 어떻게 죽음의 캄캄한 문 곁에 누워 있었는지를 기억합니까? 어떻게 지옥의 문이 우리에게 열려 있었고, 또 우리는 그 문이 닫히기를 얼마나 간절히 바랐는지를 기억합니까? 마치 타다 남은 나무를 불에서 건져내듯이 우리를 건져내었던 강한 손을 우리가 어떻게 찬미했는지를, 한 대속물이 있음으로 인하여, 음부로 내려가던 우리를 건져내었던 저 비길 데 없는 속죄를 얼마나 칭송했었는지를 기억합니까? 우리의 과거의 상태를 회상함으로써, 다른 것은 차치하고라도 겸손과 감사가 우러나온다면, 이것만으로도 "너희를 떠낸 반석과 너희를 파낸 우묵한 구덩이를 생각하여 보라"고 명하는 선지자를 정당화하기에 충분합니다.

하지만 이와 같이 특별한 경우에, 이사야는 겸손이나 감사의 장려를 염두에 두었던 것이 아닙니다. 그는 하나님의 영에 인도되어, 이스라엘 백성들로 하여금 다른 이유 때문에 과거를 돌아보도록 권고하고 있습니다. 이 역시 겸손이나 감사와 마찬가지로 중요한 이유입니다. 그 이유는 바로 이것, 즉 그들이 우울하고 슬플 때에 위로와 격려를 얻도록 하기 위함입니다. 그들이 지금과 마찬가지로 낮은 처지에 있을 때, 어쩌면 지금의 상태보다 더 나쁜 곤경에 처했을 때 하나님께서 과거에 그들을 위해 행하신 모든 일들을 생각함으로써, 그들을 슬픔의 상태에서 다시 끌어올려줄 하나님의 능력에 대한 새로운 확신을 가지게 함이요, 그렇게 함으로써 그들이 새로운 활력을 얻도록 하기 위함입니다.

사랑하는 이여, 귀를 기울이십시오. 의를 따르는 모든 자들이여, 이 호소를 귀담아 들으십시오. 여러분이 뒤돌아보기만 한다면, 즐거운 광경이 보일 것입니다. 또한 여러분이 앞으로 나아갈 때에 여러분 앞에 더 밝은 광경이 펼쳐질 것입니다. 사람들이 격려를 받는 것은 중요한 일입니다. 때때로 사탄은 진자(振子)를 한쪽 방향으로 흔들리게 하고, 때로는 다른 방향으로 흔들리게 합니다. 그것이 이쪽 방향으로 흔들리면, 사람들은 죄 속에서 뻔뻔해집니다. 혹 사탄이 그것을 다른 방향으로 흔들리게 하면, 사람들은 그들의 죄의 용서와 마음의 회복에 대해 낙심하게 됩니다. 많은 영혼들이 전자에 의해서 뿐 아니라 후자에 의해서도 파멸합니다. 나는 이 아침에, 의를 따르는 여러분 모두가 주님을 바라며 "내게 희망이 있다. 내게 위로가 있다"고 말할 수 있기를 바랍니다. 그리고 여러분의 얼굴을 아버지의 집으로 향하고, 걸음을 재촉하여 용서와 사랑이 기다리는 곳으로 가기를 바랍니다.

1. 이스라엘과 연관된 이 본문의 적용

먼저, 우리는 문자적으로 이 본문이 이스라엘에 어떻게 적용되는지 아주 간략하게 설명할 것입니다. 그들은 위로를 얻기 위해 그 민족의 기원을 회상하라는 소리를 듣습니다.

아브라함은 나무 밑동이며, 이스라엘 민족은 거기서 생겨났습니다. 그가 유일한 사람이었습니다. "너희의 조상 아브라함과 너희를 낳은 사라를 생각하여 보라. 아브라함이 혼자 있을 때에 내가 부르고 그에게 복을 주어 창성하게 하였느니라"(2절). 그가 홀로 있었으며, 그와 그의 아내가 단 한 가정을 이루었습니다. 그들이 하나의 장막 안에 살았습니다. 하지만 주께서 그에게 말씀하셨습니다. "내가 너로 큰 민족을 이루고 네게 복을 주어 네 이름을 창대하게 하리니 너는 복이 될지라. 땅의 모든 족속이 너로 말미암아 복을 얻을 것이라"(창 12:2-3). 더 나아가, 주께서 그에게 이 말씀도 하셨습니다. "내가 내 언약을 나와 너 및 네 대대 후손 사이에 세워서 영원한 언약을 삼으리라"(창 17:7). 또한 하나님께서는 아브라함에게 하늘을 우러러 뭇별을 세어보라고 명하시며 "네 자손이 이와 같으리라"(창 15:5)고 말씀하셨습니다. 바닷가의 모래처럼 셀 수 없는 후손들이 그 족장과 그의 아내 사라에게 보증되었습니다. 더욱이 그 사람은 나이 많아 늙었고, 그의 몸은 죽은 것과 같았다고 성경에서 말하고 있습니다. 즉, 그는 너무 나이가 많아 한 민족의 시조가 될 것 같지 않았습니다. 그의 아내 역시 태가 닫혔다고 했습니다. 그런데 이 두 사람에게서, 혈과 육으로는 도무지 생산이 불가능할 것 같아 보이는 이 둘을 통해서, 하나님은 뭇별과 같이 셀 수 없는 민족을 일으키기를 기뻐하셨던 것입니다.

아브라함은 명령하는 지위에 있지 않았고, 세상에 과시할 만한 큰 군대를 거느린 사람이 아니었습니다. 그는 장막에 거하는 사람이었고, 유목민 족장이었으며, 팔레스타인 땅에서 돌아다니는 방랑자였습니다. 하지만 그는 해를 입지 않았습니다. 하나님께서 사람들의 마음에 "나의 기름 부은 자를 손대지 말며 나의 선지자들을 해하지 말라"(시 105:15)는 은밀한 명령을 내리셨기 때문입니다. 비록 많은 상황에서 이 한 민족의 배아(胚芽)는 으깨어지고 사멸해 버릴 것 같았지만, 아브라함과 사라, 이삭과 리브가, 야곱과 라헬은 살아남았고 또한 살아남아야 했습니다. 왜냐하면 하나님의 약속이 이 소수의 남자와 여자들에게서 큰 민족을 이루겠다는 것이었기 때문입니다.

이제 선지자는 이스라엘 백성들을 향하여 말합니다. "여러분은 하나님께서 결코 우리를 회복하실 수 없다고 말합니다. 우리가 수없이 많은 침략에 의해 쇠약해졌고, 전쟁의 칼에 많은 부족들이 살해되었으니, 유다와 이스라엘이 다시는 일어서지 못할 것이라고 말합니다. 하지만 아직 여러분에게 남은 자의 수가 처음의 수보다 많지 않습니까? 여러분을 낳은 자들은 아브라함과 사라 단 둘이었지만, 하나님께서 여러분을 한 민족이 되게 하셨습니다. 여러분은 그때보다 처지가 더 낮아진 것이 아닙니다. 여러분은 여러분이 가난하다고 말합니다. 맞습니다. 하지만 여러분의 선조들은 지상에서 위대한 자들이 아니었습니다. 여러분은 힘이 없다고 말하며, 용감한 남자들이 없다고 말하며, 무기를 사용할 기술도 부족하다고 말합니다. 그렇긴 하지만, 여러분의 처음 선조들 역시 전쟁에 능숙하지 않았습니다. 그들은 이 땅에서 소수에 불과하고 미약했습니다. 하지만 하나님께서 그들을 보전하셨고, 그들을 위해 큰 구원을 이루셨으며, 그 나라를 힘과 권세가 있는 나라로 세우셨습니다. 그런데 이 일을 행하신 그분이 여러분을 위해서는 동일한 일을 행하실 수 없겠습니까? 이제 그분이 여러분을 돌보시며 여러분을 회복시키겠다고 약속하시지 않습니까?"

이 회상에 의해 유대인들의 마음에 각성된 생각들이 여러분에게도 큰 위로가 됨을 깨닫기를 바랍니다. 그 회상들은 지금도 유대인들과 관련하여 우리에게 위로가 됩니다. 그들은 흩어졌습니다. 나라 없이 지면에서 방황하는 그들을 보십시오. 그들은 믿을 수 없을 정도로 억압당하고 짓밟혀온 민족입니다. 이방인들의 손과 소위 그리스도인들의 손이 그들을 심하게 짓눌러왔습니다. 비록 진리 면에서 그들은 하나님이 택하신 귀족들과 같고, 그들의 옛 혈통은 왕들의 그것과 같음에도 불구하고, 오랜 세월 동안 그들은 조롱과 야유를 당해왔습니다. 하지만 그들에 대해서 단념하지 맙시다. 그들의 조상인 아브라함은, 하나님께서 그를 가신상(家神像)을 숭배하는 한 집안에서 불러내셨을 때 일개 이방인에 불과했습니다. 하나님은 그를 살아계신 참된 하나님의 증언자로 삼으셨고, 지극히 큰 상급으로 그의 믿음을 영예롭게 하셨습니다. 그러니 그분이 이스라엘을 그 방황에서 다시 부르시고, 그들을 모든 불경한 전통과 불신앙으로부터 깨끗이 씻으실 수 있음을 의심하지 마십시오. 그분은 그들을 구별하여 그분에게 거룩한 백성이 되게 하실 수 있고, 다시 한 번 그분의 능력을 크게 나타내실 수 있습니다. 그리하여 다시는 그들이 민족적인 영광의 상징으로서 여호와의 언약궤와 애굽에서의 속량에 대해 말하거나, 그 사건들을 그들의 민족적인 노래의 가장 위대한 주제로 언급하지 않게끔 하실 수 있습니다. 왜냐하면 시내 산의 광야나 예루살렘 주변의 산들이 목격했던 것보다 더 큰 구원과 더 위대한 하나님의 임재의 현현이 이스라엘 백성 중에 있을 것이기 때문입니다. 하나님께서 그들에게 은혜를 주시어, 그 약속을 속히 이루시기를 바랍니다. 그분은 우리가 그것을 소망하도록 하셨습니다. 우리는 이스라엘의 기원을 회상함으로써, 장차 이스라엘을 위해 위대한 일들이 행해질 것임을 소망하도록 고무됩니다.

2. 교회와 연관된 이 본문의 적용

이제 두 번째로, 이 본문은 교회의 상태, 즉 세상에 있는 하나님의 교회의 상태와 관련하여 적용될 수도 있습니다. '우리를 떠낸 반석과 그리스도의 교회를 파낸 우묵한 구덩이'를 생각하여 봅시다. 그렇게 한다면 현재의 낙심의 상태에서도 큰 격려의 이유를 찾게 될 것입니다.

하나님의 백성들 중에는 그들이 소수이기 때문에 더 밝은 때를 바라기 어렵다고 여기는 사람들이 많다는 것을 나는 압니다. 형식적인 신앙고백자들은 넘쳐나지만 진정한 경건을 어디에서 찾을 수 있느냐고 그들은 말합니다. 보십시오, 지존자의 충실한 종들은 마치 포도수확기가 끝난 이후에 남은 포도 알갱이들처럼 되고 말았습니다. 어떤 그리스도인들에게 있는 엘리야의 심정은 그들로 하여금 만군의 여호와 하나님을 향하여 매우 열심이 있도록 만들지만, 한편으로 그분의 백성들을 향해서는 아주 무정하게 되어 "오직 나만 남았거늘 그들이 내 생명을 찾아 빼앗으려 하나이다"(왕상 19:10)라는 식으로 말하게 만듭니다. 경건하고 은혜를 아는 백성은 극소수라고 여김으로써 고통스러워하는 어떤 형제의 쓰라린 불평을 나는 듣고 있습니다. 아마도 그가 관계된 교회에서 그의 우려는 타당한 이유들이 있을 것입니다. 여러 가지 사정으로 인해 그의 교회 지체들은 매우 빈약하고 쇠약해져왔습니다.

내 사랑하는 형제여, 하나님을 소망하고, 그리스도를 신뢰하며, 성령을 간절히 구하십시오. 진심으로 부흥을 위해 일하고, 복음의 능력에 대한 확신을 가지십시오. 교회가 처음에는 매우 작지 않았습니까? 그것은 하나의 다락방에 다 수용될 수도 있었습니다. 그 이후에도 교회는 여러 번씩 아주 작았던 적이 있지 않습니까? 온 유럽 대륙을 살펴보고 사람들의 속마음을 다 읽을 수 있었다면, 후스(Huss)나 프라하의 제롬(Jerome of Prague)의 시대에 당신이 찾을 수 있는 신실한 사람들은 극소수였을 것입니다! 여기저기서 소수의 경건한 수사(修士)들이 자기 독방에서 구주를 찾았으며, 여기저기서 순박한 마음을 가진 남자와 여자들이 마치 우연처럼 십자가의 복된 소식을 듣고 기뻐했습니다. 하지만 하나님의 백성은 희박했고, 소수였기에, 어린아이도 그 수를 셀 수 있을 정도였으며, 마치 도끼가 숲을 휩쓸고 지나간 후에 남은 나무들의 수와도 같았습니다. 하지만 주께서 사도들의 시대에 교회를 강하게 하시지 않았습니까! 120명이 얼마나 신속하게 3,000명으로 성장했습니까! 곧 그 3,000명이 세계로 흩어져서 그 수를 백배나 증대시키지 않았습니까! 모든 민족들이 교회의 신속한 성장력을 느끼지 않았습니까! 또한 어두운 시대에도, 새들이 노래하는 시대가 얼마나 신속하게 다시 찾아왔던가요? 우리의 조국과 온 땅에 들려온 비둘기 소리가 얼마나 달콤하였는지요! 하나님께서 자기 종 루터를 통해 말씀하셨으며, 그 곁에 용감한 사람들이 찾아와, 곧 그분의 교회는 새순처럼 돋아났습니다. 비록 교회는 값진 희생의 반석과 떠낸 돌들 위에 세워졌지만, 마치 꿈에서 돋아난 것처럼 돋아났고, 마치 하룻밤 새에 난 박 넝쿨처럼 자랐습니다. 주께서 함께 하셨고 놀랍게 역사하셨기 때문입니다. 그러므로 비록 하나님의 백성이 소수인 것 때문에 실망하였더라도, 교회가 떠내어졌던 그 반석을 생각해보십시오.

하지만 여러분은 이 시대에 하나님의 교회에 영향력을 가진 사람들의 수가 너무 적다고, 온 나라에 저명한 귀족의 수가 너무 적다고 말할 수 있을 것입니다. 그리스도를 따르는 자들은 대부분 가난한 사람들이거나 중산층에서 모집되지 않았습니까? 문학적으로 저명한 자들은 어디에 있습니까? 그들은 복음에 반대하지 않습니까? 높은 요직에 있는 자들은 단순한 신앙으로 그리스도를 따르는 자들을 경멸의 눈초리로 깔보지 않습니까? 지상의 왕들과 제후들과 위인들 중에는 십자가의 군기를 붙들고 휘날릴 자들이 없습니다. 하지만 눈물을 닦으십시오. 아니, 눈물이 눈에 고이게 하지도 마십시오. 이는 조금도 유감스럽게 생각할 문제가 아닙니다. 그렇게 될 것이라고 이미 옛적에 말씀하시지 않았던가요? 성령의 감동으로 이런 말씀이 주어지지 않았던가요? "너희를 부르심을 보라 육체를 따라 지혜로운 자가 많지 아니하며 능한 자가 많지 아니하며 문벌 좋은 자가 많지 아니하도다. 그러나 하나님께서 세상의 미련한 것들을 택하셨도다"(고전 1:26-27). 여러분은 하나님께서 그 계획을 바꾸셨다고 생각합니까? 그게 아니면 사람들의 성향이 바뀌었다고 생각합니까? 그것은 성경의 마지막 장까지 지속될 것이며, 우리도 그것이 달라질 것이라고 기대해서는 안 됩니다. 물론, 복음이 광범위하게 전파되고 강력하게 퍼져갈 때에는 모든 계층에 속하는 더 많은 사람들이 복음을 접하고 이해하게 될 것입니다. 하지만 하나님은 인간의 위대성을 주시하지 않으시며, 복음의 승리와 그 신속한 전파에 대해, 인간의 무용(武勇)이나 그 지성의 풍성함이나, 웅변의 매력이나 그 소유의 풍요에 조금도 빚지지 않으실 것입니다. 오직 주님만이 높임을 받으셔야 하며, 그분은 자기 백성 중에서 자신의 탁월성을 주장할 수 없는 계층의 사람들의 수를 많게 하심으로써 그분 자신의 권리를 확립하실 것입니다. 여러분을 떠낸 반석을 보십시오. 그러면 더 이상 큰 영향력이나 높은 지위에 있는 사람들이 적다고 해서 슬퍼하지 않을 것입니다.

한 사람이 말합니다. "하지만 오호라, 저는 슬픔의 큰 이유를 봅니다. 그것은 예루살렘 성문에 선 예레미야의 한탄과 같은 슬픔입니다. 이 시대에 많은 사람들이 진리에서 떠났으며, 믿음은 길거리에 오물이 묻은 채로 팽개쳐져 있습니다." 아아, 그렇다고 실토해야 할 것입니다. 거짓된 가르침이 그럴듯한 말로 포장되고 있습니다. 오래전에 타파되었던 거짓말들이 다시 교회에 들어오고 있습니다. 새로운 말투로 포장된 오류가 우리들의 강단에서 가르쳐지고 있습니다. 한때 죽임을 당했던 이단자들이 부활하여 우리들 가운데 살고 있습니다. 여러분은 어떤 교회에서 교황제도가 만연한 것을, 프로테스탄트 교회의 떡을 먹는 자들에 의해 교황제도가 유지되고 있는 것을 목격합니다. 또 다른 곳에서 여러분은 우리의 거룩한 신앙의 모든 교리가 옛 청교도들의 강단을 차지한 사람들에 의해 실제적으로 부인되고 있는 것을 목격합니다. 이런 면에서 우리는 정말이지 악한 시대로 떨어졌습니다. 나는 이 사실에 대해 아무리 비판적으로 진술해도 지나치지 않다고 생각합니다. 시대는 어둡고 불길하며, 짙은 구름들이 모여들고 있습니다. 하지만 이 모든 것이 사실이어도 두려워할 이유는 없습니다. 떨 이유는 없습니다. 웃사처럼 손을 들어 하나님의 궤를 붙들지 마십시오(참조. 삼하 6:6). 하나님이 친히 그것을 보존하실 것이기 때문입니다. 언약궤는 하나님이 지키시기에 안전합니다. 우리를 파낸 우묵한 구덩이를 생각해 보십시오.

심각한 이단들이 퍼져 온 교회를 오염시킨 시기들이 있었습니다. 아리우스주의(Arianism)가 널리 퍼졌던 시기가 떠오릅니다. 당시에는 그리스도가 단지 한 인간에 불과하다는 사상이 거의 기독교계의 보편적인 신조가 되었습니다. 오직 소수의 신실한 자들만이 모든 위험에도 불구하고 그분의 신성을 주장했습니다. 하지만 오늘날 아리우스주의는 어디에 있습니까? 그것은 두더지들과 박쥐들 사이로 들어갔습니다. 진리를 주장했던 소수가 그 치명적인 전염병 중에서도 살아남았으며, 결국 승리를 쟁취했습니다. 하나님이 그들과 함께 하셨고, 그분의 이름이 영광을 얻으셨으니, 다시 그렇게 될 것입니다.

오류란 마치 히드라(Hydra, 그리스 신화에서 헤라클레스가 퇴치한 아홉 머리의 뱀으로, 머리 하나를 자르면 머리 둘이 돋아난다고 함 — 역주)와 같아서, 우리가 그 머리들 중의 하나를 잘라내면 신속히 다른 머리가 그 자리에서 돋아납니다. 하지만 우리는 그 마지막 머리가 죽임을 당할 때까지 계속해서 죽여야 합니다. 암흑시대에, 로마주의는 널리 퍼진 정도가 아니라, 실제로 거의 보편적인 것이 되었다고 보였습니다. 하지만 하나님은 그분의 계시의 말씀이라는 밝은 빛에 의해 그 짙은 무지와 미신의 어둠을 몰아내시지 않았습니까? 이 음성이 한 번 들려왔습니다, "율법의 행위로써는 의롭다 함을 얻을 육체가 없느니라"(갈 2:16). "우리가 믿음으로 의롭다 하심을 받았으니 하나님과 화평을 누리자"(롬 5:1). 복음의 엄청난 천둥소리가 바티칸을 흔들었고, 곧 만국들을 지배하던 그 권세는 사라져 다시는 그 유력하던 힘을 되찾지 못했습니다. 다시 그렇게 될 것입니다. 두려워하지 맙시다. 우리에게는 동일한 하나님이 계시며, 동일한 복음이 있습니다. 우리는 오류에 효과적으로 맞서게 하시는 동일한 성령이 계십니다. 우리는 오류에 대하여 이렇게 말할 수 있습니다. "처녀 딸 시온이 너를 멸시하며 조소하였고 딸 예루살렘이 너를 향하여 머리를 흔들었느니라(사 37:22). 만군의 여호와께서 우리와 함께 하시니 야곱의 하나님은 우리의 피난처시로다"(시 46:7).

다시, 나는 어떤 형제에게서 한탄하는 소리를 듣습니다. 그는 이렇게 소리칩니다. "단지 오류가 이 땅에 퍼진 것일 뿐 아니라, 이 시대에 교회가 미지근합니다. 예수님이 전에 그러셨던 것과는 달리 요즘에는 사랑을 받지 못하시는 듯이 보입니다. 영웅적인 정신, 순교자의 정신이 우리에게서 떠났습니다. 그리스도인들이 소유를 얻기만 추구하고, 좋은 옷감으로 만든 외투로 몸을 두르고 있으며, 매일같이 사치를 부리고 있습니다. 그들은 다른 세상 사람들과 마찬가지로 세속적이고 육신적입니다. 슬프다 어찌 그리 금이 빛을 잃고 순금이 변질하였는지요(렘 4:1)." 이 점에서, 교회를 가장 친절하게 옹호하는 자라도 이 고발이 사실임을 인정해야 합니다. 이 시대는 미지근한 시대입니다. "네가 차든지 뜨겁든지 하기를 원하노라"(계 3:15)는 말씀이 라오디게아 교회에 대해서 정당하게 선언되었듯이 이 시대의 교회들을 향해서도 마찬가지일 것입니다. 우리는 그것을 강조하거나, 그에 대한 증거들을 모으거나, 그것을 반박하려 하지도 않을 것입니다. 우리는 비판자들이 제기하는 주장을 인정합니다.

하지만 그렇다고 어떻게 할까요? 비록 고통스럽게 느낄 만한 이유는 많아도, 그렇다고 우리가 낙심해야 할 이유는 없습니다. 전에도 교회는 지지부진한 상태에 처했었지만, 하나님께서는 그 활기 없는 상태에서 교회를 깨우셨습니다. 나는 굳이 교회 역사의 페이지를 펼쳐볼 필요가 없다고 확신하며, 단지 여러분의 눈으로 잠시 훑어보라고 요청합니다. 여러분은 교회가 타락하는 일이 반복해서 일어났으며, 사역자들이 마치 수치스러운 무성(無性)동물처럼 침묵하며, 열정이 결핍되고, 간절한 열망도 없어, 어떤 험한 일에도 자기 자신을 바친 적이 없었던 것을 발견할 것입니다. 하지만 하나님께서 다시 한 번 그분의 팔을 펼쳐 보이시기만 하면, 그분의 교회는 생명과 권세로 충만했으며, 그 젊음의 활력을 회복하고, 소망으로 넘쳤으며, 두려움을 모르는 용기를 회복했음을 볼 것입니다. 가까운 시대의 한 예를 볼까요? 웨슬리와 휫필드의 시대를 생각해보십시오. 그들이 설교를 시작했을 때, 짙은 어둠이 이 땅을 뒤덮고 있었습니다. 그들은 이 나라를 덮고 있는 휘장을 치울 것 같은 사람으로 등장한 것이 아닙니다. 하지만 하나님께서는 그들의 연약함과 기이한 특징을 쓰셨습니다. 그분은 교회를 회복시키고, 그 전열을 강화하고, 그 힘을 되찾도록 하는 일에, 인간의 모든 면을 수단으로 활용하셨습니다. 그러므로 용기를 내십시오. 비록 교회가 반복해서 미끄러져 넘어지고, 열정의 결핍으로 스스로를 치욕스럽게 하여도, 교회는 그리스도의 신부입니다. 그리스도는 교회와 결별하지 않으실 것이며, 긍휼 가운데서 거듭하여 자기 신부를 찾으실 것입니다.

어떤 사람들에 의해 제기되는 또 하나의 불평이 있으며, 염려하건대 나는 그 속에 어느 정도의 진실이 있다고 생각합니다. 그 불평이란 요즈음에 용감한 목사들이 많지 않다는 것입니다. 경건한 사람들은 아마도 이런 식으로 말할 것입니다. "만약 우리에게 루터가 있다면 소망을 가질 수 있을 것이다. 만약 눈으로 보이는 경계 내에서 하우(Howe)나 백스터(Baxter) 같은 사람을 찾을 수 있다면, 큰 용기를 낼 수 있을 것이다. 하지만 지금 복음을 위한 용사들은 어디에 있는가?" 그들은 말합니다. "우리는 난쟁이들이며, 위대한 거인들의 시대는 오래전에 지나가버렸다." 아마도 그럴 것입니다. 충분히 그럴듯한 말입니다.

하지만 그 모든 것에도 불구하고, 교회사에서 볼 때 용기 있는 사람들이 희박한 시대에서도, 하나님께서 그런 자들을 찾아내셨습니다. 그분이 다시 그런 사람들을 찾아내시지 못할 이유가 있습니까? 사도들은 분명 뛰어나지만, 그들의 명성은 대체로 사후에 얻은 것이며, 그들이 속한 시대의 판단 기준으로 볼 때 그들의 명성은 그리 높지 않았습니다. 초대 교회에서 복음을 땅 끝까지 전할 수 있을 정도로 아주 탁월해 보이는 사람은 없었던 것으로 보입니다. 그 때 가말리엘 문하에서 자라고, 바리새인 중의 바리새인이었으며, 교회를 박해하였고, 큰 학식을 가졌으며, 강력한 변론의 능력을 소유하였고, 아주 특별하며, 하나님께 은사를 받은 가장 위대한 사람들 중의 하나가, 섬김의 현장으로 부름을 받았습니다. 한순간에 주께서 그 사람을 사로잡으셨습니다. 주께서 그를 필요로 하셨기 때문입니다. 다메섹으로 가는 길에서 주님은 은혜로 그를 회심시키시고 그를 불러 사도로 삼으셨습니다. 그는 사도들 중의 으뜸인 자에게도 조금도 뒤지지 않았으며, 그가 받은 계시의 탁월함과, 그가 행했던 많은 수고와, 그가 견뎌낸 많은 고난으로 인하여, 사람들 가운데서 유명하게 되었습니다.

주님은 바로 이 시대에도 특별한 은혜의 기적을 행하실 수 있습니다. 만약 원하신다면, 그분은 추기경들 중에서도 그리스도의 복음을 전할 사람을 뽑으실 수 있습니다. 그분은 지금은 그분을 혐오하는 사제들 중에서도 사람을 뽑아, 이후로는 믿음과 능력으로 충만한 사람이 되게 하시어, 대적들이 성령으로 말하는 그 지혜를 능히 당하지 못하게 하실 수 있습니다. 암요, 그런 곳에서 뿐 아니라, 화이트채플(Whitechapel, 런던 동부의 한 지역)의 빈민굴에서와 7번가(Seven Dials)의 어두운 골목에서도, 하나님께서는 바울과 바나바 같은 사람을 찾아내실 수 있습니다. 가장 높은 계층의 사람들 중에서나, 가장 낮은 계층의 사람들 중에서든, 어느 곳이나 그분이 원하시는 곳에서 그분은 진리를 수호할 사람들을 일으키실 수 있으며, 십자가의 깃발을 들고 원수의 심장부로 향하게 하실 수 있습니다. 두려워하지 맙시다. 땅을 만드셨고, 땅에 사는 인간을 만드신 그분이, 그분의 교회를 위하는 사람들을 만드실 수 있습니다. 여전히 제단에는 살아있는 숯불이 있으며, 그것들을 가져다가 말을 더듬고 있는 입술에 대고 "보라, 이것이 네 입에 닿았으니 가서 여호와의 이름으로 복음을 전하라. 그리하면 은혜의 표적들이 따를 것이다"라고 말할 스랍 천사들이 여전히 있습니다.

형제들이여, 과거를 되돌아볼 때 나는 우리를 낙심시킬 만한 아무것도 발견하지 못합니다. 나는 지금의 이 시대가 즉시 희망의 전조들로 바뀌는 것을 봅니다. 한탄할 일이 많은 것을 알지만, 언제나 그래 왔었습니다. 낮아져야 할 언덕들이 있음을 나는 알지만, 그것들은 평평해질 것입니다. 돋우어져야 할 골짜기들이 있음을 나는 알지만, 그것들은 돋우어질 것입니다. 굽은 곳이 있지만, 그것들은 곧아질 것입니다. 만약 복음의 진보가 항상 평탄하고 쉽다면, 복음의 영광은 어디에 있을까요? 하지만 교회가 그 가는 발걸음마다 반대에 직면하는 만큼, 하나님께서 세상으로 보내신 이 강력한 '여종'은 머리끝에서 발끝까지 무장을 하고서 원수들 사이를 뚫고 나갈 것입니다. 그녀의 자매들인 진리와 의가 그녀와 동행하여 저 언덕 위에 세워진 보좌에 이를 것이니, 그곳에서 그녀는 사람들 가운데 여왕으로 다스릴 것입니다.

3. 우리 자신과 연관된 이 본문의 적용

이제 그 요점을 접는 이유는, 또 다른 요점을 살펴보기를 간절히 바라기 때문입니다. 이 본문은 우리 자신에게 교훈을 주는 것으로 간주될 수 있습니다. 사랑하는 형제들과 자매들이여, 우리의 경험은 다양합니다. 아마도 여러분 중에서 일부는 내가 묘사하려는 경험에 공감할 수 없을지도 모릅니다. 유감스럽지만 나는 그것을 잘 의식하고 있습니다. 또한 이곳에 있는 많은 사람들이 이런 경험에 대해 아마도 나만큼은 알 것이며, 아마도 그 이상을 알 것이라고 생각합니다.

진실로 구원받고 그리스도를 의지하고 있는 사람들에게, 때로는 그들이 서 있던 첫 사랑의 자리에서부터 내가 여러분에게 제시하려는 특정한 상태로 떨어지는 일이 발생합니다. 그들은 이렇게 말할 것입니다. "저는 신앙의 모든 기쁨을 잃었습니다. 한때 저는 그리스도의 귀한 사랑 안에서 벅찬 마음의 즐거움을 노래할 수 있었습니다. 하나님의 집에 갈 때 말씀은 저에게 음악처럼 들렸습니다. 제가 무릎 꿇고 기도할 때, 내 하늘의 아버지와 더불어 말하는 것이 기쁨이었습니다.

'그 때 누렸던 평화로운 시간들이,
내 기억에 달콤한 추억으로 남아있다네.'

하지만 이제 저는 이런 거룩한 경험을 누릴 수 없습니다. 저는 그것들을 여전히 추구합니다. 제가 그것들을 포기하는 것은 합당치 않으니까요. 저는 저의 기도에서 많은 부분이 기계적인 것에 대해 염려합니다. 정녕 저는 내면적인 평화를 많이 누리지 못합니다. 오호라, 저는 그것을 고백해야겠습니다. 내 느낌들은 둔하고 무디어졌습니다. 한때 저는 제가 죄를 지은 것을 생각만 해도 울었답니다. 죄와 조금만 접촉해도 근심했습니다. 저는 민감한 식물과도 같았으며, 악의 조그만 상처에도 민감했습니다. 하지만 목사님, 이제 저는 느낄 수가 없습니다. 오, 오래전에 사라진 그 민감함을 되찾을 수 있다면 무엇이든 주겠습니다! 저는 종종 이렇게 생각합니다.

'느껴지는 것이 조금 있다면, 그것은 오로지 고통뿐,
느낄 수 없는 것을 생각하니 고통이라네.'

저는 눈물 없이 그리스도의 죽음에 대한 이야기를 읽습니다. 그리고 한때 제 몸의 모든 신경을 전율하게 했던 그 몸서리도 없이 멸망하는 죄인들을 생각합니다. 한때 그것은 내 마음을 상심하게 했지만, 이제 저는 그것을 마치 당연한 일처럼 여깁니다. 기쁨이 사라진 것뿐만 아니라, 한때 넘쳤던 은혜도 사라졌습니다. 제 영혼의 정원에 있는 모든 꽃들에 마름병이 생긴 것처럼 저는 시들고 말았습니다."

그런 사람은 아마도 이렇게 말할 것입니다. "저는 하나님의 신실하심을 의심하지는 않습니다. 하지만 저 자신이 거기에 관심이 없는 것이 두렵습니다. 저는 죄를 씻는 예수님의 보혈의 능력을 의심하지 않습니다. 하지만 저는 그 보혈에 대한 어떤 믿음도 갖지 않은 것 같아서 두렵고, 그분의 제자들 중의 하나가 될 수 없다고 여겨져서 두렵습니다. 오, 제가 느끼는 것을 어떻게 설명할 수 있을까요? 마치 제 영혼에 죽음과도 같은 고요함이 있는 것 같습니다.

'공기 중에 어떤 미동도 없고
바다에 어떤 움직임도 없으니
배는 미동도 없이 제자리에 서 있네.'

내 영혼은 그러하니, 마치 콜리지(Samuel Taylor Coleridge, 18세기 영국 시인이자 비평가 — 역주)가 노수부(老水夫)의 노래(Ancient Mariner)에서 묘사한 심연(深淵)처럼 보입니다.

'그 심연은 썩었도다.'

오호라, 이런 일이 있다니! 제 영혼은 끔찍한 고요 속에 있는 듯하며, 마치 모든 좋은 것이 그 속에서 썩고 있는 듯하니, 저는 어쩔 도리가 없습니다."

자, 사랑하는 친구여, 나는 당신이 이 본문의 권고를 따르기 바랍니다. "너희를 떠낸 반석과 너희를 파낸 우묵한 구덩이를 생각하여 보라." 나는 당신이 한때 어떤 자였는지를 돌아보기를 원합니다. 지금과 같았던 때가 전에도 있었으나, 그 때에 당신은 그 비참함을 알지 못했을 뿐입니다. 그 때 당신은 죄와 그 삯을 사랑했습니다. 또 당신은 악한 추구에서 쾌락을 찾았습니다. 지금 당신은 그렇지 않습니다. 그 때 당신은 악한 행실로 인하여 하나님께 원수였으며, 그분에게서 멀리 떨어져 있었습니다. 당신의 마음속에는 무거운 짐이 있었고, 더 나은 것에 대한 바람이 없었습니다. 당신은 아무것도 느끼지 못했을 뿐 아니라, 어떤 느낌을 갖는 것을 원하지도 않았습니다. 그 때 당신은 차라리 아무것도 느끼지 않기를 바랐지만, 지금은 하나님의 영이 다시 당신을 권고하시어 거의 꺼져가는 불을 다시 타오르게 하신다면 즐거워할 것입니다. 그 시절에 당신은 결코 죄를 인정하지도 자백하지도 않았으며, 용서받지도 않았습니다. 죄가 당신에게 쌓여 큰 무게로 짓눌렀습니다. 하지만 당신은 고귀한 은혜의 능력으로 이끌리어 "피로 가득한 샘"에서 씻게 되었습니다.

내 사랑하는 형제여, 왜 당신은 다시 씻을 수 없습니까? 주께서 당신을 다시 이끌어 십자가 앞에 서서 울게 하시지 못할 이유가 무엇입니까? 당신의 죄를 주 예수께 맡겨드리고, 그분의 죽음 안에서 죽게 함으로써, 당신이 기쁨의 눈물을 흘리지 못할 무슨 이유가 있습니까? 당신의 상태는 나쁘지만, 과거와 같은 상태는 아닙니다. 오, 하나님께 감사합시다! 만약 내가 느끼지 못해도, 최소한 나는 느끼기를 원하고 있습니다. 내가 원하는 대로 기도하지 못해도, 어쨌거나 나는 기도하기를 열망합니다. 내가 그리스도를 팔로 꼭 붙들고서 "제가 당신의 구원을 보았습니다"라고 말하지는 못해도, 그렇게 할 때까지는 결코 만족하지 않을 것이라고 말할 수는 있습니다. 만약 내가 매일 그분의 식탁에 앉을 수 없다면, 나는 다른 어디에서도 편안함을 느끼지 못할 것을 압니다. 만일 예수님이 나의 것이 아니면, 나는 그분이 나의 것이 될 때까지 결코 만족하지 않을 것입니다. 나는 그분을 찾을 것이며, 만약 내가 죽는다면 죽을 때까지 계속해서 그분을 향해 "하나님이여 저를 불쌍히 여기소서"라고 외칠 것입니다.

당신의 현재 상태는 당신의 과거 상태와 다릅니다. 하지만 주께서 아직 당신이 잃어버린 상태에 있을 때 당신을 찾으셨습니다. 사랑하는 이여, 처음 당신을 찾으셨을 때에 하나님이 계셨던 것처럼 지금도 동일하신 하나님이 계십니다. 당신의 아버지께서는 처음에 당신이 죄를 고백하며 그분께 왔을 때 당신을 환영하셨습니다. 그분의 마음은 당신을 향해 완고해지지 않으셨으니, 그분에게 돌아오십시오. 그분이 다시 당신을 받아주실 것입니다. 하나님의 마음속에는 그 때나 지금이나 동일한 목적이 있습니다. 그 때 그분은 당신을 구원하기로 결심하셨고, 또 그렇게 하셨습니다. 그분은 당신을 구원하려는 결심을 바꾸신 적이 없습니다. 당신은 예전처럼 동일한 언약 아래에 있으며, 그 언약은 행위 언약이 아니라 순수한 은혜의 언약입니다. 그분이 당신을 사랑하신 것은 그분이 당신을 사랑하고자 하셨기 때문입니다. 그분이 당신을 구원하신 것은 당신 안에 어떤 선함이 있어서가 아닙니다. 당신 속에는 어떤 선함도 없기 때문입니다. 그분은 지금도 당신을 동일한 언약 아래에 두셨으니, 당신을 은혜롭게 받으실 것이며, 조건 없이 당신을 사랑하실 것입니다. 그분의 진노는 당신에게서 떠났습니다.

오늘 그 때와 마찬가지로 동일한 구주가 있습니다. 예수님은 당신 대신 피를 흘려주신 분으로서 자기를 당신에게 나타내셨습니다. 그분의 피는 그 효력을 잃은 것이 아닙니다. 그분은 자기가 속량하신 백성을 내쫓으신 적이 없습니다. 또한 그 때 계셨던 동일하신 성령님이 지금도 계심을 기억하십시오. 그분이 그 때 당신의 마음을 녹이셨으니, 지금도 당신을 녹이실 수 있습니다. 그분이 그 때 당신의 마음을 아프게 하셨으니 지금도 아프게 하실 수 있으며, 그 때 당신을 치유하셨으니 지금도 치유하실 수 있습니다. 성령님은 그 힘과 사랑을 잃지 않으셨습니다. 그분은 여전히 그분의 은혜의 능력을 따라 당신에게 역사하실 수 있습니다. 사도는 다음과 같이 말합니다. "우리가 원수 되었을 때에 그의 아들의 죽으심으로 말미암아 하나님과 화목하게 되었은즉 화목하게 된 자로서는 더욱 그의 살아나심으로 말미암아 구원을 받을 것이니라." 원수가 받아들여졌거늘 자녀가 받아들여지지 않겠습니까? 만약 내가 하나님을 전혀 생각하지 않을 때 그분이 나를 생각하셨다면, 지금 그분이 나를 생각하지 않으시겠습니까? 내가 그분의 은혜에 맞서 저항할 때에 그분이 그 달콤한 매력으로 나를 사로잡으셨다면, 그분이 지금은 나를 찾아오시지 않겠습니까? 비록 오늘 나는 죽은 것처럼 느끼지만, 수년 전에 골짜기에 던져진 마른 뼈처럼 내가 죽어 있을 때 그분의 영의 숨결이 내게 임하여 나를 살게 하셨으니, 어찌 내가 그 능력과 내 하늘 아버지의 은혜에 대해서 논박할 수 있겠습니까?

내 사랑하는 형제들과 자매들이여, 주께서 처음에 사랑 안에서 당신을 바라보셨을 때, 당신 속에는 어떤 선함의 흔적도 없었으니, 그것은 전적으로 은혜가 아니었습니까? 그분이 당신을 대하시는 기준은 오직 이 한 가지가 아니던가요? "내가 이 자격 없는 불쌍한 자를 구원하고자 하는 것은 오직 내가 그렇게 하기를 원하기 때문이며, 다른 아무런 이유도 없다." 잠시 내 말을 들어보시겠습니까? 하나님께서는 첫날에 당신을 대하신 것과 마찬가지로 오늘도 당신을 대하십니다. 여러분 중에 어떤 이들은 행위의 언약 아래에 있다고 상상합니다. 여러분은 여러분 스스로 신실하지 않으면 주께서 여러분을 사랑하시지 않을 거라고 생각합니다. 저 옛 하갈의 언약, 속박을 야기하는 언약이 여러분의 마음을 사로잡고 있습니다. 사실은, 그분이 처음에 여러분 속에서 어떤 선함도 보시지 않았으며, 그분은 지금도 여러분에게 아무 공로가 없음을 아십니다. 그것은 여러분을 구원하려는 그분의 영원한 목적과 하등의 관계도 없습니다. 그분이 여러분을 구원하시는 이유는 오직 그분이 그렇게 하기를 원하시기 때문입니다. 그분은 여러분을 사랑하시기에 여러분을 사랑하실 것이며, 그 외에는 어떤 이유도 없습니다. 만약 내가 주께서 내 속에서 어떤 아름다움을 보셨기 때문에 나를 사랑하셨다고 생각한다면, 나는 그 아름다움을 내 속에 두신 분이 오직 그분이심을 알아야 하며, 또한 잠시 후에는 그 아름다움이 빛을 발할 것이기에 그분이 내 모양을 멸시하시지 않을까 두려워해야 할 것입니다. 하지만 그분이 그리스도 예수 안에서 우리를 선택하신 것을 내가 알고, 그분이 우리 안에서 보시는 아름다움은 그리스도의 아름다움이지 우리 자신의 자연적인 매력이 전혀 아니라는 것을 알 때에, 나는 그분의 사랑이 흔들릴 수 없는 견고한 토대 위에 서 있는 것을 이해합니다. 그 토대란 바로 은혜 언약이며, 그것은 이 하늘과 땅이 모두 사라졌을 때에도 영원히 설 것입니다. 주 우리 하나님은 그분의 사랑 안에서 한결같으실 것입니다. 그분은 그분 자신의 뜻과 그분 자신의 은혜라는 복된 언약 안에서 우리를 사랑하시기 때문입니다.

주께서 처음 여러분을 구원하셨을 때 여러분 속에는 도움을 주거나 보탬이 될 만한 어떤 것이 있었던가요? 한번은 어떤 사람이 목사에게 말하기를, 성령께서 그를 위해 많은 일을 행하셨고 나머지는 그가 했다고 하더군요. 그래서 목사가 이렇게 말했습니다. "당신이 한 일은 무엇입니까?" 그가 대답했습니다. "예, 성령께서 그 모든 일을 행하셨고, 저는 그분의 길에 서 있었으니, 그것이 제가 행한 전부입니다."

내가 진실로 말할 수 있는 것은, 바로 그것이 나 자신의 구원을 위해 내가 할 수 있었던 전부입니다. 그분이 처음부터 끝까지 그 일을 행하셨으며, 내가 그분을 도운 것은 전혀 없습니다. 지금 내 속에 도움이 될 만한 것이 전혀 없지만, 그럴지라도 내가 그 때의 나보다 더 나쁜 상태에 있는 것은 아닙니다. 그러므로 내가 나를 떠낸 반석을 생각해볼 때 내 영혼은 위로를 얻습니다. 그것은 거대한 힘이 필요한 일이었으며 지금도 마찬가지입니다. 그 때 은혜가 그 모든 일을 해야 했듯이, 지금도 은혜가 그 모든 일을 해야 합니다. 만약 영원히 복되신 하나님께서 한 죽은 죄인을 구원하실 수 있었다면, 증오심으로 가득 찬 죄인, 마음이 완악한 죄인, 그리스도를 멸시한 혐오스러운 죄인을 십자가 아래로 이끄실 수 있었다면, 그분은 지금도 동일한 구덩이에 빠져서 "예수님, 저의 모든 것 되신 주여, 제가 당신을 의지합니다"라고 말하는 사람을 구원하실 수 있습니다! 이처럼 우리를 떠낸 반석을 되돌아보는 것에는 큰 위로가 있습니다.

4. 다른 사람들과 관련된 이 본문의 적용

이제 말씀을 맺으면서, 나는 이 본문이 다른 사람들에게 우리의 소망을 권하는 데에도 적절히 활용될 수 있다고 생각합니다. 나는 이 교회가 활동적인 것에 대해 하나님께 감사합니다. 여러분 대다수는 영혼을 얻는 일에 종사하고 있습니다. 형제들이여, 오늘 오후에 깊은 곳에 그물을 내려 물고기를 잡으십시오. 여러분이 아직도 구주를 알지 못하는 이들에게 그분을 소개할 때까지는 이 날이 저물지 않게 하십시오. 여러분이 접촉한 사람의 성품이 여러분의 열정을 식어버리게 만든다는 생각에 괴로워하지 마십시오. 어떤 죄인에 대해서 이런 식으로 말하지 마십시오. "그는 가망이 없는 경우라고 생각됩니다." 내 사랑하는 형제여, 당신을 떠낸 반석과 당신을 파낸 우묵한 구덩이를 생각하여 보십시오.

그 죄인이 어디에 있습니까? 내가 당신에게 말하지요. 그는 온 인류가 자연적으로 처한 상태에 있습니다. 그가 어떤 종류의 죄인입니까? 나는 그와 비슷한 사람으로서 여기에 인도되었습니다. 로마서 3장을 펼쳐본다면, 당신이 축복하고 싶어 하는 사람의 초상을 볼 것입니다. "의인은 없나니 하나도 없으며, 깨닫는 자도 없고 하나님을 찾는 자도 없고, 다 치우쳐 함께 무익하게 되고 선을 행하는 자는 없나니 하나도 없도다"(10-12절). 그 가련한 죄인은 다른 모든 죄인들이 있는 곳에 있습니다. 그에게는 어떤 선함도 없습니다. 그 마음의 생각이나 상상하는 것은 악할 뿐이며, 그것도 지속적으로 악합니다. 당신이 오늘 오후에 보냄을 받는 그 개인에게는 아무런 특이한 것이 없습니다. 그는 우리의 조상 아담이 떨어졌던 동일한 타락의 장소에 있습니다. 그는 같은 부패 속에서 태어났으며, 그 마음의 악함도 같으니, 더할 것도 없고, 덜할 것도 없습니다. 그러므로 당신은 그것을 염두에 두고 그에게 가야 합니다.

이 점도 생각해보십시오. 그 죄인은 당신이 있던 곳에 있습니다. 당신은 그가 끔찍한 구덩이에 있는 것을 내려다봅니다. 그 구덩이는 아주 깊어 보이며, 진흙과 진창과 더러운 먼지로 가득 차 있습니다. 그는 한때 당신이 있던 곳보다 더 깊은 곳에 있지 않습니다. 적어도 한때 내가 처했던 것보다 더 심한 형편에 처한 사람이라면 특별한 죄인임에 틀림없을 것입니다. 비록 외적인 행동으로는 아니어도, 나의 내면적인 영혼은 실제로 지옥에 있는 것과 마찬가지로 하나님으로부터 멀리 떨어져 있었습니다. 하지만 그분의 은혜가 나를 그분 가까이로 이끌었습니다. 주께서 나를 구원하셨기에 나는 어느 누구에 대해서도 결코 실망하지 않습니다. 또한 나는 여러분 중에서도 예전에는, 여러분이 주님을 알기 전에는, 아마도 실제적인 악과 죄에 빠졌다가 회심한 사람들이 있을 거라고 생각합니다. 그래서 나는 여러분이 한때 여러분이 있었던 곳에 있는 죄인들에게 가서 말할 때, 이렇게 느낄 수 있을 것이라고 확신합니다. "나를 구원하신 주께서 그들도 구원하실 수 있을 것이다. 내 영혼에 능력으로 임한 복음이 저들의 영혼에도 능력으로 임할 수 있을 것이다. 그러니 나는 전에 나를 파낸 우묵한 구덩이를 기억하면서 그들에게 갈 것이며, 그들의 구원과 관련해서 용기를 가질 수 있다."

또한 당신이 오늘 오후에 찾으려 하는 그 불쌍한 죄인이, 성도들 중에서도 가장 훌륭하고 빛나는 성도들이 한때 있었던 곳에 있음을 기억하십시오. 베드로가 거기 있었고, 바울이 거기 있었습니다. 그들 모두 같은 저주의 상태에 있었습니다. 본성으로는 그들 모두 그 죄인과 마찬가지로 진노의 자식들이었습니다. 영광스러운 사도들의 무리 중에서, 순교자들의 거룩한 군대 중에서, 그리고 예언자들의 멋진 모임 중에서, 그 죄인과 마찬가지로 죄 중에서 태어나지 않은 이는 아무도 없으며, 본성적으로 하나님의 율법을 어기는 성향이 없던 자가 아무도 없습니다. 모두가 마찬가지로 그리스도의 영원한 능력이 필요했으며, 그렇지 않고서는 그들 중 누구도 구원을 얻지 못했을 것입니다.

이 점 또한 기억하십시오. 당신이 오늘 오후에 함께 대화하려고 하는 그 죄인은 아마도 오늘은 당신의 주일학교 반의 어린이일 수도 있고, 거리의 술주정뱅이일 수도 있지만, 지금 천국에 있는 성도들도 한때는 그런 곳에 있었습니다. 지금 그들의 의복은 희지만, 그들은 어린 양의 피에 그 옷을 씻었습니다. 그들이 지금은 흠이 없지만, 한때 그들은 정죄 아래에 있었습니다. 주께서 술주정뱅이, 훼방하는 자, 간음한 자, 그리고 살인자들을 죄와 부정을 씻는 샘에서 씻지 못하실 이유가 없습니다. 주님은 얼마든지 그들에게 순결한 옷을 입히시고, 그들로 하여금 복된 무리들 중에서와 영원한 보좌의 우편에서 자리를 차지하게끔 하실 수 있습니다. 만약 당신이 누군가에 대해 실망한 적이 있다면, 당신을 떠낸 반석과 당신을 파낸 우묵한 구덩이를 생각하여 보고 용기를 내십시오.

지금껏 구원받은 모든 성도들 중에서, 육체적이든 정신적이든, 그들의 인간적 본성 안에서 그들의 구원에 도움이 된 것은 전혀 없습니다. 그들 중에서 어떤 이들은 다른 사람들보다 도덕적입니다. 하지만 그들의 머리 전체가 병들었고 그들의 마음 전체가 무기력합니다. 그들은 전적으로 잃은 자들이며, 전적으로 파멸한 자들이었습니다. 그들이 구원을 얻은 것은 모든 경우에 있어서 성령의 역사 때문이며, 오로지 성령의 역사 때문입니다. 하지만 다른 한편으로, 어떤 영혼의 경우에도 하나님의 영이 그 전능의 힘을 발휘하실 때 그 힘을 이길 수 있는 악한 권세는 발견된 적이 없습니다. 성령의 능력은 전능입니다. 하나님의 영이 목적을 가지고 능력으로 마음속에서 활동하실 때, 그분에게 저항할 수 있는 무언가를 상상하기란 불가능합니다. 그분의 일반적인 활동은 거부되기도 하며, 실제로 그럴 수도 있습니다. 하지만 그분이 힘을 발휘하여 죽은 자를 살리실 때, 그 소생의 작용에서 그분은 하나님으로서 역사하시는 것이니, 그분에게 맞설 수 있는 것이 무엇이겠습니까?

구원받은 모든 영혼의 경우에서, 하나님의 유일한 동기는 그분의 은혜였습니다. 그분은 인간이 그럴 자격이 있어서 구원하신 것이 아닙니다. 인간을 구원하는 것이 하나님께 어떤 유익이 되기 때문도 아닙니다. 오직 그분이 긍휼 베풀기를 기뻐하셨기 때문이며, 또한 그분이 "내가 긍휼히 여길 자를 긍휼히 여기고 불쌍히 여길 자를 불쌍히 여기리라"(롬 9:15)고 성경에 기록하셨기 때문입니다. 나쁜 경우들에도, 하나님의 은혜를 위한 마찬가지의 여지가 있으며, 또한 인간이 죄에 깊이 빠졌을 때 그를 구원하는 것은 하나님의 긍휼의 영광을 더욱 크게 드러내는 것입니다. 그러므로 나는 도무지 하나님의 은총을 받을 것 같지 않아 보이는 사람에 대해, 그의 죄를 보고 눈살을 찌푸리기보다는 그가 구원받기를 기대할 것입니다. 만약 내가 죄인 중의 괴수를 안다면, 나는 확신을 가지고 그에게 가서 구주 예수 그리스도를 전할 것이며, 그에게 그분을 바라보라고 말할 것입니다. 그리고 그가 죄에 흠뻑 젖었고 너무나 부패한 상태에 있음에도 불구하고, 하나님께서 내 전도의 말에 복을 주시기를 기대할 것입니다.

형제들과 자매들이여, 여러분이 주께서 여러분을 위해 행하신 일을 지속적으로 기억한다면, 그것이 언제든 여러분이 하나님을 위해 일하는 면에서도 큰 도움이 될 것이라고 확신합니다. 그 기억을 늘 새롭게 하십시오. 오, 우리가 마음에서 우러나오는 것을 가르칠 때보다 더 잘 가르칠 수는 없습니다. 우리는 우리 자신이 경험한 것에 관해 설교할 때보다, 또 우리가 알고 하나님께로부터 받은 것에 대해 감사하면서 말씀을 전할 때보다 더 잘 설교할 수는 없습니다.

나는 일전에 거리에서 걷고 있던 한 부인에 관하여 들은 적이 있습니다. 추위가 심하고 눈이 깊이 쌓인 날이었습니다. 그녀는 가난한 자들을 위해 예리한 아픔을 느꼈기에, 집에 도착하면 그들을 위해 수표를 발행하여 그들에게 음식과 연료를 제공할 돈을 기부하리라고 결심했습니다. 잠시 후 그녀는 집에 도착하였고, 난롯가에 앉았습니다. 그녀는 아주 따뜻함과 안락함을 느꼈으며, 마침내 가난한 자들에게 돈을 낭비하는 것은 유감스러운 일이라고 생각했습니다. 그들이 불가에 머문다면 추위는 그녀가 상상한 만큼 혹독하지 않을 것이라고 확신했기 때문입니다. 지금 우리 중에는 신앙의 문제에서 아주 안락한 상태에 있는 사람들이 더러 있습니다. 우리는 그 안락함 속에 머물고 있습니다. 만약 우리가 밖으로 나가서 예전의 불편함을 느끼게 된다면, 한때 우리가 어떤 사람이었으며 주께서 우리를 그분의 자비의 집으로 불러들이시고 그분의 사랑의 불 앞에 앉게 하시기 전에 어떤 상태에 있었는지를 기억한다면, 그것은 우리에게도 은혜일 것이며 다른 수천 명의 사람들에게도 은혜일 것입니다.

오, 한 사람이 스스로 행복하다고 느끼는 것 때문에 다른 사람들의 영혼을 위해 아무런 염려가 없다면 그것은 무서운 일입니다. 여러분에게 진지하게 호소합니다. 여러분이 오늘을 살 때 마치 오늘 구원받은 것처럼 사십시오. 가서 다른 사람들을 그리스도께 데려오기 위해 힘쓰십시오. 마치 여러분의 회심이 5분 전에 일어난 것처럼, 그리스도의 귀한 상처로부터 흘러나온 따뜻한 피가 막 당신에게 떨어진 것처럼, 죄가 방금 전에 사라지고, 여러분의 영혼이 여러분 속에 일어난 기적의 변화에 놀란 상태가 되어 살아가십시오. 당신의 영혼에 부어진, 막 새롭게 부어진 하나님의 사랑에 놀라고, 새롭게 발견된 사랑의 신선함에 놀라며, 당신이 죄와 슬픔으로부터 방금 전에 벗어난 것처럼 살아가십시오. 오, 당신이 그렇게 행한다면, 하나님께서 당신에게 복을 주실 것이며, 많은 영혼들이 구원을 받아 그분의 은혜의 영광을 찬미할 것입니다. 아멘.

제
59
장

들을지어다, 볼지어다: 믿는 자들을 위한 격려

"너희의 조상 아브라함과 너희를 낳은 사라를 생각하여 보라 아브라함이 혼자 있을 때에 내가 부르고 그에게 복을 주어 창성하게 하였느니라. 나 여호와가 시온의 모든 황폐한 곳들을 위로하여 그 사막을 에덴 같게, 그 광야를 여호와의 동산 같게 하였나니 그 가운데에 기뻐함과 즐거워함과 감사함과 창화하는 소리가 있으리라."— 사 51:2-3

오늘 설교의 실제적인 본문은 2절입니다. 그것은 3절에 약속된 축복들을 믿음으로 바라보도록 이끌어주는 논증입니다. 어떤 사람들은 습관적으로 모든 질문이나 사실의 어두운 면을 들여다보려고 합니다. 그들은 눈을 황폐한 곳들에 고정합니다. 그래서 몰락의 잔재들을 찾아내고 황야의 들짐승들에 익숙해질 때까지 그곳을 상세하게 조사합니다. 그들은 옛 시대가 지금 시대보다 좋았다고 하며, 우리가 아주 타락한 시대로 떨어졌다고 슬프게 탄식합니다. 그들은 "대 모험"에 대해 말하고, 매우 놀랄 만한 일들에 대해 말합니다. 지금 시대에 대해 비판을 가하려는 어느 정도의 성향은 우리들 대부분에게 있다고 나는 생각합니다. 사람들의 마음을 무겁게 짓누르는 이 시기의 실망스러운 사실들을 부인할 수 없기 때문입니다.

하지만 계속해서 황무지를 쳐다보는 습관이 해로운 이유는 그것이 사람들을 낙심시키기 때문입니다. 부지런한 일꾼이 낙심한다면 그것은 심각한 힘의 손실입니다. 아마도 사실에 입각한 실망보다 더 나쁜 결과가 비관적인 시각에서 초래될 것입니다. 그런 시각은 종종 무관심과 무반응에 대한 변명거리를 제공합니다. 우리가 믿음의 봉사를 회피하려고 애를 쓸 때는, 가장 작은 못으로도 모든 변명을 걸어두기에 충분합니다. 예수님이 들려주셨던 비유에서 "청컨대 나를 양해하도록 하라"(눅 14:19)는 얄팍한 구실에 덧붙여지는 말이며, 큰 실망감을 주는 말입니다. 게으름뱅이의 변명은 이런 식입니다. "저는 그 일을 시도하지 않을 것입니다. 내 빈약한 힘으로 감당하기에 그것은 너무 무겁기 때문입니다. 이 시대는 특별한 노력을 기울여도 시원찮을 것이고, 일반적인 노력으로는 성공이 수반될 거라고 확신하지 못하겠습니다." 그러므로 기독교회가 낙심하기 시작한다면 그것은 무서운 일이며, 그 해악을 멈추게 하려면 수단들이 강구되어야 합니다. 오늘 우리는 그 수단들을 사용하려 합니다.

보십시오, 우리는 하나님의 약속의 기(旗)를 높이 들었습니다. "너희는 위로하라 내 백성을 위로하라"(사 40:1)는 말씀이 마치 싸움터에서 나팔 소리처럼 울려 퍼집니다. 오 낙심한 여러분이여, 용기를 내십시오. 우리가 부딪히는 난관들은 옛 시대의 그것들에 비해 더 많은 것이 아닙니다. 복음의 대의(大義)는 천 년 전에 비해 더 큰 위험에 빠진 것이 아닙니다. 모든 일의 결과, 끝, 완성은 절대적으로 확실합니다. 그것은 쇠하지 아니하시는 그분의 손에 있습니다. 그러므로 용기를 내고, 여러분의 힘을 새롭게 하기 위해 주님을 바라보십시오. 실망한 여러분이여, 저 "황폐한 곳들"에서 들려오는 들짐승들의 소리 외에 또 다른 음성이 있음을 기억하십시오. 오늘 본문의 전후 구절에서는 "들을지어다"라는 소리가 두 번 아니 세 번이나 반복되어 있습니다(1,4,7절). 여러분은 오랫동안 여러분 내면에서 들려오는 우울한 암시들과, 여러분의 실망한 친구들로부터의 암울한 예언들, 원수들의 비웃음, 그리고 사탄의 끔찍한 속삭임에 귀를 기울여왔습니다. 이제는 사막을 에덴 같게, 광야를 여호와의 동산 같게 만든다고 약속하시는 분에게 귀를 기울이십시오.

오 악을 발견하는데 신속한 여러분이여, 세상에는 황폐한 곳과 사막 이외에도 다른 광경들이 있습니다. 그러므로 이 본문은 "보라"고 거듭 권면하고 있습니다. "너희를 떠낸 반석을 생각하여 보라"(1절, 한글개역개정에는 '생각하여 보라'고 되어 있으나 KJV에는 단지 'look'로 되어 있음 — 역주). "너희의 조상 아브라함을 생각하여 보라." 왜 여러분이 황무지만 응시함으로써 괴로움을 당하려 합니까? 아마도 여러분은 광야에 눈길을 줄 만큼 충분히 주었습니다. 타는 모래밭에서 보화나 위로를 전부 찾아내는 데는 오랜 시간이 걸리지 않습니다. 아마도 여러분은 지금쯤 그 모든 것을 찾아냈을 것입니다. 사막의 불편함과 결핍들에 대해 말하자면, 아마 여러분이 그 필요를 느끼는 만큼 잘 알고 있을 것입니다. 더 이상 그 목마른 땅과 작열하는 하늘을 응시하지 마십시오. 눈을 돌려 주께서 말씀을 통해 가리키는 곳을 쳐다보십시오. 만약 주께서 우리에게 무엇을 응시하길 바라시는지 묻는다면, 그분은 이렇게 대답하십니다. "너희의 조상 아브라함과 너희를 낳은 사라를 생각하여 보라." 거기서 우리는 위로를 찾을 수 있습니다. 오 성령의 임재로 인하여, 하늘의 이슬이 말씀에 가득하여 우리 영혼을 새롭게 하기를 바랍니다!

1. 하나님의 백성의 기원

먼저 우리는 아브라함을 볼 것입니다. 이는 우리가 그 안에서 하나님의 백성의 기원, 즉 옛적에 하나님이 은혜를 주시던 통로였던 섭리의 주춧돌을 보기 때문입니다. 유다에게 하나님은 알려지셨으며, 그분의 이름은 이스라엘에서 위대하였습니다. 이스라엘과 유다가 떠내어진 반석을 보도록 합시다.

먼저, 우리는 하나님의 첫 백성의 창립자가 이방인 가족으로부터 부름을 받은 것을 주목합니다. 여호수아는 말합니다. "옛적에 너희의 조상들 곧 아브라함의 아버지, 나홀의 아버지 데라가 강 저쪽에 거주하여 다른 신들을 섬겼다"(수 24:2). 아브라함, 하나님이 오랫동안 자기를 나타내기를 기뻐하셨던 위대한 신앙 체계의 창시자였던 사람, 그 후손에 대하여 하나님의 예언의 말씀이 주어졌던 그는, 달의 신을 숭배하던 도시인 갈대아 우르의 거주자였습니다. 우리는 그가 실제로 어느 정도까지 그의 조상들의 미신에 몰두했는지 알지 못합니다. 하지만 그의 집안이 세월이 흐른 후에도 우상 숭배에 물들어 있었다는 점은 분명합니다. 야곱 시대에 드라빔이 여전히 숭배되고 있었고, 라헬은 그의 아버지의 드라빔을 도둑질하였으니 말입니다(창 31:19). 아브라함은 그의 출생의 장소에서 나오도록 부름을 받았고 또한 그가 속한 가문에서도 나오도록 부름을 받았으니, 이는 그가 구별된 여건에서, 하나님을 섬기는 자로서, 세상에서 진리를 따라 살도록 하기 위함이었습니다.

하나님께서 장차 형성하실 기이한 민족의 첫 번째 사람이 원래는 그 자신이 우상 숭배자였으며, 효과적인 은혜에 의해 죄의 상태에서 부름을 받아야 했음을 기억하십시오. 그렇다면 이 시대에 진리의 대의가 극단적으로 위축되었다 해도, 주께서 한 사람으로부터 시작하여 교회를 다시 일으키실 수 있지 않겠습니까? 만약 보편적인 배교(背敎)가 진리의 빛을 대부분 가려버렸다면, 그분이 이방인 중에서도 횃불을 밝히시고, 그 빛으로 다시 세상을 밝히실 수 있지 않을까요? 그분은 또 다른 아브라함을 부르실 수 있으며, 그에게 복을 주어 그를 창대케 하실 수 있습니다. 우리 모두가 진토에서 잠들고, 가시적으로 조직화된 오늘날의 교회가 마치 봄 눈 녹듯이 사라진다고 해도, 그분은 자기의 영원한 목적을 성취하실 수 있습니다. 주님께 너무 어려운 일이 있을까요? 그분이 이 돌들을 취하여 아브라함의 후손을 일으키실 수 없겠습니까? 실망이나 낙심 같은 것이 있다면, 하나님께서 주일학교에서나 대학에서나 교회 강단에서 자기 백성을 위한 지도자들을 일으키실 수 있다고 생각함으로써 몰아내야 합니다. 심지어 하나님은 우상 숭배의 중심부에서도 그런 자들을 찾아내실 수 있음을 생각하고 실망감을 몰아내십시오. 사탄의 권좌가 있는 곳, 심지어 그런 곳에서도 주님은 진리의 옹호자들을 일으키실 수 있습니다. 짙은 미신의 어둠이 선택된 자가 빛을 보는 것을 막을 수 없으며, 죄의 속박이 선택된 자를 다시 사로잡아 자유를 찾지 못하게 하거나 그것을 다른 사람들에게 전하는 것을 막지 못합니다.

당신은 말합니다. "아, 하지만 이제 사람들은 예전에 아브라함이 하늘로부터의 기적적인 소명을 받은 것처럼 부름 받는 것이 아닙니다." 나는 이렇게 대답하겠습니다. 그 말은 참일 수 있습니다. 하지만 하나님께서 사람들을 부르시는 가시적인 소명의 수단들이 너무나 많기에 이제는 기적의 필요성이 거의 없습니다. 주께서는 그분의 성령에 의해 세상에 배포된 수백만 권의 성경책들 중에서 한 권을 통해 사람을 부르실 수 있는데, 그것은 마치 그분이 하늘에서 천사를 보내시는 것과 마찬가지로 강력한 소명의 수단이 될 수 있습니다. 그렇고말고요. 바람에 날려갔거나 물결에 떠내려간 단 한 장의 인쇄물이 누군가에게 간직된다면, 하나님은 그것으로써 옛적에 위대한 공적을 행하도록 용사를 부르셨듯이 사람을 부르실 수 있습니다. 일상적인 수단들이 충분한 곳에서, 하나님의 지혜는 기사와 표적들에 의존하지 않습니다. 기적들은 꼭 필요하였을 때는 훌륭한 수단이었습니다. 하지만 이제는 그것들이 더 이상 요구되지 않으므로, 하나님의 지혜는 초자연적인 것들의 과도한 전시(展示)를 금하십니다. 이제는 흩어져 전파된 하나님의 말씀이 발람브로사(Valambrosa, 이탈리아 북부 레겔로 지방에 있는 베네딕트파의 한 수도원으로서 울창한 숲으로 둘러싸여 있음 — 역주)의 나무 잎사귀들처럼 빽빽하여, 어디서든 원하고 준비된 손길에 의해 그것을 취할 수 있으니, 낮의 음성이나 밤의 환상들이 있어야 할 필요가 무엇입니까? 초자연적인 음성으로 아브라함을 부르셨던 동일하신 성령님이 오늘날은 진리의 말씀으로 다른 사람들을 부르실 수 있습니다. 나는 이방인 가운데서 한 사람이 예기치 않게 부름을 받은 것을 불가사의한 일로 간주하지 않습니다. 마찬가지 차원에서, 중국의 외딴 지역에서나, 티베트의 중심부에서나, 아프리카의 오지에서 사람들이 일어나 우리 주 예수님을 위하여 교회를 설립했다는 소식을 듣고서 나는 놀라지 않습니다. 하나님께서는 인쇄된 종이를 통해서나 이 사람 저 사람에 의해 전파된 소식들에 의해서 구원의 교훈을 전하실 수 있으며, 그로 인해 더 많은 아브라함들을 불러내시고 복을 주시어, 그들로 하여금 그분의 왕국을 확장하도록 하실 수 있습니다.

"전능자에게는 어디에나 그의 종들이 있습니다." 아브라함의 하나님께서 선택하신 자들을 불러내실 소명의 수단들이 부족하여 그분의 교회를 세우실 수 없다는 생각은 꿈에도 하지 마십시오. 정녕 그리스도인들은 어두운 곳에서 빛들의 자녀들을 일으키시는 하나님의 능력을 의심하지 말아야 합니다. 복음의 가장 위대한 전파자였던 사도 바울이, 그리스도의 직접적인 원수들의 무리 중에서 그분의 군대로 모집되었던 사실을 기억한다면, 우리는 그분의 능력에 의심을 품을 수 없습니다. 저 교만한 바리새인, 광신자들 중에서도 광신자, 그리스도를 대적하여 격분하였고, 그분의 백성을 박해하였던 그 사람이, 그리스도 예수의 열정적인 옹호자가 되었습니다. 전에 그는 위협과 살해의 분기로 충만하였지만, 다메섹으로 가던 길에서 그는 정복되었고 변화되었습니다. 마치 사자가 먹이를 보고 포효하듯이, 바울도 당시 다메섹에 있는 성도들을 자기 힘으로 지배하게 됨을 크게 기뻐하였습니다. 하지만 주께서 그를 치셨고, 그 사자를 어린 양으로 변화시키셨습니다. 죄가 더한 곳에 은혜가 더욱 넘치게 된 것입니다(롬 5:20). 기독교 영웅들 중 첫 번째 서열에, 한때 하나님의 교회를 박해하였으므로 스스로를 죄인 중의 괴수라 칭했던 그가 서 있습니다.

내 형제들이여, 수도사들 중에서 루터가 등장했듯이, 하나님은 원하시기만 하면 로마 곧 바티칸으로부터도 또 다른 루터를 불러내실 수 있습니다. 시대의 어둠이 그것을 막지 못함은, 하나님이 빛이시기 때문입니다. 교회의 약함이 그것을 저해하지 못함은, 모든 능력이 하나님께 속했기 때문입니다. 오늘날 우리 가운데는 하나님께서 열방들의 영적인 아버지로 삼으실 정도로 크게 영예롭게 하실 사람이 없는지 모릅니다. 하지만 화이트채플(Whitechapel)의 뜰이나 성 자일스 성당(St. Giles)의 무리들 중에는 그런 사람이 있을지 모릅니다. 갈릴리 사람으로 불리셨던 그리스도는 특정 장소나 민족을 멸시하지 않으십니다. 우리의 왕은 특정한 광산에서만 금을 캐시는 것이 아닙니다. 귀한 영혼들을 찾으시는 저 위대하신 탐색자(Seeker)는 종종 그분의 가장 순수한 진주들을 가장 깊고 검은 물속에서 찾아내십니다. 그러므로 하나님의 궤로 인하여 떠는 이들이여(참조. 삼상 4:13), 이 사실을 기억하고 용기를 내십시오. 그분은 캄캄한 곳에서도 자기를 위하여 영적인 집을 세우실 수 있으며, 자기의 성전을 위하여 선교사들의 발길이 닿지 않은 숲에서도 백향목들을 찾아내실 수 있습니다.

당신은 말합니다. "아, 하지만 아브라함은 천성적으로 고매한 사람이었습니다. 그렇게 기품 있는 사람을 어디서 찾겠습니까?" 나는 이렇게 대납합니다. 그를 만드신 이가 누굽니까? 그를 만드신 이가 그와 같은 또 한 사람을 만드실 수 있습니다. 우리가 구원의 은혜라고 익숙하게 부르는 것에 앞서는 하나님의 은혜가 있었습니다. 내가 말하는 이 은혜란 인간 본성의 창조 시에 주어지는 은혜를 의미하는데, 이 은혜가 인간의 본성으로 하여금 후에 주어질 은혜를 위한 적절한 그릇이 되게 합니다. 그러한 주권적인 은혜에 의하여 한 사람은 그의 출생 시부터 한층 우수한 정신과 성품을 부여받아, 자연인으로서도 많은 탁월한 요소들을 갖추게 되는 것입니다. 세상의 어떤 사람들에게서 관대함, 정직, 솔직성, 기질의 고매함 등을 목격하는 경우가 얼마나 많습니까? 그런 것 자체가 구원의 은혜는 아니지만, 은혜가 그들을 하나님을 섬기도록 부를 때에는 그러한 모든 훌륭한 요소들이 그들로 하여금 지도자들이 되도록 합당하게 해 주지 않습니까? 하나님은 한 사람을 아브라함의 유형으로 만드실 수도 있으며 또한 다른 유형의 사람으로 만드실 수도 있습니다. 의심의 여지 없이 지금도 그분은 장차 불러내실 이들을 예비하고 계십니다. 우리는 강한 죄의식을 가지고 있는 사람들이 "믿음이 없어 하나님의 약속을 의심하지 않을"(롬 4:20) 믿음의 사람으로 변화될 것을 기대할 수 있습니다. 우리는 사제들과 이교도들 가운데서도 주께서 자기 교회를 위하여 기둥들을 일으키실 수 있다는 희망을 가질 수 있습니다. "여러분의 조상 아브라함과 여러분을 낳은 사라를 생각하여 볼 때" 이 소망이 여러분의 마음에 격려가 되지 않습니까?

아브라함이 한 사람에 지나지 않았음에 주목하시기 바랍니다. 어떤 형제들에게는 큰 공포로 들리는 소리에 놀라지 마십시오. 나는 "일인 목회(one-man ministry)"에 반대하는 말을 들은 적이 있습니다. 하지만 내 귀에 "일인 목회"란 용어는 두려움으로 들리기보다는 오히려 음악처럼 들립니다. 나는 구원에 대한 내 모든 소망이 한 사람(One Man)의 거룩한 사역에 매달려 있음에 하나님께 감사합니다. 하나님의 종으로서, 그리스도는 하나님께 속한 모든 목회자들의 전형이 아니십니까? 많은 점에서 독특한 한 생애로서 아버지의 영원한 목적을 이루시면서, 그분은 홀로 포도주 틀을 밟으셨습니다. 하지만 그분은 그렇게 하심으로써 많은 자기 백성으로 하여금 그분과 교제를 나누게 하십니다. 바울의 경우도 마찬가지인데, 그는 이렇게 말했습니다. "내가 처음 변명할 때에 나와 함께 한 자가 하나도 없고 다 나를 버렸다"(딤후 4:16). 주님은 대개 사람들의 단체나 협력에 의해서보다는 한 사람에 의해 더욱 고귀한 일을 이루어오셨다고 나는 감히 말합니다. 하나님께서 "네 씨로 말미암아 천하 만민이 복을 받으리라"(창 22:18)고 말씀하신 대상은 오직 한 사람이었습니다. "아브라함이 혼자 있을 때 내가 부르고 그에게 복을 주어 창성하게 하였다"고 하나님께서 말씀하십니다.

이 사례가 유일한 것도 아닙니다. 세상이 전적으로 부패했을 때 하나님은 단 한 사람 의(義)의 설교자에 의해 인류를 보존하셨으며, 그가 자기 집의 구원을 위해 방주를 예비하였습니다. 한 사람 요셉이 어떻게 모든 민족들을 기근에서 구원하였는지, 또한 한 사람 모세가 어떻게 한 민족을 속박에서 이끌어내었는지를 보십시오. 모세가 잠들었을 때 이스라엘을 올바로 이끌었던 이는 한 사람 여호수아가 아니었던가요? 사사 시대에 형편이 좋았던 때는 한 사람이 지도자로서 전면에 나섰던 때가 아니었습니까? 나머지 모든 사람들이 굴과 동굴에 숨었을 때, 바락이나 기드온, 입다나 삼손 같은 사람이 담대하게 나서 이스라엘을 구했습니다. 많은 오합지졸들의 우두머리로 우뚝 선 한 사람이, 하나님을 믿는 믿음으로, 수천 명의 사람들을 승리로 이끌었습니다. 다윗의 시대에 한 사람이 어떤 역할을 했습니까? 블레셋 사람들이 여전히 그 땅을 유린하고 있을 때, 만약 한 소년이 골리앗의 목을 베지 않았더라면, 그리고 한 사람이 여호와의 이름으로 할례 받지 못한 자들을 치고 또 치지 않았더라면 어떻게 되었을까요?

사랑하는 이여, 그렇게 될 리는 없겠지만, 비록 우리의 수가 줄어 한 사람만 남는다 해도, 그 한 사람을 통해서 하나님은 자기 교회를 보존하시며 그분의 위대한 목적들을 이루실 것입니다. 우리가 자기 방으로 들어가서, 문을 걸어 잠그고는, 엘리야처럼 "오직 나만 남았거늘 그들이 내 생명을 찾아 빼앗으려 하나이다!"(왕상 19:10)라고 울부짖지 않기를 바랍니다. 내 형제여, 그렇지 않습니다. 이 세상에는 당신보다 더 신실한 사람들이 있습니다. 주께서는 자기를 위하여 바알에게 무릎 꿇지 않은 수천 명을 남겨두셨습니다. 이 시대에 남은 자의 수는 하나가 아니라 다수입니다. 우리 모두는 하나님의 영광과 복음의 전파를 위해 살기를 바랍니다. 하지만 비록 우리 군대의 수가 너무나 줄어 어린아이의 손가락으로 셀 수 있을 정도가 된다고 해도, 여전히 낙심할 이유가 없음은 아브라함의 하나님이 여전히 살아계시기 때문입니다. 한 사람에 의하여 자기를 찬송할 한 백성을 지으신 그분이 이렇게 말씀하십니다. "그가 혼자 있을 때 내가 부르고 그에게 복을 주어 창성하게 하였느니라."

내 형제들이여, 선을 위해서건 악을 위해서건, 한 사람의 생애에 내재되어 있는 힘에 대해 생각해보십시오. 한 사람으로 인해 얼마나 해로운 결과가 초래될 수 있는지요! 한 죄인이 많은 선을 파괴합니다. 악의 방식들과 모독적인 말들을 아는 단 한 사람이 남았어도, 그 한 사람이 그의 혐오스러운 악으로써 충분히 온 인류를 오염시킬 것입니다. 만일 악이 그토록 강력하다면, 하나님으로부터 말미암은 선 역시 마찬가지로 강력하지 않겠습니까? 많은 문제들과 관련하여 우리는 양(量)을 측정하고 또 그렇게 하는 것이 정당하지만, 어떤 문제들에 있어서는 양을 측정한다는 것이 터무니없습니다. 여러분 집의 난로에서 타는 불의 힘을 양으로 측정하기란 우스꽝스럽지 않습니까? 적절한 재료들과 성냥개비 하나를 주십시오. 그러면 여러분은 불이 무엇을 할 수 있는지를 보게 될 것입니다. 신속히 꺼질 수 있는 불도 그 정도로 강력할진대, 하늘로부터의 불의 힘을 누가 감히 측량할 수 있겠습니까? 그 불은 사람들이나 악령들이 끄지 못합니다. 오순절에 내렸던 그 불이 아직도 우리 중에서 타고 있습니다. 하나님의 종들이여, 이 불을 지니십시오. 그 힘의 한도가 없는 하늘로부터의 권세로 일하십시오. 그렇게 할 때 어찌 실망할 수 있겠습니까? 세상에 있는 모든 불이 꺼지고 단 하나의 등불만이 남았다 해도, 하나의 심지에서 타는 불이 온 세상의 모든 등불들에 불을 붙이기에 충분합니다. 그러므로 낙망할 이유는 전혀 없습니다.

더 나아가, 우리는 이 한 사람이 외로운 사람이었음을 주목해야 합니다. 그는 하나님의 일을 해야 했을 뿐 아니라, 그를 도와줄 사람이 아무도 없었습니다. "그가 혼자 있을 때 내가 불렀느니라." 롯이 수행했던 것은 사실입니다. 롯은 불쌍하고 딱한 사람으로서, 그의 고귀한 삼촌에게 유익을 주기보다는 고충만 더했을 뿐입니다. 그가 간직했고 삶으로 나타냈던 의란 얼마나 미약하였는지요? 하지만 그 의가 그를 구했습니다. 그는 이 시대의 많은 연약한 신앙고백자들의 전형입니다. 아브라함은 유브라데 강을 건널 때와 후에 광야를 건너고 홀로 순례자와 나그네로서 가나안에 거주할 때에, 어떤 부류의 사람들로부터도 지지를 얻지 못했습니다. 만일 한 사람이 정처 없이 떠돌다가 하나님께 정박한 사람이 있다면, 그것은 분명 저 위대한 믿음의 조상이었습니다. 그는 분명 순례의 과정에서 여호와 자기 하나님의 충분한 후원을 제외하고는 다른 어떤 후원도 구하지 않았습니다. 그가 왕들 가까이에 머물렀을 때 그것은 그에게 고통의 원인이었으며, 그것이 싸움으로 이어졌고 한 번은 전쟁으로 발전하기도 했습니다. 그는 왕들의 선물 제의를 거절해야 한다고 느꼈으며, 그래서 소돔의 왕에게 말했듯이 이런 식으로 말했습니다. "네 말이 내가 아브람으로 치부하게 하였다 할까 하여 네게 속한 것은 실 한 오라기나 들메끈 한 가닥도 내가 가지지 아니하리라"(창 14:23). 국가가 어떤 교회들에 대해서는 "내가 아브람으로 치부하게 하였다"는 식의 거만한 말을 할 수 있을지 모르겠지만, 우리에 대해서는 그럴 수 없습니다. 내 형제들이여, 우리가 세상 주권자들 아래에서 혜택을 얻기 바라는 마음을 가지지 않기를 바랍니다. 그들에게 빚을 져서, 그들이 명하는 대로 의복을 차려입고 시중들어야 하는 일이 없기를 바랍니다. 빚진 심정으로 섬겨야 할 대상은 "또 다른 왕, 한 분 예수"이시기 때문입니다.

아브라함은 세상 왕들의 후원이나 신분 및 직책상의 특권을 갖지 않았습니다. 만일 여러분이 마므레 평지에 거할 때의(참조. 창 13:18) 저 기품 있는 족장 아브라함을 보았다면, 그에게서 침착함과 조용한 위엄과 진정한 제왕다운 태도를 볼 수 있었을 것입니다. 하지만 그런 특징은 오직 하나님께 대한 그의 믿음과 하늘과의 교통으로부터 온 것입니다. 아브라함이 다른 사람들과 구별되었던 것은 오직 하나님의 은혜에 의해서입니다. 마음속에 내재하는 믿음보다 더 큰 차이가 달리 무엇이겠습니까? 이런 의미에서 아브라함은 진정한 단독자(單獨者)였으며, 어떤 사람들이 다른 사람들과 다른 차원에서 가지는 외적인 특징들의 도움을 전혀 받지 않았습니다.

아브라함을 향한 부르심의 성취는 그의 '고독'(loneliness)에 달려 있었습니다. 그는 친족들로부터 떠나야 했고, 기르는 가축들을 데리고 이리저리 돌아다녀야 했으니, 마치 지금 하나님의 교회가 그러하듯이, 낯선 땅에 거하며 따로 떨어진 곳에서 그의 가축들을 돌보아야 했던 것입니다. 그가 홀로 있을 때 하나님이 그에게 복을 주셨습니다. "아브라함이 혼자 있을 때 내가 부르고 그에게 복을 주어 창성하게 하였느니라." 이 복이 임한 것은 그가 아직 옛 친족들과 어느 정도 관계를 유지하고 있던 하란에서가 아닙니다. 그곳에서 그는 아직 철저한 '비국교도'(nonconformist, 아브라함이 본토 친척으로부터 떠나는 것을 영국국교회로부터의 단절 및 독립에 빗대어 표현하고 있음 — 역주)가 아니었으며, 어느 정도는 본토 친척집과 관련을 맺고 있었으니, 그 마지막 고리가 끊어지기까지는 하나님의 복이 임할 수 없었던 것입니다.

내 형제여, 당신이 살고 있는 마을이나 구역에서 모든 조력자들을 잃어버리는 듯하여도, 그들이 차례로 죽어 당신에게 아무도 남지 않은 듯이 보여도, 기도모임에도 뜨거움이 결핍되고 기도하는 사람들이 보이지 않아도, 여전히 인내하시기 바랍니다. 하나님께서 복을 주실 사람은 바로 그 고독한 사람이기 때문입니다. "하나님이 고독한 자들은 가족과 함께 살게 하시느니라"(시 68:6). 현재의 쓸쓸한 상황에서, 당신은 저 겟세마네에서 고독했던 그 사람(Man)과 공감하는 법을 배우고 있습니다. 그분은 십자가에서도 고독했지만, 그곳에서 모든 원수들을 물리치셨습니다. 당신의 원수들은 당신이 그들과 마주치기도 전에 이런 식으로 패배한다는 것을 기억하십시오. 당신은 어린 양의 피로써 손쉽게 이길 수 있습니다. 오, 두려워하지 마십시오. 주께서 이와 같이 말씀하십니다. "그가 혼자 있을 때 내가 부르고 그에게 복을 주어 창성하게 하였느니라." 사람들과의 인간적인 공감으로부터 소외되어 홀로 거하는 당신이여, 그 말씀을 붙드십시오. 오, 우리의 선교사들이 이 사실에서 풍성한 위로를 느끼게 되길 바랍니다. 종종 그들은 마치 외로운 파수꾼들처럼 친구를 보기를 갈망하고 있습니다. 그들은 형제들과의 교제에서 동떨어져서, 위로와 격려를 주는 우정을 그리워합니다. 하지만 그들을 단독으로 부르신 분은 하나님이시며, 그분이 그들에게 복을 주어 창성하게 하실 것입니다. 오늘날 더욱 순결한 교회들은 홀로 서 있으니, 이는 그 교회들이 감히 다른 무엇과의 거룩하지 않은 연합을 추구하지 않기 때문입니다. 그런 교회들은 살아계신 주님께 대한 단순한 믿음에 홀로 서서, 두려워하거나 놀라지 말아야 하며, 오직 하나님을 위해 위대한 일들을 시도하고 하나님으로부터 위대한 일들을 기대해야 합니다.

또한, 내가 여러분에게 주목하라고 요청하지 않을 수 없는 것은, 아브라함이 이교도의 나라에서 홀로 부름을 받은 사람일 뿐 아니라, 그가 그 이상의 고통을 겪어야 했다는 사실입니다. "내가 네게 큰 복을 주고 네 씨가 크게 번성하리라"(창 22:17)는 약속이 주어졌지만, 그 약속의 명백한 성취는 가까운 미래에 이루어진 것이 아닙니다. 우리가 이미 보았듯이, 그는 본토 친척과 아버지의 집에서 떠나야 했으며, 약속의 후손이 태어날 때까지 팔레스타인 땅에 거해야 했습니다. 하지만 그 고대하던 약속의 후손을 보기까지 그는 얼마나 기다려야 했는지요! 이십 년, 아니 거의 삼십 년이 지나가고, 아브라함은 구십구 세가 되었습니다. 그는 매우 늙었지만, 아직 아들을 복으로 받지 못했습니다. 이삭이 태어나기 전에 그는 정확히 일백 세를 헤아려야 했습니다. 이 약속의 아이는 약속을 따라서 와야 했기에, 본성의 힘이 다 지나간 것으로 간주될 때까지는 태어날 수가 없었습니다. 사라에 대해서도 마찬가지인데, 그녀는 이미 노령으로 인해 어머니가 되기란 불가능했습니다. 하지만 그녀는 어머니가 되어야 했으니, 하나님께서 그렇게 말씀하셨기 때문입니다.

그 믿음의 부부는 사라가 약속을 이루기 위한 자포자기식의 시도를 제안하는 극한의 때까지 기다려야 했습니다. 물론 그녀는 여전히 약속을 굳게 믿었지요. 사라의 책략은 무산되었고, 그것은 그렇게 되도록 하신 하나님의 계획의 일부였습니다. 언약의 후손은 육체를 따라서 오는 것이 되어서는 안 되었습니다. 사라의 계략이 무산되었을 때, 주님은 그분 자신의 때에 자기 말씀을 이루셨습니다.

기쁘도다! 아브라함과 사라의 집에 기쁨이 충만했습니다! 이삭이 태어났을 때 연회가 열렸으며, 그 집안에 웃음이 넘쳐났습니다. 하지만 그는 죽어야 했습니다! 하나님이 말씀하셨습니다. "네 아들 네 사랑하는 독자 이삭을 데리고 모리아 땅으로 가서 내가 네게 일러 준 한 산 거기서 그를 번제로 드리라"(창 22:2). 그 위대한 노인은 그렇게 할 것입니다. 그는 아침에 일어날 것이며, 아버지와 아들이 함께 침묵하며 여행을 할 것입니다. 그 노인의 마음이 미어져 아무 말을 할 수가 없습니다. 하지만 그는 하나님을 믿으며, 만약 자신이 하나님의 명을 따라 실제로 자기 아들을 죽여도 약속은 어떻게든 지켜질 것이라고 확신합니다. 아브라함은 어떻게 그렇게 될 것인지를 말할 수는 없었지만, 어떤 방법으로 그렇게 될지를 말하는 것은 그의 일이 아니었습니다. 그는 하나님께서 이루실 수 있는 바를 약속하셨다고 굳게 믿었습니다. 하나님은 그에게 "이삭에게서 나는 자라야 네 씨라 부를 것임이니라"(창 21:12)고 말씀하셨습니다. 그는 하나님이 능히 이삭을 죽은 자 가운데서 다시 살리실 줄을 믿었고, 혹은 다른 어떤 방식으로도 약속을 성취하실 것이라 믿었습니다. 이와 같이 그는 부활을 이해하였습니다. 그는 자신이 알고 있는 것보다 더 깊은 진리를 붙들었고, 아직 주 예수님이 죽은 자 가운데서 다시 살아나심을 보여주시기 전에도 이삭의 부활을 납득했습니다.

얼마나 큰 고통을 아브라함은 견뎌냈는지요! 만일 그의 믿음이 아니라면, 어느 누가 그 나이든 부부의 딱한 처지를 제대로 묘사할 수 있겠습니까? 사람들은 노년에 얻은 자녀를 끔찍이 사랑합니다. 손자가 조부로부터 어떤 애정을 받는지를 보십시오. 그처럼 이삭도 아브라함에게서 끔찍한 사랑을 받았음에 틀림없습니다. 하지만 그는 자기 아버지의 손에 의해 죽어야 합니다. 오, 저 모리아 산에 서 있는 사람, 그런 의무를 행하도록 부름을 받은 그는 한없이 고통스러웠음에 틀림없습니다. 그의 영혼이 복종하는 동안 그의 심장은 찢어지는 듯합니다. 만약 믿음이 그를 지탱해주지 않았더라면 분명 그렇게 되었을 것입니다. 그러나 여러분의 믿음의 조상인 아브라함을 보십시오! 그가 모든 인간 중에 가장 위대하지 않은가요? 아브라함이야말로, 때가 차매 자기 아들을 아끼지 아니하시고 우리 모든 사람을 위하여 내주신 위대하신 성부 하나님의 가장 위대한 인간적인 모형이 아니던가요? 오 아브라함이여, 그대는 죽은 인생들 중에 하나님을 가장 닮았으며, 그러기에 그분의 벗이 되었던 것입니다! 아브라함은 그런 고통의 시련을 겪었으나 주께서 그에게 이렇게 말씀하시는 것을 들을 때 우리는 그를 부러워합니다. "네가 네 아들 네 독자까지도 내게 아끼지 아니하였으니 내가 이제야 네가 하나님을 경외하는 줄을 아노라"(창 22:12). 자, 만일 이 모든 시련을 통해 아브라함이 복을 받았고, 하나님의 목적이 그에게서 성취되었다면, 우리는 동일하신 하나님께서 우리의 낙심되고 낮아지는 상황에도 불구하고 우리를 통해 역사하실 수 있음을 믿을 수 있지 않습니까? 우리가 철저히 깨어지고 부서질 때 주님의 능력이 우리의 약함을 통해 온전해질 수 있지 않습니까? 우리의 인간적인 무력과 무능함 때문에 약속을 의심하지 맙시다. 오직 하나님을 믿고 흔들리지 맙시다. "내 은혜가 네게 족하도다"(고후 12:9)고 주께서 말씀하셨기 때문입니다.

형제들과 자매들이여, 여기에 이 설교 첫 번째 대지의 요약과 핵심이 있습니다. 우리를 떠낸 반석을 생각하면서, 우리는 외관상으로는 부적합한 원인들로부터 가장 위대한 결과들을 이루시는 주님을 바라보아야 합니다. 이것이 우리에게 수단들, 실현 가능성, 있을 법한 확률 등이나 계산하는 것을 멈추도록 가르칩니다. 우리는 하나님을 바라보아야 하며, 그분에게는 모든 것이 가능하기 때문입니다. 전능하신 하나님은 무엇이든 그분이 행하겠다고 말씀하신 바를 확실하게 행하실 수 있습니다. 그분을 방해할 자가 누구입니까? 이 음성이 온 땅 위에 울려 퍼지게 하고, 더 나아가 지옥에서도 들리게 하십시오. 하나님께서 어떤 일을 이루고자 하실 때 그분의 팔을 제지할 자가 누구입니까! 그분은 어떤 반대도 두려워하지 않으시며, 어떤 도움도 필요로 하지 않으십니다. 그분이 무엇을 가지고 세상을 만드셨습니까? 그분이 누구와 상의하셨습니까? 누가 그분을 가르쳤습니까? 만약 존재하는 모든 것들이 오직 하나님 한 분에 의해, 그분의 말씀에 의해서만 존재하게 되었다면, 비록 지상에서 교회의 벽을 세울 재료가 없는 듯이 보여도, 여전히 자기 교회를 세우실 수 있지 않을까요? 창조를 생각하고 하나님이 이루신 일들을 주목하십시오. 하나님께서 한 쌍의 부부에게 복을 주시자, 어떻게 그 한 쌍의 부부에게서 무수한 인류가 났는지를 보십시오. 하지만 나는 자연이나 역사에서 일일이 많은 실례들을 제시할 필요가 없습니다. 여러분의 생각에도 얼마든지 떠오를 것이기 때문입니다.

우리나라인 이 섬의 역사를 돌아봄으로써 믿음을 새롭게 하십시오. 여러분이 이교도들의 회심을 굳게 믿고자 한다면, 여러분의 선조들이 떡갈나무 숲에서나 스톤헨지(Stonehenge, 영국에 있는 선사 시대의 석주들)의 거대한 비석들 사이에서 피의 종교의식을 거행했던 때를 기억하십시오. 그 드루이드교(Druidic system, 자연을 숭배하던 고대의 켈트족 종교였으며, 그 사제였던 드루이드의 이름을 딴 것임—역주)는 현대 야만인들의 종교의식만큼이나 잔인하고 저급하였지만, 예수님이 보내신 복음의 전령들이 그것을 정복했습니다. 누가 황금의 낫과 성스러운 떡갈나무를 숭배합니까? 그런 일은 지나갔으며, 마치 존재하지도 않았던 것처럼 사라졌습니다. 그렇다면 다른 악한 우상 숭배 제도들 역시 사라지지 않겠습니까?

또한 이 나라에서 프로테스탄트의 승리를 회고해보십시오. 그것이 처음에는 어떠했습니까? 철저하게 멸시와 박해를 받던 것이었습니다. 스미스필드(Smithfield)의 화형대는 그곳 부근에 살던 자들에게는 잊혀지지 않습니다. 하지만 그럼에도 불구하고, 하나님의 복음은 승리했으며, 십자가상과 성합(聖盒, 성체/聖體를 담은 용기를 지칭하는 가톨릭 용어 — 역주)과 성상들이 경멸 속에 깨뜨려졌습니다. 청교도의 시대 곧 하나님이 영국에서 널리 알려지셨던 전성기를 생각하면서, 성경의 진리가 어떻게 철저하게 승리를 얻었는지를 기억합시다. 다시 그렇게 되지 말란 법이 어디 있습니까? 어디에서나 그렇게 되지 말란 법이 어디 있습니까?

만약 여러분이 또 다른 예증을 원한다면, 우리와 한 몸인 특정 종파의 그리스도인들을 보십시오. 지금까지 역사는 우리의 원수들에 의해 기록되었습니다. 그들은 어쩔 수 없는 경우를 제외하고는, 우리와 관련하여 결코 단 하나의 사실조차 제대로 보존하려고 하지 않았습니다. 하지만 이따금씩 역사의 기록은 재세례파라고 불리는 불쌍한 사람들이 종교재판에 회부되어 정죄를 당했다는 사실을 누설합니다. 헨리 2세(Henry II)부터 엘리자베스(Elizabeth)에 이르는 시대 동안, 우리는 어떤 불행한 이단자들이 그들 중에 간직된 진리를 위하여 모두로부터 미움을 받는 것에 관해 듣습니다. 우리는 어떤 불쌍한 남녀들에 관한 글을 읽는데, 그들은 의복을 짧게 잘린 채, 추위 속에 죽도록 들판으로 내몰렸습니다. 또 다른 어떤 이들은 재세례파라는 죄명으로 뉴잉턴(Newington)에서 화형을 당했습니다. 프로테스탄트라고 하는 이름이 알려지기 오래전에, "지독한" 자들이라고 부당하게 불렸던 이 재세례파 그리스도인들이 "한 분 주님, 하나의 믿음, 하나의 세례"를 위하여 저항하고 있었던 것입니다. 가시적인 교회가 복음에서 떠나기 시작하자마자 그들은 옛 진리의 길을 고수하기 위해 분연히 일어섰습니다. 사제들과 수도사들은 혼수상태와 같은 평화를 원했지만, 성경으로 사람들의 귀를 즐겁게 하며 시대의 오류에 주의하도록 촉구하는 롤라드(Lollard)와 같은 사람이 언제나 있었습니다. 그들은 가난하고 박해받는 족속이었습니다. 교수형은 그들에게 너무 관대하다고 간주된 적이 있습니다. 때때로 악한 의도로 기록된 역사는 우리로 하여금 그들이 소멸되었다고 생각하게 만들려 하며, 그런 식으로 저 늑대는 양 떼를 없애고자 했습니다.

하지만 우리는 지금 여기에 복을 받아 창성하게 된 상태에 있습니다. 뉴잉턴은 매 안식일마다 달라진 광경을 목격하고 있습니다. 성도들의 숫자와 활동들을 생각하면, 나는 "이 얼마나 큰 성장인가!"라고 말하며 놀라움을 금치 못합니다. 나는 미국에 있는 수많은 우리 형제들을 생각할 때, "하나님이 큰일을 이루셨습니다!"라고 말할 수 있습니다. 우리의 역사는 실망에 빠지는 것을 금합니다. 결코 가망이 없다고 단념하지 마십시오. 오늘날은 그 어떤 시대보다 더 희망적입니다! 어떤 일이 발생할 수 있는지는 그다지 중요치 않습니다. 우리의 대의(大義)는 견고합니다. 우리 침례교 기관들이 모두 소멸된들 어떠합니까? 옛 진리의 기(旗)에 충실하게 남은 사람이 단 한 명뿐인들 어떠합니까? 그럼에도 불구하고 우리의 대장께서는 영광스럽게 승리하실 것입니다. 그분의 구원은 사람의 많고 적음에 달리지 않았기 때문입니다. 다른 모두가 실패하여도, 주님은 영원토록 다스리십니다. 바로 이것이 우리가 배워야 하는 교훈입니다. 믿음으로 우리 모두 그 교훈을 따라 나아갑시다.

2. 선택받은 아브라함의 중요한 특징

아주 간략하게 내가 살펴보고자 하는 두 번째 요점은 선택된 이 사람의 특징에 관한 것입니다. 본문은 "너희의 조상 아브라함과 너희를 낳은 사라를 생각하여 보라"고 말하는데, 그것은 분명 그가 누구인지 숙고해보고 그에게서 배우라는 의미일 것입니다. 여러분은 즉시 그의 주된 특징이 그의 믿음이었다고 인지할 것입니다. 이 믿음 안에 다른 많은 뛰어난 자질들이 내포되어 있으며, 그 모든 것의 밑바탕에는 그의 믿음이 놓여 있습니다. 여기에 그의 비문(碑文)이 있습니다—"아브라함은 하나님을 믿었다." 그것이 그의 모든 행동의 원천이었고, 그의 삶의 영광이었습니다. "아브라함은 하나님을 믿었다."

하나님께서 쓰시어 함께 일하시는 사람들은, 다른 것은 없어도, 하나님께 대한 믿음을 가져야 합니다! 물론 신자가 모든 정신적 도덕적 자질을 구비하는 것이 바람직하고, 아주 훌륭한 것이긴 하지만, 그렇지 못한 경우에도 실제적인 믿음을 가졌다면 많은 결점들이 삼켜지며 그 사람은 능력을 가집니다. 극단적인 실례로 나는 삼손을 언급하고 싶습니다. 가장 연약한 사람이었고 이스라엘의 사사가 되기에는 가장 부적절한 사람이었습니다. 하지만 오, 믿음이란 얼마나 놀라운 것인지! 그것이 얼마나 놀라운 일들을 이루었는지요! 천 명의 사람들이 행하는 일을 이룹니다! 그는 하나님이 함께 하심을 믿는 어린아이와 같습니다. 그는 아무것도 계산하지 않습니다. 천 명이 있든 한 명이 있든 그에게는 마찬가지입니다! 그는 무리를 향해 돌진하여 우리가 쓰러진 사람들의 수를 미처 세기도 전에 그들을 모두 죽였습니다.

검을 가졌던가요? 아닙니다, 그는 검을 가지지 않았습니다. 하나님께서 힘을 주시는 팔이기에 오래된 나귀 턱뼈 하나로 충분했습니다! 그가 그들을 어떻게 도륙하여 무더기를 이루었는지 보십시오! 나는 백만의 블레셋 사람들이 있었더라도 다를 바가 없었을 것이라고 생각합니다. 일대 천! 수적으로 절대 열세에 있는 사람에게 수는 더 이상 문제가 아닙니다! 불가능한 상황 앞에 놓여 있는 사람에게 더 나빠질 것이 무엇입니까? 형제들이여, 신을 벗고 헤엄을 쳐야 할 때, 얕은 물보다 차라리 50길 깊이의 물이 있는 편이 좋습니다. 물이 얕으면 자꾸 가라앉기 때문입니다. 믿음의 경우에, 물에 빠지는 일은 있을 수 없으며 깊은 곳에서 헤엄치기가 좋습니다. 깊은 곳에서는 암초에 부딪힐 위험이 없기 때문입니다.

믿음은 난관들을 기뻐합니다. 믿음에게 하나님의 능력이 있기 때문입니다. 만약 어떤 일이 인간의 능력으로 그럭저럭 해낼 수 있는 것이라면, 믿음은 그것을 그다지 기뻐하지 않습니다. 믿음은 인간 능력을 훨씬 초월하는 시련의 영역 안으로 들어가기 때문입니다. 믿음은 불가능을 비웃으며 외칩니다. "그것은 이루어질 것이다!" 아브라함의 믿음은 그런 것이었기에 그것이 그를 순종으로 이끌었습니다. 그는 부름을 받았을 때 갈 바를 알지 못하고 갔습니다. 은혜로 말미암은 그의 믿음이 그를 인내로 이끌었습니다. 일단 하나님의 길에 들어서자, 그는 그 길을 떠나지 않았으며, 계속해서 하나님 가까이 머물렀습니다. 그의 믿음이 그를 소망으로 이끌었습니다. 그는 약속의 씨를 바라보았으며, 이삭뿐 아니라 메시야 또한 바라보았습니다. 그의 소망의 비전은 너무나 선명하였기에, 그의 눈 앞에 그리스도가 생생하게 제시되었습니다.

모든 것을 아시는 구주께서 "아브라함은 나의 때 볼 것을 즐거워하다가 보고 기뻐하였느니라"(요 8:56)고 말씀하시지 않았습니까? 같은 믿음이 사라의 마음에도 있었습니다. 성경 본문은 아브라함뿐 아니라 사라를 생각하여 보라고 했으니, 그렇게 하도록 합시다. 사라가 하나님과, 그녀가 "주"라고 불렀던 남편에 대한 사랑으로 인해 남편과 더불어 일가친척을 버리고 떠났을 때, 그녀의 믿음은 적지 않았습니다. 사라는 마치 저 위대한 족장에게 이렇게 말하듯이 행동했습니다. "당신이 가는 곳에 나도 가고, 당신이 거하는 곳에 나도 거할 것입니다.

당신의 하나님이 나의 하나님이 되실 것입니다." 그녀의 믿음의 시련은 이사하는 것으로 끝나지 않았습니다. 그녀는 장막 생활과 그 모든 불편함을 감수해야 했습니다. 그런 환경 속에서 가정생활의 불편을 아는 쪽은 여성입니다. 겨울의 추위와 여름의 더위를 장막으로는 막을 수 없지만, 우리는 그녀가 한순간도 불평하는 것을 듣지 못했습니다. 그녀가 얼마나 기꺼이 남편의 손님들을 환대했는지요! 그들은 적절하지 않은 시간에 단지 잠시만 들르려했을 뿐이고, 한낮의 더위 속에 빵을 굽도록 그녀에게 요청하기를 원치 않았지만, 그녀는 그녀의 남편처럼 즐겁게 나그네들을 맞아들였고 따뜻한 환대를 베풀었습니다.

사랑하는 친구들이여, 내가 가정의 문제들을 언급할 때 여러분이 미소 짓는 것을 봅니다. 하지만 내가 보기엔 남자들과 여자들이 기도와 찬양을 할 수 있을 뿐 아니라, 하나님께 대한 순종에서 우러나오는 마음으로 가정적인 불편함을 감수할 수 있다는 것은 믿음의 중대한 측면입니다. 어떤 사람들은 믿음을 마치 별들 사이를 배회하는 것처럼 기분 좋고, 환상적이며, 감상적인 것으로 간주하며, 고상한 묵상 중에 천년왕국이나 고대하며 즐기는 것이라고 생각합니다. 나는 그보다는 먹든지 마시든지 무엇을 하든지 하나님의 영광을 위하여 하는 것이 믿음이라고 생각합니다! 믿음은, 사라처럼, 장막에 거하며 거기서 일하는 것입니다. 믿음은 빈약한 음식을 두고서도 기뻐하며 궁핍에 대한 두려움을 극복합니다. 믿음은 섭리가 그렇게 작정한 것이라면 대저택에서 오두막집으로 내려올 수도 있습니다. 우르에 있는 아브라함의 안락한 집에서 팔레스타인을 떠도는 유랑살이로의 변화는 엄청나게 큰일이었음에 틀림없습니다. 하지만 아브라함은 그 큰 변화를 사라가 느끼는 절반도 느끼지 못했을 것입니다. 남자들은 집 밖에서도 그럭저럭 견디며 살아갈 수 있기 때문입니다. 그러나 주부는 살림의 변화를 모두 겪기 때문에, 사라가 남편의 인생 진로가 타당한지에 대해 의문을 제기하지 않은 것은 큰 믿음입니다.

비록 그녀가 아들을 낳으리라는 말씀을 들었을 때 웃기는 했지만, 히브리서 11장에 "믿음으로 사라 자신도 힘을 얻었으니"(11절)라고 기록되었음을 기억하십시오. 그녀가 이삭의 어머니가 된 것은 육체의 힘으로가 아니라 믿음의 힘을 통해서입니다. 그러므로 본문이 말하는 것처럼 그녀의 믿음을 생각해보십시오. 그리스도인 남성들과 여성들이여, 하나님이 복 주시는 사람의 특징은 믿고 또한 그 믿음을 토대로 행동하는 사람이라는 사실을 잘 기억하십시오. 믿음이 없이는 하나님을 기쁘시게 할 수 없습니다. 믿음의 사람이 하나님의 사람입니다! 왜 그럴까요? 왜냐하면 믿음은 하나님의 높은 이상을 이해할 수 있는 우리의 유일한 능력이기 때문입니다. 가장 위대한 사람도, 믿음이 없이는, 주님의 발자취를 따라 걸을 수 없습니다. 하나님의 생각은 하늘이 땅보다 높음같이 우리 생각보다 높기에, 우리의 연약한 정신이 제아무리 대단하여도 하나님과의 교제의 수준까지 오를 수 없습니다.

믿음은 하나님의 생각에 관하여 스스로 이렇게 속삭입니다. "나는 이 큰 일을 이해할 수도 없고, 굳이 이해하기를 바라지도 않는다. 나의 이해력이란 무엇인가? 어쩌면 이미 나는 그것을 너무 많이 의지하고 있는지 모른다. 나는 이유를 알지 못해도 하나님이 내게 명하시는 것을 행하도록 부름을 받았으며, 그렇게 하는 것이 나는 기쁘다. 이제 나는 그분의 주권적인 뜻 앞에 엎드림으로써 그분을 경배할 수 있기 때문이다." 믿음에는 하나님의 약속과 목적을, 곧 그 넓이와 길이와 높이와 깊이를 파악하는 능력이 있습니다. 믿음은 하나님의 무한한 진리를 붙잡을 수 있지만, 다른 어떤 능력으로도 그렇게 하지 못합니다. 사랑이 유일하게 믿음과 견줄 수 있으니, 사랑은 무한하신 하나님 자체를 포옹하기 때문입니다. 하나님의 원대한 계획과 약속들을 적절히 다루기란 오직 믿음으로만 가능하며, 육적인 이성으로는 전혀 불가능합니다!

믿음은 또한 큰 수용력을 가지고 있으며, 그로 인해 하나님의 목적에 부합합니다. 자기 확신, 용기, 결단력, 냉정한 추론 등은 다른 면에서는 유용할지 몰라도, 겸손히 받아들이는 측면에서는 오히려 결점이 될 수 있습니다. 이미 가득 차 있는 그릇들은 새로운 것을 담을 도구로는 소용이 없습니다. 하지만 믿음은 빈 그릇을 하나님께 드리고 입을 크게 벌리기에 하나님이 그 그릇을 채우십니다. 자비는 보석을 필요로 하는 것이 아니라, 오히려 그 속에 보석들을 넣어둘 보석 상자를 필요로 합니다. 그러므로 믿음이야말로 정확히 자비가 필요로 하는 것입니다.

또한 믿음은 언제나 하나님이 주시는 힘을 사용합니다. 교만은 하나님이 주시는 재능으로 허세를 부리고, 의심은 그것을 헛되이 소비시켜 버리지만, 믿음은 자기에게 부여된 재능을 실제적이고도 효과적으로 사용합니다. 믿음은 이미 자신의 모든 힘을 소진하였고 또한 그 목적들을 이루기를 갈망하기에, 하나님이 빌려주시는 모든 능력을 사용합니다. 믿음은 자기에게 부여된 만나를 모두 먹고,

벌레들이 먹을 한 조각의 만나도 남기지 않습니다.

믿음은 또한 주님의 때와 장소를 기다릴 수 있습니다. 믿음이 약할 때, 사람들은 두려워서 서둘지만, 강한 믿음은 주님께서 자기 약속들을 지키시는데 더디다고 판단하지 않습니다. 하나님은 무한한 여유를 가지고 자기 목적을 성취하시기에, 오늘이나 내일 당장의 상급을 바라기보다는 인내하는 믿음을 사랑하십니다. "믿는 자는 서두르지 않습니다." 다시 말해 믿는 자는 현재의 시련으로 인해 수치를 느끼거나 당황스러워하지 않으며, 불신의 행동으로 돌진하지 않는다는 것입니다. 믿음은 때와 시기를 하나님께 맡깁니다!

하나님께서 믿음을 사랑하고 복을 주시는 이유는, 그것이 그분께 모든 영광을 돌리기 때문입니다. 참된 신자는 조금의 자기영광(self-glory)도 자기 수중에 머물도록 허용치 않습니다. 한 번은 믿음의 집에서 "그런즉 자랑이 어디 있느냐?"는 질문이 제기되었고, 수색하는 자들이 모든 방의 구석구석을 뒤져보았지만, 그것을 찾지 못했습니다. 그런 후 그들이 믿음에게 물었습니다. "자랑이 어디에 있습니까?" 믿음이 이렇게 대답했습니다. "나는 그것을 내쫓았습니다." 자랑은 "쫓겨났으며" 믿음의 집의 문은 자랑에 대해서는 굳게 닫혀 있습니다. 만일 여러분이 행하는 것을 스스로 자랑한다면, 여러분은 하나님을 믿는 것이 아닙니다. 행여 여러분의 믿음 자체를 자랑으로 여긴다면, 여러분은 조금도 믿는 것이 아닙니다. 믿음이란 하나님을 신뢰하는 것이지 자기 자신을 신뢰하는 것이 아니기 때문입니다. 믿음은 약속을 주시고 성취하실 하나님을 바라볼 뿐 아니라, 생명을 유지해주시는 하나님을 바라보기도 합니다. 바로 이것이 아브라함의 특징을 이루는 믿음이었습니다. 이제 질문합니다, 우리는 그런 믿음을 가졌습니까? 하나님께서 마음껏 복을 주실 수 있는 그런 믿음이 우리에게 있습니까? 위로의 말씀은 이것입니다. 비록 우리에게 그런 믿음이 없어도 믿음의 주(Author)께서 그 믿음을 우리에게 주실 수 있다는 것입니다! 우리가 가진 믿음의 분량이 빈약하다면, 그분이 우리 믿음을 증대시키실 수 있습니다.

이것이 여러분과 내가 용기를 내야 할 분명한 이유가 아닙니까? 맡은 임무가 성공하지 못할 것이라고 믿는 여러분이여, 쉽게 실망하고 또 다른 사람들을 실망시키는 자들이여, 집으로 가서 믿음을 더하여 주시도록 간청하시기 바랍니다! 우리는 여러분 같은 병사들로는 싸움터에 내려갈 수 없습니다. 여러분은 군대에게 거치적거릴 뿐입니다. 물을 손으로 떠서 핥아먹은 자들만이 기드온이 전쟁에 데려갈 자들입니다. 두려워 떠는 자들은 뒤로 빠져서 짐을 꾸리게 하십시오. 그래서 전투에서 승리했을 때, 그들로 하여금 다윗의 규례대로 전리품의 일부를 얻게 하십시오(참조. 삼상 30:25). 하지만 실제적인 섬김과 전투를 위해서라면 우리는 믿음의 사람들을 필요로 합니다!

크롬웰은 그의 군사들이 다양한 종류와 색깔의 옷을 입었을 때 난투전이 발생하면 서로를 다치게 하기 쉽다는 것을 발견했습니다. 그래서 그는 그들 모두에게 유니폼을 입게 했습니다. 임마누엘 우리 왕의 유니폼은 믿음입니다. 믿음이 결핍된 자는 누구도 스스로를 십자가의 군사라고 부를 수 없습니다. 세상을 이기는 승리는 이것이니 곧 여러분의 믿음입니다. 형제 목사들이여, 우리의 목회에서 다른 모든 면에서는 자격을 갖추고도 이 한 가지가 결핍되지 않았는지 주의합시다! 여러분에게 학식이 있고, 웅변과 근면과 정직성이 있습니다. 그런데 여러분은 하나님을 믿습니까? 그래서 그분의 말씀이 인간의 마음에 신비하게 작용할 것이라고 기대합니까? 여러분은 믿음으로 말씀을 전합니까? 여러분은 믿음으로 기도합니까? 그 질문을 간직하시기 바랍니다.

3. 아브라함과 우리의 관계

사랑하는 친구들이여, 나는 여러분에게 믿음을 주된 특징으로 가진 한 사람을 통해 하나님께서 자기 목적을 이루시고 택하신 백성을 일으키셨음을 제시하였습니다. 이제 여러분이 그 한 사람과 우리의 관계를 주목하시기 바랍니다. 나는 로마서 4장을 읽으면서 곰곰이 생각했습니다. 거기에는 우리와 아브라함의 관계가 묘사되어 있는데, 바울이 갈라디아 성도들에게 보낸 서신에서 단언한 바와 같습니다. "그런즉 믿음으로 말미암은 자들은 아브라함의 자손인 줄 알지어다"(갈 3:7). 정녕 아브라함의 자손들에게는 믿음이 요구됩니다! 오 믿지 않는 자들이여, 수치를 아십시오! 아브라함이 여러분의 조상입니까? 당신이 믿음의 후손 중의 하나입니까? 큰 산들은 종종 깊은 골짜기들로 연결되어 있습니다. 아마도 그것이 당신의 경우일 듯한데, 그렇게 되어서는 안 됩니다.

자연적인 후손들이 끊어진 것은 그들에게 믿음이 없었기 때문입니다. 믿음 없이 접붙여진다고 생각하지 마십시오. 당신이 자녀가 되었다면 그것은 믿음에 의해서입니다. 만일 당신이 불신을 용인한다면 당신의 혈통을 스스로 논박하는 것입니다. 오, 아무도 당신으로 인해 아브라함의 흠을 잡지 못하게 하십시오. 정녕 사람들은 당신이 의심하는 것을 보면 그렇게 할 것입니다. "의심하는 것"은 정말 충격적인 일입니다. 하나님의 약속에 대해 의심하는 것은 끔찍한 일입니다. 아브라함은 믿음이 없어 하나님의 약속을 의심하지 않았습니다. 우리가 정당하고 고귀한 믿음의 은혜를 더럽히지 않기를 바랍니다. 오히려 참되게 믿어 모든 사람들로 하여금 아브라함의 하나님이 곧 우리의 하나님 되심을 알게 합시다. 오, 풍성한 영적인 생명이 우리에게 있기를 바랍니다. 아브라함의 하나님은 죽은 자들의 하나님이 아니요 산 자들의 하나님이시기 때문입니다! 우리가 오직 믿음으로만 하나님을 향하여 살 수 있습니다.

형제들이여, 우리가 아브라함의 자손들이기 때문에, 사도는 아브라함의 복이 우리에게도 임한다고 선언합니다. 나는 우리 선교회의 모든 벗들과 사역자들이 아브라함의 복을 이해할 수 있기를 바랍니다. 그것이 무엇입니까? 그것은 믿음으로 말미암은 언약의 복으로서 하나님의 모든 종들에게 속한 것입니다. 여기 그 요지가 있습니다. "내가 네게 큰 복을 주고 네 씨가 크게 번성하게 하리라"(창 22:17). 그것은 위대한 옛 언약의 약속이며 교회에 속한 것입니다. 그 복에 수적 번성이 수반된다는 점을 주목하십시오. 어떤 친구들은 교회들의 수적 증대를 나타내는 통계를 두려워합니다. 내가 그런 통계들을 두려워하는 이유는, 오히려 그것이 우리가 바라는 만큼의 증대를 보여주지 않는다는 점입니다. 교회의 복은 교회 수의 증대입니다. 두 가지가 함께 갑니다. "내가 네게 큰 복을 주고, 네 씨가 크게 번성하게 하리라." 그리스도인들이 세상에서 얼마나 크게 번성할 수 있을까요? 지금 이 시점에서 우리는 인구의 증대만큼 증대되지는 않는 것 같습니다. 나는 회심하는 사람들의 수가 인구 비례를 고려하면 30년 전의 수준에 미치지 못한다고 염려합니다. 우리는 인구 비율 이상으로 증대되기를 갈망하며, 하나님께 대한 믿음을 가지면 그렇게 될 것입니다.

여러분이여, 이 언약의 말씀을 들으십시오. "하늘을 우러러 뭇별을 셀 수 있나 보라 또 그에게 이르시되 네 자손이 이와 같으리라. 또 네 씨로 말미암아 천하 만민이 복을 받으리라"(창 15:5; 22:18). 이는 언약의 조항들이며, 아브라함의 모든 후손들에게 확실한 것으로서 결코 파기될 수 없습니다. 우리는 부름을 받았고 복을 얻었으며, 또한 수적으로도 증대되는 것은 필연입니다. 우리는 증대되어야 합니다. 우리는 열방을 압도하도록 예정되었습니다. 헷 족속과 히위 족속과 아모리 족속과, 교황주의와 마호메트교와 우상 숭배에 속한 자들이 이 땅에 있지만, 그들의 거짓된 종교 체계는 완전히 파멸될 것입니다. 하나님 백성의 머리이신 예수님께서 그들을 몰아내실 것입니다. 내 말은 사람들을 몰아낸다는 것이 아니라, 그들의 악한 종교 체계들을 의미하는 것입니다. 그들은 그런 것들에서 떠날 수 있을 것입니다. 모든 사람들이 엎드려 경배해야 할 그분이 오시기 때문입니다. 오 그분이 몸소 나타나시기 전에, 승리를 위하여 그분의 영적 임재가 그분의 교회 가운데 충만하여, 모든 인류가 그분을 칭송하게 되기를 바랍니다. 우리는 광야와 메마른 땅이 기뻐하며 사막이 백합화 같이 피어 즐거워할 때까지 증대되어야 합니다. 교회에 활기가 넘쳐 요셉 지파의 복이 임할 것입니다. "그는 첫 수송아지 같이 위엄이 있으니 그 뿔이 들소의 뿔 같도다. 이것으로 민족들을 받아 땅 끝까지 이르리라"(신 33:17). 진리의 승리는 주님의 싸움이며, 그분의 교회의 증대는 그분 자신의 약속에 따른 것입니다. 그러므로 우리는 평온한 중에 영혼의 안위를 얻을 수 있습니다.

4. 아브라함의 하나님 앞에서 우리의 자세

마지막으로 아브라함의 하나님 앞에서 우리가 가져야 할 자세에 대해 잠시 생각해봅시다. 내가 아브라함에 관하여 말한 그 어떤 부분도 주님과 별개로 생각하지 마십시오. 왜냐하면 그 모든 것의 핵심은 여기에 있기 때문입니다. "아브라함이 혼자 있을 때 내가 그를 불렀다." 아브라함을 생각하여 보십시오. 하지만 오직 주께서 자기 백성을 떠내신 반석을 생각하는 차원에서 아브라함을 생각하십시오. 여러분의 주된 생각의 대상은 여호와 하나님 자체여야 합니다. "내가 아브라함을 부르고 그에게 복을 주었다." "나 여호와가 이 모든 것을 행하노라." 큰 기사들을 행하시는 영원하신 하나님을 바라보고, 그분을 바라는 믿음의 자리에 머무십시오.

우리 하나님이 조금도 변하지 않으셨음을 기억합시다. 그분은 "어제나 오늘이나 영원토록 동일하십니다"(히 13:8). 그분에 관한 계시에는 변화가 있었습니다. 그분의 계시는 과거 선견자들의 환상을 통해 주어질 수 있었던 것에 비해 예수 그리스도의 인격 안에서 더욱 밝게 빛납니다. 하지만 그것은 더욱 증대된 믿음을 위한 동기가 되어야 합니다! "여호와의 손이 짧아 구원하지 못하심도 아니요 귀가 둔하여 듣지 못하심도 아니라"(사 59:1). 아브라함의 하나님은 여전히 전능하시며 언약의 백성들 중에 계십니다! 만약 세월이 그분의 엄위하신 이마에 주름을 더하고 그분의 힘이 약해질 수 있다면, 그렇다면 우리 역시 믿음에서 퇴보할 수 있을 것입니다. 하지만 그렇지 않습니다. 그분은 피곤하지도, 지치지도 않으십니다.

그러므로 그분을 향한 우리의 행동은 아브라함의 행동을 닮아야 하며, 특히 우리들 중 많은 이들은 목사들 혹은 집사들로서 예수 그리스도의 교회들을 대표하기 때문에, 결코 불신앙으로 인해 주님의 명예를 더럽혀서는 안 됩니다. 모든 것을 의심해도 하나님은 의심하지 마십시오! "사람은 다 거짓되되 오직 하나님은 참되시다 할지어다"(롬 3:4). 그리스도께서 다스리십니다! 이는 누구도 바꿀 수 없는 영원한 작정입니다. 그분은 자기 영혼의 수고를 보고 만족하실 것입니다. 땅의 왕들은 그분 앞에 엎드려야 합니다. 그것을 의심하지 마십시오. 하나님께서는 모든 육체가 그분의 영광을 볼 것이라고 맹세로 말씀하셨습니다. 여기 강한 믿음을 위한 커다란 근거가 있습니다!

또한 하나님의 언약은 변하지 않았음을 기억하십시오. 하나님은 자기 말씀을 취소하지 않으셨으며, 펜을 들어 기록된 약속을 수정하지 않으셨습니다. 언약의 말씀을 읽고 그 말씀을 여러분의 선교 회관 문설주에 기록해두십시오. "내가 네게 큰 복을 주고 네 씨가 크게 번성하여 하늘의 별과 같고 바닷가의 모래와 같게 하리라 또 네 씨로 말미암아 천하 만민이 복을 받으리라"(창 22:17-18). 이는 아브라함의 영적 후손과 관련된 언약입니다. 이것은 언약의 핵심이며, 결코 취소된 적이 없습니다. 내가 앞에서 말했듯이, 우리는 그것을 더욱 밝은 빛에서 보며 그 조항들을 더 잘 이해하지만, 언약이 무효화된 것이 아닙니다.

우리는 하나님의 약속 중 어느 것 하나라도 가지고 가서 이렇게 말할 수 있습니다. "이는 예수 그리스도 안에서 당신의 약속입니다. 당신은 어두운 곳에서 은밀히 말씀하신 것이 아니며 당신의 말씀을 철회하시지도 않았습니다. 당신은 야곱의 후손들에게 '너희는 내 얼굴을 구하라'고 말씀하셨습니다." 그런 호소는 효력이 있습니다! 그분은 결코 자기 말씀을 되돌리시지 않습니다. 그분이 말씀하셨으면 그분이 행하시지 않겠습니까? 그러므로 우리는 이렇게 부르짖읍시다. "당신의 종들에게 하신 말씀을 기억하소서. 그 말씀이 우리로 하여금 소망을 갖게 하였나이다." 하지만 그에 덧붙여야 할 말은, 우리가 주님께서 행하여 주시기를 바라는 이 일이, 어떤 면에서는, 그분이 아브라함에게 행하신 일에는 미치지 못한다는 것입니다.

우리가 구하는 것이 무엇입니까? 그분이 한 사람으로부터 시작하여 한 민족을 세우시도록, 또는 한 교회를 세우시도록 하는 것입니까? 그렇지 않습니다. 시온은 세워지고 있기에, 우리는 하나님이 시온을 위로하시고 그 황폐한 곳으로 하여금 기뻐하게 만드시도록 구해야 합니다. 밭은 세상이고 씨는 뿌려질 준비가 되어 있습니다! 복음은 그것을 뿌릴 최상의 수단을 가진 자들의 손에 있습니다. 그 궁극적인 승리를 위해 모든 것이 준비되었습니다. 계획은 세워졌습니다. 우리에게 필요한 것은 그 계획에 하늘의 불이 점화되는 것입니다. 그러면 그 일은 성취될 것입니다. 오, 주님의 일이 신속하게 이루어지길 바랍니다! 주님께서 그분의 의의 역사를 땅에서 신속하게 이루시길 빕니다! 하나님께서 이보다 큰 일을 이미 이루셨다면, 그분이 아브라함이라고 하는 채석장에서 한 민족을 발굴해 내셨다면, 우리는 그 동일하신 하나님이 그분의 언약을 지키실 것을 기대할 수 있으며, 또한 그분이 자기 교회를 번성케 하시고 궁전처럼 단장하실 것을 기대할 수 있습니다.

시온에게 은혜를 베푸실 때, 그 정해진 때가 이미 왔습니다! 그 외에도, 우리는 처음 부름을 받았을 때의 아브라함과 다른 차원에서 이미 하나님의 방문을 받았습니다. 아브라함은 주님께서 그를 부르시기까지는 그분을 알지 못했지만, 우리의 시온은 하나님과 친밀합니다. 왜냐하면 시온은 위대하신 왕의 성읍이기 때문입니다! 그분은 성령으로 우리 가운데 거하시며, 그분을 경외하는 수많은 무리로부터 매일 찬송과 기도가 올라갑니다. 주께서 자기 백성들을 구속하셨고, 의롭게 하셨으며, 구원하셨습니다. 그러므로 우리는 그분이 자기 기업을 새롭게 하시고 부흥케 하실 것을 바랄 수 있습니다! 아브라함의 시대로부터 지금까지 하나님께서는 지상에서 얼마나 놀라운 일들을 행하셨는지요! 성육신의 어마어마한 경이—그 신비의 높이와 깊이는 아무도 측량할 수 없습니다! 구속의 놀라운 역사—가장 고귀하고 가장 위대한 신적 성취입니다! 이 모든 것이 이루어졌으니, 이 후에 우리가 기대하지 못할 것이 무엇이겠습니까? 여러분은 하나님에 대해 아브라함이 알았던 것보다 더 많은 것을 압니다! 그러므로 나는 여러분에게 적어도 그 족장의 수준까지는 하나님을 신뢰하라고 호소합니다. 그러지 않는다면 우리가 무슨 구실을 댈 수 있을까요? 우리가 그토록 영광스러운 하나님을 불신한다면 무슨 핑계를 대겠습니까?

형제들이여, 이제 내게 남은 것은 다음의 실제적인 말을 덧붙이는 것뿐입니다. 더욱더 우리 자신을 하나님께 맡깁시다. 주께서 여러분에게 맡기신 어떠한 일이 있고 그 일이 여러분의 능력의 범위 안에 있다면, 그것을 즉시로 수행하지 않는 것을 부끄러워하십시오! 하지만 만약 그 일이 여러분의 한계를 넘은 것이라면, 여러분이 하나님의 능력 안에서 그 일을 할 때 하나님이 영광을 얻으실 것입니다! 여러분 속에 아무런 힘도 남아 있지 않고, 재능이나 지혜가 없다면, 만약 여러분이 여러분의 연약함을 깊이 의식하고 있다면, 여러분은 그러한 경험으로 인해 오히려 주님이 쓰시기에 더욱 적합하게 된 것입니다. 우리가 약할 그 때에 우리는 강하기 때문입니다! 여러분이 하나님을 신뢰하면, 믿는 자에게 모든 것이 가능합니다!

오, 마치 사람들이 헤엄치려 할 때 강물에 뛰어드는 것처럼 교회는 언제 하나님께 뛰어들까요? 강물에 뛰어드는 사람들은 더 이상 디딜 발판을 구하지 않습니다. 그들의 발은 디디고 섰던 땅을 떠나고, 그들은 믿고서 물결에 자기 몸을 던집니다. 영원한 사랑과 능력의 대양(大洋)은 우리를 받아줄 준비가 되어 있습니다. 우리가 이 복된 사랑의 바다를 신뢰하기만 하면 씩씩하게 기슭을 향해 헤엄칠 수 있습니다! 하나님을 믿읍시다. 그리고 일상의 삶에서 그분을 믿는 자로서 행동합시다! 의인은 믿음으로 삽니다. 어떤 사람들은 보여주기 위한 믿음을 가지고 있습니다. 일명 '주일 신앙'(Sunday faith)으로서, 그런 믿음은 매일의 삶의 고단함과 눈물을 견디지 못합니다. 그런 믿음은 겉 표면은 번지르르하지만 그 속에 순수한 금속이 없습니다. 아브라함의 믿음은 약대들과 양 무리를 하란에서 가나안으로 이끌 수 있었습니다! 낯선 땅에 장막의 말뚝을 박을 수도 있고, 혹은 그 휘장을 걷어 올려 알려지지 않은 머물 장소를 찾아 나설 수 있는 것이 아브라함의 믿음이었습니다.

아브라함의 믿음은 여행객들에게 이렇게 말하는 믿음이었습니다. "이리로 오십시오. 제가 물을 조금 가져올 테니 발을 씻으세요." 그것은 실제적이고, 행동적이며, 살아 있는 믿음이며, 평일의 믿음이자 매일의 믿음입니다! 내가 아주 쉽고 분명한 투로 말하자면 우리는 "치즈를 곁들인 빵" 같은 신앙을 가져야 합니다. 말하자면, 까마귀들을 먹이시며 우리에게 일용할 양식을 보내시는 하나님을 믿는 신앙, 백합화들을 입히실 뿐 아니라 더욱더 자기 자녀들을 입히시는 하늘의 아버지를 믿는 신앙을 가져야 한다는 것입니다! 우리는 실제로 우리 주변을 둘러싼 문제들과 관련하여 하나님을 신뢰할 수 있는 신앙, 허구의 영역에만 머물지 않는 그런 신앙을 가져야 합니다.

하나님께서 아브라함에게 영적인 것뿐 아니라 양 떼와 소 떼 등 일시적으로 필요한 모든 것들로 어떻게 복을 주셨는지 보십시오. 그 이유는 아브라함이 이런 일들과 관련해서도 믿음의 노선을 따라 걸었기 때문입니다. 아브라함은 롯에게 최상의 목초지를 주었고, 소돔 왕의 예물을 거절하였으며, 결연한 태도로 헷 자손에게 막벨라 굴과 그에 딸린 밭에 대하여 값을 치렀습니다. 만약 우리가 사업과 생업의 삶에서 믿음으로 행한다면, 하나님께서 현세의 모든 면에서 풍성한 복을 주시지는 않더라도, 우리에게 복을 주실 것은 틀림없습니다! 그분은 우리에게 역경과 가난을 주실 수 있지만, 이런 문제에서도 믿음은 확실히 승리할 것이며, 환난 중에서도 기뻐할 것입니다! 세상을 복음화하는 주님의 사역에서, 여러분은 확고하고 실제적인 믿음을 가져야 합니다. 오르간 연주가 시작될 때 노래하고 찬송가 책장만 바쁘게 넘기느라 헌금을 잊어버리는 신앙이 되어서는 안 됩니다!

캐리(William Carey)와 마시맨(Joshua Marshman)과 니브(William Knibb, 이상 세 인물들은 모두 19세기의 선교사들임 — 역주)에 대해 자랑하면서, 정작 자신들의 이름은 단 1실링이라도 기부하는 사람들의 명단에서 찾아볼 수 없는 것은 믿음이 아닙니다! "강력한 복음을 온 세상에 날려 보내자"라고 노래하면서, 그 날개 깃털 하나를 만드는 일에 조금의 도움도 제공하지 않는 것은 믿음이 아닙니다! 성경이 "들을지어다"(1절)라고 말하고 있으므로 귀를 기울입시다. 여러분에게 겨자씨 한 알 정도의 믿음이 있다면, "들으십시오!" 그러면 여러분은 안식의 종소리가 영원한 평강 중에 울려 퍼지는 것을 들을 것이며, 열방에 대한 은혜의 통치를 기뻐하는 천사의 노래를 들을 것이기 때문입니다. 귀먹은 불신앙의 귀를 여십시오, 온 땅에 주를 찬미하는 노래가 메아리칩니다! 그 날이 멀다고 말하지 마십시오. 들어보십시오! 믿음으로 하여금 청취자가 되게 하십시오. 믿음은 우리와 그 복된 시기를 나누고 있는 시대들을 가로질러 그 소리를 들을 것입니다. 온 낮과 온 밤 동안에 여러분은 그 복된 소리를 들을 것이며, 결코 북 소리와 대포 소리를 듣지 않을 것입니다.

들으십시오! 먼 바다의 섬들로부터, 또한 한때 미개했던 대륙으로부터, 여러분은 시와 찬미의 거룩한 노래들이 여호와와 그리스도께로 올라가는 것을 들을 것입니다. 들으십시오! 우리의 귀가 이보다 달콤한 노래로 즐거워했던 적이 없습니다! 그런 다음 마침내 여러분은 거짓 우상들의 신전들이 무너지는 것을 볼 것입니다. 어떻게 신전들이 무너지고 우상들이 철장(鐵杖)으로 깨어지는지를 보십시오. 마호메트의 초승달은 다시는 차오르지 않을 것이며, 일곱 언덕의 음녀(로마 교황)는 왕들에게 미움을 받아 불에 태워질 것입니다. "와서 여호와의 행적을 볼지어다 그가 땅을 황무지로 만드셨도다"(시 46:8). "여호와여 주의 오른손이 원수를 부수시니이다"(출 15:6).

그들이 무너집니다! 그들이 무너집니다! 그들은 죽임을 당한 것이나 마찬가지입니다! 날이 밝고 어둠이 물러갑니다. 오 새벽을 기다리는 파수꾼들이여, 슬프고 피곤하다고 잠들지 마십시오! 아침이 다가옵니다. 지체되지 않을 것입니다. 여러분은 그것을 의심합니까? 주께서 다스리심을 여러분은 알지 않습니까? 그분이 강하고 능하신 주이시며, 싸움에 능하신 분이심을 알지 않습니까? "여호와의 영광이 나타나고 모든 육체가 그것을 함께 보리라 이는 여호와의 입이 말씀하셨느니라"(사 40:5). 만일 여러분이 그것을 의심한다면, 여러분의 선교회를 해체하십시오. 그리고 믿음 없는 상태로 무슨 일을 하는 체 마십시오! 하지만 여러분이 부름을 받은 하나님의 일에서 승리를 믿는다면, 그토록 거룩한 과업에 합당하게 행동하십시오! 이 문제에서 하나님께서는 여러분이 그분을 대하는 방식대로 여러분에게 행하실 것입니다. 아멘.

제
60
장

십자가에 달리신 분의 확실한 승리

"보라 내 종이 형통하리니 받들어 높이 들려서 지극히 존귀하게 되리라. 전에는 그의 모양이 타인보다 상하였고 그의 모습이 사람들보다 상하였으므로 많은 사람이 그에 대하여 놀랐거니와 그가 나라들을 놀라게 할 것이며 왕들은 그로 말미암아 그들의 입을 봉하리니 이는 그들이 아직 그들에게 전파되지 아니한 것을 볼 것이요 아직 듣지 못한 것을 깨달을 것임이라." —사 52:13-15

현대의 유대인 작가들은 이 본문에서 메시야 보기를 거부합니다만, 그들의 선조들은 그 정도로 눈이 어둡지 않았습니다. 타르굼(Targum, 히브리어 성경의 전부 혹은 일부를 아람어로 번역한 역본들)과 고대의 랍비들은 이 구절이 메시아에 대한 것이라고 해석했으며, 그분과 무관하게 이 구절을 설명하려는 모든 시도들은 명백한 실수입니다. 모든 시대의 기독교 주석가들은 여기서 주 예수님을 보았습니다. 이 구절에서 선지자가 다른 누구를 지칭할 수 있었을까요? 만약 이 세 구절에서 저 나사렛 사람, 하나님의 아들을 볼 수 없다면, 그런 이들은 암흑 속에 있는 것입니다! 우리는 이 모든 말씀을 우리 주 예수 그리스도께 적용하는데 한순간의 주저도 없습니다.

사랑하는 형제들이여, 우리 주 예수께서 높이 오르셨을 때, 그분은 우리에게 이 명령을 주셨습니다. "너희는 온 천하에 다니며 만민에게 복음을 전파하라"(막 16:15). 우리의 의무는 사람들이 듣든지 아니 듣든지 그 명령에 순종하는 것입니다. 그 위임 명령은 무조건적이며 우리의 성공 여부에 좌우되는 것이 아닙니다. 설혹 1875년의 이 날까지 기독교 선교를 통해 단 한 사람의 회심자가 없었고, 지금 이 때까지 하나님의 온 교회가 헛되이 수고하고, 성도들의 명맥이 기적에 의해 겨우 유지될 뿐이었다 해도, 그것이 우리의 의무에는 조금의 영향도 미칠 수 없습니다. 우리의 할 일은 복음을 전하는 것이며, 박해로 내몰린 사람들에게도 복음을 전해야 합니다. 추수가 뒤를 따르든지 아니든지, 우리는 씨를 뿌려야 합니다. 성공은 하나님께 속하였고, 섬김은 우리에게 속한 것입니다.

그러므로 참된 믿음이란, 그것이 건강한 상태에 있을 때, 우리로 하여금 조심스럽게 길가와 돌밭에까지도 씨를 뿌리면서 갈 수 있게 한다고 나는 믿습니다. 하지만 우리 주변에는 육신적인 것들이 있습니다. 믿음이 보는 것으로 인해 영향을 받지 않는 것은 아닙니다. 만약 어떤 현세적으로 유용한 것을 보지 못하면, 우리는 이따금씩 시들해지고 거의 생기를 잃어버립니다. 우리가 힘을 소비하고도 아무것도 얻은 것이 없을 때 이 구절이 우리에게 용기를 북돋웁니다. 이 구절이 언급하는 때가 될 때 하나님의 교회가 어떤 상태가 되리라는 것은 너무나 확실하기 때문입니다.

우리가 가진 성경 역본은 52장과 53장으로 구분되어 있습니다만, 그러한 구분은 생기지 말아야 했습니다. 우리가 그 내용들을 연속으로 읽으면 이 위로의 말씀들이 탄식하는 일꾼들을 위한 것임을 알 수 있습니다. 우리는 선지자가 이렇게 말하는 것을 듣습니다. "우리가 전한 것을 누가 믿었느냐 여호와의 팔이 누구에게 나타났느냐?"(53:1). 가장 용감한 선지자조차 십자가에 대한 거부가 사람들로 하여금 메시야의 아름다움을 보지 못하게 한다고 한탄합니다. 메시야는 선지자들에게 너무나 영광스러운 분입니다. 사람들이 그리스도의 대속의 고난들을 보았을 때, 그들은 그분을 오해했으며 단지 하나님께 징벌을 받아 하나님께 맞는 한 사람을 보았을 뿐 그분에게서 흠모할 만한 아름다운 것을 보지 못했습니다.

낙심의 상황에 처한 사람들의 기운을 북돋우기 위한 이 위로의 말씀에서 여호와의 위대한 종은 상한 용모와 볼품없는 풍채로 그려집니다. 하지만 수치와 멸시는 일시적일 것이며 궁극적인 승리의 결과는 확실할 것입니다! 구속(救贖)의 위대한 계획은 결코 불확실하지 않습니다. 주님의 대의는 성취될 것이며, 그분의 보좌는 견고할 것이며, 그분의 뜻은 반드시 이루어집니다. 우리 주와 그리스도의 왕국의 예정된 승리라는 즐거운 전망으로 인하여, 오늘 아침 용기를 얻는 우리가 되길 바랍니다!

이 본문을 다루면서, 첫째로 우리는 이 본문이 주 예수 그리스도를 가리키면서 **그분의 행동의 특징**을 강조하고 있음에 주목하고자 합니다. "보라 내 종이 현명하게 처리하리니 그가 높이 들려서 지극히 존귀하게 되리라"(KJV, 한글개역개정에는 '보라 내 종이 형통하리니'로 되어 있음—역주). 둘째로, 본문은 **그분의 길에 놓인 거치는 돌**, 즉 그분이 행하실 일의 진척에 있어 큰 방해거리에 대해 언급합니다. "전에는 그의 모양이 타인보다 상하였고 그의 모습이 사람들보다 상하였도다." 셋째로, 우리는 우리 앞에 펼쳐진 본문의 구절들에서 **이 방해가 제거된다는 확실성**에 주목할 것입니다. "그가 나라들을 놀라게 할 것이며 왕들은 그로 말미암아 그들의 입을 봉하리라." 마지막 네 번째로 우리가 주목할 것은 **그 성취의 방식**에 대한 것인데, 그것은 복음의 가르침에 의한 것입니다. "그들이 아직 그들에게 전파되지 아니한 것을 볼 것이요 아직 듣지 못한 것을 깨달을 것임이라."

1. 우리 주님의 행동의 특징

그분은 본문에서 "내 종"이라고 불립니다. 그것은 겸손의 호칭일 뿐 아니라 영예로운 호칭입니다. 주 예수님은 그 무한하신 사랑으로, 우리를 위하여 아버지의 종이 되기로 하셨습니다. 그분은 모세와 같은 종이신데, 모세는 율법 시대에 하나님의 온 집에서 맡기신 일들을 처리하기 위해 임명된 종이었습니다. 예수님은, 아들이시며 따라서 주님이시지만, 지금 세대에 황송하게도 자기를 낮추시어 하나님의 종이 되셨습니다. 그분은 하나님의 집의 일들을 처리하시는데, 본문에서 말한 바와 같이, **그분이 현명하게 처리하신다는 점**에 우리는 주목해야 합니다.

종의 모습을 취하신 그분은 모든 일에서 분별 있는 종으로서 행동하십니다. 그럴 수밖에 없는 것이 "그 안에는 지혜와 지식의 모든 보화가 감추어져 있기"(골 2:3) 때문입니다. 이러한 분별력은 그분이 육신으로 거하시던 때에 곧 성전의 박사들 중에 있던 유년 시절로부터 본디오 빌라도 앞에서 증언하시던 때까지 분명하게 나타났습니다. 우리 주님은 열정적이셨습니다. 그분 속에는 아무도 끌 수 없는 타오르는 불이 있었습니다. 그분의 아버지의 뜻을 행하는 것에서 자신의 양식과 음료를 발견하셨습니다. 하지만 그 열정은 결코 성급함이나, 건전한 이성을 망각하는 것으로 이어지지 않았습니다. 그분은 가장 냉철한 수학자 이상으로 지혜롭고 신중하셨습니다.

우리 구주는 사랑으로 충만하셨으며, 그 사랑으로 인해 그분은 솔직하고 너그러우셨습니다. 그분에게는 사람들과 거리를 두게 하거나 혹은 자기를 신비의 구름 속에 가려지게 만드는 냉랭한 태도가 없었습니다. 그분은 솔직담백하셨고, "거룩하신 아들 예수"(the holy Child Jesus KJV, 행 4:27)라는 호칭처럼 어린아이와 같이 순박한 분으로 사람들 가운데 계셨습니다. 하지만 그 모든 것에도 불구하고 그분은 항상 신중하셨습니다. "예수는 그의 몸을 그들에게 의탁하지 아니하셨으니 이는 그가 친히 사람의 속에 있는 것을 아셨음이라"(요 2:24,25). 백성의 지도자가 되기를 열망하는 너무나 많은 사람들이 정책과 기교와 외교술을 연구합니다. 또한 언어의 사용이 그들의 생각을 선언하는 것만큼이나 감추기 위해서도 필요하다고 생각합니다. 그런 사람들은 자신의 말에 주의하다가 마침내 그들 속에 있는 기백은 시들어 버립니다.

죄인들의 친구이셨던 우리 주님에게는 그런 요소가 전혀 없었지만, 그럼에도 불구하고 그분은 어려서부터 외교술을 연구한 사람보다도 훨씬 지혜롭고 신중하셨습니다! 여러분은 그분이 적대자들을 당황스럽게 하실 때 그분의 지혜를 봅니다. 그들은 그분을 말의 올가미에 걸리게 할 수 있다고 생각하지만, 그분은 마치 우리가 길에 처진 거미줄을 한 손으로 쉽게 걷어버리듯이 그들의 올가미를 산산조각 내십니다. 여러분은 그분이 친구들을 대하실 때 그분의 지혜를 봅니다. 그들에게 하실 말씀이 많지만, 그분은 그들이 그 말씀들을 다 감당하지 못할 것을 아십니다. 그래서 그분은 그들의 지성에 너무 많은 부담을 주지 않으시며, 소화되지 않은 진리가 그들의 영혼 속에서 해가 되지 않도록 하셨습니다. 마치 새벽의 빛이 차츰 밝아지는 것처럼, 그분은 서서히 그들의 영혼에 빛을 비추셨으며, 갑작스런 밝은 빛 앞에서 그들의 시력이 약해지지 않게 하셨습니다. 그분은 처음에는 제자들에게 어려운 임무를 부여하여 보내지 않으십니다. 그분은 그들이 더 성숙해지고 더 강해질 때까지 더 힘든 임무와 더욱 큰 용기가 필요한 임무는 보류하십니다. 우리가 사복음서에 비추어 그분의 생애를 살펴보면, 그분의 신중함은 두드러진 요소였으며, 그런 관점에서 "그 사람이 말하는 것처럼 말한 사람은 이때까지 없었습니다"(요 7:46).

이 땅에서 죽기까지 순종하셨던 그분은 이제 영광으로 들어가셨습니다. 하지만 그분은 여전히 하나님의 집을 다스리시며, 그 업무들을 집행하고 계십니다. 그분은 여전히 지혜롭게 행하십니다. 사람들은 두려움으로 인해 그리스도의 나라의 일들이 무언가 잘못되고 있다고 판단하겠지만, 믿는 자는 안전을 확신하며 안심할 수 있습니다. 하나님께서 모든 일들을 예수님의 발 아래 두셨으며, 그분으로 하여금 그분의 교회의 모든 일들을 다스리는 머리가 되게 하셨기 때문입니다. 하나님의 일들은 예수님의 수중에 맡겨졌기에 번성할 것입니다! 우리는 실수하지만, 그분은 실수하지 않으십니다. 우리가 실수하는 문제들은 그분에 의해 바로잡히고, 그로 인해 실수가 없으신 그분의 지혜와 완벽한 기술이 드러납니다. 교회를 둘러싼 사나운 폭우와 바람은 우리의 위대한 항해사이신 주님의 지혜와 능력을 나타내는데 일조할 뿐입니다. 그분은 표면에는 명백하게 드러나지 않는 궁극적인 계획을 가지고 계시며, 결코 실패하지 않고 그 계획을 성취하실 것입니다.

형제들이여, 교회사 전체를 살펴볼 때 주 예수님께서 자기 백성을 다루시는 방식은 아주 훌륭하였습니다. 그 방식들 속에 담긴 지혜는 종종 심오하여 그것은 탐색하는 자들에게만 발견될 수 있습니다. 하지만 한편으로 그 지혜는 빈번하게 표면 위로 드러나는데, 마치 바다 건너 어떤 땅에서 금이 표면 위에 드러나 반짝이는 것과 같습니다. 주께서 그분의 교회에 하나님의 진리를 어떻게 점진적으로 가르치시고 또 정결케 하시는지를 보십시오. 먼저 하나의 오류를 바로잡으시고, 다음에는 또 다른 오류를 바로잡으십니다. 교회는 처음에 한 가지 우를 범하고 다음에는 또 다른 잘못에 빠집니다. 하지만 주님은 오래 참으시며 교회를 건지십니다. 아주 종종 그분은 교회로 하여금 어리석은 일을 행하도록 허용하시고 그 결과를 보게 하십니다. 또한 이 과정에 의해 그분은 그 오류를 효과적으로 제거하시고, 다시는 그 오류가 힘을 얻지 못하도록 하십니다. 현재 교회가 국가와 연합하는 크나큰 어리석음은 실제적으로 모든 사람의 눈 앞에서 입증되고 있습니다. 때가 되면 그 어리석음은 종식될 것이며, 다시 되살아나지 않을 것입니다.

이따금씩 우리는 왜 그분이 이런저런 오류가 존재하도록 허용하시는지 의아해합니다. 그리고 어떻게 교회가 그 순결을 망치고 그 힘을 약화시킬 수 있는지 묻습니다. 주께서 왜 즉각 악을 심판하여 벌하지 않으시는지, 혹은 왜 악에 맞서 강력한 음성을 발하시고 그분의 영을 보내시어 즉각적으로 악을 멸하지 않으시는지 우리는 이상히 여깁니다. 지혜로운 의사는 질병과 맞붙어 싸워 신체조직에서 완전히 제거할 수 있는 정도가 될 때까지는 그것을 용인합니다. 그와 마찬가지로 선하신 주님은 교회 안에서 어떤 해악들이 곪을 때까지 용인하시는 것은, 그분이 궁극적으로 그것들을 제거하시기 위함입니다.

우리는 모든 형태의 사역에 큰 성공이 따르기를 바랍니다. 우리는 우리의 선교회가 번성하여, 마치 하나의 민족이 하루 만에 탄생될 정도가 되는 것을 보고 싶어 합니다! 하지만 주님은 큰 규모의 성공을 보류하시는데, 이로써 그분은 일을 지혜롭게 처리하고 계시는 것입니다. 그분은 형통이 우리의 계획이나 설계나 자원이나 힘에 의해 생겨난 것이 아님을 우리가 배울 때까지 그것을 보류하십니다. 그분은 우리에게서 교만이 벗어지기를 바라십니다. 그분은 우리에게 성공을 주시는 것이 안전하고 또한 그분 자신에게도 영광이 될 수 있는 상태가 되길 바라십니다. 종종 교회는, 옛 이스라엘처럼, 패배의 쓰라림을 겪음으로써 마침내 진영을 곤란에 빠뜨리게 한 아간을 발견하고 멸합니다. 교회는 좌절하고 넘어져왔습니다. 하지만 그러다가 마침내 완전한 절망 가운데서 엎드러져 기도하고, 그 마음을 강하신 주님께로 향하며 힘을 구하였습니다. 그 때 교회는 힘을 되찾고 승리의 깃발을 들 수 있었습니다. 마치 강들이 흐르는 과정을 통해 정화되듯이, 주님의 심오한 지혜에 의해 교회도 그러한 과정을 통해 정결하게 됩니다.

교회사의 내용들을 연구해보면 여러분은 예수 그리스도께서 모든 시대에 걸쳐 어떻게 사람들을 일으키셨는지를 볼 수 있습니다. 나는 루터의 시대에 루터보다 더 나은 사람을 상상할 수 없지만 그럼에도 불구하고 칼빈이 없었더라면, 루터 한 사람으로는 그 시대의 필요를 충족시키기에는 불완전했습니다. 칼빈의 침착한 지성은 루터의 불 같은 영혼을 보완하였습니다. 여러분은 종교개혁의 시대에 새벽별처럼 빛났던 위클리프가 그 시대가 아닌 다른 시대에 태어났더라면 더 좋았을 것이라고 상상할 수 없습니다. 하나님은 그 장소에 적합한 그 사람을 지정하시며, 또한 그 사람에게 적합한 장소를 지정하십니다! 때에 맞는 소리가 있으며, 또한 그 소리에 맞는 때가 있습니다!

우리 주님께서는 아마도 우리가 조금은 지쳐가고 있는 이 날까지도, 모든 일을 지혜롭게 행하여 오셨습니다. 그분이 죽으시고 거의 2,000년이 되었으며,

창조 이후로 6,000년의 막바지가 되었다고 하는 말들을 많이 합니다. 그리고 우리는 저 큰 안식일이 분명 아주 가까울 것이라고 서로에게 속삭입니다. 나는 이런 연대기적인 이론을 크게 좋아하지 않습니다. 왜냐하면 오래전에 7,000년 이상의 세월이 흐르지 않았다고 확신할 수 없기 때문입니다. 우리가 구약의 연대에 관하여 아무런 오해가 없는지의 여부는 매우 의문스럽습니다. 정녕 고대의 히브리 수(數)를 셈하는 것보다 더 혼란스러운 일은 없습니다. 하지만 많은 사람들이 연대에 관심을 가질 것이며 지금도 그러합니다. 일부 교회는 주의 재림을 고대할 뿐 아니라 그 문제에 관하여 열광적인 상태로 빠져듭니다. 그들은 말하기를, 그분의 재림은 크게 지연되어 왔으니, 왜 그것이 이토록 오래 지연되느냐고 합니다. 아아, 형제들과 자매들이여, 조물주께서 가장 잘 아십니다! 그분은 원하신다면 이 현재의 시대를 오늘 끝장내실 수도 있습니다! 만약 그렇게 하신다면, 분명 그분은 가장 지혜롭게 그 일을 행하시는 것입니다. 하지만 그분이 오시기 전에 많은 세월이 경과될 수도 있습니다. 만약 그렇다면, 그렇게 지연되는 것 역시 그분의 지혜에 따른 것입니다!

그 문제는 그대로 두도록 합시다. 그분이 오신다는 전반적인 사실은 분명하게 계시되었으며, 우리의 열심을 분발시키기에는 그것으로 충분합니다. 자세한 것은 베일에 가려져 있으며, 그런 일들은 우리의 호기심을 만족시킬 수 있을 뿐입니다. 우리 주님께서 오늘 저녁에 오실 것임을 내가 안다고 해도, 나는 내가 설교하기를 원했던 바대로 설교할 것입니다. 그분이 이 설교의 시간 중에 오실 것임을 내가 안다고 해도, 나는 그분이 오실 때까지 계속해서 설교할 것입니다. 그리스도인들은 입을 벌린 채, 무슨 일이 일어날 것인지 궁금히 여기면서 멍하게 하늘만 쳐다보고 있어서는 안 됩니다. 그들은 허리를 동이고, 등에 불을 밝히며, 그 때가 언제이든 주님을 맞이할 준비가 된 상태로 살아가야 합니다. 여러분이 여러분에게 맡기신 일을 계속해서 감당하십시오. 그러면 그 일이 갑작스레 닥쳐 놀라지 않을까 염려할 필요가 없습니다.

한 번은 내가 여성 교우들 중 한 분을 심방하러 잠시 들렀을 때, 그녀가 현관 계단을 닦고 있는 것을 본 적이 있습니다. 나를 보자 그녀는 펄쩍 뛰면서 부끄러워하였고 이렇게 말했습니다. "오 이런, 목사님, 목사님께서 이렇게 방문하시니 부끄러워 어쩔 줄을 모르겠군요. 목사님이 오시는 것을 알았더라면 좋았을 것입니다." 그래서 내가 이렇게 말했지요. "친애하는 자매님, 저는 주님께서 오실 때에 이런 모습의 저를 발견하시길 원합니다. 즉 저의 의무를 수행하고 있을 때의 모습이지요." 나는 주께서 오실 때에, 만약 그것이 내 임무라면, 계단을 닦고 있는 모습으로 발견되면 좋겠습니다. 주어진 임무를 인내하며 꾸준히 섬기는 것이 예언의 때를 계산하며 예측하고 있는 것보다 훨씬 좋습니다. 특히 그런 예측이 자만심과 게으름으로 이끌 때는 더욱 그러하지요. 우리는 미래의 안전에 대해 확신할 수 있으니, 이는 예수님께서 지혜롭게 행하시어 가장 적합한 때에 오실 것이기 때문입니다! 그러므로 우리는 재림의 때에 관한 모든 문제들을 그분의 손에 맡길 수 있습니다. 만약 시대가 어둡다면, 그렇게 되는 것이 옳습니다. 만약 시대가 밝다면, 그렇게 되는 것이 또한 옳습니다. 나는 시대를 조금도 바꿀 수 없으며, 그러므로 내 의무는 시대가 어둡든지 밝든지 하나님께서 내게 맡기신 일을 하는 것입니다. 모든 실제적인 목적들을 위해, 우리에게는 무한하신 지혜가 키를 쥐고 계신 것으로 충분합니다. "내 종이 현명하게 처리하리라."

이 구절을 또 다른 번역본에는 "내 종이 형통하리라"고 되어 있습니다(한글 개역개정이 이 번역으로 되어 있음 — 역주). 이 구절에 이런 의미를 덧붙이도록 합시다. 즉 우리 주님의 지혜로운 처신에는 형통이 따를 것입니다. 주의 기뻐하시는 뜻은 예수님의 손에서 형통하게 됩니다. 복음은 하나님이 보내신 그 일에서 형통할 것입니다. 하나님의 작정은 성취될 것입니다. 그분의 영원한 목적은 이루어질 것입니다. 우리는 이런저런 일을 바랄 수 있으며, 우리의 바람이란 이루어질 수도, 이루어지지 않을 수도 있습니다. 하지만 무엇이든 주께서 정하신 일은 그분의 무한하신 지혜 속에서 이루어지며, 마지막 세세한 일에까지 온전히 성취됩니다. 예수 그리스도의 피는 하늘 아래 어떤 개개인과 관련해서도 결코 그 예견된 결과에서 빗나가지 않을 것이며, 또한 영원한 구속의 계획이 성취되지 않은 채 종결되는 일은 결코 없을 것입니다. 모든 성도들이 우리 구원의 대장되신 주를 따라 승리할 것이고, 주님의 뜻은 모든 세세한 부분에까지 성취될 것이며, 그리하여 하늘과 땅에는 찬미의 노래로 가득하게 될 것입니다.

본문은 그러한 결과로서 우리 주님이 지극히 존귀하게 되리라고 말합니다. 비길 데 없는 지혜로 인하여 그분이 높임과 존귀를 받으시는 것이 얼마나 합당한지요! 그분을 아무리 높이 평가하여도 지나치지 않습니다. 여러분은 지금 이 시대에 그리스도의 이름이 높임을 받지 못한다고 말할 것입니다. 하지만 조금 기다리면 그분이 크게 높아지실 것입니다. 그분의 이름은, 그 이름이 열방들의 조롱거리가 되었던 옛 시대에 비하면 지금도 더 많이 존중되고 있습니다. 주께서 채택하신 지혜로운 계획이 그분의 왕국의 성장을 위하여 확실하게 진행되고 있으며, 그분의 이름과 가르침이 가장 존중받는 결과로 이어질 것입니다. 아마도 여러분 중에 어떤 이들은 일부 교리들이 복음의 성공에 방해가 된다고 생각하겠지요. 여러분은 알지도 못하고 말하고 있는 것입니다! 하지만 결국 여러분은 보게 될 것입니다. 그분의 가르침의 모든 부분들, 그분의 삶의 모든 행동과 그분의 섭리의 모든 통치의 과정이 지혜롭게 배치되어, 전체적으로는 가장 신속한 최상의 방식으로 그분의 거룩한 이름을 높이게 될 것입니다.

예수님의 명성은 매 순간마다 더 높이 올라갑니다! 골고다의 여명은 천년 왕국의 시대를 향하여 더욱 밝게 비추고 있습니다! 그분은 사람들에게 멸시당하고 거부되었지만, 이제 수많은 사람들이 그분을 찬미하고 있으며, 전능하신 아버지의 약속을 따라 모든 무릎이 그분에게 무릎을 꿇고, 모든 혀가 그분이 주시라고 고백하고 있습니다! 하나님의 영은 지금도 활동하시며 예수님을 영화롭게 하며, 하나님의 섭리 역시도 동일한 목적을 위하여 지금도 진행되고 있습니다. 천국에서 예수님은 지극히 존귀하게 되셨습니다. 그분의 교회에서 그분은 매우 존귀하십니다. 그리고 세상에서조차, 그분의 이름은 이미 권세 있는 이름이며, 다가올 시대에는 최상의 이름이 될 것입니다. 여기까지 메시야의 행동상의 특징에 대해 살펴보았습니다.

2. 우리 주님의 길에 놓인 거치는 돌

이제 우리 주님의 길에 놓인 거치는 돌에 대해 살펴봅시다. 유대인에게와 헬라인에게 항상 걸림이 되는 것은 그분의 십자가입니다. 선지자는 마치 환상 중에 그분을 본 것처럼 이렇게 외칩니다. "그의 모양이 타인보다 상하였고 그의 모습이 사람들보다 상하였으므로 많은 사람이 그에 대하여 놀랐다"(14절). 그분이 이 땅에 계실 때에, 그분의 개인적인 지위와 조건과 외모는 그분의 왕국의 확산에 많은 걸림이었습니다. 그분은 목수의 아들이었습니다. 그분은 가난한 농부의 작업복을 입으셨습니다. 그분은 세리들 및 죄인들과 어울리셨습니다. 그런 그분이 다윗의 자손일까요? 우리는 위대한 왕자를 기대했습니다. 우리는 또 다른 솔로몬을 고대했습니다. 이분이 그분일까요? 유대인들은 다윗의 집의 온유하고 겸손하신 왕을 거절했습니다. 그리고 오호라, 그들이 여전히 그분의 선언들을 거부하고 있습니다.

오늘날 그분은 무덤에서 일어나 영광으로 들어가셨지만 십자가에 대한 반대는 그치지 않았습니다. 이는 그분의 복음에 여전히 그분의 상하신 모양이 투영되어 있고 사람들이 그것을 멸시하기 때문입니다. 십자가의 메시지는 여전히 많은 사람들에게 어리석은 것으로 여겨집니다. 복음의 중요 교리는 십자가에 달리신 예수와 관련되어 있습니다. 하나님의 아들이신 예수가 우리 때문에 수치스러운 죽음에 처해졌으며, 그분이 범죄자 중 하나로 헤아림을 받아 많은 사람들의 죄를 담당하였다는 것입니다. 많은 사람들은 속죄의 교리만 아니라면 기독교를 믿을 수 있을 것이라고 말합니다. 즉, 마치 옛 사람들이 조롱을 퍼부으며 다짐했듯이 만약 예수가 십자가에서 내려온다면 믿을 것이라고 말하는 것입니다. 하지만 복음에 대해 우리는 속죄의 피야말로 언약의 보증이라고 말하며, 만약 여러분이 그리스도의 속죄 사역을 배제한다면, 거기엔 복음이 없다고 단정할 수 있습니다. 그것은 영혼 없는 몸일 뿐입니다. 그러므로 "그의 모양이 타인보다 상하였다"는 이 점이 구속주의 왕국의 확장에 장애가 되는 것으로 보입니다. 육적인 사람들의 눈에는 그 모양이 타인보다 상하신 그분 자신이나 그분에 관한 복음이 아름답게 보이지 않기란 매한가지인 것입니다.

복음의 실제적인 부분 역시 경건치 못한 자들에게는 하나의 거치는 돌입니다. 왜냐하면 사람들이 구원을 받기 위해 무엇을 해야 하느냐고 물을 때, 그들은 어린아이처럼 복음을 받아들여야 한다는 말을 듣고, 죄를 회개하고서 주 예수를 믿어야 한다는 말을 듣기 때문입니다. 이런 교리들은 인간의 자만심을 굉장히 낮추는 가르침입니다! 또한 구원을 받은 이후에도, 마땅히 행해야 할 바를 행한다면, 그런 가르침들은 교만해져서 다른 사람들을 억압하지 못하도록 유도합니다. 왜냐하면 복음의 가르침은 "형제를 사랑하며 서로 우애하라"(롬 12:10)는 것이고, 또한 "하나님께서 그리스도를 위하여 너희를 용서하신 것처럼 너희도 서로 용서하고 용납하라"는 식이기 때문입니다. 정복자들과 승리의 나팔소리와 월계관을 사랑하는 세상에게, 이런 종류의 가르침은 상하고 아름답지 못한 모습으로 비쳐집니다.

더욱이 사람들을 한층 더 낮아지게 만드는 요소는 이것입니다. 즉 주 예수 그리스도께서 그 지혜로우신 조치로서, 속죄의 교리와 그 실제적인 교훈들로 인하여 받아들이기에 꺼림칙한 복음을 우리 앞에 제시하실 뿐 아니라, 그 복음을 우리에게 전하실 때에, 이 세상에서 위대하거나 고상하지도 않은 사람들 혹은 지혜로운 축에 속하지도 않는 사람들을 통해서 전하시기 때문입니다! 교만한 자들은 말합니다. "우리는 뛰어난 정신을 가진 사람들에게는 고개를 숙일 것이다. 하지만 이런 어리석은 자들을 용납할 수는 없다! 우리에게 철학과 웅변술을 겸비한 사람들을 보내라. 설득력 있는 논증으로 우리를 굴복시키라. 화려한 말로 우리의 지성을 감탄시키는 자들로 우리의 선생이 되게 하라." 주님께서는 그렇게 하시는 대신, 오히려 겸손하고 분명하게 말하며 어쩌면 투박하게 말하는 한 사람을 보내십니다. 그가 말하는 것은 아주 단순합니다. "믿으면 살 것입니다. 그리스도께서 당신을 대신하여 고난을 받으셨습니다. 그분을 믿으십시오." 그는 이것을 말하며 그 이상은 좀처럼 말하지 않습니다. 이런 것은 바보들의 복음이 아닐까요? 그것은 어리석은 가르침이라고 이름을 붙이기에 합당하지 않을까요? 사람들은 이런 것을 좋아하지 않습니다. 그것은 그들의 체면을 손상시키는 것입니다. 그들은 만약 로마 황제가 홍포를 입고 미사를 집전한다면 기꺼이 들으려 하겠지만, 베드로가 어부의 겉옷을 입은 채 설교하는 것은 참지 못합니다! 그들은 화려한 의복을 갖춘 교황이나 붉은 모자를 쓴 추기경의 말은 들을 것이며, 학교에서 잘 훈련된 변론가들이나 공개 토론회 출신의 연설가에게 귀를 기울이는 일에 반대하지 않을 것입니다. 하지만 그들은 말의 화려함을 멸시하고 이 세상의 지혜를 어리석다고 간주하는 사람에게는 분을 냅니다. 복음이 어떻게 그런 사람들에 의해 확산될 수 있을까요? 정녕, 주께서 함께 하시지 않는다면, 그분이 은혜의 능력을 나타내시기 위해 어떻게 인간의 약함을 사용하실 수 있을까요?

한 걸음 더 나아가, 회심하고 구주를 따르는 사람들은 일반적으로 비교적 가난하고 낮게 평가되는 계층의 사람들입니다. "당국자들 중에 그를 믿는 자가 있느냐?"(요 7:48)는 지금도 여전한 질문입니다. 학식이 있다고 하는 자들이 신앙을 고백하는 그리스도인들에 대해 어떤 경멸의 투로 말하는지요! 여러분은 소위 "진보적 사고"를 가졌다고 하는 신사들과 진보적 학파에 속한 무신론자들이, 경건하면서 단순한 복음적 교리들에 귀를 기울이는 나이든 여성들과 배움이 짧은 사람들에 대해 말할 때에, 그들의 얼굴에서 경멸의 표정을 본 적이 있습니까? 그들은 다른 것은 몰라도 우리를 멸시하는 방법에 대해서는 잘 알고 있습니다! 하지만 그런 비웃음이 신사들에게 어울리는 일입니까? 그것은 옛 바리새인들이 "호산나 다윗의 자손이여"라고 소리치는 소년들과 무리를 가리키면서 "그들이 하는 말을 듣느냐?"(마 21:16)고 말했을 때에 표시했던 조롱의 또 다른 변형에 불과합니다. 경멸은 항상 예수님의 뒤를 따라다녔으며, 또한 그분의 영광이 나타나는 날까지는 항상 그러할 것입니다. 만약 세상의 큰 자들이 주 예수님을 멸시하고, 그들의 피를 그들 자신의 머리로 돌린다면, "가난한 자에게 복음이 전파되는" 것은 그분에게 수치라기보다 오히려 영광입니다. 그분은 백성들의 그리스도이시며, 그분에 관하여는 "백성 중에서 택함 받은 자를 높였다"(시 89:19)고 오래 전에 기록되어 있습니다. 그분은 백성의 지도자요 우두머리로 불리기를 기뻐하시며, 평범한 "많은 사람들이 즐겁게 듣는"(막 12:37) 것을 즐거워하십니다. 하지만 여기에서도 난관이 있는데 다름 아닌 십자가입니다. 그것은 기독교의 정수이며, 또한 그 자체로 거치는 돌이기도 합니다.

만약 십자가 때문에 그리스도에 대해 걸림이 있는 자가 있다면, 나는 그런 사람에게 그 편견을 제거하라고 호소합니다. 혹 구주께서 슬픔으로 인해 상하신 모습으로 오시는 것 때문에, 그분에 대해 의심하게 되거나 마음이 그분에게서 멀어지는 사람이 이곳에 있습니까? 만약 그분이 오셔서 우리를 불행하도록 가르치시고, 우리에게 불행을 증대시키는 규칙들을 지시하신다면, 우리가 그분의 가르침을 외면한다고 해도 핑계가 될 수 있습니다. 하지만 그분이 우리에게 고통을 면해주시기 위해 우리 대신 고통을 감당하셨고, 그분 얼굴이 고뇌로 상하신 이유가 친히 우리의 질고와 슬픔을 짊어진 것 때문이라면, 그것은 우리에게는 모든 아름다운 것들 중에서도 가장 매력적인 것으로 여겨져야 마땅합니다. 나는 전사의 얼굴에 새겨진 상처가 자기 조국을 지키는 과정에서 생긴 것이라면, 그것이 그에게는 전혀 결함이 아니라고 간주합니다. 그것은 오히려 그에게 아름다운 면이지요. 만약 내 형제가 내 생명을 구하는 과정에서 한 쪽 팔을 잃었거나 심각한 부상을 입었다면, 그는 내가 보기에는 그 어떤 것보다도 뛰어나게 아름다울 것입니다. 정녕 나는 그것 때문에 그를 부끄러워할 수 없습니다. 예수님의 상처들은 우리의 눈을 매혹시키는 귀한 보석들이며, 우리의 마음을 얻는 웅변적인 입입니다. 여러분 모두가 그분에게 매혹되시기 바랍니다! 그분에게서 얼굴을 피하지 마십시오! 그분을 바라봄으로써 생명을 얻고, 그분을 사랑하시기 바랍니다! 그 가시 면류관이 정녕 그 어떤 금관보다 훨씬 영광스럽습니다. 못 박혀 찢어진 그분의 손에 입을 맞추는 것이 여러분의 기쁨이 되어야 합니다. 한때 슬픔의 사람이셨던 그분 앞에 여러분은 주저 없이 경배해야 합니다. 예수여, 당신의 상하신 모습과 당신의 십자가는, 우리에게 거치는 돌이 아니라 오히려 우리 믿음의 영광입니다!

복음이 아주 평이하게 말해지고 하나님께서 아주 단순한 사람들에게 복을 주신다는 사실이, 누구에게든 거치는 요소가 되어서는 안 됩니다. 그것은 오히려 우리로 하여금 사람들의 회심에 관하여 소망을 품도록 해야 합니다. 하나님께서 그토록 평범한 도구들을 아낌없이 축복하시기 때문입니다. 가난한 자들과 문맹자들의 회심이 우리에게 거치는 돌이 되어야겠습니까? 그렇다면 그것은 인간애의 결핍을 보여주는 것입니다. 만약 우리가 이 현 세상에서 다른 사람이 가진 값진 혜택을 거의 갖지 못한 자들에게 인색하게 군다면, 그것은 교만이 우리 속에 있는 따뜻한 인간애를 메마르게 한 것이라고 여겨집니다.

3. 이 거치는 돌이 제거된다는 확실성

이 거치는 돌의 제거와 그리스도의 왕국의 확장은 분명합니다. 그분의 모습이 상하셨듯이, 정녕 "그가 많은 민족들을 뿌릴 것입니다"(KJV, shall He sprinkle many nations, 한글개역개정은 '그가 나라들을 놀라게 할 것이라'고 되어 있음 — 역주). 이 구절에 대해, 먼저, 우리는 복음의 가르침이 모든 나라들 위에 풍성한 소나기로 내리게 될 것이라고 이해합니다. 예수님은 이슬처럼 떨어지고 비처럼 내리는 그분의 말씀을 유대인들뿐 아니라 모든 열방 위에 뿌리실 것입니다. 오 임마누엘이여, 당신의 형제들이 당신을 혐오하였습니다! 오 나사렛 사람이여, 그들이 당신을 멸시하였습니다! 하지만 온 땅이 당신의 말씀을 듣게 될 것이며, 당신이 베어낸 풀 위에 내리는 소나기처럼 임하신다고 느낄 것입니다. 멀리 떨어진 검은 피부색의 족속들과, 해 지는 땅에 거하는 백성들이 당신의 가르침을 들을 것이며, 마치 양털이 이슬을 머금듯이 그 가르침들을 받아들일 것입니다. 당신은 당신의 은혜의 말씀을 많은 나라들 위에 뿌리실 것입니다!

이 '뿌리는 것'을 우리는 모세의 법에 따라 이해해야 합니다. 그러면 여러분은 죄를 용서하기 위한 '피 뿌림'이 있음을 알게 될 것이고, 죄의 권능으로부터 정결케 하기 위한 '물 뿌림'이 있음을 알 것입니다. 예수 그리스도는 "그 옆구리에서 흐르는 물과 피를" 많은 사람들과 많은 나라들에 뿌리셨습니다. 모든 열방이 그분의 손으로 뿌려진 그 복된 물과 피를 느끼고, 그것이 "죄에 대한 이중의 치유" 곧 범죄자들을 죄의 결과와 권세 모두로부터 깨끗하게 하는 것임을 아는 날이 올 것입니다.

키토(Kitto) 박사는 이 구절을 동양의 관습에 비추어 설명합니다. 그의 말에 따르면, 동양의 왕들은 백성들을 큰 축제로 초대할 때, 왕궁에 도착하여 궁전 문을 통과하는 모든 백성들에게 향수를 뿌리는 사람들을 고용하곤 했습니다. 나는 그것이 이 본문의 의미라고 생각하지는 않지만, 하여간 그것은 이 본문을 설명하는 하나의 예화는 될 수 있을 것입니다. 예수님은 열방의 사람들을 복음의 축제로 초대하십니다. 그리고 그들이 들어올 때 그분은 그들에게 그분의 사랑과 은혜라고 하는 향긋한 향수를 뿌리시며, 그들로 하여금 주 앞에서 향기로운 자들이 되게 하십니다. 오 예수님, 골고다의 당신을 위해서는 향수가 없었습니다! 사람들이 당신께 제공할 수 있었던 것은 쓸개 탄 포도주가 전부였습니다. 하지만 이제, 당신께서 천국에 들어가셨으므로 당신은 수많은 사람들에게 향수를 제공하시고, 동서남북의 민족들이 그들 위에 떨어지는 복음의 향수로 샤워하여 새롭게 됩니다!

또한 본문은 예수 그리스도의 은혜의 영향력과 행하신 일들의 능력이 많은 나라들에게 확장될 것이며, 평범한 백성뿐 아니라 지도자와 통치자들에게까지 확장될 것이라고 주장합니다. "왕들은 그로 말미암아 그들의 입을 봉하리라." 그들에게는 그분을 반대할 말이 없을 것입니다. 그들은 그분의 능력의 위엄에 압도되어 조용히 그분에게 경의를 표할 것이며, 그분의 보좌 앞에 엎드릴 것입니다. 왕들이여, 주목하십시오. 비록 나는 높은 자들에게 아첨하려는 뜻이 전혀 없으며, 또는 어떤 사람의 영혼도 다른 사람의 영혼보다 더 가치 있다고 생각하지 않지만, 귀족들이 회심하는 것을 들을 때면 언제나 기쁩니다. 나는 귀족들과 제후들의 구원에 관한 소식을 들을 때 즐겁습니다. 왜냐하면 그것은 복음의 폭넓은 확대를 보여주기 때문입니다. 복음이 확산될 때 모든 계층의 사람들이 복음에 의해 영향을 받으며, 평상시에는 멀찍이 거리를 유지하며 섰던 자들이 복음의 능력에 굴복합니다.

"왕들은 그로 말미암아 그들의 입을 봉하리라." 이 약속은 아직 성취되지 않았습니다. 성경의 예언들이 거의 모두 성취되었으며 우리가 새로운 시대로 들어가고 있다고 생각하는 사람들이 있습니다. 글쎄요, 나로서는 감히 단정적으로 말하지 않을 것입니다. 오히려 나는 요즈음 미래에 관해 사람들이 하는 대부분의 말에 감히 의문을 제기합니다. 다수의 예언들이 아직 성취되지 않았습니다.

왕들이 아직 그분으로 인하여 입을 다물지 않았습니다. 그들은 대개 그분을 향하여 입을 크게 열고 반대합니다. 그들은 그분을 욕하고 모독하며 그분의 성도들을 박해합니다. 이 가엾은 세상을 위하여 더 밝은 날이 와야 합니다. 그 때 왕들도 우리 주님 앞에 겸손히 복종할 것입니다.

성경을 더 많이 연구할수록, 나는 조화시킬 수 없는 두 가지를 더욱 확신하게 됩니다. 첫째는, 그리스도께서 사람들이 그분을 고대하지 않는 때에 오실 것이며, 지금이라도 오실 수 있다는 점입니다. 둘째는, 복음이 만국에 전파되어야 하며, "땅의 모든 끝이 여호와를 기억하고 돌아오리라"(시 22:27)는 것입니다. 나는 그 두 가지 중에서 어느 쪽을 더 확신하는지 알지 못하며, 그 두 가지를 어떻게 조화시켜야 하는지도 알지 못합니다. 하지만 두 가지 모두 말씀에 있으며, 때가 되면 역사 자체에 의해 그 두 가지가 조화를 이루게 될 것입니다. 가장 강력한 왕조차 그리스도의 교회의 한 지체로서 자기 이름을 등록하는 것이야말로 최고의 영예라고 간주할 날이 분명 올 것입니다. "모든 왕이 그의 앞에 부복하며 모든 민족이 다 그를 섬기리로다"(시 72:11). 산꼭대기 땅에 있는 한 줌의 곡식이 풍성하게 되어, 마침내 그 결실이 레바논 땅에 곡식이 흔들리듯 풍성하게 될 것입니다(참조. 시 72:16). "또 각각 자기 나라 사람과 각각 자기 형제를 가르쳐 이르기를 주를 알라 하지 아니할 것은 그들이 작은 자로부터 큰 자까지 다 나를 앎이라"(히 8:11). 우리는 그날을 고대하며, 또 그날은 올 것입니다. 오, 가시 면류관을 쓰신 골고다의 왕이시여, 왕들이 당신의 신하들이 될 것입니다!

4. 이 구절의 성취 방식

이제 이 구절의 성취 방식에 대해 생각해봅시다. 그 일은 어떻게 일어날까요? 새로운 기구가 생겨날까요? 세상이 회심하고, 왕들이 그 입을 봉하게 되는 것이 어떤 새로운 작동 방식에 의해서일까요? 나는 그렇게 생각하지 않습니다. 성도들이 언젠가 검을 쥘까요? 그 일이 포함(砲艦)과도 같은, 놀라운 문명의 도구에 의해 성취될까요? 우리가 남아프리카의 미개인들을 대포로써 개종시킬까요? 우리는 이런 육적인 무기들을 조금은 사용해보았으며, 어떤 이들은 그 성공을 칭찬하기도 하지만, 그것을 한탄하기도 합니다. 평화의 왕은 우리에게 검을 칼집에 꽂으라고 명하십니다. 그분의 무기는, 그분의 왕국이 그러하듯이, 육적인 것이 아닙니다. 시작부터 존재했던 방식이 끝까지 지속될 것입니다. 나는 이 전투가 그것이 시작되었던 전선(戰線)에서 끝까지 싸워야 하는 것이라 믿습니다. 전도의 미련한 것으로 사람들을 구원하는 것이 하나님을 기쁘시게 합니다.

내 생각으로는, 우리 주님께서 현재의 전투 방식을 끝내신다고 생각하는 것은, 마치 지금의 전투 방식으로는 악이 정복될 수 없음을 인정하는 것과 마찬가지이며, 결국 그분에게 큰 불명예를 안기는 것이라고 여겨집니다. 내가 보기엔, 그분은 약한 도구들을 사용하심으로써 그분의 능력을 크게 나타내기로 선택하셨으며, 승리를 얻을 때까지 그분은 계속해서 그런 방식을 지속하실 것임이 분명합니다. 무기들을 바꾸는 것은 처음 사용했던 무기들로는 이길 수 없음을 공공연히 인정하는 것입니다. 그러나 우리 주님께는 그런 일이 있을 수 없습니다. 지금은 너무나 작은 겨자씨 한 알이지만 널리 가지를 펼치는 나무가 될 것이며, 한 덩이의 누룩이 반죽 전체를 부풀게 할 것입니다. 마지막 추수는 사람에 의해 씨를 뿌린 결과일 것이며, 어떤 기적의 도구를 사용함으로써 얻는 결과가 아닐 것입니다. 복음이라고 하는 하나의 그물에 담긴 것으로부터 마지막 때에 사람들을 구분할 것이며, 우리는 그 그물을 세상 끝날까지 사용해야 합니다.

이 구절에 따르면 왕들과 민족들이 모두 들을 것입니다. "믿음은 들음에서 납니다"(롬 10:17). 그들은 무언가 새로운 것을 들을 것입니다. 형제들이여, 만약 그들이 들어야 한다면, 우리는 전하고 가르쳐야 합니다. 우리의 명백한 의무는 복음을 전파하는 것입니다. 예수 그리스도께서는 자기의 종들이 복음을 전파하고 가르치기를 원하십니다. 당신은 그렇게 하고 있습니까? 형제여, 계속해서 그렇게 하십시오. 무슨 일이 있어도, 성령의 능력으로 그 일을 계속하십시오. 당신은 그렇게 한 적이 없습니까? 그리스도의 종들 중의 한 사람으로서, 지금 그 일을 시작하고, 하늘의 도움을 위하여 기도하십시오. 당신은 그렇게 할 수 없다고 말합니까? 당신은 할 수 있습니다. 당신은 재능을 썩히고 있습니다. 불충한 종이여, 그것을 꺼내십시오. 당신의 주님이 오셔서 당신을 심판하시지 않도록 하십시오! 많은 사람을 가르칠 수 없습니까? 당신이 그 일을 할 수 있다고 누가 그러던가요? 한 사람을 가르치십시오. 오, 하지만 당신이 설교는 할 수 없다고요? 누가 설교하라고 하던가요? 가르치십시오. 어떻게든 가르치십시오. 사람들로 하여금 십자가의 이야기를 알게 하십시오. 하지만 당신은 왕들에게 가르칠 수 없다고 말합니다. 그럴 필요가 무엇입니까? 하인들과 어린이들을 가르치십시오. 그저 복음이 전파되게 하십시오. 그리스도께서 세상을 얻으실 것이며, 그리스도께서 온 세상을 얻으시는 것이 죽으신 구주의 사랑에 대한 복된 소식을 들음으로써 그렇게 되는 것이라면, 전하는 자가 없이 어찌 그들이 들을 것이며, 보냄을 받은 자가 없다면 어찌 전할 수 있겠습니까? 그리스도께서 당신을 보내십니다. 그분이 이렇게 말씀하시기 때문입니다. "듣는 자도 '오라' 할 것이라"(계 22:17). 그 명령의 권세로 즉각 이렇게 말하십시오.

> "이제 나는 주변의 죄인들에게 말하리라
> 얼마나 귀하신 구주를 내가 발견하였는지를.
> 그들에게 그분의 속죄의 피를 가리키며
> '하나님께로 향하는 길을 보라'고 말하리."

이 사람들은 단지 들었을 뿐 아니라 보았던 것처럼 보입니다. "그들이 아직 그들에게 전파되지 아니한 것을 볼 것이라"(15절). 여기서 본다는 것은 그들의 몸으로 본다는 것이 아니라 그들의 정신의 지각으로 본다는 것입니다. 믿음은 복음이 의미하는 바를 영혼이 깨닫는 것에서 옵니다. 우리는 깨닫지 못하는 자가 믿을 수 있다고 믿지 않습니다. 그러므로 우리는 가서 사람들에게 복음을 전하되 그들이 복음이 무엇인지 볼 수 있을 때까지 말해야 합니다. 많은 사람들이 천 번을 듣기까지는 복음을 결코 알지 못할 것이니, 여러분은 천 번에 이를 정도로 계속해서 그들에게 말해야 합니다.

"그 말이 무슨 의미인가요?"라고 당신은 말합니다. 내 말의 의미는, 여러분이 계속해서 가르치고 또 가르쳐서 인내심이 바닥날 때까지 그렇게 해야 한다는 것입니다. 어머니의 기도, 선생님의 근심, 섭리의 손길, 질병, 양심의 격동, 모든 종류의 사역들, 많은 호소 등이 있어야 할 것이며, 물론 이 모든 노력들이 효과적인 방향으로 기여하기는 하지만, 말씀이 성취되는 것은 그 마지막 단계에 나타나는 결과입니다. 사랑하는 형제여, 가서 예수 그리스도를 전하고 사람들이 그분을 볼 때까지 계속 가르치십시오. 그 목격은 갑작스럽게 올 것입니다. 젊은 회심자가 이런 식으로 말하는 것을 나는 얼마나 많이 들어왔는지 모릅니다. "목사님, 저는 이전에도 이것을 알고 있었습니다. 저는 그것에 관하여 수없이 들어왔습니다. 하지만 그것을 볼 수는 없었습니다. 이제야 저는 그것을 봅니다." 오, 한 사람이 어떻게 겸손한 침묵 중에서 그리스도 앞에서 입을 봉하게 될까요? 그런 일은 그분의 상하신 용모와 고난당하신 모습이 하나님의 사랑의 증거들이며 그 고난으로 인해 죄가 씻기어졌음을 마침내 그가 깨달을 때에 일어납니다. 하나님께서 여러분 모두로 하여금 지금 그분을 보게 하시길 바랍니다!

본문에 의하면, 그들이 보게 된 이후에는 깊이 생각할(consider, 한글개역개정에는 '깨달을'로 되어 있음 — 역주) 것으로 보입니다. "아직 듣지 못한 것을 숙고할 것임이라." 이것이 사람들이 구원을 얻게 되는 방식입니다. 그들은 복음을 듣고, 그 의미를 깨닫고, 그 다음에는 그것을 깊이 숙고합니다. 사랑하는 친구들이여, 하나님께서 회심하지 않은 사람들로 하여금 깊이 생각하게 하시도록 기도합시다. 우리가 그들로 하여금 생각하게 만들 수만 있다면, 우리는 그들에 관하여 큰 희망을 가질 수 있습니다. 만일 이곳에 있는 여러분 중 누구든 예수 그리스도께 복종하지 않았다면, 나는 그 사람에게 그분에 관하여 듣고 읽으라고 권합니다. 복음서를 읽으면서 오늘 오후를 주의 깊게 생각하며 보내십시오. 마태복음, 마가복음, 누가복음, 혹은 요한복음을 펼쳐서 그분의 고난에 관한 이야기를 읽으십시오. 그리고 그 모든 의미를 이해할 수 있도록 하나님께 구하십시오. 당신이 그것을 이해하였다면, 그 모든 내용을 머릿속에 담으십시오. 그것에 관하여 생각하십시오. 하나님께서 사람이 되시어 당신을 대신하여 고난을 받으신 것이 얼마나 놀라운 일인지를 생각해보십시오. 그것을 믿지 않는 것이 합리적인 것인지, 혹은 구주의 사랑을 거부하는 것이 옳은 일인지 생각해보십시오. 당신이 그분의 팔로 달려가서 다음과 같이 말해야 하는 이유는 수천 가지나 됩니다. "성육하신 하나님, 제가 어떻게 당신께 저항할 수 있겠습니까? 피 흘리신 전능자시여, 제가 어찌 감히 당신을 의심하겠습니까? 불멸의 사랑이시여, 저의 죄로 인하여 십자가에 못 박히셨으니, 제가 당신께 복종하겠습니다! 영원히 당신의 종이 되길 원하나이다."

사람들이 보고, 잠잠히 숙고하고, 주님을 그들의 주님으로 영접하였을 때, 그들이 그분으로 말미암아 입을 봉하게 되는 것이 명백합니다. 그들은 모든 반대를 멈춥니다. 그들은 잠잠히 그들의 의지를 굴복시키고, 위대하신 왕 중 왕께 경의를 표합니다. 형제들과 자매들이여, 그리스도를 위하여, 우리는 여기에 있는 수백 명의 사람들에게 이런 일이 일어나는 것을 보기 원합니다. 지금 신앙의 큰 각성이 있으며, 우리는 이 교회를 비롯하여 해외의 모든 교회들이 이러한 순풍(順風)을 활용하기를 바랍니다.

추수 때가 되면 농부가 함께 일할 수 있는 모든 사람을 모아 오랜 시간 수고하는 것을 여러분은 잘 압니다. 나는 그들이 밝은 달빛 아래에서 활발히 일하며 밀을 거두는 것을 본 적이 있습니다. 지금은 우리의 추수 때이며, 우리는 우리의 곡식 단을 거두어야 합니다. 우리 주님께는 많은 곡식이 있으며, 그것을 거두어 곡식 창고에 들여야 합니다. 나는 여러분이 오랜 시간 동안 예수님을 위하여 열심히 일하도록 호소합니다! 오늘 아침 설교의 주제가 여러분에게 영감을 불어넣길 바랍니다. 복음의 성공은 무슨 일이 있어도 결코 위태롭게 되지 않습니다. 예수님이 다스리실 것이며 마침내 모든 원수들을 그분 발 아래에 두실 것입니다.

만약에 그리스도가 전쟁을 포기할 것이라든지, 혹은 전혀 다른 방식으로 싸우심으로써 당신의 모든 노력들을 무위로 돌릴 것이라고 마귀가 당신을 설득할 수 있다면, 당신은 곧 게을러질 것입니다. 당신은 기적에 의한, 혹은 어떤 다른 놀라운 일에 의한 세상의 회심을 상상함으로써, 당신의 게으름에 대한 핑곗거리를 찾을 것입니다. 당신은 주님이 오실 것이며 그 싸움은 즉시 끝나리라고 말할 것이며, 그렇게 말함으로써 지금 당신이 싸울 필요는 없다고 핑계댈 것입니다. 그런 말을 믿지 마십시오! 우리의 사령관은 지금까지와 동일한 방식으로 싸우실 수 있습니다. 나사렛 예수의 이름으로, 성령의 능력으로, 우리는 이 세상이 하나님 앞에 복종할 때까지 우리의 노력을 지속해야 합니다. 내가 말하는 미국의 한 장군을 여러분은 기억할 것입니다. 온 국민이 신속한 승리를 간절히 바라고 있을 때, 그는 그런 일이 언제 올지 모르며 단지 열심을 다할 뿐이라고 말했습니다. 그것이 바로 우리가 해야 할 바입니다. 계속해서 "열심을 다하는" 것입니다.

어떤 사수(射手)도 총을 버릴 수 없고, 어떤 하사관도 부대를 해산시킬 수 없으며, 어떤 지휘관도 퇴각을 지시할 수 없습니다. 형제자매들이여, 교황주의는 반드시 무너질 것입니다! 마호메트교는 반드시 붕괴될 것입니다! 모든 우상들은 깨어져 두더지들과 쥐들에게 던져질 것입니다! 그것은 너무나 엄청난 임무처럼 보이지만, 하나님의 팔을 의지하십시오! 그것만 생각하십시오. 그분이 소매를 걷으셨습니다. 전능자께서 팔을 드셨습니다! 성취되지 못할 일이 무엇입니까? 귀신들아, 물러나라! 하나님의 펴신 팔이 전투에 개입될 것이며, 너희들은 개들처럼 도망치게 될 것이다! 이단들과 분파주의, 악과 미혹이여 물러가라! 너희는 모두 사라질 것이니, 하나님의 그리스도께서 너희보다 강하심이라!

오, 그것을 믿으십시오. 낙담하거나 실의에 빠지지 마십시오. 새로운 책략이나, 예언에 대한 헛된 망상과 해석으로 달려가지 마십시오. 가서 예수 그리스도를 모든 민족에게 전하십시오! 가서 구주의 복되신 이름을 널리 선포하십시오. 그분이 세상의 유일한 소망이십니다! 십자가가 우리의 승리의 깃발입니다! 하나님께서 먼저 우리를 도와 십자가의 기를 보게 하시고, 그 다음에는 다른 사람들의 눈 앞에 그것을 펼쳐 들게 하시어, 마침내 우리 주님께서 오시어 보좌에 앉으시길 바랍니다. 아멘.

제
61
장

마른 땅에서 나온 뿌리

"마른 땅에서 나온 뿌리"—사 53:2

선지자는 메시야에 대해 말하고 있습니다. 그는 그분에 대해 다음과 같이 선언합니다. "그는 주 앞에서 자라나기를 연한 순 같고 마른 땅에서 나온 뿌리 같아서 고운 모양도 없고 풍채도 없은즉 우리가 보기에 흠모할 만한 아름다운 것이 없도다." 메시야와 관련하여 이토록 분명한 예언이 있음에도, 유대인들이 그분과 관련하여 그토록 치명적인 실수를 저질렀다는 것은 놀랍습니다. 이 구절뿐 아니라 성경의 다른 부분에서도 직접적인 표현으로 그분의 낮아지심에 대해 말하고 있음에도, 유대인들은 화려한 모습으로 임할 세상적인 왕을 기대했습니다. 편견이 없는 사람이라면 모두가 이 구절에서 메시야가 오실 때에는 화려한 행렬에 둘러싸인 모습으로가 아닌 "간고를 많이 겪었으며 질고를 아는 자"로서 또한 "멸시를 받아 사람들에게 버림받은"(3절) 모습으로 오실 것임을 이해했을 것입니다. 하지만 진리가 이렇게 명백하게 기록되어 있고, 유대 백성은 그들의 성경에 대해 일반적으로 상당히 잘 알고 있기에 그분을 알 수 있는 기회를 가졌음에도 불구하고, 메시야가 자기 백성에게 오셨을 때에 그 백성이 그분을 영접하지 않았습니다. 그분에 관하여 가장 명확한 예언을 접하는 혜택을 입고서도 그들은 "그를 십자가에 못 박게 하소서!"라고 소리쳤습니다.

이것이 우리에게 교훈을 주는 바가 있지 않습니까? 즉 가장 분명한 교훈을 아무리 진지하고 힘 있게 전하여도, 거듭나지 않은 사람의 정신으로는 이해되지 않는다는 것입니다. 육적인 생각은 영적인 것을 분별하지 못합니다. 그 눈은 어둡고, 그 귀는 둔합니다. 성령에 의해 그들의 눈이 뜨이지 않는다면, 성령으로 감동된 말씀 그 자체가 사람들로 하여금 영적인 진리를 분명히 볼 수 있도록 제시되는 것은 아닙니다. 최상의 빛도 눈먼 자에게는 무용지물입니다.

사랑하는 이여, 유대인들에게 사실이었던 것은 이방인들에게도 동일하게 적용되는 사실임을 기억하십시오. 예수 그리스도의 복음은 세상에서 가장 단순한 것이지만, 어떤 사람도 하나님에게 배우지 않는다면 진실로 그것을 이해하지 못합니다. 단순한 말로 표현하려고 노력하고, 교훈적인 비유들을 찾아 애쓰는 설교자들이 있습니다. 그렇게 함으로써 복음을 선명하게 하여 좀 더 쉽게 이해하게 만들려는 의도 때문입니다. 그러나 거듭나지 못한 자들에 대해서는 "그들의 미련한 마음이 어두워졌다"(롬 1:21)고 말할 수 있을 것입니다. 죄는 인류에게 영적인 주제들에 관하여 정신적 무능함을 가져다주었습니다. 복음이 그들 주위에서 대낮같이 밝은 빛을 발산하고 있음에도, 그들은 어둠 속에서 달려가고 있습니다. 의의 태양이 무한한 빛을 비추고 있음에도 그들은 맹인처럼 벽을 더듬고 있습니다. 오호라! 우리의 본성이 어느 지경까지 타락하였는지요! 하나님의 형상이 우리 속에서 얼마나 손상되었는지요! 우리가 얼마나 성령을 높여드리며, 그분이 우리에게 임하여 눈먼 우리에게서 비늘을 벗겨 우리 영혼 속으로 빛을 부어주시도록 갈망해야 하는지요! 무엇이든 우리가 올바르게 깨달은 것은 그분의 가르침에 의해 우리에게 계시된 것입니다. 그분의 조명(照明)이 없었다면 우리는 자기들의 왕을 거절했던 유대인들처럼 고집스럽게 믿지 않았을 것입니다. 사랑하는 청중이여, 여러분은 어떠합니까? 여러분 역시 눈먼 상태입니까? 복음의 시대에 살고 있음에도, 여러분이 믿음의 눈으로 구주를 보지 못하는 일이 있을 수 있습니다. 여러분 역시 눈먼 상태입니까? 오, 만약 그렇다면, 예수님을 믿는 믿음을 갖도록 당신을 효과적으로 가르치고 지도하실 수 있는 그분께서, 당신으로 하여금 그 빛을 보게 하시기를 빕니다!

이제 본문 자체로 눈을 돌리면, 여러분은 이사야가 우리 주 예수님을 "연한 순" 같이 자라나는 분으로 묘사하고 있음을 목격할 것입니다. 곧 그분을 하나의 연약한 줄기, 갓 돋아난 어린 나무, 언제라도 쉽게 상할 수 있는 식물처럼 묘사하고 있는 것입니다. 비록 우리가 주로 살펴보고자 하는 것은 다음 구절이지만, 이 비유에 대해서도 한두 마디 설명 없이 넘어갈 수는 없습니다. 우리 주 예수 그리스도는 자기를 낮추셨을 때 크게 연약한 모습으로 나타나셨습니다. 연약한 아기로 태어나신 그분은, 유년기에 헤롯의 손에 의해 큰 위험에 빠지셨습니다. 비록 보전되기는 하셨지만, 그것은 강력한 군대의 힘에 의해서가 아니라, 다른 나라로의 도피를 통해서입니다. 그분은 어린 시절을 군대의 음악 소리를 듣거나 궁정의 위엄 속에서 보내신 것이 아니라, 오히려 한적한 어느 목수의 가게에서 보내셨습니다. "연한 순"을 위해서는 적절한 장소였지요. 그분의 삶은 온유하셨고, 그분은 해를 끼치지 않는 어린 양과 같으셨습니다.

언제든 그분과 그분의 조직을 파괴하기란 쉬워보였습니다. 그분이 십자가에 못 박혀 죽으실 때, 그분의 전 사역이 완전히 붕괴되고 그분의 종교는 영원히 제거된 것처럼 보이지 않았습니까? 십자가는 그리스도뿐 아니라 기독교의 죽음이 될 것처럼 보였습니다. 하지만 그렇게 되지 않았지요. 며칠이 지나 성령의 능력이 교회에 임하였습니다. 처음 세워질 때 우리 주님의 왕국은 얼마나 연약했는지요! 헤롯이 교회를 괴롭히려고 그 손을 뻗었습니다. 그 때 불신앙은 이렇게 말했겠지요. "교회는 머지않아 완전히 끝장날 것이다." 몇 년 후, 로마의 황제들이 제국의 모든 힘을 동원하여 복음에 맞섰을 때, 그 뻗은 팔은 전 지구를 둘러싸기에 충분히 길었고, 들어올린 그 손은 쇠망치보다 무거워보였습니다. 기독교회가 살아남을 수 있을 거라고 상상이나 할 수 있었던가요? 교회는 마치 연한 순처럼 폭풍 앞에 고개를 숙였습니다. 하지만 폭풍에 의해 그 뿌리가 뽑히진 않았습니다. 교회는 오늘날까지도 살아남았습니다. 물론 지금 이 순간 우리가 바랄 수 있는 모든 성공을 거두고 기뻐하는 것은 아니지만, 그럼에도 여전히 그 연한 순은 생명력으로 가득합니다. 우리는 그 줄기에 소망의 꽃봉오리들이 돋은 것을 인지하며, 곧 상당한 양의 열매를 수확하게 될 것을 기대합니다.

우리의 마음속에 있는 기독교, 우리 안에 계시는 그리스도 역시 "연한 순"입니다. 그 순이 돋아날 때 그것은 마치 곡식의 초록 잎사귀와도 같으며, 그 곁을 지나는 어떤 짐승이든 그것을 짓밟거나 삼켜버릴 수 있을 것처럼 보입니다. 종종 우리가 인식하기에는, 우리의 영적인 생명이 곧 꺼질 것처럼 보입니다. 그것은 한 송이 백합꽃에 불과한 듯이 보이고, 그 줄기는 상하여 언제라도 두 동강 날 듯합니다. 유혹이라고 하는 풀 깎는 자의 큰 낫이 우리를 베어 영적 생명의 성장을 저지하였습니다. 하지만 복되신 하나님께 감사하기는, 그분이 "벤 풀 위에 내리는 비 같이"(시 72:6) 임하시어, 우리의 푸릇푸릇함을 회복시키시고 이

날까지 우리의 생명력을 보전하셨습니다. 우리의 종교는 부드럽지만, 그것을 파괴하려는 사탄의 권세를 능가합니다. 우리는 약하지만, 결코 완전히 엎드러지지 않았으며, 앞으로도 그렇게 되지 않을 것입니다. 약한 자들이 승리를 얻고, "저는 자도 그 재물을 취할"(사 33:23) 것이기 때문입니다. 비록 은혜는 종종 그 약함에 있어서 우슬초와 같지만, 그 인내에 있어서는 상수리나무처럼 영원합니다. 사람이 교회를 무너뜨리려고 위협하고, 혹은 참된 은혜를 연약한 신자들의 마음에서 뽑아내기를 바라지만, 그렇게 되지는 않을 것입니다. 그 "연한 순"이 훌륭한 백향목이 될 것이며, 하나님의 약함이 인간의 능력을 무력화시킬 것이기 때문입니다.

이제 이 본문에서 우리가 선택한 비유에 눈을 돌리도록 하겠습니다. "마른 땅에서 나온 뿌리!" 첫째, 우리는 이 은유의 의미를 설명할 것입니다. 둘째, 그 진리에 대한 우리의 경험적 지식에 대해 말할 것입니다. 셋째, 그것이 제공하는 격려에 관하여 잠시 숙고할 것입니다. 넷째, 그것이 펼쳐 보이는 영광에 대해 숙고할 것입니다.

1. 이 은유의 역사적인 의미

첫째, 우리 주 예수님이 "마른 땅에서 나온 뿌리" 같다고 했습니다. 이 은유의 역사적인 의미가 무엇일까요? 우리는 그것이 우리 주님의 인격에 적용된다고 믿으며, 또한 그분의 대의와 왕국에도 역시 적용된다고 믿습니다. 그분 자신과 그분 사역의 신비의 측면에서, 그분은 "마른 땅에서 나온 뿌리"이십니다.

비옥하고 기름진 땅에서 돋아나는 뿌리는 그것이 자라는 토양의 덕택을 많이 입습니다. 우리가 어떤 식물들이 크게 번성하는 것을 이상히 여기지 않는 것은, 그것들이 심겨진 땅이 특별히 그들의 성장에 적합하기 때문입니다. 하지만 만약 우리가 단단한 바위에서나 건조한 모래 한가운데서 어떤 뿌리나 나무가 번성하게 자라는 것을 본다면, 우리는 크게 놀라며 하나님의 솜씨에 감탄할 것입니다. 우리의 구주는 그 자라는 토양으로부터 아무것도 끌어내지 않는 뿌리이며, 오히려 그 토양 속으로 모든 것을 공급하는 분이십니다. 그리스도는 그분의 주변 환경에 힘입어 사시는 것이 아니라, 오히려 그분 주변에 있는 자들을 살게 하시는 분이십니다. 또한 기독교는 이 세상에서 세상으로부터 아무것도 끌어내지 않으며, 오히려 세상의 성분은 그 질을 떨어뜨리고 손상시킬 뿐입니다. 하지만 기독교는 그것이 자라나는 모든 곳에 복을 나누어줍니다. 그러므로 이 진리를 기억하십시오. 그리스도는 언제나 "마른 땅에서 나온 뿌리"이십니다. 그분은 그분이 보이셨던 모든 능력과 탁월함에 있어서 외부로부터 아무것도 끌어오지 않으셨으며, 오직 스스로 충족하시고 스스로 지탱하셨습니다. 그 진리를 깊이 생각하도록 합시다.

우리 주님께서 그분의 자연적인 혈통으로부터 아무것도 끌어오신 것이 없다는 점은 명백합니다. 그분은 다윗의 자손이며, 유다 족속의 왕적 위엄을 얻기에 합법적인 상속자이셨습니다. 하지만 그분의 가문은 몰락하여 거의 알려지지 않을 정도였으며, 그 지위와 부와 명성을 잃어버렸습니다. 그분의 명목상의 부친인 요셉은 목수에 불과했습니다. 그의 모친 마리아는 변변찮은 마을의 여성이었습니다. 실로가 오셨을 때 모든 영광은 유다로부터 떠났습니다. 요셉의 상속재산 목록 중에 왕관이란 없었으며, 마리아의 빈약한 유산 중에는 아무런 홀(笏)도 포함되지 않았습니다. 유대인의 왕으로 나신 그분은 부모로부터 명예든 지위든 아무것도 물려받지 않았습니다. 그분이 물려받은 몫이라곤 간교하고 잔인한 헤롯에 의해 목숨을 잃을 수 있는 위험이었습니다. 만약 우리 주님이 바로의 가문에서 나셨거나, 긴 족보를 가진 로마 황제의 후손이든지, 혹은 넓은 영토를 가진 군주의 상속자로 세상에 오셨다면, 아마도 이런 식으로 말할 수 있었을 것입니다. "모든 사람이 가문과 혈통을 존중하기에, 그의 가르침이 승리하도다." 하지만 복되고 유일한 주권자이신 그분이 가장 낮고 빈곤한 중에 태어나신다면, 어느 누가 주님만을 찬미하지 않을 수 있겠습니까?

> "보라! 하나님께서 옛 이새의 뿌리를
> 하늘의 복된 이슬로 적시니,
> 그가 약속의 가지를 돋게 하시고,
> 약속의 왕을 일으키시네."

우리 주님은 국적으로부터도 아무런 도움을 끌어내지 않으셨습니다. 그분이 아브라함의 후손이었다는 것은 일반적으로 그분의 가르침에 대한 칭찬이 아니었습니다. 오늘날까지도, 많은 사람들의 생각에서, 우리 구주께서 유대인이었음을 언급하는 것은 거의 부끄러운 일입니다. 비록 유대인이 옛적에 하나님의 선택을 받았으므로 명예롭고 존중할 만한 민족임에는 틀림없지만, 그럼에도 불구하고 사람들 사이에 유대식 이름은 그 영예를 잃었으며, 오랜 세월 동안 잔혹한 박해와 미신적인 증오가 그 이름에 퍼부어져왔습니다. 우리 구주의 시대 직후에, 유대인을 제외하고는 로마인들이 그토록 격렬하게 미워한 민족은 없었다고 합니다. 로마인들은 기이하게도 모든 종교와 풍습에 대해 관용적이었습니다. 그들의 제국은 정복에 의해 모든 언어와 신조들을 가진 사람들을 흡수하였고, 대개는 그런 것들을 억제하지 않고 내버려두었습니다. 하지만 유대인의 신앙은 조롱과 미움을 피하기에는 너무나 특이하고 편협했습니다. 티투스(Titus)에 의한 예루살렘 포위 공격 이후에, 유대인들은 박해를 당하였고, 기독교와 유대교의 결합은 기독교의 성장에 기회가 되기보다는 심각한 방해가 되었습니다. 기독교는 유대교와 혼동되었고, 기독교 자체에 대한 비방뿐만 아니라 유대 민족에 대한 정치적 욕설까지도 공유하게 되었습니다. 만약 우리 구주께서 그리스에서 태어나셨다면, 의심의 여지 없이 그분은 종교적 교사로서 예루살렘이나 나사렛 출신자의 위치보다 훨씬 더 많은 관심을 끌었을 것입니다.

그분은 유대인이라는 출생에서 아무런 혜택을 입지 않으셨습니다. 지난 시대에 예루살렘으로부터 어떤 선한 것이 나올 수 있었던가요? 그것이 어떤 상태로 떨어졌는지를 보십시오. 그것은 정치적으로, 종교적으로, 그리고 정신적으로 죽었습니다. 바리새주의를 보십시오. 그에 대해 내가 무엇을 말할 수 있을까요? 단지 그것이 가장 고귀한 것을 가장 천한 것으로 왜곡시켰다는 것 외에는 할 말이 없습니다. 사두개파를 보십시오. 뛰어난 지혜를 가졌다고 하는 그들의 공언과 그들의 강한 불신앙에 더하여, 나는 그 결과에 따르는 필연적인 어리석음을 언급하고 싶습니다. 유대교의 일신교 사상이 세상에 끼칠 수 있었던 힘은, 외식주의에 빠진 바리새파와 천박한 사두개파의 파괴적인 영향력 아래에서 소멸되고 말았습니다. 우리의 구주께서는, 이스라엘과의 모든 관련성을 부인하실 수 있었더라면, 그렇게 하심으로써 약해지기보다는 오히려 강해질 수 있었을 것입니다. 그분은 이런 관점에서 "마른 땅에서 나온 뿌리"이셨습니다.

정신적으로, 유대인들 사이에는 아무것도 남은 것이 없었습니다. 어떤 수금도 다윗의 시편과 같은 것을 연주하지 않았습니다. 어떤 선지자도 예레미야처럼 애처로운 어조로 울지 않았으며, 혹은 이사야처럼 풍부한 음성으로 노래하지 않았습니다. 놀라게 할 만한 요나도 남지 않았고, 혹은 책망하는 학개도 없었습니다. 잠언을 들려주는 지혜로운 선생이 없었고, 비유를 들려주는 설교자도 없었습니다. 그 민족은 정신적으로 밑바닥까지 내려갔으며, 서기관들은 성경의 문자들을 쳐다보면서, 그 내적인 의미에는 둔감한 채 꿈을 꾸고 있었습니다. 그리고 장로들은 조상들의 유전에 관하여 허튼 소리만 해대며, 무의미한 미신 속에서 자꾸만 아래로 가라앉고 있었습니다. 예수님이 돋아난 땅은 "마른 땅"이었습니다.

주님은 추종자들로부터도 아무런 혜택을 입지 않으셨습니다. 그분은 원하셨더라면, 상당히 저명한 사람들을 첫 번째 개종자들로 선택하실 수 있었습니다. 저 군림하는 황제와 그의 충성스런 신하들에게 눈길을 줌으로써 그분은 그들의 마음을 움직여 그분을 섬기게 하실 수 있었으며, 명망가들로부터 고른 제자들로 그분 주위를 둘러싸게 하실 수 있었습니다. 하지만 그분은 그렇게 하지 않으셨습니다. 만약 달리 행하셨더라면 사람들이 이렇게 말했을 것입니다. "그의 종교는 지배계층에 있는 그토록 강력한 사람들과 더불어 빠르게 확장될 수 있었다." 하지만 주님은 귀족들이 간과하는 백성들 중에서 고르셨고, 천한 자들 중에서 택하셨습니다.

그분은 즉시 아덴으로 여행하실 수 있었으며, 옛 철학적 학파의 남은 자들 중에서 그 시대 최상의 사상가들을 모집하실 수 있었습니다. 스토아와 에피쿠로스의 분파는 지금까지도 생존해 있으며, 옛 소크라테스와 플라톤의 학문은 여전히 망각되지 않은 상태였습니다. 그분은 강력한 철학적 학파들의 지도자들을 그분의 발 아래로 부르실 수도 있었지만, 그렇게 하지 않으셨습니다. 만약 그분이 달리 행하셨더라면, 사람들은 기독교가 그러한 위대한 사상가들을 통해 널리 전파되어 승리할 수 있었다고 말했을 것입니다. 그분은 로마의 광장으로 가서, 거기서 강력한 웅변가들을 선택하실 수도 있었습니다. 그분은 광장의 연설가들을 회심시키거나, 상원의 설득력 있는 연설가들을 회심시켜서, 그들로 하여금 새로운 신앙의 선두를 이끌도록 하실 수 있었습니다. 하지만 그분은 그렇게 하시지 않았습니다. 만약 달리 행하셨더라면, 사람들은 기독교가 수사학에 의해 승리를 얻었다고, 혹은 웅변술의 힘으로 세상을 매혹시켰다고 말했을 것입니다.

하지만 그분이 게네사렛 호수에 있는 배로 가셔서, 외모로는 가장 거칠고 지적으로는 교양을 갖추지 못했을 것 같은 사람들을 어떻게 부르시는지 보십시오! 세상을 굴복시키는 종교가 가난한 농부들과 어부들에 의해 유포될까요? 그분은 그렇게 하기로 정하셨습니다. 그분이 대체로 배우지 못하여 무지하다고 알려진 사람들을 선택하시고, 그들을 신앙의 사도들로 삼으셨습니다. 그 이후의 삶에서 그들이 어떻게 변했건, 그것은 그분이 그렇게 만드신 것입니다. 베드로가 기독교를 만든 것이 아닙니다. 오히려 기독교가 베드로를 베드로 되게 하였습니다. 바울은 그리스도께 아무것도 가져온 것이 없습니다. 오히려 그리스도께서 바울에게 모든 것을 주셨습니다. 나는 사도들이 위대한 사람들이 되었음을 인정합니다. 그들은 웅변적이었고, 하나님께 배운 자들이기에 가장 진정한 의미에서 학식이 있는 자들이었습니다. 하지만 예수님이 "뿌리"로서 그들에게 영향을 미치신 것이지, 그들이 뿌리에 영향을 준 것이 아닙니다. 이 놀라운 뿌리는 그것이 자란 토양을 비옥하게 했습니다. 그것은 사람들로부터 아무것도 취하지 않았으며, 오히려 사람들에게 그들이 소유한 모든 것을 주었습니다. 계속해서 다른 각도로 살펴보겠습니다.

우리의 구주께서 "마른 땅에서 나온 뿌리"이신 것은, 신앙의 보급을 위해 그분이 선택하신 수단에 관해서 적용되는 말이기도 합니다. 마호메트교가 확산된 것을 아무도 이상히 여기지 않습니다. 그 아랍의 예언자가 잠시 개인적인 차원에서 박해를 겪은 후에, 그는 그를 위해 싸울 준비가 되어 있는 용감한 사람들을 모았습니다. 여러분은 검을 쥔 자들의 날카로운 논증이 많은 개종자들을 만든 것에 놀라지 않습니다. 어떤 종교든 개종이냐 즉각적인 죽음이냐를 선택해야 할 때는 동의를 얻을 것입니다. 어떤 사람에게 강한 오른손과 날카로운 장검(長劍)을 주십시오. 그러면 그는 마호메트 교리에 적합한 선교사가 될 것입니다. 우리 구주께서는 자기 군사들에게 창이나 검을 주시지 않고, 도리어 이렇게 말씀하셨습니다. "네 칼을 도로 칼집에 꽂으라 칼을 가지는 자는 다 칼로 망하느니라"(마 26:52).

그분은 정부로부터 아무런 도움을 요청하지 않으셨으며, 이 세상의 권력자가 그분의 동맹이 되는 것을 거부하셨습니다. 만약 우리 구주께서 국교회(State-church)의 인물이었더라면, 물론 사실상 그분은 가장 위대한 비국교도(nonconformist)이셨지만, 사람들은 국가라고 하는 날개 그늘 아래에서 그의 교회가 힘을 키웠다고 말했을 것입니다. 만약 카이사르가 "암탉이 그 새끼들을 날개 아래에 모음같이 제가 당신의 자녀들을 모으겠습니다"라고 말했더라면, 기독교인들의 수가 마치 병아리들처럼 엄청나게 증대되었다고 해도 놀라운 일이 아니었을 것입니다. 하지만 우리 구주께서는 권력자들로부터 후원을 구하지 않으셨으며, 육체의 힘에 의지하지 않으셨습니다. 백성들이 그분을 왕으로 삼으려 했지만, 그분은 자기를 숨기셨습니다. 그분의 왕국은 이 세상에 속한 것이 아니었기에, 그분의 종들이 무력으로 싸우지 않았던 것입니다.

우리 주님은 어떤 무력도 사용하지 않으셨을 뿐 아니라, 인간의 저급한 본성에 속한 어떠한 수단들도 활용하시지 않았습니다. 훌륭한 합창단의 음악 때문에 거대한 회중이 모이게 되었다는 말을 내가 들었을 때, 나는 그와 같은 일이 오페라 극장이나 음악당에서도 행해지는 것을 기억하며 전혀 기쁨을 느끼지 못했습니다. 대중이 숭고하게 울려 퍼지는 오르간 소리에 매혹되었다는 말을 들을 때, 나로서는 그것이 예수 그리스도보다는 사실상 성 세실리아(St. Cecilia, 음악가의 수호성인으로 알려져 있음 — 역주)를 칭송한 것으로 보입니다. 우리 주님은 그분의 보좌를 세우시기 위해 음악의 매력을 조금도 의지하지 않으셨습니다. 그분은 제자들에게 그분의 왕국을 일으키기 위해 음악회의 매력을 활용하여야 한다는 암시를 조금이라도 주신 적이 없습니다. 나는 성경에서 바울에게 청색, 홍색, 혹은 자색 의상을 입으라고 명하는 어떤 규정도 발견하지 못합니다. 또한 베드로가 소백의(小白衣, surplice), 장백의(長白衣, alb), 혹은 제의(祭衣, chasuble, 이상은 모두 가톨릭의 미사에서 사제가 입는 의상들을 지칭함 — 역주)를 입어야 한다고 명을 받은 대목을 성경에서 발견하지 못합니다. 성령께서는 소백의를 입은 성가대나, 기(旗)를 든 행렬이나, 행진 중에 부르는 찬송에 대해 암시조차 하신 적이 없습니다.

만일 우리 주님께서 보이기 식의 종교, 화려한 의식들, 으리으리한 건축, 매혹적인 음악, 마술적인 분위기를 풍기는 향(香) 등을 제정하셨다면, 우리는 그런 것들의 발전을 이해할 수 있었을 것입니다. 하지만 그분은 "마른 땅에서 나온 뿌리"이십니다. 그분은 이런 것들로부터 아무런 혜택을 입지 않으셨습니다. 기독교는 인간들의 음악적·미학적·의식적인 고안물들에 의해 크게 방해를 받아왔으며, 그런 것들로 인해 조금도 혜택을 입은 적이 없습니다. 소리와 시각의 감각적인 즐거움들은 언제나 오류의 편에 속하였으며, 그리스도께서는 좀 더 고귀하고 좀 더 영적인 매체들을 활용하셨습니다. 감각을 매혹시키는 것들은 적그리스도(Antichrist)가 선택하도록 남겨졌으며, 오직 복음은 다윗이 사울의 갑옷을 경멸하면서 물매와 돌을 가지고 나아갔던 것처럼, 그 자체의 힘과 단순함으로 무장하여 앞으로 나아갑니다. 우리의 거룩한 신앙은 그 어떠한 육적인 수단들에게도 아무런 신세를 지지 않습니다. 지금까지 언급된 것들과 관련하여, 기독교 신앙은 "마른 땅에서 나온 뿌리"입니다.

구주께서는 그분이 사셨던 시대에 대해서도 어떤 신세를 지셨던 적이 없습니다. 누군가는 말하기를, 기독교는 성공할 만한 시대에 등장하였다고 했습니다. 나는 전적으로 그 말을 부정합니다. 기독교는 세상이 그 지혜로 하나님을 알지 못했고, 사람들이 거의 전적으로 그분으로부터 멀어졌던 역사의 한 시대에서 태어났습니다. 그리스도께서 강림하신 시대에 세상에 거하던 다수 사람들의 사고방식은 무신론 사상에 근거한 것으로서 신들을 조롱하였으며, 한편으로 대중들은 맹목적으로 무엇이든 그 앞에 있는 신상들에게 절하였습니다. 우리 주님께서 강림하셨던 그 시대에, 전반적인 사상 조류는 그분이 주입하고자 하셨던 그러한 종교와는 정반대 방향이었습니다.

그 시대는 사치의 시대였습니다. 로마는 부와 방종을 위한 열망으로 가득하였습니다. 로마인들은 어디에 거주하든 웅장한 빌라를 건축하였고, 육신의 만족을 위하여 모든 기술들을 활용하였습니다. 이것이 십자가의 교리들을 위한 준비였을까요? 그 시대는 악이 만연하던 시대였습니다. 고대 도시들과 그 도시들의 대다수 예술 작품들이 파괴된 것은 차라리 큰 다행입니다. 왜냐하면 그것들 중 다수가 아주 사악하여, 그 잔재물들이 인간성의 타락에 적지 않은 영향을 미치기 때문입니다. 지금 우리가 감히 말하기조차 어려운 악들이 그 때에는 공공연히 자행되었습니다. 지금은 혐오스럽게 여겨지는 일들이 그 때에는 신성한 종교의식의 일부로 행해졌습니다. 세상이 철저히 부패했습니다. 만약 어둠이 빛을 위한 준비라고 말한다면, 그 시대의 세상이 그리스도를 위해 준비하였다고 인정하겠습니다. 만약 고약한 악취와 질병을 일으키는 공기로 가득한 아우게이아스(Augeas, 그리스 신화에서 엘리스의 왕으로서 그 마구간은 불결하기 짝이 없는 것으로 유명함 — 역주)의 마구간이, 그것을 청소할 자가 오기를 기다리고 있다고 말한다면, 당시의 세상이 예수님을 맞을 준비를 하였다고 말할 수 있겠지요. 하지만 다른 차원에서는 전혀 그렇게 말할 수가 없습니다. 나는 예수님께서 그 시대의 무언가에 혜택을 얻으셨다고 하는 말을 부인합니다. 그분은 시대가 그분에게 아무런 도움을 줄 수 없는 시대에 오셨으며, 따라서 그분의 종교는 "마른 땅에서 나온 뿌리"였습니다.

또한 우리는 기독교가 인간 본성에도 어떠한 혜택을 입었다고 말할 수 없습니다. 종종 사람들은 기독교 신앙이 인간의 본성에 호감을 주는 것이라고 말하기도 합니다. 그 말은 허위입니다. 예수의 종교는 새로워지지 않은 인간 본성에 반대합니다. 그리스도의 시대에 복수는 가장 영광스러운 일들 중 하나로 알려졌습니다. 그것은 노래로 칭송되었고, 널리 전해졌으며, 사람들의 기쁨이었습니다. 하지만 기독교를 제외하고 그 어떤 종교가 사람들에게 결코 보복하지 말라고 가르칩니까? 그리스도께서 말씀하셨습니다. "너희 원수를 사랑하며 너희를 박해하는 자를 위하여 기도하라"(마 5:44). 이것이 인간 본성 안에 있는 것입니까? 그리스도의 명령들 중에 교만을 치켜세우고 정욕을 무마하려는 내용이 하나라도 포함되어 있습니까? 그분은 우리의 행위들 뿐 아니라 우리의 생각들에 대해서도 심판하십니다. "음욕을 품고 여자를 보는 자마다 마음에 이미 간음하였느니라"(마 5:28). 그것이 인간 본성에 합치하는 것입니까? 그것이 우리의 정욕이라는 혈관 속에서 같이 흐르는 것입니까?

마호메트의 종교는 인간 본성의 연약함을 방조하였기에 융성하였습니다. 하지만 그리스도의 종교에는 자연적인 욕정이라고 불리는 것을 조장하거나, 감각적인 욕망을 부추기는 것이 전혀 없습니다. 그리스도께서는 "언월도(偃月刀)가 아닌 십자가를 붙들라"고 말씀하십니다. 그분은 "처첩들의 수를 늘리라"고 말씀하시지 않으며, 오히려 "정욕을 십자가에 못 박으라"고 말씀하십니다. 예수의 종교 어디에 인간의 지성을 칭송하는 부분이 있습니까? 기독교 신앙의 불변하는 명령은 이것이 아니던가요? "믿으라, 그러면 살리라." 만약 기독교가 널리 확산된다면, 그것은 인간 본성의 반대를 무릅쓰고 확산되는 것이며, 인간 본성을 변화시킴으로써 확산되는 것입니다. 곧 하나님의 썩지 않는 진리가 "마른 땅에서 나온 뿌리"처럼 심기지 않았더라면 결코 가능할 수 없었던 변화를 인간의 본성에 일으킴으로써 확산되는 것입니다.

지금까지 "마른 땅에서 나온 뿌리"라고 하는 이 은유의 역사적 의미를 충분히 살펴보았습니다.

2. 이 진리에 대한 우리의 경험적 지식

이제 간략하지만 진지하게, 이 진리에 대한 우리의 지식을 경험적인 차원에서 살펴보고자 합니다.

사랑하는 이여, 당신은 당신 자신의 회심을 기억합니까? 예수 그리스도께서 당신을 구원하려고 당신에게 오셨을 때, 그분은 당신의 마음속에서 그분의 은혜가 성장하기 위한 비옥한 토양을 발견하셨나요? 내가 증언해야만 하는 것은, 내 죄를 깨닫게 하시고 나를 겸손케 하시기 위해, 그분에겐 나의 돌 같은 마음을 깨뜨릴 강력한 망치가 필요했다는 사실입니다. 죄의 자각은 결코 내 마음에서 우러나온 자연적인 산물이 아닙니다. 회개는 주님이 그 오른팔로 심으신 식물이지, 결코 마음의 토양에서 자연적으로 생겨난 것이 아닙니다. 우리는 본성으로써 후회를 할 수는 있겠지만, 결코 회개는 할 수 없습니다.

형제들이여, 지금 우리가 그리스도 예수를 믿고 그분을 의지하고 있다면, 우리는 그 믿음이 결코 우리의 마음이라는 정원에서 자연적으로 돋아난 것이 아니라고 분명히 인정해야 할 것입니다. 성령께서 어떻게 예수를 믿어야 할지를 우리에게 가르치셨으며, 또한 그분을 바라보고 구원을 얻도록 우리를 인도하셨습니다. 그리스도의 도우심이 아니었더라면, 내 온 영혼은 그분을 대적했을 것입니다. 지금 내가 그분의 발 앞에 엎드려 경배하고, 그분을 나의 선생이며 주님이시라고 고백하기를 기뻐한다면, 그것은 내가 그분의 권세에 의해 굴복되었기 때문이지, 나 자신이 그렇게 하도록 스스로를 가르쳤거나 혹은 내 마음이 저절로 그런 방향으로 쏠렸기 때문이 아닙니다. 우리를 회심하도록 이끈 참된 신앙은 "마른 땅에서 나온 뿌리"입니다.

회심 이후에도 여러분의 마음이 어떠하였는지를 돌아보시기 바랍니다. 여러분의 타고난 인간성 중에, 은혜가 여러분 속에서 낳은 은혜와 부합되는 것이 조금이라도 있었습니까? 여러분의 영혼 속에는 좀 더 숭고한 생명이 있지만, 그것이 여러분의 육체 속에서 어떤 자양물을 찾은 적이 있었습니까? 아아, 슬프게도 그 반대였지요. 우리 속에 들어온 그리스도의 생명은 마치 광야로 들어간 이스라엘과도 같아, 우리 속에서 아무런 양식도 발견하지 못합니다. 만약 하늘로부터의 만나가 떨어지지 않고, 반석에서 물이 솟아나지 않으면, 그 생명은 우리 영혼의 광야에서 죽고 말 것입니다. 사도는 말했습니다. "내 속 곧 내 육신에 선한 것이 거하지 아니하노라"(롬 7:18). 우리의 육적 본성은 그때와 마찬가지로 여전히 악합니다. "육신의 생각은 하나님과 원수가 되나니 이는 하나님의 법에 굴복하지 아니할 뿐 아니라 할 수도 없음이라"(롬 8:7). 만일 오늘 여러분의 마음속에 은혜가 있다면, 여러분은 그것이 "마른 땅에서 나온 뿌리"라고 느낄 수밖에 없을 것입니다.

주님께 감사한 것은, 나는 특별한 시기마다 느껴왔습니다. 여러분이 하나님 안에서 큰 기쁨 곧 크게 흥분되는 즐거움을 누릴 때, 그 시기는 대체로 여러분이 그것을 조금도 예상치 못할 때가 아니었습니까? 몸이 질병으로 인하여 점차 쇠약해져갈 때, 영혼은 몸이 건강할 때보다 더욱 왕성한 것을 경험하곤 했습니다. 그 기쁨의 자양분은 본성의 힘으로부터 나온 것이 아니라, 세상이 알지 못하는 비밀한 음식물에서 얻은 것이었습니다. 그것은 "마른 땅에서 나온 뿌리"였습니다. 이따금씩 우리의 기분은 침체되곤 하며, 우리의 육적인 기분은 상당히 메마를 때가 있습니다. 하지만 그런 와중에도 부지중에 우리의 영혼은 성스러운 기쁨으로 뜨겁게 달아오르곤 했습니다. 역시 "마른 땅에서 나온 뿌리"입니다. 자녀들이 죽거나, 혹은 사랑하는 아내를 떠나보냈거나, 혹은 사업이 어려움에 부닥치고 많은 시련들이 겹칠 때, 바로 그런 때에도 우리는 그 이전보다 하나님께로 더 가까이 가곤 했으며, 그분과의 동행에서 더 큰 기쁨을 얻곤 했습니다. 우리가 형통의 때에 느꼈던 것보다 더욱 분명히 우리 안에서 성령의 능력을 경험하곤 했습니다. 이 모든 것은 우리 안에 있는 은혜가 그 자체의 내적 생명과 초자연적인 도움에 의해 사는 것이지, 우리의 신체적 건강이나 외적인 환경에 힘입는 것이 아님을 우리에게 보여줍니다. 그것은 여전히 마른 땅에서 번성하게 되는 뿌리입니다. 토양의 메마름을 경험하는 것은 많이 고통스러운 것이지만, 그런 환경에서도 뿌리의 성장을 경험하는 것에는 즐거움이 있습니다. 그 때 모든 영광은 오직 주님께만 드려지고, 우리는 감히 그 영광을 만지지 못하며, 아니 손가락 하나로도 건드리지 못합니다.

3. 이 진리가 주는 격려

이제 다음으로 넘어가겠습니다. 이 전체적인 주제는 많은 사람들에게 큰 격려를 제공한다고 여겨집니다.

먼저, 여러분 중에서 구주를 애타게 찾으면서도 자신의 죄악을 생생하게 의식하는 이들에게 진지하게 말하고자 합니다. 여러분은 구원받을 가치가 없다는 느낌으로 풀이 죽어 있습니다. 설상가상으로, 여러분은 아마도 복음이 여러분에게 전해져도 그것을 받아들일 수 없다고 느낄 것입니다. 죽음과도 같은 무능함과 무기력이 여러분의 생각에 자리 잡고 있습니다. 사랑하는 이여, 이것으로 위로를 얻으시기 바랍니다. 예수 그리스도께서는, 한 죄인을 구원하실 때, 그 죄인으로부터 어떠한 도움도 받지 않으십니다. "아버지께서는 모든 충만으로 예수 안에 거하게 하셨느니라"(골 1:19). 그분 안에 모든 충만이 있다면, 그분은 우리에게서 어떤 기여를 필요로 하지 않으시며, 그 어떤 도움도 기대하지 않으십니다. 그분의 이름을 송축합니다! 우리는 아무것도 드릴 수 없으며, 그분은 아무것도 받지 않으실 것입니다.

그리스도가 전부이십니다. 이것이 여러분의 기운을 북돋우지 않습니까? "저는 능력을 원합니다"라고 여러분이 말합니까? 그분 안에 능력이 있습니다. "저는 지혜를 원합니다"라고 말합니까? 그분은 "하나님으로부터 나와서 우리에게 지혜가 되셨습니다"(고전 1:30). "저는 부드러운 마음을 원합니다"라고 말합니까? 그리스도 외에 어느 누가 그것을 당신에게 줄 수 있습니까? "하지만, 아아, 저는 회개하기를 원합니다"라고 말합니까? 그분이 높이 오르신 것은 우리에게 "회개함을 주시기"(행 5:31) 위함이 아니겠습니까? "하지만 저는 믿음을 간절히 원합니다." 자, 당신은 이런 말씀을 읽어보지 못했나요? 믿음은 "너희에게서 난 것이 아니요 하나님의 선물이라"(엡 2:8). 그분은 "마른 땅에서 나온 뿌리"이시며, 여러분의 땅은 매우 건조합니다. 하지만 그분이 오셔서 그 토양을 비옥하게 하실 것입니다. 가난하고, 무력하고, 소망이 없고, 마멸되고, 텅 빈 영혼이여, 예수님을 위해 무언가를 준비하려고 당신 안에서 무언가를 찾아야 할 필요가 없습니다. 그분은 텅 빈 마음에 오셔서 그분의 사랑으로 가득하게 하기를 기뻐하십니다. 또한 차가운 마음을 그분의 거룩한 불꽃으로 따뜻하게 하기를 기뻐하시며, 죽은 심령에 새 생명 주기를 기뻐하십니다.

이와 같은 생각이 주를 간절히 찾는 자들을 위로할 뿐 아니라, 자기 자신의 황폐함을 발견하는 그리스도인들에게도 격려를 줄 수 있기를 기도합니다. 하나님의 모든 자녀가 자기 자신에 대해 철저히 아는 것은 아닙니다. 처음 회심한 이후에도, 우리는 우리 자신이 얼마나 가련한 자들인지 깊이 이해하지 못한 채 오랜 시간을 보낼 수 있습니다. 여러분은 말씀의 거울에 비추어 여러분 자신을 보기 시작했습니까? 그리고 거기에 비친 당신의 모습이 당신을 놀라게 하고 고민스럽게 만듭니까? 당신은 이렇게 소리치고 있습니까? "나의 메마르고 황폐한 모습이여!" 사랑하는 형제여, 그리스도께서는 "마른 땅에서 나온 뿌리"이십니다. 비록 당신의 모습이 메마르기는 했지만, 그렇다고 해서 당신이 항상 그래왔던 것보다 조금이라도 더 메마른 것은 아닙니다. 당신의 죄가 당신을 놀라게 하지만, 그것은 언제나 거기에 있었습니다. 당신의 본성적인 죽음이 당신을 역겹게 하지만, 그것은 전혀 새로운 일이 아닙니다. "오, 하지만 저는 전에 그랬던 것보다 더 메말라 보입니다!" 결코 그렇지 않습니다. 만약 당신이 아무것도 아님을 깨닫기 시작했다면, 당신은 좀 더 지혜롭고 행복한 길로 접어든 것입니다. 하나님의 자녀가 "저는 자연적인 힘이 점점 더 줄어들고 있음을 발견합니다"라고 말할 때마다, 그는 단지 진실에 가까울 뿐이니, 왜냐하면 그의 힘이란 "완전한 연약함"이기 때문입니다.

사랑하는 이여, 세례 시에 우리에게 주어진 교훈을 깨닫는다면, 우리는 진리에 가까워지고 있는 셈입니다. "무슨 말씀이지요?"라고 당신이 말합니다. 무슨 말인고 하면, 세례란 그리스도의 무덤에 장사되는 것입니다. 할례는 육체의 불결함을 제거하는 것을 나타냅니다. 하지만 세례는 우리에게 그것의 전적인 매장을 가르치는 것입니다. 육의 본성이란 고쳐질 수 없으며 완전히 부패한 것으로서, 개선되거나 수선되는 것이 아니라, 죽고 매장된 것으로 간주되어야 한다는 것입니다. "그러므로 땅에 있는 지체를 죽이라"(골 3:5). 당신 자신을 아무것도 아닌 것으로 알고, 예수님을 모든 것 되신 분으로 여기십시오. 당신이 아무것도 아니라는 느낌으로 낙심이 될 때마다, 당신의 주님이 "마른 땅에서 나온 뿌리"이심을 기억하십시오.

동일한 위로가 모든 기독교 사역자들에게도 효력이 있습니다. 강단에서나, 주일학교에서나, 그 외에 다른 어디에서든 예수님을 위해 일하는 여러분이여, 만약 하나님께서 당신에게 복을 주신다면 여러분은 언제나 유사한 느낌을 가질 것이라고 나는 확신합니다. 규칙적으로 같은 방식으로 말씀을 전하는 '기계 같은 사람들'(machines)은 성취하는 것이 거의 없습니다. 하나님은 사람들(men)을 사용하길 원하시며, 사람들이란 감정을 느끼고 가변적일 때 사람들인 것입니다. 살과 피는 대리석과 같지 않습니다. 그것들은 변합니다. 하나님께서는 거룩한 목적과 결과들을 위하여 그분의 종들과 사역자들의 감정을 사용하기 원하십니다. 만일 하나님께서 한 사람을 공개 석상에서 영예롭게 하고자 하신다면, 그분은 이따금씩 문 뒤에서 그에게 채찍질을 하십니다. 그리하여 그로 하여금 "누가 이 일을 감당하리요?"라고 소리치게 만드십니다.

형제여, 당신이 메마른 땅이라고 느낄 때, 그 때문에 조바심을 치거나 실망하지 마십시오. 오히려 이렇게 말하십시오. "주여, 여기 마른 나무가 있습니다.

오셔서 그것으로 하여금 열매를 맺게 하소서. 그리하시면 저는 즐겁게 '당신으로 말미암아 제가 열매를 얻습니다'(참조. 호 14:8)라고 고백할 것입니다. 주여, 저는 본성적으로는 시든 가지입니다. 오셔서 제게 수액을 주입하시고, 저로 아론의 지팡이처럼 싹을 틔우고 꽃을 피우게 하소서. 그러면 사람들이 은혜의 기적을 볼 것이며, 당신이 그 일을 통해 모든 영광을 얻으실 것입니다." 쓰임 받는 일에 있어서, 당신 자신의 부적절함이 하나님께 진정으로 결격사유가 된다고 생각하지는 마십시오. 한 사람이 싸우기 위해 선택해야 할 최후의 무기가 나귀 턱뼈일 수도 있지만, 삼손은 그것이 충분히 유용한 것을 알았고, 그것이 그의 승리를 더욱 유명하게 했습니다. 하나님께서 자기를 쓰시기에 잘 준비되었다고 하는 한 사람의 자만심은 오히려 그에게 치명적인 약점으로 판명될 것입니다. 만약 한 사람이 세련된 화법을 습득하고, 학식이 많으며, 높은 가문 출신이며, 큰 평판을 얻었다면, 그와 같은 사람은 그의 동료들에게 너무 높게 평가되어 주께서는 이렇게 말씀하실 것입니다. "사람들이 그를 지나치게 칭송할 것이 우려되어 나는 이 사람을 쓸 수 없다." 하나님께서는 종종 어린 사람들을 사용하시는데, 왜냐하면 사람들이 그들을 어리석다고 여기기 때문입니다. 그분은 종종 무학의 사람들을 영예롭게 하시는데, 사람들로 하여금 그 영예가 그들의 학문에 의한 것이 아님을 알도록 하기 위해서입니다. 하나님께서는 다른 사람들이 습득한 세련된 어법을 쓰지 않는 소박한 '촌뜨기들'을 선택하여 사용하십니다. 그런 사람에 대해 세상은 이렇게 말하지요. "그는 학식이 없는 사람이며, 거칠고 저속한 작자이다." 당신은 이렇게 해서 모든 영광이 하나님께로 돌려짐을 목격하지 않습니까? 그 사람은 자격미달이 곧 그의 적절성입니다. "그러므로 도리어 크게 기뻐함으로 나의 여러 약한 것들에 대하여 자랑하리니 이는 그리스도의 능력이 내게 머물게 하려 함이라"(고후 12:9). 친애하는 주의 일꾼이여, 계속 나아가십시오. 예수님은 "마른 땅에서 나온 뿌리"이시며, 당신의 메마름 속에서도 그분이 꽃을 피우실 것이기 때문입니다.

여러분은 이 사실이 우리가 살고 있는 이 시대와 관련해서도 우리를 위로한다고 생각하지 않습니까? 이 시대는 아주 무서운 시대라고 합니다. 이 시대는 내가 세상에 대해 조금이라도 알았던 때부터 항상 그래왔으며, 아마도 우리 아버지들의 시대에도 항상 그랬을 것이라고 생각됩니다. 어떤 사람들의 말에 의하면, 우리는 언제나 위기에 처해 있습니다. 나는 시대를 옹호하려고 하는 것이 아닙니다. 의심의 여지 없이, 시대는 매우 악합니다. 헤아릴 수 없는 악한 사람들이 대담하게 활동하고 있으며, 반면에 선한 사람들은 그 용기를 잃은 듯이 보입니다. 우리는 무수한 혼합과 타협을 목격하며, 하나님의 귀한 진리가 거리의 진흙처럼 밟히고 있는 것을 봅니다. 이 모든 것이 대체 어찌된 일입니까? 우리가 낙망하였습니까? 결코 그렇지 않습니다.

악한 시대는 그리스도의 영광을 위하여 널리 알려진 시대이기도 했습니다. 위클리프(Wycliffe)가 등장했을 때, 그 시대의 영국은 너무나 어두웠으며, 그로 인해 그 샛별이 더욱 환영을 받았습니다. 루터가 세상에 나타났을 때, 그 시대는 거의 암흑과도 같았으며, 그랬기 때문에 개혁을 위한 좋은 때가 되었던 것입니다! 웨슬리와 휫필드가 등장했을 때의 시대는 죽은 것과 다름없었지만, 주께서 일하시기에는 영광스러운 시대로 판명되었습니다! 만일 여러분이 지금의 시대를 기도와 영성이 빈약한 시대로, 그리고 참된 교리와 뜨거운 열정이 결핍된 시대로 인식한다면, 그것 때문에 초조해하지 마십시오. 이 시대가 철저하게 메마른 토양이어도, 은혜의 뿌리는 성장할 것입니다.

존 번연과 관련하여 이런 일화가 있습니다. 그의 교구에서 젊은이들이 너무나 불경스럽게 맹세하는 것을 들었을 때, 그는 하나님께서 그들을 회심하게 하실 때 어떤 사람으로 만들어 놓으실까 생각하곤 했다고 합니다! 우리도 그런 식으로 생각합시다. 그분이 영국을 집어삼키려고 시도하는 저 천박한 사제들을 구원하실 거라고 상상하고, 그분이 하나님의 존재를 부인하는 저 불경스러운 합리주의자들을 회심시키신다고 상상해봅시다. 하나님께서 그들의 마음을 깨뜨리실 때 그들은 정녕 참회하는 죄인들이 될 것이며, 그분이 그들을 새롭게 하실 때 그들이 대단한 말씀의 설교자가 되지 않겠습니까? 큰 소망을 가집시다. 사람들이 시대가 개선되고 있다고 말할 때 우리의 신앙이 상승하는 것도 아니며, 사람들이 시대를 악하다고 매도할 때 우리가 비관하는 것도 아닙니다. 하나님의 연대는 무궁하며, 그분은 그분의 목적을 이루실 것입니다. 시대는 부침을 거듭하지만, 하나님은 서두르지 않으십니다. 세상이 백만 년 동안 계속된다고 하여도 결국에는 하나님이 승리하실 것이며, 인간 역사의 시(詩)는 애도(哀悼)로 종결되지 않을 것이며, 오히려 승리의 찬가로 마무리될 것입니다. 이런 문제와 관련하여 용기를 가집시다!

한편으로 우리는 어떤 특별히 악한 장소와 관련하여 실망할 수 있습니다.

이런 식으로 말하지 마십시오. "그곳에서는 말씀을 전해도 소용없어요. 저 미개한 나라에는 선교사들을 보내도 소용없어요." 당신이 어떻게 압니까? 그곳이 아주 메마른 땅입니까? 아아, 그렇다면 그곳은 희망이 있는 땅입니다. 그리스도께서는 "마른 땅에서 나온 뿌리"이시며, 실망의 요소가 더 많을수록 당신은 더욱 더 용기를 내야 합니다. 그것을 다른 표현으로 말해봅시다. 그곳이 캄캄합니까? 그렇다면 큰 빛을 비추기에는 아주 좋은 곳이군요. 빛은 밤이 아주 어두울 때가 아니면 그다지 밝게 빛나지 않습니다. 가장 부패하기 쉬운 곳에 그리스도의 소금을 가지고 오십시오. 질병이 세력을 떨치는 곳이 아니라면, 의사가 큰 승리의 영광을 얻을 곳이 달리 어디이겠습니까? 가장 필요로 하는 곳에 그리스도의 복음을 들고 가십시오.

이런 사실은 각 개인들에 대해서도 마찬가지입니다. 여러분은 결코 "저런 사람은 결코 회심하지 않을 것이다"라는 식으로 말해서는 안 됩니다. 여러분 중 부모들은 이렇게 말하지 마십시오. "메리는 상냥한 기질을 가지고 있어서, 나는 메리가 그리스도께 오리라고 기대한다. 그리고 존은 열린 마음을 가진 소년이며, 하나님의 집에서 매우 주의 깊은 태도를 가진 듯이 보이기에, 나는 그 아이가 구원받는 것을 볼 거라고 예상하지. 하지만 톰에 대해서 말하자면, 그 아이는 매우 거칠고 무모한 녀석이기에, 나는 그 아이가 구원받는 것을 결코 볼 수 없을 거야." 나는 하나님께서 바로 그런 아이를 자기에게로 이끄시고, 그 아이로 하여금 당신의 노년의 기쁨이요 위안으로 삼으신다고 해도 놀라지 않을 것입니다. 당신이 누구입니까? 당신이 하나님의 백성을 선택하는 자입니까? 하나님께서 오래전에 이미 선택하셨으며, 그분은 종종 당신이 포기하고 쫓아버린 바로 그 사람들을 선택해 오셨습니다. 모든 사람들, 모든 계층에 속한 사람들의 회심을 구하십시오. 당신의 모든 친척들, 당신의 모든 자녀들의 회심을 위해 기도하십시오. 당신은 이 사람이나 저 사람 중에서 누가 구원을 얻게 될지에 대해 알지 못합니다. 그분은 "마른 땅에서 나온 뿌리"이십니다. 마른 땅을 바라보십시오. 그리고 그것이 마른 땅인 것을 볼 때, 그곳에서 뿌리가 돋을 것이라고 희망을 가지십시오.

4. 이 진리가 나타내는 영광

이제 나는 이 모든 것이 나타내는 영광에 대해 몇 마디 언급함으로써 설교를 마치려 합니다. 사랑하는 이여, 그리스도의 승리의 월계관은 빌려온 것이 아닙니다. 그분이 영광 중에 오실 때 그분의 벗들 중에서 이와 같이 말하는 자는 아무도 없을 것입니다. "오 왕이시여, 당신의 면류관에 있는 그 보석들은 저의 덕택입니다." 어느 누구도 그런 식으로 속삭일 자가 없을 것입니다. 만약 영예가 대장에게 주어진다면 그것은 결국에는 군사들의 전투 덕분이지요. 하지만 모든 사람들이 그리스도께서 모든 일을 시작하고 끝내신 분이시라고 인정할 것이며, 따라서 그분이 그 모든 영광을 가지셔야 합니다. 그분과 함께 있었던 우리는 마른 땅이었으며, 그분이 우리에게 생명을 주신 것이지, 반대로 우리에게 무언가를 신세지신 적이 없습니다.

세상의 종말에 이르면, 그리스도께서 얼마나 공을 들여 그분의 승리를 망쳐 놓을 수 있었던 모든 요소들을 떨쳐 버리셨는가를 볼 수 있을 것입니다. 이는 역사에서 매우 두드러집니다. 하나님의 교회는 영광스럽게 진군하여 열방들을 복종시켰으며, 마침내 저 세례 받지 않은 이방인 콘스탄티누스가 자기를 위한 국가 정책의 일환으로서, 잃어버릴 수도 있었던 권좌를 확보하기 위해 기독교인들을 자기편으로 끌어들여야겠다고 생각할 정도가 되었습니다. 그 옛 죄인이 기독교를 국가 종교로 만들었고, 그 때부터 순수한 기독교는 사라져버렸습니다. 그 당시 피에몬테(Piemonte, 이탈리아 북서부의 주 이름)의 계곡들에 가지 않고서는, 순수한 종교를 찾을 수 없었습니다. 박해받는 발도파(Waldenses) 사이에서나 순수한 종교는 명맥을 유지했습니다. 종교는, 왕의 손이 교회에 접촉함으로써 영적인 질병을 감염시킨 이후로, 진정하고 참되며 순수한 경건의 관점에서 볼 때 거의 존재하지 않게 되었습니다. 그 암흑시대는 교회가 육체의 팔을 의지한 것 때문에 초래한 징계였습니다. 그 때 종교개혁이 도래했습니다. 사람들이 복음을 전하고, 오직 영적인 권세에만 의지하는 동안에는, 심지어 박해조차도 복음이 전파되는데 일조하였습니다. 하지만 헨리 8세와 엘리자베스와 같은 죄인들은 왕족의 날개를 교회 위에 펼쳤고, 교회는 병들고 거의 죽게 되었습니다.

멸시받는 청교도들이 십자가에 못 박히신 주님의 대변자들이 되었습니다. 이 청교도들의 수가 늘어났던 시대에, 그들은 오류를 범했습니다. 그들은 칼을 들었고(청교도들이라 하더라도 칼을 쥐면 싸울 수 있음을 기억하십시오), 육체의 힘으로써 우세하게 되자 청교도 영성은 쇠퇴하게 되었습니다. 왜냐하면 누구든지 그런 방식으로 하나님께 영광을 돌릴 수 있다고 생각하는 자가 있다면, 하나님이 그와 아무런 상관을 하지 않으실 것이기 때문입니다. 지금 이 시대에도, 주께서는 이 나라 국교에 반대하는 백성들에게 은혜를 주실 수 있습니다. 하지만 만약 그들이 정치적인 힘을 추구한다면, 그리고 사역자들의 교육 수준이나 다른 세속적인 것을 의존한다면, 하나님께서는 다른 사람들에게 그러하셨던 것처럼 그들을 내버려두실 것입니다. 역사는 그리스도께서 겸손하고, 믿고, 신실하며, 영적인 생각을 가진 사람들을 축복하셨음을 보여줍니다. 하지만 그들이 왕 앞에서 굽실거리거나, 칼이나 총검을 사용할 때, 그 순간부터 주님은 그들을 낮추시며 처음의 기초에서 다시 시작하게 하십니다. "힘으로 되지 아니하며 능력으로 되지 아니하고 오직 나의 영으로 되느니라"(슥 4:6)고 만군의 여호와께서 말씀하셨기 때문입니다. 앞으로도 그렇게 될 것입니다.

최후에 전체 교회가 그 영광 중에 일어날 때, 단 하나의 돌에서도 조각가의 연장이나 인간적 솜씨의 흔적을 찾을 수 없을 것입니다. 바닥에서부터 꼭대기에 이르기까지 인간 석공(石工)의 흔적은 찾을 수 없을 것이며, 어떤 왕도 "내가 저 귀감람석(貴橄欖石)으로 된 아름다운 창문을 제공했지"라고 말하지 못할 것이며, 어떤 제후도 "내가 저 청옥(青玉)과 녹옥수(綠玉髓)로 된 첨탑을 바쳤다"라고 말하지 못할 것입니다. 또한 어떤 목사도 "내 웅변이 저 마노(瑪瑙)로 된 문을 만들었으며, 저 홍옥(紅玉)으로 된 창문들을 설치했다"고 말할 수 없고, 심지어 어떤 천사도 "내가 맑은 유리처럼 빛나는 저 투명한 황금 길을 깔아 놓았다"고 말하지 못할 것입니다. 결코 그렇지 않습니다. 그 공은 오직 하나님께, 하나님 한 분께 돌려질 것입니다. 하나님의 작정 속에서 놓여진 기초, 서로 결합되어 구주의 속죄의 피로 아름답게 물들여진 돌들, 살아계신 하나님의 신비한 영이 만드시고 배치시켜 놓으신 각각의 보석들, 그리고 적절한 구조로 짜여진 전체 성전이, 그 기초에서 첨탑에 이르기까지 하나님의 영광으로 밝게 빛날 것입니다. 그것은 하나님께 대해 말하고, 오직 하나님께 대해서만 말할 것입니다. 그 성전이 완성될 때, 땅 끝에서부터 이런 외침이 들려올 것입니다. "할렐루야 주 우리 하나님 곧 전능하신 이가 통치하시도다"(계 19:6). 다른 모든 환호성은 침묵할 것입니다! 오직 이 찬송이 다른 모든 소리를 압도하여 잠잠케 할 것입니다. 우리의 마음속에서도 다른 모든 소리는 잠잠케 되기를 바랍니다. 그날 오직 주님께서 높임을 받으실 것이니, 이는 그가 하나님이시고, 그와 같은 이가 아무도 없기 때문입니다! 아멘 또 아멘.

제
62
장

슬픔의 사람

"간고를 많이 겪었으며 질고를 아는 자라."—사 53:3

아마도 회중 가운데서 이런 중얼거림이 오갈 수도 있을 것입니다. "오늘 설교는 슬프고도 음울한 주제로군요." 하지만 사랑하는 이여, 그렇지 않습니다. 우리 구주의 슬픔은 너무나 컸지만, 이제 그것은 모두 지나갔으며, 거룩한 승리의 관점에서 회고하는 것입니다. 싸움이 아무리 혹독했어도, 승리를 얻었습니다. 저 배가 물결에 심하게 요동했지만, 이제 그 배는 바라던 항구로 들어갔습니다. 우리의 구주는 더 이상 겟세마네의 고뇌 중에 있지 않으시며, 숨이 끊어져가는 십자가에 계시지 않습니다. 가시 면류관은 통치의 면류관으로 대체되었으며, 그분을 찔렀던 못들과 창 대신 통치의 홀(笏)이 그분에게 주어졌습니다. 이것이 전부가 아닙니다. 그 고난은 끝났지만, 그 복된 결과들은 결코 끝나지 않았습니다. 우리는 세상에 한 아기로 오셨던 그리스도의 수고를 기억할 수 있습니다. 눈물로 씨를 뿌렸던 것이 기쁨으로 거두어지고 있습니다. 그 여자의 후손이 발꿈치에 입었던 상처가 그 뱀의 머리를 깨뜨리는 것으로 보상되었습니다. 결정적인 승리가 전쟁을 끝내고 평화를 확립하였을 때, 싸웠던 전투들에 대해 듣는 일은 즐거운 것입니다. 그러므로 우리 구주에 의해 모든 고난의 일이 완수되었고, 또한 그로 인해 그분이 자기 수고의 결과들을 보고 계신다는 이중의 회상을 함으로써, 우리는 그분의 고난에 동참하는 동안에도 즐거워할 것입니다.

우리 구주의 슬픔에 관한 주제가 성경에 계시된 다른 어떤 주제보다도 슬퍼하는 자들에게는 더욱 효과적인 위로가 된다는 사실을 잊지 말도록 합시다. 심지어 그리스도의 영광조차도 고통을 겪는 심령들에게는 그리스도의 고난과 같은 큰 위안을 제공하지 않습니다. 그리스도는 모든 면에서 이스라엘의 위로이시지만, '슬픔의 사람'(a Man of Sorrows, KJV, 한글개역개정에는 '간고를 많이 겪었으며'로 옮겨진 대목 — 역주)으로서 그분은 가장 큰 위로를 주십니다. 고통스러운 심령들은 베들레헴으로 향하기보다는 골고다로 더욱 향합니다. 그들은 나사렛보다는 겟세마네를 선호합니다. 고통당하는 영혼들은 영광 중에 다시 오실 그리스도를 바라봄으로써 위로를 얻기보다는, 처음 오셨을 때 고난이 가득하고 지친 모습의 그리스도를 바라봄으로써 더 큰 위로를 얻습니다. 그 고난의 꽃이 우리에게 최상의 향기를 내어뿜으며, 그 십자가의 나무는 최상의 치료제를 제공합니다. 슬픔의 상처를 치유하기 위해서라면, '임마누엘의 슬픔'만한 치료약이 해 아래에는 없습니다. 아론의 지팡이가 다른 지팡이들을 모두 삼켰듯이, 예수님의 슬픔이 우리의 슬픔들을 사라지게 합니다.

이처럼 여러분이 이 설교의 주제에서 보다시피, 캄캄한 토양 속에 의인들을 위하여 빛이 심겨져 있으니, 그 빛은 어둠과 죽음의 그늘에 앉은 자들에게 비칠 것입니다. 그러므로 우리는 기꺼이 저 애도의 집으로 가서, "그 상주(喪主, The Chief Mourner)"와 이야기를 나누도록 합시다. 그분은 진정 다른 모든 사람들에게 이와 같이 말씀하실 수 있었습니다. "고난당한 자는 나로다"(애 3:1).

우리는 오늘 아침 이 본문에서 벗어나지 않을 것이며, 본문을 면밀히 살펴 각각의 단어들에 대해서까지 깊이 생각할 것입니다. 그 단어들 자체가 다음과 같은 구분을 제공합니다. "사람(A Man)", "슬픔의 사람(A Man of Sorrows)", "질고를 아는 자(acquainted with grief)."

1. 한 사람(A Man)

"한 사람!" 우리 주 예수 그리스도의 참되고 실제적인 인성에 관하여, 이 단어가 어떤 새로운 교리를 가르치는 것은 아닙니다. 하지만 비록 이 단어에 새로운 것은 없어도, 그 속에 모든 중요한 것이 내포되어 있으니, 그것을 다시 들어보도록 합시다. 이것은 매 주일마다 교회당에서 울려 퍼져야 할 복음의 종소리들 중의 하나입니다. 이것은 주님의 집에서 제공하는 양식들 중의 한 가지이며, 마치 빵과 소금과도 같아서, 모든 영적인 식사 때마다 식탁에 올려져야 할 내용물입니다. 이것은 매일 이스라엘 진영 주변에 떨어져야 할 만나입니다.

우리가 하나님이시면서 또 사람이신 그리스도의 복된 위격에 대해서 아무리 묵상해도 지나치지 않습니다. 여기서 "사람"으로 불리는 그분이 정녕 "참 하나님에게서 나신 참 하나님(a very God of very God, 니케아신경에서 고백된 그리스도의 위격에 관한 정통교리 — 역주)"이셨음을 묵상합시다. "한 사람" 곧 "슬픔의 사람"이면서 동시에 "만물 위에 계신 하나님"(롬 9:5)이신 그분을 묵상합시다. "멸시를 받아 사람들에게 버림받았던" 그분이 천사들에 의해 사랑과 칭송을 받으셨으며, "사람들이 그에게서 얼굴을 가리는 것 같이 멸시를 당하였던" 그분이 그룹들과 스랍들에게는 경배를 받으셨습니다. "하나님이 육신으로 나타난 바 되셨다"는 이 경건의 비밀은 심히 큽니다(딤전 3:16). 하나님이시며, 태초부터 하나님과 함께 있었던 그분이, 육신이 되어 우리와 함께 거하셨습니다. 가장 높으신 분께서 황송하게도 가장 낮아지셨으며, 가장 크신 분이 자기 거처를 가장 작은 자들 중에 정하셨습니다. 이는 너무나 기이하여, 그것을 깨닫기 위해서는 우리의 모든 신앙을 기울여야 하겠지만, 수가 마을의 우물 곁에 앉아 "물을 좀 달라" 하셨던 그분이 다름 아니라 대양의 해협들을 파고 그곳에 물을 부어 채우신 그분이셨던 것입니다! 마리아의 아들이시여, 당신은 또한 여호와의 아들이십니다! 당신의 모친에 속한 근본을 타고나신 사람이시여, 당신은 또한 근본적으로 하나님이십니다. 우리는 오늘 영과 진리로 당신께 예배드립니다!

우리는 예수 그리스도가 하나님이심을 기억합니다. 하지만 오늘 본문은 그럼에도 불구하고 그분의 인성(人性, manhood)이 참되고 실질적이었음을 우리에게 회상하도록 만듭니다. 그것은 죄가 없었다는 점에서 우리의 인성과는 다르지만, 다른 면에서는 다를 바가 없습니다. 어떤 이들이 그래왔던 것처럼 신적인 인성에 대해서 사변적으로 추측하는 것은 한가로운 일입니다. 그들은 정확을 기하는 시도를 하다가, 오히려 오류의 소용돌이에 빠져들고 말았지요. 주께서 여자에게서 나셨고, 강보에 싸여 구유에 누이셨으며, 여느 다른 어린아이처럼 모친에 의해 양육 받으실 필요가 있었음을 아는 것으로 우리에게는 충분합니다. 그분은 다른 인간과 마찬가지로 키가 자랐고, 우리가 알듯이 한 사람으로서 먹고 마셨으며, 배고픔과 목마름을 겪었고, 즐거워하고 또 슬퍼하였습니다. 그분의 몸은 만질 수도 붙잡을 수도 있었으며, 상처를 입어 피를 흘리기도 했습니다. 그분은 유령이 아니었으며, 우리와 마찬가지로 살과 피를 가진 사람이었습니다. 잠을 자야 했고, 음식을 필요로 했으며, 통증을 느끼셨고, 결국에는 자기 목숨을 죽음에 내어주셨던 한 사람이었습니다. 그분의 몸과 우리의 몸에 어떤 차이가 있을 수도 있었겠지요. 예를 들자면, 그분의 몸은 죄로 인해 더럽혀진 적이 없었고, 부패될 수가 없었습니다. 그것을 제외하고는 몸과 정신의 면에서, 주 예수님은 우리의 인성과 마찬가지로 "죄 있는 육신의 모양으로"(롬 8:3) 된 완전한 사람이셨습니다. 그러니 우리는 그런 관점에서 그분을 생각해야 합니다.

우리는 주님의 인성이 우리 자신의 그것과는 상당히 다른 어떤 것이었다고 간주하는 유혹에 빠집니다. 우리는 그것을 영적으로 해석하여 그 의미를 퇴색시키며, 그분을 진실로 우리의 뼈에서 난 뼈요 우리의 살에서 난 살로서 생각하지 않습니다. 이 모든 것은 심각한 오류에 가깝습니다. 우리가 그런 추측을 함으로써 그리스도를 영예롭게 하고 있다고 상상할지 모르지만, 그리스도는 참되지 않은 것에 의해서 영예를 얻으시는 분이 결코 아닙니다. 그분은 한 사람, 진짜 사람, 우리와 같은 한 사람, 인자(the Son of man)이셨습니다. 정녕 그분은 인류의 대표자였고, 두 번째 아담이었습니다. "자녀들은 혈과 육에 속하였으매 그도 또한 같은 모양으로 혈과 육을 함께 지니셨음이라"(히 2:14). "오히려 자기를 비워 종의 형체를 가지사 사람들과 같이 되셨음이라"(빌 2:7).

주님은 자기를 낮추어 우리의 본성에 참여하심으로써 우리를 그분과의 가까운 관계로 이끄십니다. 비록 하나님이시지만, 그분이 한 사람이셨기에, 히브리 율법에 따르면 우리의 고엘(Goel) 즉 가까운 친족이 되셨습니다. 율법에 따르면, 만약 누군가 기업을 잃어버리게 되었을 때, 그의 가까운 친족은 그것을 사서 되찾아줄 권리가 있었습니다. 우리의 주 예수님은 그분의 합법적인 권리를 행사하셨습니다. 우리가 팔려 속박된 것과 우리의 기업이 빼앗긴 것을 보시고, 우리와 우리의 잃어버린 기업 모두를 속량하기 위해 오셨습니다. 우리에게 그런 친족이 있다는 것이 너무나 큰 복입니다!

룻이 보아스의 밭으로 이삭을 주우러 갔을 때, 보아스가 그녀의 가까운 친족으로 밝혀진 것이 그녀의 삶을 가장 은혜로운 상황에 처하게 했습니다. 마찬가지로 은혜의 밭에서 이삭을 줍게 된 우리는 하나님의 독생자가 우리의 가까운 친족이신 것으로 인해 주를 찬양합니다! 그분이 "역경의 때를 위하여 난 우리의 형제"이십니다(참조. 잠 17:17). 만일 사람에게서 난 것이 아닌 다른 어떤 대속물이 우리를 위하여 받아들여졌다면, 그것은 하나님의 공의와 조화되지 않았을 것입니다. 사람이 죄를 지었으니, 사람이 하나님의 명예에 끼친 손해를 보상해야 합니다. 율법을 어긴 것은 사람에 의한 것이니, 사람에 의해 벌충되어야 합니다. 사람이 잘못한 것이니, 사람이 벌을 받아야 합니다. "제가 사람을 위해 고난을 받겠습니다"라고 말하는 것은 천사의 권한에 속한 일이 아닙니다. 천사의 고난도 인간의 죄에 대한 보상이 되지 않기 때문입니다. 하지만 사람이, 저 비길 데 없으신 사람이, 사람의 대표자가 되심으로써, 친족의 권리에 의해 속량하도록 허락받았으며, 우리의 일에 개입하여 합당한 고난을 당하시고, 하나님의 정의가 손상된 것을 보상하였으며, 그렇게 함으로써 우리를 자유롭게 했습니다! 그분의 복되신 이름에 영광을 돌립니다!

사랑하는 이여, 여호와께서는 그리스도의 인성 안에서 그가 우리의 구속자가 되기에 합당함을 보셨습니다. 그러므로 한때 사탄에게 속박되었었던 이곳에 있는 많은 사람들이, 그리스도의 인성 안에서 우리를 그분에게로 이끄는 매력을 볼 것이라고 나는 믿습니다. 죄인이여, 당신은 완전무결한 하나님께로 올 필요가 없습니다. 당신은 소멸하는 불 가까이로 오라는 명을 받지 않았습니다. 당신이 그토록 노여우시게 했던 그분에게 가까이 간다는 것은 당연히 두렵고 떨리는 일입니다. 하지만 당신과 하나님 사이에 중재하도록 지명되신 '한 사람'이 있습니다. 만약 당신이 하나님께 오고자 한다면, 당신은 그분 즉 사람이신 그리스도 예수를 통해서 와야 합니다. 거룩한 성소에 계신 하나님은 그리스도 밖에 있는 자들에게는 두려운 분이시며, 결코 죄를 묵과하지 않으실 것입니다. 하지만 저기 인자를 보십시오!

"그분의 손에는 벼락이 쥐어지지 않았고,
그분의 이마에는 노여움의 기색이 없네.
죄지은 영혼들을 타는 불 속으로 내쫓기 위해
빗장을 걸어두지도 않으신다네."

그분은 손에 가득 은혜를 담고 있는 사람이십니다. 연민으로 젖은 눈을 하시고, 사랑으로 넘치는 입술과, 자비로 가득한 마음을 가지신 분이십니다. 그분의 옆구리에 깊이 베인 상처가 보이지 않습니까? 그 상처를 통하여 그분의 마음에 이르는 큰 대로가 있으니, 그분의 긍휼이 필요한 자는 곧 그분의 마음을 자극할 수 있습니다.

오 죄인이여! 구주의 마음으로 향하는 길은 열렸으니, 참회하며 그 길을 찾는 자는 결코 거절되지 않을 것입니다. 낙심에 빠진 영혼이 어찌하여 구주께 가까이 오기를 두려워한단 말입니까? 그분은 황송하게도 하나님의 어린 양의 모습을 취하셨으니, 나는 어떤 어린아이도 어린 양을 두려워하지 않는 것을 압니다. 예수님은 모든 수고하고 무거운 짐진 자들을 오라 하실 때 이 말씀을 하셨습니다. "나는 마음이 온유하고 겸손하니 나의 멍에를 메고 내게 배우라"(마 11:29). 나는 여러분이 슬픔과 두려움을 느끼고 있음을 압니다. 하지만 그분 앞에서 두려워 떨 필요가 있을까요? 만약 당신이 약하다면, 당신의 약함이 그분의 동정심을 자극할 것이며, 당신이 스스로 슬퍼하는 무능함이 오히려 그분의 넘치는 은혜를 얻기 위한 근거가 될 것입니다. 만약 내가 아프고, 치료를 위해 누울 병상을 내가 선택할 수 있다면, 나는 지상에서 가장 훌륭하고 친절한 의사가 나를 진찰할 수 있는 곳에 눕혀달라고 요청할 것입니다. 뛰어난 기술과 큰 자비심을 가진 의사가 항상 관찰할 수 있는 병상에 눕기를 나는 바랄 것입니다. 내가 거기서 헛되이 오래도록 고통에 신음하지 않을 것이니, 그가 나를 치료할 수 있다면 치료할 것이기 때문입니다.

죄인이여, 오늘 아침 믿음의 행위로써 예수님의 십자가 아래에 당신을 두십시오. 그분을 바라보고 이렇게 말하십시오. "복되신 의사시여, 저를 위해 상처를 입으신 당신께서는 저를 치료하실 수 있습니다. 저를 위해 죽으신 당신께서 저를 살게 하실 수 있습니다. 저를 내려다보소서! 당신은 사람이시니, 사람이 고통당하는 것이 무엇인지를 아십니다. 당신은 사람이시니, 당신께 도움을 바라며 부르짖는 한 사람을 지옥에 떨어지도록 버려두시겠습니까? 당신은 사람이시며, 또한 구원하실 수 있는 분이시니, 은혜를 갈망하면서 당신의 공로로써 구원해달라고 부르짖는 한 불쌍하고 무가치한 사람을 가망 없는 불행 속으로 던지시겠습니까?"

오, 범죄한 인간들이여, 예수님의 마음을 움직일 수 있다는 믿음을 가지십시오. 죄인이여, 두려워말고 예수님께 도망치십시오. 그분은 구원하려고 기다리십니다. 죄인들을 받아들여 그들을 하나님과 화목하도록 하는 일이 그분의 직무입니다. 당신이 하나님께 먼저 가지 않아도 되는 것과, 예수 그리스도께 오라고 초대되어, 그분을 통해서 아버지께 대하여 살 수 있음에 감사하십시오. 성령께서 우리 주님의 겸손에 대해서 진지하게 묵상하도록 여러분을 이끌어주시길 빕니다. 그리하여 여러분이 생명의 문, 평화의 문, 천국의 문을 발견하게 되기를 바랍니다!

이 요점을 마무리하기 전에 이 말을 덧붙이고자 합니다. 하나님의 모든 자녀는 우리 구주의 얼굴이 우리 인류의 얼굴들 중의 하나인 사실에 의해서도 역시 위로를 얻을 수 있습니다. 그분이 자기 형제들의 모습과 같으시기에, 그분은 자비롭고도 신실하신 대제사장이 되실 수 있었습니다. 그분은 모든 면에서 우리와 마찬가지로 시험을 당하셨기에, 시험당하는 자들을 능히 위로하실 수 있었습니다. 예수님의 동정심은 그분의 희생 다음으로 가장 고귀한 것입니다. 나는 일전에 한 그리스도인 형제의 침상 곁에 서 있었는데, 그가 이런 말을 했습니다. "저는 우리 주님께서 우리의 질병을 짊어지신 것으로 인해 하나님께 감사를 느낍니다." 그가 계속해서 말했습니다. "물론, 제일 위대한 일은 그분이 우리의 죄를 짊어지신 것이지요. 하지만 저와 같이 병으로 고통당하는 자의 입장에서 볼 때, 그 다음으로 위대한 일은 그분이 또한 우리의 약함을 담당하셨다는 것이지요." 개인적으로, 나 또한 그러하다고 증언합니다. 큰 고통을 느끼는 시기에, 주 예수님께서 자기 백성을 괴롭히는 모든 통증에 대해서 동료로서의 느낌을 가지심을 아는 것이 내게는 최상의 위로가 됩니다. 우리는 홀로가 아닙니다. 인자 같으신 이가 풀무불 가운데서도 우리와 함께 동행하시기 때문입니다. 우리의 하늘 위에 떠 있는 구름들이 전에는 그분이 이 땅에 계시던 때의 하늘도 어둡게 했습니다.

"강한 유혹이 무엇을 의미하는지 그분이 아심은,
같은 일을 그분이 느끼셨기 때문이라네."

한때는 그분 역시 같은 것으로 인해 고통당하셨음을 아는 것이 얼마나 완벽하게 질고의 쓰라림을 가져가는지요! 마케도니아의 병사들이 힘에 부치는 긴 행군을 하고서 육체적 인내의 한계를 넘은 것처럼 보였을 때, 알렉산더의 모습이 그들에게 힘을 회복하는 원인이 되었다는 말이 전해집니다. 그는 병사들과 함께 걷곤 했으며, 병사들과 같은 피로를 느꼈습니다. 만약 그 왕이 페르시아의 군주처럼 큰 가마에 타고서, 아주 편안하게 화려한 모습으로 이동했다면, 그 병사들은 급속히 지치고 말았을 것입니다. 하지만 그들이 배고플 때 그들과 함께 배고픔을 느끼고, 그들이 목마를 때 그들과 함께 목마름을 느끼며, 종종 자신에게 제공되는 물잔을 거절하고 그 물잔을 자신보다 더 지쳐 보이는 동료 병사에게 건네주는 왕의 모습을 바라보았을 때, 그들은 투덜거리는 것을 상상도 할 수 없었습니다. 모든 마케도니아 병사들은 만약 알렉산더가 피로를 견딜 수 있다면 그들 역시 어떤 피로도 견딜 수 있다고 느꼈습니다.

오늘 우리는 확실히 가난을 견딜 수 있으며, 비방이나 경멸이나, 혹은 육체의 고통이나 혹은 죽음 그 자체도 견딜 수 있습니다. 왜냐하면 우리 주 예수 그리스도께서 그것을 감당하셨기 때문입니다. 그분의 겸손으로 인하여, 그분을 위해 낮아지는 것은 기쁨이 될 것이며, 그분의 뺨에 뱉어졌던 침으로 인하여 그분을 위해 조롱거리가 되는 것이 아름다운 일이 될 것입니다. 그분이 눈을 가리고 맞으신 것으로 인하여, 굴욕을 당하는 것이 명예가 될 것이며, 십자가로 인하여 그토록 귀하신 주님과 그분의 대의를 위해서라면 목숨까지도 버리는 것이 삶 자체가 될 것입니다! 저 슬픔의 사람이 지금 우리에게 나타나시어, 우리로 하여금 우리의 슬픔을 기쁘게 견딜 수 있게 해 주시길 빕니다. 만약 어디든 위로가 있다면, 정녕 그것은 십자가에 달리신 분의 즐거운 임재 안에서 발견될 것입니다. "그 사람은 광풍을 피하는 곳, 폭우를 가리는 곳 같을 것이라"(사 32:2).

2. 슬픔의 사람

이제 계속해서 "슬픔의 사람"(A Man of Sorrows)이라는 말을 살펴보고자 합니다. 그 표현은 매우 강조적인 의도로 쓰인 것으로서, "슬픔이 가득한 사람"이 아니라 "슬픔의 사람"입니다. 마치 그가 슬픔으로 구성되었으며, 슬픔들이 그분의 존재를 구성하는 요소인 듯이 말입니다. 어떤 이들은 쾌락의 사람들이며, 다른 사람들은 부의 사람들이지만, 그분은 "슬픔의 사람"이셨습니다. 그분과 슬픔은 교차적인 호칭이 될 수 있었습니다. 그분을 본 사람은 슬픔을 본 것이며, 슬픔이 무엇인지를 보고자 하는 자는 그분을 바라보아야 합니다. 그분이 말씀하십니다. "한때 내게 가해진 슬픔과 같은 슬픔이 또 있었는지를 보라!"

우리 주님이 슬픔의 사람으로 불리신 것은 슬픔이 그분의 특색이었기 때문입니다. 슬픔은 그분의 독특한 징표이자 특별한 표지였습니다. 우리는 그분을 "성결의 사람"으로 부르는 것이 마땅합니다. 그분에게는 아무런 흠이 없었기 때문입니다. 혹은 "수고의 사람"으로도 부를 수 있으니, 이는 그분이 아버지의 일을 열심히 행하셨기 때문입니다. 혹은 그분을 "웅변의 사람"으로도 부를 수 있는데, 어떤 사람도 그분처럼 말한 적이 없었기 때문입니다. 우리는 그분을 우리 찬송의 표현처럼 "사랑의 사람"으로도 적절하게 부를 수 있는데, 그분의 마음속에 빛나는 사랑보다 더 큰 사랑은 없기 때문입니다. 하지만 이러한 모든 특징적인 요소들과 다른 탁월한 면들이 많이 있음에도 불구하고, 만약 우리가 그리스도를 응시한 후에 그분의 가장 두드러진 특색이 무엇이냐는 질문을 받았다면, 우리는 그분의 슬픔에 대해서 언급했어야 할 것입니다.

그분의 성품의 다양한 부분들은 너무나 신비하게 조화를 이루기 때문에, 어떤 한 가지 특징이 압도적으로 두드러져서 제일 뛰어난 요소가 되진 않습니다. 그분의 초상화에서, 눈이 완벽하지만 또한 입도 완벽합니다. 그분의 뺨은 향기로운 꽃밭과 같으며, 그분의 입술은 백합화 같아서 향기로운 몰약의 즙이 뚝뚝 떨어집니다(아 5:13). 베드로에게서, 여러분은 가끔씩은 과장되어 주제 넘는 짓으로 이어지는 열정을 봅니다. 요한에게서, 주님을 향한 그의 사랑이 그분의 원수들에게 하늘로부터 불이 떨어지도록 요청하는 모습으로 이어지는 것을 봅니다. 예수님을 제외하고는, 결핍과 과장의 특징들이 어디에나 존재합니다. 예수님은 완벽한 사람, 온전한 사람, 이스라엘의 거룩한 분이십니다. 하지만 한 가지 특징이 있었는데, 그것은 "그의 모양이 타인보다 상하였고 그의 모습이 사람들보다 상하였다"(사 52:14)고 하는 사실에 있습니다. 이는 그분의 심령에 지속적으로 옮겨졌던 과도한 질고들로 인한 것이었습니다. 눈물이 그분의 표지이며, 십자가가 그분의 표상이었습니다. 그분은 검은 갑옷을 입은 전사이셨고, 당시에는 백마를 타신 분 같지 않았습니다. 그분은 질고의 주이셨고, 고통의 황태자이셨으며, 고뇌의 황제이셨으니, 정녕 그분은 "간고를 많이 겪었으며 질고를 아는 자"이셨습니다.

"오! 질고의 왕이시여!
이는 이상한 칭호이면서도 또한 참된 칭호이니,
모든 왕들 중에서 오직 당신께만 합당한 칭호입니다!
오! 상처를 입은 왕이시여!
모든 질고 가운데서 저를 보호하시니,

제가 얼마나 당신을 위해 울어야 하는지요!"

우리 주님에게 "슬픔의 사람"이란 칭호가 주어진 것은 두드러짐 때문이 아닐까요? 그분은 슬프셨을 뿐 아니라 슬픈 자들 중에서도 단연 두드러졌습니다. 모든 사람들에게 짊어져야 할 짐이 있지만, 그분의 짐이 가장 무거웠습니다. 사람들 중에서 어느 정도 슬픔이 없는 사람이 어디 있을까요? 온 지면을 살펴보십시오. 그러면 가시와 엉겅퀴가 발견될 것이며, 이런 것이 여자에게서 난 모든 자들에게 상처를 입힐 것입니다. 지구상의 높고 고상한 곳에도 슬픔이 있으니, 왕족의 과부가 남편을 위해 비탄의 눈물을 흘립니다. 낮은 곳 오두막집에 대해서 우리는 만족만이 있을 것이라 상상하겠지만, 그곳에도 혹독한 가난과 잔인한 압박으로 인하여 많은 애통의 눈물이 흐릅니다. 가장 양지바른 곳에서도 독사가 꽃들 사이로 기어 다니며, 가장 비옥한 땅에도 유익한 약초들이 있을 뿐 아니라 독초들 또한 번성합니다. 어디에서나 "남자들은 수고해야 하며 여자들은 울어야 합니다." 바다에도 슬픔이 있으며, 육지에도 슬픔이 있습니다. 하지만 이러한 일반적인 사람들 중에서 "많은 형제 중에서 맏아들"(롬 8:29)이 곱절 이상의 몫을 짊어지셨으니, 그가 마시는 고난의 잔은 더 쓰고, 그가 받는 세례의 시련은 나머지 온 가족들이 받는 시련보다 깊습니다. 고통을 겪는다고 하는 보통의 사람들은 그분에게 자리를 내어드려야 합니다. 왜냐하면 어느 누구도 고통의 정도에 있어서 그분에게 비길 바가 아니기 때문입니다. 보통 슬퍼하는 자들은 그들의 옷을 찢는 것으로 만족할 수 있겠지만, 그분은 고통 속에서 자기 자신을 찢어야 했습니다. 그들은 슬픔의 잔을 홀짝거리고 마시지만, 그분은 온 잔을 남기지 않고 마셔야 했습니다. 가장 순종적인 아들이었던 그분이 회초리로 하나님의 징계를 받고 괴로움을 겪어야 했습니다. 매를 맞은 자들 중에 다른 어느 누구도 땀을 핏방울처럼 흘린 적이 없으며, 혹은 그분과 동일한 고통 속에서 "나의 하나님, 나의 하나님, 어찌하여 나를 버리셨나이까?"라고 부르짖은 적이 없습니다.

그분의 슬픔이 보통의 수준을 초월하는 이유는, 그분의 슬픔에 죄의 혼합물이 없었다는 사실에서 발견됩니다. 죄에 슬픔이 수반되는 것은 마땅합니다. 하지만 죄는 또한 영혼을 무자비하고 매정하게 만듦으로써 고통의 날을 무디게 만드는 것도 사실입니다. 우리는 예수님과 달리 죄를 보고 깜짝 놀라지 않으며, 예수님이 그러신 것과 달리 죄인의 운명에 대해서 떨지 않습니다. 그분의 본성은 완벽했습니다. 왜냐하면 그분의 본성은 죄를 모르셨고, 슬퍼할 요인이 그 속에 없었기 때문입니다. 하지만 그분의 본성은 마치 육지의 새가 강풍에 의해 바다로 밀려간 것과도 같았습니다. 강도에게 감옥은 자기 집이며, 옥중에서의 음식은 그에게 익숙한 음식입니다. 하지만 무죄한 사람에게 감옥은 불행 자체이며, 그곳에 있는 모든 것이 낯설고 어색합니다. 우리 주님의 순결한 본성은 죄와의 어떠한 접촉에도 특별히 민감했습니다. 오호라, 우리는 타락에 의해 그 느낌을 많이 잃어버렸습니다! 우리가 성화되는 것에 비례하여, 죄는 우리에게 곤고함을 느끼게 하는 원인이 될 것입니다. 예수님은 온전하셨기에, 그분을 고통스럽게 했던 모든 죄가 우리 중의 누군가를 고통스럽게 하는 것보다 훨씬 정도가 컸습니다.

악의 소굴에서도 즐겁게 살아갈 수 있는 사람들이 세상에 많다는 것을 나는 의심치 않습니다. 그들은 놀라지 않고도 신성모독적인 욕설을 들을 수 있고, 염증을 느끼지 않고서도 육욕을 목격할 수 있으며, 혐오감 없이 강도나 살인을 주시할 수 있습니다. 하지만 우리 중 많은 이들에게, 그처럼 혐오스러운 일들을 가까이 접하는 시간은 가장 혹독한 형벌로 느껴질 것입니다. 예수님의 이름을 모독하는 한 문장의 말이 우리에게는 가장 극심한 고문입니다. 수치스러운 악의 행위들에 대한 언급이 우리를 공포에 사로잡히게 만듭니다. 그런 악인들과 함께 산다는 것 자체가 의인들에게는 충분한 지옥이 될 것입니다. 다음과 같이 부르짖었을 때에 다윗의 기도는 고뇌로 가득하였습니다. "내 영혼을 죄인과 함께, 내 생명을 살인자와 함께 거두지 마소서"(시 26:9). 하지만 온전하신 예수님께서 죄를 목격하시는 것이 그분에게는 얼마나 큰 고통이었을까요! 우리의 손은 수고로 거칠어지고, 우리의 마음은 죄로 거칠어집니다. 하지만 우리 주님은, 마치 어떤 상처로 인해 온 몸이 떨리는 사람처럼, 모든 죄의 접촉에 지극히 민감하셨습니다. 우리는 무관심의 옷을 입고 있기 때문에 죄의 가시덤불과 찔레 사이를 헤치고 나갈 수 있습니다. 하지만 한 벌거벗은 사람이 찔레 수풀을 헤치고 나가야 한다고 상상해보십시오. 우리 주님은, 도덕적 민감성에 있어서는 바로 그러한 분이었습니다. 그분은 우리가 죄를 볼 수 없는 곳에서 볼 수 있었고, 우리가 죄를 느끼지 못하는 곳에서 그 악독함을 느낄 수 있었습니다. 그러므로 그것이 한층 더 그분을 슬프시게 했으며, 그것이 그분에게는 견디기 힘든 고통이었습니다.

죄에 대하여 고통을 민감하게 느끼셨던 것과 병행하여, 그분의 은혜로운 동정심이 다른 사람들의 슬픔을 향하고 있었습니다. 만약 우리가 이 회중의 모든 슬픔을 알고 그 속으로 들어갈 수 있다면, 아마도 우리가 모든 사람들 중에서 가장 비참하게 될 것입니다. 오늘 아침 이 예배당에도 비통한 일들이 있을 터인데, 만일 그 비통함을 일일이 말로 표현한다면, 우리의 마음은 괴로움으로 가득하게 될 것입니다. 우리는 여기서 가난에 대해 들으며, 저기서 질병을 봅니다. 우리는 사별(死別)을 목격하고, 비탄을 목격합니다. 그리고 훨씬 더 고통스러운 일은, 사람들이 무덤으로 들어가 지옥으로 떨어지고 있음을 목격하는 것입니다. 하지만 이런저런 일들이 우리에게는 흔한 일들이 되어, 우리의 마음을 격동시키지 않습니다. 혹은 우리가 갈수록 그런 일들에 대해 둔감해졌기 때문이지요. 구주께서는 언제나 다른 사람들의 슬픔에 공감하셨습니다. 그분의 사랑의 수위는 언제나 최고조였기 때문입니다. 모든 사람들의 슬픔이 그분의 슬픔이었습니다. 그분의 마음이 그처럼 넓었기에, 불가피하게도 그분은 "슬픔의 사람"이 되신 것입니다.

이 외에도, 우리 구주께서 죄에 대해 아주 특이한 관계였음을 우리는 기억합니다. 그분은 죄를 봄으로써 고통을 겪으시고 또한 다른 사람들에게 미치는 죄의 결과들을 인지하고서 슬퍼하셨을 뿐 아니라, 죄가 실제적으로 그분에게 올려졌으며, 그분 자신이 범죄자 중 하나로 헤아림을 받았습니다. 그러므로 그분은 하나님의 공의의 끔찍한 타격을 감당하셔야 했고, 우리가 알 수도 없고 짐작할 수도 없는 고통을 겪으셔야만 했습니다. 그분의 신성이 그분을 강하게 하여 견디게 하셨으니, 그렇지 않고 단지 인성만으로는 실패했을 것입니다. 사람이 알 수 없는 권세를 가지신 분의 진노가 그분에게 쏟아졌습니다. "여호와께서 그에게 상함을 받게 하시기를 원하사 질고를 당하게 하셨음이라"(10절). 그분을 보십시오! 그리고 그분과 동등한 슬픔을 겪어보려고 시도하는 것이 얼마나 헛된 일인지 깨달으십시오.

우리 주님께 "슬픔의 사람"이란 칭호가 주어진 이유는 그분의 고난의 영속성을 나타내기 위한 것이기도 합니다. 그분은 거처를 옮기기도 하셨지만, 항상 슬픔과 더불어 거하셨습니다. 그분의 강보(襁褓)는 슬픔의 실로 짜였고, 그분의 수의(壽衣) 역시 슬픔의 실로 짜여진 것입니다. 구유에서 태어났을 때 슬픔이 그분을 환대했고, 십자가에서 마지막 숨을 내쉴 때에야 비로소 슬픔이 그분을 떠나보냈습니다. 그분의 제자들이 그분을 버리고 떠나려했을 때에도, 슬픔은 그분을 떠나려 하지 않았습니다. 그분은 종종 주변에 사람이 없는 상태로 혼자 지내셨지만, 그 때에도 슬픔은 그분과 함께 했습니다. 요단 강에서 세례를 받으시던 때부터 죽음의 소통 속에 세례를 받으시던 때까지, 그분은 언제나 검은색 상복을 입으신 "슬픔의 사람"이었습니다.

그분이 "슬픔의 사람"이었던 것은 그분의 슬픔의 다양성 때문이기도 합니다. 그분은 단지 슬픔(sorrow)의 사람이실 뿐 아니라 '슬픔들'(sorrows)의 사람이었습니다. 몸과 영혼의 모든 고통들에 대해 그분은 아셨습니다. 적극적으로 순종하려고 분투하는 인간의 슬픔들과, 수동적으로 가만히 앉아서 인내하는 사람의 슬픔들을 그분은 아셨습니다. 높은 지위에 있는 자의 슬픔들에 대해서도 그분은 아셨는데, 이는 그분이 이스라엘의 왕이셨기 때문입니다. 가난한 사람들의 슬픔들에 대해서도 그분은 아셨는데, 이는 그분이 "머리 둘 곳조차 없었던" 분이셨기 때문입니다. 친지들의 슬픔들과 일신상의 슬픔들, 정신적인 슬픔들과 영적인 슬픔들 등, 모든 종류와 모든 등급의 슬픔들이 그분을 공격했습니다. 고통의 화살들이 그분을 향해 발사되었고, 상상할 수 있는 모든 고통들을 주기 위하여 그분의 심장을 과녁으로 삼았습니다. 그러한 고통들 중의 일부에 대해 잠시 생각해 보도록 합시다.

우리 주님이 슬픔의 사람이셨던 것은 그분의 가난과도 관련이 있습니다. 오, 빈곤에 처한 사람이여, 당신의 빈곤은 그분의 빈곤에 비하면 그다지 절망적이지 않습니다. 그분에게는 머리 둘 곳조차 없었지만, 당신에게는 적어도 비바람을 피하게 해 줄 허름한 지붕이 있습니다. 아무도 당신에게 한 잔의 물을 거절하지 않지만, 그분은 사마리아의 우물가에 앉아서 "내가 목마르다"고 말씀하셨습니다. 우리는 성경에서 그분이 주리셨다는 대목을 두 번 이상 읽었습니다. 그분의 수고는 너무나 커서 그분은 지속적으로 피곤하셨습니다. 한번은 제자들이 예수님을 "배에 계신 그대로" 모시고 간 적이 있었습니다(막 4:36). 너무나 피곤하신 상태에서 그분은 배 고물에서 주무시고 계셨습니다. 하지만 그렇게 눈을 붙이고 계실 시간도 많지 않았습니다. 곧 제자들이 그분을 깨우며 소리쳤기 때문입니다. "선생님이여 우리가 죽게 된 것을 돌보지 아니하시나이까?"(막 4:38). 그분의 삶은 힘겨운 삶이었고, 삶을 견딜 만하게 만드는 어떤 현세적인 위로도 주어지지 않았습니다.

열린 무덤 주변에서 애도하는 여러분이여, 혹은 새롭게 채워진 무덤을 기억하며 울고 있는 여러분이여, 우리 주님께서 마음을 찢는 사별의 슬픔을 아시는 분이신 것을 기억하십시오! 예수님은 나사로의 무덤에 서서 우셨습니다.

아마도 그분의 슬픔들 중에서 가장 견디기 어려운 것은 그분의 은혜의 사역과 관련되었을 것입니다. 그분은 하나님이 보내신 메시야로서, 사랑의 사절로 찾아오셨지만, 사람들이 그분의 주장을 거부했습니다. 그분이 자라셨던 고향 마을에 가셔서 스스로를 나타내셨을 때, 사람들이 그분을 절벽에서 밀쳐 떨어뜨리려고 했습니다. 순수한 사랑의 용무를 위해 찾아왔다가, 이와 같은 배은망덕과 마주치는 것은 힘든 일입니다. 그들은 차가운 반대에 머물기만 한 것이 아니라, 조소와 조롱을 보이기까지 했습니다. 모든 종류의 경멸을 그들은 그분에게 퍼부었습니다. 아니, 그들은 단지 경멸을 나타냈을 뿐 아니라, 그분을 대상으로 기만과 비방과 모독을 일삼았습니다. 그분은 술에 취한 분이 아니었지만, 그들은 그렇다고 말했습니다. 천사들이여, 그들의 말이 얼마나 놀라운지 들어보시오! 그들은 생명의 주를 "포도주를 즐기는 사람"(마 11:19, 원어적인 의미에서 술고래 및 대주가라는 의미에 가까움 — 역주)이라고 불렀습니다! 그분은 마귀의 일을 멸하기 위해 오셨건만, 그들은 그분을 바알세불과 한 패이며, 귀신들렸고 미쳤다고 말했습니다! 그들은 지어낼 수 있는 모든 악독한 말로 그분을 비방했습니다. 그분이 아무 말씀도 하지 않으셨을 때에도 그들은 그 점을 왜곡하고 억지를 부렸습니다. 아무런 가르침을 주지 않으셨을 때에도 그들은 그것을 왜곡하여 전달했습니다. 그분이 어떤 말씀을 하셔도 그들은 그분의 말씀에서 고소거리를 찾으려 했습니다. 그분이 아무것도 하지 않으시는 동안에도 그들은 모든 방법을 동원해 기회를 엿보았습니다. 그분이 그들의 악함에 대해 분을 내셨을 때에도 그것은 그들의 영혼을 위한 연민으로부터 비롯된 것입니다. 그분이 그들의 죄를 비난하셨다면 그것은 그들의 죄가 그들을 파멸시키기 때문이었습니다. 하지만 죄를 반대하시는 그분의 열성은 언제나 사람들의 영혼을 향한 사랑으로 조절되었습니다. 다른 사람들에 대하여 선한 의도로 가득하였음에도, 그토록 섬기기를 원했던 자들로부터 그토록 치욕스러운 대우를 받았던 사람이 그분 외에 또 있었습니까?

그분의 삶이 진행될수록 그분의 슬픔들은 더욱 늘어났습니다. 그분이 복음을 전하셨습니다. 사람들의 마음이 완고하여 그분이 하신 말씀을 믿지 않으려 했을 때, 그분은 "그들의 마음이 완악함을 탄식하셨습니다"(막 3:5). 그분은 다니시면서 선한 일들을 행하셨고, 사람들은 그분이 행하신 선한 일들로 인해 돌을 집어 그분에게 던졌습니다. 오호라, 그들이 그분의 몸을 상하게 할 수 없었을 때에는 그분의 마음에 돌을 던졌습니다. 그분은 그들에게 호소하셨고, 명백하게 그분의 사랑을 선언하셨지만, 그로 인해 돌아온 것은 무자비하고 냉혹한 증오였습니다. 무시당한 사랑은 통렬한 아픔을 느낍니다. 많은 사람들이 배은망덕으로 인한 상심 때문에 죽었습니다. 예수님이 보이셨던 사랑에는 무시당할 만한 요소가 전혀 없었습니다. 사람들이 그들을 위한 은혜를 알지 못하고 그들 자신의 구원을 거절하였기 때문에 그 사랑은 한탄이 되었습니다. 그분의 슬픔은 사람들이 그분에게 상처를 입혔기 때문이 아니라, 그들이 그들 스스로를 망쳤기 때문입니다. 이것이 예수님의 속 깊은 곳으로부터 비애의 감정을 솟구치게 했고, 그 눈에서 눈물이 흘러넘치도록 하였습니다. "예루살렘아! 예루살렘아! 암탉이 그 새끼를 날개 아래에 모음같이 내가 네 자녀를 모으려 한 일이 몇 번이더냐? 그러나 너희가 원하지 아니하였도다"(마 23:37). 그 탄식은 그분 자신의 굴욕 때문이 아니라, 그들이 그분의 은혜를 거절하여 자멸하려 했기 때문입니다. 이러한 것이 그분이 겪으셨던 슬픔 중의 일부입니다.

그분이 주변에 불러 모았던 소수의 동행자들로 인하여 약간의 위로를 얻을 수 있었던 것도 사실입니다. 정녕 그렇다고 할 수 있습니다. 하지만 그들과의 동행에서 그분은 위로에 못지않은 슬픔들을 발견하셨음이 틀림없습니다. 그들은 우둔한 학생들이었고, 배우는 것이 더디었습니다. 그들은 배운 것을 곧 잊어버렸고, 기억하는 것을 실천하지 않았으며, 한 번 실천한 것을 다른 때에는 어기곤 했습니다. 그들은 저 슬픔의 사람에게는 볼품없는 위로자들이었습니다. 그분의 삶은 외로웠습니다. 이 말의 의미는 추종자들과 함께 계시는 동안에도 그분은 여전히 외로우셨다는 것입니다. 한 번은 그분이 그들에게 이렇게 말씀하신 적이 있습니다. "너희가 나와 함께 한 시간도 이렇게 깨어 있을 수 없더냐?"(마 26:40). 하지만 정녕 그분은 그들 생애의 전 시간 동안에 대해서도 동일하게 말씀하실 수 있었습니다. 그들이 모든 힘을 총동원하여 그분과 공감하였다고 해도 그분과 같은 슬픔 속으로 들어갈 수는 없었기 때문입니다.

많은 어린아이들이 둘러 앉아 있는 한 집안의 아버지는 그 아이들에게 자기의 슬픔을 말하지 못합니다. 설혹 말하더라도 아이들은 그것을 이해하지 못할 것입니다. 그들이 그의 고민스러운 사업상의 계약 조항에 대해, 혹은 파산에 이르게 하는 손실에 대해 무엇을 알겠습니까? 그 가엾은 어린 것들의 아버지는 그들이 자신과 공감할 수 있기를 바라지 않습니다. 그는 아이들을 내려다보며 장난감으로 위안을 삼는 그들의 모습을 보면서 기뻐합니다. 그는 혀짤배기소리를 하는 어린 아이들이 자기의 큰 슬픔으로 인해 상심하지 않기를 바랍니다. 구주께서는 그분의 성품의 고결성으로 인해 홀로 고통을 견디셔야 했습니다. 산 깊은 곳에 계시는 그리스도가 내게는 그분의 지상의 생애를 연상시키는 하나의 상징처럼 보입니다. 그분의 위대한 영혼은 거대하고, 숭고하며, 끔찍한 고독 속에 사셨습니다. 그 고난의 한밤중에 그분의 영혼은 아버지와 교통하셨습니다. 아무도 그분과 동행하여 그분만이 독특하게 경험하는 그 어두운 협곡과 음침한 골짜기 속으로 들어갈 수 없었습니다. 그분의 모든 일생의 싸움에 관하여 그분은 어떤 의미에서 이렇게 말씀하실 수 있었습니다. "만민 가운데 나와 함께 한 자가 없음이라"(사 63:3). 마지막에는 그 말이 문자적으로 사실이 되었으니, 그들 모두가 그분을 버렸기 때문입니다. 한 사람은 그분을 부인하고, 또 다른 한 사람은 그분을 배반했으며, 그리하여 그분은 홀로 포도주 틀을 밟으셔야 했습니다.

마지막에, 그분의 생애에서 최고의 슬픔으로서, 하나님으로부터의 형벌이 그분에게 찾아왔습니다. 우리가 평화를 누리는 것은 그가 징계를 받았기 때문입니다. 그분은 겟세마네 동산에서, 유대인 관원들이 그분에게 가까이 오기 전에 이미 하나님의 관원들에 의해 체포되셨습니다. 그곳에서 그분은 땅에 무릎을 꿇으셨고, 모든 땀구멍에서 피와 같은 땀이 흐를 때까지 힘겹게 싸우셨으며, 그분의 마음은 "매우 고민하여 죽게 될"(마 26:38) 정도였습니다. 여러분은 여러분의 주님의 고통에 관한 이야기를 읽었고, 그분이 얼마나 서둘러 이 법정에서 저 법정으로 끌려 다니셨는지를 알 것입니다. 각각의 재판정에서 그분은 조롱과 잔혹함이 뒤섞인 취급을 당하셨습니다. 그들은 그분을 헤롯과 빌라도에게 끌고 다녔고, 매질로써 거의 그분을 죽게 만들었으며, 마침내 그분을 데리고 나아와 "보라, 이 사람이로다!"(요 19:5)라고 소리쳤습니다. 그들의 적개심은 충족되지 않았으며, 거기서 더 나아가 그들은 그분을 십자가에 못 박아야 했습니다. 타는 듯한 갈증이 그분의 입을 바싹 마르게 하는 동안에도 그들은 그분을 조롱하였으며, 그분으로 하여금 마치 몸이 해체되어 진토가 되는 것처럼 느끼게 만들었습니다. "내가 목마르다"(요 19:28)고 그분이 소리치십니다. 하지만 그 외침은 신포도주의 조롱으로 되돌아옵니다. 그 나머지 이야기를 여러분은 알고 있습니다. 하지만 나는 여러분이 이 점을 잘 기억하길 바랍니다. 즉 하나님의 손이 그분을 치실 때, 정의의 철장이 형벌로 그분을 내려쳤을 때, 그분이 겪었던 가장 날카로운 매질과 가장 극심한 슬픔은 모두 내면적인 것이었다는 점입니다.

그분에게 "슬픔의 사람"이라는 호칭이 붙여진 것은 적절합니다! 이 주제에 관해 말을 하려고 시도하는 동안, 어떤 말도 할 수 없을 것처럼 느껴지고, 혀가 묶여버린 듯합니다. 이 주제에 합당한 적절한 말을 찾을 수가 없습니다. 하지만 언어의 미사여구는 내 주님의 고통을 미화시키기보다는 오히려 격화시킬 뿐임을 나는 압니다. 십자가의 숭고함은 문체의 단순함에서 돋보이게 해야 합니다! 그것은 어떤 장식도 필요로 하지 않습니다. 만일 십자가에 걸어두기 위해 아름다운 화관을 마련해야 한다면, 나는 기쁘게 준비하여 꽃다발을 그곳에 둘 것입니다. 그리고 만약 꽃다발이 아니라, 각각의 꽃 대신 값진 보석을 엮어 장식해야 한다면, 나는 십자가에 그 모든 장식들을 할 가치가 있다고 여길 것입니다. 하지만 내게 이런 것이 없어도 나는 십자가 자체로 기뻐할 것입니다. 아무것도 장식하지 않은 단순함 속에서, 아무런 언어의 미사여구도 필요로 하지 않은 채, 십자가만으로 나는 기뻐할 것입니다. 오, 내 청중이여, 피 흘리시는 여러분의 구주께 시선을 향하게 하십시오! 그분을 계속해서 응시하면서, 저 "슬픔의 사람"에게서 여러분의 주와 하나님을 발견하십시오.

3. 질고를 아는 자

이제 마지막으로 살펴볼 대목은 그분이 "질고를 아는 자"라는 것입니다. 질고에 대해서 그분은 친숙하게 아셨습니다. 그분은 단지 다른 사람들에게 있는 질고가 무엇인지를 아신 것이 아니라, 그분 자신이 몸소 질고가 무엇인지를 잘 아셨습니다. 우리는 질고에 대해서 읽고, 질고에 대해서 동정심을 가지며, 또 이따금씩은 우리 자신이 질고를 느끼기도 합니다. 하지만 주님께서는 그분 자신의 속 깊은 곳으로부터 그것을 더욱 강렬하게 느끼셨습니다. 그분은 우리 모두를 능가하여 이 불길한 지식에 대해 정통하셨습니다. 그분은 위로받기를 거절하는 마음이 어떤 것인지를 아셨습니다. 그분은 슬픔의 식탁에 앉으셨고, 검은 질고의 빵을 드셨으며, 그 빵 조각을 질고의 초에 찍어 드셨습니다. 그분은 마라(참조. 출 15:23)의 물가에서 거주하셨으며, 그 쓴 물에 대해 잘 아셨습니다. 그분과 질고는 친숙한 벗이었습니다.

그 친숙함은 지속적이었습니다. 그분은 지나는 길에 그 쓴 음료를 마시기 위해 질고의 집에 이따금씩 들르신 것이 아니며, 그 쓰고 독한 맛을 느껴보려고 입술만 축이신 것이 아닙니다. 그분은 그 쓴 액이 담긴 잔을 항상 손에 들고 계셨으며, 그분의 빵에는 항상 검은 재가 섞여 있었습니다. 예수님은 광야에서 사십 일 동안 금식만 하신 것이 아니라, 세상이 온통 그분에게는 광야였습니다. 그분의 삶은 하나의 긴 사순절(四旬節)인 셈이었지요. 나는 그분이 행복한 사람이 아니었다고 말하는 것이 아닙니다. 왜냐하면 그분 마음 깊은 곳에 자리 잡은 박애심이 그분에게 언제나 기쁨의 활력을 공급하였기 때문입니다. 우리가 언젠가 들어갈 "우리 주님의 기쁨", 곧 "그분 앞에 있는 기쁨"이 있었으며, 그것을 위해 우리 주님은 "십자가를 참으사 부끄러움을 개의치 아니하셨습니다"(히 12:2). 하지만 그것이 그분이 세상에 살았던 그 어떤 사람보다도 더 지속적이고도 친숙하게 질고를 아셨다는 그 사실을 지우는 것은 아닙니다.

질고에 대한 그분의 친숙한 지식은 갈수록 증대되는 것이었습니다. 매 걸음마다 그분은 슬픔의 냉혹한 골짜기 속으로 더 깊이 내려가셨습니다. 그리스도의 가르침과 그분의 삶에 진척이 있을수록, 그리스도의 슬픔에도 진척이 있었습니다. 폭풍 구름은 갈수록 더 캄캄해졌습니다. 그분의 해는 구름 속에서 떠올랐지만, 캄캄한 어둠의 공포 속에서 저물었습니다. 그러다가 별안간 그 구름들은 산산이 흩어졌고, "다 이루었다"고 하는 큰 음성이 들려올 때, 모두가 영원한 밤을 예견하던 곳에서 영광스러운 아침이 밝았습니다.

그리스도께서 질고를 아신 것은 우리를 위하여 자발적으로 아신 것임을 기억하십시오. 그분은 질고에 대해 전혀 아실 필요가 없었습니다. 그리고 어느 순간에라도 그분은 질고에 대해 작별을 고하실 수 있었습니다. 그분은 즉시 하늘의 왕궁과 천상의 행복 속으로 돌아가실 수 있었습니다. 혹은 이 지상에 머무시는 동안에도 인류의 고통에는 무관심한 채 고고하게 사실 수도 있었습니다. 하지만 그분은 그렇게 하기를 원치 않으셨습니다. 우리를 향한 사랑 때문에, 그분은 끝까지 질고에 친숙한 분이 되셨습니다.

이제 내가 결론적으로 말하고자 하는 것은 이 한 가지입니다. 예수님의 최고의 사랑을 찬미하도록 합시다! 오 사랑, 사랑, 어떠한 사랑을 당신께서 보이셨는지요! 어떤 사랑의 일을 당신이 행하셨는지요! 당신은 고통 중에도 전능하십니다. 우리들 가운데 고통을 참을 수 있는 자들은 극소수이며, 아마도 오해와 비방과 배은망덕을 참을 수 있는 자들은 그보다 더 소수일 것입니다. 이런 것들은 불침으로 쏘아대는 끔찍한 왕벌들과 같습니다. 사람들은 악독한 혀가 퍼뜨리는 잔인한 중상 비방에 미칠 지경이 되고 맙니다. 전 생애를 통하여, 그리스도께서는 이런저런 고통들을 겪으셨습니다. 그분이 우리를 얼마나 사랑하셨는지를 생각하면서, 우리도 그분을 사랑하도록 합시다.

오늘 오후에, 여러분은 성만찬의 식탁에 나아와서, 여러분의 영혼이 그리스도의 사랑에 흠뻑 젖어들도록 시도해보지 않겠습니까? 여러분의 영혼을 오후 내내 그분의 사랑에 흠뻑 빠져들게 하십시오. 스펀지처럼, 여러분 속으로 예수님의 사랑을 흠뻑 빨아들이십시오. 그리고 오늘 밤에 다시 예배당으로 올라와서, 여러분이 그분의 식탁에 앉아서 그분의 죽음과 그분의 사랑을 나타내는 표상들에 참여하는 동안, 그분을 향해 여러분의 사랑을 쏟아내십시오. 그분의 사랑의 능력을 찬미하고, 그런 다음에는 여러분 역시 그와 유사한 사랑의 능력을 가지게 해 달라고 기도하십시오.

사람들은 때때로 하나님의 교회가 왜 그토록 침체되어 가는지 이상하게 여깁니다. 하지만 하나님의 교회에 그리스도를 향한 헌신이 얼마나 빈약한지를 돌이켜보면, 나로서는 그것이 이상하다고 여겨지지 않습니다. 예수님은 "슬픔의 사람"이었고 "질고를 아는" 분이었습니다. 하지만 전적으로 그분의 것이라고 고백하는 그분의 제자들 중 많은 이들이 정작 그들 자신을 위해 살아가고 있습니다. 스스로를 성도라고 부르고 또 그렇다고 생각하는 부자들이, 보물들을 그들 자신과 그들의 가족들을 위해서 쌓아두고 있습니다. 그리스도의 피로 값 주고 사신 바 되었다고 믿는 능력 있는 사람들이, 정작 그들의 능력을 온통 다른 것에만 소비하고 그들의 주님을 위해서는 조금도 쓰지 않습니다. 좀 더 절실하게 느끼기를 바랍니다. 이곳에 있는 우리들은 무엇을 하고 있습니까? 여러분은 주일학교에서 가르치고 있습니까? 여러분은 그 일을 예수님을 위하여 온 마음으로 감당하고 있습니까? 거리에서 전도하고 있습니까? 좋습니다, 하지만 예수님을 위해 그 일에 여러분의 마음을 쏟고 있습니까? 어쩌면 여러분 중에서 어떤 이들은 아무것도 하지 않고 있음을 인정해야 할 것입니다. 여러분이 여러분의 주님을 위하여 무슨 일이든 시작하지 않고서는 오늘이 끝나도록 하지 마십시오. 우리는 언제나 교회가 이런저런 일을 행하는 것에 대해 말하고 있습니다. 그런데 교회가 무엇입니까? 좋은 면으로건 나쁜 면으로건, 사람들이 추상적인 것에 관하여 너무 많은 말을 하고 있다고 나는 생각합니다. 사실상 우리는 개인들입니다. 교회는 단지 개인들의 집합체일 뿐입니다. 그러므로 행해야 할 선한 일이 있다면, 그것은 개인들에 의해 수행되어야 합니다. 만약 모든 개인들이 게으르다면 교회가 하는 일은 아무것도 없을 것입니다. 겉보기에는 어떨지 몰라도 실제적으로 행해지는 일은 없을 것입니다.

형제여, 자매여, 당신은 예수님을 위해 무얼 하고 있습니까? 그분의 손의 못자국을 두고 당신에게 호소하거니와, 당신이 그분에 관하여 거짓말을 하는 자가 아니라면, 그분을 위해 수고하십시오! 그분의 상처 입은 발을 두고 당신에게 호소하거니와, 그분을 돕기 위해 달리십시오! 그분 옆구리의 상처를 두고 호소하거니와, 그분에게 당신의 마음을 드리십시오! 그분의 성스러운 머리, 한때 가시로 찔리셨던 머리를 두고 호소하거니와, 그분에게 당신의 생각을 복종시키십시오! 채찍에 맞으셨던 그분의 어깨를 두고 호소하거니와, 당신의 힘을 기울여 그분을 섬기십시오! 그분 자체를 두고 당신에게 호소합니다. 그분께 당신 자신을 드리십시오! 당신의 머리를 고이던 그 왼팔과 당신을 안았던 그 오른팔, 노루와 들 사슴과, 향 침상과, 사랑의 연회를 두고 부탁하거니와(참조. 아 2:6), 당신 자신을, 당신의 온 마음과 성품과 힘을 그분에게 바치십시오! 그분을 섬기며 살고, 그분을 섬기는 중에 죽으십시오! 손에 든 도구들을 놓지 말고, 당신이 사는 날 동안에는 계속해서 일하십시오. 당신이 사는 동안 이것이 당신의 모토가 되게 하십시오. "모든 것을 예수를 위하여! 모든 것을 저 슬픔의 사람을 위하여!"

오, 예수님을 사랑하고, 예수님을 위해 싸우는 사람이여, 당신은 전선(戰線)으로 부름을 받았습니다. 저 "슬픔의 사람"을 위하여 당신에게 호소하며 재촉합니다. 서둘러 전장으로 향하십시오! 이것이 오늘의 슬로건이 되게 하십시오. "겁쟁이처럼 슬그머니 도망치지 말라!" 안락함을 사랑하는 자들처럼 집으로 달려가지 말고, 저 슬픔의 사람을 위하여, 선하고 참된 용사처럼 전방으로 달려가십시오. 그분이 지신 십자가, 그분이 견디신 무거운 십자가, 그리고 그분의 죽음의 고통과 그분의 삶의 고통을 두고서 나는 외칩니다. "저 슬픔의 사람을 위하여, 앞으로!"

"저 슬픔의 사람을 위하여!" 이 말을 여러분의 몸에 새기고, 그것을 주 예수의 흔적으로 삼아 간직하십시오. 여러분의 살이 아니라면, 여러분의 영혼에 그 글귀를 새기십시오. 그렇게 함으로써 여러분은 저 슬픔의 사람의 종인 것입니다! 이 글귀를 여러분의 재물에 쓰고, 모든 소유에 새겨지도록 하십시오. "이것은 저 슬픔의 사람에게 속하였다." 여러분의 자녀를, 마치 옛 사람들이 애국심 때문에 조국의 원수들과의 싸움을 위해 자녀들을 바쳤던 것처럼, 저 슬픔의 사람에게 바치십시오. 매 시간을 저 슬픔의 사람에게 바치십시오! 슬픔의 사람을 위해 먹고 마시는 것과, 모든 것을 행하는 법을 배우십시오. 그분을 위해 살고, 그분을 위해 죽을 준비를 하십시오. 하나님께서 저 "슬픔의 사람"을 위하여 여러분을 받아주시기를 바랍니다. 아멘.